望城区行政区划图

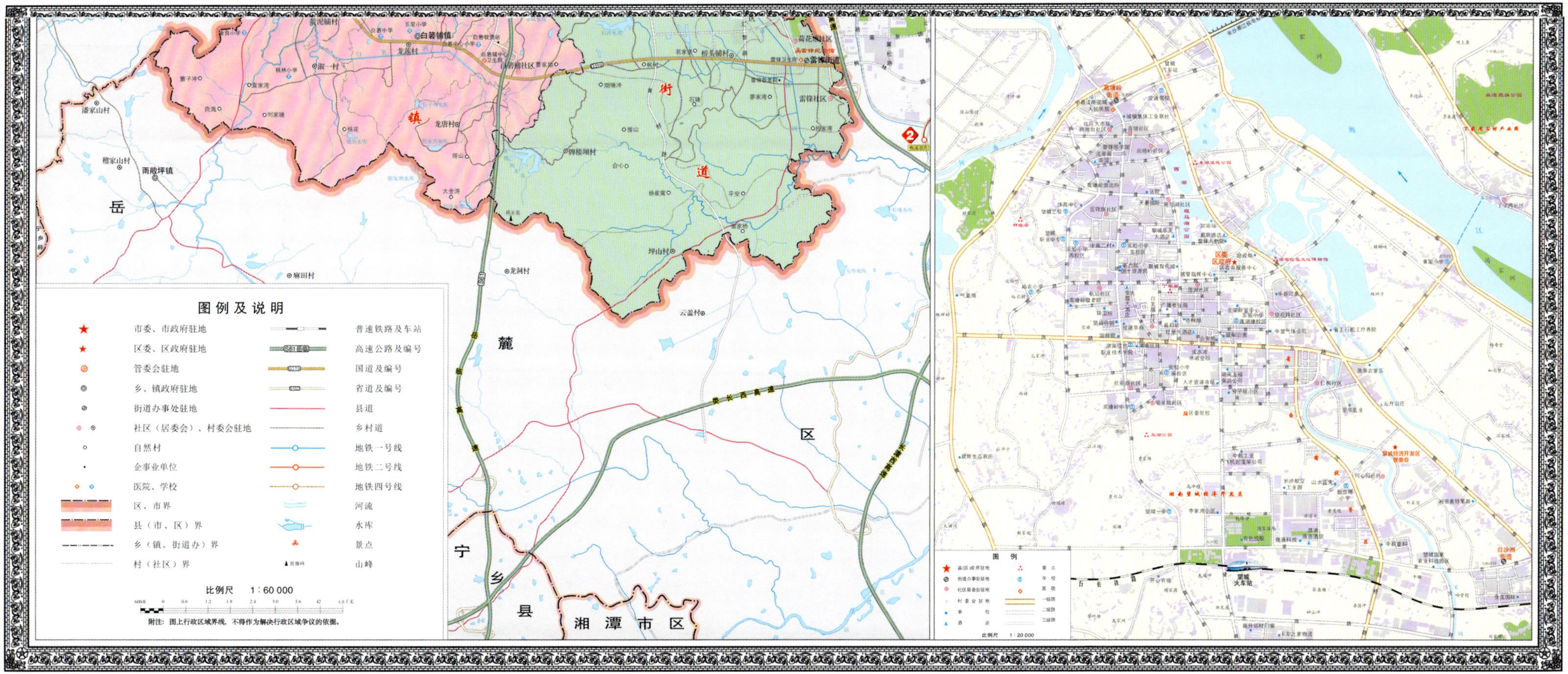

长沙市望城区人民政府编制　湖南省民政厅监制　湖南地图出版社出版发行

湖南省行政区划系列图编号：4301122016008　审图号：湘S（2016）48号

“两学一做”学习教育

5月4日，全区召开“两学一做”学习教育工作座谈会，印发《关于在全区党员中开展“学党章党规、学系列讲话，做合格党员”学习教育实施方案》，专题部署“两学一做”学习教育工作。围绕“学党章党规、学系列讲话，做合格党员”这一主题，以支部为单位通过开展学习讨论、讲授专题党课、个人自学、召开组织生活会等方式丰富学习教育载体，强化学习教育效果。各党支部将“两学一做”学习教育与日常工作结合，在全区开展“岗位做贡献，合格见行动，建设名望之城”主题实践活动，引导和推动不同领域不同行业的党员，立足岗位履职尽责、创先争优，示范引领志愿服务。

区委书记孔玉成参加区委办公室支部的“两学一做”学习讨论

“两学一做”知识抢答赛

合格见行动之“农村支部党员义务清扫”

黄狮岭社区支部党员开展“两学一做”第二次专题讨论

中国共产党长沙市望城区第二次代表大会

8月14—17日，中国共产党长沙市望城区第二次代表大会隆重举行，全体党代表、列席人员和特邀嘉宾近500人参加。会议全面总结区第一次党代会以来的主要工作和基本经验，客观分析新的发展阶段所面临的机遇和挑战，提出未来五年的工作目标和举措。会议选举产生新一届区委常委班子。

中国共产党长沙市望城区第二次代表大会开幕

孔玉成作区委工作报告

代表投票

分代表团审议区委工作报告和区纪委工作报告

与会代表学习工作报告

现场验票

区领导看望慰问代表

WANGCHENG
ALMANAC

国研智库论坛2016·湘江论坛
暨世界休闲农业与乡村旅游峰会

10月29—30日，“国研智库论坛2016·湘江论坛暨世界休闲农业与乡村旅游峰会”在望城举行，200余名国内外古镇领域专家学者、商界代表参加活动。本次论坛以“新经济 新动能 新古镇”为主题，围绕“区域经济”“文化旅游产业发展”“古镇保护与发展”等内容进行战略对话，并实地探访书堂、铜官、靖港等湘江古镇，共同把脉古镇建设发展。 在招商签约仪式上，铜官古镇、中南传媒数字出版基地、长沙湘江古镇群、乔口渔都“品鱼一条街”等8个文旅项目签约落户望城。

开幕式

中国公共外交协会会长李肇星作主旨演讲

领导会见

古镇参观

长沙市委副书记、市长胡衡华出席闭幕式并发言

共话古镇文明传承与发展

WANGCHENG
ALMANAC

招商签约仪式

雷锋精神耀望城

2016雷锋精神论坛

全国道德模范周美玲与时代楷模共话雷锋精神

诗朗诵《雷锋向我们走来》

首届“雷锋文学艺术奖”颁奖典礼

雷锋街道孝老爱亲志愿服务

WANGCHENG
ALMANAC

全国最美志愿者——义务修路护路的桥头铺村村民赵建恒

“雷锋精神与公共服务教学基地”在乌山街道团山湖村授牌

武警中队官兵慰问贫困学生

“狮子型”和“黄牛型”评选

2017年3月14日，望城区召开2016年“狮子型”和“黄牛型”干部评选表彰大会，对21名在项目建设中敢于担当、敢于负责的“狮子型”和“黄牛型”干部进行表彰，进一步树立良好用人导向，激励全区广大干部以实干有为的精神状态投身项目建设，为建设更加美丽、强盛、幸福的名望之城担当使命。这是全区首次对“黄牛型”干部进行表彰。

望城区评选表彰“狮子型”和“黄牛型”干部

受表彰的“狮子型”干部

现场大众评审团投票选“狮子型”干部和“黄牛型”干部

WANGCHENG
ALMANAC

受表彰的“黄牛型”干部

望城年鉴 2017

WANG CHENG ALMANAC

中共长沙市望城区委
长沙市望城区人民政府 主办

长沙市望城区史志档案局 编

方志出版社
Publishing House of Local Records

图书在版编目(CIP)数据

望城年鉴. 2017/长沙市望城区史志档案局编. ——北京：方志出版社，2017. 10

ISBN 978-7-5144-2576-5

Ⅰ. ①望… Ⅱ. ①长… Ⅲ. ①区（城市）—长沙—2017—年鉴 Ⅳ. ①Z526. 44

中国版本图书馆CIP数据核字(2017)第255702号

望城年鉴（2017）

编　　者: 长沙市望城区史志档案局
责任编辑: 罗　滔
出 版 人: 冀祥德
出 版 者: 方志出版社
地址　北京市朝阳区潘家园东里9号（国家方志馆4层）
邮编　100021
网址　http: //www.fzph.org
发　　行: 方志出版社图书经销中心
电话（010）67110500
经　　销: 各地新华书店
印　　刷: 湖南金太阳印刷有限公司
开　　本: 889×1194　　1/16
印　　张: 18.5
字　　数: 676 千字
版　　次: 2017年10月第1版　　2017年10月第1次印刷
印　　数: 0001~1000册

ISBN 978-7-5144-2576-5　　定价：210.00元

《望城年鉴》编辑委员会

《望城年鉴》编辑部

编辑说明

一、《望城年鉴(2017)》的编写坚持以马克思列宁主义、毛泽东思想、邓小平理论、“三个代表”重要思想、科学发展观、习近平新时代中国特色社会主义思想为指导，坚持辨证唯物主义和历史唯物主义的立场、观点和方法。全书全面记载了2016年全区各乡镇(街道)、各部门、各行业的基本情况、主要工作和重要事件，收录了部分文件和统计资料，反映了望城改革开放的新进程和经济建设、社会发展的新成绩、新经验。所载资料力求全面、系 统、真实、准确。

二、本卷采用分类编辑法，设部类、分类、子类三个层次。全书 共有26个部类，120个分目，65个子目。正文体例有概述、概况、条目、特载、附录、资料等，以条目为主体，书中插排彩色专版，卷末设置索引。

三、本年鉴所载内容均由各部门、各单位专人撰写，各单位分管领导审核，最后由编委会定稿。人物收录标准为年度内获省部级以上奖励的个人，光荣榜收录标准为年度内获市厅级以上荣誉的单位和个人。各单位领导名单以2016年12月31日在职为准，有任免的分别予以注明。

四、本卷中有关全区国民经济和社会发展的主要数据由区统计局提供，行业数据由各部门提供。由于统计口径不同，引用数据时，请读者以统计公报为准。

五、行政区划图由区民政局提供，文字资料中插排图片由各单位提供，彩色专版部分图片由区委宣传部、区电视台、《名望之城》编辑部、望城新闻网等区内单位和高亮等提供。

六、本卷年鉴的编辑出版，得到了全区各撰稿单位的大力支持，在此表示感谢。希望广大读者和各方面人士提出宝贵意见，使之更臻完善。随书附赠《望城年鉴(2017)》光盘。

《望城年鉴》编辑部

2017年10月

目 录

特 载

孔玉成 万众一心 只争朝夕 加快建设更加美丽强盛幸福的名望之城
——在中国共产党长沙市望城区第二次代表大会上的报告……(1)
喻金平 长沙市望城区人大常委会工作报告
——在长沙市望城区第二届人民代表大会第一次会议上……(8)
范焱斌 长沙市望城区人民政府2016年政府工作报告
——在长沙市望城区第二届人民代表大会第一次会议上……(13)
骆志平 同心同向 共谋发展 为加快建设更加美丽强盛幸福的名望之城凝心聚力
——在政协长沙市望城区第二届委员会第一次会议上的报告……(20)

大 事 记

2016年长沙市望城区大事记……(25)

望城概况

历史文化……(30)
自然地理……(30)
人口·民族……(31)
建置·区划……(31)
国民经济和社会发展状况……(31)
“两型社会”建设概况……(33)
精神文明建设概况……(34)

政 治

中共长沙市望城区委员会

·重要会议·
区委常委会会议……(36)
中国共产党长沙市望城区第二次代表大会……(37)
·工作纪要·
政研、调研、改革工作……(37)
秘书工作……(37)
综合信息工作……(38)
督查工作……(38)
机要保密工作……(38)
接待工作……(38)
附：2016年区委文件目录……(39)
·组织工作·
概况……(39)
·统战工作·
概况……(41)
举办“同心之声•青亲行动”社会扶贫活动……(41)
洗心基金会举办“2016湖湘文化”主题对话喜迎世界读书日……(42)
对台工作……(42)
民族宗教……(42)
洗心禅寺慈善基金会举办第三届慈善拍卖会……(43)
洗心禅寺慈善基金会举行助学捐赠仪式……(43)
举办“汉藏情深助学行”活动……(43)
·机构编制工作·
概况……(43)
推进行政审批制度改革……(45)
做好事业单位管理……(45)
承接省、市行政审批事项下放的相关工作……(45)
争取机构编制扶持……(45)
·宣传工作·
概况……(45)
承办“2016雷锋精神论坛”……(47)
举办首届“书堂山当代文人书法周”活动……(47)
望城传统文化精品在法国展演……(47)
·信访工作·
概况……(47)
开通“望城信访”微信公众号……(48)
·党 校·
概况……(48)
·史志档案工作·

概况……(48)
《望城年鉴(2015)》获评湖南省年鉴质量评比一等奖……(49)
举办"档案馆开放日"活动……(49)
在全市地方志工作会议上作典型发言……(49)
开展《望城乡镇(街道)简志》编纂工作……(50)
·党史联络工作·
概况……(50)
《望城家庭联产承包责任制》口述史获全省三等奖……(50)
·老干部工作·
概况……(50)
·关心下一代工作·
概况……(51)
望城区召开纪念区关工委成立三十周年大会……(52)
·区直机关党建·
概况……(52)
中共长沙市望城区纪律检查委员会、长沙市望城区监察局
概况……(53)
长沙市望城区人民代表大会常务委员会
概况……(54)
区一届人大常委会会议……(55)
长沙市望城区人民政府
·重要会议·
政府常务会议……(56)
·工作纪要·
行政执法监督……(61)
办理涉法事务……(62)
督查工作……(63)
外事侨务……(63)
附:2016年长沙市望城区人民政府文件目录……(64)
·政府投资项目管理·
概况……(66)
·征拆安置工作·
概况……(66)
·行政执法·
概况……(67)
开展湘江采砂工程船舶指定停放专项整治……(67)
·人力资源管理·
概况……(67)
实施农村人口就业脱贫工程……(68)
·政务服务中心·
概况……(69)
打响雷锋政务超市品牌……(69)
·机关事务管理·
概况……(69)
组建公务用车服务管理中心……(70)
开展公共机构节能工作……(70)
·移民安置·
概况……(70)
完成洪家洲易地搬迁居民基本情况调查……(71)
政协长沙市望城区委员会
概况……(71)
政协长沙市望城区第二届委员会第一次会议……(72)
政协长沙市望城区第一届委员会第十五至第十八次常委会议……(73)
提案工作……(73)
大会发言……(73)
民主评议……(73)

民主党派·工商联

中国国民党革命委员会
概况……(74)
民革望城支部举行"饮水思源,不忘老兵"矿泉水义卖活动……(74)
中国民主同盟
概况……(74)
中国民主建国会
概况……(75)
中国民主促进会
概况……(75)
中国农工民主党
概况……(75)
中国致公党
概况……(75)
九三学社
概况……(75)
工商业联合会
概况……(75)
召开望城区工商联(总商会)第二次会员代表大会……(77)
举行望城首届青年经济论坛……(77)
举办望城区商会会长培训班……(77)

群众团体

望城区总工会
概况……(78)
举办全区职工迎国庆"环保杯"乒乓球赛……(79)
共青团望城区委员会
概况……(79)
打响雷锋号青少年关爱家园品牌……(80)
开展第二届青年创新创业项目评选活动……(80)
望城区妇女联合会
概况……(80)

试点推动基层妇联组织改革……(82)
召开区妇联第一届二次执委会……(82)
望城区残疾人联合会
概况……(82)
举行“全国助残日”活动捐赠仪式……(83)
望城区归侨侨眷联合会
概况……(83)
黄兰香调研望城区新侨创新创业情况……(84)
西澳湖南同乡会暨总商会侨胞参观考察望城……(84)
望城区红十字会
概况……(85)
区红十字会志愿者国庆赴桑植助学……(85)
全市红十字会经验交流座谈会在望城召开……(86)

法 治

政法委及综治
概况……(87)
法治政府建设
概述……(88)
公 安
概况……(89)
区公安局警务保障室获评“全国公安机关‘210’工程建设先进集体”……(90)
破获特大系列电信诈骗案……(90)
·交 警·
概况……(91)
成立快处快赔中心……(92)
开展“大整治、大排查、大管控”行动……(92)
·公安消防·
概况……(92)
检 察
概况……(94)
探索集约化办案模式……(95)
最高人民检察院王卫东调研检察队伍建设工作……(95)
法 院
概况……(96)
望城区法院微信公众号影响力全国夺冠……(97)
开展涉案未成年人及监护人心理援助……(98)
开通“12368”诉讼服务热线……(98)
司法行政
概况……(98)
获评“全省‘六五’普法依法治理先进县(市、区)”……(99)
白箬铺司法所、铜官司法所获评“第六批省级规范化司法所”……(99)
司法部基层司司长梁刚考察望城医患调解工作……(100)

军 事

望城区人民武装
概况……(101)
武装长沙市望城区中队
概况……(102)
人民防空
概况……(104)
湘潭市人防办到望城交流人防宣传工作经验……(104)
全省县(市、区)人防办主任参观东马小学人防素质教育基地……(105)
举行应急疏散演练暨防空警报试鸣日活动……(105)

经济综合管理

发展和改革
概况……(106)
望城区获批“国家可持续发展实验区”……(107)
湘江古镇群列为省第二批服务业示范集聚区……(107)
望城成为省价监局网格化监管试点县区……(107)
·能源管理·
概况……(107)
统计工作
概况……(108)
开展第三次全国农业普查前期准备工作……(108)
推行统计工作网格化管理……(109)
打造铜官街道示范统计站……(109)
·统计调查·
概况……(109)
完成“三农普”农作物面积遥感测量……(110)
市场和质量监督管理
概况……(110)
创建国家食品安全城市……(111)
望城企业登记实施“五证合一”……(111)
推进区域性检验检测中心项目建设……(111)
审计监督
概况……(111)
区人大对“同级审”反映问题整改情况实行满意度测评……(112)
国土资源管理
概况……(112)
实行不动产统一登记……(113)
开展表土剥离利用试点……(113)
通过国土资源节约集约模范县(市)省级复核……(113)

安全生产监督管理
概况……（114）

工业与园区建设

工业概述
概况……（116）
食品医药
概况……（117）
有色金属材料
概况……（117）
机械制造
概况……（117）
望城经济技术开发区
概况……（117）
举行证通云计算大数据产业园项目开工仪式……（119）
中信戴卡南方智能制造产业园开工建设……（119）
举行“有色智造•兴业望城”招商推介会暨重大项目集中签约仪式……（119）
湖南望城国家农业科技园区
概况……（119）
铜官循环经济工业基地
概况……（120）
湖南同远新材料科技有限公司开业……（121）
湘江枢纽物流港口长沙港铜官港区一期工程开工……（121）
滨水新城
概况……（122）

农　业

概述
概况……（123）
桥驿镇朝蓬种植专业合作社理事长罗军被评为湖南省“最美扶贫人”……（125）
·农　机·
概况……（125）
举办机插秧培训班……（125）
农业部水稻生产全程机械化专家指导组到望城调研……（126）
养　殖
概况……（126）
完成部、省洞庭湖水污染治理任务……（127）
开展渔民转产转业工作……（127）
对口扶贫村通过省扶贫办考核预脱贫验收……（128）
水　务
概况……（128）
望城获评“2016年湖南省防汛抗灾先进集体”……（129）
望城获2016年湖南省水利建设最高奖“芙蓉杯”……（129）
望城半岛水利风景区获评“国家级水利风景区”……（129）
气　象
概况……（129）
现代农业与乡村旅游气象服务系统研究与应用获“第八届中国技术金桥奖优秀项目”……（130）
农业综合开发
概况……（130）
获评省级宣传先进单位……（131）
现代农业项目获省优秀……（131）

城乡建设·环境保护

建设管理
概况……（132）
列入省级海绵城市建设试点城市……（133）
举办知识抢答赛巩固“两学一做”成果……（133）
城乡规划
概况……（133）
《湖南日报》专题报道城乡居民建房工作经验……（134）
组织“最美民居”评选……（134）
开展“送规划进社区”活动……（135）
打造“望城区规划素质教育基地”……（135）
住房保障
概况……（135）
房屋征收工作连续5年零信访……（136）
成立物业矛盾纠纷调处中心……（136）
住房公积金管理
概况……（136）
城市管理
概况……（137）
·市政维护·
概况……（138）
三环线入城口提质改造工程……（139）
郭亮北路路面提质改造工程高裕北路人行道整体改造……（139）
高裕北路人行道整体改造……（139）
·园林绿化·
概况……（139）
开展“绿化普查”……（140）

·市容环卫·
概况……(140)
清洗芙蓉北大道全线……(140)
做好书堂山书法周环卫工作……(141)
城市经营
概况……(141)
长郡斑马湖中学签约……(142)
国家体育总局局长刘鹏参观考察谷山体育公园……(142)
滨江生态公园群核心项目集中开工……(142)
环境保护
概况……(142)
全国地市级环保局局长培训班农村环境整治实地教学在望城举行……(143)
全国乡镇农村环保培训班实地教学在望城进行……(143)
开展"送戏下乡"巡回演出……(144)

财税·金融

财 政
概况……(145)
严控政府债务风险……(146)
提速行政效能……(146)
税 务
·地方税务·
概况……(146)
·国家税务·
概况……(147)
国地税实现全区范围合署办税……(148)
金融业
·中国人民银行望城支行·
概况……(148)
望城首家"三站合一"扶贫服务站落户黑麋峰村……(149)
·中国工商银行股份有限公司望城支行·
概况……(149)
·中国农业发展银行长沙市望城支行·
概况……(150)
·中国建设银行股份有限公司望城支行·
概况……(150)
·中国农业银行股份有限公司望城支行·
概况……(150)
·中国邮政储蓄银行股份有限公司望城支行·
概况……(151)
·长沙银行望城支行·
概况……(151)
·交通银行长沙望城支行·
概况……(152)
保 险
·中国人寿保险股份有限公司望城支公司·
概况……(153)
·中国人民财产保险股份有限公司望城支公司·
概况……(153)

商贸·旅游

商贸概述
概况……(155)
·国有商业·
概况……(156)
·物资管理·
概况……(156)
·外贸公司·
概况……(156)
·民爆器材经营·
概况……(156)
供销合作
概况……(157)
粮油经营
概况……(157)
省粮食局调研指导望城早稻收购工作……(158)
区粮食系统刘映兰获评市"雷锋式模范市民"……(159)
烟草专卖
概况……(159)
破获现场货值超两百万的销售假冒伪劣卷烟网络案……(159)
旅游管理
概况……(159)
承办湘江古镇群"2016我们一路•跑起来"活动……(160)
举办国研智库论坛2016•湘江论坛暨世界休闲农业与乡村旅游峰会……(160)
·雷锋纪念馆·
概况……(161)
全国唯一一家"雷锋精神公益广告基地"落户……(161)
入选全国公共文化设施开展学雷锋志愿服务首批示范单位……(162)
"当代雷锋·长沙好人"事迹展览馆开馆……(162)
·铜官窑遗址管理处·
概况……(162)
《诗意的彩瓷——长沙窑瓷器艺术展》在京展出……(163)
·长沙黑麋峰国家森林公园管理处·
概况……(163)
黑麋峰国家森林公园AAAA景区授牌……(164)

举办2016中国湖南健身气功大赛……（164）

交通·邮电·电力

交　通
概况……（165）
芙蓉北大道全线贯通……（166）
公路管理
概况……（166）
邮　政
概况……（167）
中国电信
概况……（167）
中国移动
概况……（168）
中国联通
概况……（168）
电　力
概况……（168）

教育·科技

教育管理
概况……（170）
创建第一批国家级农村职业教育和成人教育示范县……（171）
易炼红视察长郡月亮岛学校……（171）
肖国安调研望城教育工作……（171）
责任督学挂牌督导创新工作经验全国推介……（171）
西藏班办学成效显著……（172）
探索合作办学模式……（172）
举办首届幼儿园园长专业能力大赛……（172）
·教研与培训·
概况……（172）
承办“湖南省送教下乡培训现场会”……（173）
·望城一中·
概况……（173）
举行首届“五一表彰会”……（174）
与美国布朗瑞克中学签约“千校携手”项目……（174）
“山南班代培班”落户望城一中……（174）
联合办学开启新篇章……（175）
《望城地方文化视点》出版发行……（175）
·区职业中专·
概况……（175）
望城职业中专获评国家中等职业教育改革发展示范学校……（176）
“大手牵小手”结对帮扶绥宁县职业中专……（176）
科技管理
概况……（176）
望城区被认定为南省成果转移转化示范县……（178）
举行两型科技产品推介会暨2016年科技活动周启动式……（178）
科技普及
·老科技工作者协会·
概况……（178）

文化·体育

文体建设
概况……（181）
·群众文化·
概况……（182）
举办第五届“新浪潮”望城诗会之朗诵会……（182）
编辑出版《望城非物质文化遗产概览》……（182）
·图书阅览·
概况……（183）
雷锋图书馆行政中心分馆搬迁……（183）
·戏曲演出·
概况……（183）
·文物管理·
概况……（183）
·文化市场综合执法局·
概况……（184）
·体育事业·
概况……（185）
气排球馆对外开放……（185）
举办男子篮球百村争霸赛……（185）
广播电视
概况……（186）
图书发行
概况……（186）

医疗卫生和计划生育

概述
概况……（188）
获评湖南省妇幼健康优质服务示范区……（189）
获长沙市“生育关怀·健康长沙”知识竞赛一等奖……（189）
开展突发公共卫生事件应急处置模拟演练……（189）
望城区首个数字化管理预防接种门诊投入使用……（189）
通过省级消除疟疾工作评估验收……（190）

·区人民医院·
概况……(190)
成立重症医学科(ICU)……(191)
成立新生儿科……(191)
·疾病预防控制·
概况……(191)
·卫生监督·
概况……(192)
·妇幼保健·
概况……(193)
·血吸虫病防治站·
概况……(194)
完成芦江社区金星外滩和湘江村湘江外滩环改灭螺工程……(195)
·精神病医院·
概况……(195)
·区心脑血管病专科医院·
概况……(195)
爱国卫生
概况……(195)

社会生活

民政事务
概况……(197)
雷锋"580"民生紧急救助项目获评"全国最佳志愿服务项目"……(198)
全市城乡低保一体工作研讨会在望城召开……(198)
社会保障
概况……(198)
人民生活
概况……(199)

街道·乡镇

丁字湾街道
概况……(200)
开展"党员当先锋,慈善我先行"活动……(201)
望城文化馆在丁字设立分馆……(201)
铜官街道
概况……(201)
举办"湘江古镇群 邀您过新年"活动……(202)
承办湖南省第五届工艺美术大师评审……(202)
高塘岭街道
概况……(203)
举办首届新康戏剧季活动……(204)
全国人大常委会副委员长吉炳轩考察新康片美丽乡村建设……(204)
老城区社区升级改造……(205)
项目建设取得实效……(205)
乌山街道
概况……(205)
省委党校"雷锋精神与公共服务教学基地"授牌……(206)
维梓村政务服务中心挂牌成立……(206)
玉湖公园开展义务植树活动……(207)
《湖南日报》推介乌山中小企业园建设……(207)
金山桥街道
概况……(207)
省市文体局考察金山桥街道全民健身中心建设……(208)
启动城乡低保一体化改革试点工作……(209)
精准扶贫工作卓有成效……(209)
黄金园街道
概况……(209)
启动乌山省级森林公园建设……(210)
雷锋街道
概况……(210)
启动"雷锋榜样,感动你我"评选活动……(213)
举办"舞动金秋,喜迎国庆"全民广场舞比赛……(213)
白沙洲街道
概况……(214)
新模式助推流动人口享均等化服务……(215)
开展"阳光假期·亲情陪伴"活动……(215)
创建长沙市标准化安监站……(215)
大泽湖街道
概况……(215)
举行"学雷锋 倡三清 送文化"主题文艺会演……(216)
召开文艺团队总结表彰暨培训会……(216)
召开省级安全生产示范创建工作推进会……(216)
举行"万名学生齐承诺"禁毒活动启动仪式……(217)
"雷锋号"青少年关爱家园夏令营开营……(217)
市区领导督导街道综合文化站建设……(217)
月亮岛街道
概况……(217)
发展群众性文体事业……(218)
黄狮岭社区时代公共服务中心开放……(218)
桥驿镇
概况……(218)
举办"美丽乡村 文明向善"专题文艺演出……(220)
举行"做有道德的人"夏令营……(220)
开展庆祝建党95周年系列活动……(220)
省卫计委法制处到桥驿镇调研……(220)

茶亭镇
概况……（220）
完成换届选举工作……（222）
协鑫新能源项目开工……（222）
棚户改造取得实质进展……（222）
乔口镇
概况……（222）
获“国家卫生镇”称号……（223）
大众垸防洪整治工程撇洪河段项目拆迁单日签约85户……（224）
防汛工作取得全面胜利……（224）
盘龙岭村“省定贫困村”成功摘帽……（224）
成立雷锋慈善会乔口分会……（224）
靖港镇
概况……（224）
中组部调研前榜村党性教育……（225）
靖港古镇精准提质改造服务质量……（225）
靖港古镇入选湖南省首套手绘古镇系列明信片……（225）
夺取防汛抗灾工作胜利……（226）
靖港皮影艺术馆开馆……（226）
举办2016国际帐篷节……（226）
白箬铺镇
概况……（226）
中组部培训班到白箬铺镇光明村考察学习……（227）
举行“建设幸福白箬 我当先锋”演讲比赛……（228）
举办“海峡两岸情 和美一家亲”活动……（228）
举办首届“孝顺之星”评选表彰……（228）

人　物

赵建恒……（229）
陈金华……（229）
瞿宏斌……（230）
陈际明……（231）
吕景俊……（231）

光荣榜

获省部级奖励（命名）单位名单……（232）
获省部级奖励（命名）个人名单……（233）
获市厅级奖励（命名）单位名单……（233）
获市厅级奖励（命名）个人名单……（236）

统计资料

望城区国民经济和社会发展统计资料（2015—2016）……（237）

附　录

文件选登
关于全面推进“五美五韵”美丽乡村建设的实施意见……（240）
关于印发《〈长沙市望城区征地补偿安置办法〉实施细则》的通知……（245）
关于印发《长沙市望城区政府投资建设项目管理实施办法》的通知……（249）
望城非物质文化遗产选介
长沙窑铜官陶瓷烧制技艺……（255）
望城剪纸……（256）
望城皮影戏……（256）
丁字石雕……（257）
新康木雕……（257）

索　引

主题索引……（258）

彩版目录

聚焦望城……（1）
强盛之城……（9）
美丽之城……（17）
幸福之城……（21）

Main Contents

Features

Chronicle of Events

Chronicle of Wangcheng in 2016 ………………… (25)

General Introduction

Historical culture ………………………………… (30)
Physical Geography ……………………………… (30)
Population and Nationdities ……………………… (31)
Admistrative Districts …………………………… (31)
National Economy and Social Revelopment …… (31)
Two – type Society Construction ……………… (33)
Construction of Spirital Civilization …………… (34)

Politics

Wangcheng CPC Committee ……………………… (36)
Important Meetings ………………………………… (36)
Work Summary ……………………………………… (37)
Organization Work …………………………………… (39)
United Front Work …………………………………… (41)
Institution Organization Work …………………… (43)
Propaganda Work …………………………………… (45)
Complaint Letters Management …………………… (47)
Work of the Communist Party School …………… (48)
CPC history &local records &archives …………… (48)
Liaison work on CPC history ……………………… (50)
Veteran Cadres Work ………………………………… (50)
Care about future generation work ……………… (51)
The Working Committee Directly Under the Country Government ……………………………… (52)
Wangcheng Discipline Inspection Committee … (53)
The Standing Committee of the People's Congress of Wangcheg County ………………… (54)
Wangcheng People's Government ……………… (56)
Important Meetings ………………………………… (56)
Work Summary ……………………………………… (61)
Key Projects ………………………………………… (66)
Syndrome demolition resettlement ……………… (66)
Administrative law enforcement …………………… (67)
Human Resources management …………………… (67)
Administrative Services …………………………… (69)
Government Logistics Services …………………… (69)
Resettlement ………………………………………… (70)
Wangcheng CPPCC Committee …………………… (71)

Democratic parties & Federation of industry and commerce

Revolutionary Committee of the Chinese Kuomintang … (74)
China Democratic Leagure ……………………… (74)
China Democratic National Construction Association …· (75)
China Association for the promotion of democracy …· (75)
Chinese peasants and Workers Democratic Party …… (75)
93 Society ………………………………………… (75)
Federation of indus and Commerce ……………… (75)

Mass Organization

Labor Union Work of WangCheng ……………… (78)
Youth Work of WangCheng ……………………… (79)
Women's Affairs of WangCheng ………………… (80)
Disabled Persons' Affairs of WangCheng ……… (82)
Returned Overseas Chinese and the Depandents of Overseas Chinese Affairs of WangCheng …… (83)
The Red Goss of WangCheng …………………… (85)

Rule by Law

Politics and Law Committee and Local Comprehensive Management ……………………………… (87)
Construction of government ruled by law ……… (88)
Public Security …………………………………… (89)
Prosecutions ……………………………………… (94)
Trials ……………………………………………… (96)
Judicature ………………………………………… (98)

Military

People's Armed Forces of WangCheng ………… (101)
Armed Police of WangCheng …………………… (102)
Air Defense of WangCheng ……………………… (104)

Economic Management

Development and Reform ……(106)
Energy management ……(107)
Statistical work……(108)
Market and supervision and Administration of Wangcheng District, Changsha ……(109)
Auditting ……(111)
Land Management ……(111)
Safe-production Supervision ……(113)

Industry and Park Area

Industrial Summary ……(116)
Food and Health ……(117)
Non-ferrous metal ……(117)
Machino Facture ……(117)
Economic Pevelopment Zone Wangcheng County of Hunan Provine ……(116)
The National Agricultural Science Park ……(118)
The Circular Economic Industrial Base of Tong Guan ……(119)
The Waterfront Park of Wangcheng ……(120)

Agricuture

Summary ……(123)
Farm Machinery ……(125)
Breeding ……(126)
Water Conservancy ……(128)
Meteorological ……(129)
Comprehensive Agricultural Development ……(130)

Town Construction · Environmental Protection

Construction Management ……(132)
City Planning ……(133)
Housing Security ……(135)
Housing Fund Management ……(136)
City Management ……(137)
Municipal Mainterance ……(138)
Landscaping ……(139)
City sanitation ……(140)
Municipal management ……(141)
City Operation environmental protection ……(142)

Tax and Banking Business

Finance ……(145)
Tax Administration ……(146)
Local Tax ……(146)
State Tax ……(147)
Banking Business……(148)
People's Bank of China Wangcheng Sub-branch ……(148)
China Wangcheng Branch of the Industrial and Commercial Bank co. ,Ltd. ……(149)
China Agricultural Development Bank Wangcheng Sub-branch ……(149)
China Construction Bank Limited Liability Company Wangcheng Sub-branch ……(150)
Agriculture Bank of China Wangcheng Sub-branch ……(150)
Postal Savings Bank of China Wangcheng Sub-branch ……(150)
Commerical Bank Wangcheng County Branch, Changsha ……(151)
Hunan Province Wangcheng Rural Commercial bank ……(151)
Bank of Communications, Wangcheng branch ……(152)
Insurance ……(153)
China Life Insurance Company Limited Of Wangcheng Branch Companies ……(153)
China People's Possession Insurance Co. ,Ltd of Wangcheng branch companies ……(153)

Commerce · Tourism

Summary ……(155)
Sate-owned Commercial ……(156)
The Management Center of County Materials ……(156)
Export Trade ……(156)
Operating Explosive Materials ……(156)
Cooperation between Supply and Marketing ……(157)
Grain and Oil Management ……(157)
Tobacco Monopoly ……(159)
Tourism ……(159)
Leifeng Memorial Museum ……(161)
Kiln of Tongguan in Changsha ……(162)
Changsha Heimifeng National Forest Park ……(163)

Traffic & Post and Telecommunication & Electric power

Traffic ……(165)

Road Management ······ (166)
Postal Services ······ (167)
Telecommunication ······ (167)
Mobile Communication ······ (168)
Unicom Communication ······ (168)
Electric Power ······ (168)

Education & Science and Technology

Education Management ······ (170)
Teaching research & Training ······ (172)
Wangcheng County NO. 1 Middle School ······ (173)
Wangcheng County Vocational Technical Secondary School ······ (175)
Science and Technology Management ······ (176)
Science and Technology Popularizes ······ (178)

Culture & P · E

Construction of Culture and P · E ······ (181)
Masses' Culture ······ (182)
Book Reading ······ (183)
Opera Performance ······ (183)
Movie Showing ······ (183)
Historical Relic Management ······ (183)
Culture Products Market Check ······ (184)
Sports ······ (185)
Cable TV ······ (186)
Book Publication ······ (186)

Medical Treatment and Health and Family Planning

Summary ······ (188)
People's Hospital ······ (190)
Diseases Prevention and Control ······ (191)
Health Supervision ······ (192)
Women and Children's Health Care ······ (193)
Schistosomiasis Control ······ (194)
Mental Hospital ······ (195)
Patriotic Health Campaign ······ (195)

Social Livelihood

Civil Administration ······ (197)
Social Security ······ (198)
People's Lives ······ (199)

Villages and Towns & District

Dingziwang District ······ (200)
Tongguan District ······ (201)
Gaotangling District ······ (203)
Wushan District ······ (205)
Jinshanqiao District ······ (207)
Huangjinyuan District ······ (209)
Leifeng District ······ (211)
Baishazhou District ······ (214)
Dazehu District ······ (215)
Yueliangdao District ······ (217)
Qiaoyi Town ······ (218)
Chating Town ······ (221)
Qiaokou Town ······ (222)
Jinggang Town ······ (224)
Bairuopu Town ······ (226)

People

Zhao Jianheng ······ (229)
Chen Jinhua ······ (229)
Qu Hongbin ······ (230)
Chen Jiming ······ (231)
Lu Jingjun ······ (231)

Honor Roll

Units given awards above the provincial level ······ (232)
Individuals given awards above the provincial level ······ (233)
Units given awards above the city level ······ (233)
Individuals given awards above the city level ······ (236)

Statistical information

Statistics material of National Economy and Social Development in Wangcheng ······················· (237)

Appendix

Selected Documents ································ (240)
A select to the Intangible cultural heritage of WangCheng ·· (255)

Indexes

Subject index ·· (258)

Catalog of the pictures

Focus on Wangcheng ································ (1)
Powerful city ··· (9)
Beautiful city ··· (17)
Happy city ·· (21)

特　载

责任编辑 ◎ 张姣美

万众一心　只争朝夕
加快建设更加美丽强盛幸福的名望之城

——在中国共产党长沙市望城区第二次代表大会上的报告

2016 年 8 月 15 日

中共长沙市望城区委书记　孔玉成

中国共产党长沙市望城区第二次代表大会，是在望城撤县设区五周年、开启“十三五”发展新征程的关键时期，召开的一次十分重要的会议。会议的主题是：深入贯彻落实“四个全面”战略布局、五大发展理念和习近平总书记系列重要讲话精神，动员和号召全区上下，万众一心，只争朝夕，在转型创新发展中阔步前进，加快建设更加美丽强盛幸福的名望之城。

过去五年的工作回顾

过去五年，我们在省委、市委的坚强领导下，团结带领全区广大党员和干部群众，积极抢抓新机遇，主动适应新常态，沉着应对新挑战，推动区域经济社会持续健康快速发展，书写了望城发展史上浓墨重彩的壮丽篇章。

五年来，我们致力做大做强产业，区域经济大幅跨越。2015年完成地区生产总值520.4亿元、财政总收入63.9亿元、固定资产投资681亿元，五年年均分别增长13.3%、23.7%、23.1%，主要经济指标均实现翻番，获评全国县域经济科学发展特色县、国家可持续发展实验区。工业经济提质提档。把先进制造业作为主攻方向，出台系列支持政策，对重点企业开展精准帮扶，工业总产值突破千亿元大关，高新技术产业增加值占GDP比重提升18.4个百分点。“一区两园”（望城经开区、铜官循环工业园、望城中小企业园）加速崛起，望城经开区成功晋升国家级经济技术开发区、跻身国家首批知识产权试点园区，铜官循环工业园获批全省首批循环经济试点示范园区，望城中小企业园朝着特色产业园区迈出了坚实步伐。主导产业加速壮大，证通电子、中信戴卡、中粮可口可乐等百余个投资过亿元工业项目成功落户，有色金属精深加工、食品加工产业支撑作用不断增强，电子信息产业来势喜人。第三产业加快发展。把现代服务业作为新的经济增长动力来培育，湾田国际、高星物流、奥特莱斯等建成开业，澳优总部、新奥燃气总部、永通汽车总部等成功入驻，社会消费品零售总额迈上百亿元台阶。金融业稳步发展，一批金融机构抢滩入驻，存贷款余额均实现翻番。出台支持和促进房地

区委书记孔玉成作工作报告

产业健康发展政策，房地产业实现快速平稳发展。乔口渔都、新康戏乡、铜官陶城、书堂小镇建成开街，湘江古镇群成为望城名片，我区成功跻身首批国家全域旅游示范区创建行列。现代农业特色凸显。把发展现代农业作为统筹解决“三农”(农业、农村、农民)问题的重要途径，长沙现代农业试验区成功落户，望城农科园平台效应逐步显现，都市农业、绿色种养、农产品加工业蓬勃发展，农业规模化、专业化、特色化水平大幅提升。成功举办3届休闲农业与乡村旅游主题节会，休闲农业已成为望城具有全国影响力的特色品牌。

五年来，我们致力统筹融合发展，城乡品质显著提升。大力推动一江两岸、城镇乡村协调联动发展，我区获评全省新型城镇化暨城乡统筹示范区、海绵城市试点区。综合交通体系加快形成。大力实施交通先行战略，金桥综合枢纽、地铁4号线、长株潭城铁启动建设，京港澳高速复线将于年内全线贯通，湘江长沙航电枢纽建成投运，黄桥大道、芙蓉北大道、潇湘大道景观道、湘江大道北延线相继通车，打造了与长沙中心城区30分钟通勤圈。精美城镇建设亮点纷呈。推进滨水新城核心区集约发展，滨江生态公园群规划建设全面启动，雷锋公园、谷山体育公园、半岛水利风景区扮靓城市客厅，月亮岛、斑马湖等片区日新月异，全区新增建成区面积20平方千米。推进中心集镇特色发展，打造了一批文化名镇、休闲小镇、生态靓镇，小城镇建设得到各级领导的高度肯定和社会各界的广泛赞誉。城乡环境整治成效明显。强力推进城乡接合部综合整治，大力实施最严城市管理，持续开展造绿大行动，乡村卫生整治走在全省前列，美丽村庄、魅力村落不断涌现，我区获评全国绿化模范单位和湖南首个省级生态区。

五年来，我们致力深化改革创新，发展活力持续迸发。大力推进重点领域和关键环节改革，为经济社会发展注入了强劲动力。通过政府机构改革提升行政效能。以行政中心搬迁为契机，深入推进政府机构改革和行政审批制度改革，行政效能提速70%，“雷锋政务超市”达到全省一流水平。改革城市管理体制，实现了执法重心下移、服务前移。通过经济领域改革破解发展难题。建立常态化驻外招商机制，主动开展敲门招商、定向招商，招商引资实现量质齐升。完善征拆安置配套政策和工作机制，征拆工作步入规范有序的良性轨道。调整重大项目调度和建设体制机制，项目建设效率和质量持续提升。通过城乡体制改革提升发展活力。调优区、镇财政体制，实行分类绩效考核，有效调动了基层工作积极性。实施乡镇区划调整和合并村工作，有力促进了资源优化配置、服务能力提升。推进“三权分置”(土地所有权、承包权、经营权)、农民集中居住试点、涉农资金整合改革，现代农业综合配套改革拉开大幕。

五年来，我们致力全面小康建设，民生福祉不断增强。始终坚持以人为本、民生优先，我区获评全省首批全面小康达标区。社会保障日趋完善。加快建立全覆盖、均等化的社会保障体系，创业就业服务不断优化，精准扶贫全面启动，社会保险扩面提档，农村危房改造加快推进，基本养老服务补贴实现全覆盖，扶贫济困工作走在全国前列。社会事业优质发展。成功引进长郡中学、一师附小等优质教育资源，获评国家义务教育发展基本均衡区、全省教育强区。深化医药卫生体制改革，群众就医负担明显减轻。实施“全面两孩”政策，计生工作连续9年保持“国优”。加强文化遗产保护，铜官窑遗址公园建成开放。实施科技强区战略，荣获全国科技进步先进区。公共自行车租赁系统正式运营，乡镇公交覆盖率达80%，农村安全饮水工程惠及9万人。社会环境更加和谐。着力推进“法治望城”“平安望城”建设，连续三年获评全省社会管理综合治理先进区、安全生产先进区，综治公众满意度连续五年位居全市第一。深入开展学雷锋活动，“时代楷模”望城消防大队、“全国道德模范”周美玲等先进典型相继涌现，“雷锋580”被评为全国最佳志愿服务项目。

五年来，我们致力从严管党治党，党的建设全面加强。把抓好党建作为最大政绩，推动全面从严管党治党在望城落地生根。深入开展专题教育。扎实开展群众路线、“三严三实”（严以修身、严以用权、严以律己；谋事要实、创业要实、做人要实）“两学一做”（学党章党规、学系列讲话，做合格党员）等专题教育，认真抓好“四风”整治，积极开展群众工作“点赞”工程，党员干部作风明显转变，忠诚干净担当意识不断增强。持续推进反腐倡廉。严格落实“两个责任”，建立“制度+科技+文化”廉政风险防控机制，严肃查处违纪违规案件，连续五年在全市党风廉政建设考核中名列前茅。大力推进纪检监察工作，落实纪委书记、纪检组长专职，派驻机构统一管理成效明显。全面提升干部状态。坚持正确用人导向，以项目建设论英雄、以严实作风作标尺，出台动态评估领导干部状态实施意见，实行“有错无为”问责，推动形成了能者上、平者让、庸者下的良性循环，“狮子型”干部培养选拔做法在全省推介。切实加强基层党建。实施基层党建“三化”工程（教育主体扩大化、培训内容实用化、教学形式多样化），启动“1+5”三年行动（“1”即一个目标，以建设更加美丽强盛幸福的名望之城为目标引领，“5”即五大行动，基层党建责任落地、队伍素质提升、基层阵地提质、运行经费保障、村级事务规范。），开展党组织书记“双述双评”，加强党员队伍教育管理，党组织的凝聚力战斗力不断增强，“三分五统”（“分片建点、分层定责、分类办班”和教学管理、师资选配、课程审核、经费负担、考核评估“五个统一”）轮训模式得到中组部肯定。巩固发展民主政治。大力支持人大、政协履行职能，全面推进政府依法行政，发展壮大爱国统一战线，注重发挥人民团体作用，持续加强双拥共建，为望城发展凝聚了广泛共识，汇聚了强大力量。

同志们，过去五年，望城的硬实力、软实力大幅提升，城市的知名度、美誉度不断扩大，人民的幸福感、获得感全面增强。我们要深深铭记，这些成绩的取得，得益于中央、省委、市委的正确领导和关心重视，得益于历届区（县）委的科学决策和真抓实干，得益于广大干部群众的奋力拼搏和无私奉献，得益于社会各界的热忱关心和鼎力支持。在此，我代表区委，向所有关心、支持、参与望城发展的同志们和朋友们，表示衷心的感谢并致以崇高的敬意！

五年的探索，五年的奋斗，给了我们深刻的体会，也为未来发展积累了宝贵经验。实践昭示我们：只有坚持特色发展，充分发挥望城独特的区位优势、自然优势、人文优势、平台优势，科学谋划，精准发力，才能走出一条具有望城特色的发展之路。只有坚持民生优先，始终顺应人民群众对美好生活的向往，使推动发展的过程成为造福人民的过程，才能凝聚最广泛的智慧和力量。只有坚持改革创新，充分发挥“一改三不改”(即职能、体制和区划不改，实行“城乡一体”的管理体制，享有县级管理权限)的体制优势，以改革应对挑战，以创新破解难题，才能创造新优势、增添新动力。只有坚持严实作风，自觉做到务实谋事、踏实创业、诚实做人，才能创造出经得起历史、实践和群众检验的发展业绩。只有坚持党的领导，坚定正确的政治方向，着力提高执政能力和领导水平，我们的事业才能无往不胜，望城的发展航船才能乘风破浪。

在看到成绩的同时，我们也要清醒地认识到前进道路上面临的困难和问题。主要是：经济总量仍然不大，先进制造业支撑还不够强，现代服务业基础比较薄弱，现代产业体系构建还任重道远；城市配套还不优，中心城区吸纳力和辐射力不足，综合交通体系规划建设有待进一步提速；民生事业发展水平与人民群众的期待还有差距，少数党员干部“四为”精神和能力水平还不能完全适应时代要求和发展需要。对此，我们必须高度重视，采取有效措施切实加以解决。

未来五年的目标任务

未来五年，是推动转型创新发展、加快建设名望之城的关键时期，我们要科学把握发展大势，精准谋划宏伟蓝图。

从宏观环境来看，望城正处于大有可为的机遇期。中央强力实施“一带一路”、长江经济带等发展战略，我国经济发展基本面仍将长期向好；省委、省政府大力实施“一带一部”(东部沿海地区和中西部地区过渡带、长江开放经济带和沿海开放经济带结合部)战略，促进“三量齐升”，推进“五化同步”；市委、市政府着力建设“能量更大、实力更强、城乡更美、民生更爽”的长沙，加快向基本现代化迈进，这些都为我区发展提供了良好机遇和有利条件。望城拥有长株潭“两型”社会试验区、洞庭湖生态经济区、长株潭国家自主创新示范区、湖南湘江新区四大国家级战略平台的叠加优势，特别是湘江新区加快统筹融合发展步伐，必将为我区全面融入湘江新区提供更多政策扶持和资源支持。只要我们善于借势借力，切实把发展机遇转变为竞争优势，把政策“含金量”转变为发展“实物量”，就一定能够大有可为、大有作为。

从发展态势来看，望城正处于城市建设的加速期。中央时隔37年召开城市工作会议，为我们加快城市发展指明了方向。长沙发展跨入“湘江时代”，“东西比翼、双核驱动”的发展思路更加明晰，长沙城市西扩方兴未艾、势不可挡。作为长沙新兴城区，望城地缘优势难以比拟，空间优势得天独厚，交通优势日益彰显。特别是经过多年努力，城市骨架逐步拉开，基础设施不断完善，产业实力持续增强，加快城市发展、建设省会新区，其时已至、其势已成。只要我们顺势而为、乘势而上，以更高的标准、更大的力度、更优的品质推进城市建设，就一定能抢占“湘江时代”制高点、实现城市建设大突破。

从面临任务来看，望城正处于转型创新的关键期。我国经济发展步入新常态，中央提出创新、协调、绿色、开放、共享发展理念，对区域转型创新发展提出了明确要求。这既是时代命题，也是现实课题。未来五年，望城的经济发展既面临扩大总量和提升质量的双重压力，又面临培育新兴产业和升级传统产业的双重任务，打造区域经济升级版的任务十分艰巨和繁重。我们只有精准发力，综合施策，大力推进供给侧结构性改革，以开放拓展新空间，以创新增添新动力，奋力走出一条区域经济转型创新发展的新路子，才能在新一轮发展的时代潮流中赢得主动、引领未来。

未来五年，全区工作总的指导思想是：全面贯彻党的十八大，十八届三中、四中、五中全会精神和习近平总书记系列重要讲话精神，认真落实省委、市委决策部署，坚持创新、协调、绿色、开放、共享发展理念，以建设名望之城为目标，以转型创新发展为主线，大力推进四大主体功能区、四大产业集群、四大社会建设，努力把雷锋故乡建设得更加美丽、更加强盛、更加幸福！

名望之城是望城发展的总体目标，其外在表现是名气大、名声响、名望高，核心内涵是实力强、城乡美、民生爽，基本要义是“三区”，即现代产业聚集区、城乡统筹样板区、文明宜居首善区。四大主体功能区是望城发展的空间布局，四大产业集群是望城发展的动力引擎，四大社会建设是望城发展的重要保障，为建设名望之城明晰了规划图、路径图和施工图。未来五年，我们要把建设名望之城作为全区上下的光荣使命和责任担当，精准施策、有的放矢，持续用力、久久为功，确保目标全面实现。具体而言，就是：

——实力更加强盛。加快建设四大产业集群，使望城成为现代产业高度聚集、创业主体争相入驻的发展高地，成为极具竞争力、影响力、吸纳力的经济强区，主要经济指标增速领跑长沙四县市，实现五年倍增、质效齐升。

——城乡更加美丽。大力建设“四大主体功能区”，形成主体功能明确、区域特色发展、资源配置优化、整体效能提升的一体化发展格局，积极探索具有广泛影响力的城乡统筹“望城样板”。

——人民更加幸福。协调推进“四大社会建设”，力促社会保障更加健全，公共服务更加优质，社会治理机制更加完善，城市文明程度和宜居指数在全市领先，道德建设、学雷锋活动常态化走在全国前列，人民群众的殷实感、安全感、舒适感、愉悦感持续提升。

实现上述目标，必须坚持项目拉动、创新驱动、开放促动、人才带动。始终把项目建设作为加快发展的第一抓手，更好发挥政府投资的引导作用、社会投资的主力作用，以大项目拉动大投资，以大投资推动大建设，以大建设促进大发展。始终把创新作为引领发展的第一动力，大力推动科技创新、文化创新、制度创新、管理创新，在全社会掀起大众创业、万众创新的热潮，更好发挥创新创造的乘数效应。始终把开放作为推动发展的第一需求，抢抓新一轮产业转移机遇，建立更加开放的市场体系、平台体系、产业体系、服务体系，吸引各类资源要素向望城集聚，致力建设全省对外开放新高地。始终把人才作为支撑发展的第一资源，以更加宽广的视野和博大的胸怀引才聚才、留才用才，努力让各类人才在望城创业有机会、干事有舞台、发展有空间，共同开创望城发展的崭新局面。

加快建设名望之城

建设更加美丽强盛幸福的名望之城，是一项系统工程，必须突出重点，统筹推进，加速实施。今后五年，重点抓好以下几个方面的工作：

一、加快建设现代产业聚集区，让望城更加强盛

发展现代产业是建设强盛望城的必由之路。要加快构建以“四大产业集群”为引擎的现代产业体系，着力打造区域经济升级版。

1.做强先进制造业，打造最具特色的先进制造产业群。坚持把先进制造业作为“产业强区”的第一选择，推动产业集群化、高端化、智能化发展，努力建设全省高端制造研发转化基地。打造大平台。按照特色化、专业化、两型化的要求，坚定不移做大、做强、做优“一区两园”。望城经开区要加快满园扩园、提质升级，建设产城融合、宜居宜业的现代城市工业经济综合体，朝着“千亿主导产业、全国百强园区”的目标奋力迈进。铜官循环工业园要全面完善综合配套体系，大力发展新材料、新医药产业，争创一流的省级工业集中区。乌山中小企业园要加快与经开区对接融合，争创省级电力智能产业园。提质大产业。以扩总量、优质量为重点，着力培育一批行业领先的百亿级龙头企业，力争有色金属精深加工发展成为望城首个“千亿级产业”。以绿色型、健康型为引领，致力建设更具竞争力的食品产业基地。以智能化、高端化为方向，把电子信息打造成为新的支柱产业。改造提升陶瓷等传统产业，积极发展环保等新兴产业，努力让“老树开新花”“新苗成大树”。推进大招商。聚焦招商引资第一菜单，按照“深耕珠三角、开辟长三角、挺进京津冀”的思路，主攻大企业、大集团、大产业，以更大规模、更高质量的项目落地，推动现代工业逆势赶超。以产业链招商为重点，提效驻点招商，实施以商招商，探索专业招商，不断提升招商引资的精准性和实效性。

2.做特文化旅游业，打造最具魅力古镇群。顺应大众旅游新趋势，以大思路、大战略、大手笔，奋力开创望城旅游经济时代。打造古镇群品牌。坚持以文化为魂、产业为核、生态为基，强力推动湘江古镇群“二次创业”，争创国家AAAAA级景区，打造湖湘文化展厅、全国古镇旅游知名目的地。以游客满意为导向，积极推动旅游景点向精品化升级、产品向优质化升级、服务向标准化升级、管理向专业化升级，切实让游客留得下脚步，让古镇留得住消费。推进全域化旅游。把全域旅游作为旅游供给侧改革的主攻方向，全力创建国家全域旅游示范区，让雷锋故乡处处是旅游风景、人人是旅游形象。以古色、绿色、红色旅游为重点，探索“一二三产业+旅游”发展模式，努力走出一条以旅游业促推区域经济转型创新发展的新路子。提升都市型农业。充分发挥长沙现代农业试验区、望城农科园的平台作用，大力发展高端种养、科普体验和休闲观光农业，提质发展一批精致化、特色化、复合化的农业乐园，积极推动农业与二、三产业深度融合，着力构建具有全国影响力的都市农业品牌。

3.做优现代服务业，打造最美滨江生态公园群。坚持高起点规划、高标准设计、高品质建设，致力打造湘江新区的经济增长极、品质长沙的亮丽金名片、滨水城市的建设新典范。构建新型城市形态。突出现代产业、现代生活、现代都市“三位一体”，依托潇湘大道、黄金河水系两大发展轴，规划建设健康乐活、创新商务、生态智慧、文旅乐游四大片区，构建江洲湖联动、产城景融合的新型城镇化示范区。建设靓丽城市客厅。以水系为“藤”、公园为“瓜”、洲岛为“叶”，形成一河贯通、三湖串联、公园群布、绿岛呼应的生态空间，打造诗意栖居、人水和谐的幸福水城。突出沿江区域的公共性、开敞性、亲水性、标志性，建设富有韵律感、让人心旷神怡的最美黄金岸线。培育现代城市产业。坚持以业兴城、以产旺城，推动金融信息、文化创意、休闲旅游、健康养老等业态聚集发展、特色发展，形成更多高端供给、有效供给。搭建众创空间、企业孵化等创新创业平台，努力让新技术、新产业、新业态、新商业模式遍地开花。

4.做旺商贸流通业，打造最具活力的专业商贸市场群。以“做活市场、聚旺消费”为目标，依托大枢纽、大物流，推动市场群提质增效，打造长沙重要的商贸物流中心。推动市场升级。坚持差异发展、特色发展，加快金桥国际、湾田国际、高星物流、大河西汽配城等项目建设，推动市场向专业化、服务向综合化升级，培育一批更具辐射力、带动力的百亿级市场集群。推动物流升级。依托金桥综合枢纽、石长铁路货运站、京港澳高速复线等重大交通设施，积极融入全省、全国大物流网络，开辟大进大出、快进快出的便捷物流通道。实施“互联网+流通”行动计划，注重物联网、大数据等新技术应用，加快传统物流向现代物流、智能物流转变。推动业态升级。积极发展线上与线下融合、电商与实体结合等新业态，大力支持市场群开展二次招商，积极承接长沙专业市场外迁，持续吸引人气、聚集财气、提升名气。

二、加快建设城乡统筹样板区，让望城更加美丽

城乡统筹过去是、未来仍然是望城发展的必然选择。

要大力推进“四大主体功能区”建设，让现代城市彰显出品质、特色小镇留得下脚步、美丽乡村记得住乡愁。

1．突出主体功能，构建一江两岸、协调发展的区域布局。以功能定位为导向，推动经济社会发展规划、城市总体规划、土地利用规划和专项规划多规融合，引领河东河西协调发展、城市乡村共同进步。优化空间战略布局。以高塘岭、月亮岛、大泽湖、白沙洲为重点，建设滨水城市核心区，着力打造省会长沙次中心、湘江新区副中心。以金山桥、黄金园、乌山、丁字湾为重点，建设城市功能拓展区，着力打造区域经济主引擎、对外开放主阵地。以铜官、靖港、乔口为重点，建设文化旅游发展区，着力打造全域旅游示范区、湖湘文化展示区。以桥驿、茶亭、白箬铺为重点，建设生态涵养保护区，着力打造现代农业新样板、生态经济新高地。优化产业发展布局。滨水城市核心区大力发展高端商业、现代商务等业态，城市功能拓展区大力发展先进制造、商贸物流等业态，文化旅游发展区大力发展休闲度假、文化娱乐等业态，生态涵养保护区大力发展精致农业、体验农业等业态，致力构建特色鲜明、优势彰显、有机融合的产业新格局。优化基础设施布局。规划建设铜靖大桥、白沙洲大桥、银星路和香炉洲过江通道，同步完善配套路网、信息能源、给水排水等基础设施，形成一江两岸互联互通、互促互进的发展格局。

2．突出基础先行，构建配套高端、便捷高效的城市功能。坚持首攻交通、大兴交通，进一步彰显区位优势、拉开城市骨架、扩大城市容量、完善城市功能。推进交通体系立体化。以“向南融入湘江新区、向东汇入中心城区、向西接入高速路网、向北联入洞庭湖生态经济区”为方向，大力推进金桥综合枢纽站、长沙西客站、铜官港区等交通枢纽建设，协调推进地铁4号线、长株潭城铁、渝长厦高铁等轨道交通建设，加快推进长益高速复线、潇湘北路、北横线等快速路网建设，同步推进黄桥大道河东段、黄金大道等主次干道建设，着力构建“融入全国、策应全省、对接长沙”的开放式、综合型交通体系。推进基础配套现代化。按照建设畅通城市、智慧城市、海绵城市的要求，积极推进交通网、能源网、信息网、地下管网“四网”融合，加快形成布局合理、适度超前、功能完善的基础设施体系。实施有机棚改和雨污分流，加强品质化造绿复绿、常态化城市管理，切实提升城市形象和品位。推进公共服务优质化。坚持以高端配套吸引产业、导入人气，不断扩大名牌学校、品牌医院、文化馆厅、大众体育等优质资源供给，大力推进公交都市建设，努力实现“城市让生活更美好”。

3．突出城市引领，构建主核驱动、多点支撑的城镇体系。树立精明建设、紧凑发展的理念，持续推进城乡品质倍升，加快形成以中心城区为核心、新兴组团为支撑、特色小镇为节点、美丽乡村为依托的城乡格局。建设中心城区。建设能量更大、品质更高、功能更强的中心城区，是提升望城城市集聚力、辐射力的现实需要和必然选择。以斑马湖为中心，以雷锋大道为轴线，大力推动中心城区扩容提质、做大做强，力争主城区面积达到30平方千米以上、常住人口达到30万人以上，使之成为区域发展的新引擎、吸纳消费的主平台。加快城东片区综合开发，构建“四纵八横”交通路网，推进学校、公园等重点项目建设，打造聚集高端要素、彰显滨水特色的魅力城市。加快城西片区提质提档，推进背街小巷、城市社区和安置小区提质改造，畅通交通微循环，完善市政设施网，增加公共绿地量，保护历史建筑和文化遗存，打造具有现代品质、留住望城记忆的宜居城市。坚持产城融合、新老城区互动，加快商务商贸、现代金融、文化娱乐、旅游服务等业态提质升级、发展壮大，打造产业集聚、企业集中、功能集成的服务业聚集区，推动现代服务业跨越发展。建设新兴组团。按照组团式发展的思路，梯次推进“一江两岸”开发建设，使每一个城市组团都自成体系、“独成一市”。重点推进月亮岛片区开发建设，进一步完善城市配套、优化城市空间，大力发展文化旅游、楼宇经济等业态，构建岛城互动、繁荣兴旺的新兴城市组团，使之成为融城发展的主阵地和桥头堡。建设特色小镇。坚持里子与面子协调推进、地上与地下同步实施，进一步提升品质品位、强化特质特色，着力建设一批小而精、小而特、小而美的文旅名镇、经济强镇、生态小镇。将历史“血脉”、文化“基因”深深根植于城镇之中，不断提升文化品质、彰显文化魅力。建设美丽乡村。以“五美五韵”(布局美、产业美、环境美、生活美、风尚美、水韵望城、绿韵望城、古韵望城、品韵望城、礼韵望城)乡村为目标，全域化、全覆盖推进美丽乡村建设，扎实开展环境综合整治，不断完善道路交通、防汛抗旱、安全饮水等基础设施，稳步实施“三权分置”(所有权、承包权、经营权)等涉农改革，积极发展农业新主体、新模式、新业态，努力打造美丽乡村升级版。

4．突出政策导向，构建各得其所、相得益彰的发展机制。建立指向更加明确、约束更加严格、操作更加方便的政策体系，推动四大主体功能区错位发展、均衡发展、互动发展。优化资源配置。坚持公共资源注重公平、市场资源注重效率，综合运用规划、土地、投资等手段，引导资源要素按照主体功能定位，实现合理配置、有序流动和高效利用。用好财政政策。完善财权与事权更加匹配的财政体制，优化财力配置结构，建立产业发展专项资金、生态补偿机制等财政政策，更好发挥财政的杠杆和导向作用。完善考核体系。按照分类考核、精准考核的要求，建立与功能定位、目标任务、发展重点相匹配的考核评价体系，推动形成各尽其能、各得其所、各美其美的发展格局。

三、加快建设文明宜居首善区，让望城更加幸福

带领全区人民创造幸福生活，是我们始终不渝的奋斗目标。要坚持以人民为中心的发展思想，大力推进“四大社会建设”，使雷锋故乡成为和谐美好的幸福家园。

1．推进民生事业建设，共建共享幸福安康的首善之区。以建设更高水平的全面小康社会为统揽，集中力量抓好普惠性、基础性、兜底性民生建设，让人民群众有更直接更丰富的获得感。优化普惠性民生。以优质、均衡、公平为目标，建立现代教育体系，努力办好人民满意教育。深化医药卫生体制改革，推进健康望城建设，切实让群众少生病、看病更方便、治病更省钱。深入实施文化惠民工程，不断满足群众精神文化需求。建立更加便捷、高效、优质的政务服务体系，着力打造全国一流的“雷锋政务超市”。提质基础性民生。实施更加积极的就业创业政策，让群众有更稳定的工作、更满意的收入。按照“全覆盖、保基本、多层次、可持续”的要求，织密扎牢社会保障网。全面发展体育事业，积极促进妇女儿童、老龄、残疾人事业健康发展。保障兜底性民生。扎实推进15项精准扶贫举措，确保2017年贫困村全部“摘帽”、建档立卡贫困人口“清零”。健全社会救助体系，有序推进农村危房改造，切实保障困难群众基本生活。

2．推进文明城区建设，共建共享人文兴盛的首善之区。以精神文明建设为引领，植文化之根，聚精神之力，塑文明之魂，建设望城人民共有的精神家园。弘扬核心价值。牢牢掌握意识形态工作的领导权和话语权，积极培育和践行社会主义核心价值观，坚守主阵地，唱响主旋律，为望城发展凝聚强大正能量。建设好人之乡。积极探索学雷锋活动常态化的新载体和新路径，持续打造志愿服务、道德讲堂品牌，努力把雷锋精神发源地建设成为充满大爱的好人之乡。广泛开展文明创建活动，进一步弘扬文明新风、淳化社风民风，让“文明有礼、崇德明理”深入人心。打造文化高地。加强非物质文化遗产、历史文化遗迹的保护与传承，争创省级文化生态保护试验区。推出更多富有地方特色、时代特征的文化精品，努力使望城成为湖湘文化的展示窗口。

3．推进民主法治建设，共建共享公平正义的首善之区。坚持党的领导、人民当家做主、依法治区有机统一，让人民群众切实感受到公平正义就在身边。以民主保障公平正义。完善以基层党组织为核心、群众自治组织为主体、社会各方广泛参与的基层治理机制，有效保障人民群众的知情权、参与权、表达权、监督权，不断扩大公民有序政治参与。以法治守护公平正义。深入推进“法治望城”建设，努力形成更加自觉的法治思维、更加精准的法治方式、更加现代的法治体系。深化司法体制改革，提高司法公信力，发挥公正司法的“最后一道防线”作用。在全社会牢固树立宪法法律权威，让尊法、学法、守法、用法成为全体望城人的共同追求和自觉行动。以改革促进公平正义。把公平正义作为改革航标，深化政治、经济、社会等领域改革，推进权利平等、机会平等、规则平等，让人民群众生活得更有尊严。

4．推进平安望城建设，共建共享和谐安定的首善之区。按照社会治理体系和治理能力现代化的要求，全方位、大力度推进平安创建，努力打造全省最具安全感和满意度的城区。构建公共安全网络。牢固树立安全发展理念，严格落实生产安全、交通安全、食品安全、防洪安全责任，有效防范和坚决遏制重大安全事故发生，争创省级安全生产示范区。完善社会治理体系。建立健全立体化防控体系，依法严厉打击各类违法犯罪行为，确保人民安居乐业、社会安定有序。建设应急联动指挥中心，构建以大数据为基础的综合治理平台，不断提高社会治理信息化和精细化水平。巩固社会和谐局面。健全常态化群众工作机制，扎实推进法治信访、责任信访、阳光信访，切实把各类矛盾纠纷化解在基层、化解在萌芽状态，为改革发展营造和谐稳定的社会环境。

全面从严管党治党

办好望城的事情，关键在党。要坚定不移担当管党治党责任，落实全面从严治党要求，始终保持各级党组织和全体党员的先进性、纯洁性，为名望之城建设提供坚强的政治保障。

1．锤炼对党忠诚、担当有为、善做善成的坚强队伍。大力弘扬和践行“四为”精神，不断强化选人育人的正导向，激发干部队伍的精气神，提升新常态下推动发展的能力和水平。提升“想为”之境界。干部要干事、为官要有为，在其任就要尽其责、成其事、建其功。各级干部要始终把“想为”作为忠诚于党、忠诚于人民、忠诚于事业的基本要求，做到心无旁骛谋事、干事、成事。弘扬“敢为”之担当。坚持“为担当者担当、让有为者有位”，旗帜鲜明为务实干事者担当，为改革创新者担当，为无私奉献者担当，进一步营造担当可贵、担当光荣的浓厚氛围。倡导“勤为”之作风。勤为是工作状态，也是从政操守。要坚持“在岗必须在状态、不换状态就换人”，落实动态评估领导干部状态实施意见，引导每一名干部时刻追求最佳状态，始终做到激情不退、斗志不减、干劲不衰。增强“善为”之能力。各级干部要把善学善谋与善做善成结合起来，不断提高工作科学化、法治化、专业化水平，努力成为领导经济社会发展的行家里手。

2．构筑务实为民、坚强有力、全面过硬的战斗堡垒。按照“三个过硬”的要求，大力实施基层党建“1+5”三年行动计划，推动基层党建与经济社会发展深度融合，不断增强基层党组织的凝聚力、战斗力、创造力。推动思想政治过硬。充分发挥区委中心组和党校的主阵地作用，认真抓好党的理论教育和党性教育，扎实开展习近平总书记系列重要讲话精神轮训，引导广大党员牢固树立“四个意识”，自觉践行“四讲四有”。推动基层组织过硬。强化基层党组织的政治引领功能，创建示范性党组织，整顿软弱涣散党组织，推动党的各项政策在基层落地生根。加强服务型党组织建设，使基层组织成为带领群众致富的“主心骨”。落实基层党建责任，选好、用好、管好党组织带头人，打造一支政治强、素质高、作风硬的党组织书记队伍。推动党员队伍过硬。始终将政治标准放在首位，严把入口，畅通出口，不断提高党员队伍素质。规范党员日常管理，加强教育培训，积极开展党员志愿服务活动，培育更多“雷锋式”好党员。

3．营造干部清正、政府清廉、政治清明的良好生态。以严肃的态度、严明的纪律、严格的要求，持之以恒推进党风廉政建设，着力构建山清水秀、风清气正的“廉洁望城”。严肃党内政治生活。大力推动党员组织生活制度化、经常化、规范化，切实增强党内政治生活的政治性、时代性、原则性、战斗性，让党员干部在党内生活这个“大熔炉”中锤炼党性、百炼成钢。严明党的纪律规矩。把纪律建设摆在更加突出的位置，把党章党规党纪刻印在每个党员的心中，在全区形成尊崇党章、遵守党纪的良好氛围。坚持纪严于法、纪在法前，深化巡察工作，准确运用“四种形态”(经常开展批评和自我批评、约谈函询，让“红红脸、出出汗”成为常态；党纪轻处分、组织调整成为违纪处理的大多数；党纪重处分、重大职务调整的成为少数；严重违纪涉嫌违法立案审查的成为极少数)，真正把纪律立起来、严起来、用起来。严格党风廉政建设。坚持不懈反“四风”、改作风，着力整治发生在群众身边的不正之风。严格压实管党治党责任，做到有案必查、有腐必惩、失责必问，切实形成“不敢腐”的高压态势。完善廉政风险防控机制，扎牢织密“制度笼子”，持续构建“不能腐”的制度环境。弘扬廉政文化，推动党风民风向上向善，积极构建“亲清”新型政商关系，着力营造“不想腐”的从政氛围。

4．巩固政通人和、心齐气顺、团结奋进的生动局面。心齐则气顺，人和则事成。以共同事业凝聚人心。坚持以美好蓝图增进共识、鼓舞士气，切实把全区上下的思想和行动统一到区委的决策部署上来，把全社会的智慧和力量凝聚到名望之城建设的生动实践中来，努力形成万众一心、同心协力促发展的生动局面。以民主政治汇聚力量。支持人大、政协依法依章履行职能，巩固和发展最广泛的爱国统一战线，更好发挥各民主党派、工商联、无党派人士、人民团体的积极作用，维护和发展军政军民团结，共同奏响和衷共济的最强音，携手开创望城发展的新局面。以精诚团结推动发展。望城是一个大家庭，我们都是这个大家庭中的一员。每一名党员干部特别是领导干部都要把讲团结作为大智慧、真团结作为大境界、会团结作为大本领，做到思想上合心、工作上合力、行动上合拍，共同推动望城新一轮大发展、大跨越。

同志们，立足新起点、望城再出发，美好的蓝图鼓舞人心，崇高的使命催人奋进。让我们在中央、省、市的坚强领导下，团结带领全区广大党员和干部群众，不忘初心，继续前进，为加快建设更加美丽、强盛、幸福的名望之城而努力奋斗！

长沙市望城区人大常委会工作报告

——在长沙市望城区第二届人民代表大会第一次会议上

2016 年 11 月 27 日

长沙市望城区人大常委会主任　喻金平

过去一届工作回顾

2012年11月以来，区一届人大常委会在区委的坚强领导下，全面贯彻党的十八大、十八届三中、四中、五中、六中全会精神和习近平总书记系列重要讲话精神，紧紧围绕全区发展大局，切实履行宪法和法律赋予的职权，共举行常委会会议32次、主任会议88次，听取和审议“一府两院”工作报告113项，开展执法检查和视察调研161次，依法作出决议、决定42项，依法任免国家工作人员和法律职务432人次，为促进全区经济平稳较快增长、社会事业协调发展、民生福祉持续改善和民主法治不断进步做出积极贡献。

一、围绕中心、服务大局，助推发展成效显著

常委会始终坚持正确的政治方向，将全区中心工作和社会重大关切作为履职的着力点，主动融入改革发展大局，凝心聚力助推名望之城建设。

1. 依法行使重大事项决定权，推动区委决策落实。坚持抓大事、议大事、定大事，及时将区委决策部署转化为人民意志和法定事项，不断提升重大决策的民主化、科学化水平。依法加强规划监督。专题听取和审议“十二五”规划纲要实施中期评估，保障五年规划有效落地。全程跟踪监督“十三五”规划纲要编制工作，依法审议通过“十三五”规划纲要，提出逐步实现多规合一、突出产业发展、注重民生改善、强化生态保护等意见建议，有效增强了“十三五”规划纲要的前瞻性和操作性。依法作出决议决定。按照中央、省、市政策要求，结合区域发展实际，依法作出关于加强自然生态保护、批准《长沙市望城区国家可持续发展实验区建设规划（2014—2018）》等决议决定，审议通过区人民政府《关于〈湖南省长沙市望城区生态区建设规划（2011—2020）〉（修编）的议案》，并强化跟踪问效。特别是《关于加强自然生态保护的决定》提出“六不”理念(不挖山、不填水、不毁洲、不砍树、不损绿)，实施“原生态、系统性保护和分区分类保护”，有力推动了生态文明理念进一步深入人心。持续对自然生态保护工作开展调研视察，督促区人民政府及其相关部门加强对山体、湿地、城乡公共绿地的保护，加大造绿补绿力度，推动对已破坏的自然生态资源进行修复或治理。依法进行人事任免。坚持党管干部和依法任免有机统一，2013年率先推行人大及其常委会选举和任命的国家工作人员宪法宣誓制度，有效增强了被任命人员的国家观念、法制观念、公仆意识和宪法意识。加强任前审查，规范任免程序，严把主任会议初审、法律考试、个人陈词和投票表决等关口，确保了任免的公正性和严肃性。

2. 重点关注经济发展软环境，推动项目加快建设。以促进行政效能提升为突破口，全力支持服务项目建设，提升项目落地的速度和效益。突出项目建设视察调研。围绕“大项目突破年”“大项目攻坚年”“项目建设竞赛年”等活动，坚持每年组织对政府性投资项目、重点工程建设情况进行视察，深入调研招商引资、政府性投资项目建设管理等重点工作，促进项目建设优质高效推进。深入“一区两园”和企业开展“实力望城”调研，助推园区建

区人大常委会主任喻金平作工作报告

设和企业发展提档升级。开展部门工作评议。以转变工作作风、提升服务水平、提高工作效率和服务项目建设为主题，先后对12个政府工作部门和16个“百日攻坚大会战”服务单位开展工作评议，形成整改意见并督促整改落实，政务服务水平明显提高。专题向区人民政府提出优化审批流程、科学统筹城市地下管网建设、加强项目履约管理等建议，有力地推动了相关工作开展。加强重点项目协调。人大常委会主任、副主任切实加强联系项目的协调、指导和服务，深入一线研究解决项目建设的困难和问题，注重发挥基层人大代表熟悉区情、联系广泛的优势，有效化解了一批项目征拆和建设难题，促进了腾飞路、石长铁路、湘江长沙综合枢纽、城湘大道、黄桥大道、黄金西路和银星路拓改等重点工程的顺利建设。

3．牢牢把握转型升级新要求，助推产业质效齐升。坚持“产业强区”战略方向，积极为新常态下产业转型升级建言献策，助推三次产业提质增效。支持新型工业创新发展。密切关注工业企业转型发展，连续四年组织开展新型工业化专题调研视察活动，形成了《关于我区推进新型工业化情况的调研报告》等一批调研成果，受到区委的高度重视，为区人民政府出台加快推进新型工业化相关政策提供了重要参考。促进现代农业加速发展。专题听取畜牧健康养殖和国家农业科技园区工作情况汇报，视察长沙现代农业综合配套改革试验区农业产业项目，助力望城现代农业进一步打造特色、形成品牌。推动第三产业提质发展。大力支持湘江古镇群二次创业，积极推动旅游品牌打造、品质提升和服务提质，为我区创建国家全域旅游示范区出谋划策。主动服务世界休闲农业与乡村旅游峰会（湘江论坛），为历次峰会成功举办和休闲旅游业发展做出积极贡献。

二、突出重点、强化举措，监督实效不断增强

常委会牢牢把握科学发展新要求，把事关经济社会发展和民生福祉的关键领域、重要工作作为监督重点，依法行使监督职权，监督实效不断增强。

1．加强财经监督，促进经济健康运行。密切关注宏观经济走势，支持政府有效应对财政经济新形势，推动财政资金效益最大化，促进全区经济持续健康发展。强化财政预算监督。严格执行新预算法要求，实现对政府一般公共预算、政府性基金预算、国有资本经营预算和社会保险基金预算的全口径预算审查监督。加强财政预算执行、调整和决算监督，定期听取和审议相关情况报告，保障预算的科学性和严肃性。注重发挥审计监督作用，支持审计部门加大审计力度，率先全省开展“同级审”整改落实情况满意度测评，并强化测评结果运用，有效提高了整改质量，提升了监督成效。深化经济运行监督。高度关注政府债务风险，扎实开展债务管理工作调研，坚持审查批准政府融资与偿还计划，要求区人民政府适度控制债务规模、规范债务管理、改进融资方式，确保政府性债务安全可控。围绕村级财务管理薄弱环节开展专项调研，推动区人民政府及相关部门进一步健全村级财务管理制度，促进了村级财务管理的规范、透明。支持金融行业加快发展，督促相关部门警惕民间借贷风险，优化金融生态环境，推动金融工作更好地服务实体经济。

2．加强民生监督，推动热点问题解决。主动回应群众关切，大力推动民生热点难点问题的有效化解，切实维护群众权益。促进社会事业发展。着眼于教育均衡化优质化发展，积极推动进一步优化资源配置、强化竞争管理、改善教师待遇，区属高中债务化解、望城六中提质改造、望城一中及高塘岭中学师生出行不便等一批热点问题得到解决。深入开展城乡医疗保险等工作调研，组织《中华人民共和国执业医师法》执法检查和定点医疗机构专项监督检查，大力支持区脑科医院医技楼等医疗卫生设施建设，推动全区医疗卫生服务体系完善和服务水平提升。高度关注科技创新，促成区人民政府出台《关于进一步加快科技创新工作的若干意见》，推动科技创新在产业发展中发挥更大作用。促进城乡环境改善。持续开展“乡村农民健康行”“城乡环保世纪行”活动，促进了农村居民健康卫生意识的提高和全区生态环境的改善。组织开展“三年造绿”专项视察，督促区人民政府及相关部门进一步提升造绿理念，突出造绿重点，巩固造绿成果。深入开展垃圾分类减量工作调研，总结形成高质量调研报告，为全区推广垃圾无害化、资源化处理提供了决策参考。围绕城乡环境品质倍升目标，重点督办“开展全民绿化美化行动”和“加大农村环境卫生整治”等代表建议，有力推动了美丽乡村建设。促进民生保障加强。持续跟踪重点民生实事落实，督促区人民政府及相关部门加快推进、兑现承诺。针对事关群众切身利益的防洪保安、食品安全等工作开展视察，推动防洪保安工程加快建成投运，督促区人民政府更加注重保障食品安全。立足构建辖区供水安全保障体系，对开辟第二水源进行调研，推动望城供水总规修编，促使望城水厂提质改造项目提前实施。关注楼盘物业管理工作，推动出台《长沙市望城区住宅小区管理实施办法》，促进全区物业管理更加规范。积极协调区人民政府及相关部门，回应群众对农村个人建房问题的关切，进一步优化建房规划、完善政策措施。深化“农产品质量安全行”主题活动，为保障农产品质量安全做出积极努力。

3．加强法律监督，推进法治望城建设。围绕依法行政和公正司法，创新方式、加强监督，促进“一府两院”及相关部门依法履职。积极推进依法行政。定期听取和审议区人民政府依法行政工作情况报告，浓厚了依法行政氛围，提升了依法行政水平。健全规范性文件备案审查机制，严格备案审查程序，维护法制统一，本届常委会共审查规范性文件46件，从源头上推动了依法行政。首次开展城乡规划工作专题询问，按照会前调研、专题讲座、执法检查、专题视察、现场询问等五个环节有序推进，对经开区、区规划分局等9个单位进行现场询问，会后持续跟踪督办，有效增强了规划工作的系统性、科学性和严肃性，产生了良好的社会反响。大力开展执法检查。积极配合省、市人大就《中华人民共和国妇女权益保障法》《中华人民共和国公路法》《中华人民共和国劳动法》《中华人民共和国未成年人保护法》《中华人民共和国电力法》等20余部法律开展执法检查，推动相关法律法规在我区规范实施。听取并审议“六五”普法实施情况报告，作出开展“七五”普法的决议，大力促进全民学法知法信法守法。努力推进公正司法。创新司法监督模式，开展听庭评议活动14次，区人大代表206人次参加，通过旁听案件庭审的形式对司法程序、执法形式进行评议监督，有效促进了司法公正。加强涉法涉诉信访督办力度，畅通了民意表达渠道，推动解决了一批群众的合法诉求。深入推进“司法公正长沙行”活动，主任会议坚持定期听取法院和检察院工作情况报告，听取公安工作、司法工作情况汇报，支持全面推进司法体制改革，促进司法机关的执法活动在阳光下进行、在监督中规范、在规范中提升。

三、创新方式、激发活力，代表作用有效发挥

常委会始终坚持代表的主体地位，不断完善代表工作机制，创新代表活动形式，激发代表潜力活力，代表作用得到更好发挥。

1．优化服务，代表履职保障更加有力。完善“初任培训、履职培训、专题培训”三位一体培训模式，加大培训力度，实现了代表履职培训全覆盖，代表的履职能力、理论水平和专业素养大幅提升。积极引导代表关注热点难点问题，议案、建议的针对性、准确性明显增强。全面启用电子表决系统，让代表更好地履职行权。创新开展代表述职评议活动，规范代表述职评议程序，形成了代表述职的“望城模式”，得到省、市人大的充分肯定。

2．拓宽渠道，代表履职形式更加丰富。注重建好、用活人大代表活动室等联络平台，定期开展人大代表接待选民活动，逐步形成了“代表活动有阵地、接待群众呈常态、建议办理重落实”的工作机制。创新开展“四个一”(献一条良策、添一片绿色、送一份爱心、促一方发展)特色活动，发挥代表先锋表率作用，组织省、市、区、乡镇各级人大代表先后踊跃参与“关爱孤寡老人，争当敬老院名誉院长”等帮扶、济困、助学系列志愿活动，累计捐款捐物达1000多万元，彰显了人大代表良好的社会形象。坚持完善“一府两院”向代表通报工作和日常走访代表制度，积极组织代表列席人大常委会，参加执法检查、听庭评议、视察调研等活动，保障代表知情知政的权利。本届常委会共邀请区人大代表326人次列席常委会会议，邀请省、市、区人大代表332人次就望城的重点工程建设和议案办理等工作进行视察，有效激发了代表履职热情。

3．加强督办，议案建议办理更加高效。坚持将办好代表议案和建议批评意见作为保障代表履职的重要手段，完善整体交办、领导督办、上门督办、跟踪督办等工作机制，形成了“联系主任牵头督办、联工委跟踪督办、相关工委协同督办”的工作格局。本届常委会共组织督办《关于修复因重点工程建设损毁道路的议案》和《关于提质改造老城区背街小巷的议案》2件议案，修复了总长66.5千米的9条损毁道路，西塘街、中南路、前进路等10条背街小巷完成提质改造并高标准实现美化绿化亮化；督办代表建议批评意见334件，其中8件重点督办建议，建议意见面商率、答复率、代表满意率均为100%，2016年办成率达到73.5%。

四、规范管理、注重实效，工作水平稳步提升

常委会主动适应新任务新要求，不断强化能力建设、作风建设和制度建设，积极探索新形势下依法发挥职能作用的有效形式和途径，人大机关的服务能力和水平不断提升。

1．注重学习提升，打造高效和谐机关。严格落实中央、省、市、区委要求，扎实开展党的群众路线教育实践活动、“三严三实”“两学一做”等专题学习，工作作风持续改进，忠诚干净担当意识不断增强。坚持常委会议前学法制度，邀请专家学者讲解相关法律法规知识，有效提高了审议质量。完善集中学习制度，积极开展“微课堂”活动，促进了学习成果的交流共享。通过“走出去、请进来”的方式，加强与上级人大与兄弟区县市人大的工作交流，进一步拓宽了工作视野。精心策划创办《望城人大》季刊，共刊发13期，为全区人大系统打造了一个学习交流、经验推介、法治宣传的有效平台。认真落实党风廉政建设“两个责任”，注重教育引导和约束预防，确保人大机关清正廉洁、务实为民。

2．强化机制保障，不断夯实基层基础。加强机关制度建设，完善机关党风廉政建设责任制度，制定出台常委会监督办法、工作规则等文件，重点完善了审议意见、决议和决定的交办、督办及反馈机制，切实提升了人大工作规范化和科学化水平。坚持常委会领导联系镇街人大工作制度，指导和推动镇街人大组织建设，邀请镇街人大主要负责同志列席常委会会议，配齐、配优人大干部，强化镇街代表活动阵地建设，镇街人大组织保障水平和履职能力显著提升。在常委会的指导下，镇街人大工作亮点纷呈，代表述职评议全面开展，“双联”活动丰富多彩，服务项目建设成效突出。

3．精心组织安排，有序推进换届选举。今年是市、区、乡镇三级同步换届之年，标准高、纪律严、任务重。在区委的领导下，常委会高度重视、周密部署、精心组织，严格依法依程序做好人大换届选举工作。坚持党的领导，始终把党的领导贯穿于换届选举的全过程和各方面，为换届选举工作提供坚强的政治保证和组织保证。坚持发扬民主，尊重人民主体地位，相信和依靠群众，调动选民的积极性，依法保障选民的选举权和被选举权。坚持严格办事，贯彻实施宪法、选举法和地方组织法等有关法律，严格依法按程序开展换届选举各项工作，确保换届选举依法有序进行，确保换届选举风清气正。全区成功选举第二届区人大代表228名，镇人大代表357名；精心指导、依法召开了乡镇人民代表大会，圆满完成了乡镇人大、政府换届工作。

各位代表，本届人大常委会所取得的成绩，是区委高度重视、正确领导的结果，是常委会组成人员和全体人大代表共同努力、辛勤工作的结果，也是“一府两院”和各部门、镇街、人民团体、社会各界大力支持、密切配合的结

果。在此，我代表区一届人大常委会，向大家表示衷心的感谢！

过去一届工作的体会

回顾本届常委会的工作，我们深切地感受到，做好新形势下人大工作，必须牢牢把握以下几个方面：

——坚持和加强党的领导，是做好人大工作的根本保证。中国共产党是支持和保证人民实现当家做主的领导核心。我们始终自觉把人大工作置于区委领导之下，围绕区委决策部署履行各项工作职权，使区委的主张通过法定程序成为全区人民的共同意志，维护了团结稳定的良好局面。实践证明，只有把人大工作放在全区大局中来定位和谋划，把坚持党的领导贯穿于人大工作的始终，才能更好地发挥人大职能作用。

——自觉和严格依法履职，是做好人大工作的基本前提。人大及其常委会通过宪法和法律授权行使神圣的国家权力，必须自觉做社会主义法治的遵守者和捍卫者。我们牢固树立法治观念，把学习好、贯彻好、运用好法律法规作为人大工作的重要任务，依法加强对“一府两院”的监督，依法决定事关全区发展的重大事项，提升了人大工作的实效。实践证明，只有严格依照法定权限和法定程序行使职权，才能不断开创人大工作的新局面。

——维护和发展民生民利，是做好人大工作的本质要求。区人大代表由人民直接选举产生，实现好、维护好、发展好全区人民的根本利益是应有之义。我们聚焦人民群众关注的突出问题，及时作出审议意见或决议决定，有力推动了民生事业发展。实践证明，只有坚持不忘初心，始终把人民根本利益作为一切工作的出发点和落脚点，才能体现人大的担当作为，赢得人民群众的真心拥护。

——改革和创新方式方法，是做好人大工作的不竭动力。面对人大工作不断出现的新情况、新问题，必须以革故鼎新的勇气，大胆创新、勇于实践。我们立足区情实际，积极推进工作理念、制度和方式创新，得到了省市的充分肯定。实践证明，只有牢固树立改革思维和创新理念，主动适应时代发展和社会进步的新形势、新要求，人大工作才能充满生机活力。

本届常委会工作虽然取得了一定的成绩，但与区委要求和人民群众的期待还有差距，仍有需要加强和改进的地方。主要是监督的刚性还需进一步加强，代表作用仍需进一步发挥，对新形势、新问题的研判有待进一步深化等。对此，新一届区人大常委会需要认真对待，切实加以解决。

对新一届区人大常委会工作的建议

各位代表，新一届的区人民代表大会已经组成，新一届的区人大常委会也即将选举产生。根据区第二次党代会精神及区一届人大常委会的工作实践、体会和存在问题的综合分析，我们向新一届常委会提出以下意见和建议：

1. 服务发展大局，积极助推名望之城建设。始终突出发展第一要务，精准定位、有的放矢，把人大工作与区域经济社会发展紧密结合起来，切实做到在服务大局的思路上与区委保持高度一致、在重大审议议题的选择上与全区中心工作更加吻合、在监督职能的发挥上与政府目标更加趋同。紧紧围绕“四大主体功能区”“四大产业集群”和“四大社会建设”等全区重点工作，依照法定程序，对园区发展、项目建设、民生保障等事关名望之城建设的重大事项以及涉及人民群众根本利益或者人民群众普遍关心的重要事务，广泛开展视察调研，适时作出决议决定，并持续加强跟踪监督，推动决议决定有效贯彻落实。坚持党管干部与依法任免相结合的原则，依法行使好人事任免权，为促进经济转型升级、社会和谐发展提供坚强有力的组织保障。

2. 坚持问题导向，有效行使监督职权。深入贯彻实施监督法，紧盯发展中存在的问题和短板开展监督，妥善处理好敢于监督与善于监督、依法监督与工作支持、增强监督力度与把握监督节奏的关系，督促和支持“一府两院”依法作为、奋发有为。紧紧围绕推动城乡统筹发展、转变发展方式、加强民生保障、维护社会稳定等热点难点问题，聚焦财政预算编制、国土规划、征拆安置、生态保护、教育医疗、食品安全、社会保障等重点领域，通过开展视察、评议、检查、督办、专题询问、质询、特定问题调查等形式，加强工作监督和法律监督。制定《规范监督工作流程暂行办法》，使人大监督更加科学、规范、有效。充分发挥新设立的法制委员会和财政经济委员会职能作用，加大监督力度，提升监督实效。进一步提高监督工作的透明度，更好接受代表和群众监督。

3. 强化履职保障，充分发挥代表作用。充分尊重代表的主体地位，进一步建立健全服务保障机制，打造代表活动品牌，让代表在履职中充分体现价值。加强新一届人大代表的学习培训工作，将镇街人大培训开展情况纳入绩效考核，不断提升培训的针对性和实效性，增强代表的履职意识和履职能力。完善人大“双联”工作机制，增加代表列席常委会议、参加视察调研检查的频次，进一步拓展代表履职渠道。以规范办理程序、解决实际问题为重点，加大代表议案和建议、意见的交办、督办工作力度，让代表满意群众受益。探索建立代表专业小组、兴趣小组等活动平台，让代表专业优势得到充分发挥，进一步调动代表履职的积极性和创造性。

4. 把握严实要求，深入推进自身建设。认真研究人大工作所面临的新形势、新问题，从严从实加强自身建设，不断提高工作水平。强化履职培训，创新学习交流方式，深入学习宪法、法律和人大业务知识，切实提高常委会组成人员和机关工作人员的思想素质和业务水平。建立健全公民旁听人大常委会会议制度，让公民有序参与国家事务管理，不断提高人大及其常委会工作的透明度。强化机关制度建设，形成职责明确、规范有序、务实高效、作风优良的运行机制。务实办好《望城人大》和望城人大网，加强人大信息化建设，探索建立新媒体宣传平台，进一步夯实人大宣传阵地。积极推动人大机关与党政机关的干部交流,进一步增强人大机关活力。充分发挥人大专门委员会和常委会各工作委员会的职能作用,加强对镇街人大工作的联系指导,推动人大工作全面提升。

各位代表,回顾本届常委会走过的不平凡历程,我们有感慨、有喜悦、也有难以忘怀的记忆与情怀;展望更加美好的发展前景,我们有责任、有自信、更有攻坚克难的激情与动力。人大的一切权力来自于人民,人民对我们的期待殷切而厚重。让我们在区委的正确领导下,紧紧依靠全区人民,忠诚履行宪法和法律赋予的职权,坚定信心、振奋精神,同心同德、开拓进取,为把雷锋故乡建设成为更加美丽、强盛、幸福的名望之城而努力奋斗!

长沙市望城区人民政府2016年政府工作报告

——在长沙市望城区第二届人民代表大会第一次会议上

2016年11月26日

长沙市望城区人民政府代区长 范焱斌

过去四年工作回顾

四年来，面对经济下行压力和发展新常态，区人民政府在市委、市政府和区委的正确领导下，在区人大、区政协的监督支持下，团结和带领全区人民，抢抓撤县设区历史新机遇，主动适应经济发展新常态，扎实推进经济社会健康快速发展，开创了望城改革发展的崭新局面，为加快建设更加美丽、强盛、幸福的名望之城奠定了坚实基础。

——这四年，是望城综合实力显著增强的四年。地区生产总值由374.9亿元增加到571.4亿元（预计值，下同），财政总收入由37.5亿元增加到67.5亿元，规模工业增加值由135.4亿元增加到290亿元，固定资产投资由336.2亿元增加到607亿元，社会消费品零售总额由54.8亿元增加到122.6亿元，城乡居民银行存款余额由121.2亿元增加到228.3亿元，年均分别增长12.4%、15.8%、15.4%、24.1%、21.1%、17.1%。累计引进投资过10亿元项目33个，投资总额达1104.4亿元。以"一区两园"为平台大力发展先进制造业，望城经开区跻身国家级园区，有色金属新材料、食品加工、电子信息等主导产业不断壮大，规模工业企业、产值过亿元企业、税收过亿元企业分别达328家、157家、6家，工业总产值达1280亿元。大力发展现代服务业，湾田国际、金桥国际、高星物流园等专业市场蓬勃发展，民生银行、广发银行等商业银行纷纷落户，黑麋峰、千龙湖创建为国家AAAA级景区，第三产业呈现快速发展势头。积极发展现代农业，望城农科园平台效应不断显现，长沙现代农业综合配套改革试验区成功落户，都市农业、特色种养业加快发展。成功举办三届休闲农业与乡村旅游主题节会，休闲农业品牌享誉全国。区域综合实力跻身全国市辖区百强，获评全国县域经济科学发展特色县（区）、国家可持续发展实验区、全省全面小康经济快进县第一名。

——这四年，是望城城乡品质持续提升的四年。统筹推进品质城区、精美城镇、美丽乡村建设，城乡环境精彩蝶变，跻身全省新型城镇化试点区、海绵城市试点区行列。完成交通建设投资190亿元，新建等级以上公路85千米，湘江长沙综合枢纽顺利通航，芙蓉北大道、黄桥大道等骨干道路竣工通车，地铁4号线、长株潭城际铁路加快建设，望城即将迈入轨道交通时代。以滨水新城、湘江古镇为重点加快新型城镇建设，斑马湖、月亮岛等城市片区日新月异，滨江生态公园群规划建设全面启动，湘江古镇群声名远播，全区新增城镇建成区面积19平方千米。投入水利建设资金28亿元，完成沩水河坝、中小河流治理等近万处水利实事工程，水利体系更加健全。全面推进城乡环境综合整治、三年造绿大行动、美丽乡村建设，完成下西塘街、聚宾巷等10条背街小巷提质改造，建成黄桥大道、金洲大道、雷锋北大道等市级绿色通道，打造谢家新屋等22个美丽村落，全区新增绿化面积5333公顷，获评全国绿化模范区。实施"青山、碧水、蓝天、秀洲、美垸"五大计划，完成41家企业清洁能源改烧、团头湖生态退养和湘江流域生猪养殖退出，关停搬迁100余家涉重涉化企业，新建12座乡镇污水处理厂，国家级生态乡镇实现全覆盖，成功获批全省首个省级生态区。

区人民政府区长范焱斌作工作报告

——这四年，是望城民生福祉不断改善的四年。投入民生建设资金189.3亿元，占财政支出的79.1%，获评全省首批全面小康达标区。新增城镇就业3.1万人，农村劳动力转移就业2.4万人，城镇登记失业率控制在3.5%以内，城乡居民人均可支配收入分别达40055元、27545元。居民养老、医疗保险实现城乡并轨运行。完成棚户区改造10112户、农村危房改造3800户。解决16.8万人农村安全饮水问题。投入教育发展资金近20亿元，实施25所标准化学校建设、64所薄弱学校提质改造、22所公办幼儿园建设，获评全国义务教育发展基本均衡区、全省教育强区。实现6个乡镇卫生院扩容升级，完成138个村卫生室标准化建设，医疗体制改革深入推进，群众就医条件不断改善。连续九年保持计生“国优”。荣获全国科技进步先进区、全国科普示范区。建成乡镇综合文化站15个、全民健身中心5处，广播电视“户户通”覆盖率达100%。长沙铜官窑、汉长沙国考古遗址公园跻身国家级考古遗址公园。周美玲等学雷锋先进典型不断涌现。深化“平安望城”建设，信访调解、综治维稳、安全生产、食品安全等工作严抓不懈，全民国防教育和国防动员建设不断加强，连续三年荣获全省社会管理综合治理先进区、安全生产先进区，综治公众满意度连续五年位居全市第一。

——这四年，是望城发展活力竞相迸发的四年。统筹推进行政管理、经济发展、城乡体制等领域388项改革，“政策洼地”效应彰显。顺利完成区政府机构改革、乡镇区划调整和合并村工作，行政资源配置进一步优化。积极落实“营改增”税制改革，理顺区、镇财政关系，实施分类绩效考核，加大财政运转经费保障，基层发展活力不断激发。深化行政审批制度改革，制定并公布权力清单、责任清单，严格落实政务审批“三集中三到位”（即各个部门的行政审批事项向一个科室集中、行政审批科室向政务中心集中、审批权限向窗口和首席代表集中，保障进驻政务中心的审批事项到位、审批人员到位、审批权限到位），全面实施并联审批制、全程代理制和服务承诺制，行政审批整体提速70%以上，24小时“不打烊”的雷锋政务超市享誉全省。大力推行商事登记制度改革，实施“先照后证”，放宽市场准入限制，新增市场主体2.2万户。建立常态化驻外招商机制，调整重大项目调度和建设体制，优化征拆安置配套政策和工作机制，完善专项资金、政府采购、国土资源等重点领域管理制度，经济发展活力不断释放。

2016年是本届政府任期的最后一年，也是经济社会发展取得重要收获的一年。这些收获主要体现在五个方面：

1．项目竞赛硕果喜人。项目建设保障有力。深入开展“项目竞赛年”活动，强化重大项目、骨干企业精准帮扶，分类破解各类难题220个。抢抓政策机遇，积极推进政策性银行贷款、专项建设基金和债券基金发行等工作，筹集资金140亿元，融资成本有效降低。扎实推进征拆安置“四三制”工作法，开展“百日竞赛”活动，完成81个项目拆迁，腾地613.3公顷。强力开展“雷霆行动”，严厉打击阻工闹事、强揽工程等违法行为，项目建设环境不断优化。项目招商务实高效。强化驻点招商机制，加强重点区域招商信息收集、客商联络和项目对接，积极参加沪洽周、央企对接会、走进中国500强等招商活动，新引进项目52个，协议引进资金265.7亿元，其中投资过亿元项目31个，过10亿元项目10个，中信戴卡、平安创新金融产业园等投资过50亿元的重大项目成功落户。项目建设成效显著。全年启动重点项目建设215个，铜官港区等77个项目开工建设，长沙新华联铜官窑国际文化旅游度假区等88个项目加快建设，恒飞电缆等50个项目建成投运（产），为区域发展增添了新的动力。

2．产业发展提质提速。工业经济稳步提升。支持工业园区转型提质、做大做强，望城经开区获评国家知识产权试点园区，18个工业项目建成投产，园区完成工业总产值743亿元，增长14.3%；铜官循环经济工业园狠抓项目服务，关西涂料、华纳手性药物基地等项目建成试生产，园区完成工业总产值86亿元，增长28%；乌山中小企业园新引进企业10家，完成工业总产值60亿元，增长41%。着力培育工业新动能，旺旺乳饮、湘江涂料、联东U谷等项目竣工投产，中粮可口可乐、证通电子等项目加快建设，晟通科技、金龙铜业、旺旺食品等企业稳步发展，有色金属新材料、食品加工、电子信息等主导产业分别完成产值606亿元、140亿元、35亿元。第三产业加快发展。开利星空汽车城建成营业，红星美凯龙建设加速推进，高星物流园、金桥国际二次招商如火如荼，望城农货旺星城、湾田绿色建材博览会等商贸活动精彩纷呈，商贸流通业发展势头良好。实施旅游产业整合提升计划，旅游产业转型升级步伐加快。完善房地产业发展支持政策，加快去存量化，润和等楼盘产销两旺，全区完成房地产投资130亿元，增长7.5%，实现商品房销售322万平方米，增长20.1%。现代农业特色凸显。望城农科园“互联网+”智慧园区建设加快推进，农业信息化综合服务平台初具雏形；创新创业园基础配套不断完善，农业现代化、智能化特色初显。大龙、东城、苏蓼等村（社区）集体土地“三权分置”改革试点基本完成，涉农资金整合改革稳步推进，引导农民集中居住试点进展顺利，现代农业综合配套改革成效明显。

3．城乡面貌日新月异。滨江开发扎实推进。高标准谋划滨江片区开发，都市区控制性详规编制加快推进，滨水新城核心区控规提升及城市设计全面完成。金星大道北延线、潇湘北路全线启动建设，银星东路、银杉北路加快推进，航电大道拓改、月亮岛路（二标）竣工通车，片区路网不断优化。长郡斑马湖中学、师大附中杨丰小学和白石湖小学、北大培文学校成功签约，湖南一师附小斑马湖小学加快建设，长郡月亮岛学校（二期）顺利开学；银星湾公园启动建设，滨水新城医院加快推进，雷锋公园、谷山体育公园成为市民休闲新去处，片区高端配套不断完善。湘江古镇全面提质。实施湘江古镇群建设三年行动计划，成立望城文旅投，启动全域旅游规划编制，引入专业团队参与古镇开发运营。成功举办国研智库论坛

2016·湘江论坛暨世界休闲农业与乡村旅游峰会，200余名国内外古镇代表、专家学者齐聚望城，论道古镇发展，独具魅力的湘江古镇群广受赞誉。城乡环境更加靓丽。全面对接主城区考核标准，扎实推进精细城管考核和百姓城管工作，城市管理水平不断提升。开展城乡接合部环境综合整治“百日会战”，加强渣土扬尘治理和市容秩序管理，整治各类环境卫生问题560处，完成拆违17.8万平方米，城乡结合部环境综合管理长效机制初步建立。大力开展三年造绿大行动，芙蓉北大道、普瑞西路等花彩大道加快建设，环城绿带生态圈（一期）特色彰显，半岛水利风景区获评全国水利风景区。推进“五美五韵”美丽乡村建设，成功打造24个美丽乡村示范村、特色村。启动社区提质提档三年行动计划，雷锋路社区等老旧社区环境明显改善。

4．社会民生全面发展。民生保障力度加大。扎实推进精准扶贫，有望实现8200贫困人口脱贫、1个省定贫困村摘帽。坚持以创业带动就业，出台小微企业创新创业支持政策，新增创业主体5600户；大力开展就业服务，新增城镇就业7350人、农村劳动力转移就业3500人，下岗失业人员再就业1900人，实现零就业家庭动态清零。专业捕捞渔民转产转业基本完成。建成老年人日间照料中心6所，乔口镇日间照料中心作为养老服务示范样板工程在全省推广。全面完成城乡低保一体化试点，重点困难低保对象人均救助金额增加200元/月；雷锋慈善会发放救助资金500万元，惠及困难群众1万余人。完成农村危房改造1500户、棚户区改造3870户，新增公共租赁住房3649套，发放公积金贷款5.3亿元。社会事业持续繁荣。撤销乡镇中心校和农校，严格执行中小学划片就近入学招生政策，教育管理更加优化。完成2个乡镇卫生院提质改造，启动区人民医院重症监护室和2个社区卫生服务中心建设，医疗卫生条件持续改善。积极开展科技下乡、科普宣传活动，获批全省科技成果转移转化示范区。开展各类群众文体活动400余场，百村篮球争霸赛被《人民日报》专题报道，剪纸、陶艺、皮影艺术等非物质文化遗产走向国际舞台。第三次全国农业普查扎实推进。社会大局平安稳定。整合平台资源，建立应急联动指挥中心，实现应急事件信息共享、应急处置统筹调度、应急反应高效快速。加强安全生产监管，开展“大排查、大管控、大整治”等专项行动，整治安全隐患4800多处，安全生产形势持续稳定。众志成城、齐心协力、科学应对历史罕见的雨情汛情，成功夺取防汛救灾的全面胜利。全力实施最严《中华人民共和国食品安全法》，加强食品药品专项整治和大案查处，国家食品安全示范城区创建取得阶段性成果。开展“信访积案集中化解年”活动，加快网上信访综合平台建设，推行领导公开接访、包案下访制度，化解信访积案93件。积极推进“天网”工程建设和警务机制改革，依法打击各类违法犯罪行为，治安警情、刑事案件总量分别下降4%、10.7%，人民群众安全感不断提升。

5．自身建设深入推进。政府管理不断规范。积极推进不动产统一登记制度改革，整合12大类不动产登记业务，实行登记机构、登记簿册、登记依据和信息平台“四统一”，不动产登记工作走在全省前列。建立区公共资源交易平台，将政府采购、建设工程招投标等五大类37宗交易事项纳入统一平台运行，公共资源交易更加规范、透明、高效。民主法治切实加强。广泛开展“七五”普法宣传，深入实施“法律六进”活动，“法治望城”建设扎实推进。严格政府重大决策、规范性文件、商务合同合法性审查，加强政府法律顾问管理，依法履职能力不断提高。自觉接受区人大法律监督、区政协民主监督和社会监督，办理人大代表建议、意见66件，政协委员提案69件，办复“区长信箱”1366件。机关作风持续优化。深入开展政府系统“两学一做”学习教育，增强公职人员“四讲四有”意识，勇于担当、履职尽责的干事创业氛围更加浓厚。认真落实党风廉政建设主体责任，严肃查处“雁过拔毛”等违法乱纪行为，始终保持反腐高压态势，勤政廉政、务实高效的政府形象不断彰显。

人民武装、人民防空、民族宗教、外事侨务、史志档案、广播电视、机关事务、工青妇、工商联、关工委、老科协、残联、气象、移民、老干、体协、湖湘文化交流等工作均取得新成绩。

各位代表，四年来，望城的发展有目共睹，望城的变化振奋人心，取得的成绩来之不易。这是市委、市政府和区委正确领导的结果，是区人大、区政协监督支持的结果，是全区广大干部群众凝心聚力、共同奋斗的结果。在此，我代表区人民政府，向全区人民和驻区部队官兵，向历任老领导，向人大代表、政协委员、各民主党派、人民团体、工商联和无党派人士、离退休老同志，向所有关心、支持、参与望城建设和发展的同志们、朋友们，表示衷心的感谢并致以崇高的敬意！

在总结成绩的同时，我们也清醒地看到，当前我区经济社会发展仍存在一些不容忽视的困难和问题，如经济总量依然不大，先进制造业大项目还不多，现代服务业还不强；城乡规划建设品质仍有待提高，等等。对此，我们必须增强忧患意识，坚持问题导向，采取有效措施切实加以解决。

未来五年目标任务

未来五年，是推进转型创新发展、加快建设名望之城的关键五年。放眼大局，中央强力推进“一带一路”、长江经济带等发展战略，我国经济发展基本面将长期向好；省委、省政府大力实施创新引领、开放崛起战略，着力建设经济强省、科教强省、文化强省、生态强省、开放强省，富饶美丽幸福新湖南的发展愿景即将精彩呈现；市委、市政府着力打造“三个中心”（国家智能制造中心、国家创新创意中心、国家交通物流中心）、建设“四更”长沙（能量更大、实力更强、城乡更美、民生更爽），建设国家中心城市、实现基本现代化的宏伟蓝图指日可待，为我们创造了大有可为的外部环境。立足全区，望城拥有长株潭“两型”社会试验区(资源节约型、环境友好型)、洞庭湖生态经济区、长株潭国家自主创新示范区、湖南湘江新区四大国家级战略平台，拥有新型城镇化综合试点、现代服务业试点、现代农业综合配套改革等诸多政策优势，拥有难以比拟的地缘优势、得天独厚的空间优势、日益彰显的交通优势，为我们蓄积了后发赶超的强劲动力。只要我们顺应大势，积极作为，就一定能把千载难逢的发展优势转变为发展胜势，就一定能把名望之城的宏伟蓝图变成壮丽现实！

未来五年政府工作总的指导思想是：全面贯彻党的十八大和十八届三中、四中、五中、六中全会和习近平总书记系列重要讲话精神，认真落实省、市要求，按照区第二次党代会的决策部署，大力践行创新、协调、绿色、开放、共享发展理念，以建设名望之城为目标，以转型创新发展为主线，大力推进四大主体功能区、四大产业集群、四大社会建设，努力把雷锋故乡建设得更加美丽、更加强盛、更加幸福！

今后五年经济社会发展的总体目标是：实力更加强盛，就是强园区、强产业、强企业，形成增长中高速、产业中高端、消费中高级的新格局，到2021年，财政总收入、地区生产总值、工业总产值分别突破120亿元、1000亿元、2000亿元目标，打造1个千亿级主导产业、10个百亿级骨干企业，望城经开区进入全国百强园区；城乡更加美丽，就是通过品质再提升，确保生态环境明显改善，城乡大地更加清新秀丽、精致精美，到2021年，城市空气质量优良率达95%以上，建成区绿化覆盖率达40%以上；人民更加幸福，就是让人民群众在共享发展中有更多获得感，城乡居民人均可支配收入年均增长7.5%，教育、医疗、卫生、文化、养老、住房、健身、公共交通等建立现代服务体系，文明程度显著提升。

围绕上述目标，今后五年政府工作将紧紧把握以下几个方面：

——突出四大集群，提升竞争实力，打造现代产业聚集区。建设“四大产业集群”，构建现代产业体系，是建设强盛望城的重中之重。突出发展先进制造业。提质“一区两园”，支持望城经开区“打造千亿主导产业、进军全国百强园区”，力促铜官循环经济工业园、乌山中小企业园分别创建省级工业集中区、电力智能产业园，打造全省高端制造研发转化基地。突出智能制造，推动产业倍增，培育1000亿级有色金属新材料、400亿级电子信息、300亿级装备制造、300亿级绿色食品加工集群，推动产业中端崛起、高端突破。特色发展文化旅游业。强力推动湘江古镇群“二次创业”，构建特色鲜明、功能完善、联系紧密、管理统一的古镇群落，创建国家AAAAA级景区，打造文化旅游业发展的核心增长极。创新旅游体制机制，推进旅游供给侧改革，打造湘江古镇群、光明大观园、黑麋峰国家森林公园等精品景区，创建国家全域旅游示范区。依托望城国家农科园、长沙现代农业试验区，推动现代农业综合配套改革，加快发展高端种养、科普体验、休闲观光等都市型农业，培育一批现代种养基地、新型经营主体和农业龙头企业，促进休闲农业与乡村旅游融合发展。大力发展现代服务业。依托最美滨江生态公园群，建设健康乐活、创新商务、生态智慧、文旅乐游四大片区，做大做强金融服务、电子商务、研发设计、创新创意等生产性服务业，做优做特文化旅游、健康养老、高端地产等生活性服务业，培育“百亿级”服务业聚集区。积极发展商贸流通业。依托大枢纽、大物流，融入全省、全国大交通格局，培育一批功能集聚、优势突出、辐射强劲的“百亿级”市场集群，加快形成人流物流信息流快进快出、大进大出能力，打造“辐射三湘、影响中部、连通全国”的商贸物流集散中心。

——突出主体功能，坚持品质至上，打造城乡统筹样板区。围绕建设省会长沙副中心，打造空间布局优化、城乡统筹协调、功能配套完善的品质城区，充分展示望城的城乡之美、人文之美、生态之美。优化城乡空间格局。大力推进滨水城市核心区、城市功能拓展区、文化旅游发展区、生态涵养保护区四大主体功能区建设，促进各区域错位联动、资源配置优化、整体效能提升，加快形成城乡统筹、协调联动的空间格局。构建新型城镇体系。以斑马湖片区为核心，加快城东片区综合开发，加速城西片区提质提档，建设能量更大、品质更高、功能更强的中心城区。以月亮岛片区为重点，加快最美滨江生态公园群建设，致力打造集聚高端要素的城市新兴组团。以中心镇为重点，完善功能配套，强化特质特色，建设一批经济实力强、辐射带动好的中心集镇。围绕长沙建设“美丽中国”示范区目标，全域推进“五美五韵”美丽乡村建设，打造一批各具特色的美丽村落，形成以城带乡、梯次推进的城镇体系。打造综合交通体系。大力推进金桥综合枢纽站、长沙西客站、铜官港区等交通枢纽建设，加快推进长益高速复线、北横线等项目建设，协调推进地铁1号、2号、4号线北延和长株潭城铁、渝长厦高铁等轨道交通建设，全面进入地铁时代、高铁时代。提升城乡功能品质。按照畅通城市、智慧城市、海绵城市要求，推进交通网、能源网、信息网、地下管网“四网”融合，完善生态公园、商业市场、文化娱乐、教育医疗等城市配套，形成布局合理、功能完善的基础设施体系。展现城乡生态之美。树立“全域公园化”理念，注重总体风貌，强化规划管控，彰显滨水特色。实施最严格的生态环境保护制度，持续推进三年造绿大行动、河湖连通工程，积极打造一批城市特色景区、生态公园群落，展示精致精美、水环绿绕的城乡生态之美。

——突出社会建设，增进民生福祉，打造文明宜居首善区。始终把民之所望作为施政所向，补短板、兜底线、优服务，以实实在在的发展变化增进群众获得感，建设更高水平的小康社会。健全兜底线、普惠化的社会保障。实施社区提质提档、农村安全饮水三年行动计划，抓好阳光低保、慈善助学、就业援助、医疗救助、养老服务、安居保障、困难救助七大民生工程，持续巩固精准扶贫成果，让人民群众生活更舒心、工作更称心。完善更优质、均等化的公共服务。推进学校建设五年行动计划，深化教育领域综合改革，优化教育资源配置，逐步推行高中阶段免费入学，大力发展职业教育、学前教育，支持发展民办教育，基本普及15年教育，全面提升办学质量，努力实现“校校成优校、师师做良师、生生皆成才”目标。深化医药卫生体制改革，实行医疗、医保、医药联动，让医疗资源公平共享。实施文化惠民工程和全民健身工程，丰富群众精神文化生活。强化最严食品药品安全监管，争创国家食品安全示范城区，让人民群众吃得放心。构筑全方位、现代化的治理体系。推进网格化社会治理创新，建立“指导在区、主抓在镇、主体在社区”的三级联动机制，构建共建共享的基层治理新模式。完善社会矛盾纠纷调处、社会稳定风险评估机制，引导群众理性合法表达利益诉求。全力落实安全生产“一岗双责”，以生命至上的担当保障人民生命财产安全。构建立体化防控体系，促进城区安全网、民生网、服务网“三网合一”，让广大人民群众在社会治理现代化中感受到公平正义、幸福安宁。

——突出自身建设，强化实干效能，打造人民满意型政府。加强政府自身建设，加快政府职能转变，提高政府公信力和执行力。充分发扬民主。自觉接受人大法律监督、政协民主监督和社会舆论监督，强化公众参与、专家论证、风险评估、合法性审查等法定程序，推进依法、科学、民主决策。深化改革创新。创新发展体制机制，深化财政税收、要素市场等关键领域改革，激活创新因子，疏通制约发展的“肠梗阻”。提升行政效能。推动行政审批制度改革向更深层次突破，完善权力清单、责任清单、负面清单，做到审批最少、流程最优、效率最高，打造“全省第一、全国一流”政务服务品牌。强化实干担当。大力倡导“四为”精神，增强干部理解力、执行力、开拓力，让实干成为政府的作风导向。精心组织村（社区）换届工作，夯实基层基础，加强运转经费保障，加大公用事业投入，增强基层组织的干事活力。打造廉洁政府。深入推进政府系统党风廉政建设和反腐败工作，充分发挥监察、审计、财政监督职能，强化土地出让、工程招标、政府采购等重点领域、关键环节的监督管理和风险防控，打造务实高效、干净干事的政府形象。

2017年工作安排

2017年是新一届政府的开局之年。做好全年工作，意义重大，影响深远。

全年经济社会发展的主要预期目标为：地区生产总值增长11.5%，工业增加值增长12.5%，财政总收入增长10%，固定资产投资增长15%，社会消费品零售总额增长20%，城乡居民人均可支配收入分别增长8%、7.5%，主要污染物排放量削减2%以上。

为实现上述目标，我们将着力抓好以下四个方面的工作：

1．抓项目建设，推动投资增长新突破。优化项目服务。加强项目前期研究，科学铺排项目计划，继续优化项目审批流程。坚持阳光拆迁，严格政策执行，扎实推进滨江片区、经开区片区板块拆迁，确保全年腾地533公顷以上；强化土地供应管理，强力处置闲置用地，盘活存量土地资源，优先保障重大项目用地需求，提高土地资源利用效益。优化施工环境，持续开展“雷霆行动”，严厉打击阻工闹事、强揽工程等违法行为，营造良好的项目建设环境。强化招商引资。突出招大引强，坚持总量与质量有机统一，着力引进拥有自主知识产权和核心技术企业的区域总部和生产制造基地。完善招商机制，强化专业招商，大力推行跨平台、跨园区招商信息共享，全面推动现有平台、企业开展二次招商、产业链招商，实现产业招商重大突破，力争引进项目50个以上，其中投资过亿元项目16个、过10亿元项目5个以上，工业项目40个、现代服务业项目10个以上。加强招商项目履约管理，强化时效约束，兑现奖惩措施，确保招商项目及时落地。加快项目进度。全年预铺排重点项目300个，年度计划投资460亿元。落实开工条件，确保平安创新金融产业园、梦网科技等项目启动建设。完善重点工程调度机制和考评机制，明确时间节点，落实工作责任，综合分类破解各类重点难题，确保潇湘北路、铜官港区等项目加快建设，普瑞西路等项目竣工投运。

2．抓转型升级，培育产业发展新优势。做强产业平台。望城经开区要协调推进长沙货运西站、高星物流园铁路专线、三环线和普瑞大道立交互通等对外交通项目建设，完善内部交通循环，扩大交通容量；力争启动桂芳变电站等配套设施建设，提升园区承载能力，引进投资过50亿元项目2个、过10亿元项目4个以上。铜官循环经济工业园要进一步提质园区路网等基础设施，完善供水、供热、供气、排污等地下管网配套设施，增强园区吸纳能力，引进投资过20亿元项目1个、过亿元项目8个以上。乌山中小企业园要加快与经开区规划、产业对接，推进兴工大道等道路建设，提升产业配套能力，引进优质项目10个以上。望城农科园要深入推进“互联网+”智慧园区建设，加快建成农业综合信息服务平台，实现农业大数据和电子商务有序共享开发，提升农业现代化、智能化水平。现代农业试验区要加快推进农民集中居住、涉农资金整合等改革落地生效，推广土地合作经营模式，推进农业适度规模经营，努力创建国家级现代农业综合配套改革试验区。做大产业优势。坚持以先进制造业为主攻方向，支持金驰能源、中粮可口可乐、恒飞电缆、湘江涂料等企业做大做强，力促证通电子、中信戴卡等项目建成投产，力争有色金属新材料、食品加工、电子信息等主导产业分别完成产值680亿元、180亿元、60亿元。加快陶瓷产业复兴。大力发展现代服务业，支持奥特莱斯购物城等商业综合体做活做强，湾田国际、金桥国际、高星物流园等专业市场做大做旺，加快永通、津湘等汽车城建设，打造商贸流通业发展新优势。扎实推进长沙铜官窑（二期）、光明大观园（二期）建设，支持新华联铜官窑国际文化旅游度假区建成运营，加快实施湘江古镇群水利景观、旅游配套等工程建设，着力提升旅游景区核心吸引力。提升房地产规划、建设、物业管理品质，打造一批精品楼盘；合理调节土地供需，控制总量、消化存量，促进房地产业品质提升和健康发展。精心策划大众垸国际农庄建设，加快建设苏蓼垸现代农业公园，完成全区农村土地确权颁证；持续实施“米袋子”“菜篮子”工程，扶持发展优质水稻、生态果蔬、特种水产等重点产业，完善农产品质量安全监管，打响望城农业品牌。做优产业服务。强化企业帮扶，继续实行重点企业领导联系制度，采取点对点、常态化服务措施，为企业提供全链条、一站式、零障碍服务。推进国家可持续发展实验区和省科技成果转移转化示范区建设，打造一批公共技术服务平台、科技企业孵化器，助推企业开展技术创新、产品创新。优化政策引导，完善先进制造业、现代服务业发展支持政策，优化企业发展基金、工业扶持基金使用办法，促进企业健康发展。支持小微企业创新创业，启动小微企业服务基地建设，促进小微企业健康发展。

3．抓城乡建管，打造品质城区新亮点。突出基础先行，完善城乡配套。积极对接金桥综合枢纽、长沙西客站等交通枢纽规划建设，加快推动长益高速复线、北横线、国道319线望城段拓改工程等对外通道建设，支持长株潭城际铁路、地铁4号线等轨道交通建设，启动省道213干线公路建设，提质兰丁公路、乔朱线等农村公路，完善综合交通体系。继续推进"公交都市"建设，加快公交停保场、公交首末站建设，推动城乡公交一体化，实现公交全域覆盖。实施截污工程三年行动计划，启动新华联污水处理厂建设，完成岳麓污水处理厂尾水排放管道、铜官污水处理厂主污管网建设，建立逐步覆盖、对接畅通的污水管网体系。实施区自来水厂扩容提质工程。整合各类水利资金13亿元，实施大众垸堤防综合整治、病险水库治理、中小河流综合治理等2000多处水利实事工程，完善现代化农田水利设施。突出精致精美，打造品质城镇。集中资源，梯次推进滨江区域片区化、组团式开发建设，启动长郡斑马湖中学、师大附中杨丰小学和白石湖小学建设，完成湖南一师附小斑马湖小学、银星湾公园建设，加快黄金河水环境综合整治及海绵城市试点项目建设，探索能源热泵PPP项目合作开发，逐步打造滨水魅力城区。整合平台资源，扎实推进社区提质提档三年行动计划，实施老旧社区、安置小区、背街小巷提质改造，打造城市品质社区。推进湘江古镇群三年行动计划，完善全域旅游规划，推进古镇旅游签约项目落地建设，进一步挖掘乔口、靖港、新康、铜官、书堂、丁字等古镇内涵，不断放大湘江古镇群的品牌效应；积极完善桥驿、茶亭、乌山、白箬铺等集镇基础配套和公共服务，提升中心城镇的承载功能，打造一批市级示范街镇。全面对接主城区考核标准，优化城市考核管理办法，加强渣土扬尘、砂石运输管理，保持拆违控违、市容市貌等专项整治高压态势，不断提高城镇环境品质。突出秀美宜居，建设美丽乡村。全域推进美丽乡村建设，打造京港澳高速复线示范走廊和九峰山、团山湖、英雄岭、光明大观园等示范片区，力争建成美丽乡村30个以上。实施"新三年造绿大行动"，完成环城绿带生态圈（二期）、京港澳高速复线互通绿化提质等项目建设，新增造绿面积800公顷以上。深入推进城乡环境卫生整洁行动，大力推广农村垃圾分类减量处理，保持城乡环境卫生领先地位。扎实推进黑麋峰环保主题公园前期工作，强化环境监管，坚决守住环保底线。

4．抓民生福祉，开创和谐稳定新局面。提高居民生活质量。打赢精准扶贫攻坚战，实现省定贫困村"摘帽"、建档立卡贫困户"清零"。实施更加积极的创业就业政策，新增城镇就业7000人、农村劳动力转移就业3300人，保持城镇零就业家庭动态清零，让社会就业更加充分。提升社会保障水平。健全雷锋580救助办法，壮大雷锋慈善基金，打造全国紧急救助品牌。切实做好医疗救助、大病救助、救灾救济等工作，城乡居民医疗保险、养老保险缴费率稳定在95%以上，职工五项社会保险实现应保尽保。改造农村危房1500户，加强城乡居民建房管理，进一步提高群众居住品质。建设4个老年人日间照料中心，完善养老服务体系。持续优化公共服务。实施学校建设五年行动计划，加大与长郡中学、师大附中等名校联合办学力度，推进望城一中等学校集团化办学，改善农村学校办学条件，逐步缩小城乡办学差距，推动教育优质均衡发展。深化医药卫生体制改革，推进乡镇卫生院提质改造和社区卫生服务中心建设，让人民群众公平共享医疗卫生资源。改进和完善计生服务管理，巩固计生"国优"成果。加快全民健身设施建设，确保村（社区）全民健身点全覆盖。不断创新社会治理。牢固树立安全发展理念，扎实推进安全生产责任体系建设，坚决遏制重特大安全事故发生，争创省级安全生产示范区。强化食品安全监管，建立食品安全全流程追溯体系，全力创建国家食品安全示范城区。建立畅通有序的诉求表达、矛盾调处、权益保障机制，加大矛盾纠纷化解和依法治访力度，继续坚持领导干部定期接访、下访制度，健全领导包案机制，妥善化解各类信访问题。健全社会治安防控体系，强化社会治安综合治理，严厉打击各类违法犯罪行为，努力建设"平安望城"。

各位代表！志当存高远，成事在实干。让我们在区委的正确领导下，在区人大、区政协的监督支持下，紧紧依靠全区人民，万众一心，只争朝夕，不忘初心，继续前进，为建设更加美丽、强盛、幸福的名望之城而努力奋斗！

名词解释：

1．"一区两园"：即望城经开区、铜官循环经济工业园和乌山中小企业园。

2．"营改增"：即营业税改征增值税。

3．"三集中三到位"：即各个部门的行政审批事项向一个科室集中、行政审批科室向政务中心集中、审批权限向窗口和首席代表集中，保障进驻政务中心的审批事项到位、审批人员到位、审批权限到位。

4．"先照后证"：即从事后置许可经营项目的市场主体，先向工商部门申请办理营业执照，再到许可审批部门办理许可审批手续。

5. 征拆安置“四三制”：即三轮会审、三次公告、三榜公示和三月审计。

6. 三权分置：即农村土地所有权、承包权、经营权三权分置。

7. “五美五韵”：“五美”即布局美、产业美、环境美、生活美、风尚美；“五韵”即水韵、绿韵、古韵、品韵、礼韵。

8. “天网”工程：即为满足治安防控和城市管理需要，利用图像采集、传输、控制、显示等设备和控制软件组成，对固定区域进行实时监控和信息记录的视频监控系统。

9. “法律六进”：即开展法律进机关、进乡村、进社区、进学校、进企业、进单位活动。

10. “一带一路”：即丝绸之路经济带和21世纪海上丝绸之路。

11. 打造“三个中心”：即打造国家智能制造中心、国家创新创意中心和国家交通物流中心。

12. 建设“四更”长沙：即建设能量更大、实力更强、城乡更美、民生更爽的长沙。

13. “四大产业集群”：即最具特色的先进制造业产业群、最具魅力古镇群、最美滨江生态公园群和最具活力的专业商贸市场群。

14. “四为”精神：即想为、敢为、勤为、善为。

15. 能源热泵：即利用地表水（江水、河水、湖水、海水、污水等）作为空调系统的冷热源，通过水源热泵机组为建筑供冷供热的系统。

同心同向　共谋发展
为加快建设更加美丽强盛幸福的名望之城凝心聚力

——在政协长沙市望城区第二届委员会第一次会议上的报告

2016年11月25日

政协长沙市望城区委员会主席　骆志平

过去四年工作回顾

过去的四年，是全区上下推动区域经济社会持续健康快速发展的四年，也是政协工作为我区推进全面建成小康社会做出积极贡献的四年。四年来，区政协在中共长沙市望城区委正确领导下，在市政协精心指导下，牢牢把握团结和民主两大主题，坚持“五心一加强”工作思路，围绕全区工作大局，组织动员全体委员，团结依靠各界人士，认真履行政治协商、民主监督、参政议政职能，各方面工作都取得了新进展。

一、立足全局，竭诚尽智，协商建言务实有序

四年来，我们始终坚持紧扣全区发展大局谋良策、建诤言、出实招，着力在协商建言中贯彻和体现“把好话说实、实话说好”的工作原则。

1. 整体协商，谋发展大计。将全委会作为政协最全面、最集中履行政治协商职能的重要形式，精心组织引导委员参与全区工作整体协商。一届政协共召开全体会议4次，委员们以分组讨论、撰写提案、大会发言等形式，围绕区政府年度工作报告、“十三五”规划纲要，以及全区经济、政治、文化、社会、生态文明建设中的热点、难点问题，向区委区政府提出建设性意见400余条，得到高度重视和积极办理。

2. 专题协商，建睿智之言。探索建立双月协商工作制度，主动对接区委区政府中心工作，邀请政协常委、委员及有关单位，先后围绕滨水新城发展、“十三五”规划、依法治区、街镇区划调整等一批热点问题，开展专题协商18次，为推动重点工作积极建言献策。

3. 对口协商，献务实良策。充分发挥专委会基础性作用以及界别优势，先后围绕发展休闲农业与乡村旅游、失地农民就业和社会保障、城市管理等一批热点议题，开展对口协商45次，为部门工作广聚智慧。引导政协各基层组织加强战线、街镇联系，以调研视察为载体，以活动开展为纽带，为战线、街镇工作广献良策。

二、围绕发展，集思广益，参政议政主动有为

四年来，我们以服务经济社会发展为履职方向，把转型发展焦点作为政协工作重点，着力在调查研究、建言献策中贯彻和体现“少而精、好而实、准而深”的工作标准。

1. 着力重点调研，围绕发展热点积极献策。将建言献策作为区政协助推发展的主要手段，准确把握全区经济社会发展热点，每年选择两至三个课题，组织专业素质高、议政能力强的委员进行重点调研。2013年就“革除农村陋习倡导城市文明”“社会贤达作用发挥”“楼盘管理社区化”等课题调研后提出14条建议，促成楼盘管理社区化条例等政策出台；2014年就“品质提升大美望城”“建立公共旅游服务体系”“引导农民相对集中居住”等课题调研后提出22条建议，得到区委、区政府领导高度肯定并为相关决策出台提供参考；2015年就“品质融城产业强区”“加强城市管理倍升城市品质”“农业旅游业升级发展”“关注民间融资风险”等课题调研后提出26条建议，为全区产业发展、城市管理把脉支招；2016年，又针对城市管理部门部分共性问题，提出七个方面建议，提交区委区政府作为决策参考。

政协长沙市望城区委员会主席骆志平作工作报告

2. 着力大会发言，围绕发展焦点精准建言。紧扣发展需要主动作为，在大会发言方面进行了重点突破。在2013年聚焦小康社会建设、大众垸整体发展等主题基础上，从2014年起，连续三年每年围绕一个主题延伸若干个子课题，由主席会议成员分别牵头，各专委会具体负责，相关委员和部门、街镇共同参与，在广泛调研基础上形成发言材料，组织委员进行发言。2014年聚焦行政效能提升主题组织发言，助推雷锋政务超市打造全省一流政务窗口；2015年聚焦农业农村现代化转型主题组织发言，助力农村改革转型加速推进；今年又聚焦区委提出的建设文明宜居首善区主题，围绕创新创业平台建设、文化街区塑造、生态环境提质、精准扶贫等6个子课题组织发言。发言每次都得到区委、区政府领导高度重视，成立专门工作组负责重点督办，为推进区内部分重点难点问题解决尽一份力量。

3. 着力参与中心，围绕发展重点竭诚谋略。坚持有为才有位，主动担当、责无旁贷参与区委、区政府中心工作。区政协班子成员按照党委政府分工，每年都联系协调部分重大项目建设，欧阳询文化园、湾田国际建材市场、铜官古镇、湘台农科园、湘江大道北延线及景观道等项目先后完工，长沙铜官窑国际文化旅游度假区、长沙铜官窑保护开发建设（二期）等项目破除瓶颈稳步推进，均凝聚了他们投身项目、服务发展的辛勤汗水。更多街镇政协联络处负责同志、政协委员、政协机关干部，发挥自身优势，积极参与项目推进、征拆协调、“点赞工程”“一进二访”等中心工作；还有大批工商、经济界政协委员积极争当大众创业、万众创新先锋，为群众就业送去众多岗位，为经济发展增添无数活力。

三、关注民生，反映民意，民主监督扎实有力

四年来，我们积极探索民主监督新途径，提高提案办理、社情民意反馈实效，为解决民生问题摸实情、听实话、谋实招，着力贯彻和体现“履职建言、为民代言”的工作宗旨。

1. 以提案为抓手，出谋献计谋实谋精。将提案工作作为政协履行职能最直接、最有效的方式，坚持在“提”字上讲质量，“督”字上做文章，“实”字上求效果。四年累计征集政协委员提案468件，经审查立案341件，提案办理见面率、答复率达100%，交办之快、规格之高、效果之好为全市之最。在抓好常规提案同时，我们致力于将部分区内力所不及的提案，转化为省、市政协委员提案，连续三年，成功争取《关于将欧阳询文化园列入湘台文化创意产业园重点项目并给予重点扶持的建议》《关于把湘江古镇群作为新型城镇化特色示范区着力打造的建议》《关于请求支持建设国际农庄、打造农业世界之窗的建议》等3件提案列为省政协重点提案，争取十余件提案列为市政协重点提案，为湘江古镇群建设三年行动计划出台、欧阳询文化园打造等搭建了平台，借助省市力量解决了望城发展中的一些大事难事。

2. 以评议为载体，知情议政求真求质。将民主评议打造成政协履行民主监督职能的重要载体，精心确定评议方向，着力规范评议程序，不断强化评议实效。2013年、2014年连续两年对街镇工作展开评议，为街镇特色亮点工作点赞、难点工作支招、焦点工作借力，有效助推街镇工作上台阶、上水平。2016年创新评议方法，围绕全区城市管理工作，针对区城管局等5个城管部门的有关工作展开评议，由区政协主席会议成员牵头，成立5个评议小组，在深入调研基础上，形成了针对性较强的5篇民主评议报告，条分缕析指出部门工作短板，提出改进建议，促进全区城市管理精细化。

3. 以信息为渠道，反映民意解忧解难。将反映社情民意作为为民代言重要手段，不断建立完善社情民意收集、交办、反馈机制，拓宽层面，扩展视角，积极反映社情民意。四年来，全区政协委员共反映社情民意816条，编发《社情民意反映》162期，上报市政协32条，数次被衡华市长重点批示。同时，加大社情民意办理服务式协商力度，河东地区电力走廊建设等一批关系经济发展和民生福祉的意见建议得到有效落实。

四、凝心聚力，增进共识，团结联谊稳妥有效

四年来，我们坚持团结和民主两大主题，最大限度凝聚各方面共识和力量，维护和谐稳定大局、促推经济社会发展，着力贯彻和体现“为而不争、活而不乱”的工作境界。

1. 重视发挥党派团体参政作用。切实加强同民主党派、工商联、人民团体、宗教界人士合作共事，积极鼓励他们在共商大政方针、实施民主监督、进行参政议政中畅所欲言，创造条件联合开展调研视察和咨询服务，四年来共有500余人次各界人士参与到政协履职活动中来。组织开展了全区首批“社会贤达”评选活动，社会正能量得到进一步弘扬。

2. 切实发挥联络联谊纽带作用。努力发挥文史工作“存史、资政、团结、育人”作用，每年投入大量精力编辑出版一至两本文史书籍，《湘江古镇群三亲实录》《谱牒拾掇》《故事望城》《地名索源》《诗词集注》《望城记忆》《两型引领绿色发展》等7套文史书籍，留存望城多方面记忆。拓宽对外交流渠道，加强与省、市政协组织纵向联系，密切与外省、市政协组织横向联系，每年接待外地考察团队数十批次，积极宣传望城资源优势和特色亮点，助力引资、引智。

3. 充分发挥委员主体作用。强化委员主体功能，借助调研、提案、视察、评议、建议、反映社情民意信息等各类平台，让每位委员都有机会走上参政议政舞台。引导委员积极参与各类公益活动，全区政协系统坚持每年组织扶贫济困活动，据不完全统计，四年来共帮扶联系1500多户困难家庭，各类爱心捐款逾2000万元，其中，政协常委释悟圣以洗心禅寺慈善基金会为平台，每年募集慈善助学款数百万元资助贫困学子。

五、强化创新，讲求规范，自身建设严谨有方

四年来，我们以强化工作效能为宗旨，内强素质、外树形象，不断增强政协组织融合力、凝聚力和影响力，着力贯彻和体现“政治过硬、业务过硬、作风过硬”的工作要求。

1. 强化学习,履职能力不断提升。把学习作为提升委员履职能力重要抓手,将集中学习和分散学习相结合,业务培训与主题活动相结合,先后开展政协业务知识培训、党的群众路线教育实践活动、“三严三实”专题教育活动、“两学一做”学习教育等主题学习,四年来共组织政协系统和政协委员各类集中学习30余次,干部和委员思想政治素质、履职能力全面提升。

2. 强化管理,制度规范不断完善。积极推进规范化、制度化、程序化建设,坚持把“三化”建设贯穿于政协全部工作始终,体现在履行职能各个环节,先后建立、修订、完善了《政协委员管理办法》《参政议政实施办法》《民主监督实施办法》等20多项规章制度,使政协各个层面履行职能有章可循、有据可依。

3. 强化服务,队伍活力不断增强。科学预算调研工作经费,履职活动开展保障力度进一步加大。搭建委员活动平台,设立街镇委员工作室,为委员就近履职提供了条件。完善委员履职途径,区直活动组、街镇政协联络处每年组织所属委员开展履职活动5次以上。着力塑造政协文化,“政协杯”篮球赛、乒乓球赛、知识竞赛以及关爱帮扶、走访慰问活动保持常态化,政协氛围日趋活跃,队伍活力不断迸发。

各位委员、同志们,区一届政协四年来取得的成绩,是市政协悉心指导、区委坚强领导的结果,是区人大、区政府及社会各界大力支持的结果,是广大政协委员、政协各组成单位以及全体政协工作者共同奋斗的结果,也是历届政协老领导、老同志关心支持的结果。在此,我谨代表区政协一届委员会常务委员会表示衷心的感谢!

在总结成绩的同时,我们清醒地认识到,我们在工作中还有许多亟待加强的地方。比如,政治协商程序还有待进一步规范,民主监督力度还有待进一步加强,参政议政成果还有待进一步转化,政协委员主体作用还有待进一步发挥,专委会活动还有待进一步丰富。我们真诚希望,在座的各位领导、各位同志以及全体政协委员,提出宝贵意见和建议!

过去四年工作体会

四年来,我们坚持在继承中发展,在开拓中前进,在创新中提高,积极探索新形势下政协工作新途径,在实践中积累了一些经验和体会:

一、必须坚持维护核心,把坚持党对政协工作的领导作为履职首要遵循贯穿工作始终。区一届政协在工作中,始终与区委、区政府思想上同心、目标上同向、行动上同步,区委高度重视对政协工作的领导,区政府切实支持政协依照章程开展履职工作,部门和街镇积极配合政协开展履职活动,形成了“党委重视、政府支持、政协主动、各方配合”的生动格局。实践证明,只有坚持维护核心,人民政协才能沿着正确的政治方向,不断取得新成绩、迈上新台阶。

二、必须坚持服务中心,把推动区域经济社会发展作为履职第一要务贯穿工作始终。区一届政协在工作中,坚持把围绕中心、服务发展作为履行职能第一要务。在工作内容上,本着“突出重点,量力而行”原则,选择事关全局的重大问题,深入调研,广泛论证,积极建言献策。在工作标准上,坚持以质取胜,既保持高度政治热情,又注意把握参政议政角度和力度;既注重发现问题、积极推动解决问题,又看到改革与发展的复杂性、阶段性和长期性。实践证明,只要我们围绕中心、突出中心、服务中心,政协工作就一定能够抓住重点、彰显作为。

三、必须坚持凝聚人心,把巩固地方和谐稳定大局作为履职重要使命贯穿工作始终。区一届政协在工作中,始终坚持“团结、和谐”工作准则,努力搞好各界人士合作共事,积极做好宣传政策、扩大共识、协调关系、凝聚人心工作,切实做好以协商讨论和民主评议为主要形式的民主监督,及时反映社会各界政治利益诉求,在活跃民主政治生活、促进社会和谐、推动全区经济社会发展中发挥了特殊作用。实践证明,只有坚持凝聚人心,政协工作才能不断增强感召力、创造力、凝聚力。

四、必须坚持贴近民心,把维护人民群众根本利益作为履职基本原则贯穿工作始终。区一届政协在工作中,始终坚持心中有民、履职为民,着力把议政协商重心倾向民生领域,把民主监督重点聚焦群众视角,深入开展调查研究,广泛收集社情民意,扎实推进提案办理,积极向党委政府或相关部门传递群众心声,促推党委政府决策更体现民意、更深得民心。实践证明,只有坚持贴近民心,政协事业才能根深叶茂、蓬勃发展。

五、必须坚持激发热心,把不断强化自身建设作为履职基本保障贯穿工作始终。区一届政协坚持把激发委员热心贯穿到工作各个环节,无论是开展重点课题调研,还是组织大会主题集中发言;无论是开展民主评议,还是致力于省、市重点提案打造;无论是服务项目,还是扶贫济困,都离不开政协委员的激情参与和无私奉献。实践证明,只有坚持激发委员履职热心,才能不断激发政协工作活力提升政协工作水平。

今后五年工作建议

今后五年,是望城推动转型创新发展、加快建设名望之城的关键五年,也是区二届政协不断推进政协事业新发展的重要时期。建议区二届政协及其常务委员会:以中共十八大、十八届三中、四中、五中、六中全会精神和习近平总书记系列重要讲话精神为指导,全面贯彻落实区第二次党代会精神,紧紧围绕建设名望之城这一目标,牢牢把握团结和民主两大主题,坚持“五心一加强”工作思路(维护核心、服务中心、凝聚人心、贴近民心、激发热心,加强政协自身建设),同心协力搞好政治协商,积极稳妥推进民主监督,扎实有效开展参政议政,努力开创政协工作新局面,为把雷锋故乡建设得更加美丽、更加强盛、更加幸福做出更大贡献!

一、领会新精神,全面贯彻落实十八届六中全会精神。党的十八届六中全会具有里程碑意义,认真学习领会好、坚决贯彻落实好六中全会精神是人民政协的重大政治任务。希望新一届政协结合工作实际，多层次、多形式组织和推动政协委员和各界人士认真学习、深刻领会六中全会精神。

切实发挥政协党组领导作用。以中共十八大和十八届三中、四中、五中、六中全会精神为指导，不折不扣贯彻落实好中央和省市区委重大决策部署，进一步提高领导政协工作水平，坚持民主集中制，主动担负从严管党治党政治责任，模范遵守党章和党内各项规章制度，把全部心思和精力集中到推进政协事业、促进改革发展上来。努力发挥政协基层组织战斗堡垒作用。将学习贯彻十八届六中全会精神和学习区第二次党代会精神结合起来，同名望之城建设具体实践结合起来，同本职岗位建功立业结合起来，进一步认清政协工作面临的新形势、新任务，坚持围绕中心、服务大局，积极履行政治协商、民主监督、参政议政职能，不断开创政协工作新局面。全面发挥政协委员主体作用。政协委员既是荣誉，更是责任。望城处于新的发展时期，来自全区各条战线的新一届委员，都要自觉把荣誉与责任统一起来，努力做到心中有大局、言行有风范、履职有成果，继承和发扬优良传统，注重自身身份，把握自身言行，牢固树立服务发展、服务社会、服务民生的履职理念，始终保持与时俱进的精神状态，努力以高尚人格感召人、以强烈责任感团结人、以建功立业带动人，在政协舞台上为建设名望之城实现更大作为。

二、瞄准新目标，紧紧围绕建设名望之城扎实履职。“建设名望之城”是望城未来五年发展总体目标，是全区工作大局，是党委政府中心工作，也是政协中心任务。新一届政协要坚持把服务名望之城建设作为政协履职第一要务，多想名望之城建设大事，多谋名望之城建设大计。

政协系统上下和广大政协委员，要坚持聚焦转型创新发展，就全区重点工作推进、重大项目落实、重要改革方案实施等议题，发挥政协独特优势，为名望之城建设多建睿智之言。要充分发挥政协人才荟萃、智力密集优势，紧扣创新、协调、绿色、开放、共享主题，围绕加快建设现代产业聚集区、城乡统筹样板区、文明宜居首善区等重点任务，为名望之城建设多献前瞻之计。要紧扣“四大主体功能区、四大产业集群、四大社会建设”等重点，组织各类视察调研活动，立足全局、精准谋划提案工作，为名望之城建设多聚发展之力。要将人民群众对美好生活的向往，作为我们奋斗的目标和方向，持续关注建立现代教育体系、深化医药卫生体制改革、社会保障、精准扶贫等群众普遍关心的热点难点问题，为名望之城建设多谋务实之策。

三、落实新要求，强化举措构建协商议政良好格局。中央和省市区委都对加强新时期协商民主建设提出了新的要求，新一届政协要结合望城实际，深入探索基层政协协商民主建设新形式、新渠道、新举措。

在政治协商方面，选择事关全区经济、政治、文化、社会以及生态文明建设的重要课题，逐步增加协商密度，不断拓展协商领域，努力构建“全体会议全面协商、常委会议专题协商、主席会议重点协商、专委会议对口协商”的协商建言格局；争取区委、区政府支持，实现重大决策协商在党政决策之前、人大通过之前、政府实施之前，做到先协商后决策、先协商后通过、先协商后实施。在民主监督方面，充分利用提案、视察、反映社情民意等有效形式，提高监督实效，促进区委区政府部署的各项工作得到落实；继续开展好主席会议成员带队、各专委会组织、政协委员参与的大会主题发言工作，精心设置发言议题，扎实开展调研论证，切实增强发言针对性、严谨性、实效性；认真组织民主评议活动，科学选择评议对象和评议重点，不断规范评议程序，精准提出评议报告，力争多为部门、街镇工作推亮点、促重点、解难点。在参政议政方面，围绕党政关切、群众关心的事项，找准切入点，选定好议题，组织开展重点调研，力争推出一批有深度、有影响、高水平、高质量的调研成果，为党政科学民主决策提供参考；围绕全区发展重点和难点，立足全局、精准谋划，力争推出一批省、市政协重点督办提案，为望城发展争取外部力量支持；积极参与区委区政府中心工作，继续服务项目建设、征拆工作以及其他全局工作推进，力争为望城发展多做贡献。

四、开创新局面，以大团结大联合广泛凝聚正能量。在党的领导下实现团结和民主，是人民政协继往开来的方向和使命，新一届政协要坚持把团结和民主贯穿于政协履行职能的各个环节，广泛凝聚各方面共识，切实汇聚各方面力量，不断开创政协工作新局面。

发挥兼容并蓄优势，为凝聚人心尽责。要加强与工商联、民族宗教界人士、社会团体联系，主动邀请社会各界人士参与调研视察、民主评议、提案办理、学习交流等活动，积极为他们履行职能创造条件、搭建平台，坚持商以求同、协以成事，调动一切积极因素，团结一切可以团结的力量，努力将区委区政府决策部署转化为全区人民普遍共识。发挥位置超脱优势，为化解矛盾出力。引导全体政协委员和政协工作者，围绕群众思想认识困惑点、利益关系交织点、社会矛盾易发点，协助党委政府多做释疑解惑、疏导情绪、平衡利益工作，多为望城发展鼓与呼。发扬人民政协扶贫帮困、乐善好施优良传统，引导委员积极参加捐资助学、修路架桥、抗灾赈灾、慈善救助、精准扶贫等社会公益事业，多为群众排忧解难，多向群众雪中送炭。发挥联系广泛优势，为引资引智服务。继续推行“以文会友、以文交友”，组织开展地方特色文史资料征集、编辑和出版工作，加强望城历史文化保护和传承；继续多渠道多形式开展联谊活动，大力宣传望城、推介望城，为建设名望之城汇聚更多力量。

五、树立新形象，持之以恒推进自身履职能力建设。新形势、新任务对人民政协工作提出了新的更高要求，新一届政协要将不断提升自身形象当作政协人永恒的追求，不断增强政协履职责任感和使命感，切实提高工作实效。

进一步完善委员培训和管理机制，按照“懂政协、会协商、善议政”要求，加强政协委员队伍建设，积极为委员履职创造更好条件，尊重和依法保护委员民主权利，不断提高委员综合素质和参政能力。进一步发挥专门委员会在履行职能中的基础作用，努力创新专委会工作方式，开拓工作思路,完善工作机制,加强党政部门对口工作联系,联合开展视察、调研和监督活动,不断提高工作水平。进一步完善界别工作机制,充分调动各界别委员参政议政积极性,不断探索界别活动方式和途径,努力使政协各类界别活动更加经常、更加规范、更加有效。进一步加强政协机关建设,按照“团结、勤政、务实、高效”目标要求,以创建“学习型、服务型、和谐型”机关为目标,积极推进政协机关思想、组织、作风和效能建设,确保政协机关高效有序运行。

各位委员,新形势需要新状态,新开局要有新作为。长沙建设国家中心城市需要我们激情参与,名望之城建设需要我们只争朝夕,让我们在区委坚强领导下,满怀豪情,和衷共济,荣辱与共,携手同行,努力推动我区政协事业再上新台阶,为把雷锋故乡建设得更加美丽、更加强盛、更加幸福做出新的更大贡献!

大　事　记

责任编辑 ◎ 张姣美

1月

4日，水利部水资源司副司长石秋池一行到望城考察“十三五”水利重点项目建设工作，实地察看东湖湿地公园、沩水水闸等地，了解全区江河湖库水系连通项目建设情况。

8日，副市长陈中率队到望城调研农业农村工作，实地察看乌山街道团山湖村、农业创新创业园、沙道湾生态农业粮食生产园、白泥湖鲌鱼基地和长沙现代农业综合配套改革试验区等地。

12日，省委宣传部副部长杨金鸢一行参观雷锋生平事迹陈列。

▲　中华人民共和国住房和城乡建设部下发通知《关于公布第三批美丽宜居小镇、美丽宜居村庄示范名单的通知》（建村〔2016〕13号），确定长沙市望城区乔口镇等42个镇为美丽宜居小镇示范，贵州省安顺市西秀区旧州镇浪塘村等79个村为美丽宜居村庄示范。

14日，省委常委、市委书记易炼红主持召开市委常委会议，研究部署湘江古镇群建设工作，会议原则通过《湘江古镇群建设三年行动计划（送审稿）》。

20日，吉尔吉斯斯坦共和国企业家联合会考察长沙铜官窑国家考古遗址公园，参观谭家坡遗迹馆。

27日，首届书堂山当代文人书法周签约仪式暨媒体见面会在北京鲁迅文学院举行。

29日，省科技厅组织长沙市望城区和株洲市石峰区参加2015年度国家可持续发展实验新区申报联系评审会。

2月

1日，国家旅游局公布首批国家全域旅游示范区创建单位名单，望城区获批进入国家首批全域旅游示范区创建单位，湖南省仅望城区和张家界获批。

▲　副市长何寄华一行到白沙洲街道走访慰问，到特困户家了解相关情况。

2日，省委副书记、省长杜家亳到望城区专题调研车辆超限超载治理工作。

5日，国家旅游局公布首批262个国家全域旅游示范区创建单位名单，望城区获批进入国家首批全域旅游示范区创建单位，湖南省共13家，望城为全市唯一入选的单位。

6日，省委常委、市委书记易炼红到望城考察芙蓉北大道建设情况，并看望慰问建设者。

7—13日，“湘江古镇群 邀您过新年”活动在书堂小镇、铜官陶城、千龙湖、靖港古镇、新康戏乡、乔口渔都逐一上演。 活动从除夕持续到正月初六，包括“书堂挥毫、见福见喜，铜官敬窑、陶神闹春，千龙年宴、舌尖年俗，靖港祈福、龙舞安康，新康听戏、千人联欢，乔口‘乐’鱼、好运连年”六大主题活动，

14日，副省长、省公安厅厅长黄关春到望城调研基层公安工作，实地察看月亮岛社区警务室、星城派出所、望城区应急联动指挥中心等地，对取得的成绩给予肯定。

17日，光明日报社副总编辑李春林到望城考察文化旅游发展情况。

23日，副市长黎春秋到望城调研滨江片区规划建设工作。

26日，长沙市望城区“雷锋580”民生紧急救助项目获评“最佳志愿服务项目”。

3月

1日，市人大常委会主任袁观清率主任会议成员到望城区调研“十三五”开局经济社会发展、项目建设、人大工作情况。

2日，副市长陈中到望城调研气象现代化建设工作。

4日，市委、市政府印发出台《湘江古镇群建设三年行动计划（2016—2018年）》。

▲　市委常委、宣传部部长张湘涛调研黄金园街道黄金园村、英雄岭村“雷锋号”青少年关爱家园建设情况。

8日，省政府副秘书长、市委副书记、湘江新区管委会主任虢正贵率队调研望城“一路两带”项目、金桥交通枢纽、晟通集团等项目，并实地查看雷锋政务超市。

9日，副省长戴道晋到望城调研农业农村工作，考察苏蓼垸农业公园和白泥湖鲌鱼养殖、“虾稻共生”等项目。他要求望城坚持用城市的理念建设农村，用工业的思维发展农业，用市民的要求提升农民素质，加快推进美丽乡村建设，努力推动长沙现代农业综合配套改革试验区的农业农村发展走在全省前列。

10日，市委常委、市委秘书长夏建平实地调研开利星空、恒飞电缆、中粮可口可乐、普瑞西路等项目建设。

11日，省民政厅副厅长陈毅华一行到白芙塘社区检查指导工作。 实地察看康乃馨白芙塘社区日间照照料中心与取忠文化园等社区配套设施建设。

12日，省委常委、市委书记易炼红到望城调研现代农业和水利工作。

▲ 雷锋艺术团荣膺“第六届全国服务农民、服务基层文化建设”先进集体荣誉称号。雷锋艺术团是长沙地区唯一一家获得此殊荣的文艺院团。

17日，市委常委、组织部部长程水泉调研指导望城基层党建和合乡并村工作。

18日，望城区举行首届“雷锋文学艺术奖”颁奖典礼，旨在表彰近年来望城涌现的各类原创优秀文艺作品，共评选出7大类40件作品。

24日，全市城乡低保一体工作研讨会金山桥街道召开，现场学习观摩望城区城乡低保一体化工作情况。

28日，市委常委、常务副市长陈泽晖调研长沙环城绿带生态圈(望城段)建设。强调要抢抓黄金季节，加强调度，加快环城绿带生态圈建设进度。

29日，湖南湘江新区国家级望城经济技术开发区举行招商引资项目集中签约仪式。中信戴卡等15个重大项目落户园区，项目总投资130亿元。

▲ 证通云计算大数据产业园(长沙云谷)正式开工建设，市委副书记、湘江新区管委会主任虢正贵，省政府驻深办主任廖克勤，副市长廖健等领导出席开工仪式。

30日，市委副书记徐宏源深入恒飞电缆、金桥国际商贸城、中联消防、中航起落架、澳优乳业等企业调研。

4月

13日，公安部督导专员、督察组组长张俊兵到望城督导检查区公安局深化公安改革工作情况。

14日，全国政协常委、文史和学习委员会主任王太华一行考察湘江古镇群保护与建设情况。

▲ 文化部政策法规司巡视员李红琼一行到望城调研传统文化的创造性转化和创新型发展工作，实地考察长沙铜官窑国家考古遗址公园、铜官古街等地。

18日，副市长何寄华一行到望城创新创业园调研“鲜花港”项目及慢生活村庄绿化。

19日，长沙市中级人民法院党组书记、院长罗衡宁一行到望城法院调研指导，实地察看雷锋法庭、望城法院审判大楼，并听取法院工作汇报。

▲ 广西壮族自治区副主席、公安厅党委书记、厅长胡焯带队到望城区公安局考察交流，参观月亮岛警务室、东马社区警务室、星城派出所、人口与出入境政务大厅、应急联动指挥中心等地。

21日，市委常委、市纪委书记李军，市委常委、市委秘书长夏建平等到望城区督促检查指导防汛抗旱工作。

25日，省委宣传部副部长孔和平到望城督察防汛备汛工作。

26日，省人大常委会党组书记、副主任韩永文到望城调研基层人大工作。

29日，望城区人民政府与长郡中学合作举办长郡斑马湖中学签约仪式在长郡月亮岛学校举行。

5月

10日，长沙地区关于全国基层中医药工作先进单位评审方案和细则解读会议在乔口镇卫生院召开。

11日，省直机关工委常务副书记李爱武调研望城区直机关党建工作。

12日，市委常委、统战部部长文树勋督查望城金桥国际商贸城、高星物流园、国网电力长沙光通讯产业园等重大项目建设情况。

▲ 市委常委、副市长张迎春到派意特服饰、中航磁电等企业调研望城智能制造业发展情况。

19日，望城区举行“国家可持续发展实验区”挂牌、两型科技产品推介会暨2016年科技活动周启动式。2016年科技活动周主题是“创新引领，共享发展”。

20日，全国人大常委会副委员长吉炳轩带队到望城开展水法执法检查。

20—22日望城区受邀参加北京国际旅游博览会。区旅游局对湘江古镇群作重点推介，发放500余册旅游宣传资料，受到现场游客和旅行商的关注和热捧。

25日，市委副书记徐宏源调研望城造绿复绿工作。

27日，市政协主席范小新调研望城经济社会发展情况，考察谷山体育公园、长郡月亮岛中学、中粮可口可乐、雷锋政务超市等地，并听取专题汇报。

28日，国务院国资委主任肖亚庆、省委书记杜家毫等领导调研中航起落架。

31日，中组部党员教育和干部测评中心主任陈燕率队楠调研考察望城党员教育工作，高度评价望城分片轮训基层党员工作。

6月

2日，湖南省长株潭两型试验区管委会副主任刘怀德率调研组到望城区调研两型改革发展工作，实地考察乔口镇大垅围村垃圾分类回收站以及柳林江垃圾分类总站等点。

6日，副市长陈中率市直部门负责同志到苏蓼垸农业公园调研美丽乡村示范片建设工作，重点了解乡村绿道建设、农民集中居住点及“四项改革”相关工作。

13日，全国政协科教文卫体委会副主任、中国检察官文学艺术联合会主席张耕考察望城文化遗址保护与利用工作。

▲ 副市长黎春秋调研望城区城市建设工作，实地察看月亮岛保护利用工程、雷锋公园等项目，并专题听取汇报。

14日，省教育厅党组书记、厅长肖国安调研望城教育工作，实地查看区教育、格塘中学等地。

21日，司法部基层司司长梁刚等一行到望城考察医患纠纷调解工作。实地察看区医患调解中心，并听取汇报，对望城医患纠纷调解工作给予高度评价。

23日，省委常委、市委书记易炼红到望城调研经济社会发展情况，实地考察长郡月亮岛学校、长沙航空工业园、雷锋政务超市等地，并专题听取望城全面工作汇报。

29日，市委常委、宣传部部长张湘涛到望城调研白箬铺镇黄泥铺村台湾绿野香田项目建设进展情况。

30日，市委常委、副市长张迎春到望城调研“两学一做”学习教育情况，实地查看金山桥社区第二党小组学习教育开展情况，并为白沙洲街道黄田村基层党员讲授题为《让“四讲四有”扎根在雷锋家乡》的党课。

▲ 副市长黎春秋调研望城海绵城市建设工作，实地查看环城绿带望城段海绵城市理念运用和内彩色透水混凝土地坪建设情况。

7月

1日，省人大常委会党组书记、副主任韩永文调研黑糜峰固体废弃物处理场。

4日，市委副书记徐宏源检查指导望城防汛抢险工作。

5日，市委常委、纪委书记李军到望城检查指导防汛抢险工作，实地查看乌山李家湖涵闸、乔口撇洪河等地，要求各单位加强堤防巡查，确保及时处置各类险情。

▲ 副市长、市防指指挥长陈中到望城区高塘岭街道月圆村老沩水指挥防汛工作，并紧急会商调度老沩水河渍水抢排安全运行问题。

6日，市委副书记、市长胡衡华到乔口镇考察防汛工作，他指示乔口处于十分险要的防汛位置，就算全市防汛二级响应解除，乔口也不能解除，要确保人民生命财产安全。

12日，市委副书记、市长胡衡华到望城检查指导防汛抗灾工作。实地察看靖港电排、大众垸团头湖大堤、乌山街道李家湖垸闸门穿孔险情处置等现场，指导当地调蓄排涝和险情处置工作。

13日，市委副书记、市长胡衡华到望城调研月亮岛文旅新城规划建设工作。

22日，省委副书记、省长杜家毫到望城检查安全生产工作。

23日，《诗意的彩瓷——长沙窑瓷器艺术展》专题展览在北京艺术博物馆展出。集中展示长沙铜官窑窑址标本、制作工具和窑具等173件（套），再现长沙窑60年来的考古发掘、研究成果。

29日，台湾绿野香田观光农业文创园正式开放。该园坐落于白箬铺镇黄泥铺村，以现代农业为主题，台湾精致农业为背景，于2013年投资兴办，总投资约2亿元。

30日，团省委副书记罗琼率14个市州团组织负责人、省直团工委负责人、省属企业团工委书记、省非公有制企业团工委书记到月亮岛街道黄狮岭社区，实地察看时代倾城小区雷锋号青少年关爱家园站点，了解项目开展及运行情况。

8月

1日，长沙港铜官港区项目正式开工建设。铜官港区位于通关循环经济工业园，项目一期规划用地30.8公顷，设计年吞吐量60万吨，拟投资5.57亿元。

2日，全区召开2016年度半年度经济形势分析暨项目建设、企业帮扶工作讲评会议。上半年完成工业总产值590.9亿元。

3日，全区2016年“特困家庭高等教育慈善助学”活动启动。符合条件的贫困学子每人可获得3000元至5000元不等的助学金。

4日，省粮食局党组书记、局长张亦贤到望城调研指导早稻收购工作。实地察看金霞粮油购销公司靖港粮库的收购情况，了解早稻收购进展、仓容准备、“心系粮农人性化服务”开展情况和政策制度执行等情况。

▲ 市委常委、宣传部部长张湘涛调研基层公共文化建设和新康首届戏剧季活动筹备工作情况。

8日，望城区正式颁发首批不动产统一登记证，成为长沙市第一个正式颁发不动产权证书的市辖区。

9日，省人大常委会副主任王柯敏调研望城宗教“两个条例”执法情况。

10日，市人大常委会主任袁观清调研望城食品安全工作，实地察看红旺市场、旺旺乳饮等地。

12日，副市长陈中调研望城农林企业发展情况，实地考察八百里水产股份有限公司和乌山贡茶生产基地。

▲ 望城半岛水利风景区入选水利部第十六批国家水利风景区名单，成为全市全年唯一获此殊荣的国家级水利风景区。

▲ 副市长廖健到望城区调研指导早稻收购工作。

14—17日，中国共产党长沙市望城区第二次代表大会召开，会上区委书记孔玉成作题为《万众一心 只争朝夕：加快建设更加美丽强盛幸福的名望之城》报告，会议全面总结了区第一次党代会以来的主要工作和基本经验，科学确定了今后五年的总体目标和重点任务。

22日，区民政局联合区农林局出台《全区建档立卡贫困农户“不愁吃、不愁穿”保障实施细则》，明确将我区农村建档立卡贫困户且家庭特别困难，存在“愁吃、愁穿”状况的贫困对象，按单“愁吃”或“愁穿”对象财政慰问600元/户•次，既“愁吃”又“愁穿”对象财政慰问1000元/户•次，同时按平均每户500元的标准赠送棉被和米、油等生活物资给予保障，着力改善贫困对象的基本生活条件。

23日，市委常委、市委政法委书记钟钢率队到望城检查安全生产工作。实地察看中航起落架生产车间和望城汽车站进站口安检设备系统运行情况。

25日，首届新康戏剧季新闻发布会在新康戏乡举行，宣布将于8月下旬至10月下旬举办“醉美古镇，戏唱新康”——首届新康戏剧季活动。

▲ 省住房和城乡建设厅副厅长高东山率队到望城，对望城区房产部门支持开展不动产登记及国有土地上房屋征收工作进行座谈调研。

26日，省知识产权局党组成员、副局长刘跃红率考核验收工作组到望城经开区考核验收经开区创建国家知识产权试点园区工作。

27日，第十四届全国检察长论坛会议在合肥召开，望城区检察院院荣获2016年度“全国检察宣传先进单位”荣誉称号，连续十年获此殊荣。

30日，省委常委、统战部部长黄兰香调研望城新侨海归创新创业情况。

▲　望城区法院在诉讼服务中心开通“12368”诉讼服务热线。

9月

1日，省公安厅党委委员、副厅长赵立民一行深入区公安局考察调研网技工作，为网技大队电子物证鉴定实验室揭牌，并组织召开调研座谈会。

8日，望城区召开第三次全国农业普查工作会议，详细部署农业普查工作。

▲　康乃馨集团在2016第四届中国湖南国际老年产业博览会上推出智能养老机器人“小牧”，引领望城养老产业进入“机器人时代”

▲　全国政协副主席卢展工率全国政协专题调研组考察澳优乳业。

12日，国家体育总局局长刘鹏考察望城体育工作，实地察看谷山体育公园综合馆、专业馆和登山步道。

19日，市委常委、宣传部部长张湘涛调研望城美丽乡村建设工作，实地察看铜官街道彩陶源村新塘冲民宿、孝心文化广场等项目。

22日，望城区举行的创新创业推介会暨2016年全国科普日活动启动式。区委副书记、代区长范焱斌出席。近年来，望城不断优化政务服务、提升交通区位优势、推动产业转型升级，为加快创新创业创造优良环境，并出台《关于加快发展先进制造业大力推进新型工业化的实施意见》切实发挥政策的引导性和激励性。

24日，“活力旺旺•公益望城”全民公益半程马拉松鸣枪开跑。本次活动由望城区人民政府和上海旺旺食品集团有限公司共同主办，来自海峡两岸的1495名选手齐聚望城，通过半程马拉松、亲子跑、欢乐跑、团队徒步赛等方式，传递全民健身和公益理念，倡导健康生活。

27日，省公安厅党委委员、副厅长谭和平一行到望城区丁字派出所湾田警务室、丁字派出所等基层派出所及警务室，就巡逻防控、“三实”及车辆信息采集、派出所规范化建设、农村社区警务、网格化管理等工作进行调研。

30日，望城区人民政府与文旅大咖叶文智签订铜官古镇文化旅游项目框架合作协议。

▲　“靖港皮影艺术馆”在靖港古街正式开馆。

10月

10日，广发银行望城支行正式开业。

14日，民政部党组成员、副部长窦玉沛深入望城“雷锋580”紧急救助热线中心考察，了解救助热线受理、转办和跟踪督办的名号情况。

17日，市委副书记徐宏源调研湘江古镇群建设工作，实地查察看长沙新华联铜官窑国际文化旅游度假区、铜官古镇、书堂小镇等地。

▲　副市长陈中到望城区茶亭镇东城社区调研美丽乡村建设工作。

18日，省民政厅副厅长杨薇一行到望城调研养老服务工作，对康乃馨医院、老年呵护中心和护理院进行实地考察。

19日，科技部社发司副巡视员孙成永到望城区调研国家可持续发展实验区建设情况。望城以“生态+文化”为指导思想，通过特色小城镇建设和循环经济产业实现了城乡统筹走上可持续发展道路。

▲　**19日**，省残联党组书记、理事长肖红林一行到望城区茶亭镇调研残疾人托养服务中心建设工作。

▲　市人大常委会主任袁观清率队深入望城视察重点工程建设情况，实地察看地铁4号线汉王陵公园站建设情况。

21日，省公安厅党委副书记、副厅长袁友方一行到望城考察指导公安工作，实地察看区局基础稳控中心、指挥作战中心及巡警大队、网技大队、刑侦大队技术室、丁字派出所。

25日，市委常委、副市长张迎春调研望城交通项目建设工作，实地察看芙蓉北大道、航电大道等项目建设并听取汇报。

27日，市委常委高山到望城专题调研政产学研协同创新工作，先后深入长高集团、黄金创业园、金龙铜业、晟通集团等地，了解政产学研和科技成果转化等情况。并强调要认真总结经验，加快推进政产学研协同创新，为长沙建设国家中心城市做出积极贡献。

29–30日，由国务院发展研究中心指导，中国发展出版社、中国公共外交协会、长沙市人民政府等单位主办，望城区人民政府等单位承办的国研智库论坛2016•湘江论坛暨世界休闲农业与乡村旅游峰会在望城举办，200多名嘉宾聚焦“全域旅游、魅力古镇”主题，开展高端研讨，全面推介古镇旅游。

11月

1日，湖南望城国家农业科技园与北京丰会管理咨询有限公司签订《推动智慧农业科技产业园建设战略合作框架协议》，双方将基于园区“五区一中心”等现有企业为基础，以智慧农业小镇、国际农庄等项目为抓手，面向全国引进智慧农业科技企业，集中优势资源用生态圈模式做大做强入园企业。

3日，省委书记杜家毫到望城看望慰问高速公路、水运工程建设管理者代表，并出席长益（扩容）、龙琅、怀芷3条高速公路建设动员大会。

▲省委副书记、代省长许达哲在长益（扩容）、龙琅、怀芷3条高速公路建设动员大会上讲话，要求新开工高速公路沿线各级党委、政府为工程创设良好环境，参建各方要认真履行合同，努力建设一流工程，共同为富饶美丽幸福新湖南做出新的更大贡献。

4日，省财政厅党组成员、副厅长欧阳煌，省农委副主任兰定国率调研组，深入高塘岭街道兴旺村、茶亭镇狮子岭村等地，实地调研2016年望城重金属污染耕地修复治理整区推进实施情况，研究推进政府购买第三方服务治理重金属污染耕地模式。

5日，总投资50亿元的中信戴卡南方智能制造产业园项目在望城经开区启动建设，省委常委、副省长陈向群出席开工动员大会，省委常委、市委书记易炼红致辞。

9日，国家级望城经济技术开发区举行"有色智造·兴业望城"招商推介会暨重大项目集中签约仪式，27个项目现场签约，总投资达148亿元。

▲ 市委副书记徐宏源到望城区月亮岛街道黄狮岭社区时代倾城公共服务中心，观摩调研学雷锋青少年关爱家园工作。察看阵地建设和志愿服务活动开展情况，并听取相关情况汇报。

15日，市委常委高山调研望城造绿复绿工作，实地察看环城绿带建设情况，并听取专题汇报。

17日，教育部调研组深入望城区，实地调研第一批国家级农村职业教育和成人教育示范县建设工作。

23日，雷锋图书馆行政中心分馆搬迁至行政中心档案馆一楼，正式对外开放。

25日，政协长沙市望城区第二届委员会第一次会议开幕，区政协主席骆志平作题为《同心同向共谋发展，为加快建设更加美丽强盛幸福的名望之城凝心聚力》工作报告，会议选举产生政协长沙市望城区第二届委员会成员。

26日，望城区第二届人民代表大会第一次会议召开，区委副书记、区人民政府代区长范焱斌作政府工作报告。

27日，望城区第二届人民代表大会第一次会议上，区一届人大常委会主任喻金平作人大工作报告，会议选举产生第二届人大常委会成员。

30日，望城区开展2016年科学技术奖评审，对全区36项科学技术奖参评项目进行评审。

12月

1日，国务院参事、全国政协常委李玉光调研航天磁电、中航起落架等企业，考察国防知识产权成果集群式孵化平台建设情况。

▲"望城区公务用车定点管理系统"上线，标志全区公车改革工作基本完成。通过该系统，各用车单位可以在线办理维修、保险、加油等服务定点采购业务。

2日，市委常委、宣传部长、副市长黎春秋率市直相关部门负责人到靖港镇杨家山村调研精准扶贫工作，看望慰问困难群众，并召开现场推进会。

▲ 望城区全民健身节暨2016年"经开区杯"企业男子篮球赛开幕。

3日，开利星空长沙国际汽车城在望城区正式开业，实现天津自贸区平行进口汽车试点平台与长沙汽车消费市场的无缝对接。

4日，全国第三个"国家宪法日"和第十六个"全国法制宣传日"之际，区检察院举行向宪法宣誓仪式。

8日，望城区举行滨江生态公园群项目集中开工仪式。滨江生态公园群地处滨水新城核心区，总面积约32平方千米，涵盖14个城市公园、4个洲岛、黄金河水系、交通道路、学校医院、市政设施等一大批重大项目。将按照河湖连通和海绵城市的建设要求，着力打造江洲湖联动、产城景融合的新型城镇化示范区。

12日，省科技厅副厅长朱皖一行调研望城科技成果转移转化示范县创建工作，并实地考察望城国家农业科技园。

13日，市委常委、副市长付胜华到长郡月亮岛学校进行调研。

16日，"当代雷锋 长沙好人"事迹展览馆在雷锋家乡望城正式开馆，免费对市民开放。省委宣传部副部长、省文明办主任刘进能，市委常委、宣传部部长、副市长黎春秋共同为展馆揭牌。

21日，芙蓉大道望城段（芙蓉北大道）竣工通车。该项目于2015年3月开工，南起长沙市芙蓉大道开福区界，途经望城区丁字、桥驿、茶亭三镇，与芙蓉大道湘阴段顺接，主线全长约17.96千米。

24日，雷锋慈善会乔口分会举行授牌仪式。分会将汇集社会爱心力量，着力开展精准扶贫、爱心救助等活动。

26日，长沙市人民政府与华为技术有限公司在望城签订战略合作协议，共同建设长沙华为云计算数据中心，推动长沙智慧城市、平安城市建设，构建长沙智能制造云平台、文化创意云平台和商贸物流云平台，推动云计算和大数据产业创新发展。市委副书记、代市长陈文浩，华为技术有限公司副总裁、中国地区部总裁彭中阳出席签约仪式。

27日，望城区第六届青少年科技创新大赛启动，大赛面向全区属公办、民办中小学校（包括职业中专）在籍在读的学生举行，以"体验•创新•成长"为主题，设"青少年发明创造""青少年科幻绘画"两大项目的竞赛。

望城概况

责任编辑 ◎ 张姣美

历史文化

望城古为荆楚之地,历史厚重,文化资源丰富。有古城桥地段新石器时代屈家岭文化遗址,有距今5000年以上、总面积约2万平方米的团头湖遗址群,有商周高沙脊文化遗址。有以民窑首创的釉下彩瓷闻名于世的国家级重点文物保护单位长沙铜官窑遗址,有省级重点文物保护单位9处,有中国历史文化名镇靖港古镇、国家湿地公园千龙湖、国家森林公园黑麋峰。靖港古镇、乔口古镇、铜官古镇、书堂山国学小镇、新康古镇形成古镇群,世称“湘江明珠”。自唐代以来,望城人才辈出,各领风骚,欧阳询书法楷模天下,丁取忠《白芙堂算学丛书》集古今数学之大成,诗圣杜甫、抗元名相文天祥、扬州八怪之一的板桥先生等,均在望城留下题咏佳作。圣贤之风,山高水长。

自然地理

【区域位置】 望城属长沙市辖区,是伟大的共产主义战士雷锋的故乡,位于北纬28°08′29″~28°33′37″、东经112°38′45″~113°02′27″,居湘中东北,东连长沙县,南接开福区、岳麓区,西南与宁乡县水陆相邻,西北与益阳市赫山区、北与湘阴县隔水相望,东北沿京广铁路与汨罗市一线相连。辖区东西最大距离58千米,南北最大距离39千米,2016年,全区总面积969平方千米。其中陆地836平方千米,占86.3%;水域133平方千米,占13.7%。

【地貌】 望城地处湘中丘陵向洞庭湖平原过渡地带,地势由南向北倾斜。兼有低山,以岗地、丘陵、平原为主。东南部黑麋峰、九峰山、书堂山、麻潭山群山绵亘,俯瞰江流;西南部观音山、谷山、白鹤山、乌山层峦叠翠,秀甲四方。区域内岗地面积较大,岗顶多为平展伸延,地表缓和起伏;中部多为丘陵岗地,海拔在60~150米之间,土质红黄,林木苍翠;东北、西北部为滨湖冲积平原区,土地平旷,湖泊密集,团头湖为其最大。境内最高峰位于桥驿镇黑麋峰,海拔590.5米,最低点位于乔口镇湛湖,海拔23.5米。

【自然资源】 境内已探明地下矿藏有金、铁、锰、磷、石灰石、花岗岩、玄武岩、青石、陶土、河砂砾石、矿泉水等30多种。广泛开发的有花岗岩、砖瓦用黏土和建筑用砂。花岗岩主要位于望城区丁字湾街道、茶亭镇和桥驿镇境内,丁字花岗岩在南宋时期就作建筑材料,从清代起开采从无间断。中华人民共和国成立后,丁字花岗岩石材先后用于国家人民大会堂及武汉长江大桥建设。地质储量1313.1万立方米,可采量1100万立方米,年产量34.5万立方米。建筑用砂取于湘江河内,实行依法有序开采,年开采量850万立方米。沿湘江东岸陶瓷黏土历经千年开采而不衰。南部富藏石灰岩。

望城区土壤成土母质母岩主要为板页岩、花岗岩,次为石灰岩、红色黏土类和河湖冲积物类。土壤分9个土类、21个亚类,以红壤、潮土、水稻土为主,山地黄壤、山地黄棕壤、石灰土等少量分布其中,各类土壤适宜多种农作物生长。

望城区地带性植被为亚热带常绿阔叶林,由于优越的自然条件,动植物种类较多,生物资源丰富。森林植被主要为常绿阔叶混交林、针阔混交林、针叶林及毛竹林,主要树种为马尾松、杉木、湿地松、毛竹、樟树、栎类等;经济林主要有油茶、柑橘、梨、核桃、板栗、桃等;药用植物有杜仲、厚朴、黄檗等。2016年森林覆盖率34.11%,活立木蓄积量175.7924万立方米,同比增长4.05%。

境内有野生动物216种,其中被列为国家二级保护动物的有白额雁、鸢、雀鹰、松雀鹰、红隼、红角鸮、领角鸮、斑头鸺鹠、穿山甲、虎纹蛙、白鹇等11种,有野生种子植物272种,其中属国家一类保护树种有水杉,白鹤山麓发现的朱砂玉兰长沙地区首见,黑麋峰顶发现的山茱萸能在该低纬度处生长,实属罕见。

【水文气候】 境内河道属长江流域,湘江是流经境内最大的河流,其自长沙市岳麓区三汊矶从南入境,纵贯境内南北35千米,携一级支流8条、二级支流13条,至东城镇团鱼洲北下洞庭。各级支流呈叶脉状向东西两侧展开,斜贯全区。其中湘江西侧有烂泥湖撇洪河、沩水河、八曲河、马桥河、龙王港等一级支流5条,东侧有沙河、石渚河、黄龙河等一级支流3条。

望城区年平均降水总量19.1亿立方米,平均径流量8.6亿立方米,另湘江径流量689.7亿立方米。团头湖与益阳市赫山区、宁乡县交界,水面587公顷。

2016年,全区有33.33公顷以上堤垸22个(湘江干流堤垸14个),其中66.67公顷以上的9个,666.67公顷以上堤垸7个,6666.67公顷以上堤垸1个;一线堤防164.3千米(湘江干流堤防69千米），总保护面积24000公顷；水库44座，总库容3610万立方米，其中中型水库1座、小（一）型水库7座、小（二）型水库36座。

望城区属于亚热带季风气候，温和湿润，四季分明，冬夏长，春秋短。春季开春早，气温回升快，降水丰沛，多阴雨；夏季气候炎热，降水集中，雨热同季，易发生盛夏干旱，也易出现暴雨洪涝；秋季以秋高气爽天气为主，日照强，降水少，晴日多，易发生干旱；冬季少严寒，雨雪少。

1981—2010年，年平均气温17.4℃，最冷月平均气温4.9℃（1月），最热月平均气温29.2℃（7月），极端最高气温40.6（2003年8月2日），极端最低气温-10.3（1991年12月29日），年平均雨日为150.1天，降水量1428.1毫米，其中4—9月降水量为917.4毫米，占全年总降水量的63.3%。年平均相对湿度79%。年平均无霜期为271天。全年平均日照1545.3小时，占日照时数24.9%。年平均风速为 2.35米/秒，最多风向为西北风。主要气象灾害有洪涝、高温、干旱、低温阴雨、冰雹、大风、寒潮、雷暴。2016年，年内最高气温39℃，最低气温-5.9 ℃，年降水量1327.3毫米。

人口•民族

【人口】 2016年，户籍人口55.49万人（不含雷锋街道），比上年末增加2.16万人。户籍人口中男性27.67万人，女性27.82万人。人口出生率为16.0‰，人口死亡率为5.4‰，人口自然增长率为10.6‰。

【民族】 望城属少数民族散居区，境内人口以汉族为主，有土家族、苗族、侗族、蒙古族、回族、白族和瑶族等29个少数民族，近3000名少数民族人口；超过500人的有土家族和苗族，超过100人的有侗族和蒙古族，超过50人的有回族、白族和瑶族。

境内长沙医学院是参与国家教育部等8部委批准开展的“内地高校支援新疆第六次协作计划”学校之一，学校有回族、维吾尔族、土家族等29个少数民族，在读少数民族学生共计2554人，占全校学生总人数的11.9%。有新疆籍少数民族学生742人，占全校少数民族学生总人数的29.05%，占整个湖南高校新疆籍少数民族学生总人数的37.13%；其中维吾尔族学生621人（不含民族预科生27人），占全校新疆籍少数民族学生总人数的83.69%，占整个湖南高校维吾尔族在读学生总人数的46.18%。

望城一中于2002年设立西藏班，共招收14届来自西藏的藏族学生，有12届毕业生。2016年，58名西藏籍毕业生均考上本科一批线，其中1人以全国西藏生文科第二名的成绩，被北京大学录取。

建置 • 区划

【建置沿革】 望城区域自秦、汉设郡、县以来，经三国、晋、隋、唐及五代，历为长沙郡、长沙国、长沙县辖境；至宋哲宗元符元年（1098年），划境内南半部入善化，经南宋、元、明、清各朝，境内一直属长沙、善化两县，民国元年（1912年），裁两县并入长沙府，直属湖南省管辖，次年改为长沙县，沿袭至中华人民共和国成立初期。1951年5月，经中央政务院批准析长沙县湘江东岸西北角一部分和西岸全部地区建置望城县，属长沙专区，县人民政府驻地初设望城坡，后迁高塘岭，1952年10月，县改属湘潭专区管辖。1956年6月，将团头湖以西的利民乡全部划归益阳县。1959年3月在全国区划调整中，望城县建制撤销，并入长沙县，属长沙市管辖。1977年12月，经国务院批准恢复望城县建制，除望岳公社划归长沙市郊区外，仍辖1958年时属地，辖7区34个公社、4个镇、2个县属场，县人民政府驻地高塘岭。1996年6月，霞凝乡划归长沙市开福区，天顶乡划归长沙市岳麓区。2008年6月，雨敞坪镇、莲花镇、坪塘镇、含浦镇划入长沙市岳麓区，雷锋镇由长沙市高新技术开发区托管。2011年5月20日，经国务院批准，撤销望城县，设立长沙市望城区，望城区以原望城县行政区域为行政区域。2012年，经省民政厅、长沙市人民政府批准，望城区撤销高塘岭镇、星城镇、丁字镇、黄金镇，相应设立高塘岭街道、星城街道、丁字街道、黄金街道。8月28日，望城区再次进行街道区划调整，将高塘岭街道拆分为高塘岭、喻家坡2个街道；星城街道拆分为白沙洲、大泽湖、月亮岛3个街道；丁字街道拆分为丁字湾、书堂山2个街道；黄金街道拆分为金山桥、黄金园、廖家坪3个街道。2014年6月，廖家坪街道由长沙市高新技术开发区托管。

【行政区划】 2015年11月，望城开展乡镇区划调整，将靖港镇和格塘镇成建制合并设立靖港镇；将新康乡和高塘岭街道成建制合并设立高塘岭街道；将茶亭镇和东城镇成建制合并设立茶亭镇；将东城镇慎家桥社区五杉片（含跃进、染匠、禾家、姚家、五杉、大官、鱼心7个居民小组）划入铜官镇华城村，将茶亭镇郭亮村划入铜官镇，将铜官镇和书堂山街道成建制合并设立铜官街道；将乌山镇和喻家坡街道成建制合并设立乌山街道；将雷锋镇和廖家坪街道成建制合并成立雷锋街道。合并后下辖白箬铺、靖港、乔口、茶亭、桥驿5个乡镇，雷锋、黄金园、金山桥、白沙洲、大泽湖、月亮岛、乌山、高塘岭、铜官、丁字湾10个街道，全境纳入长株潭“两型社会”综合配套改革试验核心区和洞庭湖生态经济区，2015年5月，高塘岭、喻家坡、白沙洲、大泽湖、月亮岛、金山桥、黄金园和廖家坪（由高新区托管）8个街道纳入新区核心规划范围。2016年3月，完成并村工作，合并后全区有128个村（社区）改为：至2016年底全区有137个村（社区）。

国民经济和社会发展状况

【综述】 2016年，全区完成地区生产总值582.19亿元(含雷锋街道),比上年增长11.3%。其中第一产业增加值43.31亿元,增长4.7%;第二产业增加值416.30亿元,增长11.6%;第三产业增加值122.58亿元,增长12.7%。第一、二、三次产业分别拉动GDP增长0.4、8.3、2.6个百分点,三次产业对GDP增长的贡献率分别为3.1%、74.1%、22.8%。按新口径,全区完成财政总收入70.01亿元,比上年增加6.08亿元,增长9.5%;全区财政总支出72.26亿元,增长8.8%。

【农业】 农林牧渔业总产值77.70亿元,比上年增长4.9%。其中,农业产值47.76亿元,增长7.6%;林业产值1.08亿元,增长5.7%;牧业产值23.45亿元,下降0.9%;渔业产值4.51亿元,增长5.3%;农林牧渔服务业产值0.89亿元,增长6.2%。

全年粮食播种面积55.88千公顷,其中水稻播种面积50.58千公顷。全年粮食产量37.14万吨,下降0.64%,其中水稻总产量34.95万吨,下降1.1%。全年蔬菜播种面积32.92千公顷,比上年增加320公顷,蔬菜产量112.51万吨,增长1.2%;茶叶产量0.06万吨,增长1.4%;水果产量3.83万吨,增长0.2%。全区规模以上农产品加工企业71家,完成规模以上农产品加工产值157.90亿元。望城农科园"互联网+"智慧园区建设加快推进,农业信息化综合服务平台初具雏形。大龙、东城、苏蓼等村(社区)集体土地"三权分置"改革试点基本完成,涉农资金整合改革稳步推进,引导农民集中居住试点。

年末,全区耕地面积30310公顷。全年粮食播种面积55800公顷,其中:水稻播种面积50500公顷。全年粮食产量37.14万吨,下降0.6%,其中水稻总产量34.95万吨,下降1.1%。全年蔬菜播种面积32920公顷,比上年增加320公顷,蔬菜产量112.51万吨,增长1.2%;茶叶产量0.06万吨,增长1.4%;水果产量3.83万吨,增长0.2%。

全年出栏肉猪114.76万头,比上年增长0.2%;出笼家禽326.76万羽;水产品健康养殖6861.5公顷,水产品产量2.62万吨,增长0.43%,其中:鱼类(含鳝鱼、泥鳅)产量2.38万吨,增长0.5%,实现养殖业总产值27.39亿元。

全区规模以上农产品加工企业71家,完成规模以上农产品加工产值157.90亿元。望城农科园"互联网+"智慧园区建设加快推进,农业信息化综合服务平台初具雏形。大龙、东城、苏蓼等村(社区)集体土地"三权分置"改革试点基本完成,涉农资金整合改革稳步推进,引导农民集中居住试点进展顺利,现代农业综合配套改革成效明显。

【工业和建筑业】 全年完成工业总产值1281.49亿元,其中规模以上工业总产值1177.17亿元,规模以下工业总产值104.32亿元。完成工业增加值335.72亿元,比上年增长13.0%,其中规模以上工业增加值288.26亿元,增长13.6%。规模以上工业中,有色金属冶炼和压延加工业产值526.55亿元,占全部规模以上工业的比重为44.7%;非金属矿物制品业产值118.61亿元,占比10.1%;食品制造业产值72.67亿元,占比6.2%;电力生产和供应业产值23.94亿元,占比2.0%。年末规模以上工业企业达到322家,其中全年新增规模以上工业企业36家。

全区具有资质以上建筑企业33家,完成建筑业总产值316.14亿元,比上年增长5.9%。全年房屋建筑施工面积1379.65万平方米,全年累计受监工程项目124个,质量安全监督覆盖率、工程竣工验收备案、安全等级评定项目合格率均为100%。

【固定资产投资】 全年完成固定资产投资607.08亿元,比上年增长14.6%。全区计划总投资超过5000万元的在建项目(不含房地产)180个,完成投资348.8亿元,占固定资产投资总额的57.5%。在固定资产投资中,第一产业(不含水利建设投资)完成投资2.61亿元,比上年增长31.7%;第二产业完成投资268.63亿元,增长2%,其中工业投资268.63亿元,增长2.0%;第三产业完成投资335.84亿元,增长27.9%。全年基础设施建设完成投资145.24亿元,增长49.6%。

全年完成房地产开发投资134.74亿元,比上年增长11.5%。全区商品房销售面积358.56万平方米,增长33.8%。全区商品房销售额180.96亿元,增长39.4%,其中住宅销售额150.21亿元,增长53.6%。

【国内贸易】 全年实现社会消费品零售总额127.44亿元,比上年增长27.2%。按经营地统计,城镇消费品零售额112.53亿元,增长28.8%;乡村消费品零售额14.91亿元,增长16.3%。按行业统计,批发业9.35亿元,增长18.6%;零售业108.42亿元,增长28.2%;住宿业1.29亿元,下降2.4%;餐饮业8.38亿元,增长30.7%。

限额以上单位商品零售额92.33亿元,比上年增长34.9%。分类别看,粮油、食品类增长27.1%;石油及制品类增长1.9%;烟酒类增长97.7%;建筑及装潢材料类增长106.0%;汽车类增长38.9%。

【交通和邮电】 境内铁路总里程45千米,设火车站5个。公路总里程2420千米,其中高速公路85千米,国省干线公路175千米,市政道路964.4千米,全区路网密度249.7千米/百平方千米。

全年完成邮电业务总量7.4亿元,比上年增长15.6%。其中:邮政业务总量0.73亿元,增长18.8%;电信业务总量0.99亿元,增长14.9%;移动业务总量4.75亿元,增长18.5%;联通业务总量0.94亿元,增长4.9%。年末固定电话用户6.96万户,移动电话用户84.04万户,互联网(含移动终端)用户65.31万户。

【对外经济和旅游】 全年完成外贸进出口总额29008万美元,比上年增长7.3%。其中进口总额3923万美元,同比下降65.6%,出口总额25085万美元,增长60.5%。

全区共有各类景区、点105处。其中:主要景点26处,国家AAAA级旅游景区5家，国家AAA级旅游景区3家。全国历史文化名镇1家，国家考古遗址公园1个，国家湿地公园1个，国家森林公园1个，省级森林公园1个，国家特色景观旅游名镇2个，国家特色景观旅游名村2个，省级特色旅游名镇3家，省级特色旅游名村3家，全国工农业旅游示范点3家，省级工农业旅游示范点7家，全国休闲农业与乡村旅游示范点1家，省级乡村旅游区（点）68家。推进湘江古镇群提质和全域旅游建设，全年接待游客1318.35万人次，同比增长18.2%；旅游综合收入61.52亿元，同比增长24.7%。

【金融】 金融机构各项存款余额507.3亿元，较年初增加144.53亿元，增长39.8%，其中居民储蓄存款余额233.45亿元，较年初增加33.99亿元，增长17.0%。各项贷款余额289.96亿元，较年初增加42.82亿元，增长17.3%。

【教育和科学技术】 年末，全区共有普通中学26所，中等职业中学1所，小学72所。普通中学专任教师1667人，中等职业中学专任教师169人，小学专任教师1837人。普通中学在校学生20800人，中等职业中学在校学生2473人，小学在校学生34964人。撤销乡镇中心校和农校，严格执行中小学划片就近入学招生政策，本年度适龄儿童入学率100%；初中升学率为99.1%；高中升学率为87.5%。

推广转化重大科技成果20项，专利申请915件，授权457件。完成高新技术产业产值735.06亿元，高新技术产业增加值180.32亿元，同比增长17.1%，占GDP的比重为30.9%。

【文化、卫生和体育】 全年送戏下乡193场，送电影下乡1842场，送图书下乡4000余册。建成10个市级示范性村（社区）文化活动室（中心）；新增5处全民健身中心工程点，132处全民健身工程点，全民健身工程覆盖率达100%；组织举办500余场文化、体育活动，覆盖全区各类人群。年末拥有各类医院、卫生院32个，床位3639张，卫生技术人员2833人，其中执业医生1067人，执业（助理）医师394人。

【环境、节能和安全生产】 全年环境污染治理完成投资额12.36亿元，比上年增长9.8%。工业废水排放达标率100%，工业烟尘排放达标率100%，城镇生活污水处理率94%。

万元规模工业增加值能耗降低率1.97%。全社会用电量19.17亿千瓦时，其中工业用电量9.34亿千瓦时，居民生活用电量5.63亿千瓦时。

2016年，全区共发生各类生产安全事故（不含火灾事故）24起，与上年相比，事故减少42起，下降63.6%。全年未发生一起较大及以上安全生产事故，未发生群体性食品安全事故。亿元GDP事故死亡率为0.014人，万人火灾事故死亡率为0.035人，万人交通事故死亡率为0.51人。

【人民生活和社会保障】 全体居民人均可支配收入34025元，增长8.5%。其中，城镇居民人均可支配收入40179元，增长8.3%，农村居民人均可支配收入27639元，增长7.9%。城乡居民人均消费支出22191元。

城镇新增就业8126人，农村劳动力转移就业3357人，零就业家庭实现动态清零，城镇登记失业率3.2%。五项社会保险参保88.36万人，归集社会保险费11.51亿元，发放保险金11.05亿元。城乡居民养老、医疗保险参保缴费率分别为95%、98%。实施限价商品房建设项目3个，完成农村危房改造1500户、棚户区改造3470户，完成公共租赁住房575套，发放住房公积金贷款5.43亿元。7月1日实现全区城乡低保并轨运行，低保人数减少2192户、3721人，重点困难低保对象月人均救助金额增加200余元。

“两型社会”建设概况

【概况】 2016年，全区通过两型宣传和示范创建，推广低碳技术，推进生态改进，两型社会建设取得阶段性成效，获得“国家可持续发展实验区”称号。高塘岭街道斑马湖社区获评2016年湖南省第一批两型示范创建社区、湖南金龙国际铜业有限公司获批湖南省级第三批两型专项资金20万元。

协调指导创建工作。开展市级两型示范创建单位和市两型标杆单位的申报，2016年，有靖港镇凌冲村、高塘岭街道湘江村、望府路社区等单位6大类20余个单位申报市级两型示范创建单位。其中，新峰村、大垅围村获评2016年湖南省长沙市“两型示范单位”称号，望府路社区、湘江村、六合围村、新阳村及月圆村获评2016年湖南省长沙市“两型创建村庄”称号；湖南华望科技股份有限公司、湖南省湘台现代农业科技有限公司获评2016年湖南省长沙市“两型企业”称号；黄金创业园获评市“两型产业双创基地试点”称号；黄金园街道英雄岭村谢金国、李娟家庭获评2016年湖南省长沙市“两型家庭”称号。协调指导相关单位开展省级创建工作。高塘岭斑马湖社区以“实现垃圾分类回收楼盘全覆盖”示范创建项目成绩突出，获评2016年湖南省第一批两型示范创建社区，获批省级两型专项资金20万元；湖南金龙国际铜业有限公司申报省级清洁低碳技术推广服务体系建设创新项目“再生资源循环利用技术推广服务平台”获批湖南省级第三批两型专项资金20万元，推荐东城社区和新康社区申报2017年两型示范社区和两型示范创建社区。

组织开展两型宣传。组织并督促指导本区域范围的宣讲单位做好宣讲组织工作。组织编制“名望之城，更有‘型’”两型宣传手册，助推两型内涵全面落地。5月19日，协同科技局举办以“创新引领、共享发展”为主题的两型科技产品推介会暨2016年科技活动会。推介发布区内两型产品和科技产品，长沙晚报、星辰在线、望城发布等媒体的广泛推介。6月16日，联合机关事务局、能源局举办以“节能领跑•绿色发展”

为主题的户外宣传活动。通过节能知识问答、废品手工艺制作等趣味活动与广大市民互动，播节约集约理念，普及全民节能、节水意识，推动形成崇尚节约节能、绿色低碳的社会风尚。进一步做好公共机构节约能源资源宣传教育，联合区机关事务局开展区级2016年国家机关事务局关于开展全国公共机构生态文明宣传作品征集活动，倡导勤俭节约和绿色消费行为，培育绿色生活和工作方式。

推动两型项目建设。推广重金属污染土壤治理修复技术。按照省财政厅、省农委《关于通过政府购买服务整区推进望城区重金属污染耕地修复治理会议纪要》和《关于永清环保股份有限公司整区推进望城区重金属污染耕地修复治理政府购买服务定价有关事项的通知》(湘财农〔2016〕16号)的要求，政府购买服务，引入永清环保公司进行重金属污染耕地修复整区承包治理。在服务总承包区通过石灰撒施、叶面阻控剂喷施、绿肥、深耕、水分管理等措施有效减少农药的使用，降低土壤中镉的含量。在园区企业进行工业厂房屋顶光伏分布式发电技术推广试点，出台《望城区工业厂房屋顶光伏分布式发电技术推广试点示范项目实施方案》。已建成晟通科技集团有限公司及长沙银卓机电科技有限公司厂房屋顶光伏电站项目、乌山街道乌山村和金山桥街道桐林坳社区居民光伏发电47千瓦、高塘岭街道白芙塘社区办公楼屋顶光伏15千瓦、千龙湖-格塘村两型示范基地推广光伏发电展示点等项目。

推广其他清洁低碳技术。支持湖南金龙国际铜业有限公司构建再生资源循环利用技术推广服务平台，实现废铜、废铝等再生制造年产值20余万吨；在桥驿镇白石村开展农村地区散户生活污水生物湿地处理示范项目，完成2公顷人工湿地水生植物引种繁育示范基地建设；在长沙铜官窑遗址公园陶瓷博物馆及新地•东方明珠采用可再生能源建筑应用，推广新型绿色建材及技术，全面普及绿色施工采用可再生能源建筑应用；在村(社区)开展节能减排村级示范点创建，集沼气建设、太阳能路灯、太阳能热水器、省煤节柴炉灶等多种节能减排方式为一体，达到节能减排示范效果。

完善两型社会建设机制。按照《长沙市人民政府办公厅关于印发〈长沙市2016年两型标准实施与认证试点工作实施方案〉的通知》(长政办函〔2016〕47号)文件精神，在全区推荐17家单位申报试点单位，已有2家单位通过初步评审；成立望城区公益组织孵化基地，已有8家组织入驻；出台《长沙市望城区海绵城市建设工作方案》推进海绵城市建设。配合做好全省生态红线划分工作，初步划定生态红线面积92.15平方千米。完成编制县城饮用水源保护区划分方案及7个乡镇饮用水源保护区划分方案。动员8家企业参与全市工业清洁生产审核计划申报工作并签订清洁生产合同，制定《长沙市望城区城市污水处理厂减排效能考核办法》《长沙市望城区城镇污水处理厂运行监督管理实施方案(试行)》。全区12家乡镇污水处理厂和2家城市污水处理厂全部委托第三方运营，铜官园区与永清环保签订合同环境服务战略合作协议；区农林局与永清环保签订购买服务合同，开展重金属污染耕地修复试点。完善生态环境监管机制，对纳入2016年望城区重点排污单位名录的26家企业下达《关于做好全区企事业单位信息公开的通知》，敦促做好环境信息公开工作。3月28日，望城经开区管委会空气质量自动监测站与省站联网运行，4月1日起正式实时发布监测数据。全区全年空气优良率优于考核标准。制定《长沙市望城区环境保护局污染源日常环境监管随机抽查制度实施方案》，依法开展“有计划、全覆盖、规范化”的日常监管随机抽查。按照区政府办《关于印发〈长沙市望城区土地利用总体规划中期实施评估、土地利用总体规划调整完善工作方案〉的通知》要求，召开《望城区土地利用总体规划(2006—2020年)》修改评估报告审查会议，方案获会议审查通过。以望城区原格塘镇合池村为试点的土地整治试点工作、乌山街道双兴村、茶园村和八曲村的表土剥离再利用试点工作均在8月完成全部工程施工和验收工作。出台《关于成立望城区市级重点生态公益林规划调整与修编工作领导小组的通知》(望农林〔2016〕15号)和《关于印发长沙市望城区市级重点生态公益林规划与修编工作方案的通知》。全面实行排污许可制度，全年共下发排污权证20本，核发排污许可证65张。健全生态文明建设考核和责任追究机制，6月起对2015年财政“同级审”中自然资源资产进行延伸审计，11月完成对铜官循环园、桥驿镇主要负责人经济责任审计、自然资源资产离任审计。

精神文明建设概况

【概况】 加强公民思想道德建设。编排“同做文明人，共建文明城”专场文艺节目，全年到村、社区巡回演出50多场次。承办“2016雷锋精神论坛”。举行“学美玲，颂美德”雷锋文化进校园、学习道德模范暨木偶剧公益演出、“学雷锋•讲雷锋”演讲比赛等形式多样的活动宣传全国道德模范和雷锋式人物。全年共组织(承办)省、市、区文明委(办)“美丽长沙•美德先行”“我们的节日”、“雷锋文化进校园”“名师经典进基层”等主题活动50余场(次)。在雷锋馆设立“道德讲堂”总堂，常态开展道德讲堂活动，全年开展活动500余场(次)。推进基层“两美创建”，银孔围组、谢家新屋、复胜村等成为美丽乡村建设典型，湘江古镇群名声在外。开展“节俭养德立家风、婚丧喜庆树新风”专项教育治理，在基层树立文明新风。开展“好婆婆”“好媳妇”“五好文明家庭”“巾帼英雄”“孝星”等评选表彰活动，洪雪辉、李阳成为望城人孝心、善心的代表。书堂山村、白箬铺村等孝心建设示范村起到淳化民风的带头作用。

推进学雷锋志愿服务。将“雷

锋超市”打造为弘扬雷锋精神的有效载体和基层经常性捐助的重要平台，形成以“雷锋580”爱心物资捐赠救助中心为总站，19个城镇社区和乡镇中心村“雷锋超市”为网点的定点救助模式。全区共组建分会38个、中队383个、小组2142个，招募志愿者30万人，在公共场所建立450个志愿服务站点。围绕空巢老人、留守儿童和残疾人等开展慰问探访志愿服务行动，贴近实际、贴近群众。

强化文明创建工作。推进文明城市建设。建立全区文明城市建设专人负责制度、月督查制度、月点评制度、通报批评和黄牌警告制度、奖惩制度等5项制度。全年共开展文明城市建设督查220余次，整改率100%。推进基层“两美创建”，开展“好婆婆”“好媳妇”“五好文明家庭”“十大孝星”、身边好人好事等评选表彰活动。组织开展2016年度文明单位创建工作，靖港镇、乔口镇、桥驿镇、乔口镇蓝塘寺村4家单位获评2016届省级文明村镇；区烟草专卖局（分公司）、区国税局2家单位获评2016届省级文明单位；斑马湖社区、东城社区、格塘村、新河村4家单位获评市级文明村镇；区委宣传部、区政务中心、区市场局3家单位获评市级文明标兵单位；区委政法委、区检察院、区司法局、区人社局、区文广局、区总工会、区教研装备中心、区二中、区残联9家单位获评市级文明单位；黄金农民文化技术学校道德讲堂获市级先进市民学校（道德讲堂）；另评选出14个区级文明单位，2个文明社区，2个文明村，重新认定3个区级文明单位（村）。

提升未成年人思想道德建设水平。常态开展“童心向党”歌咏比赛、优秀童谣传唱、“中华经典诵读”、“认星争优，做美德少年”评选和“道德小讲堂”等活动，丰富未成年人思想道德建设活动载体。扎实推进乡村学校少年宫项目建设，充分利用雷锋纪念馆、郭亮烈士陵园等爱国主义教育基地和公益性文化设施，开展道德教育和道德实践活动。以促进未成年人健康成长为目标，以净化网络网吧、荧屏声频、校园周边环境和出版物市场为重点，坚决遏制低俗淫秽色情等违法有害信息的传播。

政　治

责任编辑 ◎ 宁利宏　张姣美

中共长沙市望城区委员会

·重要会议·

【区委常委会会议】 2016年区委召开常委会会议33次。1月9日，研究讨论向市委组织部呈报余浩宇等同志职务任免的问题。2月1日，研究2016年全区重点工程项目计划；研究2016年全区融资工作计划；研究规范津补贴有关工作；铺排2月主要工作。2月3日，研究纪检监察工作；研究高塘岭街道雷锋路社区居民个人建房信访问题；审定《长沙市望城区个人建房管理规定(试行)》；传达全市拆违控违总结部署会议精神。2月26日，听取2015年度工作绩效考核、党风廉政建设责任制考核和全员绩效考核(班子考核、公务员考核)初评结果汇报；审定2015年度表彰奖励名单；传达全市安全生产工作会议精神。3月7日，研究党管意识形态工作；研究组织、统战、工商联换届、乡镇党委换届和群众工作。3月10日，研究有关人事问题；研究滨水新城职能职责调整有关工作。3月15日，研究讨论向市委组织部呈报聂荣同志职务任免的问题。3月23日，审定《长沙市望城区合并村方案》；研究有关案件；审定《长沙市望城区企业税收奖励办法(试行)》《长沙市望城区关于加快发展先进制造业大力推进新型工业化的实施意见》《长沙市望城区2016年重点企业联系帮扶实施方案》。4月8日，研究有关人事问题；研究区第二次党代会代表选举有关工作。4月29日，研究全区党政机关错时上下班制度；研究全区“两学一做”学习教育工作；研究全区纪检监察工作一体化建设、区纪委派驻机构统一管理和区委巡察制度。5月24日，传达换届工作会议精神，研究市对区领导班子换届考察工作方案；审定《长沙市望城区加强和改进基层党建“1+5”三年行动计划(2016—2018)》和《关于动态评估领导干部状态的实施意见(试行)》；研究有关人事问题；审定推荐出席市“七•一”表彰对象名单；研究相关案件。6月1日，研究确定区领导班子换届拟新提名人选考察对象。6月15日，研究精准扶贫工作；审定《关于进一步做好义务教育招生入学工作的实施办法》；研究2016年度绩效考核工作。6月29日，传达学习中央有关文件和市委严明换届工作纪律会议精神；审定滨水新城核心区PPP央企合作试点项目实施方案。7月15日，学习贯彻《习近平总书记在庆祝中国共产党成立95周年大会上的讲话》和《中国共产党地方委员会工作条例》；听取区第二次党代会筹备工作情况汇报；研究出席市第十三次党代会代表候选人推荐人选。7月29日，讨论换届人事安排方案。8月3日，研究区纪委班子呈报人选；审定《长沙市望城区人大常委会关于区镇两级人民代表大会换届选举的工作方案(草案)》。8月5日，研究媒体曝光金山桥街道个人建房和“网吧升级试点区”网吧办理黑幕有关问题；传达市委关于换届工作有关精神。8月9日上午，研究“8•8”案件处置有关工作。8月9日下午，研究有关人事问题；听取党代会筹备工作情况汇报，审定区委工作报告、区纪委工作报告；审议党代会各类建议名单、日程安排(草案)、选举办法(草案)和代表编团方案；审议区委委员、候补委员、纪委委员候选人预备人选建议名单；审议区人大代表、政协委员提名推荐工作方案。8月19日，研究部署全区学习贯彻区第二次党代会精神有关工作；研究区委书记、副书记、常委分工；研究有关人事问题；研究安全生产工作；研究美丽乡村建设工作。9月9日，审定

中国共产党长沙市望城区第二次代表大会

半年度绩效考核结果；研究鸿荣源项目用地处置有关工作；研究有关人事问题；审定区人大代表提名人选和望城区出席省党代会代表推荐人选。9月12日，传达学习全省市州委书记座谈会议和市委常委(扩大)会议精神。9月29日，研究市人大代表、政协委员资源人选。10月17日，研究党建相关工作；研究工、青、妇、老干、关工委工作；审定市十五届人大代表推荐人选建议名单。10月21日，通报学习《长沙市望城区落实市第十三次党代会报告主要工作任务的实施方案》；研究有关人事问题。10月31日，传达学习中共八届六中全会精神和中纪委领导望城调研讲话精神。11月1日，审定区人大常委会组成人员建议名单；审定区政协委员提名人选和区政协常委会组成人员建议名单。11月4日，传达学习市委办公厅《关于明确国家级浏阳经开区、望城经开区有关事项的通知》；研究政法委、公安、法院、检察、司法、反邪教、信访工作。11月21日，听取区人大、政协两会筹备工作情况汇报，审定区人大常委会、区人民政府、区政协常委会工作报告；研究区人大、政府、政协换届工作相关人事安排；研究相关案件。11月23日，安排部署区人大、政协两会换届纪律监督工作。11月30日，研究有关人事问题。12月19日，研究党管意识形态有关工作；研究老年协会相关工作；研究出席中共十九大代表候选人初步人选推荐提名工作；研究推荐"狮子型"干部和"黄牛型"干部工作；研究有关人事问题。

(欧阳祥生)

【中国共产党长沙市望城区第二次代表大会】 8月15日，中国共产党长沙市望城区第二次代表大会隆重开幕。会上，区委书记孔玉成代表中国共产党长沙市望城区第一届委员会向大会作题为《万众一心 只争朝夕 加快建设更加美丽强盛幸福的名望之城》工作报告。孔玉成指出，未来五年，是望城推动转型创新发展、加快建设名望之城的关键时期，全区工作总的指导思想是：全面贯彻中共十八大、十八届三中、四中、五中全会精神和习近平总书记系列重要讲话精神，认真落实省委、市委决策部署，坚持创新、协调、绿色、开放、共享发展理念，以建设名望之城为目标，以转型创新发展为主线，大力推进四大主体功能区、四大产业集群、四大社会建设，努力把雷锋故乡建设得更加美丽、更加强盛、更加幸福。孔玉成强调，建设更加美丽强盛幸福的名望之城，是一项系统工程，必须突出重点，统筹推进，加速实施。今后五年，要重点抓好以下几个方面工作：加快建设现代产业聚集区，让望城更加强盛；加快建设城乡统筹样板区，让望城更加美丽；加快建设文明宜居首善区，让望城更加幸福。孔玉成还强调，办好望城的事情，关键在党。要坚定不移担当管党治党责任，落实全面从严治党要求，锤炼对党忠诚、担当有为、善做善成的坚强队伍，构筑务实为民、坚强有力、全面过硬的战斗堡垒，营造干部清正、政府清廉、政治清明的良好生态，巩固政通人和、心齐气顺、团结奋进的生动局面。

(李　凯)

・工作纪要・

【政研、调研、改革工作】 参谋辅政工作。开展区第二次党代会前期调研，提出的"打造现代产业聚集区、城乡统筹样板区、文明宜居首善区，推进四大产业集群、四大主体功能区、四大社会建设，加快建设更加美丽强盛幸福的名望之城"的发展思路被区委采纳。开展主体功能区建设、湘江古镇群建设等专题调研，调研成果得到区委主要领导认可。全年共起草领导讲话、报告300多个，其中党代会报告、人大政协两会讲话、党政负责干部会议讲话等大型报告10余个，讲话材料、署名文章、活动致辞200多个，望城工作汇报30多个。编辑《名望之城》4期，刊发文章200余篇。编辑湘江论坛成果册《全域旅游、魅力古镇——国研智库论坛2016•湘江论坛暨世界休闲农业与乡村旅游联盟峰会实录》。全面小康建设工作。坚持优势指标抓巩固、短板指标抓提升，扎实推进全面小康工作，望城获评全省首批全面小康达标区，2016年全面小康实现程度达到94.8%。深化改革工作。全年完成9大类51大项145小项年度改革任务。应急联动指挥中心、集中轮训基层党员"三分五统"模式、审务公开听庭评议、湘江古镇群二次创业等改革事项得到《人民日报》《法制日报》《中国纪检监察报》等中央、省、市媒体争相报道。农村垃圾专项治理、教育督导管办评分离、重点人员动态管控机制改革试点得到国家部委的肯定，在全国会议上发言，经验向全国推广。

(谭鑫伟)

【秘书工作】 服务领导方面。根据每月区委工作联席会议精神，结合区委中心工作和全区工作实际，围绕改革、发展、稳定中的大事要事，紧跟领导和社会各界关注的热点难点问题，统筹兼顾区内四大家领导的重要公务活动，进行科学编排，制订党委重要工作活动安排，为领导有效开展工作提供优质服务。公文处理方面。严谨办文，全年以区委、区委办公室名义共制发文件219个，其中望发文件17个，望办发文件48个，望发组文件45个，望字文件22个，望纪要文件17个，望常办纪要文件34个，望阅文件7个，望办通知文件19个，望函1个，望办函10个，发文数量比去年明显减少；认真做好党内规范性文件备案审查工作，在文件发布之日起10个工作日内向市委报备党内规范性文件24份，无一漏报、瞒报现象；规范办理上级明电、部门来文及方案签批，及时与部门对接，按时催办，坚决杜绝错送、乱送和挤压延误现象的发生，未出现任何差错。会务活动组织方面。全年共组织大型会务和接待22余次，其他各类工作会议198次，全区性会议比去年明显减少。筹备组织区第二次党代会、湘江论坛、区人大政协两会等各类大型会议和活动，活动方案详细、考虑周全、服务到位、效果良好。业务指导方面。密切与区直各部门、各镇街的联系,及时了解和掌握基层工作情况,为领导决策提供依据。切实加强各办公室主任之间的沟通与交流,做好全区办公系统业务指导工作,提升全区办公室工作服务水平。

(叶晨馨)

【综合信息工作】《望城要情》刊物办理情况。《望城要情》共编印44期,区领导批示67条,并据此解决一批民生问题,破解不少工作难题,发现很多先进典型,在全区产生良好反响。"书记信箱"办理答复工作。自2014年7月开始接管红网"书记信箱"办理答复工作后,安排专人办理相关工作,做到一日一清理、一周一回复,及时解决群众的相关诉求,确保"书记信箱"件件有答复。全年共接收"书记信箱"信件184件,交付各单位办理184件,回复184件,回复办结率为100%。信息上报工作。全年上报省、市委办公厅信息485条,被采用183条。市委主要领导对望城区在多起突发事件信息报送工作的时效性、主动性、准确性予以肯定,并在《长沙要情》上向全市推介望城区党委信息工作经验。

(李坤锋)

【督查工作】确保决策部署落实方面,建立区委书记交办事项、部署工作台账,全年共交办工作任务181项,办结90项,编发《区委常委会和常委办公会议明确事项办理情况的通报》5期,获区委书记批示"区委督查室工作扎实有效,值得充分肯定"。全年开展易炼红书记望城调研重要讲话精神贯彻落实情况督查、湘江新区重点项目建设情况督查、靖港古镇AAAA级景区整治工作等专项督查34次,牵头做好湘江论坛等重大活动期间的本地市容环境整治工作。全年共办理市领导批示批办件4件、区委书记群众来信8件;办理人民网、红网网友留言39条,获评2016年度市委网络问政留言办理工作优秀单位。狠抓项目建设方面,落实领导干部带头拆迁工作,督促完成大泽湖街道环城绿带项目等22个项目,拆迁腾地530公顷。推动芙蓉北大道、新华联旅游度假区、中粮可口可乐、证通电子等省、市、区重点项目建设,相关重点项目进度在市、区项目建设观摩活动上得到各级领导和社会各界的肯定和赞扬。助推作风建设方面,会同区纪委、区政府督查室、区直机关工委等多个主责部门联合发力,通过常态化暗访、节点集中排查等方式,围绕中央"八项规定"、省委"九项规定"、"四风"问题、公车管理、工作纪律等方面开展作风督查20余次,持续释放从严从紧抓作风的信号。

(姚　觅)

【机要保密工作】强化涉密载体计算机和网络的安全管理,加大保密检查力度,完成涉密人员登记备案管理和机关单位保密自查自评,及时发现和解决保密管理中存在的问题。采取专家授课、专题培训、普遍性教育等方式,抓好干部的保密教育,提高全区干部的保密意识,全年未发生保密安全事故。协同教育局做好高考、中考试卷和考试过程中的保密安全工作,未发生试卷失泄密情况。严格落实密码安全和管理各项制度,密码及密码设备保存完好。全年共办理密码电报188份,每份密码电报都分类存放、管理到位。积极落实24小时值班工作,及时处理各种特提、特急、加急等密电、明电,确保中央和省市有关会议精神、文件的及时落实。做好党政联席会和区委常委会会议记录工作,全年共撰写党政联席会、常委会会议纪要17个。认真做好日常文件管理和办理工作,全年共办理明传电报500余份,上级涉密文件1000多份、非涉密文件3000多份,零差错。组织开展安全文件传输系统安装使用培训会,确保卫士通到安全文件传输系统的平稳过渡。加强对党委视频会议室的管理,完成区委视频会议系统搬迁工作。承担党政系统电子政务内网建设任务,协调财政局、电政办等相关部门加快推进相关建设工作。

(贺祥瑞)

【接待工作】全年完成公务接待任务121批次,接待人数9206人,其中三级以上警卫任务3次,省部级领导调研20次,重大项目招商引资接待21次。紧紧围绕中心工作,服务发展大局,从实际出发,发挥接待部门的职能作用,逐步由"衣食住行"的传统接待模式向"融入政治、经济、文化的政务服务"转型,从负责单一环节的公务接待向全程组织策划的角色转型,从大局着眼,精心安排,实现方案制定、线路考察、餐饮住宿等环节的无缝对接,将接待工作融入全区经济社会发展的中心工作中,充分展示望城经济社会发展成就。每次公务接待均全程参与,注重细节,力求做到周密精细。同时将接待手册、本地接待产品等融合进会见、参观、餐饮、住宿等各个环节中,向来宾展示望城文化。在全区重大接待活动中,如湘江论坛、区党代会、人大政协两会、2016招商推介会等,探索践行"大接待"工作格局,建立接待办总牵头,对口接待、分工负责、协调配合的工作模式,将接待工作分解落实到各区直部门、街镇,实现"让来宾乘兴而来,满意而归"的工作目标。严守纪律规矩,规范公务接待。严格按照中央、省、市、区关于党政机关国内公务接待的若干规定,所有接待均由区委办、政府办归口,以接待签呈形式由区委办主任签发后实施,所有接待必须有公函,对于电话通知的活动必须填写电话通知单。严格按照省市规定要求执行用餐与住宿标准,接待完成后,做好资料归档工作,做到每一笔支出都有章可依、有据可查。同时,加强对全区接待工作的业务指导,营造务实节俭的良好接待风气。

(周　硕)

中共长沙市望城区委员会

书　　记　孔玉成
副 书 记　范焱斌
　　　　　张　毅
　　　　　尹英龙(1月任)
　　　　　余学辉(8月任)
　　　　　尹英龙(7月免)

常 委 尹英龙（7月免）
余学辉
秦国良
周志辉
刘要明
姚建刚
苏春光（1月任）
邹 特
戴水文
喻霞元（8月任）

区委办公室

主 任 戴水文
副 主 任 刘文勇
胡清明（9月免）
杨志军
徐志辉（9月免）
李爱武（9月免）
文德霖
陈 浪（3月任）
龙 军（9月任）
纪检组组长 易又文（5月任）

·组织工作·

【概况】 中共长沙市望城区委组织部内设办公室、研究室、干部科、干部监督科、干部教育培训科（人才科）、组织科（党代表联络办）6个科室。区委党员教育中心、区委干部档案信息管理中心为下属二级机构，区委基层党建工作领导小组办公室、区绩效考核工作办公室挂靠区委组织部，区群众工作领导小组办公室与区委基层党建工作领导小组办公室合署办公。在职在编干部职工28人。

2016年年底，全区党组织974个，辖37个党委、29个党总支、908个支部，另有15个区委派出党工委、40个党组，共有党员29357名，其中女党员6645名，占党员总数22.64%；在岗职工党员9531名，占党员总数32.47%；农村党员15775名，占党员总数53.74%。全区干部2903名（不含教育系统），其中，中共党员2456名，女干部872名，少数民族干部49名，乡科级干部1302名，县处级干部79名。按学历分：研究生173名，大学本科1465名，大学专科1012名，中专及其以下学历的253名；按年龄分：30岁及以下545名，31岁至40岁的1109名，41岁至49岁的993名，50岁及其以上的256名；按职务职级分：县处级领导正职6名，调研员1名，县处级领导副职48名，副调研员6名，相当县处级18名，乡科级领导正职282名，主任科员14名，乡科级领导副职736名，副主任科员41名。

完成区镇两级换届。区镇首次同步换届，强化党委领导，落实主体责任，严把结构比例关、身份认定关、考察审查关按程序选举产生929名乡镇“两代表”、743名区“两代表一委员”，推荐91名市“两代表一委员”、2名省党代表，实现“强化比例、优化结构、保障素质”的目标，确保换届过程风清气正，省市相关部门

附：

2016年区委文件目录

9月2日，望发〔2016〕1号《中共长沙市望城区委长沙市望城区人民政府关于全面推进“五美五韵”(布局美、产业美、生活美、风尚美；水韵、绿韵、古韵、品韵、礼韵)美丽乡村建设的实施意见》

6月20日，望发〔2016〕2号《中共长沙市望城区委长沙市望城区人民政府关于印发〈长沙市望城区绩效考核实施办法〉的通知》

1月25日，望发〔2016〕3号《中共长沙市望城区委关于“项目攻坚年”狮子型团队和狮子型干部的表彰决定》

3月4日，望发〔2016〕4号《中共长沙市望城区委长沙市望城区人民政府关于2015年度绩效考核结果的通报》

3月3日，望发〔2016〕5号《中共长沙市望城区委长沙市望城区人民政府关于2015年度落实党风廉政建设责任制等评比表彰情况的通报》

3月15日，望发〔2016〕6号《中共长沙市望城区委关于批转〈长沙市望城区人大常委会2016年工作要点〉的通知》

3月22日，望发〔2016〕7号《中共长沙市望城区委关于批转〈中国人民政治协商会议长沙市望城区委员会2016年工作要点〉的通知》

4月11日，望发〔2016〕8号《中共长沙市望城区委关于做好中国共产党长沙市望城区第二次代表大会代表选举工作的通知》

4月29日，望发〔2016〕9号《中共长沙市望城区委关于推进全区纪检监察工作一体化建设的实施意见》

4月29日，望发〔2016〕10号《中共长沙市望城区委关于全面推进区纪委派驻机构统一管理工作的意见》

4月29日，望发〔2016〕11号《中共长沙市望城区委关于建立中共长沙市望城区委巡察制度的意见》

5月18日，望发〔2016〕12号《中共长沙市望城区委长沙市望城区人民政府关于加快发展先进制造业大力推进新型工业化的实施意见(试行)》

6月3日，望发〔2016〕13号《中共长沙市望城区委关于动态评估领导干部状态的实施意见(试行)》

6月12日，望发〔2016〕14号《中共长沙市望城区委关于印发〈长沙市望城区加强和改进基层党建“1+5”三年行动计划(2016–2018)〉的通知》

8月15日，望发〔2016〕15号《中共长沙市望城区委转发〈长沙市望城区人大常委会关于区镇两级人民代表大会换届选举工作方案〉的通知》

10月14日，望发〔2016〕16号《中共长沙市望城区委长沙市望城区人民政府批转〈区委宣传部、区司法局关于在公民中开展法治宣传教育的第七个五年规划(2016–2020年)〉的通知》

12月23日，望发〔2016〕17号《中共长沙市望城区委关于印发〈区委文件审核工作办法〉的通知》

认为望城换届工作开展扎实有效。开展“两学一做”学习教育。按照中央和省委市委统一部署，出台《关于在全区党员中开展“学党章党规、学系列讲话，做合格党员”学习教育实施方案》。区副县级以上党员领导干部以普通党员身份参加研讨、授党课率先垂范，带动学习教育在全区974个基层党组织、2万余名党员中全面铺开。组建区“两学一做”学习教育宣讲团，为全区党员开展宣讲200余次。举行庆祝中国共产党成立95周年暨争当“雷锋式党员”宣誓大会，组织“万人考党章”活动。突出专项问题整治，推进基层党建工作7项重点任务，全面完成全区基层党组织换届、党费清补缴工作，新组建41家“两新”（非公有制经济组织和社会组织党组织）党组织，处理不合格党员60名，其中劝退除名20人，对全区72个区直单位开展督查，抓严抓实机关党员学习教育。

推进干部队伍建设。制定《关于动态评估领导干部状态的实施意见》，凭状态用干部，激励干部奋发作为。围绕“项目建设竞赛年”活动，评选表彰“狮子型”干部和“黄牛型”干部，打造望城干部队伍建设品牌。干部日常监督管理加强，对7名党政正职进行经济责任审计，对46名党政主要负责人进行离任经济事项交接，全年消化超配科级领导干部80名，修订领导干部请销假和出国（境）管理办法，严格审批要求和程序，年审批区管干部因私出国（境）事项176人次，备案领导干部请销假事项98人次，完成2600本干部档案专项审核，重新认定干部信息近300人次。干部教育培训务实高效，以区委党校为主体，举办各类培训班35期次，培训人数4682人次，派遣10余名干部赴上级部门跟班学习，选派4名干部赴大连挂职锻炼。

抓实基层党建工作。出台基层党建工作“1+5”（“1”即一个目标，以建设更加美丽强盛幸福的名望之城为目标引领，“5”即五大行动，基层党建责任落地、队伍素质提升、基层阵地提质、运行经费保障、村级事务规范）三年行动计划，启动“基层

党员冬春训分片培训班

党建责任落地、队伍素质提升、基层阵地提质、运行经费保障、村级事务规范”五大行动。认真组织开展基层党组织书记“双述双评”，各级党组织书记抓党建的主责主业意识进一步强化。统筹全区群众工作布点安排，选派17名区直单位的优秀干部担任贫困村、软弱涣散村第一支部书记，面向社会公开选聘6名专职党务工作者，选派16名党建指导员（退出领导岗位的党员干部）指导基层党建工作。实施“三分五统”（“分片建点、分层定责、分类办班”和教学管理、师资选配、课程审核、经费负担、考核评估“五个统一”）模式轮训基层党员，全区四个片区培训基地共举办培训班80余期，培训农村党员1.8万人次。落实市委“联投联管递增”要求，加大基层保障力度，全年新增村级运行保障经费2600多万元，村均46.3万元，位居省市前列。建立村级后备干部储备管理制度，培蓄241名村级后备人才，为村（居）“两委”换届打下基础。

创新人才管理服务。面向全国公开选调党政人才30名，公开招聘事业干部和政府雇员83名，定向招聘事业干部40名。开展创新创业大赛，兑现创业奖励扶持资金共计90万元，吸引13个获奖创业项目落地投产。做好第九批市派和区派科技特派员选聘和对接工作，23名农业和医卫类科技特派员，与相关农业企业和基层医院建立一对一帮扶关系，助推区农业和医卫工作上台阶。

加强自身建设。部机关干部政治理论学习加强，开展部机关“两学一做”学习教育，定期组织“组工论坛”，提升组工干部履职尽责的专业能力。组织工作规范化建设加强，实现以制度管人、管事。切实转变工作作风，机关整体业务水平和服务水平提高。宣传推广工作成效好，在中央、省、市发表文章、组工信息32篇，其中“三分五统”轮训基层党员经验文章被人民网、新华网、《组工通讯》等中央级别刊物发文报道，20篇信息被长沙市组织部《组工信息》刊物采用。牵头完成的9项党建改革任务，其中《关于制定动态研判领导干部状态的实施意见》、出台《关于加强和改进基层党建“1+5”三年行动计划》的改革任务取得各方好评。

严格绩效考核。将市对区考核指标全面纳入对区直部门、园区、镇街的考核体系，压实部门责任，认真梳理存在的困难和问题，向指标完成不理想的单位发出预警函53份，向分管区领导发出提示函28份。切实发挥绩效考核“指挥棒”作用，差异化考实考准部门和领导班子实绩，推动各项工作全面落实。

扎实推进群众工作“点赞”工程，全年铺排42个市、区直点，31名县处级干部全面联村，安排520万元专项经费。

（肖　萌）

望城区委组织部

部　　长　　周志辉
副 部 长　　郭文波
　　　　　　朱争波（兼，9月任）
　　　　　　周剑波（兼，3月任）
　　　　　　黄　彩（9月任）
　　　　　　瞿宏斌（9月免）
　　　　　　李树先（10月免）
派驻纪检组组长李　丹（5月任）

·统战工作·

【概况】 2016年，中共长沙市望城区委统一战线工作部内设办公室、党外人士联络办公室，归口管理区委台湾工作办公室（区人民政府台湾事务办公室）、区民族宗教事务管理局、区归侨侨眷联合会，有在职在编干部16人。

凝聚统战力量。加强党对统战工作的领导，周密部署，精心组织，完成市区人大代表、政协委员中的党外干部、非公经济人士等的推荐提名工作和区工商联换届工作，牵头完成区政协委员的推荐提名、组织考察、会议审定等系列工作，得到区委常委会的肯定。支持民主党派自身建设，成立民革望城区支部，解决民主党派集中办公场所，民主党派基层组织建设逐步加强。在全区党外代表人士中开展“两学一助”（“学系列讲话、学优良传统、助力新望城”）学习教育活动，民革望城区支部调研课题《将铜官镇打造成湘茶文化名器之都》在湖南省政协专题协商会上作专题发言。开展交流联谊活动，先后举办青年企业家商会交流、两岸文化交流、侨界联谊交流、民族团结进步行等活动。

助推经济发展。提质“四同创建”（同心园区、同心项目、同心乡村、同心社区）示范点，整合资源，共建共享，白箬铺镇光明大观园、靖港镇千龙湖两个“同心乡村”片区建设成效显著。省级“同心园区”黄金创业园成为全省首家“新侨创新创业示范园”，为企业发展搭建平台作用明显。湘台文创园招商活动成果突出，台资企业绿野香田项目开园，罗莎乡村俱乐部项目加快推进，台杰食品用地需求解决。爱晚床具等6家民营企业荣获“首届长沙市民营企业创新成长力100强”，望城金店董事长陈金华获“全国先进个体工商户”称号，受到国务院总理李克强接见。侨企泰嘉新材料股份有限公司成立博士后科研流动站协作研发中心。接待深圳华强北商会、深圳市盐田区工商联到区考察交流，联合举办“首届青年经济论坛”“搭建供需平台，推进精准扶贫”专场招聘会，组织企业参加“2016年全国民营企业招聘周”活动。开展“活力旺旺•公益望城”全民公益半程马拉松赛。提升望城影响力，助推经济发展。

规范服务管理。加强基层统战网络建设，落实乡镇（街道）属地管理职责。落实宗教工作“三级管理、两级责任”工作机制，发挥宗教团体作用，提升宗教教职人员素质，严格宗教活动审批监管，加强宗教活动场所安全检查，依法打击非法庙宇建设，引导宗教服务社会发挥正能量，洗心慈善基金会“万名大学生助学计划”5年共募集助学善款1631.88万元，帮助全省4309名寒门学子共圆“大学梦”。发挥区民族联谊会和区少数民族群众工作服务站两个平台作用，服务长沙医学院和望城一中西藏班两个重点区域，积极开展民族联谊活动，帮扶困难少数民族学生，支持长沙医学院少数民族学生创业基地建设。望城一中增设西藏山南班，长沙医学院继续开展新疆援教计划，为民族团结和国家教育事业做贡献。开展侨法宣传活动，为侨界人士提供法律咨询服务，发挥社会扶贫组成单位联系广泛的优势，推出望城区社会扶贫“千金计划”，探索“党委领导、政府引导、社会参与、长效扶贫”思路、平台、机制。12月5日（国际志愿者日）开展首场“同心之声•青亲行动”社会扶贫专场活动，400多名爱心志愿者现场举牌联亲结对，197名爱心人士及企业认领了136户贫困户的爱心需求。

（丁亚玲）

【举办“同心之声•青亲行动”社会扶贫活动】 12月5日，“同心之声•青亲行动”社会扶贫专场活动在望城区雷锋大剧院举行，市委统战部副部长、市工商联党组书记丁文，团市委书记叶妙，市扶贫办副主任黄志强，市妇联副主席钟小珍出席。本次活动由望城区社会扶贫专项工作领导小组主办，区委统战部、共青团望城区委员会承办，400余名社会各界青年爱心人士、150户贫困家庭参加。活动现场，大屏幕轮流播放14户重

“同心之声·亲青行动”社会扶贫活动现场

点贫困家庭的专题短片，各街道(乡镇)对重点贫困家庭爱心需求作社会帮扶介绍。社会各界青年爱心人士，爱心企业代表根据自己的帮扶意愿现场举牌，与贫困家庭结成爱心联亲，提供助学、就医、就业、捐款等不同方面的援助。市、区领导为联亲成功的爱心志愿者颁发“青亲同心牌”。活动共有197名爱心人士及企业认领136户贫困户的爱心需求。

活动产生良好的社会反映，《人民日报》、人民网、《湖南日报》《长沙晚报》、湖南经视台等省、市媒体进行报道。

【洗心基金会举办“2016湖湘文化”主题对话喜迎世界读书日】 4月23日，第20个世界读书日，湖南省长沙洗心禅寺慈善基金会(简称“洗心基金会”)联合湖南省宗教文化交流促进会、湖南省湖湘文化交流协会、湖南践行国学公益基金会、十翼书院、长沙市望城区湖湘文化交流协会、《湖湘文化》杂志、长沙市望城区佛教协会和洗心禅寺，举办“2016湖湘文化主题对话”活动。省政府原副省长、省人大原副主任、湖南省湖湘文化交流协会第一会长唐之享，省民宗委副主任邓文华等领导出席。对话活动主题分为两部分，分别是“从诗词歌赋欣赏湖湘文化”和“从湖湘人物解读湖湘精神”。主讲嘉宾有湖南省文史馆员、湖南师范大学历史文化学院郑佳明先生，中华诗词学会副会长、中共湖南省委组织部原副部长彭崇谷先生，湖南省文史馆员、中国楹联学会名誉副会长、湖南省楹联家协会主席余德泉先生，湖南大学教授、湘军名将胡林翼玄孙女胡遂女士，十翼书院院长米鸿宾先生以及洗心禅寺首座和尚、洗心基金会导师妙华法师。六位嘉宾用渊博的学识、通达的智慧和幽默的语言，为800余位社会各界人士送上一顿文化大餐。

(丁亚玲)

【对台工作】 2016年，区委台湾办公室、区政府台湾事务办公室为区委部门管理单位，归口区委统战部管理，有在职在编干部2名，其中正、副科级各1名。

服务发展大局。服务领导方面，在新建办公楼装置3台台湾有线电视，做好《台湾工作通讯》和《两岸关系》的征订及送阅，定期将刊物送主要领导阅读。并免费赠送给涉台教育基地，以扩大影响，在2016年中央台办“两刊”对台宣传工作中成绩突出，被中共中央台湾工作办公室宣传局评为先进单位。服务高层调研，帮助市台商协会第八次理事会完成换届，支持湘台文创园招商活动，组织各类专业参展、专题招商。帮扶台资企业方面，区委书记孔玉成等领导多次考察督查绿野香田项目建设，并召开现场办公会，绿野香田项目于9月如期正式开园；困扰多年的台企罗莎乡村俱乐部的用水问题和台杰食品的新购用地需求获得解决，并协调经开区为台杰食品有限公司办理货运通行证。

强化基地建设。已建成喻家坡街道旺旺路社区和高塘岭镇中学两个涉台教育基地已通过市级涉台教育基地验收。1月13日，傅雷调研涉台教育基地并召开座谈会。1月27日，市台办组织台湾中小学教育参访团来长交流，望城教育基地代表龙艳红、高塘岭小学学生代表参加交流会。“两岸一家亲•中秋情”“活力旺旺 健康望城”全民公益半程马拉松赛“望城台侨缘•重阳敬老情”等大规模活动的举办，产生良好社会反响，省委宣传部、省市台办负责人多次到望城指导涉台教育工作。

加强交流交往。开展走出去工作。4月，毛斌副部长赴台学习考察相关台企；6月，陈泽晖、余学辉等领导干部赴台考察多家企业并学习相关经验。开展迎进来工作。2016年望城先后接待台东县县长饶庆铃女士、海峡两岸医事交流协会黄松雄理事长、台湾电机电子同业公会罗女士等台湾重要团体6批次。3月28日，台东县青年代表到访绿野乡田项目；5月27日，台湾新住民协会到访望城；5月30日，张克清副主任到望城调研台企；6月13日，台湾企业家及各区县台办到望城交流学习；6月29日，市委宣传部长张湘涛调研绿野乡田项目；9月3日，刘进能部长赴白箬铺参加两岸一家亲活动；9月8日，黄松雄理事长到望城参观访问。

服务台胞台属。2016年区台办参加省、市对台工作骨干业务培训班，并结合“与群众交朋友，帮基层解难题”活动，开展基层重点台胞台属的走访和服务工作。看望并慰问困难台属莫国鑫，认真记录并及时反馈他的诉求，帮助解决问题。

(王华璇)

【民族宗教】 2016年，区民族宗教事务局为正科级机构，有在职在编干部3人，其中局长1人、副局长1人。

民族工作稳步推进。加强民族联谊。年初，区民族联谊会组织召开各民族同胞迎春座谈会，共谋发展，维护团结。加强少数民族群众服务管理。组织召开少数民族群众服务工作研讨会，邀请市、区领导专题研究少数民族服务工作，吸取经验，强化少数民族服务管理工作。9月，区委常委、统战部长喻霞元到长沙医学院、望城一中，调研学校建设、少数民族学生教育管理工作，通过实地考察、加深了解，加强对少数民族群众服务管理工作。加大扶贫助学力度。3月，召开长沙医学院少数民族困难学生座谈会，为9名少数民族困难学生代表发放困难补助金24000元。4月，举行“汉藏情深助学行”扶助金发放仪式，向30位受扶助学生每人发放1000元扶助金。少数民族群众服务工作卓有成效。望城一中西藏班58名西藏籍学子高考全部考过一本线，其中有1人以全国西藏生文科第二名、湖南省西藏生文科第一名的成绩，被北京大学录取。

宗教工作管理规范。年初召开统战委员、各团体负责人会议，下发《关于进一步加强全区宗教事务管理的实施意见》《长沙市望城区2016年民族宗教工作要点》等文件，突出人员管理、安全管理、财务管理、建设管理四个重点工作。进一步加强全区宗教活动场所各项管理工作，保障宗教活动场所正常秩序，维护宗教领域和谐稳定，促进宗教与社会主义社会相适应。强化宗教教职人员队伍建设。推荐一批宗教界代表人士参加市区培训，逐步健全宗教后备人才档案，建立后备人才库。完成宗教教职人员登记备案工作。组织各宗教团体对全区宗教教职人员进行登记备案，建立全区宗教教职人员台账。对全区宗教活动场所和民间信仰活动场所进行摸底，建立动态数据库，撰写非法建庙调研报告，为区委常委会研究统战工作提供决策依据；开展经常性矛盾排查工作，及时掌握和妥善解决影响民族团结、宗教稳定的矛盾和问题，帮助协调区基督教三自爱国运动委员会在茶亭建教堂有关事项及黎仙观、财神古殿、万寿宫、庆云观4处道教场所和乌山寺、箕星寺2处佛教场所筹备设立审批工作，确保全区宗教领域的安全稳定；针对夏季持续暴雨造成全区大部分宗教活动场所房屋渗水严重的问题，向区政府申请宗教活动场所房屋维修补助资金33万元；开展以“规范”为主题的和谐寺观教堂创建活动。强化场所安全工作。积极推行属地化管理办法，完善三级网络管理机制，坚持“谁审批谁负责，谁主办谁负责”原则，进一步明确责任，细化工作任务；推行大型宗教活动和民间信仰活动提前报批制度，全区全年宗教活动和民间信仰活动安全零事故。

【洗心禅寺慈善基金会举办第三届慈善拍卖会】 6月25日，长沙洗心禅寺慈善基金会第三届慈善拍卖会在长沙普瑞温泉酒店举行，200余名爱心人士参与竞拍，历经3个多小时，60余件爱心拍品全部竞拍成功，成交额达到664.8万元。本次拍卖会开启慈善拍卖+互联网方式募集慈善资金的新模式。手机视频直播平台同步直播善拍盛况，爱心人士可进行网络同步拍卖。拍卖的作品来自海内外收藏家、艺术家和爱心人士的捐献，包括星云法师、文怀沙以及湖南本土名家谭仲池、彭崇谷、朱训德、邹建平等，拍品种类涵括了名家字画、精品陶瓷、翡翠玉器等。其中，星云法师书法作品《大福延年》以全场最高价80万元成交；文怀沙书法作品《禅茶一味》以55万元成交；邹建平的画《岁岁平安》以11万元成交。

【洗心禅寺慈善基金会举行助学捐赠仪式】 8月27日，由中国爱心工作委员会、湖南省长沙洗心禅寺慈善基金会发起的“万名学子助学计划”之2016年度助学捐赠仪式，在长沙市望城区洗心禅寺隆重举行，626名寒门学子获得爱心资助。捐助仪式上，洗心基金会向支持助学捐赠仪式的爱心企业、慈善人士颁发功德证书。爱心企业深圳鼎益丰集团、广东省万明子慈善基金会向洗心基金会现场捐赠100万元，西门子中国东区瞿国泰经理捐助湖南湘西学子20万元。洗心基金会“万名学子助学计划”自2012年启动以来，已连续实施五年，组织爱心义工3801人次、对全省14个市（州）的5026户贫困学生家庭进行实地走访核实，行程达274674千米，累计资助贫困学子4309名，发放善款1631.88万元。

【举办“汉藏情深助学行”活动】 4月7日，由望城区民宗局和区少数民族群众工作服务站发起的“汉藏情深助学行”扶助金发放仪式在望城一中厚德楼三楼会议室举行。活动共向30位受扶助学生发放3万元扶助金。受资助的30位藏族学生向领导、来宾敬献上洁白的哈达。学生代表扎西拥宗代表受扶助学生发言，表示用行动来感恩和报效家乡、报效国家的决心。

（夏悦瑶）

望城区委统战部

部　　长　喻霞元（8月任）
　　　　　周志辉（8月免）
副 部 长　毛正标　苏景文
　　　　　刘　平（10月任）
　　　　　邓　义（10月任）
　　　　　刘艺苗（10月任）
　　　　　罗立新（10月免）
　　　　　毛　斌（10月免）

·机构编制工作·

【概况】 2016年，区机构编制委员会办公室设综合科（监察室）、机构编制管理科、机构编制监督检查科、事业单位登记管理科（对外保留事业单位登记管理局）4个科室，干部职工11人。

全区党政群机构64个，与2015年持平，其中区直50个（含政法系统5个）、镇5个、街道9个；各类事业机构406个，比2015年减少49个，其中纳入财政预算367个，经费自理39个。行政编制配备情况：全区党政群机关配备行政编制1848名，比上年增加1名，其中区直机关行政编制774名，街镇行政编制476名（含财政所76名）；政法专项编制598名。非行政编制配备情况：区直机关配备工勤人员编制166名，区直机关其他事业编制33名，街镇机关配备工勤人员编制14名，政法系统工勤人员43名。使用行政编制人员情况：全区党政群机关使用行政编制的在职人数1809人，较上年减少34人，其中区直机关805人，较上年增加8人，街镇机关361人，较上年减少27人；政法系统使用政法专项编制576人，较上年减少5人。事业编制配备情况：按照省、市要求，全区编制总额不超过2012年年底数的要求，全区核定事业单位编制7298名（含区直机关其他事业编制33名），其中：财政预算6371名（其中全额4807名、差额1564名），经费自理927名。事业编制人员情况：全区各类事业机构实有在职人数7260人（未含教育系统教师离岗休息人员90人），比2015年7222人增加38人，其中纳入财政预算6606人，单位经费自理654人。事业单位法人登记管理概况：全年应年审事业单位法人416家，全部参加年审，合格率100%；全年办理设立登记5家，变更登记377项次，注销登记1项次。

2016年,区编委办贯彻落实总理李克强“财政供养的人员只减不增”的指示精神,在控制全区总编制的前提下,深化体制机制改革,推进机构编制管理规范化、科学化和法制化建设。

设立相关机构。原长沙市望城区雷锋镇与长沙市望城区廖家坪街道合并组建长沙市望城区雷锋街道。成立湖南第一师范学院斑马湖小学。整合长沙市望城区妇幼保健院和长沙市望城区计划生育服务站,组建“长沙市望城区妇幼保健计划生育服务中心”,加挂“长沙市望城区妇幼保健院”牌子,为区卫生和计划生育局管理的副科级公益一类事业单位。整合卫生监督和计划生育执法职责,组建“长沙市望城区卫生计生综合监督执法局”,为区卫生和计划生育局管理的副科级事业单位,参照公务员法管理。设置法制委员会、财政经济委员会,均为正科级,设置内务司法工作委员会、教育科学文化卫生工作委员会、城乡建设环境与资源保护工作委员会、农业农村工作委员会、选举任免联络工作委员会、办公室,均为正科级。设立长沙市望城区重点工程项目办公室,为区发改局所属二级事业单位。成立长沙市望城区教育局直属幼儿园。

设立相关内设科室。在区住房和城乡建设局内设的城镇建设科加挂城市地下管线建设管理科牌子。将长沙市望城区给排水管理办公室调整为长沙市望城区住房和城乡建设局管理的二级事业机构。在市场和质量监督管理局办公室加挂财务科的牌子,将长沙市望城区消费者权益保护委员会更名为长沙市望城区消费者权益保护委员会办公室,为市场和质量监督管理局所属的二级事业机构,长沙市望城区个体私营经济发展指导中心不再加挂“长沙市望城区个体劳动者私营企业协会”牌子,并调整为市场和质量监督管理局所属的二级事业机构。按镇(街道)设置14个市场和质量监督管理所,加挂食品药品监督管理所牌子;在望城经济技术开发区设置长沙市望城区市场和质量监督管理局经开区管理所,加挂望城经济技术开发区食品药品监督管理所牌子。设立长沙市望城区公务用车服务管理中心,作为区机关事务管理局内设机构。在区人社局下属区社会保险工作局加挂“长沙市望城区机关事业单位养老保险中心”牌子,增加“负责全区机关事业单位养老保险经办工作”的职责。在发展和改革局产业发展科加挂“行政审批科”牌子,增加“牵头负责行政审批事项办理”职责。在区商务局特种行业管理科加挂区商务综合执法大队牌子。将公安局后勤保障科更名为警务保障室。将镇人民政府(街道办事处)计划生育办公室统一更名为卫生和计划生育办公室。

对相关机构进行更名。将格塘镇卫生院更名为靖港镇格塘卫生院;东城镇卫生院更名为茶亭镇东城卫生院;铜官中心卫生院更名为铜官街道社区卫生服务中心;乌山中心卫生院更名为乌山街道社区卫生服务中心;高塘岭卫生院更名为乌山街道喻家坡社区卫生服务中心(暂保留高塘岭卫生院牌子);新康乡卫生院更名为高塘岭街道新康社区卫生服务中心;雷锋镇卫生院更名为雷锋街道社区卫生服务中心,廖家坪街道社区卫生服务中心更名为雷锋街道廖家坪社区卫生服务中心。长沙市望城区体育事业发展中心更名为长沙市望城区体育运动中心。根据长沙市望城区划调整方案,将40家中小学(幼儿园)名称相应变更。将长沙市望城区产商品质量监督检验检测中心及计量检定中心(加挂望城区食品药品安全检测中心牌子)更名为长沙市望城区产商品检测中心(加挂长沙市望城区食品药品检测中心、国家级望城经济开发区食品药品检测中心的牌子)。将长沙市望城区卫生监督所更名为长沙市望城区卫生计生综合监督执法局。

合理调整人员编制。核减区工务局机关全额拨款事业编制1名,核减区工务局下属的区代建工程项目服务中心全额拨款事业编制2名。核减区个体私营经济发展指导中心全额拨款事业编制8名,核增长沙市望城区市场监督执法大队全额拨款事业编制6名,核增长沙市望城区产商品质量监督检验检测中心及计量检定中心全额拨款事业编制2名。核减滨水新城管委会3名全额拨款事业编制。核增区社会保险工作局全额拨款事业编制2名。核定15个市场和质量监督管理所行政编制总额79名,机关后勤服务全额拨款事业编制9名。核定区妇幼保健计划生育服务中心(区妇幼保健院)全额拨款事业编制65名。核定长沙市望城区精神文明建设指导委员会办公室行政编制3名。核定区公务用车服务管理中心编制4名。

明确机构级别和领导职数。明确长沙市望城区公安局法制大队增设教导员(乡科级正职)1名。明确长沙市望城区国有资产管理局升格为副科级机构,核定局长(副科职)1名。明确区城市管理执法大队为区行政综合执法局所属正科级事业单位,核定领导职数为:大队长(正科职)1名,教导员(正科职)1名,副大队长(副科职)2名。核定区行政综合执法大队领导职数为:大队长(正科职)1名,教导员(正科职)1名,副大队长(副科职)2名。核定长沙市望城区体育运动中心领导职数为主任(正科职)1名、副主任(副科职)1名。区妇幼保健计划生育服务中心(区妇幼保健院)核定领导职数为主任(院长)1名(乡科级副职)。明确长沙市望城区征地拆迁事务所为副科级事业单位,核定所长(副科职)职数1名。明确长沙市望城区人民政府法制办公室主任职数1名(乡科级正职,兼任区人民政府办公室副主任,不占区人民政府办公室领导职数)、副主任职数1名(乡科级副职)。明确长沙市望城区“雷锋580”紧急救助热线中心为副科级事业单位,核定主任(副科职)职数1名。分别核定长沙市望城区人大及常委会8个委室主任委员(主任,乡科级正职)职数1名、副主任委员(副主任,乡科级副职)职数1名。

调整相关机构职能。将区给排

水管理办公室以道路为载体的城市给排水管网建设职责划给区基础设施建设投资管理中心；将城市公共排水、污水处理、市政污泥处理、再生水和中水利用设施的维护划给区市政局。将区工务局承担的负责社会投资重点项目建设指导、监督、协调和服务职责划入区发展和改革局。划出职责为：拟定社会投资重点项目年度建设计划，配合相关部门编制政府投资项目中长期建设规划和年度建设计划；负责组织全区重点工程建设年度考核考评；参与招商引资项目前置审查工作；指导、监管、协调和服务社会投资重点项目；组织环评、林评、防洪评估、地灾评估、水土保持等专项评估报告的编制和报审等工作；协调政府投资项目可研立项、用地报批、规划许可、施工许可等相关行政审批手续的办理；督促完成拆迁腾地。调整长沙市望城区发展和改革局有关职责，将原区人口和计划生育局承担的研究拟定人口发展战略、规划及人口政策职责划入区发改局；将区工务局承担的负责社会投资重点项目建设指导、监督、协调和服务职责划入区发改局。取消“收费许可证”核发，“服务价格登记证”核发，“收费许可证”年检，“服务价格登记证”年检。将长沙市望城区能源局调整归口区发改局管理的全额拨款事业单位，新增“主管全区石油天然气管道保护工作”的职责，加强“统筹协调全区能源监察与执法工作，代表区发改局开展有关能源执法工作，综合协调和指导监督其他部门承担的能源执法工作”的职责。明确滨水新城管委会职能职责调整如下：将滨水新城管委会承担的基础设施建设和管理、投融资平台建设与投融资管理、东湖生态湿地公园建设等职能职责划入区城投集团负责；滨水新城管委会承担的国土、规划、建设有关工作分别划入区直相关职能部门负责；新增“受区委、区政府委托负责与湘江新区先导投工作对接；负责区政府原与湘江新区先导投合作项目的相关后续工作”的职责；继续履行原已引入的社会投资项目的服务工作。将区商务局承担的牲畜屠宰监管职责划入区农业和林业局；将区商务局承担的酒类流通食品安全监管职责划入区市场和质量监督管理局。将市场和质量监督管理局市场规范监督科承担的打击传销和违法直销工作，查处不正当竞争、商业贿赂等经济违法行为的职能职责调整为区市场监督执法大队承担。

【推进行政审批制度改革】 2月开始，动态调整区政府“权利清单”和“责任清单”。在理顺区发改局、区工务局、区住建局、区住保局和区交通运输局等单位职责基础上，及时对变更的清单事项作动态调整，删除冗余的办事环节。配合区政务服务中心创推“互联网+雷锋政务超市”模式，打造多渠道在线咨询、预约、办理的“一网通办”式24小时不打烊的为民服务；深化“三集中、三到位”改革，区内90%的审批事项、100%的民生事项可在雷锋政务服务大厅办理，总办理时限从法定的6631个工作日缩短为承诺的2238个工作日，整体提速达65.8%，相关经验在《湖南日报》(2016年9月26日第10专版)上刊发。开展园区行政审批制度改革调研，以区人民政府名义印发《关于下放和优化84项涉及园区企业行政职权的通知》(望政发〔2016〕40号)文件，向望城经开区下放19项涉企行政职权，优化涉及望城经开区企业行政职权65项。协助经开区制定权力清单、责任清单、流程清单；配合区政务中心指导园区政务中心建设，推进电子报建和在线审批；配合区市场监督管理局推进园区商事制度改革，在“三证合一”的基础上推进“五证合一、一照一码”登记制度改革。

【做好事业单位管理】 开展全区机关事业单位中文域名注册管理工作。5月，根据中央编办统一要求，全面启动全区区直机关、区编委办直接管理机构编制的群众团体统一社会信用代码赋码工作和事业单位法人证书换证工作，已完成换发新证300余家，提前完成2016年度的注册、贴标任务。

【承接省、市行政审批事项下放的相关工作】 8月，向市审改办报送《长沙市望城区人民政府关于申请市级下放园区涉企行政职权的请示》，争取市政府向全区下放涉企行政职权54项。截至12月，各项涉企行政职权都承接到位，顺利开展工作。

【争取机构编制扶持】 全年主动作为，一批机构编制事项获批：长沙铜官窑遗址管理处升格为副处级事业机构、经开区升格为国家级园区后更名获省编办批准；区公共资源交易中心、区体育事业发展中心升格为正科级事业单位；区“雷锋580”紧急热线中心、区征地拆迁事务所、区妇幼保健计划生育服务中心等单位升格为副科级事业单位；重新核定区人大及常委会、区法制办、区卫生计生综合监督执法局等单位的领导职数；在区社保局加挂区机关事业单位养老保险中心牌子，区公安局后勤保障科更名为警务保障科，成立湖南第一师范学院斑马湖小学等。

(姚　舟)

望城区机构
编制委员会办公室

主　　任　袁文科
副 主 任　杨继承 张浩

·宣传工作·

【概况】 2016年，区委宣传部内设办公室、理教政研室、文化艺术发展办公室、学雷锋活动指导办公室、文化产业发展办公室等5个科室，有干部职工26人(含政府雇员2人)。管理机构有文明办、新闻中心、网宣办，其中文明办下设未成年人思想道德建设办公室。区属媒体有望城广播电视台、望城新媒体中心。

2016年，全区宣传思想文化工作在市委宣传部和区委的正确领导下，围绕中心、服务大局，唱响主旋律、提振精气神、汇聚正能量，为建设更加美丽强盛幸福的名望之城提供思想保证、精神动力和舆论支持。

党管意识形态工作。3月、12月分别召开区委常委会议专题研究意识形态工作，要求全区各级党委（党组）旗帜鲜明抓意识形态工作责任制。面向全区印发《长沙市望城区党委（党组）意识形态工作责任制考评办法》和《长沙市望城区党委（党组）意识形态工作责任制实施方案》，明确各级党委（党组）落实意识形态工作责任制的主体责任、工作责任、检查考评、责任追究等内容。按照一同部署、一同落实、一同检查、一同考核的"四个一同"要求，将党管意识形态工作纳入区绩效考核，作为各级党委（党组）评优评先重要依据。

中心组理论学习工作。以党委（组）中心组学习为抓手，深入学习宣传贯彻中共十八大和十八届三中、四中、五中、六中全会及习近平总书记系列重要讲话精神，全年组织7次区委中心组（扩大）集中学习。开展"书香望城"全民阅读学习及学习型机关建设活动，推进学习型城区建设。整合区委理论讲师团队伍，选拔优秀理论宣讲骨干，深入机关、社区、农村、企业、学校等单位开展宣讲活动。组织"微理论•微宣讲"比赛及巡讲活动，鼓励干部群众走上讲台，讲述身边故事，展现理论魅力。全年开展微宣讲活动近200场。

思想道德建设工作。围绕空巢老人、留守儿童和残疾人等开展慰问探访志愿服务行动，打造雷锋超市、雷锋纪念馆网上展馆、"雷锋种子站"等志愿服务平台，形成以"雷锋580"爱心物资捐赠救助中心为总站，19个城镇社区和乡镇中心村"雷锋超市"为网点的定点救助模式。发挥雷锋城管志愿者协会作用，全区共组建分会38个、中队383个、小组2142个，招募志愿者30万人，建立450个志愿服务站点。在雷锋馆设立"道德讲堂"总堂，开展"社会公德与商务诚信""弘扬生态文明""诚信敬业奉献""廉政大课堂"等内容的道德宣讲500多场，营造崇德尚善的社会氛围。推进乡村学校少年宫项目建设，利用雷锋纪念馆、郭亮烈士陵园等爱国主义教育基地和公益性文化设施，营造未成年人健康成长的社会环境。

新闻宣传工作。围绕湘江古镇群二次创业、雷锋家乡学雷锋、"两学一做"学习教育、美丽乡村建设等精心策划专题宣传。围绕民俗文化闹元宵、雷锋精神论坛、首届书堂山当代文人书法周、新康戏剧季等区域大型活动，通过新闻发布、SNG连线、新媒体现场直播、微信互动等形式扩大活动影响。10月举办湘江论坛，新华社、中央人民广播电台、中新社等央媒相继刊发《2016湘江论坛聚焦古镇保护与发展》《大品牌"湘江古镇群"在长沙望城区惊艳亮相》《全域旅游•魅力古镇：聚焦湘江古镇群》等稿件，社会反响强烈。截至12月底，在各级各类主流媒体刊发正面宣传报道稿件近7000条。舆情管控方面，组建"网络安全和信息化工作领导小组"，组建"长沙市望城区新媒体文化传播中心"，组建网络发言人、网评员、联络员3支队伍，开通"望城之声"政务微博、"望城发布"政务微信集群、"名望之城"今日头条号等"两微一端"平台，全年共转载和发布正面评论5000余条，发现并及时处置网络舆情180余起，全年未发生因舆情处置不力而影响全区形象的事件。

文明创建工作。编排"同做文明人，共建文明城"专场文艺节目，全年到村、社区巡回演出50场（次）。举办2016年雷锋精神论坛，举行"学美玲，颂美德"雷锋文化进校园、学习道德模范暨木偶剧公益演出、"学雷锋•讲雷锋"演讲比赛等活动。建立健全全区文明城市建设专人负责制度、月督查制度、月点评制度、通报批评和黄牌警告制度、奖惩制度等五项制度，明确单位职责和测评细则。推进基层"两美创建"，银孔围组、谢家新屋、复胜村成为美丽乡村建设典型，书堂山村、白箬铺村等成为孝心建设示范村。开展"好婆婆""好媳妇""五好文明家庭""巾帼英雄""孝星"等评选表彰活动，洪雪辉、李阳分获"长沙十大孝星"称号和提名奖。开展"节俭养德立家风、婚丧喜庆树新风"专项教育治理，树立文明新风。

文化创意创新工作。通过举办书堂山当代文人书法周、新康戏剧季、"新浪潮"望城诗会等重大文艺活动，将望城打造成为文人争相向往的文化高地、艺术胜地。出台《"雷锋文学艺术奖"评选奖励办法》，并组织开展首届"雷锋文学艺术奖"评选。推出舞剧《君生我未生》《蝶恋花》、歌曲《乔口古镇》等一大批文艺精品。其中，以长沙铜官窑为创作源泉的大型舞剧《君生

首届书堂山当代文人书法周活动

我未生》在2016“感知中国—湖南文化走进法国”活动中广获好评。开展“欢乐潇湘•品质长沙•幸福望城”“相约斑马湖”“我们的中国梦”文化进万家系列群众文化活动。月亮岛街道名都艺术团获2016年湖南省“欢乐潇湘”第六届全民广场舞大赛总冠军，舞蹈《蝶恋花》及歌伴舞《乔口古镇》分别获2016年湖南省“欢乐潇湘”文艺汇演优秀节目类一等奖及二等奖。大力发展“湘江古镇文化产业带”和“乡村休闲文化产业带”等新型文化产业推进湘台文化创意产业园建设，打造“最具魅力湘江古镇群”靓丽名片。推行文化走出战略，先后组织企业、园区参加第十二届深圳文博会、“创意长沙等您来”文创产业投资推介会，重点推介雷锋主题文化公园、湘江古镇群等项目，组织企业、园区赴铁汉生态集团、北京首都旅游集团有限公司、海航集团等全国各地知名文产投资集团上门推介全区文化项目。11月，组织园区10家企业参加第九届海峡两岸(厦门)文化产业博览交易会，展示铜官陶瓷产品和艺术成就。成立望城区文化创意产业协会，吸纳会员单位近100家，全年安排本级文化产业引导资金3000多万元。

(熊帅杨)

【承办“2016雷锋精神论坛”】 2月29日，“2016雷锋精神论坛”在湖南雷锋纪念馆举行，省政协副主席欧阳斌，新华通讯社原副社长、第十二届全国人大外事委委员路建平等出席论坛并讲话。本届雷锋精神论坛由中共湖南省委宣传部、光明日报社、湖南省文明办、湖南省志工办、湖南省社会科学院、长沙市文明委、湖南省雷锋精神研究会联合主办，中共长沙市委宣传部、长沙市文明办、中共长沙市望城区委、长沙市望城区人民政府承办。本次论坛以“雷锋精神与创新”为主题，《求是》杂志社原总编辑、第十二届全国政协委员张晓林，国防大学教授、少将黄宏，《雷锋》杂志社总编辑陶克，湖南省社会科学院人力资源所所长胡跃福、湖南师范大学教授王泽应、国防大学教授公方彬、经济日报社高级记者管斌等专家学者、嘉宾围绕雷锋精神时代化内涵与学雷锋活动常态化，以及深化“雷锋家乡学雷锋”活动展开热烈讨论。区委书记孔玉成表示，作为雷锋故乡，望城以本次论坛为新的起点，坚持不懈探索学雷锋活动常态化的新路子，希望把学雷锋这支“道德长跑接力棒”永远传递下去，真正把望城建设成为一座充满大爱的首善之地、名望之城。

(潘 登)

【举办首届“书堂山当代文人书法周”活动】 5月8日—11日，由中国作家书画院、市委宣传部和望城区委、区政府联合主办的首届书堂山当代文人书法周活动在书堂山举行，王蒙、高洪波、王巨才、白描、谭谈等80多位全国著名的文人书法家出席活动。活动期间，与会领导和嘉宾紧紧围绕“缘起楷圣、文撼书堂”的主题，开展一系列内涵丰富、形式多样的主体活动。开幕式上，集中展示王蒙、王巨才、白描、谭谈等70多位重量级文人书法家创作的100幅书法精品；共植“文化名人林”活动中，在书堂山种下象征书法艺术生生不息、欣欣向荣的桂花树；“墨舞书堂”笔会上，各位文坛巨匠、书法大家现场挥毫泼墨、激扬文字，充分表达了对楷圣的敬仰与怀念；湘江古镇群游览中，望城的文化魅力激发人文书法家艺术创作的灵感；创作陶瓷收藏壶活动中，40多位全国知名书法艺术家现场在全国陶艺大师制作的陶瓷收藏壶上进行书画创作；“欧阳询与当代书法”学术研讨会上，大家共探书法雅韵，同谱文人佳话。新华社、《光明日报》、中央电视台、人民网、中新社等近20家中央媒体进行重点报道。活动中创作的书法作品和陶瓷收藏壶，望城进行了造册收藏，并继续加强“欧阳询书法”的的研究和传统书法艺术的推广传承工作。

(刘鹏宇)

【望城传统文化精品在法国展演】 8月27日—9月2日，“璀璨星城 快乐长沙”对外文化交流活动在法国巴黎隆重举行。望城区作为承办单位之一，推送一批极具湖湘特色、富含望城元素的传统文化精品进行展演。舞剧《君生我未生》，用绝美舞姿诠释旷世之恋；“铜官窑作品展”展现铜官制陶的精湛；泥人刘陶瓷制作现场表演精彩纷呈，让游客流连忘返。展演提升望城的美誉度和国际影响力，将铜官窑陶瓷文化和技艺带向国际舞台。

(姚 静)

望城区委宣传部

部长	姚建刚	
副县级干部	李 宏	
副部长	余旭阳	曾永胜
	资 涵	黄跃新
区纪委派驻宣传部纪检组组长	仇定文	

·信访工作·

【概况】 2016年，区信访局内设办公室(监察室)、来访接待科、办案督办科、网络信访科、驻京劝返科、财务科6个职能科室，在职在编干部12人。区信访局认真贯彻落实中央、省市信访改革精神，推进信访积案化解和网上信访等工作，维护全区社会大局和谐稳定，第一季度、二季度连续获评“全市信访工作红旗单位”，获评全省“千案攻坚”工作“先进单位”。

加强组织领导。区委、区政府坚持把信访工作列入重要议事日程，多次召开常委会、党政联席会、政府常务会研究信访工作。四大家主要领导带头接访办案，带案下访，解决了一大批事关群众切身利益的民生问题。各街镇和区直单位坚持一把手负总责，加强对信访工作的领导。

畅通信访渠道。规范工作程序，强化初信初访办理“半月结案”的工作模式，压实首办责任，提高办理质量和效率。推动依法逐级走访，定期对全区初信初访办理、越级重复上访情况进行综合分析和通报，促进第一时间、第一地点依法妥善处理信访事项。2016年共接访处访1053批3510人次，办理群众来信162件，办理网上信访973件。

集中化解积案。开展“信访积案集中化解年”活动，按照“减存量，控增量”的总体要求，制定政府推动、领导带动、部门联动、奖励调动、考核促动等一整套工作机制，营造全区化解信访积案新常态。相关信访案件办理程序及结果获市联办通报表扬。

推进依法治访。严格贯彻执行相关文件精神，积极联动，紧密配合，依法整治进京非访秩序，重点治理进京非访、缠访、闹访等违法犯罪行为，坚决遏制“以闹求解决，以访谋私利”等不正常现象，震慑信访违法行为，维护全区信访秩序。

夯实基层基础。认真贯彻落实中央、省、市有关信访改革精神，打造“阳光信访”和“满意信访”，健全完善“信、访、网、电”四位一体的信访受理平台，将湖南省网上信访信息系统横向延伸至全区75个区直部门，纵向延伸至全区14个街镇，创建“望城信访”微信公众号，引导群众了解政策法规、查询投诉去向、跟踪投诉过程、知晓投诉结果、参与结果评价。

【开通“望城信访”微信公众号】 7月13日，“望城信访”微信公众号正式上线运行。“望城信访”微信公众号是望城区信访局健全完善“信、访、网、电”四位一体的信访受理新平台。平台开通后，引导群众了解政策法规，方便群众查询投诉去向、跟踪投诉过程、知晓投诉结果、参与结果评价，实现让“数据多跑腿、群众少跑路”的工作目标，对打造“阳光信访”和“满意信访”产生积极推动作用。

(易　叶)

望城区信访局

局　　长　吴　刚
副 局 长　陈曙光　罗思敏
　　　　　李光祥
　　　　　李果实(4月免)

·党　校·

【概况】 2016年，中共长沙市望城区委党校内设办公室、教务科、教研室、后勤科4个科室，有教职工19人。

抓教育培训。全年举办青年干部培训班、全区村(社区)党组织书记培训班、入党积极分子培训班、预备党员培训班等各类培训班60期(次)，培训8598人次。培训注重教学模式改革和教学内容创新，采取理论教学、现场教学、体验式教学、访谈互动式教学、素质拓展等于一体的现代培训模式，整合运用雷锋纪念馆等本土“教学基地”和井冈山、韶山等特色党性教育资源；教学内容注重党性教育和党的理论教育，结合基层工作实际，注重干部学员的能力素质培养，针对性、实效性强。

抓专题教学。根据理论教员专业特点和“两学一做”学习教育授课要求，推行集体备课、新课试讲、专家指导和反复磨课活动，形成《用社会主义核心价值观凝聚人心》《党章是党的根本大法》《用发展着的马克思主义指导新的实践》《大力提高党员干部的法治思维能力》《坚定理想信念 做合格共产党员》等8堂精品课程。理论教员，发挥党校理论宣讲和服务基层的作用，围绕中共十八届五中、六中全会精神，习近平总书记系列重要讲话精神和区第二次党代会，以及党史党章党建、法治教育等专题，深入全区各街镇、区直机关、村(社区)、学校、企业等送党课180余堂。

抓理论研究。2016年，区委党校共取得科研成果69项，较2015年科研成果(37项)大幅度增长，获市级理论征文优秀组织奖，在全省党校系统处于领先地位。《发挥基层党校在干部教育中主渠道主阵地作用的对策研究——以中共长沙市望城区委党校为例》获全省理论征文一等奖，课题《新常态下基层公务员激励机制创新研究——以望城区“狮子型”团队和干部评选为例》获市委副书记徐宏源批示。省级课题立项、结项5个，理论征文21篇、获奖17项，公开发表文章8篇，社科成果2项；市级课题立项、结项4个，市情研究会呈阅件出刊1份，理论征文25篇、获奖26项；区级课题1个，《名望之城》刊出文章5篇，理论征文5篇。

抓中心工作。认真开展“两学一做”专题教育，积极参加全区“两学一做”系列活动，囊括全区万人考党章一等奖(仅2名)，党课《全面从严治党的三大利器——党悟、纪律、人民》和《向亚腐败说不》录入长沙市50堂“微党课”名目。党校共分7个帮扶组推进精准扶贫，帮助13个贫困联系户解决生产、生活困难。深入长沙素加营养品有限公司等联点企业，了解生产经营状况，加强与企业主管政府部门的衔接沟通，解决企业所提出的6个实际问题。完成纪检监察、城市管理、机关党建、防汛等工作，获得全区优秀机关党支部、纪检监察先进单位、普法先进集体等荣誉。

(办公室)

望城区委党校

校　　长　余学辉
常务副校长　黄辉宏
副 校 长　李果实　王　勇

·史志档案工作·

【概况】 2016年，区史志档案局内设办公室、党史室、方志室、档案业务指导室4个科室，有干部职工11人。

推进党史工作。开展望城历史展览筹建工作，完善项目申报手续；提质雷锋路社区冯爷爷党史育人工作室建设，作为全区“两学一做”学习教育的党史学习基地，全年接待包括市、区主要领导在内的党员参观学习1000余人次；在区湖湘文化刊物《希望之城》开设《史志纵横》栏目，讲述望城历史上的重要人物和重大事件，在专栏上撰文纪念长征胜利80周年，缅怀长征中牺牲的望城籍英烈，传承和弘扬长征精神。对从辛亥革命至今望城境内近200名杰出人物进行梳理，汇编成《望城百年风云人物》；开展党和国家领导人关怀望城专题研究，完成《关怀与激励——党和国家领导人与望城》初稿。协助靖港镇开展刘畴西纪念馆筹建和省委旧址提质改造工作；指导白箬铺镇淑一村举办的李淑一珍藏展正式对外开放。完成《湖南省委工作纪事(2016)》《市委工作纪事(2016)》望城部分的组稿工作;完成中央党史研究室的基层党史工作调研和《长沙改革开放实录》望城部分的选题工作;配合市委党史联络组完成《党史联络工作30年纪事》的组稿工作,并在纪念市委党史联络组成立30周年座谈会上,作为唯一的区县代表进行典型发言;口述史《望城家庭联产承包责任制》获全省党史优秀成果影视音像作品三等奖。

开展地方志编研。完成《望城年鉴(2016)》的出版发行;配合省、市地方志办公室完成《湖南年鉴(2016)》《长沙年鉴(2016)》的望城区概况、条目和彩版;为《长沙市志(1988—2012)》撰写人物篇;推送的"雷锋家庭小雷锋——周美玲""铜官获评全国特色景观旅游名镇""分别获评《长沙年鉴》2015年度人物、年度事件;启动《望城乡镇(街道)简志》的编纂工作,并于12月完成初稿;指导《长沙市望城经开区志》修改完善成书;指导区公安局开展《长沙市望城区公安志》编纂工作;开展地方志宣传进企业活动,向湖南天龙制药有限公司赠送《望城年鉴》等书籍;在全市地方志工作会议作地方志开发利用经验介绍;《望城年鉴(2015)》获湖南省年鉴编纂质量评比综合一等奖。

规范档案管理。扩充档案馆藏,指导机构改革部门和单位合理管理档案,全年接收撤并机构档案4018卷,34445件。全年完成对水务局、交通局、乌山街道等62家单位的档案业务指导,并利用档案工作交流群、电话等方式积极处理日常业务咨询问题;区住房保障局、纪委、建设局、规划局等7个单位通过省一级档案馆(室)复查;11月举办全区社区档案员业务培训班,全区40个社区的60名档案员参加学习;配合区政府做好农村土地确权登记档案工作,及时派出档案业务骨干对确权登记档案管理进行指导;对馆藏实物档案进行全面清理,重新修订分类方案及说明,重新进行分类、编目、入柜;档案馆全年接待群众查阅利用档案、现行文件2562卷(次)、1281人次,复印1364页,汇编档案典型事例30例;贯彻落实国家档案局8号令,组织全区各单位编写《机关(企业)文件材料归档范围和文书档案保管期限规定》,并逐一进行修改审批;"6•9"档案日活动期间举办"档案馆开放日"活动;获评2016年度湖南省档案宣传工作先进集体。

(张理希)

档案开放日活动

【《望城年鉴(2015)》获评湖南省年鉴质量评比一等奖】 12月,湖南省地方志编纂委员会颁发文件,对全省第四届年鉴评比获奖年鉴进行通报表彰,《望城年鉴(2015)》获评县市区级综合年鉴一等奖。8月,在全市地方志工作会议《望城年鉴(2015)》以总分90.96分名列区县级年鉴第一,获市一等奖。《望城年鉴(2015)》是望城年鉴的改版之作,采取图文并茂方式,直观展示各单位亮点工作,并设立彩版专辑,按美丽之城、强盛之城、人文之城、博览之城四个篇章集中展示望城在态文明建设、经济建设、人文历史、古镇群落建设等领域的发展成果。在突出年鉴工具书特点的同时,增强年鉴的资料性、实用性和可读性。

(张姣美)

【举办"档案馆开放日"活动】 6月14日,区史志档案局在区档案馆举办"档案馆开放日活动"。湖南信息职业技术学院文秘专业的师生走进望城区档案馆,感受档案与民生的密切联系。区档案局工作人员介绍档案馆的基本情况和主要服务功能,带领他们参观档案馆一楼查阅服务大厅、档案检索工具室、档案库房和档案整理室等,讲述档案查阅流程、查档手续、检索方式和档案保管状况,并现场解答师生们对于档案保管与利用方面的疑问。开放日活动配合"6•9国际档案日"进行对外宣传,加深社会对档案工作的认识与理解,对增强全社会档案意识产生推动作用。

(曾梦瑶)

【在全市地方志工作会议上作典型发言】 1月5日,全市地方志工作会议在市地方志办公室召开,望城区代表在会上作典型发言。区史志档案局局长李文沙向与会人员介绍望城地方志开发利用经验。望城地方志工作秉承"贵在史识,重在致用"理念,为经济、政治、文化、社会、生态文明建设服务,先后编撰第一、二轮县志以及一系列志书衍生书籍,地方志开发利用成果多次在省市乃至全国获奖,获得省市认可,特别是《望城年鉴》编纂在全市各区县保持领先地位。

(张姣美)

【开展《望城乡镇(街道)简志》编纂工作】 5月5日,区史志档案局在档案馆430会议室召开《望城乡镇(街道)简志》培训会,正式启动《望城乡镇(街道)简志》的编纂工作。在编纂过程中结合望城历史现状和工作实际,制定《人物收录标准》《关于撤并乡镇(街道)数据如何处理的问题》等业务性标准,通过召开简志业务培训会、一对一指导、下乡调研督查、评稿会等方式推动简志工作开展。8月完成初稿,12月完成全书的统稿,并向市志办提交送审稿。《望城乡镇(街道)简志》是旨在全面、系统、准确地反映和记述望城乡镇(街道)的历史、现状及改革开放、经济建设和社会发展进程中的成就和经验的地方志书籍,编辑出版后,将为各领域研究地情和开发项目提供地情信息和文献资料,为望城经济文化发展提供新资源。

(张姣美)

·党史联络工作·

【概况】 2016年,区委党史联络组围绕党史工作"存史、资政、育人"的宗旨和"一突出两跟进"(突出中国特色社会主义时间段历史研究,不断跟进党中央的步伐,不断跟进历史前进的脚步)的要求,重点抓好队伍建设、党史征编、党史宣传及纪念长征胜利80周年系列活动的开展,区委党史联络组有成员10人,其中退休老同志7人、区史志档案局在职干部3人。

抓好党史宣传。邀请省市专家对望城历史展览脚本初稿和展呈初步设计进行评审,向区委常委会议汇报并与发改、建设、环保等部门对接完善立项手续。继续完善冯爷爷党史育人工作室,作为全区"两学一做"学习教育党史学习基地,全年接待包括市、区领导在内的党员参观学习1000余人次。将《湘潮》杂志免费分发给区内机关单位、各街道、社区、非公有制企业和社会组织、学校党支部以及县处级以上退休干部中作为党史学习资料。

推进党史成果转化。集中力量对从辛亥革命至今约一百年间的杰出人物进行梳理,分类收录近200人的资料汇编成《望城百年风云人物》初稿。开展党和国家领导人关怀望城的专题研究,收集34位党和国家领导人关怀望城的相关史料,汇编成《党和国家领导人与望城》初稿。继续修改完善口述史《望城家庭联产承包》,该口述史获评湖南党史研究成果音像类三等奖。

协调社会共同参与。坚持开门办史,构建大党史格局,协调、指导相关部门积极开展党史场馆建设,协助靖港镇开展刘畴西纪念馆的筹建工作;并向市政协提交提案,协助靖港镇启动省委旧址的提质改造工作;指导白箬铺镇淑一村举办李淑一珍藏展;吸纳社会力量,壮大党史联络员队伍,吸纳3名熟悉望城历史人文、有文字功底、有服务党史工作热情的社会人士为兼职联络员。配合市委党史联络组完成《党史联络工作三十年纪事》的组稿工作,参加纪念市委党史联络组成立30周年座谈会并作为区县代表发言。

【《望城家庭联产承包责任制》口述史获全省三等奖】 3月15日,省委党史研究室颁发文件,表彰2012年11月以来全省党史部门优秀成果。区档案局、党史联络组联合制作的《望城家庭联产承包责任制》口述史获得影视音像作品类三等奖。《望城家庭联产承包责任制》口述史以望城农村第土地制度改革为内容,记录中共十一届三中全会后望城区委及农民克服困难,探索并实现家庭联产承包责任制的历史过程,用亲历者的口述、翔实的历史资料、丰富的电视元素再现该段历史。口述史制作是望城更好地发挥党史资政育人功能作用,在挖掘史实,保存史料,创新形式等方面的探索。

(刘湘东)

望城区委党史联络组

组　　长　高　潮

·老干部工作·

【概况】 2016年,区委老干部局内设综合科(含老年教育科)、安置服务科,下设老干部休养所、老干部活动中心,有干部职工13人,获评全省老干部宣传工作先进集体荣誉称号。

落实老干部政治待遇。按照《关于进一步加强和改进离退休干部工作的意见》(中办发〔2016〕3号)和中央、省、市老干部工作会议要求,将中组部两个"宣传提纲"和中办发〔2016〕3号文件列入局培训计划,作为区老干部党校、老干部大学和离退休干部党组织重要学习培训内容,加大正能量活动舆论宣传。及时组织离退休干部学习中共十八届六中全会,省、市、区党代会精神,强化对离退休干部的思想引领,老同志的政治纪律和政治规矩意识进一步增强。组织开展"两学一做"宣讲培训,全区老干系统举办理论学习110余次,组织宣讲130余场次,开展专题研讨4次,征集全区老干部工作者和离退休干部学习体会40余篇。加强对离退休干部党支部建设的探索,在老干部大学、老干部活动中心和涉老社团中建立党组织或临时党支部,选好配强老干党支部书记,确保每一名离退休干部党员都置于党组织教育管理之内。组织全区老干部参观重点工作暨情况通报会,带领老同志领略望城发展倾听望城变化。

落实老干部生活待遇。全年上门慰问离休干部、处级退休干部及离休干部遗孀260余人次,生日祝寿21人次,上门帮扶困难老干部18人次,探望生病住院老干部34人次;集中为离休干部报销医药费11批次,审批金额122万元。春节、端午、"七一"、中秋和老人节期间走访慰问老干部及遗孀,送上慰问信、保健台历和慰问金;与望城辖区内的医院协商,开通离退休干部就医"绿色通道",方便离休干部看病就医;完善区内特困离退休干部帮扶机制,全年救助特殊困难离退休干部74人,帮扶资金8万余元;7—8月,组织区实职副处级离退休干部赴浏阳大围山进行避暑疗养。

发挥老干部作用。组织广大老同志发挥专长,指导、支持、配合区关工委、老干部大学、老干部书画协会、老体协等部门的工作。利用关工委成立30周年庆典活动，开展“宏图励志，创新图强”主题教育活动、党史国史教育活动、学雷锋活动，法制宣教活动和帮扶青少年活动，关心下一代工作再上新台阶。稳步推进区老干部大学老年教育工作，根据老年人的特点和学员们的需求，增设视频剪辑、化妆插花、时装秀等11个班级。上学期开班30个，下学期开设40个班级，学员达到2228人，3593人次。开办基层老年学校，截至2016年年底成立基层老年学校8所，老年教育网络课堂站点39个。区老干部书画协会投身基层文化建设，为区内企业、村（社区）打造文化品牌、进行文化装饰，参与“全国首届书堂山文人书法周”“雷锋文学艺术奖颁奖大会”等活动的筹备工作，组织老同志先后开展“庆祝建党95周年、红军长征胜利80周年”书法大赛、“名望之城•魅力古镇”主题书画大赛，参加全市“纪念红军长征胜利80周年全市书画作品展”。

树立老干部典型。利用关工委成立30周年庆典这一契机，推介一批“五老”（老教师、老战士 、老专家、老模范、老干部）典型，将事迹材料编印成《托起朝阳》一书，并全区下发各单位；利用电视台、网站等媒体宣传老同志的优秀事迹，在《望城新闻》栏目推出系列报道《桑榆满天霞》；第二次区党代会期间，老党员心系望城发展，受到媒体广泛关注，红网、星辰在线、望城电视台先后对老干部胡庆云、冯正其、张学军、李文斌等进行了采访报道；投稿《老年人》《中国火炬》等具有影响力的杂志，宣传望城老干部优秀事迹，其中《和雷锋相处的日子》在《老年人》杂志第四期上登载，《甘于奉献，乐在其中》肖玉林的优秀事迹一文在《中国火炬》杂志2016年第3期刊登。

（谭望岳）

望城区委老干部局

局　　长　朱争波（9月任）
　　　　　杨松林（9月“改非”）
副 局 长　李　江　罗淑冬

·关心下一代工作·

【概况】 2016年，全区共有关心下一代工作机构256个（其中乡镇、街道14个，村、社区128个，教育系统22个，直属单位77个，民营企业15个），35岁以下青少年13.5万人，其中，在校青少年4.3万人，参与关心下一代工作“五老”人员1.6万人。区关工委获评2016年度湖南省关心下一代工作“先进集体”，张学军、肖干明、王松福获评2016年度全省关心下一代工作“先进工作者”。

抓活动育人。开展“知我望城，爱我家乡”大学新生道德体验活动，区直属机关关工委组织大学新生先后参观区规划展览馆、高科技大型企业中航起落架和旺旺集团新厂。让学子充分了解望城的人文历史、发展成果，激发他们发奋学习回报家乡的壮志。结合纪念中国共产党成立95周年和红军长征胜利80周年，全区各级关工委围绕深化“两史”（党史、国史）教育，组织开展主题教育活动。区关工委原顾问、原党史联络组组长冯正其在雷锋路社区成立“冯爷爷工作室”，撰写《学党史，颂伟人，沐浴党的阳光健康成长》，定期组织青少年参观学习、听取讲解、接受教育。全区各级关工委共开发利用数十个教育基地，共组织200多名“五老”深入学校和社区宣讲党史、国史，5.4万余名中小学生受到直接或间接的教育。发挥雷锋文化“四进五入”工作团优势，推动学雷锋活动大众化。3月10日，区关工委牵头在铜官街道书堂中学举行全区“学美玲，颂美德”雷锋文化进校园推进会暨“雷锋精神引领品格教育”总结表彰会，向全区中小学生发出向美玲学习的倡议。各级关工组织均在“六一”前夕举办“学习雷锋，人人争当小雷锋”的中小学生演讲比赛、才艺展示、文艺会演等活动。与司法、公安等各职能部门一起，开展法制宣教活动，教育青少年学好法、用好法。组建专业的讲师团队伍，讲授的内容涵盖法律常识、消防安全、交通知识、治安管理、网络监察、抵制毒品、预防青少年犯罪等，在2所高中、6所小学、13所中学进行大型的宣讲，反响良好。开展各类帮扶活动。区关工委连续22年坚持开展“关爱明天•爱心助学”工程，帮助5000多名寒门学子完成学习梦想。全年争取区委、区政府下拨和多方筹措助学金近21万元，向130名考上一本、二本的困难学生和获得省市区各种荣誉的优秀学子发放助学金、奖学金，在社会上形成了帮助弱势群体的良好氛围。针对困境少儿。全区建立起“五老”志愿者普遍联系、重点帮扶制度，区别不同受扶者的需求，从心理、生活、物质、精神等层面区别对待，针对性地开展帮扶帮教。

抓工作拓展。街道和社区关工委以小区、楼栋为重点，推动关爱活动和大众化教育活动常态化开展。镇、村关工委注重在组织覆盖、活动经常上下功夫，消除薄弱环节，关爱农村留守儿童、贫困儿童，关心农村待业青年的就业创业问题。围绕师德师风建设和青少年思想道德教育，提升学校关心下一代工作水平。立足青年干部职工，结合主题教育活动，扎实抓好机关关心下一代工作。园区关工委工作有新进展，在9月6日召开的长沙市园区关心下一代工作推进会上，望城经开区关工委作《春风春雨润桃李 红心红烛育英才》的典型经验介绍。2016年全区民营经济关工委有15家，其中新成立的湖南华中金银饰品有限公司、马良数码科技有限公司关工委。民营经济关工委立足企业，重点推动青年职工的思想道德教育，推动青年职工的职业技术培训，推动青年职工的业余文化生活；面向社会关爱帮教迷途失足“浪子”，关爱帮助贫困家庭学生，全区有16位民营企业业主与26名贫困家庭学生结成长期帮扶对子。高塘岭街道将关工组织网络发展到楼栋及生活小区和居民小组，白沙洲街道各村按网格划分，村级关工委下面设立26个关工小组。金山桥街道银孔围关工小组开展环卫宣传和创建，依托家庭书屋和中共地下党木马支部爱国主义教育阵地，引强化对青少年的教育引导。

抓宣传推广。2016年是望城区关工委成立30周年,区关工委结集出版典型材料《托起朝阳》和《爱在雷锋故乡》宣传画册,开展关工先进典型系列宣传活动。10月,与区电视台联合推出系列报道《桑榆满天霞》,讲述老同志关爱青少年的感人事迹,每周报道2期,报道对象包括省“五老”突出贡献奖获得者肖玉林,致力于用传统诗词熏陶青少年、纯化民风的丁翕云,乐于奉献、倾心尽力的刘代红,以及荣获“五好”关工委先进集体的白箬铺镇光明村关工委,用敬业体现“五老”风格的望城区直属机关关工委和桥驿镇关工委校外辅导站等。

【望城区召开纪念区关工委成立三十周年大会】 11月11日,望城区纪念区关工委成立30周年大会在雷锋大剧院召开。市关工委主任董学生、区委书记孔玉成出席会议并讲话,区领导余学辉、周志辉、邹特、戴水文、陈义文、凌立霞出席。区关工委主任张学军作区关工委工作报告。会议总结区关工委近30年取得的成果,并对一批关心下一代工作的先进集体和个人进行表彰,其中先进集体39个,先进个人66名。区委书记孔玉成要求区关工委以本次纪念活动为契机,总结经验,传承发展,在加强青少年思想道德教育中发挥更大优势,在帮扶青少年健康成长中作做出更大贡献,在营造良好社会环境中展示更大作为,在加强自身建设中取得更大成效;各级党委、政府要把关心下一代工作摆上重要的议事日程,关心和支持关工委开展工作,切实帮助他们解决实际困难和问题。

(周衍曾)

望城区关心下一代工作委员会

主　　任　张学军

·区直机关党建·

【概况】 2016年,机关工委直接管理区直机关党组织79个,其中机关党委10个,机关党总支10个,机关党支部59个,党员3856人。

区直机关党员“两学一做”集中培训班

抓管党责任落实。加强对机关党建工作的研究和指导,召开党建工作动员大会,组织机关党组织负责人的调研、专题业务培训会等10多场次;督促指导79个基层党组织进行换届选举,选优配齐基层党组织班子成员,确保一级抓一级、一级带一级,有人“抓”党建;开展半年度、全年度督查和年度党组织书记述职评议测评大会,浓厚党建氛围,传导工作压力;落实区委“两学一做”学习教育指导职责,深入各单位机关党组织开展检查指导和举办专门的业务培训班,确保各项任务在规定的时间完成。

抓机关党建基础工作。注重夯实机关党建基层基础工作,统一印制机关党建工作手册、业务指南和发展党员手册等规范基层基础工作的开展。开展示范性基层党组织建设和优秀党支部建设,指导机关党组织开展“三会一课”、严格党内组织生活会的开展等各项基础工作、指导有条件的单位建设支部活动室,开展支部活动。省直机关工委的常务副书记李爱武到望城调研工委工作。开展“农事体验,锤炼党性”主题活动党课受到省市工委的奖励和推介。公安局、国税局等单位党建工作得到省市的好评。部署推动基层党建七项重点工作,组织开展党费收缴工作专项检查,组织关系排查和清理,规范党员档案的管理等。接转党组织关系140余宗,收缴党费190万元,其中补交党费62万元。对18名党员进行组织纪律处分。按照区委部署,组织召开换届选举动员大会,认真仔细地进行提名、审查、张榜等每一项工作,召开区直机关党的代表会议,严格按程序依法依规选举了89名区党代表。

抓活动开展。围绕机关党建“服务中心、建设队伍”两大核心任务开展活动。推动机关单位各支部组织党员参加结对共建、精准扶贫工作,组织2000多名在职党员进社区进行业务咨询、扶贫济困、义务劳动等活动。引导党员干部在征地拆迁、项目建设 、义务献血、上街清扫等工作中起示范带头作用。在雷锋政务超市开展党员示范岗、雷锋式服务明星的评比活动。邀请省市专家给3800多名党员上党课;请上级领导对200多名党务干部进行业务培训;举办近1000人次参加的4次机关大课堂,提高党务干部的业务工作能力和党员的党性、文化素养等。举办学党章、记条例、背准则知识竞赛。微理论宣讲,青年干部职工的演讲赛,古镇游记征文活动等。组织100多名入党积极分子和预备党员到田间地头劳动，举行集体宣誓仪式，开展劳动竞赛等农事体验的党课。组织200多干部参加乐跑古镇活动和400多名干部参加的趣味运动会等活动。组织100多名考上大学的干部子女参观区内重点工程建设和城市规划馆，进行“知我望城爱我望城”的教育活动。举办干部子弟书法、绘画才艺大赛等10多次活动，营造机关健康文明、和谐奋进的良好氛围。年内组织开展作风建设明察暗访30多次，对区行政中心上班迟到、早退、串岗、办公秩序、服务群众等情况进行督查，且将督查情况通知单位进行整改。组织开展基层党组织书记和党务干部的推优评先，表彰一批优秀党组织书记和党务工作者。

（彭译萱）

望城区直机关工委

书　　　　记　戴水文
常务副书记　余莉慧
副　书　记　彭　伟　夏迎春
工会联合会主席　周千合

中共长沙市望城区纪律检查委员会、长沙市望城区监察局

【概况】　2016年，中共长沙市望城区纪律检查委员会（以下简称区纪委）和长沙市望城区监察局（以下简称区监察局）合署办公，实行两块牌子、一套人马。设办公室、组织部、宣传部、党风政风监督室（区政府纠正行业不正之风办公室）、信访室、案件监督管理室、第一至第四纪检监察室、案件审理室11个内设机构。区委成立巡察工作领导小组，下设巡察办和3个巡察组，巡察办作为巡察工作领导小组的日常工作部门设在区纪委。设党总支1个，有党支部3个、党员40人，有干部职工41人。

2016年，全区各级党组织和党员领导干部认真落实党风廉政建设责任制，各司其职、齐抓共管，共同营造良好政治生态；各级纪检监察机关聚焦主责主业，从严监督执纪，忠诚履职尽责。中央纪委八室、省纪委调研望城，对望城党风廉政建设工作给予肯定。

压紧管党“两个责任”（管党责任、治党责任）。区四大家及区领导主动担起管党治党责任，坚持以上率下，层层传导压力。各街镇和区直单位层层分解责任清单，将责任传导到最基层。探索强化同级监督责任“提醒函”制度，加强对主体责任特别是党组织书记主体责任落实情况的监督检查。对落实“两个责任”不力的5个单位和19名领导干部进行责任追究，对严重违纪不能纠正的高冲村党支部进行改组。各级换届选举均实现“零差错”“零举报”“零违纪”。全区纪检信访举报同比下降86.1%。

保持惩腐高压态势。全年各级纪检监察机关共立案188件，查处科级干部17人，移送司法机关12人。全区各级开展廉政谈话、诫勉谈话、函询等9302人次，用纪律管住“大多数”。发挥主责部门作用，全年开展作风督查107次，查处“四风”问题272个。区委书记亲自部署“两个专项”整治，全年查处“雁过拔毛”式腐败问题168件，查处“纠‘四风’治陋习”问题219人。先后分8批次点名道姓集中通报53起典型案例67人，形成有力震慑。

深化区委巡察工作。协助区委完善巡察制度，成立区委巡察办和3个区委巡察组，全年组织开展两轮巡察。首轮区委巡察聚焦4个村（社区），走访谈话759人，收集问题285个，查处基层党员干部25人，其中移送司法机关3人，已有217个问题得到整改。第二轮巡察3个区直部门，并延伸到二级机构，发现问题74个，提交线索19条，利剑作用得到发挥。

浓厚崇廉尚洁氛围。举办“学党章、背准则、记条例”等系列党纪条规教育活动，组织重点区直部门中层干部旁听职务犯罪庭审，区四大家班子、30多个区直部门和街镇先后到长沙警示教育基地学习，在教育、卫计、乌山等单位开展“以案释纪”。打造茶亭桃花塘、乔口盘龙岭等廉政文化示范点，“送廉戏下乡巡演”20余场，在市级以上媒体报道信息600余篇，发布“廉洁望城”微信150余期，播报廉政电视专栏177期，全区知廉倡廉行廉的氛围日趋浓厚。

锻造执纪监督“铁军”。认真开展“两学一做”学习教育，组织纪检监察系统干部重温党章、向雷锋雕像廉政宣誓等系列主题活动。定期举办

区四大家主要领导参观长沙廉政警示教育基地

全区纪检监察干部和村级纪检小组主题培训班。配合党委做好区镇纪委换届工作，推进全区纪检监察工作一体化建设，街镇、区直单位实行纪（工）委书记（纪检组组长）专职专责，派驻38个纪检组实现区直派驻全覆盖。加强内部监督，强化业务培训，全区纪检干部忠诚干净担当。

（陈　萌）

中共长沙市望城区纪律检查委员会

区纪委书记　秦国良
副　书　记　黄祥明　朱凌云
　　　　　　任长庚
纪委常委　　陈宇旭　王志华
　　　　　　罗茂林　寻献中
　　　　　　李　书

区监察局

局　　　长　黄祥明
副　局　长　任长庚　邓　皓

长沙市望城区人民代表大会常务委员会

【概况】　2016年，望城区第一届人民代表大会常务委员会有25名组成人员，其中兼职委员12人，人大常委会下设办公室、内务司法、财政经济、教科文卫、农业、选举任免联络、城乡建设资源与环境保护6个工作委员会，派出丁字湾、书堂山、高塘岭、喻家坡、金山桥、黄金园、白沙洲、大泽湖、月亮岛、雷锋10个街道人大工作委员会，在职机关干部职工53人。全年召开常委会会议7次、主任会议20次，听取和审议"一府两院"专项工作报告21项，开展视察、执法检查和调研 42 次，作出决议、决定5项。完成区一届人大四次会议确定的各项任务。

服务大局，助推名望之城建设。将全区中心工作作为履职的着力点。围绕"项目建设竞赛年"活动，深入"一区两园"对重点工程建设情况进行视察，促进项目建设优质高效推进。班子成员加强联系项目的协调、指导和服务，到一线研究解决项目建设的困难和问题，化解高塘岭片区征拆等一批项目征拆、建设难题。坚持党管干部和依法任免有机统一，持续推行人大及其常委会选举和任命的国家工作人员宪法宣誓制度，增强被任命人员的国家观念、法制观念、公仆意识和宪法意识。加强任前审查，规范任免程序，严把主任会议初审、法律考试、个人陈词和投票表决等关口，确保任免的公正性和严肃性。助推产业提质，密切关注工业企业转型发展，连续第四年组织开展新型工业化专题视察活动，视察长沙现代农业综合配套改革试验区农业产业项目，支持湘江古镇群二次创业，主动服务世界休闲农业与乡村旅游峰会（湘江论坛），为望城创建国家全域旅游示范区出谋划策。

突出重点，提升监督实效。围绕事关全区经济社会发展的重点工作，依法对"一府两院"开展监督。加强财经监督。关注宏观经济运行态势，听取和审议2015年财政决算、2016年1—9月预算执行情况及2016年预算调整方案报告，保障预算的科学性和严肃性；继续开展"同级审"整改落实情况满意度测评，提高审计整改质量；关注政府债务风险，听取政府债务管理及各融资平台债务情况汇报，助推政府破解融资偿债难题。加强民生监督，在2015年9月开展规划工作专题询问的基础上，持续跟踪问效，专题听取询问问题整改落实情况汇报，并要求区人民政府每年向区人大常委会至少汇报一次规划工作开展情况；对垃圾分类减量、防洪保安等工作开展调研，为全区推广垃圾无害化、资源化处理提供决策参考，促进水利工程的建设完善；继续深化"环保世纪行""农产品质量安全行""三湘农民健康行"等主题活动，督促区人民政府抓好民生实事的落实。加强法律监督，推进依法行政，对《中华人民共和国环境保护法》《中华人民共和国公路法》《中华人民共和国禁毒法》和《中华人民共和国电力法》贯彻实施情况开展执法检查，确保相关法律法规在全区规范实施；听取和审议"六五"普法工作汇报，作出开展"七五"普法的决议；深化"司法公正长沙行"活动，坚持每季度举办一次听庭评议活动，分别听取法院、检察院及公安机关工作情况汇报，支持司法体制改革全面推进。

强化保障，发挥代表作用。坚持代表的主体地位，支持和保障代表依法履职行权，完成换届后，组织新一届市、区、镇人大代表集中开展初任培训，帮助代表融入人大工作环境，提高议案建议的撰写质量；全面启用电子表决系统，让代表依法自主行使表决权。拓宽代表履职渠道，组织代表列席人大常委会，参加执法检查、听庭评议、视察调研等活动；继续开展"四个一"活动，发挥代表参与管理国家和社会事务的作用；持续开展代表述职评议活动，规范述职评议程序；加强代表活动阵地建设，把镇街代表活动室办成人大代表学习培训的重要平台、联系群众的重要渠道、履行职责的重要场所、扩大影响的重要阵地，代表活动室实现全覆盖。加强代表建议督办，区一届人大四次会议提出的68件建议均已办理并答复代表，建议所提问题已经解决或基本解决的50件，办成率73.5%，促成个人建房政策出台、成立产业帮扶和创业服务中心及红南公路提质改造等一批热点难点问题的解决。

规范管理，深化自身建设。强化工作举措，推进常委会组成人员和机关干部思想、作风和能力建设。加强学习，扎实开展"两学一做"学习教育，坚持机关干部"微课堂"制度，持续改进工作作风。做好《望城人大》杂志的策划组稿，促进全区人大系统的工作展示和经验交流。通过"走出去、请进来"的方式，加强与外地人大的工作交流。健全制度，完善机关各项工作制度，规范人大工作流程；为适应工作需要，区二届人大一次会议依法设立财政经济委员会和法制委员会，表决通过两个专门委员会的组成人员名单；坚持常委会主任、副主任联系基层人大工作制度，建立镇街人大主席（工委主任）列席常委会会议制度，指导和推动镇街人大组织建设。完成换届选举，严格依法依程序做好人大换届选举工作，坚持发扬民主，尊重人民主体地位，依法保障选民的选举权和被选举权；坚持贯彻实施宪法、选举法和地方组织法等有关法律，严格依法按程序开展换届选举各项工作；选举第二届区人大代表228名，镇人大代表357名；指导、依法召开乡镇人民代表大会，完成乡镇人大、政府换届工作；组织召开区二届人大一次会议，依法选举产生新一届区人大常委会主任、副主任，区人民政府区长、副区长，区人民法院院长，区人民检察院检察长以及出席市十五届人民代表大会代表，完成全区人大换届选举任务。

【区一届人大常委会会议】 2016年2月25日，长沙市望城区第一届人大常委会举行第二十六次会议。审议通过《长沙市望城区人大常委会2016年工作要点》和《长沙市望城区实施宪法宣誓制度办法》。审议区审计局关于2014年度区本级预算执行和其他财政收支的审计工作报告中指出问题的整改情况和处理结果的报告，听取区财政局、粮食局、广播电视台等11家单位关于2014年度审计工作报告中指出问题的整改落实情况汇报。会议以无记名纸质票决方式，对11家单位的整改落实情况进行满意度测评。会议还进行杜勤德、李志明2位市人大代表向区人大常委会述职事项和满意度测评。

2016年4月21日，长沙市望城区第一届人大常委会举行第二十七次会议。会议审议通过有关人事议案，依法任命聂荣为长沙市望城区人民政府副区长，邓建华为长沙市望城区人大常委会办公室主任，张宏彬为长沙市望城区国土资源局局长，易涛为长沙市望城区行政综合执法局局长，杨彬为长沙市望城区人大常委会办公室副主任，冯海强为长沙市望城区人大常委会财经工委副主任；免去杨利成的长沙市望城区人民政府副区长职务，郭文波的长沙市望城区人大常委会办公室主任职务，杨胜的长沙市望城区人大常委会办公室副主任职务，刘勇军的长沙市望城区国土资源局局长职务，杨中明的长沙市望城区行政综合执法局局长职务，肖永清的长沙市望城区人民法院审判员职务。会议实地察看大众垸防汛器材库、大众垸谭家湖村险工治理和沩水南岸治理工程等防洪保安工程建设情况，听取并审议区水务局关于全区防洪保安工作情况的报告。

2016年6月29日，长沙市望城区第一届人大常委会举行第二十八次会议。会议听取和审议区发改局长沙市望城区2016年上半年国民经济和社会发展计划执行情况报告和；会议听取并审议长沙市望城区2016年1—6月财政预算执行情况报告。

2016年8月11日，长沙市望城区第一届人大常委会举行第二十九次会议。会议审议通过有关人事任免议案，依法免去孔玉成区人民政府区长职务，任命范焱斌为长沙市望城区人民政府代理区长；审议通过区人民政府《关于提请审议将长沙市望城区湘江西岸防洪保安工程建设项目政府购买服务资金列入同期年度财政预算的议案》；审议通过《长沙市望城区人大常委会关于区镇两级人民代表大会换届选举的工作方案》《长沙市望城区人大常委会关于任命长沙市望城区选举委员会组成人员的决定》《长沙市望城区人大常委会关于任命桥驿镇等5个乡镇选举委员会组成人员的决定》《长沙市望城区人大常委会关于确定全区各乡镇人民代表大会代表名额的决定》《长沙市望城区人大常委会关于长沙市望城区第二届人民代表大会代表名额分配的决定》；会议审议通过《关于表彰长沙市望城区第一届人民代表大会先进代表小组、优秀人大代表和人大工作先进个人的决定》。

2016年9月19日，长沙市望城区第一届人大常委会举行第三十次会议。会议听取和审议区财政局长沙市望城区2015年财政决算（草案）报告、区审计局关于长沙市望城区2015年度区本级财政预算执行及其他财政收支情况的审计工作报告；审查、批准2015年区本级财政决算。会议审议通过有关人事任免议案，决定免去邓建华的区人大常委会办公室主任职务、杨乐平的区人大常委会财经工委主任职务、莫科明的区人大常委会城环工委主任职务、姚腊春的区人大常委会联工委副主任职务、任俊国的区人大常委会教科文卫工委副主任职务、杨立新的区统计局局长职务；决定任命石华为长沙市望城区人民检察院代理检察长，徐志辉为长沙市望城区人大常委会办公室主任、杨立新为长沙市望城区人大常委会城环工委主任、李小阳为长沙市望城区人大常委会内司工委主任、熊伟为长沙市望城区人大常委会内司工委副主任、周智敏为长沙市望城区人大常委会教科文卫工委副主任、刘奇为黄金园街道人大工委副主任、冯德亮为长沙市望城区统计局局长。依法接受宋宽馀辞去长沙市望城区人民检察院检察长职务，依法接受陈长辉辞去长沙市第十四届人民代表大会代表职务。

2016年10月19日，长沙市望城区第一届人大常委会举行第三十一次会议。会议审议通过有关人事任免议案，依法免去余学辉、喻霞元长沙市望城区人民政府副区长职务，依法免去周玉国长沙市望城区人民法院审判员职务，莫志高长沙市望城区人民检察院副检察长、监察委员会委员职务，谢福详区人民检察院检察员职务，叶桃英区人民检察院检察员职务。会议听取2016年1—9月区本级财政预算执行情况和2016年财政预算调整方案（草案）的报告；审查批准《2016年区财政预算调整方案（草案）的决议》。听取区司法局关于区普法依法治理工作情况的汇报，批准《长沙市望城区人大常委会关于开展第七个五年法治宣传教育的决议（草案）》。书面听取区规划局关于区规划工作专题询问整改落实情况的汇报和关于望城区规划工作专题询问问题整改落实情况的调研情况汇报。听取关于选举的长沙市望城区第二届人民代表大会代表资格审查报告，会议还审议通过《长沙市望城区人大常委会关于召开长沙市望城区第二届人民代表大会第一次会议的决定(草案)》。

2016年11月18日，长沙市望城区第一届人大常委会举行第三十二次会议。会议审议通过区审计局关于2015年度区本级预算执行和其他财政收支审计查出问题整改情况的报告；听取并审议区财政局、国土资源局、水务局、教育局、工务局、经济与信息化局、交建投、地税局、长沙铜官窑遗址管理处、铜官循环经济工业园、乌山街道办事处11家单位关于审计工作报告中指出问题整改情况的报告；会议以无记名纸质票决方式，对11家单位的整改落实情况进行满意度测评。会议听取和审议区财政局关于2017年财政总预算编制情况的汇报。会议听取区人民政府关于区第一届人民代表大会第四次会议代表建议、批评和意见办理工作情况报告。听取并审议通过关于召开长沙市望城区第二届人民代表大会第一次会议的筹备工作方案和人大常委会工作报告。

(杨　彬)

长沙市望城区二届人大常委会

主　　任　喻金平
副 主 任　文菊华(女)
　　　　　杨金其　丁四明
　　　　　陈亮伟(11月任)
　　　　　邓建华(11月任)
　　　　　陈义文(11月免)
　　　　　杨德明(11月免)

长沙市望城区人大常委会办事机构和工作机构

办公室

主　　任　徐志辉(9月任)
　　　　　郭文波(4月免)
　　　　　邓建华(4-9月兼)
副 主 任　杨　彬(女,4月任)
　　　　　杨　胜(4月免)

财政经济委员会

主任委员　阳立强(11月任)
副主任委员　沈　勇(11月任)
　　　　　冯海强(11月任)

法制委员会

主任委员　向章平(11月任)
副主任委员　王卫军(11月任)
　　　　　李小阳(女,11月任)

内务司法工作委员会

主　　任　李小阳(女,9月任)
副 主 任　熊　伟(9月任)

教育科学文化卫生工作委员会

主　　任　刘文术
副 主 任　周智敏(9月任)
　　　　　任俊国(9月"改非")

农业工作委员会

主　　任　王　彬
副 主 任　谭铁安

选举任免联络工作委员会

主　　任　李长春
副 主 任　蔡　英(女)
　　　　　姚腊春(9月"改非")

城乡建设环境与资源保护工作委员会

主　　任　杨立新(9月任)
　　　　　莫科明(9月"改非")
副 主 任　王曙光

长沙市望城区人民政府

·重要会议·

【政府常务会议】 1月27日，召开区第一届人民政府第二十四次常务会议。会议对6个问题进行研究：研究原商务局院落资产与自来水公司雷锋公园资产置换有关问题；研究自来水公司六宗划拨土地使用权协议出让有关问题；研究铜官陶瓷公司资产注入铜官园区开发公司有关问题；研究关于明确潇湘北路南段(三汉矶至普瑞路)新增工程量施工、监理单位有关问题；审议《关于进一步促进建筑业发展的意见》(送审稿)；审议《长沙市望城区个人建房管理规定》(送审稿)和《长沙市望城区重点规划控制区域内预安置操作规程》(送审稿)。会议原则同意湖南湘亚资产评估事务所的评估结果和原商务局院落资产与自来水公司雷锋公园资产置换方案，明确由区财政局牵头，商务局、国土局、规划分局、住房保障局等部门积极配合，在2016年3月31日前完成产权过户手续。明确由余学辉牵头协调区人民法院支持该项资产置换工作。关于雷锋公园建成验收移交后的管理工作及市政设施的移交维护管理，由刘洪波牵头，各职能部门依据其职能职责，制定系统的方案。会议原则同意区国土局提交会议审议的关于自来水公司六宗划拨土地使用权协议出让方案。会议原则同意将铜官陶瓷总公司资产注入铜官园区开发公司。明确由余学辉牵头，组织相关部门优化落实相关资产注入工作。会议原则同意潇湘北路南段(三汉矶至普瑞路)全线快捷化拓改新增工程量的施工和监理由湘江新城公司以书面形式直接委托原潇湘大道交通道一期工程中标单位负责实施。其中新增工程量在原中标优惠率上再优惠3%结算。会议原则通过《关于进一步促进建筑业发展的意见》(送审稿)，明确由区住建局负责，根据会议讨论意见作进一步修改完善，按程序报区人民政府审定后印发，从2016年开始实施。明确由区财政局牵头，系统研究重点税源工业企业、商贸企业、建筑企业的奖励标准，做到奖励政策互相匹配。会议原则通过《长沙市望城区个人建房管理规定》(送审稿)和《长沙市望城区重点规划控制区域内预安置操作规程》(送审稿)，由区规划分局、征地办负责，根据会议讨论意见作进一步修改完善，报区委常委会议审议后再按程序报区政府审定后印发。关于涉及现役军人个人建房问题，按照合理合法支持的原则，进一步研究确定。关于引导农民集中居住的问题，由喻霞元牵头，制定方案，先行选择两个试点区域。关于预安置工作，预安置资金由区财政局统筹，经开区、城投集团、铜官园区、区财政出资建立专项基金，具体方案由区财政局负责制定，并按程序审批。安置标准由区征地办牵头组织核算，报区政府审定。2016年预安置区域的确定，由区国土资源局牵头制定方案报区政府审定。

3月10日，召开区第一届人民政府第二十五次常务会议。会议对六个问题进行了研究：审议《长沙市望城区企业税收奖励办法（试行）》（送审稿）；审议《长沙市望城区区级领导联系帮扶重点企业实施方案》（送审稿）；审议《长沙市望城区加快发展先进制造业大力推进新型工业化实施意见》（送审稿）；审议《长沙市望城区政府投资项目管理实施办法》（送审稿）；审议《长沙市望城区政府投资建设工程造价管理办法》（送审稿）；研究农商行书堂山支行用地容积率调整有关问题。会议原则同意《长沙市望城区企业税收奖励办法（试行）》（送审稿），由区财政局负责，根据会议讨论意见作进一步修改完善后，报区委常委会议审定。明确将农业企业纳入奖励范围；明确由区财政局牵头，商务局、国税局、地税局、经信局配合，对原有的企业税收优惠政策进行全面清理，提出相应的解决办法，进一步规范、统一望城区企业税收优惠政策；明确保留奖励兑现中关于奖金的50%可用于对企业高管和企业相关人员奖励（含税）的规定，以增强激励效果。会议原则同意《长沙市望城区区级领导联系帮扶重点企业实施方案》（送审稿），由区经信局负责，根据会议讨论意见作进一步修改完善后，报区委常委会议审定。明确一名区领导带领一个责任单位，由责任单位派遣一名专门联络员。会议原则同意《长沙市望城区加快发展先进制造业大力推进新型工业化的实施意见》（送审稿），由区经信局负责，根据会议讨论意见作进一步修改完善后，报区委常委会议审定。明确对工业企业在区中小企业信用担保公司的担保费全额补贴。明确由区法制办对"优先采购使用本地工业品"提出意见；区经信局、财政局、经开区产业发展局对经开区内企业奖励标准进行统筹。会议原则同意《长沙市望城区政府投资项目管理实施办法》（送审稿），由区发改局负责，根据会议讨论意见作进一步修改完善后，按程序报区政府审定印发。明确望城区政府投资建设项目管理领导小组成员单位增加区农林局、园林局、市政局。明确初步设计及编制概算由行业主管部门进行审批，市政项目由区住建局负责审批，公路交通项目由区交通运输局负责审批，水利项目由区水务局负责审批；明确项目总投资3000万元以上的项目，其招标方案（含标段划分、招标方式、时间安排等）和施工单项1000万元以上招标的评标方法、资格审查条件等必须事先书面报告项目分管副区长和常务副区长批准同意；项目总投资5000万元以上的重大项目和施工单项2000万元以上的，其招标公告、招标方案（含标段划分、招标方式和组织形式、评标委员会的组建、评标办法、投标人基本资格条件、招标时间安排等）还需再报区政府主要领导批准同意方可实施。明确服务合同50万元~500万元的招标方案报分管副区长和常务副区长批准同意；500万元以上的招标方案还需再报区政府主要领导批准同意方可实施。明确由牵头部门负责项目竣工验收工作，由原建设单位负责项目缺陷责任期内的维护费用。会议原则同意《长沙市望城区政府投资建设工程造价管理办法》（送审稿）。明确招标工程、非标工程均实施优惠方案；原则同意优先套用《公路工程预算定额》，但涉及具体工程，由区住建局牵头，区财政局、审计局等部门提出具体方案报区政府审定。原则同意工程变更实行分类管理及变更程序，建设工程特大变更报招投标领导小组会议研究确认后可报区长办公会议研究。会议原则同意农商行书堂山支行用地容积率调整相关事项，即：容积率由原国土合同约定的0.44调整为1.22。

4月7日，召开区第一届人民政府第二十六次常务会议。会议对四个问题进行了研究：审议《长沙市望城区人民政府关于支持和促进房地产业持续健康发展的若干意见》（送审稿）；审议《〈长沙市望城区征地补偿安置办法〉实施细则》（送审稿）；审议《长沙市望城区创建国家食品安全城市实施方案》（送审稿）；研究有关处分问题：1.研究给予周军和开除公职处分有关问题；2.研究给予龙铁牛开除公职处分有关问题；3.研究给予周伟严行政记过处分有关问题。会议原则通过《关于支持和促进房地产业持续健康发展的若干意见》（送审稿），由区住房保障局负责，根据会议讨论意见作进一步修改完善，按程序报区政府审定后印发。明确《关于支持和促进房地产业持续健康发展的若干意见》自2016年4月1日起实施，有效期截止到2016年12月31日。明确由区住房保障局负责，尽快出台实施细则，严格补贴对象的认定标准及补贴的审核程序。明确由区委宣传部牵头负责房地产宣传推广工作。会议原则通过《〈长沙市望城区征地补偿安置办法〉实施细则》，由区国土资源局负责，根据会议讨论意见作进一步修改完善，按程序报区人大常委会及上级法制部门备案后印发。会议原则通过《长沙市望城区创建国家食品安全城市实施方案》，由区市场与质量监督管理局负责，根据会议讨论意见作进一步修改完善，按程序报区委审定。原则同意召开创建国家食品安全城市动员大会；原则同意成立长沙市望城区创建国家食品安全城市工作领导小组，由区市场与质量监督管理局负责，按程序报区委审定。明确将食品安全工作考核分值所占权重提至3分；明确由区财政先期安排创建经费100万元。明确由余学辉牵头，本着实事求是的原则，针对建设规模、仪器设备、搬迁方案等方面，对改扩建区域性检测检验中心有关问题进行调查研究后按程序报批报建，未取得正式结论前原产检所暂停施工；明确由刘洪波牵头研究基层市场监管所的办公场地、人员配备等问题；执法车辆配备等问题待公务用车改革后再统筹研究。会议议定：1. 根据《行政机关公务员处分条例》第二十三条之规定，给予周军和开除公职处分。2. 根据《行政机关公务员处分条例》第十七条第二款、第二十三条之规定，给予龙铁牛开除公职处分。3. 根据《事业单位工作人员处分暂行条例》第十八条第一款第一项和第二款之规定，给予周伟严行政记过处分。

5月20日，召开区第一届人民政府第二十七次常务会议。会议对七个问题进行研究：审议《长沙市望城区自然生态保护规划》（送审稿）；审议《关于进一步做好义务教育招生入学工作的实施办法》（送审稿）；审议《长沙市望城区新型城镇化试点工作方案2015—2020》（送审稿）；研究精准扶贫有关工作；研究农村土地确权颁证有关工作；审议《长沙市望城区专业捕捞渔民转产转业工作实施方案》（送审稿）及《长沙市望城区专业捕捞渔民转产转业工作实施细则》（送审稿）；审议《长沙市望城区城市管理工作考核办法》（送审稿）及《长沙市望城区城市管理工作考核细则》（送审稿）。会议原则通过《长沙市望城区自然生态保护规划》（送审稿），区规划分局要充分考虑环保和建设发展的需求，与区国土资源局、环保局进一步对接，结合此次永久基本农田划定和生态红线划定两项工作的开展，并根据会议讨论意见作进一步修改完善，按程序报区人大审议。会议原则通过《关于进一步做好义务教育招生入学工作的实施办法》（送审稿），由区教育局负责，根据会议讨论意见作进一步修改完善后，报区委常委会审议通过后再向社会公布实施。明确建立招生工作联席会议制度，由苏敏芳牵头负责日常工作，区政府办、区委组织部、区委宣传部、监察局、人社局、卫计局、公安局、教育局等部门参与。明确按相对就近入学、免试入学的原则，实行划片招生，不进行微机派位，一年一核，动态管理。明确实施办法出台后，遇到的如驻军部队人员子女、招商引资的重点企业人员子女入学等特殊情况都必须经过区招生工作联席会议集体研究决定。会议原则同意区教育局提出的学校托管方案。明确由苏敏芳牵头，关于学校建设问题，在调研论证基础上提出房地产楼盘配建学校模式报区政府研究。会议原则通过《长沙市望城区新型城镇化试点工作方案2015—2020》（送审稿），由区住建局负责，根据会议讨论意见作进一步修改完善后，依程序报区人民政府批准实施。会议原则通过《长沙市望城区脱贫攻坚实施方案》（送审稿），由区农林局牵头，区民政局、教育局、卫计局、住建局、人社局负责完善好相应的实施方案后报区委常委会研究审定，再制定实施细则。关于不愁吃、不愁穿保障扶贫问题，明确由区民政局牵头，将资金统筹后定期慰问经认定的贫困户；关于教育扶贫保障问题，明确孤儿考入国家统一招生计划大学（含大专）的1万元/年学杂费补助要结合相应部门的专项资金统筹安排；关于基本住房保障扶贫问题，原则通过对纳入危房改造工程中的精准扶贫对象家庭，在上级和区级原有补助标准外，每户额外补贴资金1万元；关于公益性岗位设立问题，明确由区监察局负责对区内现有公益性岗位相关情况进行调查，特别是未在公益岗位上班但仍发放工资的情况。明确财政预算中设立扶贫攻坚专项资金，暂按新增2000万元设置，在下半年全区预算微调时纳入财政预算。关于小额信贷风险补偿金，由区财政局统筹安排。会议原则通过《长沙市望城区农村土地承包经营权确权登记颁证整区推进工作方案》（送审稿），由区农林局负责，根据会议讨论意见作进一步修改完善后，依程序报区人民政府批准实施。同意成立区农村土地承包经营权确权登记颁证工作领导小组，由范焱斌任组长，余学辉、邹特、喻霞元（常务）、谭智海任副组长，区政府办、信访局、政府督查室、公安局、民政局、司法局、财政局、国土资源局、水务局、农林局、档案局、畜牧局、法制办、妇联、现代农业综合配套改革试验区为成员单位。领导小组办公室设区农林局，由周立仁任办公室主任，办公室主要负责全区确权颁证工作的业务指导、工作督查和资料整理等工作。明确由谭智海负责专抓农村土地承包经营权确权登记颁证工作。同意抽调人员集中办公，具体抽调人员及方式由区农林局提出方案报区政府审定。同意将全区需确权的耕地划分为河东标段（桥驿、茶亭、铜官、丁字湾）、大众垸标段（乔口、靖港、高塘岭）、其他地域标段（乌山、白箬铺、黄金园、金山桥、月亮岛、大泽湖、白沙洲）；同意招投标采用综合评估法。明确对确权登记颁证费用予以据实保障，暂明确追加500万元，在下半年全区预算微调时纳入财政预算。同意近期召开全区农村土地确权专题工作会议，由喻霞元牵头，区农林局具体负责。同意调整农村土地承包经营权纠纷仲裁委员会，同时安排30万元工作经费。会议原则通过《长沙市望城区专业捕捞渔民转产转业工作实施方案》（送审稿）及《长沙市望城区专业捕捞渔民转产转业工作实施细则》（送审稿），由区畜牧兽医水产局负责，根据会议讨论意见作进一步修改完善后，依程序报区政府批准实施。明确由刘洪波牵头，区交通运输局具体负责，相关部门配合，提出设立洪家洲江上渡口的方案报区政府审定。明确由聂荣牵头，区行政综合执法局具体负责，相关部门配合，提出整合水上执法的方案报区政府审定。明确由区畜牧兽医水产局会同区人社局，根据渔民养老保险的缴费情况，结合当前社保政策提出具体处理意见报区政府审定。同意在船网业置评估环节直接采用市转产转业领导小组推荐、市人民政府泵船退出工作中招标选定的、市财政定点采购的评估公司。会议原则同意《长沙市望城区城市管理工作考核办法》（送审稿）及《长沙市望城区城市管理工作考核细则》（送审稿），由区城管指挥中心负责，根据会议讨论意见作进一步修改完善后，依程序报区政府批准实施。同意按批准后的考核细则安排专项资金（总额控制在540万元以内），用于月度城市管理工作考核奖励。明确由聂荣牵头，对区城管指挥中心的考核结果组织回头看，确保考核公正。明确区百姓城管协会工作在各类考核对象的集中检查和日常巡查暗访总成绩中占25%。

6月27日，召开区第一届人民政

府第二十八次常务会议。会议对七个问题进行研究：审议《滨水新城核心项目PPP实施方案》(送审稿)；研究培智特殊教育学校用地有关问题；研究人防指挥所建设有关问题；审议《长沙市望城区海绵城市建设工作方案(2016—2018)》(送审稿)；审议《长沙市望城区平台公司融资管理暂行办法》(送审稿)；审议《长沙市望城区财政投资评审管理办法》(送审稿)；研究街镇国库集中收付制度改革工作有关问题。会议原则同意潇湘北路中段和南公园、黄金河水系及部分节点公园、大泽湖片区路网及综合管廊(沟)、腾飞片区路网及综合管廊(沟)等四个项目开展PPP模式，并同步推进四个项目开展PPP合作的前期工作。明确开展PPP项目通过公开招投标方式选定合作方，由区城投集团代表区人民政府完成项目初步设计。原则同意区城投集团提出的潇湘北路中段和南公园项目PPP合作核心条款，其中项目年回报率定为6.6%以内；合作总期限为10年以上；项目建安工程采取市政定额，设定下浮率不低于5%；项目公司资本金不低于项目总投资的25%，区城投集团持股10%，社会资本持股90%，在项目公司股东协议中约定区城投集团拥有一票否决权；PPP项目公司必须注册在望城并完税，PPP合作方中标后施工单位在望城注册分公司并完税。原则同意区城投集团提出的下段工作计划，要加快项目前期工作，8月31日前完成潇湘北路中段和南公园项目招投标。明确由区城投集团负责完善好滨水新城核心项目PPP实施方案，报区委常委会研究审定。会议明确由区国土资源局牵头，区教育局配合做好誉诚机械地块红线报批工作。明确由区商务局牵头，高塘岭街道参与，解除与金诚电子的《项目用地协议书》。明确以成本价作为学校划拨用地价格参考。明确由苏敏芳牵头，区国土资源局、商务局、规划分局、教育局、征地办、高塘岭街道配合做好项目前期推动工作。原则同意将人防指挥所列入2017年政府投资项目。明确进一步扩大选址方案，做好南公园、区行政中心、斑马湖公园(南湖)三个选址方案的选址论证后，报省人防办专家论证、评审通过后，确定选址方案，经省人防办批准后进行立项。明确区人防办与区机关事务局对接，核实区行政中心地下停车场是否符合人防工程建设相关要求。原则通过《长沙市望城区海绵城市建设工作方案》(2016—2018)(送审稿)，由区住建局负责，根据会议讨论意见作进一步修改完善后，依程序报区政府批准实施。明确滨水新城核心区31.4平方千米范围内全部项目，从立项、规划设计、评审、建设到后期运行管理维护均需遵循海绵城市建设理念，老城区以及经开区的新项目原则上要遵循海绵城市的建设理念。原则同意设立区海绵城市建设领导小组办公室(以下简称“区海绵办”)，统一安排办公场地，区国土资源局、规划分局、水务局、农林局、发改局、财政局、园林局、城管局等相关职能部门明确一名副职专职分管海绵城市建设工作。可采取政府购买服务的形式，从服务单位聘请人员负责办公室日常工作，以提高办事效率与专业水准。原则同意在政府采购的金额限额内聘请专业机构指导海绵城市建设。明确由区规划分局负责牵头编制望城区海绵城市专项规划。原则同意将潇湘北路、金星大道北延线、半岛水利景观建设工程、雷锋公园、滨水新城医院等5个项目作为2016年度海绵城市建设验收项目；区住建局要进一步加强与省厅对接汇报。明确先期安排50万元前期工作经费以确保区海绵办日常工作运行。原则通过《长沙市望城区平台公司融资管理暂行办法》(送审稿)，由区金融办负责，根据会议讨论意见作进一步修改完善后，依程序报区政府批准实施。明确办法名称改为《长沙市望城区融资管理暂行办法》。明确由区财政局牵头，区金融办参与，对2016年1—6月全区融资资金使用情况进行一次全面的检查清理，对平台公司的融资能力进行一次评估分析，7月底前形成专题报告报区政府审定。新办法7月1日实施，7月1日以后已批新到位的融资资金按新办法管理。明确由区融资办会同区财政局、发改局、审计局、法制办等部门定期或不定期会商审核融资方案。原则通过《长沙市望城区财政投资评审管理办法》(送审稿)，由区财政局负责，根据会议讨论意见作进一步修改完善后，依程序报区政府批准施行。明确结算初审委托中介年费用据实保障，同时加强对中介机构的监督。原则通过《望城区街镇国库集中收付制度改革实施方案》(送审稿)，由区财政局负责，根据会议讨论意见作进一步修改完善后，报区委常委会议研究审定。原则同意成立长沙市望城区街镇国库集中收付改革领导小组，由范焱斌任组长，余学辉任常务副组长，黄彪任副组长，区监察局局长、区政府办联系副主任、区绩效办主任、区财政局局长、人民银行望城支行行长、各街镇行政主要负责人为成员。领导小组办公室设在区财政局，负责改革工作的统筹、协调和推进。明确从2016年9月30日前开始实行国库集中收付制度改革上线运行。原则同意街镇国库集中收付制度改革采取“先纳入、后规范”的方式，设置两年左右过渡期，逐步完善街镇相关制度。明确由区人社局牵头，提出充实人员力量方案后，报区政府研究审定。

8月31日，召开区第一届人民政府第二十九次常务会议。会议对九个问题进行研究：审议《长沙市望城区政府投资项目专业机构建设管理实施办法(试行)》(送审稿)；研究鸿荣源项目用地收回货币补偿有关问题；研究长沙港铜官港区一期港口用地划拨供地有关问题；研究长沙港湾置业有限公司周边狭长地块协议出让有关问题；研究湖南长沙晨光房地产开发有限公司周边不规则地块协议出让有关问题；研究锦绣佳苑项目增加建筑面积补缴土地价款有关问题；研究望城区基准地价更新有关问题；研究住宅用地中配建商业建筑面积有关问题；研究引进长沙北大培文学校有关问题。会议原则通过《长沙市望城区政府投资项目专业机构建设管理实施办法(试行)》由区工务局负责，根据会议讨论意见作进一步修改完善后，依程序报区政府批准实施。同意依法收回鸿荣源项目原出让土地，按照本金加财务成本的原则给予鸿荣源公司经济补偿，财务成本补偿按央行5年期以上贷款利率上浮30%计算；原则同意区国土资源局提出的《鸿荣源项目用地收回货币补偿协议》，由区法制办、财政局、国税局、地税局等部门负责，进一步对协议具体条款表述进行审查把关；明确由区城投集团负责筹集资金，并按协议约定及时支付相关款项；明确由区国土资源局负责，将收回的26.3公顷土地使用权划拨至区城投集团名下，区发改局、规划分局等部门配合完善相关手续；明确由区国土资源局负责，对全区已出让但未拆迁交地的项目进行集中清理，并提出处理意见；明确将本次会议关于鸿荣源项目用地收回货币补偿问题的议定事项提交区委常委会议进行研究审定。同意将长沙港铜官港区一期港口7.26公顷用地，以港口码头用地性质划拨至湖南港航物流投资有限公司名下；明确由区国土资源局负责，先期办理项目划拨供地手续，待完成拆迁补偿后再办理土地登记。同意将湖南港湾置业有限公司已受让宗地与湾田路、腊树塘路之间狭长的1.77公顷放坡用地，以协议出让方式出让至长沙港湾置业有限公司名下；明确出让条件按长沙港湾置业公司2014年8月已受让地块的用途和规划指标确定：土地用途为商业用地，容积率≥2.0，土地使用权终止日期为2055年8月18日；明确出让价格以宗地的现值评估价作为协议出让价格，出让总价为4142.95万元。明确将湖南长沙晨光房地产开发有限公司(以下简称晨光公司)用地周边不规则的00.71公顷土地以协议出让方式出让至湖南长沙晨光房地产开发有限公司名下；明确以地块评估价的70%作为该宗地协议出让价格，即净用地单价2010万元/公顷，总价为1417.72万元；明确高原路调整后增加的773平方米土地，待完善土地权属后以2010万元/公顷的价格协议出让至晨光公司名下。明确由区城管局负责，对红建置业公司锦绣佳苑项目未经批准擅自调整容积率及商住比的行为依法进行处罚；明确由区规划分局负责，将项目调整后的规划方案依法进行公示，在公示无异议的前提下，同意按区国土资源局提出的测算方案，由红建置业公司在区人民政府审批之日起3个月内补缴土地价款1534.6227万元、契税61.3849万元，未按时进行支付的，自滞纳之日起，每日按延迟支付款项的1‰缴纳违约金；同意在红建置业公司缴清土地价款和契税后，由国土资源局依程序办理建设用地使用权出让合同变更手续，由规划分局、住建局依程序完善相关规划、竣工验收手续。原则同意区国土资源局提交的望城区基准地价成果，明确由邹特牵头，组织区直相关部门对级别的划分进一步细化后，按程序行文报省国土资源厅申请验收。同意对住宅用地中配建的商业建筑面积(不超过6%)办理土地用途变更手续，按片区基准地价商业和住宅的楼面单价差测算应补缴的土地价款；补缴的土地价款应在区政府审批之日起三个月内缴清，逾期未缴的，每日按1‰收缴违约金；明确今后按照政策规定允许配建一定比例商业面积的住宅用地，在规划条件中予以明确，一并纳入地价测算；明确由区住房保障局牵头，区规划分局、国土资源局配合，对全区住宅用地中配建商业建筑面积项目进行调查摸底。明确长沙北大培文学校项目用地成本参考周边片区用地价格(675万元~750万元/公顷)，采取分批次供地的方式供应项目用地；明确在项目商务协议中增加第三方北京大学培文教育文化产业集团，签订三方协议；明确在三方协议中约定长沙北大培文学校应建设寄宿制学校，并配备一定数量的小学、初中学位给望城区，具体方案由区教育局研究后提出；明确由区商务局、国土资源局负责，以上述条件为基础，继续与湖南和丰教育科技开发有限公司进行商谈，进一步修改完善三方协议内容。

10月27日，召开区第一届人民政府第三十次常务会议。会议传达贯彻许达哲、戴道晋关于安全生产工作的讲话精神，研究安全生产工作有关问题；研究远大天空城市项目处置有关问题；审议《望城区党政机关公务用车制度改革实施方案》。全区上下要认真学习贯彻许达哲、戴道晋关于安全生产工作的讲话精神，认真分析形势，主动担当作为，齐抓共管确保全区安全生产形势稳定。对安委会成员单位在“三大行动”中发现的主要问题隐患进行处置。安排省级安全生产示范区创建工作。同意退还远大公司相关款项22420.3175万元，并明确自项目终止协议签订之日起一年内付清。资金筹措和付款方式由区财政局负责，报区政府审定。区人民政府委托区国土资源局解除与远大公司的项目用地国有土地使用权出让合同，收回项目用地使用权。由滨水新城负责积极做好替代项目的招商工作，尽快引进优质项目入驻。原则同意《长沙市望城区党政机关公务用车制度改革实施方案》及其附件，待区委深化改革领导小组审定、市车改办批准后正式实施；原则同意《长沙市望城区公务用车管理实施细则》《长沙市望城区公务用车制度改革司勤人员安置具体操作办法》和改革后车辆配置等实施方案，正式操作中需根据实际情况适时修改完善。

11月8日，召开区第一届人民政府第三十一次常务会议。会议对五个问题进行研究：研究规范全区公共资源交易工作有关问题；审议《长沙市望城区小额政府投资建设项目优化审批办法(试行)》；审议《关于进一步加强物业管理工作的实施办法》；研究金霞烟花爆竹物流公司南侧不规则地块协议出让有关问题；研究铁塔厂终止供地有关问题。会议原则通过《关于进一步加强和规范政府投资项目招标投标工作的若干意见》(送审稿)，区住建局根据会议讨论意见作进一步修改完善后，依程序报区政府批准实施。原则通过《长沙市望城区政府采购公开招标项目入场交易规范化管理实施细则》(送审稿)、《长沙市望城区国有产权交易实施细则(试行)》(送审稿)、《望城区国有建设用地使用权招标拍卖挂牌出让工作实施意见》(送审稿)、《长沙市望城区水务工程招标投标行政监管实施办法》(送审稿)、《长沙市望城区医疗设备采购监督管理办法》(送审稿),由各牵头部门根据会议讨论意见作进一步修改完善后自行印发并报区法制办备案。原则通过《长沙市望城区房屋建筑和市政工程施工招标评标活动管理规定》(送审稿),由区住建局根据会议讨论意见作进一步修改完善后发文并报区法制办备案。同意区住建局自2016年12月1日起,将评标办法由现阶段执行《湖南省房屋建筑和市政工程施工招标评标活动管理规定》(湘建〔2013〕282号)调整为执行《长沙市房屋建筑和市政工程施工招标评标活动管理规定》(长住建发〔2014〕259号),《长沙市望城区房屋建筑和市政工程施工招标评标活动管理规定》出台生效后将按新的规定执行。原则通过《长沙市望城区小额政府投资建设项目优化审批办法(试行)》(送审稿),由区发改局、财政局、规划分局、国土资源局、住建局、交通运输局、水务局、园林局、农林局等部门根据会议讨论意见作进一步修改完善后联合发文,报区法制办备案后公布实施。明确总投资3000万元以上的项目施工单项在200万元(含200万元)以内的绿化、亮化、自来水、燃气、强弱电、交安工程适用小额政府投资建设项目优化审批办法。原则同意《长沙市望城区关于进一步加强物业管理工作的实施办法》(送审稿)、《长沙市望城区物业矛盾纠纷调处“三调联动、四位一体”工作机制实施办法》(送审稿),由区住保局负责根据会议讨论意见作进一步修改完善后按程序制发。同意成立长沙市望城区物业管理领导小组、长沙市望城区物业矛盾纠纷调处工作领导小组;同意进一步明晰职权职责,建立四级物业管理监管新机制,先行在高塘岭街道斑马湖社区、月亮岛街道杨丰社区进行试点。明确由区财政局负责,先期安排200万元专项办公经费;明确由区住保局牵头,协商区财政局制定专项资金使用办法,与老旧社区提质提档工作相结合,逐步引导物业企业形成规模、做大做强。同意将金霞公司商贸物流园项目南侧0.22公顷不规则地块协议出让给湖南金霞烟花爆竹物流有限公司,金霞公司出具不再经营烟花爆竹物流业务的承诺书;出让用途、规划指标与周边已出让地块保持一致,即出让面积0.22公顷,土地用途为仓储用地,容积率0.2~0.3、建筑密度≤15%、绿地率≥30%,终止日期为2065年10月12日。明确以评估价作为该0.22公顷土地协议出让价格,即净用地单价451.95万元/公顷,出让总价为97.95万元。同意由区国土资源局与长沙仁航电工器材有限公司签订《终止书堂山铁塔厂项目供地的协议》。同意退还长沙仁航电工器材有限公司缴纳的本金,并给予适当利息补助,具体数额由区财政局牵头,按区长办公会〔2014〕44号纪要有关精神进行核算。其中土地摘牌竞买保证金和土地成交款,以及利息补助由区财政局退付,土地出让交易契税本金由区地税局退付,长沙仁航电工器材有限公司代缴的用地管理费、证书工本费、权属调查测绘费等本金由铜官街道退付。

11月18日,召开区第一届人民政府第三十二次常务会议。会议审议2017年《政府工作报告》(送审稿);研究湖南望城农村商业银行5网点协议出让有关问题;研究勤城达地产公司增加净用地面积补缴土地价款有关问题。会议原则同意《政府工作报告》(送审稿)(以下简称《报告》)。明确由写作班子负责,根据会议讨论的意见和建议,进一步对《报告》进行修改完善,由各位分管副区长对《报告》相关数据把关,确保《报告》数据精准无误。湖南望城农村商业银行股份有限公司已变更为长沙农村商业银行股份有限公司,同意先由区国税局、地税局核缴变更过程相关税费,再将该5宗土地协议出让至长沙农村商业银行股份有限公司名下。同意按原土地使用条件(现状)协议出让,土地用途均为商业,按评估价款的40%补缴土地出让金,共计822.092万元。同意对该项目规划道路调整作为净用地的出让方式、评估时点、补缴土地价款等事项进行重新审定。同意将该宗21.65公顷土地协议出让给勤诚达公司,以作出决策的时间节点“2010年4月”为评估时点,按评估总价的35%补缴土地出让金和契税;明确由区规划分局负责,核发该杨峰路调整作为净用地的规划条件,明确净用地面积、土地用途及相关规划指标。明确由区国土局、财政局就协议出让有关事项联合报区政府审批同意后,再办理出让相关手续。

(吴璞君)

·工作纪要·

【行政执法监督】 2016年,全年11次区政府常务会议42项议题及涉法区长办公会议议题全部经前置合法性审查后再提交讨论。最大程度确保全区各项决策的决定、执行以及后续处理都在法律框架内推进。望城依法行政工作在严格执行落实的同时,做到及时总结分析,主动自觉接受监督,持续提升法治能力。制定公布《2016年望城区法治政府建设重点工作安排》,从望城工作实际和需要出发,对法治政府建设工作作出全面、科学的规划。区政府及各街镇主要负责人坚持将建设法治政府摆在工作全局的重要位置,履行推进法治建设第一责任人职责。8月区政府召开区长办公会议研究政府法制工作,强调了政府法制工作的重要性,对区政府法制办工作给予重点保障,办案经费增加到30万元/年,工作经费进行预算单列独立核算,并明确从全区范围选调公务员、选聘政府雇员充实区政府法制办工作力量。在公务员招考、事业单位工作人员招录、政府雇员招聘过程中,加大法律人才的引进力度,区司法局、公安局、信访局、安监局及区政府法制办均有新的专业人员充实依法治理工作岗位。出台《长沙市望城区人民政府法律顾问管理办法》,为全区政府法律顾问工作提供宏观指导。全面推广聘用法律顾问,35个部门、单位聘请了法律顾问,顾问人数达20余人,实现法律顾问全覆盖。明确法制办工作人员专人联系片区征拆指挥部、重大项目,政府法制人员与法律顾问有机结合的大法制工作格局初步构建,效果明显。积极开展依法行政示范单位创建活动,2015年10月成立工作领导小组,明确专人,加快推进省市依法行政示范单位创建工作。6月初完成任务分解、动员部署工作,目前已向市政府法制办提出申报。区住建局、烟草局、审计局等部门正在完善资料申报区本级示范单位。加大案卷评查力度,对经过单位自查自评后抽选的82宗案卷(许可类45宗、处罚类37宗)进行评阅,整理问题130多条。对案卷中存在的问题,逐案登记、逐一讨论,并及时反馈。在交叉评阅基础上,9月组织全区29家单位法制科室负责人,组成10个评查小组,对20宗有代表性的案卷进行集中讲评,切实增强了案卷评查的实效,有效提升行政执法办案质量和案卷装订质量。扎实做好2016年行政执法指导案例发布工作。从区环保局等28家执法单位报送的47个行政执法指导案例中,通过案卷核查、案例编纂、集中讨论和反馈确认等环节,选择了发改、卫计、城市管理领域3个具有合法性、代表性、针对性和示范性的案例,编纂成《长沙市望城区2016年行政执法指导案例》,对外发布,为进一步规范行政裁量权和指导具体行政行为提供了案例样本。在全省依法行政典型案例编纂过程中,积极分解任务组织实施,主动上报重大决策、行政执法、信息公开、行政裁决4大类别8个案例资料,其中林业行政裁决案例被市政府遴选上报省编纂组。应对行政执法证全面换发、电子化考核改革带来的执法证期限空档问题,6月及时发布执法期限延续的通知,并通过执法机关张贴、网络公示等形式广泛告知。8月按上级政府的部署完成政府法制机构和队伍建设情况调研,整合区直部门、街镇情况形成汇报材料。第三季度精心组织全区1227名行政执法人员及拟从事行政执法工作人员稳妥参加电子化持证上岗考试,区法制办、区电大密切配合,在仅有40台参考机位的条件下,合理安排,及时确保了全部人员在11月10日前全部完成考试。加快网上信访平台建设,将湖南省网上信访信息系统延伸至75个部门、14个街镇,全面实现信访工作信息化。出台《律师参与处理信访问题的工作方案》,周一到周四安排执业律师驻接访大厅协调信访矛盾,通过提前预防,公开见证,申请代办等方式,参与处理信访问题。区政府法制办直接参与重大信访、疑难案件的处理,为重大行政决策、重大矛盾纠纷处理、执法疑难问题、涉法信访案件等提供法律咨询服务。积极联动依法打击非访行为,遏制以闹求解决,以访谋私利的不正常现象。开展“信访积案集中化解年”活动,每周一、周四有区委政府班子成员公开接访,推行区领导包案下访,化解信访积案93件。通过标本兼治,全区实现2016年春节、全国“两会”、“五一”“央企对接会”“端午节”、“六四”特护期进京非访零登记。

【办理涉法事务】 2016年共有60件文件送审稿经过合法性审查,经“统一登记、统一编号、统一公布”程序,制发政府规范性文件11件,全部及时报区人大及市政府备案,没有发生一起文件严重不当、违法被撤销或责令停止执行的情形。区政府法制办全程介入征地补偿安置办法实施细则、支持和促进房地产业持续健康发展等影响面的重大文件的制定过程,提前给出法律修改意见。开展规范性文件定期清理工作,对75件文件进行逐一审查清理,最终确认42件继续有效、24件失效、7件废止、2件重新公布;并向社会公开发布《关于公布2014—2016年规范性文件清理结果的通知》。规范性文件数据库系统6月初基本完成建设,现行有效的规范性文件全部纳入数据库进行有效期动态管理,社会公众可通过检索系统在政府门户网站查询规范性文件的全面信息,有效保障社会公众的知情权和监督权。2016年共审查各类政府合同91件,出具法律意见57份,区政府及部门组织各类合同商务会议80余次,审查合同金额110.8亿元,所出具的法律意见基本得到认同与采纳。特别是在2016年大力发展区内旅游产业的过程中,法律审查贯穿多个古镇文旅项目的引进全过程,高效到位的专业服务保障湘江论坛上多项目的顺利签约。为确保政府合同审查工作高质高效推进,在做好日常审查工作的同时,望城区重视政府合同审查工作的方法创新,推行以合法性审查为主、专业部门配合的审查方式,区政府法制办、金融办、财政局联合对系列政府性基金融资、PPP项目等复杂合同联合把关,使政府合同审查管理工作更加科学完善。截至11月底,办理各类行政案件118件,其中向省市政府复议答复19件,在各级法院应诉64件。80%属涉土涉征案件,内容敏感,程序烦琐,利益复杂,影响重大。在办理案件过程中,区国土局、征地办、法制办等通力配合,积极搜集证据,充分沟通协调,力求精心办好每宗案件。其中长沙大千建材有限公司因对征地拆迁补偿不服,以原望城县政务中心等9家单位为被告向望城区法院提起行政诉讼,要求连带赔偿其经济损失2.2亿元。该案经一审及二审,均驳回原告的起诉,再审被撤销一、二审裁定,发回原审法院继续审理。在继续审理过程中,望城区积极应诉,一审二审终审均驳回原告的赔偿请求。2016年,望城区各级行政机关负责人出庭应诉稳步推进,全年共有34件行政诉讼案有被诉行政机关行政负责人出庭应诉。其中湖南上地置业发展有限公司行政诉讼等5案中,区政府副区长聂荣作为区政府行政负责人出庭应诉;区国土资源局、规划局、环保局、行政综合执法局等单位均有行政负责人出庭应诉。在政府平台公司协助非公有制企业融资或自行融资的过程中,坚持法律职权底线依法审查相关材料,有效规避法律风险。在鸿荣源项目用地退出、天空城市项目退出、洗心禅寺二期建设、明发国际用地、月亮岛城互动等重大涉法事务的处置过程中,综合运用经济、法律思维,对处理方案进行可行性分析和论证，注重依法处置遗留问题，妥善解决系列重大经济纠纷。

【督查工作】 区政府督查室年初即制定年度政府督查工作要点，将落实区委、区政府的决策部署贯穿于工作全过程。对重点工程项目、征地安置、作风建设、农田水利、三年造绿大行动、安全生产、环境保护、城市管理、美丽乡村、重大会议会风会纪及精神传达落实等工作开展专项督查共计百余次，全年牵头编发《望城督查》36期、与区委督查室共编发《望城督查》54期，推动各牵头单位和责任单位严格按照要求抓进度、抓落实，确保工作执行不减弱、不走样。圆满迎接市政府对望城的市《政府工作报告》、市重大项目和重点工程、市政府会议议定事项等目标任务完成情况和最严城市管理、城乡环境综合整治等活动开展情况的督查。围绕中心工作、重大工作部署及领导批示批办狠抓督查落实，对《政府工作报告》年度目标任务、政府常务会议、区长办公会议、政府专题办公会议精神的落实情况进行跟踪督查，为区领导掌握情况、调度工作提供一手信息。开展省、市、区政府领导有关批示件的交办、督办、核实、上报工作，严格按照相关程序和要求，明确办结时限，强化办理责任，使从上到下的各项重大决策部署不折不扣落到实处。参与制定2016年全区综合目标管理考核方案及实施细则，配合开展全区目标管理考核和区直单位的综合目标管理考核工作，推动各项工作指标任务完成或超额完成。根据区人民政府安排部署，直接承办和组织指导督办省市人大代表建议和政协提案共28件，区一届人大四次会议代表建议66件，区政协一届四次会议提案69件；牵头组织召开高规格交办动员大会，制发文件对办理工作进行任务分解和责任明确，加强日常管理和督促检查，及时协调解决办理过程中的难题，并进行密切跟踪问效和多次情况通报，同时邀请区人大、政协领导及相关委室负责人进行考察、集中督办，确保办理实效；在规定的时间节点前完成了全部建议和提案的办理工作，面商率、答复率、办结率均保持100%。督促各相关街道（镇）、单位（部门）落实区人大常委会会议纪要和区人大常委会主任办公会会议纪要精神，并按要求组织总结材料向区人大进行专题汇报。扎实做好省、市“重点民生实事”工作，实行月度报表、集中督查、分类调度制度，强责任、督进度、保效果，26项“重点民生实事”指标均如期全面完成；办理和答复领导信箱来信1836件，做到事事有回音、件件有着落。

【外事侨务】 2016年，紧紧围绕长沙建设“开放包容、魅力独特”国际文化名城的重要战略部署，努力推动外事侨务工作再上新台阶。2016年通过主动研究对策，不断探索和创新外事管理办法，加强涉外接待点建设工作，形成一套行之有效的管理办法，树立运转高效、接待规范、服务优良的良好形象。健全完善外事工作机制和管理体制，进一步提高了因公出国（境）的针对性和实效性，有效遏制计划外团组的数量。先后做好阿拉伯国家左翼政党、菲律宾议员团、中联部环太平洋岛国媒体人士考察团参观考察新农村建设，德国外交部长施泰德因迈尔参观黑麋峰，罗马尼亚比斯特里察省长代表团参观铜官窑和铜官古镇，吉尔吉斯斯坦企业家联合会考察望城淡水渔业项目及哥伦比亚农村建设与发展研修班实地考察望城农业农村发展等外事接待工作，积极宣传望城，取得良好的效果。其中澳大利亚德文市代表团在考察后与望城区进行投资意向洽谈，有望在望城区投资建设。严格执行外事归口审批和管理制度，摸清境外组织在望城区活动的基本情况，做好涉外安全的预防处理。严格外国人来望城邀请管理，确保问题零发生。组织开展走访慰问活动，对区内归侨侨眷的生活状况进行广泛地调查了解，对生活困难的归侨侨眷进行救济和慰问。在“5•12全国防灾减灾日”宣传海外安全常识，印发公民出国提醒手册等材料2000余册，依托社区阵地建设，切实做好依法护侨工作，完善联动工作机制，互通工作，共享资源，形成合力维侨护侨的良好氛围。利用外事部门信息广的优势，结合国家“一带一路”倡议，在巩固固有国外市场的同时，鼓励有实力的企业走出去，积极拓展东亚、东南亚等新兴市场。为望城区企业争取更多机会参加国外各种商品展会和各类学习培训，增强企业对国际市场的适应力和应对变化的能力。支持经开区中德有色工业园发展建设，发挥示范效应，做好以商招商工作。充分利用海内、海外“两个平台”和侨资、侨智“两大资源”优势，热情邀请海外侨领、企业家和各界人士到望城区参观、考察、交流，依托望城区完善的基础设施、便利的交通路网、独特的区位优势和“一区两园”成熟的园区载体，引导他们投资和兴办企业，为区域经济发展添加新动力。

（吴璞君）

长沙市望城区人民政府

区　　长　范焱斌（7月任）
副 区 长　范焱斌（主持区政府全面工作 7月免）
　　　　　邹　特　苏敏芳
　　　　　刘洪波　凌泽民
　　　　　聂　荣（3月任）
　　　　　周正茂（11月任）
　　　　　易文龙（11月任）
　　　　　余学辉（10月免）
　　　　　杨利成（1月免）
　　　　　喻霞元（10月免）
副调研员　李湘清　杨建湘
　　　　　周恩保　兰志刚
　　　　　邓桂军　周国忠
区长助理　黄　彪

望城区政府办公室

主　　任　万畅红（10月任）
　　　　　易文龙（10月免）
副 主 任　刘　佳　周国如
　　　　　邹　金（兼）
　　　　　吴华林　熊奇志
　　　　　贺锡泉　甘志武
　　　　　王立志（9月任）
　　　　　邹　勇（10月任）
　　　　　李刚民（10月免）
　　　　　杨　谦（9月免）

附:

2016年长沙市望城区人民政府文件目录

1月19日,望政发〔2016〕1号《关于对2016年〈政府工作报告〉目标任务进行责任分解的通知》

1月5日,望政发〔2016〕2号《关于明确胜利垸内滨河路与高塘岭大道东北角13.67公顷土地收益用于湘水望城区沩水河口胜利垸堤防加固工程建设的批复》

1月11日,望政发〔2016〕3号《关于调整长沙市望城区安全生产委员会的通知》

1月15日,望政发〔2016〕4号《关于望城区潇湘大道加气站项目征收土地方案公告》

1月15日,望政发〔2016〕5号《关于望城区高原路(宝粮中路-旺旺路)道路工程征收土地方案公告》

1月21日,望政发〔2016〕6号《关于做好第三次全国农业普查的通知》

1月22日,望政发〔2016〕7号《关于表彰2015年度无偿献血先进单位和先进个人的决定》

1月25日,望政发〔2016〕8号《关于望城五金交电商贸中心建设项目征收土地方案公告》

1月29日,望政发〔2016〕9号《关于表彰2015年全区人防工作先进单位的决定》

2月3日,望政发〔2016〕10号《关于明确2015年度小城镇建设发展资金支持类别的通知》

2月5日,望政发〔2016〕11号《关于成立长沙市望城区融资工作领导小组的通知》

2月5日,望政发〔2016〕12号《关于对红旺大市场和新月市场活禽经营场所进行休市的公告》

2月14日,望政发〔2016〕13号《关于表彰2015年度建议提案办理工作先进单位和先进个人的决定》

2月14日,望政发〔2016〕14号《关于认真办理区一届人大四次会议建设批评意见和区政协一届四次会议提案的通知》

2月14日,望政发〔2016〕15号《关于铺排2016年社会投资项目计划的通知》

2月14日,望政发〔2016〕16号《关于下达长沙市望城区2016年政府投资项目计划的通知》

2月15日,望政发〔2016〕17号《关于认真落实2016年市〈政府工作报告〉中相关目标任务的通知》

2月24日,望政发〔2016〕18号《关于长沙至益阳城际铁路(望城段)建设项目征收土地方案公告》

3月7日,望政发〔2016〕19号《关于进一步促进建筑业发展的意见》

3月10日,望政发〔2016〕20号《关于明确2016年财政收入计划的通知》

3月10日,望政发〔2016〕21号《关于明确2016年街镇、园区财政收入计划的通知》

3月14日,望政发〔2016〕22号《关于明确2016年度综合财政管理体制的通知》

3月15日,望政发〔2016〕23号《关于2016年安全生产行政执法工作计划的批复》

3月24日,望政发〔2016〕24号《关于同意乌山街道村级区划调整的批复》

3月24日,望政发〔2016〕25号《关于同意茶亭镇村级区划调整的批复》

3月24日,望政发〔2016〕26号《关于同意铜官街道村级区划调整的批复》

3月24日,望政发〔2016〕27号《关于同意桥驿镇村级区划调整的批复》

3月24日,望政发〔2016〕28号《关于同意乔口镇村级区划调整的批复》

3月24日,望政发〔2016〕29号《关于同意雷锋街道村级区划调整的批复》

3月24日,望政发〔2016〕30号《关于同意靖港镇村级区划调整的批复》

3月24日,望政发〔2016〕31号《关于同意高塘岭街道村级区划调整的批复》

3月24日,望政发〔2016〕32号《关于同意白箬铺镇村级区划调整的批复》

3月24日,望政发〔2016〕33号《关于转发〈长沙市内部审计工作规定〉的通知》

3月31日,望政发〔2016〕34号《关于撤销丁白汽渡等五处渡口的通知》

4月1日,望政发〔2016〕35号《关于望城区铜官循环经济工业基地华城片区新型城镇化建设项目有关事项的通知》

4月19日,望政发〔2016〕36号《关于印〈长沙市望城区政府投资建设项目管理实施办法〉的通知》

4月19日,望政发〔2016〕37号《关于支持和促进房地产业持续健康发展的若干意见》

4月19日,望政发〔2016〕38号《关于成立长沙市望城区小微企业创业创新工作领导小组的通知》

4月22日,望政发〔2016〕39号《关于分解2016年全区社会消费品零售总额目标任务的通知》

4月27日,望政发〔2016〕40号《关于下放和优化84项涉及园区企业行政职权的通知》

5月5日,望政发〔2016〕41号《关于区交通运输局2016年安全生产行政执法工作计划的批复》

5月9日,望政发〔2016〕42号《关于调整长沙市望城区禁毒委员会的通知》

5月23日,望政发〔2016〕43号《关于下达长沙市望城区2016年固定资产投资目标任务的通知》

6月6日,望政发〔2016〕44号《关于公布望城区第五批

县级文物保护单位的通知》

6月12日，望政发〔2016〕45号《关于成立长沙市望城区文化旅游投资发展有限公司的决定》

6月12日，望政发〔2016〕46号《关于区公安消防大队2016年度消防安全监督执法计划的批复》

6月12日，望政发〔2016〕47号《关于区住建局2016年安全生产行政执法工作计划的批复》

6月12日，望政发〔2016〕48号《关于区国土资源局2016年安全生产行政执法工作计划的批复》

6月12日，望政发〔2016〕49号《关于区能源局2016年安全生产行政执法工作计划的批复》

6月12日，望政发〔2016〕50号《关于区市场和质量监督管理局2016年特种设备监督检查工作计划的批复》

7月6日，望政发〔2016〕51号《关于同意将区级储备粮贷款划转到湖南粮食集团有限责任公司的批复》

7月18日，望政发〔2016〕52号《关于公布望城水厂提质改造项目国有土地上房屋征收范围的公告》

7月18日，望政发〔2016〕53号《关于在全区范围内实施不动产统一登记的公告》

7月25日，望政发〔2016〕54号《关于公布金城路项目国有土地上房屋征收范围的公告》

7月25日，望政发〔2016〕55号《关于公布航空西路项目国有土地上房屋征收范围的公告》

8月8日，望政发〔2016〕56号《关于〈望城水厂提质改造项目房屋征收补偿方〉征求意见的公告》

8月23日，望政发〔2016〕57号《关于进一步深化质量强区建设的意见》

8月17日，望政发〔2016〕58号《关于成立长沙市望城区铜官国家建制镇示范试点工作领导小组的通知》

8月26日，望政发〔2016〕59号《关于表彰2016年度“望城教育奖”的决定》

8月29日，望政发〔2016〕60号《关于长沙新华联铜官窑国际文化旅游度假区项目优惠政策的批复》

9月2日，望政发〔2016〕61号《关于公布金星路与雷锋大道交叉口广场景观项目国有土地上房屋征收范围的公告》

9月18日，望政发〔2016〕62号《关于成立长沙市望城区铜官古镇棚户区改造建设工作指挥部的通知》

9月21日，望政发〔2016〕63号《关于防空警报试鸣的公告》

9月21日，望政发〔2016〕64号《关于表彰2015年度全区加速推进新型工业化先进单位和个人的决定》

10月8日，望政发〔2016〕65号《关于公布铜官街道棚户区改造第一期项目国有土地上房屋征收范围的公告》

10月13日，望政发〔2016〕66号《关于公布2014—2016年规范性文件清理结果的通知》

10月21日，望政发〔2016〕67号《关于成立长沙市望城区海绵城市建设工作领导小组的通知》

10月21日，望政发〔2016〕68号《关于征求〈航空西路(任晓东地块)项目房屋征收补偿方案(征求意见稿)〉意见的公告》

10月21日，望政发〔2016〕69号《关于申报2016年农业综合开发土地治理市级地方立项项目计划的批复》

10月21日，望政发〔2016〕70号《关于成立长沙市望城区建设湖南省科技成果转移转化示范县工作领导小组的通知》

10月21日，望政发〔2016〕71号《关于聘请科技成果转移转化专家顾问团队的通知》

10月25日，望政发〔2016〕72号《关于对湘阴汽车客运总公司“5•19”生产经营性道路交通事故报告的批复》

10月25日，望政发〔2016〕73号《关于对荆州市琴辉运输有限公司“6•4”生产经营性道路交通事故的批复》

11月1日，望政发〔2016〕74号《关于望城水厂提质改造项目房屋征收决定》

11月1日，望政发〔2016〕75号《关于望城水厂提质改造项目房屋征收决定公告》

11月3日，望政发〔2016〕76号《关于征求〈铜官街道棚户区改造第一期项目房屋征收补偿方案(征求意见稿)〉意见的公告》

12月2日，望政发〔2016〕77号《关于铜官街道棚户区改造第一期项目房屋征收决定》

11月28日，望政发〔2016〕78号《关于2016年行政执法案卷评查情况的通报》

11月30日，望政发〔2016〕79号《关于〈长沙市望城区海绵城市建设技术导则〉的批复》

12月2日，望政发〔2016〕80号《关于铜官街道棚户区改造第一期项目房屋征收决定公告》

12月16日，望政发〔2016〕81号《关于公布航空路西延线项目国有土地上房屋征收范围的公告(董树珍户)》

12月20日，望政发〔2016〕82号《关于公布航空路西延线项目国有土地上房屋征收范围的公告(袁凤辉户)》

12月20日，望政发〔2016〕83号《关于授予2016年长沙市望城区科学技术奖的通报》

12月26日，望政发〔2016〕84号《关于铜官重建安置地一期项目土地置换的批复》

2017年2月17日，望政发〔2016〕85号《关于公布铜官街道棚户区改造第二期项目国有土地上房屋征收范围的公告》

2017年2月17日，望政发〔2016〕86号《关于征求〈铜官街道棚户区改造第二期项目房屋征收补偿方案(征求意见稿)〉意见的公告》

·政府投资项目管理·

【概况】 2016年2月底,区工务局重点办职能调出并入区发改局,调整后主要承担全区政府投资项目的建设管理工作。区工务局内设办公室、前期科、投资管理科、财务科、工程建设科5个科室,下设区政府投资项目代建管理服务中心,有在职在编工作人员12人,政府雇员5人。

完善政府投资项目建设管理机制。牵头拟定并经区政府常务会议审定后印发《长沙市望城区政府投资项目专业机构建设管理实施办法(试行)》(望政办发〔2016〕124号),监管人、出资人、建设人、使用人的职责界定明确、分工合理,项目专业机构建设管理的长效机制得到加强。建立安全生产"一岗双责"责任制,现场管理人员每天赴工地巡查安全措施落实情况,定期开展脚手架、高支模、塔吊等重大危险源的安全隐患排查及整治工作,全年无一起安全事故发生。完善工程签证管理办法,加强工程变更管理,严格执行签证管理制度,在施工过程中确需变更设计的,均组织专题会议,邀请区财评中心、区审计局等相关部门共同参与决策,再以会议纪要的形式明确变更相关事宜。建立廉洁风险防控机制,与各参建单位签订廉政合同,明确廉政建设责任及处罚措施,从制度上约束工作人员行为,并建立合同签订、工程款支付多人审批机制,区纪委派驻纪检组长对项目招投标、合同签订、工程款支付、结算等重要环节进行监督,确保项目建设工作依法依规开展。

抓进度保质量推进项目建设。加强协调促项目开工,协调各部门,加快前期工作进度,优化管理流程,把相关程序工作由以往的"串联"改为"并联"推进。强化施工管理促项目进度和质量,制订项目建设节点计划,围绕质量、进度、造价、安全、廉政五大目标,加强对施工单位、监理单位合同履行情况的跟踪管理,采取常规检查、定期督办、年度考核等手段,确保施工、监理合同严格履行,保证项目建设的进度和质量。突出精细管理建精品工程,成立技术委员会,在整合局内中高级专业技术力量的同时,外聘市工务局高级工程师吴思红为技术总工,协助把关图纸会审、交底和重大工程变更等关键环节,研讨解决建设中遇到的各种疑难问题。突出投资管控建效益工程,加强合同管理,在项目实施前进行合同交底,要求各类工程管理人员严格按合同办事,对合同的签订、履行、付款、结算等情况进行动态监控。

高原路开工建设

完成年度政府投资项目建设任务。职能调整后,迅速转变角色,把握定位,主动与区教育局、区卫计局等原项目建设单位进行工作对接,全面掌握项目进展,针对项目多、涉及广、时间紧、人手少的实际情况,以年度考核目标为基准点,制定项目倒排攻坚计划表,完成14个项目的年度建设任务,完成投资1.22亿元。其中文体中心田径场塑胶跑道改造、医疗废水处理系统项目(一期)、丁字第二公办幼儿园、乌山维梓幼儿园、靖港三合幼儿园、高塘岭中心小学提质改造、厚朴商业广场及配套道路、黄桥大道(郭亮北路至雷锋北大道)绿化提质改造工程等项目顺利完工;高原路提前实现主线通车。

(李 锦)

望城区工务局

党组书记、局长	黄海文
副局长	李春生 肖华 田维

·征拆安置工作·

【概况】 区人民政府征地办公室(简称"征地办")内设综合科、监察室、征拆科、安置科、财务科5个科室,有在编在职工作人员17人。

完善征拆安置政策体系。修订印发《〈长沙市望城区征地补偿安置办法〉实施细则》(望政办发〔2016〕86号),牵头整理完善与细则配套、与区情相符的《征地补偿安置有关问题的操作指导意见》,对外嫁女安置问题、户籍制度改革后新增户籍人员拆迁安置资格认定等重点热点问题进行规范。制定《预拆迁安置操作办法》《征拆困难补助操作办法》等配套制度,对社保资金归集缴付、项目代征管理、按期签约腾地奖励、离异户补偿安置、拆迁清表交地标准等重要问题进行建章立制,为全区项目征拆安置工作提供崭新、系统、精细的政策遵循。

优化征拆安置推进机制。坚定不移坚持以三次公告、三轮会审、三榜公示、三月审计为核心"四三制",真正实现征拆安置"一把尺子量到底、一个政策走到底”。严格推行“四清”交地标准，项目征拆腾地交地和绩效考核严格执行房屋清零、场地清表、结账清算、交地清账的“四清”标准，切实解决“遗留问题了不断、用地围墙建不成、项目施工动不了”等“不彻底征拆”顽疾。强化依法腾地机制，坚持普遍自拆、重点协拆、拆违促拆、司法强拆“四轮驱动”，重新组建扫尾攻坚组和依法腾地组，实行一户一户销号、一项一项清零。

合理调度推进拆迁腾地。10月，开展全区征拆安置“百日竞赛”活动，活动目标任务项目158个，活动期间实质启动项目142个，完成74个项目征拆任务，签订协议1506户、拆迁房屋1186户，按“四清”标准高质交地423公顷。活动期间，乔口撇洪河防洪整治工程85户一天实现签约清零、十天完成拆房清零刷新征拆望城速度。全年组织实施征拆项目216个，涉及征地面积2173.3公顷，完成签订拆迁协议2377户，拆除房屋2043栋，完成环城绿带、雷锋西路等138个项目征拆，净腾地1293.3公顷（年初目标任务为533公顷），项目个数、签约户数、拆房栋数、腾地面积都创历史新高。

落实安置各项工作。完成7540名被征地农民社保参保工作，缴付社保资金8.02亿元，接近上年度的2倍，被征地农民社保工作取得历史性突破。调整和完善货币安置方式，对“四三制”之前的征拆项目限价商品房指标进行5个批次回购，共回购38.25万平方米，回购率73%，“四三制”项目放弃限价商品房指标的比例77.7%。全年组织发放失地少地农民生活补助5498.72万元，受益群众达11400余人。“两安”用地处置稳妥推进，完成11个街镇、42个村（社区）“两安”用地基础数据调查核实、指标结算数据公示等工作。

（周先国）

望城区征地办公室

主　　任　袁圣洁
副 主 任　何泽恩
　　　　　柳森柯
　　　　　王　宏

·行政执法·

【概况】 2016年，区行政综合执法局内设监察室、办公室、法制科、财务装备科、政工人事科等5个科室，下设正科级事业单位行政综合执法大队，执法大队分设行政综合执法一中队、行政综合执法二中队等2个执法中队，有干部职工33人。

规范河道管理。开展禁采、禁卸专项整治。全年组织执法行动83次，办理非法采（吸）砂、非法经营地摊砂场等案件73件，罚款270.3万元，非法采砂行为得到遏制。开展非法地摊砂场专项整治。组织专项整治行动11次，取缔乔口柳林江、高塘岭高砂脊、靖港码头等11处非法地摊砂场，处置非法砂卵石3万余吨，全区非法地摊砂场全部清零。开展河道清障专项整治。查处影响堤防安全、河势稳定的违法行为，拆除涉河违章建（构）筑物14处，对湘江及湘江支流沿线排污口进行摸底调查，实时监管，确保不新增一处排污口。开展采砂工程船舶集中定点停靠行动。4月，仅用5天时间，湘江望城段19艘工程船舶全部停靠到苏蓼垸鱼尾洲水域，制定工程船驶离集中停放区审批程序，建立长效管理机制，得到省、市水务部门高度肯定。河道执法无死角。根据望城区湘江河道长、水域广、执法面复杂的特点，协调争取趸船一艘，在河东苏蓼垸增设一处执法点。新购执法快艇一艘，河东河西执法互动，实现河道执法全覆盖。河道监管无盲区。发动群众共同监管河道，将信访举报的群众发展为信息员，发现违法行为及时报告，将处理结果及时向群众反馈，定期回访，实现河道监管全覆盖。

服务中心工作。服务全区项目建设。参与“一路一园”（潇湘北路中段和滨江公园群）、谷山体育公园等项目的维护性施工行动，协助街镇多次开展拆违控违和拆迁行动，为全区项目建设保驾护航。投身乡村整治行动。参与城乡环境综合整治“百日行动”、红旺市场综合整治等全区重大行动31次，出动执法队员700余人次，执法车辆60余台(次)。牵头组织禁渔行动。组织城管、公安、渔政等部门开展禁渔行动近两个月，拦河坝非法捕鱼行为得到遏制，省、市媒体多次宣传报道。

（陈雪娥）

【开展湘江采砂工程船舶指定停放专项整治】 湘江航道是湖南最繁忙的内河航道，河道中无序停靠的采砂船舶，给其他船只的正常行驶带来一定隐患。2016年4月，区行政综合执法局联合区水务局、区砂管办、区地方海事处、区公安局水上派出所等部门，启动湘江水域采砂工程船舶指定停放“亮剑”行动，重点整治从湘江航电枢纽至乔口段的采砂船舶无序停靠问题，以进一步规范船舶停靠秩序，切实保障河道行洪和航运安全。整治行动启动前，成立湘江望城段采砂工程船指定停放专项整治行动工作组，制定实施方案，明确指定停放地点、具体操作程序及相关事项。区行政综合执法局与区地方海事处对湘江望城段所有采砂工程船进行摸底调查，有19艘采砂工程船停靠在望城水域。执法人员对采砂工程船经营业主下达《关于湘江望城段采砂工程船指定停放的通知》和《航行通告》，要求其在4月24日前集中停放到湘江望城段苏蓼垸鱼尾洲水域。从4月25日开始，由区海事处、执法局、公安局水上派出所等部门，联合对没有自行停靠到指定水域的采砂工程船舶采取强制行动，按有关规定予以处罚。同时，加强对湘江望城段河道的执法巡查和监管，规范船舶停靠秩序，确保湘江望城段水域规范有序和航行安全。

望城区行政综合执法局

党组书记、局长　易　涛（3月任）
　　　　　　　　杨中明（3月免）
副书记、副局长　黄纳新
派驻纪检组组长　李程鹏（5月任）
副局长、执法大队队长　唐华大
副　局　长　言福明
　　　　　　黄海军（5月免）
　　　　　　周云凌（3月免）

·人力资源管理·

【概况】 区人力资源和社会保障局

内设办公室、就业促进科、劳监仲裁法制科、养老保险科、工资福利科、公务员管理科、事业单位人事管理科、医疗工伤保险科、监察室、基金监督财务科10个科室。下辖创业指导中心、人力资源开发和就业服务中心、社会保险工作局、城乡居民养老保险管理中心、医疗保险管理服务中心、城乡居民医疗保险管理中心、失业保险管理服务中心、工伤保险管理服务中心、劳动监察大队、人事劳动争议仲裁院、人力资源和社会保障信息中心11个二级机构，编制112人。

扶持创业，扩大就业。鼓励扶持大众创业。联合团区委举办第二届青年创新创业大赛，吸引155个初创型项目参赛，推荐20个创业主体申报长沙市创新创业示范项目，营造创新创业的良好氛围。落实创业扶持政策，发放创业项目扶持资金822万元，发放小额创业担保贷款1123万元，助力劳动者实现“创业梦”。加大免费创业培训力度，举办创业培训班50期，培训1500人。市场、培训、援助促就业，将信息采集和建档立卡作为扶贫工作的重点，采集全区农村贫困劳动力信息，建立农村贫困劳动力转移就业信息台账，对辖区内已建档立卡贫困劳动力精准实施“一对一”帮扶，依托定点培训机构加大免费就业培训力度，让有培训意愿的贫困劳动力都能免费享受培训服务。开展“温暖劳动者，给力用人单位”专项就业服务行动，举办招聘会11场，引进招聘企业341家(次)，落实用工岗位9421个，达成用工意向1539个。发挥政府就业帮扶功能，开发社区保绿保洁、城市协管、机关后勤等公益性岗位345个，城镇零就业家庭实现动态清零，为848名就业困难对象发放灵活就业社会保险补贴328万元。全年新增城镇就业8126人，农村劳动力转移就业3357人，城镇登记失业率3.2%。

推进人事人才工作。精心打造“相约雷锋家乡，共建名望之城”系列招聘选调品牌。坚持为机关事业单位提供人才保障的职能定位，大胆探索选调选拔新模式，在职位设置、考试模式、入围考察方式等方面进行创新，实现精准选聘，引进公务员、事业编制人员、政府雇员156人，教师和卫技人员170人，选调公安干警10名，解决了人才引进工作“碎片化”问题。规范机关事业单位岗位设置管理，启动街镇事业单位岗位设置工作，有序推进事业单位人事管理科学化、规范化和制度化发展。开展专技人员职称评聘，按程序完成2016年度中高级职称职数申报和材料报送，会同区教育局积极贯彻落实中央、省、市关于深化中小学教师职称制度改革工作。完成机关事业单位工作人员和离休人员基本工资调标工作，涉及职工9650人，完成教育系统岗位设置后教师的调资工作，涉及职工788人。

望城区城乡居民大病保险签约仪式

维护劳动者权益。加强源头治理。规范农民工劳动报酬保证金管理，预防和解决农民工工资拖欠问题，全区690家建立工会组织的企业推行工资协商制度，建制率90%。加大劳动监察执法力度。定期开展重点行业、重点时节劳动监察，组织开展农民工工资清欠、人力资源市场秩序清理整顿、劳动用工等专项检查，督促发放和清欠农民工工资2198万元，涉及企业161家次，涉及劳动者7877人。提升基层劳动争议调解能力，妥善处理劳动纠纷。坚持“预防为主、基层为主、调解为主”的原则，接待来信来访180件，办结率100%，受理各类劳动争议案件275起，涉及职工权益标的1800万元，其中裁决56起，调解处理61起，法定时间结案率100%。

【实施农村人口就业脱贫工程】 出台就业扶贫政策。印发《关于进一步做好就业扶贫工作的通知》(长人社发〔2016〕68号)、《关于进一步规范村级公共就业服务平台建设标准的实施意见》(长人社发〔2016〕69号)文件指导就业扶贫工作。加强就业扶贫政策宣传。走进村、社区宣讲就业扶贫政策措施，解读文件精神，将就业扶贫政策送到困难群众的“家门口”，组织开展就业扶贫政策专题培训。注重信息采集基础工作。将信息采集和建档立卡作为就业扶贫工作的重点，精准识别贫困群体的人员结构和就业创业需求，采集全区农村贫困劳动力信息，建立农村贫困劳动力转移就业信息台账，采集农村贫困劳动力信息5327条，其中已转移就业5072人。落实就业扶贫工作举措。加强村级平台建设，在各街镇、村(社区)安排专人对已建档立卡贫困劳动力实施“一对一”精准帮扶，帮助他们早日就业脱贫。对未转移就业的贫困劳动力，制定“就业服务卡”，依托“农村贫困劳动力信息采集系统”实现动态管理。举办“春风行动”“民营企业招聘周”“搭建供需平台，推进精准扶贫”等各类招聘会，引进招聘企业，落实用工岗位。依托定点培训机构加大免费就业培训力度，各街镇普遍组织开展重点面向贫困劳动力的职业培训，让有培训意愿的贫困劳动力都能免费享受培训服务，提升其就业能力，各街镇探索以政府购买服务的方式，在乡村开发农村保洁等适合农村贫困劳动力的公益性扶贫岗位，就近就地安置就业。望城农村人口就业脱贫工作取得实效，中新网以《长沙望城区多措并举全方位助农村人口就业脱贫》为题作重点推介。

（刘　婴）

望城区人力资源和社会保障局

党组书记、局长　陈宏武（12月任）
　　　　　　　　黄立武（12月免）
副　局　长　范新建　袁彬文
　　　　　　严　娟（3月免）
　　　　　　周剑波（3月免）
总　会　计　师　雍翠华（9月“改非”）

·政务服务中心·

【概况】 区政务服务中心内设办公室、业务科、大厅管理科、效能监察室、优化科、“12345”市民热线办6个科室，下设区电子政务办1个二级机构。有在职在编干部职工19人，政府雇员4人。

打造政务服务新品牌。2016年5月，政务大厅正式更名为“雷锋政务超市”，严格实行“三集中三到位”原则，集中审批部门和审批事项，大厅涵盖项目审批、税务服务、中介服务、党群服务、社会民生事务等各个方面，区内90%的行政审批事项、100%的民生事项均可在大厅办结。为方便群众办事，推出一系列互联网政务服务平台，创建线上服务与线下服务相结合的24小时“不打烊”的新型政务服务模式。雷锋政务超市的建设与服务工作成为望城的一张新名片，全年接待领导调研、省内外兄弟单位学习考察60多批次。

深化政务公开工作。全区行政许可141项、行政确认37项、行政备案109项均已编制流程清单，在望城区门户网站开设《部门责任清单》《行政权力清单》及《行政审批项目流程清单》专栏对外公布，全部按市级要求进窗上线。全年公开信息37270余条，接受及回复政府信息依申请公开申请83例。“12345”市民服务热线平台全年签收市平台交办有效工单2899单、办理2709单、结案2709单，退回1355单，按时签收、办结率100%，全年工单满意度97.36%，较上年度提高2个百分点，工作经验在全市热线工作大会上作典型经验发言。

加强电子政务平台建设。全面完成机构改革涉及部门子网站的栏目调整、数据迁移等工作，按市政府网站集约化建设要求关停43家子网站。对政府门户网站进行改版升级，整合栏目，开设重点专题，增加高级检索，进一步优化网站功能。同时积极推进社区公共服务综合信息平台和政务内网建设，完成8个社区基层平台的网络环境搭建和设备采购，完成电子政务内网机房和电子政务内网分级保护方案制定、评审、招投标工作。

优化行政效能和经济环境。积极推行并联审批机制，编制《长沙市望城区政府投资建设项目审批流程图和社会投资建设项目审批流程图》及《长沙市望城区建设工程项目并联审批实施意见》，开发单独的并联审批系统并上线运行。对原有部门的审批流程进行再造，有效提高行政审批效率，全年审批效能再提速25%。全区行政审批在线电子监察系统设置审批事项1305项，全年受理43825件，办结46334件，未产生一张红、黄牌。“制度+科技+文化”廉政防控系统累计办结23898件，有效累计刚性拦截资金3200笔，有效处理经济发展环境投诉案件16件。扎实开展减轻企业负担收费措施落实情况专项检查和涉企登记备案工作。

（陈学文）

【打响雷锋政务超市品牌】 2016年，望城区政务大厅率先全省实现党群服务中心进驻，增设不动产登记中心，大厅入驻单位58家，设窗口180个，进驻大小事项600余项，涵盖项目审批、税务服务、中介服务、社会民生事务等各个方面，区内90%的行政审批事项、100%的民生事项均可在大厅办结。国地税率先全省实行一人一窗通办国地税业务，被评为“全国百佳国地税合作示范区”。5月，望城区政务大厅正式更名为“雷锋政务超市”。为积极响应国务院“互联网+政务服务”的号召，中心运用VR虚拟现实、IM即时通讯等新技术，推出网上政务办事大厅、3D实景网上政务大厅、“掌上望城”手机APP、“望城区微政务”微信公众平台、自助办事终端机等一系列互联网政务服务平台，建立线上服务与线下服务相结合的“O2O”新型政务服务模式，打造出24小时“不打烊”的“雷锋政务超市”。9月，《湖南日报》《长沙晚报》、湖南卫视等新闻媒体对此同步进行专题报道。全年接待领导调研、省内外兄弟单位学习考察60多批次，省委常委、市委书记易炼红到中心考察时，对“雷锋政务超市”的建设与服务工作给予高度肯定。

（陈学文）

望城区政务服务中心

党组书记、主任　黄　定
副　主　任　谢文武　黄果平

·机关事务管理·

【概况】 2016年，区机关事务管理局为区人民政府直属事业单位，内设办公室、监察室、计财科、物业管理科、公共机构节能科、后勤管理科、安全保卫科、公务用车服务管理中心，在编人员22人，政府雇员1人。

机关运营高效有序。多次组织召开区域各单位办公室主任或后勤负责人座谈会议，广泛听取意见建议，对收集整理的意见建议列出清单，明确要求、时限和责任人，确保各类问题及时有效解决；深入开展“问题查找日”和“文明管理在现场”

主题实践活动,班子成员带班现场巡查、现场记录、现场反馈、现场整改,区域安全保卫、车辆管理、园林绿化、环境卫生、机电维保等物业管理水平不断提升,获"长沙市优秀物业示范大厦"称号;通过优化车辆识别系统、在区域内安装充电桩、热水器、擦鞋机、降低洗车收费标准等一系列人性化、精细化的服务举措,机关后勤服务满意率不断提升;公共机构节能工作在市对区绩效考核中蝉联第一;承办好区人大政协"两会"、区党代会、湘江论坛等各类大型考察接待和大规模会务(剧务);以"放心餐饮"为目标,率先全市实施"明厨亮灶"工程,通过组建监控系统、接入市级监控平台,实现后勤中心餐厅同步播放,实时传送市级监控平台,倾力打造放心餐饮示范基地。

资产管理科学有序。会同区国资局对全区腾退机关院落情况进行翔实摸底,根据区委、区政府的部署,结合相关单位用房申请和相关企业的购买意向,在多轮踏勘对接、论证比较、集中会商的基础上,拟定《区直机关闲置办公院落和办公用房集中调配建议方案》,完成10个院落9个单位的搬迁和资产处置工作;做好不动产登记中心、公共资源交易中心、海绵办、政务服务中心及雷锋文化研究中心、雷锋图书馆、老年协会等办公用房的调配;抽调精干人员,集中组织好包括行政中心、老政府机关院落的国有资产清查工作。完成两个区域固定资产录入、系统数据完善、台账建立、实物盘点、卡片录入等工作,国有资产清查工作的完成进度和质量等获区国资局首肯。严格党政机关办公用房管理,确保党政机关办公用房严格按标准分配,在中央和省、市作风建设专项督查中,望城区办公用房调配使用管理工作均符合要求。

项目结算规范有序。认真做好区域水电分户项目的扫尾和结算工作。两电分户实际改造1480户,两水分离实际改造1570户,与区财政局一道完成项目扫尾工作,与相关部门做好院落后续管理的协调工作。认真组织行政中心区域项目结算工作。克服行政中心区域项目多、涵盖广、专业强、人手少等困难,多轮协调部门和项目单位,多轮组织会商,扎实推进行政中心项目结算。

议案提案办理圆满。根据区政府《关于认真办理区一届人大四次会议建议批评意见和区政协一届四次会议提案的通知》(望政发〔2016〕14号)精神,《关于保护和利用望城老政府院内水井的建议》为区机关事务管理局独办;《关于在区市民文化广场东南角建设"宪法主题广场"的建议》为区机关事务管理局主办、司法局会办。上述议案提案均按时办理,代表、委员满意率均为100%。区机关事务管理局被评为2016年度人大代表建议和政协提案办理工作"优秀单位"。

(丁安娜)

【组建公务用车服务管理中心】 区机关事务管理局作为区公务用车制度改革后公务用车主管部门,与省、市主管部门和区内职能部门对接,按照省、市相关文件精神,2016年11月,组建"公务用车服务管理中心",明确工作人员4名。出台《党政机关公务用车使用管理试行办法》《长沙市望城区党政机关公务用车管理实施细则》《长沙市望城区党政机关公务租赁用车管理试行办法》,规范指导公务用车改革。通过政府采购确定劳务派遣公司,派遣司勤人员50名为集中管理车辆驾驶员。12月,召开司勤人员岗前培训会议,对司勤人员进行业务培训,保障平台车辆按照平台派车流程有序调派。同时,对公务用车进行产权移交、车辆封存、标识喷涂等相关工作。在市场化保障方式上,通过政府采购,确定社会化租赁公司。多措并举,全力保障全区公车改革工作顺利推进。

【开展公共机构节能工作】 2016年年初,印发《长沙市望城区2016年度公共机构节能工作实施方案》(望公节办发〔2016〕2号)文件,安排部署2016年度公共机构工作主要任务。加强行政中心日常节能管理,坚持24小时巡查制度,对节能工作定期点评通报。6月,集中开展能源紧缺体验日活动,节能理念深入人心。率先全市引入EMC(合同能源管理),对行政中心地下停车场照明系统进行节能技改,每年可节约40%左右能源费用。争取市节能改造9个项目62万元的倾斜支持,项目数和金额均为全市区县之最。与区发改局、两型办等单位联合在斑马湖广场开展以"节能领跑•绿色发展"为主题的大型户外节能宣传活动,通过专题展示、节能知识问答、趣味互动等环节吸引群众5000余人参加,省、市发改、机关事务、两型办等部门领导出席指导,并评价区机关事务管理局为"节能工作长沙第一局",2016年全市公共机构节能考核望城区排名第一。

(文四喜)

望城区机关事务管理局

局　　长	苏跃宇(10月任)
	邓树林(10月免)
副 局 长	谭　灿
	肖志强(9月任)
	程新平(12月任)
	王冬梅(3月免)

· 移民安置 ·

【概况】 2016年,区移民开发管理局内设办公室、项目科、后期扶持科3个科室,有在职在编干部10人,政府雇员1人。

规范移民资金管理。认真做好移民后扶人口动态管理工作,核减移民29人,通过"一卡通"发放直补资金133.6万元。依照移民资金使用相关政策,及时下拨项目资金580万元,合理用于库区、移民安置区、移民居住地所需农田水利、道路交通、新农村建设、安全饮水等基础设施建设项目,产业开发等经济发展项目,以及移民培训等文化教育项目。投入库区和移民安置区农村道路建设、蔬菜基地建设、安全饮水工程等基础设施项目扶持资金360万余元。加大资金公示力度,全方位、全过程主动公开移民项目、移民资金使用情况,全年14次在望城区移民局网站公示下拨移民项目资金情况、大中型水库移民后期扶持资金情况，要求村（社区）将移民直补资金、项目资金进行村务公开，做到移民资金安排使用“区上网，村上墙”。开展最严最全审计，聘请审计事务所对2013年至2016年全区移民项目资金管理与使用情况进行全面审计，针对发现的问题逐一下发整改通知，聘任会计事务所全程参与整改阶段的指导，协助街镇所有项目完成整改任务。

优化移民项目管理。科学编报规划计划，总结“十二五”规划编制、执行经验，调研移民村亟须扶持的项目建设基本情况，完成“十三五”规划编报工作。按程序及时编报《望城区移民后扶项目年度计划》《望城区2016年度第一批大中型水库库区和移民安置区项目规划计划表》《望城区2016年度第二批大中型水库库区和移民安置区项目规划计划表》和移民扶助金计划。完善基础设施，紧密结合望城区“沿江建设、跨江发展、基础先行、产业强区”的发展思路和“移民增收、民生改善、权益维护”的移民工作目标，完善库区和移民安置区基础设施建设，涉及项目38个，新修建公路28千米，解决安全饮水1168人，其中移民560人。打造移民产业品牌，支持区万亩蔬菜基地建设项目，全年扶持柯柯农业、兴农科技农业、汇丰生态农业等公司蔬菜基地建设项目12个，新开蔬菜基地33.3公顷。发挥望城区紧邻省会长沙的区域优势，推进长沙市农业现代化试点配套服务工程，扶持望城区湖南宝峰农业发展有限公司和格塘镇益仕兴生态农业休闲农业项目，打造优质休闲农业品牌，升级望城特色移民产业。

落实移民帮扶措施。加大对靖港镇、桥驿镇农科教中心硬件设施、设备的技术支持与资金投入，完善移民培训基地配套设施，优化移民培训教学环境。组织开展移民感兴趣、市场有需求的移民实用技术培训和就业技能培训，组织移民参加省移民局举办的挖掘机驾驶、电梯维修就业技能培训班。全年举办蔬菜种植实用技术培训、水产养殖实用技术培训、厨师培训等移民培训5期，培训移民245人次，移民就业技能培训劳动力就业率达98%。帮扶贫困移民，及时向区政府领导汇报库区、移民安置区和移民受灾情况，加大对贫困移民与受灾企业、移民的帮扶力度，慰问困难移民家庭190余户，发放慰问款12万余元。

【完成洪家洲易地搬迁居民基本情况调查】 2016年4月，根据区政府安排，区移民局牵头，铜官街道与国土部门为调查主体，对洪家洲居民基本情况开展调查。参照望城区征拆办法和征拆程序，调查人员逐户登记家庭成员，问询拆迁意愿，丈量房屋，绘制房屋平面图，对房屋四个方向进行拍照存档，收集户口复印件、建房证复印件、独生子女证复印件等相关证明材料，以户为单位建立基础档案。经过一个多月的深入调查，区移民局汇总基本情况，洪家洲居民982人，234户，房屋建筑总面积45800平方米，土地总面积158.5公顷。根据区国土局拆迁事务所综合测算，搬迁总费用为5.5亿元。区移民局将“洪家洲易地搬迁居民基本情况调查报告”及时上报区政府和市移民局，为洪家洲居民整体搬迁提供决策依据。

（张灵辉）

望城区移民开发管理局

局　　长　余卫东
副 局 长　刘建辉
　　　　　周云凌（3月任）
　　　　　姚正良（3月免）

政协长沙市望城区委员会

【概况】 2016年，中国人民政治协商会议长沙市望城区委员会工作机构设办公室、提案法制委员会、经济科技委员会、群团联络委员会、文化教育卫生体育委员会、人口资源环境委员会，有在职在编干部职工37人。街镇设政协工作联络处15个，区直单位设政协委员活动组9个。

立足全局，竭诚尽智，协商建言务实有序。区政协始终紧扣全区发展，以“把好话说实、实话说好”为原则，谋良策、建净言、出实招。全会期间，组织委员认真听取“一府两院”报告，围绕全区经济社会发展等内容，提出100多条具有较强针对性、建设性的意见。重点聚焦农业农村现代化转型、提升城市管理水平等热点问题开展专题协商活动，还就重大人事任免等重要工作进行专门协商，为推动重大事项科学决策拓宽思路、强化保障。各专委会组织所联系界别委员先后围绕加快推进教育强区、失地农民就业和社会保障等一批热点议题开展对口协商。组织政协各基层组织以调研视察为载体，以活动开展为纽带，引导委员知政晓情、广献良策。

围绕发展，集思广益，参政议政主动有为。围绕提升城市管理水平、建设文明宜居首善区等一批事关转型发展的社会等热点问题，深入调查研究，形成近10篇高质量的调研报告，许多调研成果转化为相关部门的具体举措。围绕创新创业平台建设、文化街区塑造、生态环境提质、精准扶贫、闲置土地处置、内河内湖治理等6个子课题组织大会发言，委员反响强烈，区委、区政府领导高度认可。区政协班子成员按照党委政府分工，共联系近20个重点工程项目，积极进行协调，通过努力，新华联铜官窑国际文化旅游度假区、长沙铜官窑保护开发建设（二期）等一批重大项目破除瓶颈，正稳步推进。同时，许多政协干部按照党委政府统一安排，积极参与项目招商、征拆协调等中心工作，更多的政协委员发挥自身优势，积极参与项目建设协调与服务工作。

关注民生，反映民意，民主监督扎实有力。通过不断建立完善社情民意收集、交办、反馈机制，引导鼓励委员深入一线、深入群众，广泛掌握民情民意，畅通信息渠道，拓宽监督层面。全年收集民意信息100多条，编发《社情民意反映》39期，上报全国政协1条，采用1条；上报省政协

4条，采用2条；上报市政协10余条，采用5条。会同有关部门，加大对社情民意信息协商办理力度，如星城实验小学周边交通安全整治、金星路西延线与黄桥大道交叉口交通信号灯建设等一大批事关民生民利的意见建议得到采纳实施。

凝心聚力，增进共识，团结联谊稳妥有效。加强与党派团体、无党派人士以及社会各界人士的合作共事，积极为他们搭建平台、创造条件，全年有200多人次各界人士参与大会发言、调研视察、民主协商会议等重要履职活动。主动适应社会阶层结构新变化，加强同政协委员中的非公经济人士和"两新组织"代表的联系，引导他们自觉承担社会责任。加强与省、市政协组织的纵向联系，多次协办省、市政协重点调研课题；加强与外省、市政协组织的横向联系，全年接待外地政协考察团数十批次，着力增进工作交流。编辑出版《湘江古镇群三亲实录》，充分发挥文史工作存史、资政、团结、育人作用。踊跃参与扶贫帮困，各办委延续扶贫帮困优良传统，形成政协干部走村串户为民解忧，政协委员慷慨解囊帮民解困的生动局面。2016年，全区政协系统帮扶联系数百户困难家庭，各类爱心捐款超过600万元，其中，政协常委释悟圣以洗心禅寺慈善基金会为平台，募集慈善助学款数百万元资助贫困学子。

强化创新，讲求规范，自身建设严谨有方。按照中央和省、市、区委统一部署，结合政协系统"三服务三提升"活动，深入开展"两学一做"学习教育。认真组织党员干部政治理论学习，深入学习领会中共十八大和十八届三中、四中、五中、六中全会以及习近平系列重要讲话精神，全年组织政协常委、机关干部学习培训12次，强化队伍作风建设、提升个人修为、筑牢共同思想基础。利用换届契机，按照"懂政协、会协商、善议政"要求，选优建强区二届政协委员队伍。进一步加强履职保障，在区委区政府的大力支持下，科学预算调研工作经费，保障履职活动开展。完善委员履职途径，区直活动组、街镇政协联络处每年组织所属委员开展履职活动5次以上。着力塑造政协文化，"政协杯"乒乓球赛、羽毛球赛、知识竞赛以及关爱帮扶、走访慰问活动保持常态化，政协氛围日趋活跃，队伍活力不断迸发。

【政协长沙市望城区第二届委员会第一次会议】 2016年11月24日至28日，政协长沙市望城区第二届委员会第一次会议在区行政中心雷锋大剧院召开。会议听取区委副书记、代区长范焱斌所作的政府工作报告，听取、讨论和协商计划工作报告、财政工作报告、法院工作报告和检察院工作报告，审议批准区政协主席骆志平代表政协第一届委员会常务委员会所作的工作报告，审议批准区政协副主席严毅夫代表第一届委员会常务委员会所作的提案工作报告，通报二届一次会议提案征集情况。会上，六名政协委员分别作以"关于加快望城创新创业平台发展 服务实体经济转型升级的建议""关于在城乡规划建设中注入文化基因的建议""关于将黑麋峰固废场打造成环保科普教育主题公园的建议""关于破解闲置土地问题提高土地利用效率的建议""关于加大湘江支流和内河内湖治理力度的建议""关于汇聚社会力量助力精准扶贫的建议"为主题的大会发言。区委书记孔玉成在会上作重要讲话。

会议认为，过去四年，是望城区改革发展进程中不平凡的四年，全区人民在中共长沙市望城区委的正确领导下，以推动经济社会转型创新发展为主线，抢抓历史新机遇，主动适应新常态，沉着应对新挑战，区域经济大幅跨越，城乡品质显著提升，发展活力持续迸发，民生福祉不断增强，全区经济社会持续健康快速发展，开创望城改革发展的崭新局面，书写望城发展史上浓墨重彩的壮丽篇章。委员们对此给予高度评价。

会议认为，过去的四年，区政协在中共长沙市望城区委的正确领导下，在区人民政府的支持下，牢牢把握团结和民主两大主题，坚持"五心一加强"工作思路，努力践行协商民主，积极履行政协职能，围绕行政效能提升、农业农村现代化转型、建设文明宜居首善区协商议政，聚焦品质融城产业强区、提升城市管理水平等发展重要领域监督建言，有力促进了全区经济建设和社会进步。

会议认为，未来五年，是推动转型创新发展、加快建设名望之城的关键时期，中央和省、市战略布局的利好，为望城创造大有可为的外部环境，四大国家级战略平台和自身优势，为望城蓄积后发赶超的强劲动力。只要顺应大势，砥砺前行，就一定能把名望之城的宏伟蓝图变成壮丽现实。

会议要求，全区政协组织和全体政协委员要以中共十八大、十八届三中、四中、五中、六中全会精神和习近平系列重要讲话精神为指导，高举中国特色社会主义伟大旗帜，牢牢把握团结和民主两大主题，增强服务名望之城建设的责任意识和使命意识，着力构建协商议政良好格局，以大团结大联合凝聚正能量，持之以恒推进自身建设，努力在新的实践中不断推进政协工作创新发展。

会议号召，全区政协组织和广大政协委员，紧密团结在以习近平同志为核心的中共中央周围，在中共长沙市望城区委的坚强领导下，全面贯彻落实中共长沙市望城区第二次代表大会精神，紧紧围绕建设名望之城这一目标，同心同德，团结奋进，为把雷锋故乡建设得更加美丽、更加强盛、更加幸福做出新的更大贡献。

【政协长沙市望城区第一届委员会第十五至第十八次常委会议】 2016年1月12日下午，区政协一届十五次常委会议在区政协常委会议室召开。会议审议通过《政协长沙市望城区第一届委员会常务委员会关于调整换届时间的决定(草案)》，审查区政协一届四次会议期间提案。3月14日下午，区政协一届十六次常委会议在区政协常委会议室召开。会议决定区政协办委人事任免

强 盛 之 城

2016年是“十三五”的开局之年，也是全区“项目建设竞赛年”。全年新引进项目52个，协议引进资金265.7亿元，中信戴卡、平安创新金融产业园等投资过50亿元的重大项目落户；启动重点项目建设215个，铜官港区等77个项目开工建设，长沙新华联铜官窑国际文化旅游度假区等88个项目加快建设，恒飞电缆等50个项目建成投运（产）；支持工业园区转型提质、做大做强，乌山中小企业园新引进企业10家，铜官循环经济工业园完成工业总产值86亿元，望城经开区完成工业总产值743亿元，获评国家知识产权试点园区。

6月24日，长沙市市长胡衡华（中）考察黑金刚实业

12月8日，望城区委书记孔玉成(中)，区委副书记、区长范焱斌(右)调研新华联项目建设情况

WANGCHENG
ALMANAC

“三湘第一路”芙蓉北大道全线贯通

开利星空国际汽车城建成运营

WANGCHENG
ALMANAC

可口可乐竣工投产

在中航起落架，质检人员正检测航空产品

高星物流园

证通电子项目鸟瞰图

国家级望城经济技术开发区

长沙港铜官港区建设

铜官园区召开入园企业座谈会

WANGCHENG ALMANAC

长沙新华联铜官窑国际文化旅游度假区效果图

园区一角

新建成投产的华纳大制药

WANGCHENG
ALMANAC

铜官循环经济工业园

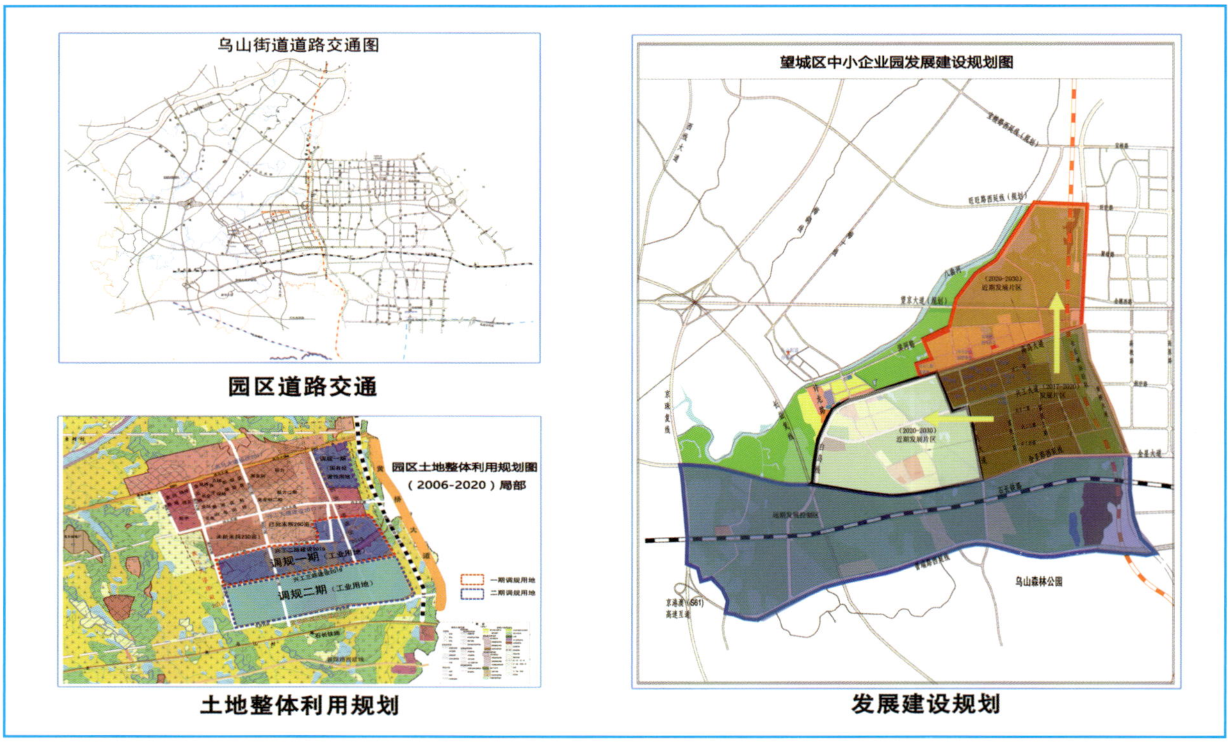

望城区中小企业园发展规划图

机加工车间

兴工大道开工

望城区中小企业园

事项，审议通过《望城区政协2016年工作要点》，骆志平主席在会上作关于2016年政协工作的重要讲话。6月24日下午，区政协一届十七次常委会议在区政协常委会议室召开。会议学习《中共中央办公厅关于部分人大代表、政协委员涉法涉罪问题问责情况及其教训的通报》(中办发电〔2016〕13号)文件，决定区政协人事任免事项，审议通过区政协民主评议区城市管理部门报告及调研报告，骆志平主席在会上作重要讲话。11月16日上午，区政协一届十八次常委会议在区政协常委会议室召开。会议决定区政协系统人事任免事项，协商通过政协长沙市望城区第二届委员会委员建议名单，审议通过召开区政协二届一次会议的决定(草案)、提案截止日期决定(草案)、会议议程(草案)、日程(草案)、会议主席团和秘书长建议名单、会议主席团常务主席、副秘书长建议名单等事项，审定区政协一届常委会工作报告和提案工作报告。

【提案工作】 政协长沙市望城区第一届委员会常务委员会坚持将提案工作作为政协履行职能最直接、最有效的方式，坚持在“提”字上讲质量，“督”字上做文章，“实”字上求效果。四年累计征集政协委员提案468件，经审查立案341件，提案办理见面率、答复率达100%，交办之快、规格之高、效果之好为全市之最。在抓好常规提案同时，致力于将部分区内力所不及的提案，转化为省、市政协委员提案，连续三年，成功争取《关于将欧阳询文化园列入湘台文化创意产业园重点项目并给予重点扶持的建议》《关于把湘江古镇群作为新型城镇化特色示范区着力打造的建议》《关于请求支持建设国际农庄、打造农业世界之窗的建议》等3件提案列为省政协重点提案，争取十余件提案列为市政协重点提案，为湘江古镇群建设三年行动计划出台、欧阳询文化园打造等搭建了平台，借助省、市力量解决望城发展中的一些大事难事。

【大会发言】 紧扣发展需要主动作为，在大会发言方面进行重点突破。在2013年聚焦小康社会建设、大众垸整体发展等主题基础上，从2014年起，连续三年每年围绕一个主题延伸若干个子课题，由主席会议成员分别牵头，各专委会具体负责，相关委员和部门、街镇共同参与，在广泛调研基础上形成发言材料，组织委员进行发言。2014年聚焦行政效能提升主题组织发言，助推雷锋政务超市打造全省一流政务窗口；2015年聚焦农业农村现代化转型主题组织发言，助力农村改革转型加速推进；2016年又聚焦区委提出的建设文明宜居首善区主题，围绕创新创业平台建设、文化街区塑造、生态环境提质、精准扶贫等6个子课题组织发言。发言每次都得到区委、区政府领导高度重视，成立专门工作组负责重点督办，为推进区内部分重点难点问题解决尽一份力量。

【民主评议】 将民主评议打造成政协履行民主监督职能的重要载体，精心确定评议方向，着力规范评议程序，不断强化评议实效。2013年、2014年连续两年对街镇工作开展评议，为街镇特色亮点工作点赞、难点工作支招、焦点工作借力，有效助推街镇工作上台阶、上水平。2016年创新评议方法，围绕全区城市管理工作，针对区城管局等5个城管部门的有关工作开展评议，由区政协主席会议成员牵头，成立5个评议小组，在深入调研基础上，形成针对性较强的5篇民主评议报告，条分缕析指出部门工作短板，提出改进建议，促进全区城市管理精细化。

（冯 恋）

政协长沙市望城区第一届委员会

主　　席　骆志平
副 主 席　凌立霞(女)
　　　　　严毅夫　蔡　锋
　　　　　李建龙(兼)　张锰辉
秘 书 长　肖泽晋

区政协工作部门

办公室

主　　任　肖泽晋
副 主 任　冯　恋(女，3月任)
　　　　　赵卓炜(3月免)
　　　　　潘志高(3月免)
秘 书 长　肖泽晋

提案法制委员会

主　　任　朱红胜(女，9月任)
　　　　　舒慧颖(女，9月免)
副 主 任　邓志宏(9月任)
　　　　　李雄壮(9月“改非”)

经济科技委员会

主　　任　苏宏辉(9月任)
副 主 任　凌小妹(女)
　　　　　袁懂良(9月“改非”)

群团联络委员会

主　　任　程　凯
副 主 任　周　玲(女，9月任)
　　　　　朱红胜(女，9月免)

文化教育卫生体育委员会

主　　任　舒慧颖(女，9月任)
　　　　　吴序杰(9月“改非”)
副 主 任　周　可(女)

人口资源环境委员会

主　　任　黄必武
副 主 任　张　林(女)

民主党派·工商联

责任编辑◎张姣美

望城撤县设区后，按照民主党派组织发展“三个为主”(以协商确定的范围对象为主，以大中城市为主，以有代表性的人士为主)原则，先后有6个民主党派成立基层组织。

中国国民党革命委员会

【概况】 中国国民党革命委员会(以下简称民革)长沙市望城区支部委员会成立于2015年11月，2016年有党员5人，年龄结构覆盖老、中、青，党员均为本科以上学历，党员中有女性2人，市人大代表1人，区政协委员2人，市青联委员1人，与国民党有渊源的1人。

支部党员立足本职工作和熟悉领域，服务名望之城建设。开展关爱抗战老兵服务活动。组织10余所小学近万名学生参加“饮水思源，不忘老兵”矿泉水义卖活动，募集资金10万多元，捐献给9名健在的望城抗战老兵。在全区重点区域铺开一系列义卖活动，向社会更多的人群传达关于抗战老兵的信息，呼吁民众关注、关心抗战老兵群体。积极建言献策，助力区域产业发展。在省政协湘茶文化创意产业专题协商会做《将铜官镇打造成湘茶文化名器之都》专题发言，助推铜官茶器业发展，获得茶业界的广泛认可，全文在《湖南茶业》杂志刊登；党员李思慧《警惕建筑业“营改增”后引发新一轮“地方保护主义”》提案被全国政协采用。

“饮水思源不忘老兵”矿泉水义卖活动

【民革望城支部举行“饮水思源，不忘老兵”矿泉水义卖活动】 2016年6月3日，民革长沙市望城区支部在望城区星城实验小学体育馆举办“饮水思源，不忘老兵”矿泉水义卖活动启动仪式，省民革副主委、市民革主委朱建军参加启动仪式。抗战老兵们为大家讲述尘封已久的抗战故事。省民革副主委、市民革主委朱建军肯定并感恩抗战老兵为的付出，要求后辈不忘历史，珍爱和平，弘扬以爱国主义为核心的伟大民族精神，在铭记历史中砥砺民族复兴的坚强信念，少先队员向老兵敬献鲜花。活动共募集善款10万余元，善款用于9名健在的望城籍老兵的生活扶助。

(袁本超)

中国民主同盟

【概况】 中国民主同盟(以下简称民盟)长沙市望城区综合支部委员会成立于2013年4月，2016年年底有盟员30名，盟员构成以区内教育界中高级知识分子为主，还包括行政、经济、医卫、文化、法律等方面代表人士。

综合支部通过加强理论学习，加快组织发展，壮大盟员队伍，自身建设逐步规范。支部盟务活动有序开展。爱心捐助望城一中贫困中学生，盟员与学生面对面交流，鼓励他们勤奋学习，立志成才；医卫界专家盟员联合区人民医院举行大型便民义诊，社会反响良好；支部委员黄霞组织“爱心义工”捐资助学活动已形成慈善品牌。参政议政工作卓有成效。围绕中共望城区委、区政府的中心工作和战略部署，发挥盟员自身优势，开展调研，拓宽工作领域，建言献策。支部连续4年在全区“两会”召开前，围绕望城重点、难点、热点工作，开展调查研究，精心选题，提出一系列高质量的政协提案。支部盟员30人均处在教学、科研、管理一线，绝大多数是各部门的业务骨干，领军人物。爱岗敬业，岗位奉献业绩突出，多位盟员获得各级表彰，盟员戴金利获湖南省青年教师课堂教学比武辅导老师一等奖，先后有20多篇论文获国家、省、市级一、二等奖，先后被评为省、市级骨干教师，市级优秀外语教研工作者等荣誉称号；新发展盟员蔡孝妮参加全国信息化教学设计《接打电话礼仪》获"国家级二等奖"，参加湖南省首届微课大赛《徒手斟酒》获"省级一等奖"，论文《论酒店服务与管理专业学生订单培养》在国家级报刊发表，指导学生参加湖南省学生技能比武获"一等奖"，并获"省级优秀指导奖"。

（袁本超）

中国民主建国会

【概况】 中国民主建国会（以下简称民建）长沙市望城区支部成立于2014年，2016年年底有会员12人，会员中有政府工作人员2人、经济界人士10人，区政协委员4人。

民建望城区支部以促发展作为参政议政的重点，发挥人才聚集、智力密集、与经济界联系紧密的优势，从发挥非公有制经济促进全区经济增长、扩大就业和活跃市场作用等方面，开展调查研究，为区委、区政府科学决策提供参考；把推进民主监督作为重要职责，察实情，进诤言，反映社情民意、理顺关系、化解矛盾，为维护全区安定团结的政治局面出力。整合资源，拓宽社会服务渠道，开展捐资助学、扶贫帮困等活动，取得良好社会效果。加强理论学习与研究，深入开展"两学一助"（学系列讲话、学优良传统、助力新望城）学习教育，认真践行社会主义核心价值体系，持之以恒地加强思想、组织、制度等方面的建设力度，把自身建设提高到一个新水平。广大民建会员立足本职，忠于职守，敬业奉献，为望城"名望之城"的建设添砖加瓦。

（袁本超）

中国民主促进会

【概况】 中国民主促进会（以下简称民进）长沙市望城区支部委员会成立于2011年10月，是全区第一个民主党派基层组织，2016年年底有会员20名。

支部成立后，践行雷锋精神，发挥民进界别优势，投身全会各项活动。自我管理方面，落实常规工作，定期安排学习活动，开展会员年度履职考评。参政议政方面，关注国计民生，发挥会内人大代表、政协委员和骨干会员的参政议政主体作用，撰写社情民意、统战信息和调研课题，多项成果获市、区政府主要领导批示。社会服务方面，寒衣捐赠共募集、运送寒衣18000多件，青海玉树州称多县珍秦镇、拉布乡等地受益学生、牧民近1万人。助学联谊共组织寒暑假集体见面交流活动4次，累计帮扶贫困学子70人次，捐款40余万元。播撒阅读种子。累计举办各类阅读推广、指导活动12场(次)，受益中小学生1万余名。

支部工作被全会中央《民主》杂志、《人民政协报》、《团结报》、《湘声报》、《长沙晚报》等国家、省市主流媒体宣传推介。支部先后获评民进中央全国社会服务年先进基层组织、省市创先争优先进支部等殊荣，主委苏敏芳荣获会中央全国先进个人，多名会员获评省市双岗建功先进个人。

（袁本超）

中国农工民主党

【概况】 中国农工民主党（以下简称农工党）长沙市望城区支部委员会成立于2013年1月，2016年年底有正式党员7名。

加强自身建设。支部成立后，开展整章建制，完善各项管理制度，每月学习日集中学习，提高党员素质。

做好本职工作。参政议政方面，先后撰写《推进新型城镇化：试行农村居民点集中建设势在必行》《推进民生发展：以生态建设促现代化公园式城区发展》《关于望城区率先全面建成小康社会的建议》等多个提案，得到区委、区政府的重视和落实。参与公益事业方面，发挥自身优势，扶贫攻坚，支部2016年在区内选取3名优秀的贫困大学生分别是乌山街道双兴村杨倩（中南民族大学）、乌山街道双兴村贺添喜（华中师范大学）、大泽湖街道东马社区李佳静（安徽农业大学），按4000元/人•年的标准进行资助；支部每年在区内选取2户特困家庭进行帮扶，2016年选取对象为乌山街道双兴村困难户1户、乌山街道蓟家巷村困难户1户，给予每户5000元的扶助。

（袁本超）

中国致公党

【概况】 中国致公党（以下简称致公党）于2014年在望城区成立活动组，暂未成立基层委员会，2016年年底活动组有党员8人，其中区人大代表2人、区政协委员4人。

（袁本超）

九三学社

【概况】 九三学社长沙市望城区支社成立于2013年5月，2016年年底有社员18人，均具有本科以上学历或中高级以上职称。

（袁本超）

工商业联合会

【概况】 2016年，长沙市望城区工商业联合会机关有在职干部职工8人（含中共长沙市望城区非公有制经济组织工作委员会2人），离退休干部5人，执委129人，辖14个街（镇）商会、4个行业商（协）会，有会员710名。

助推非公有制经济发展。搭建融资平台。开展"金融服务进园区、进企业"银企对接系列活动，召开银企对接座谈会，农业银行、邮储银行、农村商业银行等区内金融机构负责人与舜丰农业、金成水乡、柯柯农业、兴农农业、聚生源、开天新农业、保生农业、沙道湾合作社等企业负责人面对面现场探讨融资渠道，破解企业融资难题，提振发展信心。深入调查研究。组织开展“访民企、办实事、强信心”调研活动，重点对先进制造、商贸物流、文化创意等行业的16家民营企业进行调研，召开座谈会16次，撰写《望城区民营经济发展情况调研报告》；开展制造业民营企业发展状况调研、民间投资第三方评估调查、对外投资专项调查等活动，鼓励会员积极提出意见建议，及时反映社情民意。深化合作交流。接待深圳华强北商会代表团考察我区金桥国际市场群，寻求合作商机；邀请深圳市盐田区工商联(总商会)80余人来望城区进行工作交流和考察，并与之缔结友好商会；组织35名会员企业负责人参观考察万家乐热能科技和黑金刚实业，并与杨日平先生就企业文化、经营管理、技术创新等问题作面对面交流；举行基层商会建设经验交流会及“两学一助”学习教育活动推进会，为基层商会搭建互相学习、相互借鉴和共同提升的平台。提供信息服务。编印《促进产业(企业)发展政策汇编》一书，便于广大非公有制经济人士学习解读政策、对接运用政策。同时，充分利用工商联网站、QQ群和微信等平台，宣传习近平总书记3月4日在全国政协联组会上重要讲话精神，及时向会员发布各类信息，帮助会员企业了解中央、省、市、区相关政策措施和决策部署。

树立非公有制经济人士形象。行业先锋。湖南鸳鸯金楼望城代理商陈金华作为个体工商户先进代表被授予“全国先进个体工商户”，受到国务院总理李克强的亲切接见；毛铁当选省青商会会长，沈科当选副会长，扩大望城民营企业在全省的影响力；16家优秀会员企业参加“首届长沙市民营企业创新成长力100强评选活动”，爱晚床具、奕辉农业、千龙湖集团、华望科技、府窑陶瓷、三环颜料等6家企业榜上有名；

区工商联第二次会员代表大会

会员企业湘港生态农业获评湖南省创新创业带动就业优质初创企业；金龙集团、丁字建筑、千龙湖集团、晟通集团4家执委单位再度跻身湖南省民营企业100强，其中金龙集团再次进入中国民营企业500强。履职能手。组织引导非公有制经济人士有序参与国家政治生活和社会事务，在2016年区人大、政协换届中积极做好人大代表和政协委员的推荐、考察工作，在区工商联会员中有29人当选区人大代表，27人当选区政协委员。同时，组织新一届人大代表、政协委员在区“两会”上围绕区委、区政府的工作重点和经济社会发展中的难点、热点问题，撰写并提交议案、提案和建议共85个。公益达人。结合"民营企业联农村，共建和谐新望城"活动，开展“百企帮百村”精准扶贫行动，组织湾田实业、华望熏蒸等5家爱心会员企业结对帮扶望城区省定贫困村；倡导会员企业积极参与“同心之声•青亲行动”社会扶贫专场活动，开展贫困家庭爱心需求现场联亲和爱心认领活动，141家爱心企业与122户贫困家庭成功结对；联合区人社局举办“搭建供需平台，推进精准扶贫”专场招聘会，32家民营企业共提供1129个就业岗位，128人当场达成求职意向；富基置业、长鸿物流、红建置业等会员企业自发在扶贫济困、助学助残、公益建设等光彩事业中捐资捐物。

强化非公有制企业组织建设。注重非有制公企业党组织建设。全市非有制公经济组织党建工作现场观摩会在千龙湖举办，推介望城区一批实践特色鲜明、示范作用突出、党员群众公认的党建精品示范点。湖南千龙湖集团党委获评“湖南省非公有制经济组织基层党组织规范化建设示范点”，湖南天龙制药有限公司党支部被评为“长沙市基层党建精品单位”，其典型经验编入《基石—长沙市基层党建精品集萃》。夯实商会组织基础。开展“五好”(工作保障好、队伍建设好、制度执行好、党建工作好、作用发挥好)商会创建工作，获评“全国‘五好’县级工商联”“湖南省‘五好’县级工商联”，将规范化创建工作延伸到基层商会，以“五有五好”(“五有”即有办公场所、有专兼职人员、有规章制度、有档案资料台账、有经费收支保障，这是基层商会开展工作应具备的基础条件和前提;“五好”即领导班子好、队伍建设好、办公场所好、制度落实好、服务开展好)标准夯实基层商会组织基础。加强工商联会员队伍建设。以换届为契机，走访考察发展新会员，优化会员结构。健全执常委进出管理及考核机制，更新完善商会数据库、执常委数据库和组织数据库,加强会员实时动态管理。

【召开望城区工商联(总商会)第二次会员代表大会】 4月28日,望城区工商联(总商会)第二次会员代表大会在雷锋大剧院召开。全区各街(镇)工商联会长、秘书长、各行业商(协)会会长、全体执常委和会员代表参加会议。会议听取和审议区第一届工商联(总商会)工作报告,选举区第二届工商联(总商会)执委,选举区第二届工商联(总商会)常委、副主席(副会长)、主席(会长)和秘书长,选举出席市工商联(总商会)第十四次会员代表大会代表。会议选举执委129名、常委61名、副主席(副会长)23名、主席(会长)1名,选举苏敏芳为区工商联(总商会)第二届主席(会长),选举出席市联第十四次会员代表大会代表18名,望城区工商联(总商会)换届工作圆满完成。

【举行望城首届青年经济论坛】 1月25日下午,望城区工商联一届五次执委会暨青商会首届青年经济论坛在华天大酒店举行。全区工商联执委、各乡镇、街道分会会长、秘书长及青年企业家商会成员120余人参加会议。会上,区工商联主席李建龙作一届五次执委会书面工作报告,总结2015年工作,对2016年工作进行部署。"望城首届青年经济论坛"由区工商联联合青商会举办,旨在搭建企业与企业之间、企业与政府之间的沟通交流平台,在经济新常态下共享经验、激荡思想,从而激发本土企业的内生动力。长沙龙虎生态农业科技有限公司总经理袁虎、望城区黄金创业园总经理沈科等一批青商会负责人就创业经历、经营理念作典型发言。在现场,青年创业者的父辈们也纷纷"传经送宝"。

【举办望城区商会会长培训班】 11月8—10日,望城区工商业联合会联合湖南大学举办基层商会会长培训班,41位基层商会会长、副会长参加培训。培训采取理论学习与实地考察结合的方式进行,理论学习内容涉及企业管理、性格分析、素养提升、国学修养等,实地考察国家超级计算长沙中心。培训帮助商会管理者解放思想、开阔视野、更新知识、创新思维,不断提升素质,提高企业经营管理水平。

(陈佳恩)

望城区工商业联合会

主　　席　苏敏芳(4月任)
　　　　　李建龙(4月免)
党组书记　刘　平(10月任)
　　　　　罗立新(10月免)
副 主 席　周英姿
　　　　　易小玲(4月任)
　　　　　胡正科(4月免)
　　　　　杨日平(兼)　方　鸿(兼)
　　　　　毛　铁(兼)　王德良(兼)
　　　　　魏朝阳(兼)　许　愔(兼)
　　　　　魏海京(兼)
秘 书 长　易小玲(兼)(4月任)
　　　　　周英姿(兼)(4月免)

望城区总商会

会　　长　苏敏芳(4月任)
　　　　　李建龙(4月免)
副 会 长　周英姿
　　　　　易小玲(4月任)
　　　　　胡正科(4月免)
　　　　　朱桂洪(兼)　邹建成(兼)
　　　　　代志国(兼)　刘先麟(兼)
　　　　　朱红建(兼)　陈　露(兼)
　　　　　刘师伟(兼)　颜小冬(兼)
　　　　　何厚廷(兼)　傅　济(兼)
　　　　　袁　虎(兼)　李小英(兼)

群众团体

责任编辑◎宁利宏

望城区总工会

【概况】 2016年,区总工会机关内设办公室,有机关干部职工9人;下辖工人文化宫,有职工6人;全区辖13个系统工会,40个直属工会,14个街镇工会联合会;全区共有基层工会1419个,会员12万余人。

强化工会组织建设。扩大工会组织覆盖面。以“农民工集中入会行动”为契机,依托党建带工建,最大限度地扩大工会组织覆盖面,为职工权益维护提供最广泛的组织基础,全区新建基层工会组织235家,涵盖企业法人数240家,新增会员12909人(其中:农民工会员数11013人)。增强基层工会组织活力。以模范职工之家建设、“双亮”活动等载体为抓手,加强基层工会组织规范化建设,全区50人以上非有制公企业工会开展“双亮”活动和会员评家活动的291家,覆盖面达96.03%;白沙洲街道工会联合会评为市级“六好”街镇工会,经开区工会联合会、万家乐热能科技有限公司工会等6家工会组织评为市级模范职工之(小)家。

丰富工会活动载体。加强文化阵地建设。组织开展“职工书屋”建设活动,新建“职工书屋”示范点8个,其中“职工书屋”市级示范点2个。加强职工培训教育。联合乌山街道、乔口镇农民工业余培训学校举办“湘莲种植技术”“水产养殖”“育婴员”“电子商务”等培训班5期,培训农民工近600人。与区职业中专、辉祥家政服务有限公司联合建立职工职业培训基地,举办低压电工、家政服务培训班2期。开展丰富多彩的职工文体活动。5月,在全区女职工中开展“写家书•传亲情”系列活动,推荐优秀作品参加市总工会评选,获二等奖1篇、优秀奖5篇,区总工会获最佳优秀组织奖。6月,举办庆“七一”“天龙立醒杯”全区职工象棋赛,33个代表队,130多名运动员参赛。10月,举办全区职工迎国庆“环保杯”乒乓球赛,34支代表队,300多名运动员参赛。11月,与区体育总会、区羽毛球协会共同举办“美来美”杯羽毛球赛。组织广场舞队和文艺队参加全区“欢乐潇湘、舞动星城”系列活动,获2个一等奖。开展各项劳动竞赛。组织基层工会积极开展以班组建设为主要内容的“工人先锋号”创建活动,区国税局人教科、区雷锋纪念馆巡讲团、长沙华润燃气公司雷锋班组、长沙成进汽配有限公司成型线等获市级“工人先锋号”的命名表彰。围绕经济增长质量提高和效益提升,组织动员各级工会开展劳动竞赛和创新工程活动。10月,联合区教育系统工会举办2016年望城区“星城杯”教学竞赛。指导卫计系统工会、湖南泰嘉新材料科技股份有限公司工会分别开展岗位练兵和劳动技能竞赛活动。选派长沙联力实业公司、中阀科技(长沙)阀门有限公司的12名选手,参加全市职工焊工、车工、数控加工技能竞赛,取得较好成绩。

维护职工合法权益。推进工资集体协商。联合人社局推进全区企业工资集体协商,贯彻落实《湖南省企业工资集体协商条例》。全区签订工资集体协商的企业690家。其中签订单个企业协议文本65份,覆盖职工7753人;区域性协议文本33份,涵盖企业597家,覆盖职工8756人;行业性协议文本1份,涵盖企业28家,覆盖职工260人。湖南金龙国际铜业有限公司验收为全市推进工资集体协商典型企业。关注职工安全健康。组织全区在职职工12524人积极参加全市职工医疗(住院)互助计划,组织女职工5398人参加女性特殊疾病保障,为职工医疗提供相应保障。其中,有494位职工获医疗互助金26万多元,有4位女职工获女职工特殊疾病保障金4万元。“三八”节期间,组织女职工参加专题讲座、座谈会、法律咨询,免费发放《中华人民共和国反家庭暴力法》《女职工劳动保护特别规定》等宣传资料200多份。以“职工拒绝毒品零计划”为主题,开展“进企业,近职工”禁毒宣传月活动。6月,在中野科技、泰嘉科技等12家企业开展“珍爱生命、拒绝毒品”为主题的禁毒宣传签名活动,共计1300名职工参加,发放禁毒宣传资料1100份,现场接待职工咨询近120人。组织开展“清凉一夏•关爱同行”慰问活动,筹集8万元的高温慰问物质,看望慰问相关企业和建设工地高温作业的一线职工和农民工800多人。

崇尚劳模敬业精神。4—5月,开展“工人阶级宣传月”活动,联合区电视台开辟“匠心筑梦”专题栏目,集中宣传全区商贸物流、先进制造、传统技艺、旅游服务、城市环卫等领域默默坚守平凡岗位的劳动者故事,弘扬脚踏实地、精益求精和敢于创新的“工匠精神”。在湖南日报刊登《“匠心筑梦”激发职工创造活力》文章,号召全区职工传承“工匠”精神,积极投身“大众创新、万众创业”的热潮。加强劳模管理服务工作,春节期间,组织对全区区级以上劳动模范进行慰问,对部分劳模困难家庭进行帮扶。7月,举办劳模事迹报告会，邀请全国劳动模范杨佳作先进事迹报告。11月，组织全区区级以上劳动模范开展劳模免费疗休养活动。

帮扶困难职工群体。多方筹集资金，开展困难职工生活、医疗、子女就学等方面的帮扶救助。春节期间，筹措资金18.9万元，救助全区困难职工171人次；“三八”节期间，慰问救助贫困女职工及女农民工80名，发放救助款8万元；5月，筹措资金6万元，对全区15名患重病职工进行大病救助；8月，组织开展“芙蓉爱心助学”活动，救助贫困职工子弟就学98人，救助金额31.4万元；中秋、国庆期间，筹集资金8.42万元，救助慰问困难职工182人；12月，开展女职工关爱行动，筹集资金5.8万元，救助慰问困难女职工39人，同时救助困难职工45人，共计金额4万元；筹措资金6万元，对16名患重病职工进行救助。

【举办全区职工迎国庆“环保杯”乒乓球赛】 9月26—28日，由区总工会主办，区乒乓球协会承办，区文体广电局、区环保局协办，长沙市望城区迎国庆“环保杯”乒乓球赛在群众体育中心篮球馆隆重举行。比赛共设团体、男单、女单、双打4个项目，全区各级工会的34支代表队，近300名运动员参加比赛。经过3天的激烈角逐，决出团体、男单、女单和双打前八名。区环保局、经开区和公安局一队分别获得团体组前三名；经开区代表队许思奕、环保局代表队向真和公安局一队黄楷获男单前三名；来自教育系统的杨敏、李晓晴和卫计系统的谭萼英获女单前三名；来自公安一队侯曙华和黄楷，经开区代表赵寰轶、刘志宏和许思奕、袁劲获双打前三名；茶亭镇代表队、国土局代表队和中航起落架代表队获优秀组织奖。

（万　可）

望城区总工会

主　　席　杨奇才（8月任）
　　　　　周志辉（8月免）
副 主 席　王冬梅（3月任）
　　　　　杨　红（3月任）
　　　　　解福军（兼）
　　　　　朱争波（8月免）

共青团望城区委员会

【概况】 2016年，共青团长沙市望城区委共有在职干部3人。团区委加挂区希望工程办公室、区未成年人保护及预防青少年违法犯罪领导小组办公室、区志愿者行动领导小组办公室、区少年先锋队工作委员会办公室、区青年职工工作委员会办公室、区青年联合会秘书处、区注册志愿者协会秘书处等机构。至年底，全区14~35岁的青年16.08万人，其中共青团员1.46万人，占青年总数的9.1%。基层团委34个，团总支46 个，团支部579个，“两新”团组织220家。

加强基层团组织建设。设计工作载体，在全区14个街镇开展“雷锋号青少年关爱家园”创建活动，引入社会组织，指导街镇、村社区团组织在周末和寒暑假为青少年提供课业辅导、兴趣培养和心灵陪伴等服务，为基层团组织更好服务青年、青少年提供了有效工作载体；提供经费保障，团区委积极争取区委常委会支持，加大区财政对基层团组织工作经费保障力度，2016年望城街道（镇）团组织工作经费预算由每年2万元增加到3万元；优化考核方式，通过“平时考察+年度工作考核+重点工作考评”的“三位一体”的评定模式，将评定结果与团工作经费挂钩，增强基层共青团工作的活力，激发基层团干部的干事热情。

助力青年创新创业。1月5日，召开望城各界青年创新创业座谈会，望城区委副书记、主持区政府全面工作的副区长范焱斌与望城区各界青年代表面对面交流，共话“创新创业梦”，座谈交流会上，10多名来自工业、农业、服务业的青年代表们结合自己的创业创新经历和目前面临的困惑进行交流，并对如何更好地推动创新创业工作提出积极建议。5—10月，开展第二届望城区青年创新创业项目评选活动，激发青年创新创业，助推广大青年实现创业创新的梦想。区委书记孔玉成出席项目启动发布会，要求全区各级团组织和相关部门要为青年创新创业提供优质化服务、常态化支持。评选活动主要针对18~45周岁正在创业或有创业项目的青年，对于落地望城的工业制造类、现代物流业项目“十佳项目”给予现金奖励，并提供200平方米的免费创业场地使用一年。

开展爱心帮扶活动。5月31日，与区文明办、区妇联等单位联合举办“心手相牵 快乐成长”关爱留守儿童结对帮扶活动，号召社会各界爱心人士与留守儿童心手相牵，帮助留守儿童健康快乐地成长。加大希

长沙市“青年之家”综合服务平台建设现场推进会在望城举行

望工程力度,开展"芙蓉学子""茅台助学"等活动,助力38名贫困生圆梦大学。12月5日,以国际志愿者日为契机,联合区委统战部共同承办"同心之声 亲青行动"社会扶贫专场活动,在爱心人士与重点贫困户全部实现联亲后,场外有141家爱心企业认领了122户贫困家庭的爱心需求。全年援助230名特困学子,帮扶资金近百万元,爱心帮扶工作呈现出项目化、跨区域化、科学化特点,彰显共青团组织的爱心品牌和影响力。

提供优质志愿服务。打造专业志愿团队,指导全区25个村(社区)团组织打造线上志愿服务平台,累计在线注册志愿者3000余人,指导成立6支专业学雷锋志愿服务团队和区公益救援协会,开展医疗义诊、交通劝导等活动。助力重大活动,全年共招募、组织、培训青年志愿者400余人次,优质服务于国研智库论坛2016•湘江论坛暨世界休闲农业与乡村旅游峰会、书堂山首届文人书法周、2016年雷锋精神论坛等大型节会,向国内外嘉宾、社会各界展示了文明形象。助力文明旅游,在靖港镇千龙湖等景区创建"雷锋号"志愿者工作站,为八方游客提供旅游咨询、景点讲解等志愿服务3万余人次。

服务青少年。5月,在全区开展党组织书记与青年面对面活动,全区64个区直部门、街道(镇)、园区、学校开展面对面交流活动,倾听青年心声,凝聚青年力量,服务青年成长。5月30日,举行"我们的节日——奋斗的青春最美丽"优秀中职毕业生校园分享报告会,引导和帮助广大青年学生树立和践行社会主义核心价值观,坚定为实现"中国梦"而奋斗的理想信念。6月,开展首个机关开放日活动,邀请园区、企业、村(社区)、社会组织等团员青年代表参加"学讲话 话改革 谋发展——共青团望城区委机关专题开放日"活动,积极探索紧密联系青年的有效渠道。8月,举办"爱在七夕 共聚倾城"单身联谊交友活动,百余名单身团青干部参与青年交友。开展新媒体宣传活动,2016年,"望城青年"微信平台发布367篇文章,其中,《望城版南山南出炉》《图解政府工作报告,带你感受望城的发展脉搏》等微信热文,在青年中得到广泛欢迎,在社会上引起良好反响,吸引35298名青少年关注。

【打响雷锋号青少年关爱家园品牌】 望城雷锋号青少年关爱家园项目共有14个站点,实现区域的全覆盖,按照"线上、线下联动","区、街镇团组织、村社区团组织+社会组织+志愿者"的模式,为青少年、特别是留守儿童在家门口提供课业辅导、兴趣培养和心灵陪伴等志愿服务,由区团组织购买服务、社会组织提供专业服务、基层团组织负责日常运行,打通服务青年、青少年"最后一公里",激活基层团组织。引进3家专业社工组织,招募中南大学、中南林科大等高校大学生志愿者利用周末和寒暑期针对青少年开展志愿服务,全年开展服务150余天(次),使900余名孩子受益。月亮岛街道黄狮岭社区、黄金园街道英雄岭村、黄金园街道黄金园村等雷锋号青少年关爱家园被评为"2016年度湖南省示范性'青年之家'综合服务平台"。"雷锋号"青少年关爱家园获"第二届全国基层团建创新典型案例"。7月30日,团省委副书记罗琼率14个市州团组织负责人、省直团工委负责人、省属企业团工委书记、省非公企业团工委书记实地察看雷锋号青少年关爱家园站点,详细了解项目开展及运行情况。11月9日,团市委在望城区召开"青年之家"综合服务平台建设现场推进会,市委副书记徐宏源等出席指导,区委常委、组织部部长周志辉代表望城作经验介绍。

【开展第二届青年创新创业项目评选活动】 为响应国家"大众创业,万众创新"的号召,帮助广大青年实现创新创业梦想,助推全区经济社会发展,望城区开展第二届青年创新创业项目评选活动。活动由团区委会同区创业富民办、区人力资源和社会保障局等单位举办。评选活动邀请专家成立评审团,针对参赛项目的产品情况、市场前景与效益、团队实力、可行性和创新性等方面,对申报项目进行筛选评分。本次活动报名时间为5月4日至6月30日,主要针对18~45周岁正在创业或有创业项目的青年,参选项目范围为工业制造业、现代物流业类初创型项目。活动共吸引155个项目报名,通过资格初审、尽职调查、复审、路演等程序最终分别评出了工业制造类、现代物流业项目"十佳项目"。对于落地望城的工业制造类、现代物流业项目"十佳项目"分别给予10万元、5万元现金奖励,并提供200平方米的免费创业场地使用一年。吸引长沙圣尤里塔生物科技有限责任公司、湖南省迪尔森热电有限公司等优秀项目来望城落户发展,为望城经济发展培育了种子企业。活动得到人民网、中国新闻网、《长沙晚报》、腾讯网等重点媒体的宣传报道。

(陈 苗)

共青团长沙市望城区委

书　记　毛　柯
副书记　熊　昭(4月任)
　　　　吴弘毅(3月免)

望城区妇女联合会

【概况】 2016年,望城区妇女联合会机关共有干部4人。全区下辖14个街镇妇联、80个机关妇委会(妇代小组)、85个村妇代会、43个村(社区)妇联,有女企业家(企业家贤内助)协会、女领导干部联谊会、中国旗袍协会望城分会3个团体会员。

夯实妇联组织基础。联合区委组织部、区民政局在全区14个街镇和43个村(社区)试点推行基层妇联组织改革创新,完成试点单位妇联改建以及妇联执委充实工作。在惟楚竞材培训学校、女企业家协会、大美茶亭养殖专业合作社等领域新建妇女组织16个。指导望城经开区成立妇联,探索构建大群团工作格局。结合社区提质提档三年行动,强化

“妇女儿童之家”阵地建设，指导高塘岭街道斑马湖社区、白箬铺镇白箬铺社区分别成功创建省、市“示范妇女儿童之家”，指导月亮岛街道杨丰社区等8个村（社区）创建区级“示范妇女儿童之家”。以换届选举为契机，积极推荐优秀女性到重要岗位上任职，推荐本单位中层干部任班子成员，推荐2人当选市党代会代表，1人当选市人大代表，4人为区人大代表，3人当选区政协委员。其中，区妇联党组书记、主席当选为区党代表、区人大代表（人大常委）。11月30日至12月1日，联合区委组织部、区委党校举办全区基层妇联干部培训班，组织各街镇妇联主席、兼职副主席及各村（社区）妇代会主任（妇联主席）参训。

区妇联“送法律到基层”活动

激发岗位建功热情。开展“巾帼文明岗”创建活动，推荐区房屋产权交易中心获评省级“巾帼文明岗”，推荐区公安局人口与出入境管理大队、区国税局人事教育科获评市级“巾帼文明岗”，并指导他们分别与大龙村、齐天庙村、黄花岭村签订“岗村结对”协议，开展“百岗联百村、共建新农村”活动。指导新发展的团体会员——中国旗袍协会望城分会开展“2016年我们一路跑起来”、全区篮球赛开幕式、“同做文明人，共建文明城”、首届旗袍大赛等主题活动。指导区女企业家（企业家贤内助）协会在华龙山庄、黑金刚、云游茶叶等地开展交流学习活动，大力提升女企业家素质，促进会员企业发展。帮助10名大中专毕业生申请到小额担保贷款84万元，为她们投身大众创业、万众创新提供贴心服务。5月31日，与区文明办、团区委、乔口镇联合举办“心手相牵 快乐成长”关爱留守儿童结对帮扶暨文艺会演活动，组织女企业家协会、中建二局第三建筑工程有限公司、望城国才教育培训学校、望城区惟楚竞才教育培训学校等爱心单位与56名留守儿童结对帮扶。12月5日，组织11名女企业家参加望城区“同心之声•青亲行动”社会扶贫纪实活动，并分别为建档立卡的贫困家庭认领心愿。组织机关干部与喻家坡社区的2户建档立卡贫困家庭结对帮扶，帮助他们实现年底脱贫，将巾帼精准扶贫行动落到实处。

创新宣传教育方式。3月8日，召开“重家教育家风幸福名望城”各界妇女庆“三八”大会，联合区纪委、区文明办等单位启动百场公益大讲堂，并组织“携手共创平安、廉洁、健康、和谐幸福之家”墙上签名活动，全年举办家风家教、婚姻家庭、普法宣传、二孩健康等公益讲堂27场，深受广大基层妇女群众好评。在全区开展“巧、孝、贤、廉、能”媳妇（内助）评选活动，推动核心价值观在家庭落地转化。积极参加省、市“传承家庭美德，树立良好家风”家庭情景剧编创征集活动，选送的白箬铺镇大塘村《婆婆也是妈》获市级三等奖。9月23日，在高塘岭街道斑马湖社区开展“亲子共阅读 书香满家庭”——寻找最美“书香家庭”、最美“书香小达人”暨《用故事陪伴孩子成长》爱心妈妈讲座活动，表彰10户“书香家庭”、2名“书香小达人”，并向斑马湖社区捐赠数百册精美图书。10月27日，联合区财政局、供电公司、城投集团以“无私奉献做表率 爱岗敬业创佳绩”为主题，举办望城区机关“道德讲堂”总堂活动。深入挖掘先进典型，推荐市级“最美家庭”9户、“最美女性”12名和“最美创业”7人及“两型家庭”200户，推荐航运公司贺建平家庭获评全国“五好文明家庭”，推荐自愿捐献骨髓的张艳及其家庭参评“长沙好人•身边雷锋”和省级“五好文明家庭”。

维护妇儿合法权益。加强与区政法委、法院、民政局、司法局的沟通协作，推动“婚姻家庭纠纷调解专业委员会”建设，联合出台《长沙市望城区婚姻家庭调适服务中心（婚姻家庭纠纷专业性人民调解委员会）工作实施方案》（望综治办〔2016〕6号），通过政府购买社会服务、返聘妇联退休干部开展相关工作，探索社会化联动维权与项目化实事救助新途径。全年接待来访来电138件，市妇联转交件3件，其中“12338”维权热线信访案件22件，信访件办结率100%。协调公安局帮助4名未报警的受家暴妇女进行伤情鉴定，协调司法局为4名妇女提供法律援助。9月29日，联合区公安局举办望城区反家庭暴力知识和技能培训，基层妇联干部及社区民警等180余人参加培训，进一步凝聚多机构反家庭暴力的强大合力。关爱妇女儿童身心健康，开展“送法律 促和谐•巾帼在行动”巡讲活动，先后在旺旺路社区、白箬铺社区等地举办12场普法维权和心理健康讲座，印发4万余份《反家庭暴力知识解读》

宣传手册。全年完成“两癌”免费筛查5046人，争取到34个国务院名额、2个省妇联名额、4个市妇联名额对农村贫困“两癌”妇女进行救助。联合市妇儿基金会，实施“珂信•两癌”救助项目，帮助34名贫困“两癌”妇女减免住院治疗费用。实施“春蕾助学计划”，资助28名女童18400元。春节期间和“三八”节前后，帮扶特困母亲和困难基层妇干家庭198户、特困儿童家庭21户，共计128600元。

【试点推动基层妇联组织改革】 联合组织部、民政局下发《印发〈关于坚持党建带妇建全面推进基层妇联组织改革实施方案〉的通知》（望组发〔2016〕7号），在全区14个街镇和43个村（社区）试点推进基层妇联组织改革创新，全面完成试点单位的妇联改建以及妇联执委充实工作，超额完成市妇联下达的目标任务。11月30日，在全区基层妇联干部培训班上，为新当选的街镇妇联主席、兼职副主席、执委颁发了聘书。联合区民政局下发《关于开展基层妇联组织改革示范村（社区）评选工作的通知》，按照“领导班子和干部队伍好、程序规范好、阵地建设好、后续工作好、群众反映好”的“五好”标准，评选一批特色鲜明、成效明显的基层妇联组织改革示范村（社区），给予了1万元~2万元以奖代补资金。

【召开区妇联第一届二次执委会】 10月13日下午，望城区妇联第一届二次执委会在区行政中心主楼十二楼一会议室召开。会议按照《中华全国妇女联合会章程》《妇女联合会执行委员会委员替补、增补及常务委员会委员增补的规定》的要求，通过严格的选举程序，增补4名执委委员、2名执委常委，选举出区妇联主席、副主席。

（杨京瑗）

望城区妇女联合会

主　　席　刘群英
副 主 席　彭　阳
　　　　　吕红梅（9月任）
　　　　　周红宇（3月免）

望城区残疾人联合会

【概况】 望城区残疾人联合会机关在职在编干部职工6人，下设残疾人劳动就业服务中心1个二级机构，有干部职工4人。

2016年，全区有残疾人2.4万人，其中持有“第二代残疾人证”的11320人，按残疾类型分：肢体残疾5833人，视力残疾1901人，听力残疾630人，言语残疾200人，智力残疾1231人，精神残疾1235人，多重残疾290人。按所属区域分：农村残疾10429人，城镇残疾891人。

实施康复实事项目。实施“贫困残疾儿童抢救性康复”项目，将123名0~14贫困残疾儿童送入指定康复机构接受康复训练；实施“光明•关爱”项目，免费为110名低弱视力患者提供治疗、184名白内障患者进行手术；实施“义肢助残”项目，为17名肢体残疾人免费进行假肢装配；实施“辅具适配进家庭”项目，为50户家庭进行辅具适配。

加强教育就业服务。举办残疾人实用技术培训班1期，培训残疾人111人；落实贫困残疾人家庭子女助学工作，为490名在校残疾学生和残疾人子女发放助学补助，比上一年增加45名；配合税务部门做好残疾人就业保障金征缴工作，税务部门代征残疾人就业保障金460万余元；帮助残疾人解决就业问题，推荐和安置残疾人就业108人，扶持16名残疾人成功创业。

夯实基层工作基础。完善区、镇、村三级残疾人组织体系，淘汰一批不合格的专职委员，完成街镇、村（社区）残疾人专职委员续聘工作；组织开展“远征杯”无障碍知识竞赛，宣传《中华人民共和国残疾人保障法》《无障碍环境建设条例》及《无障碍设计规范》等无障碍相关法律法规和技术规范；在第二十六个“全国助残日”活动期间，组织镇街、村社区结合“关爱身边残疾人朋友”活动主题，开展形式多样的助残活动，为残疾人提供生活上的帮助和心理上的辅导；完成残疾人基本服务状况和需求信息数据动态更新试点工作，望城作为湖南省两个试点区之一，动态更新入户调查工作率先全省开始，对辖区内9个街道、5个镇、128个村（社区）的持证残疾人进行详细调查，入户调查率97.59%，9月9日获中残联实地调研验收通过；指导街镇及社区开展“明星乡镇”“星级社区”创建工作，有3个镇街和7个社区创建成功；组织开展长沙市“善行四十佳”评选工作，谭建祥被评

2016年残联系统工作会议暨“全国助残日”活动捐赠仪式

为“十佳残疾人自强模范”，欧阳德胜被评为“十佳残疾人专职委员”，杨丹被评为“十佳基层残疾人工作者”，望城区湘港生态农业有限公司被评为“十佳扶残助残爱心集体”。

落实扶贫济困措施。完成残疾人家庭无障碍改造60户，社区无障碍改造1个；开展走访慰问贫困残疾人家庭送温暖活动，走访慰问贫困残疾人500余户，发放慰问金30万余元；联合住建局实施“农村危房改建工程”，为249户贫困残疾人家庭进行危房改造；开展“慈善助残•善行望城”系列扶残助残活动，包括慈善助听、慈善助行、慈善助医、慈善助困4个项目，为15名0~8岁贫困听力残疾儿童适配14000元/台的助听器，为20名贫困肢体残疾人适配7000元/台的电动轮椅，为30户贫困残疾人家庭发放每户10000元的大病（住院）医疗救助，为100户贫困残疾人家庭发放每户2000元的临时生活救助；落实精准扶贫计划，与桥驿镇桥头驿社区18户贫困户一一对接，明确帮扶责任人，上门宣传政策、走访慰问、开展帮扶。

落实助残惠残政策。配合民政部门做好重度残疾人特殊生活补助和护理补贴的核发工作；发放854户“一户多残”贫困残疾人家庭特殊生活补助205万余元；落实残疾人免费乘坐市内公交车政策，为残疾人发放公交爱心卡4300余张；落实贫困残疾人居家托养工作，为120名残疾人发放居家托养补助；落实残疾人机动车燃油补贴发放工作，为75名残疾人发放机动车燃油补贴。

【举行“全国助残日”活动捐赠仪式】 5月15日是第二十六次“全国助残日”，活动主题是“关爱孤残儿童，让爱洒满人间”。“全国助残日”活动前，区残联对全区辅具需求对象和医疗救助对象进行摸底。5月10日，望城区残联在雷锋大剧院举行“全国助残日”活动捐赠仪式，区人大常委会副主任杨德明、区人民政府副区长喻霞元出席活动。捐赠仪式上，为20名贫困肢体残疾人捐赠价值7000元/台的电动轮椅，为30户贫困残疾人家庭捐献每户10000元的大病（住院）医疗救助款。区残联要求各街镇、村（社区）残疾人组织要根据望城区第二十六次“全国助残日”活动方案开展一系列活动，将区残联派发街镇的辅助器具及时赠送给最迫切需要的残疾人，走访慰问贫困残疾人家庭，在全区营造扶残助残的良好氛围。

（杨纬韬）

望城区残疾人联合会

党组书记、理事长	高　峰
党组副书记、副理事长	李树发
副理事长	廖应林
	易明亮
	（12月“改非”）

望城区归侨侨眷联合会

【概况】 区归侨侨眷联合会有专职工作人员3人，兼职副主席5人。

加强联络联谊。坚持“请进来”。全年接待来望城考察项目的客商及探亲、访友、参观学习的海外人士13批次200多人次。其中接待获得抗日战争暨世界反法西斯战争胜利70周年纪念章的刘汉屏的儿子Dennis Liu（刘文握）一家、原望城县侨联海外顾问何金辉一家、澳大利亚塔斯马尼亚州德文市长代表James Henry先生一行、吉尔吉斯斯坦共和国企业家联合会考察团、“亲情中华•汉语桥”夏令营活动的全球华裔青少年一行和香港“同行万里”高中学生一行，加强与海外华人华侨及其眷属的密切联系，增进了友谊。9月29日接待西澳湖南同乡会一行，区侨联牵线搭桥，促成其与望城青商会为战略合作伙伴关系，并签署合作协议。坚持“走出去”。参加市外事侨务办11月组团赴菲律宾、马来西亚进行访问，访问期间拜访菲律宾南安商会总会并参加总会第十四届理事暨菲律宾南安商会第二届理事就职典礼活动、拜访马来西亚当地侨领侨商。通过“走出去”，大力宣传、推介望城，密切与海外侨胞的联络联谊。坚持“常联络”。在各传统节日前夕，积极与国内海外人士联系，采取发送电子贺卡、邮件、通电话等方式，传递温情与问候，增进感情，让他们切实感受到“娘家”的温暖。

省委常委、统战部部长黄兰香（右一）调研望城区侨资企业

支持侨企发展。区侨联争取各级党委、政府为侨（台）企发展提供支持。6月1日，副区长刘洪波率区直相关部门负责人到区重点侨（台）企开展面对面帮扶活动；10月，区委常委、统战部部长喻霞元到泰嘉新材、

湾田国际等企业调研，详细了解企业实际需求，精准推进侨企发展；8月30日，省委常委、统战部部长黄兰香深入黄金创业园、金龙集团等地，实地调研新侨海归创新创业情况，并与部分新侨海归代表座谈交流，为推进望城新侨海归创新创业工作支招。区侨联发挥桥梁纽带作用，推荐泰嘉新材参加上海中国国际工业博览会，泰嘉以新的标识、新的形象、新的产品、新的理念亮相博览会，得到广大客户与经销商的高度认可。侨资企业泰嘉新材料股份有限公司入选湖南省工业品牌培育示范企业、被授予"湖南大学实习教学基地"，经湖南省人力资源和社会保障厅批准，正式成立博士后科研流动站协作研发中心。欧比佳(中国)携旗下产品参加在新加坡举行的亚洲地区最具影响力婴童行业盛会UBM，受到来自新加坡、马来西亚、菲律宾、泰国等东南亚地区客户及消费者的广泛赞誉。为市侨商会成立做好宣传工作，推荐10名优秀会员，建立侨商会微信群，使在望企业与创业中的个人、企业家得到整合及利用资源的平台。长沙奕辉农业科技发展有限公司致力于两型社会建设和生态文化传播，获湖南省著名商标称号，并成功申请两项生产发明专利。

发挥侨界作用。配合市侨联换届做好15位市侨代表的推荐与考察工作，组织市侨代表参会，并建立"一家亲"微信群。密切与侨界人士的联系，畅通建言献策渠道，其中留学回国创业人士，湖南欧比佳营养食品有限公司副总经理、区侨联委员王露的建议"我国应出台国家标准，统一在中国销售的常温奶的保质期都应在6个月以内"被中央统战部采纳。在区侨联的推荐下，有11位参政议政意识强、德才兼备的侨界人士当选为市、区人大代表、政协委员。发挥3位侨界人民陪审员作用，直接参与10起案件的审理，在一定程度上克服了法官思维定式，丰富法官在事实认定和法律适用中的思维判断，从而最大限度地实现司法公正。组织侨界爱心人士参与扶贫帮困活动。黑金刚实业有限公司副总经理、澳大利亚留学回国人员杨湘龙定期援助慰问乌山镇敬老院老人，累计捐助财物10万元，在新化县第五中学设立助学金，每年捐助考取大学贫困生，累计捐助30多名学生，援助资金50万元；望城侨企欧比佳为湖南省湘西麻阳苗族自治县近50个贫困婴幼儿家庭捐赠价值35万元的奶粉，在云南红河州地区开展关注贫困婴幼儿爱心慈善行动，捐赠婴幼儿用品、奶粉、童装、童鞋等价值5万多元；儿童节期间区侨联及委员联手青商会慰问乔口镇留守儿童，发放慰问金及礼物计2万元。

保护侨界权益。开展侨法宣传。3月4日，在望城区碧园举行侨法宣传零距离服务活动，区侨联开展《中华人民共和国归侨侨眷权益保护法》《湖南省归侨侨眷及华侨身份认定办法》等侨法宣传，并发放侨法宣传资料200套，向全区宣传侨法，营造依法护侨的良好氛围。开展"走基层、送温暖"春节慰问活动。走访慰问61位老归侨和困难侨眷，送慰问金4万多元；10月9日与区台办和雷锋路社区共同举办"望城台侨缘•重阳敬老情"活动，老归侨代表、侨眷台属和空巢老人代表共60人参加活动。加强信息报送，向上级侨网侨刊和各级新闻媒体报送通讯稿件32篇。

【黄兰香调研望城区新侨创新创业情况】 8月30日上午，省委常委、统战部部长黄兰香深入望城区黄金创业园、金龙集团等地，实地调研新侨海归创新创业情况，并与部分新侨海归代表座谈交流。市委常委、统战部部长文树勋，望城区委书记孔玉成陪同调研。黄金创业园是望城首家中小型企业基地、科技企业孵化器，目前，园区已累计引进企业130多家，累计总产值达到5.4亿元。园区也聚集了众多新侨海归创业者，成为推动科技创新和产业发展的重要力量。黄兰香对黄金创业园积极搭建新侨海归创业平台给予充分肯定，并希望园区进一步提升企业创新能力，注重人才培养，加强团队建设，做大企业规模和提升影响力；要积极推进大数据资源共享平台建设，实现创业信息共享，为园区创新创业搭建科技平台；要完善园区配套，着力打造国家级同心园区和科技企业孵化器。在金龙集团，黄兰香一行察看企业生产车间，详细了解铜缆科技研发和市场应用情况，并鼓励企业继续加大创新力度，加强与其他侨资企业合作，不断完善产业链，努力培育新的经济增长点。调研中，黄兰香对望城新侨海归创新创业工作给予充分肯定，并指出新侨海归是湖南开放型经济发展的一支重要力量，各级部门要高度重视新侨海归创新创业工作，进一步整合资源，完善服务，为海归人才营造良好的创新创业环境；各级侨联要发挥好统战优势，进一步凝聚侨心、汇集侨智、发挥侨力，更好地服务新侨海归创新创业和侨资企业发展；新侨海归代表要充分发挥桥梁纽带作用，增强对湖南发展的信心，向世界讲好中国故事和湖南故事，吸引更多海外人才到湖南创新创业，努力推动湖南经济社会发展。

【西澳湖南同乡会暨总商会侨胞参观考察望城】 9月29日，参加"海外侨胞故乡行"的西澳湖南同乡会暨总商会的侨胞到望城参观考察。"海外侨胞故乡行"活动是中国侨联成立60周年庆典系列活动之一，旨在进一步发挥海外侨胞力量促进地区经济社会发展。区侨联陪同西澳同乡会一行考察望城侨企——长沙黑金刚实业有限公司，参观望城区城市规划展示馆，并在区侨联会议室进行了座谈交流。区委常委、统战部部长喻霞元出席座谈会，对同乡会一行表示热烈欢迎，希望同乡会的侨胞们多宣传望城，让更多的海外侨胞及侨社团了解望城，来参观考察、投资创业，搭建起望城与世界联系的桥梁。同乡会一行表示，通过考察被望城的发展深深撼动，为进一步推动澳大利亚与望城的文化和经贸交流以及创新创业，加强海外侨胞与望城的联系，促进望城经济、社会的发展，搭建多元化、多层次、多服务的合作平台，共同打造更具创新理念和服务体系的共赢模式，自愿与望城青商会结为战略合作伙伴关系，签署合作协议。这是望城区侨联促成的首个与海外社团签订的合作协议。

（彭 英）

望城区归侨侨眷联合会

主　　席　刘艺苗（10月任）
副 主 席　彭　英　刘达五（兼）
　　　　　严　娟（兼）毛　铁（兼）
　　　　　沈　科（兼）莫小代（兼）
秘 书 长　莫小代

望城区红十字会

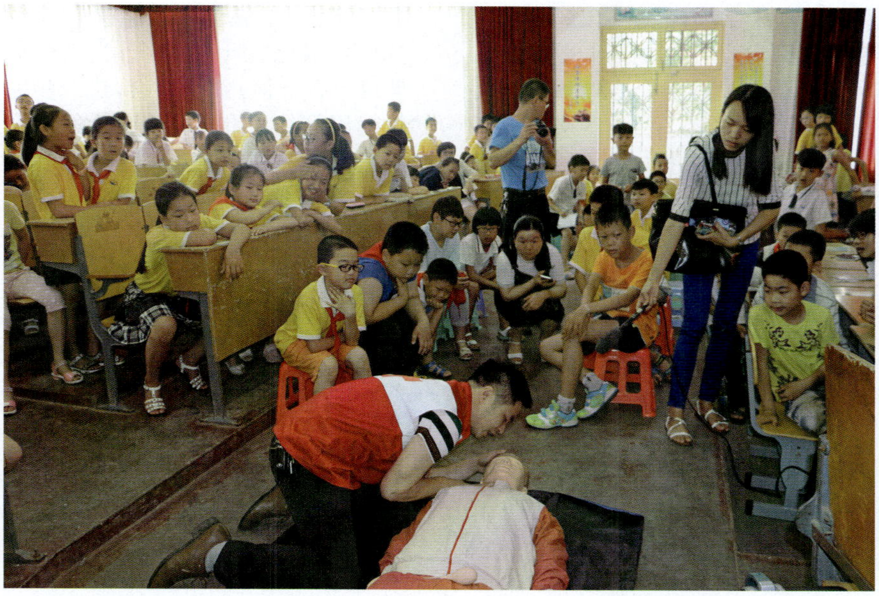

救护培训进校园

【概况】 2016年，区红十字会为参照公务员法管理的群团组织，下辖14个街镇、26个村（社区）红十字会，有在职在编干部4人。

夯实基层工作基础。2016年，新建21个村（社区）红十字会；指导高塘岭街道、大泽湖街道、望府路社区创建成为市红十字会模范单位。在全区红十字工作会议上，雷锋路社区作为先进单位代表介绍工作经验。浏阳市、宁乡县、益阳市红十字会先后到望城考察学习红十字工作，实地观摩雷锋路社区博爱超市。

组织社会救助活动。以"博爱送万家"活动为载体，筹集款物价值25万余元救助困难群众；开启"互联网+公益"筹资模式，通过专业的筹资平台为困难群众筹资；在政务服务大厅等人流集中的地方设置5个募捐箱；联系爱心企业开展扶贫帮困活动;9月6日，联合湖南旺旺食品有限公司到乔口南湖学校开展关爱留守儿童活动，给孩子们送上优酪乳；9月12日，联合湖南四季南山营养食品有限公司走访乔口、靖港、乌山、高塘岭敬老院，给老人们送去慰问物资；12月25日，和京东商城望城区服务中心一起走访新康、靖港敬老院，给老人们送去油、米等慰问物资。

普及应急救护知识。"5•8世界红十字日"和"世界急救日"宣传活动期间，在区电视台播放为期半个月的急救知识视频，用群众乐于接受的方式普及急救知识；6月21日，在高塘岭实验小学开展"红十字救在身边——平安校园"活动；6月24日，在望城六中开展"红十字救在身边"——长沙市关爱未成年人主题活动暨望城六中消防演习；暑假期间，先后在旺旺路社区、高塘岭社区、斑马湖社区组织7次青少年自救互救知识培训班，帮助青少年掌握基本的自救互救知识；在区委党校举办救护员培训班2期，104人获得红十字救护员初级培训合格证；选派4名红十字救护师资和6名向阳中学学生参加市红十字青少年救护技能大赛，获三等奖；世界急救日活动期间，高塘岭街道、大泽湖街道、月亮岛街道红十字会分别在月龙小学、东马小学、中岭小学组织开展了主题为"儿童学急救，急救为儿童"的急救知识培训。

开展志愿服务活动。志愿服务队先后到新康、乌山、靖港、星城等敬老院开展慰问活动；联合遇见家驹公益助学基金开展3次慈善义演，筹集的资金全部用于爱心助学；4次到桑植县竹叶坪乡干洞村开展爱心助学活动。5人获评市红十字会优秀志愿者，26人获评区红十字会优秀志愿者。开展无偿献血、造血干细胞和遗体器官捐献宣传工作。湖南旺旺食品有限公司张艳成功捐献造血干细胞，为湖南第395个捐献者。

【区红十字会志愿者国庆赴桑植助学】 为了给山区孩子送去爱和希望，国庆节期间，区红十字会志愿服务队志愿者们放弃假期休息时间，驱车300多千米前往桑植县竹叶坪乡干洞村开展公益助学及爱心走访活动。由于山区交通不便，有些学生要走很远的山路赶到学校上课，他们都渴望拥有一辆自行车。有些学生家庭生活拮据，急需生活用品和学习用品。志愿者们走访当地10多户贫困家庭，这些家庭的孩子大部分是留守儿童，主要由年迈体弱、丧失劳动能力的爷爷奶奶抚养，生活艰辛。此次志愿者们为贫困学生送去的慰问物资，就包括爱心人士捐赠的11台自行车、70套被子，植物油、雀巢奶粉各5件，还有牛奶、服装、学习用品一批。此次爱心活动，给学生送上自行车，更送去了欢乐；给学生送上棉被，更送去了温暖；给学生送上牛奶和奶粉，更送去了社会各界爱心人士的关心与祝福。

【全市红十字会经验交流座谈会在望城召开】 10月19日，长沙市红十字会经验交流座谈会在望城区政务服务中心5楼会议室召开，会议由长沙市红十字会主持，各区县(市)红十字会常务副会长、秘书长和专干参加会议。望城区红十字会从组织建设、宣传传播、核心业务等方面的主要做法和工作经验在会上作典型发言。近年来，望城区红十字会狠抓组织建设，率先全市在全区14个镇(街道)成立红十字组织，大力发展学校、村(社区)红十字会，进一步完善基层网络；组织镇(街道)红十字会加大防疫知识宣传，扎实做好备灾救灾工作。同时，通过播放急救知识视频、举办救护知识培训班等方式开展各类培训和普及活动19次，普及人数达8000余人，为望城红十字事业健康发展打下良好基础。会上各区县(市)红十字会就各自工作情况作交流发言。会议充分肯定望城红十字会工作，“望城经验”获全市推介。

(邓燕洁)

望城区红十字会

会　　长　苏敏芳
常务副会长　罗立新(10月任)
　　　　　　苏跃宇(10月免)

法　　治

责任编辑◎赵运良

政法委及综治

【概况】 2016年，区委政法委、区社会管理综合治理委员会办公室、区维护稳定领导小组办公室合署办公，内设办公室、政工人事科、执法监督科3个科室，有干部职工17人。

敢于担当，维护稳定促和谐。始终紧绷维稳之弦，把握信息预警这条主线，进一步完善区、乡镇(街道)、村、组四级信息网络建设，共收集不稳定因素信息520余条，排查掌握不稳定因素260余个，采集管控重点人员信息2200人次。矛盾纠纷化解妥善到位。健全“四级三调”大调解工作格局，驻所调解、驻校调解、驻院调解、驻企调解机构全面夯实，医疗、交通、物业、婚姻四个专业调解中心初步建成。各级调解组织共调处各类矛盾纠纷5598起，调处成功5486起，调处成功率98%，协议涉及金额4148万元，并化解王克其等一批信访积案。突发事件调处及时果断。准确把握维权与维稳的实质，严格落实“属地管理”和“三个出动层次”的维稳工作责任，及时果断有效处置各类群体性事件76起，预防、制止串联集会20余起，涉军、两安用地等重点群体总体平稳可控，确保重点时间、重大活动、重要领导考察调研望城期间的安全稳定，实现不发生重大政治影响事件、不发生暴力恐怖事件、不发生重大刑事案件、不发生重大群体性事件，不发生公共安全事件的“五个不发生”工作目标。

狠抓落实，深化措施促平安。充分发挥基层活力，开展创建五所“平安医院”、十所“平安校园”、百个“平安单位和平安社区(村)、楼盘小区、安置小区”、千个“平安门店”、万户“平安家庭”的平安创建活动。创建覆盖率100%。在认真抓好平安园区等创建前提下，把创建活动延伸到边界、寺庙、军地等领域，大力推进“平安校园”创建活动，4月获全省首批平安校园建设先进区荣誉。乔口镇、白箬铺镇平安边界创建工作得到市司法局的充分认可。“红袖章”工程持续深入。注重视频监控、“移动天网”、治安电子卡口建设，强化重点人员、重点部位管控，建立重点地区“猫鼠同步”、背街小巷“无隙巡防”、重点人员“无脱管漏管”防控机制，构建专业巡防、内部安防、义务巡防“三位一体”的多元化防控网络。2016年全区共发刑事案件1427起，较上年同期下降9.5%，刑事发案数只占长沙市总体发案数的2.8%，治安警情同比下降15%，实现发案下降、治安警情下降、破案率上升的“两降一升”工作目标。综治信息平台建设有序。在区应急联动指挥中心高规格成立综治信息平台，以公安“110”报警平台、法院执行系统为依托，将全区划分为529个工作网格，配备150名信息采集员，建立“群众服务零距离、群众诉求全响应”的社会治理快速反应机制。

主动作为，服务经济促发展。围绕区委“大项目竞赛年”工作目标，制定《关于深入开展“雷霆行动”的实施方案》，严厉打击阻工闹事、强包强揽、串标围标等扰乱经济发展环境的违纪违法犯罪行为，开展现场维护施工60余次，出动警力1128次，查结扰乱经济发展环境案件23起，刑事拘留3人，行政拘留35人，罚款6人，教育训诫220余人次。司法强拆机制逐步完善。司法强拆联席会议制度进一步健全完善，司法强拆快速通道程序流畅，区法院稳妥审结刘某、王某、尚某等涉重点工程建设案件，依法拆除白沙洲街道马桥河村王某户、月亮岛街道中华岭村吴某户、白沙洲街道龙某户等“钉子户”房屋，为项目建设扫清障碍。同时，区直政法各单位抽调政法综治干部支持月亮岛、大泽湖等街镇项目扫尾工作，为征拆提供法律指导，下村入户做思想工作，引导多户顽固拆迁户参与自拆行动。项目建设服务同步跟进。紧扣区委、区政府工作部署，扎实履行政法工作职能，服务项目建设，护航经济社会发展。苏春光书记多次带队企业召开现场办公会，解决龙湖高尔夫项目因迁坟导致的阻工闹事等问题。与区公安交警大队协调解决帮扶企业金麓房地产提出的增划停车位、增设路口交通信号灯两个问题，受到企业好评。区法院参加政府项目建设相关联席会议50余次，为行政机关提供专业行政执法咨询服务，确保依法行政。区检察院坚持完善廉洁准入制度，对政府投资的公共工程实现“全覆盖”，为23个建设项目出具查询告知函69份，参与重大工程招投标监管35次。区公安局深入开展警企共建、结对帮扶工作，建立领导包片、部门联点、派出所负责辖区的服务项目建设帮扶机制，累计走访、帮扶、指导项目企业85个，召开专门会议20余次。区司法局新增16名执业律师承办法律援助事项，壮大法律服务队伍。

忠诚履职，维护秩序促公平。始终保持严打高压态势，创新侦查工作机制，常态组织开展处非、打假、打传、打黑等专项行动，并将打击矛头对准网络电信诈骗、盗抢、食药、黄赌毒等群众关切的突出违法犯罪。2016年,公安机关破获刑事案件646起,破案率45.3%,打击处理违法犯罪嫌疑人1200余人,打掉犯罪团伙45个,街面“两抢”等恶性案件基本没有发生;区法院受理各类案件5061件,审执结4454件;区检察院受理各类审查逮捕案件181件271人,批准逮捕121件193人,受理各类审查起诉案件257件421人,提起公诉169件244人;区司法局办理法律援助案件238件,为援助对象挽回经济损失300余万元。依法治访工作步入正轨。严格落实湘政法〔2014〕14号文件精神要求,突出对象管控、证据收集、问题化解,依法治理进京非访问题。依法打击处理非访人员50人次,其中行政拘留20人(次)、教育训诫30人次,实现全国两会期间零进京、零非访、零登记“三零”目标。铁路护路排查整治到位。开展铁路沿线问题排查整治,分类建立工作台账,及时落实整改责任单位,排查隐患问题26个,全部及时整改到位。针对京广线栅栏封闭村民阻工闹事问题,区综治办协调相关街镇和部门,协调经费5万元化解。桥驿镇民望村、沙田村两处涵洞堵塞,在市、区两级支持下,投资50万元完成整改任务。对周某某、马某某等肇事肇祸精神病人,所在地方组织专人看护,全年没有危害铁路事件和进京非访行为发生。政法综治宣传全面铺开。以平安创建“五十百千万”竞赛活动为载体,充分运用悬挂横幅、展出展板、户外广告、发放资料、单位固定宣传栏等多种形式广泛宣传平安建设内容,印发平安知识试卷8万份、平安家庭创建倡议书15万份、《平安望城知识手册》2万份、法治笔记本3500份,各街镇及相关单位印严禁“黄赌毒”、严禁非法集资、打击传销、治安保险等宣传资料5万余份发到居民户中,营造人人参与平安创建生动局面。区司法局联合区教育局开展中小学“法治在我心”征文比赛,评选出120篇优秀作品,调动广大家长和中小学生参与平安宣传的积极性和主动性。月月亮剑行动持续开展。每周由一个街镇牵头组织、以公安机关为主力军,分四个片区开展设卡盘查、集中清查和巡逻防范,在全区范围内布下巡逻防控“天罗地网”,共盘查过往车辆6680台,清查旅馆1385家,网吧552家,娱乐场所445家,登记流动人口12854人,有力威慑违法犯罪,切实增强了群众的安全感和满意度。技防设施建设不断加强。新增的2300个高清电子探头已陆续进驻农村重点地区,逐步消除基层视频监控盲区。加大社区警务室、派出所、区公安局三级视频监控系统、无线WiFi热点技术等科技信息化投入力度,进一步增强公安工作发展后劲。民调问题整改到位。集中整治省、市民调反映的突出问题,及时召开整改工作调度会议,成立两个专项督查组,进入街镇进行督促整改,下发两期督查通报。整改活动中,查处“黄赌”案件20余起,为群众解决实际困难156个,同时集中整治安置小区、城中村等治安复杂问题,持续深化“护校工程”,民调整改落实率95%。乔口镇安排部署党员干部上门入户走访群众,取得良好工作成效,全年市综治民调成绩获全区第一。

(办公室)

望城区委政法委员会

书　　记　苏春光
副 书 记　瞿礼义　黄国梁
　　　　　欧文武

区综治办

主　　任　瞿礼义
副 主 任　黄　刚　骆　端

区维稳办

主　　任　欧文武
副 主 任　张洪亮　熊立宏

法治政府建设

【概述】 2016年,望城区人民政府以《中共中央关于全面推进依法治国若干重大问题的决定》及省、市贯彻意见为指导,全面推进法治政府建设。

加强依法治理,规范自身建设。制定公布《2016年望城区法治政府建设重点工作安排》,对法治政府建设工作作出具体规划。在全区履行推进法治建设第一责任人职责,全年共有34件行政诉讼案有被诉行政机关行政负责人出庭应诉。8月,区政府区长办公会议研究政府法制工作,将办案经费增加至30万元/年,并明确从全区范围选调公务员、选聘政府雇员充实区政府法制办工作力量。区编办牵头深化政府机构改革,区分执法监督与服务协调。落实行政执法重心下移,在全区设11个基层动物防疫站,在各街镇农技推广服务中心增加农产品质量监管职责;设立15个市场和质量监督管理所(加挂食品药品监督管理所牌子)。开展依法行政示范单位创建活动,区住建局、烟草局、审计局等部门申报区本级示范单位。

严格程序到位,规范政府决策。区政府法制办列席区政府常务会议、区长办公会议等各类会议430余次,并提出意见,发挥决策法律审查作用。先后审查湾田项目用地、嘉宇公司问题、学校建设等事项,在法律框架下确定最优方案。加强文件管理。全区共有60件文件送审稿经过合法性审查,制发政府规范性文件11件,并报区人大及市政府备案。区政府法制办全程介入征地补偿安置办法实施细则、支持和促进房地产业持续健康发展等重大文件的制定过程,提前给出法律意见。开展规范性文件定期清理工作,对75件文件进行逐一审查清理,最终确认42件继续有效、24件失效,7件废止,重新公布2件;并向社会公开发布《关于公布2014-2016年规范性文件清理结果的通知》。6月,规范性文件数据库系统建成。制定《长沙市望城区人民政府法律顾问管理办法》,推广聘用法律顾问,指导35个部门、单位聘请法律顾问20余人。

强化审查服务,推进经济建设。推行以合法性审查为主、专业部门配合的审查方式,区政府法制办、金融办、财政局联合对系列政府性基金融资、PPP项目等复杂合同联合把关。全年组织各类合同商务会议80余次，审查各类政府合同91件，出具法律意见52份。整合资源，建立应急联动指挥中心，实现应急事件信息共享、应急处置统筹调度、应急反应高效快速；启动不动产统一登记制度改革，完成职能和机构整合，8月8日，望城颁发首本不动产登记；9月，将政府采购、建设工程招投标等五大类37宗交易事项纳入公共资源交易统一平台运行。在政府平台公司协助非公企业融资或自行融资的过程中，坚持法律职权底线依法审查相关材料，有效规避法律风险。在天空城市项目退出、洗心禅寺二期建设、明发国际用地、月亮岛城互动等重大经济事务的处置过程中，依法处置遗留问题。

深化指导示范，规范执法监督。持续进行执法案卷评查，对经过单位自查自评后抽选的34个单位82宗案卷（其中行政许可案卷45宗、行政处罚案卷37宗）进行评阅，发现整理问题130多条，对20宗有代表性的案卷进行集中讲评。公布典型案例指导，选取发改、卫计、城市管理领域3个具有合法性、代表性、针对性和示范性的案例，编纂成《长沙市望城区2016年行政执法指导案例》，进行公布。配合做好全省依法行政典型案例编纂工作，其中林业行政裁决案例被市政府遴选上报省编纂组。推进依法履职，完成行政执法证换发、电子化考核等工作。11月10日，全区1227名行政执法人员及拟从事行政执法工作人员全部完成电子化持证上岗考试。加强食品药品、安全生产、环境保护、劳动保障、医疗卫生等重点领域行政执法的督促指导。

着力化解争议，彰显监督效果。在行政诉讼案件办理案件过程中，区国土局、征地办、法制办等部门配合，搜集证据，沟通协调，取得较好的法律效果和社会效果。截至12月底，区政府办理行政复议（区政府本级办理35件）、诉讼案件共118件，向省市政府复议答复案件19件，向各级法院应诉讼案件64件。引导依法信访，将湖南省网上信访信息系统延伸至75个部门、14个街镇；出台《律师参与处理信访问题的工作方案》，周一到周四均有执业律师驻接访大厅参与协调信访矛盾纠纷；区政府法制办直接参与重大信访、疑难案件的处理，对涉法信访案件等提供法律咨询服务；联动依法打击非访行为，开展“信访积案集中化解年”活动，每周一、周四区委、政府班子成员公开接访，全年化解信访积案93件。强化监督，根据上位法立改废情况和机构改革结果，对政府权力清单、责任清单、执法依据等进行梳理调整，督促全区各执法单位及时更新行政处罚自由裁量权基准，并向社会公布；重视提案议案办理，办复“区长信箱”1438件，涉及民生保障、环境卫生、征地拆迁、农林水利等领域；区政府办公室会同33家主办单位、24家会办单位，全年办理人大代表建议、意见66件，政协委员提案69件，面商率、答复率、办理态度、满意率100%。

（黄 萍）

公 安

【概况】 2016年，区公安局设指挥中心、政治工作办公室、纪委(监察)室、警务保障室、警卫科、法制大队、刑事侦查大队、治安管理大队、交通警察大队、国内安全保卫大队、禁毒大队、经济犯罪侦查大队、网络安全保卫大队、人口与出入境管理大队、单位内部安全保卫大队、巡警大队、食药环侦查大队17个内设机构；看守所和拘留所各1个；高塘岭派出所、星城派出所、黄金派出所、白箬铺派出所、乌山派出所、桥驿派出所、丁字派出所、同兴派出所、铜官派出所、茶亭派出所、东城派出所、格塘派出所、靖港派出所、乔口派出所、新康派出所、水上派出所16个行政派出所；指挥中心下设绩效考评办。有民警、职工424人，辅警731人。

2016年有50个(次)集体、110人(次)民警、职工被上级通令、嘉奖，网安大队被评为全国公安机关网安工作先进集体，警务保障室被评为全国公安机关“210”工程建设先进集体并记省厅集体二等功，刘宇贵研发的便携式应急指挥合成设备荣获全省微改革微创新大赛金奖。

2016年区公安机关围绕中心，服务大局，坚持问题导向、民意引领，以“创业、创新、创优”为工作主线，深入推进“三个中心”“四轮驱动”警务机制改革，坚持做牢警务室、做实派出所、做强专业队、做优机关“四做举措”，不断完善精准防控、精确打击、精敏研判、精细管理、精心服务“五精”工作机制，有效地推动警务转型升级，确保全区社会治安大局持续稳定。被确定为公安部党建工作调研联系点和省委常委、政法委书记、省公安厅厅长黄关春同志工作联系点，警务改革经验被《人民公安报》头版推介，先后在全国公安机关重点人员一体化管控推进会、全省公安机关警务机制改革现场推进会上作典型发言，被评为全省公安机关“四项建设”(基础信息化建设、警务实战化建设、执法规范化建设、队伍正规化建设。)综合示范单位、全市公安机关优秀单位。

社会大局平稳有序。强化风险防范意识。注重提升预测、预警、预防各类风险能力，全力维护公共安全，全年没有发生暴恐袭击事件、较大的火灾、交通事故、群死群伤的治安事故和恶性案件，没有发生危爆物品打响炸响情况，坚守“六个不发生”的工作底线。成立全区反恐怖工作领导小组，加强《反恐怖法》的落实和宣传教育，反恐经费纳入区财政常年预算，坚持情报主导，加强重点人员轨迹分析和落地查控，常态组织开展军警武装巡逻，加强涉恐重点部位视频监控建设，打好反恐主动战。坚持整体联动，突出抓好矛盾排查、源头防范，情报搜集、应急处突、现场调度等工作，国保部门及各派出所收集情报信息957条，编发《望城国保》128期，处突221次，化解群体性事件30余起，预防、制止串联、聚会20余起，“e租宝”、出租车、涉军、两安用地等重点群体平稳可控。持续深化消防、交通、危爆行业安全隐患排查整改，加大检查、督导和宣传教育力度，交通事故死亡人数同比下降21.8%，9起死亡逃逸事故全部被侦破，火灾形势持续平稳。强化工作落地。确保4次警卫以及湘江论坛、望城马拉松、两会等重大活动以及监管安全的万无一失。

治安质态良性循环。坚持打防并举、重点整治，不断完善社会治安综合治理机制，全区社会治安质态持续向好，呈现出发案下降、治安警情下降、破案率上升、民调上升的“两降两升”工作效果，综治民调排名全市第一，省公安民调排名全市第二。创新构建刑侦牵头的大联合作战工作机制，通过案侦需求与侦查资源的合理组配，打击效能得到提升。全年侦破刑事案件876起，整体破案率44.8%，现行案件破案率33.4%，打掉犯罪团伙58个，抓获一名潜逃23年的命案逃犯，破获公安部、省厅督办毒品案件3起，缴获毒品22余公斤。以基础防控中心为龙头，建立动态监测、综合分析、靶向防控机制，推动治安防控从“人海战役”向精准防控转型。全年发案1954起，同比下降11%；发案数不到全市总发案数的3%；仅发八类恶性案件10起(命案1起)；治安警情下降8%。强化安置小区、城中村等治安复杂地区重点整治，组织开展集中清查、设卡盘查、红袖章“月月亮剑”等行动120余次，内保、交警、各派出所持续深化“护校工程”，加强校园周边环境整治，营造良好的社会治安环境。

服务发展有力有效。按照“一优化三服务”(优化公安行政管理、服务经济建设、服务社会发展、服务人民群众)思路，认真贯彻落实省厅市局服务经济建设30条措施，组织开展“处非”、打假、“打传”等系列专项行动。巡警大队为主，各派出所参与，深入开展服务项目建设“雷霆行动”“正峰行动”，开展维护施工260余次，出动警力2800余人次，查结扰乱经济发展环境案件50起，刑事拘留4人，行政处罚72人，教育训诫190余人次。在行政强拆、拆违控违、维护性施工等工作上做好坚强执法后盾。在派出所设置出入境、居住证办理、外管工作受理分中心，办理居住证17102张，受理居民身份证33149人(次)，受理审批签发各类出国境证件28443人次。争取党委、政府支持，将“公安110”全面升级为“政府110”，34个一级联动单位组建专业处置队伍，落实24小时值班制度，实现有警必接、有难必帮。

警务改革引领示范。注重宏观对接，微观创新，全面承接省厅、市局警务改革。坚持理顺机制、夯实基础，加强派出所警力、经费、装备保障，进一步明确社区警务及民警职责任务、勤务机制、保障机制、考核措施，研发HISS系统，深入推进“三实信息”采集专项行动，将社区警务室打造成为“群众家门口的派出所”，实现社区民警向群众喜爱的“片警”角色回归，推动基层基础从末端治理向源头治理转型升级。深度整合情报信息，高度融合资源手段，按照“线索统一分配、警力统一调配、经费统一保障”的方式，推动警务实战从单一作战向合成作战转型升级。构建专业巡防、内部安防、义务巡防“三位一体”的多元防控网络，织密治安防控的“天网、地网、人网”，推动治安防控从平面布局向立体管控转型升级。挂牌运行望城区应急联动指挥中心，实现警情分流、快速反应、高效处置，推动应急处置从层级响应向快速反应转型升级。加强指挥作战中心、基础防控中心、执法保障与新闻舆情中心“三个中心”建设，推动警务架构全体系贯通、警务资源全方位开放、警务实战全领域合成。

基础建设提质升级。争取区委、区政府支持，明确六所两站(6个派出所，2个消防站)由区人民政府代征代建，建成丁字、水上派出所。建设投入20个硬件统一、功能齐全的警务室；启动运行“三个中心”；打造高标准的机关，丁字执法办案中心、刑事技术室、网技大队及电子物证鉴定室、视频侦查中队、法制大队、多功能会议室；采购网技专业设备、1台装甲防暴车、20台越野巡逻警车、400套执法记录仪、20个信息采集桩、421台平板电脑及警务通、400套350兆对讲机等警用设备，提升警务实战能力；完成无线通信基站、现场执法录音录像系统、三级视频监控系统、HISS等系统建设，推进信息化手段全域应用。

【区公安局警务保障室获评“全国公安机关‘210工程’建设先进集体”】 8月10日，在全省公安机关警务保障工作会议上，区公安局警务保障室被评为“全国公安机关‘210工程’建设先进集体”“全省公安机关‘210工程’建设先进集体”，立“湖南省公安厅集体二等功”。近年来，区公安局警务保障室按照公安部、省厅、市局以及区局党委决策部署，以“服务中心工作、服务实战需求、服务基层一线”为总要求，深入推进“210工程”建设，全局公安经费、装备、信息化、应急保障、基建、标准制度等软硬件建设协同推进、综合显效，为全区公安机关转型升级奠定坚实基础。在区公安局警务保障室的务实工作下，全区公安机关经费保障问题得到根本性解决，公安装备和信息化建设实现跨越式发展，公安基础设施取得历史性进步，全局警务保障基础工作得到整体性加强，得到全局干警的一致肯定和好评。

【破获特大系列电信诈骗案】 3月3日，星城派出所接到报案，星城镇刘某某被人以冒称熟人的方式骗走人民币1万元。案件上报区公安局后，区公安局迅速成立专案组，启动“刑侦大队牵头，网安大队配合，同兴、乔口、乌山等各派出所参与”的合成作战模式，线索统一分配，警力统一部署，经费统一保障，攻坚克难。为查清该犯罪团伙情况，专案组多次出动警力远赴广州、北京、茂名等地开展调查取证，查明一个活跃在广州天河区、荔湾区及茂名市电白区的电信诈骗犯罪团伙，该组织通过网络渠道购买大量的客户资料，冒充熟人、领导给这些客户拨打诈骗电话，以各种理由要求受害人转账。

在得到6月21日该团伙在广州荔湾区聚餐的线索后，当晚，专案组统一调度，多路行动小组分赴广州荔湾区、天河区及茂名市电白区，一举抓获以陈某某为首的团伙骨干成员13人，捣毁犯罪窝点5个，在犯罪团伙窝点缴获作案POS机10多台，银行卡500余张，身份证200余张，工作手机、POS机小票若干。经连夜审讯，犯罪嫌疑人交代在各省市作案370余起，涉案总价值1000万元。

（办公室）

望城区公安局

局　　长　凌泽民
政　　委　肖向东
　　　　　彭　亮（1月任）
副 局 长　周习文（1月免）
　　　　　刘勇兵　杨智明
　　　　　陈炯辉　黄建刚
　　　　　梁志刚　李林毅
副政委兼纪委书记　彭文格
副政委兼工会主席　李志良

·交　警·

【概况】 望城区公安局交通警察大队内设综合管理中队、车管所；下辖特勤中队、122中队、一中队、二中队、三中队、巡逻中队、治超中队7个勤务中队，有警力199人，其中民警50人，职工7人，协警142人。

2016年，全区共注册驾驶员132973人，登记上牌机动车167216辆。发生交通事故173起，死亡29人，受伤192人，同比分别下降7.5%、3.3%、4.0%；经济损失82.77万元，同比上升49.8%。区交通大队查处各类交通违法行为30981起（其中查扣摩托车2323辆，货车超载2462起，客车超员122起，涉牌涉证6644起，酒驾1877起，其他违法行为为17553起），电子抓拍违法行为44346起；担负各类警保卫任务220场（次），出动警力9028人。

2016年，大队获“全省依法办事示范窗口单位”、全市交警系统先进集体等荣誉。

强化宣传发动，增强安全意识。常态开展“五进”宣讲工作。大队与区百姓城管协会紧密协作，组建交通安全宣讲团，资源共享，力量互补，采取授课方式深入社区、学校、企业、单位、村组等开展具有针对性、全方位的交通安全宣传教育，同时开展各类宣传教育活动，用身边的事故教育人、警示人。全年进企业267次、进农村68次、进学校45次，制作横幅30条，印制宣传材料29100份，上交通安全课6节，开放警营2场次，张贴宣传画60张，发放宣传画册1600本，望城电台随警报道9次、播放公益广告和交通安全提示31条，通过中国移动通信向广大交通参与者群发信息16000条。创新宣传方式。在大队违法处理、事故处理窗口设立宣传板块、在车管大厅设置电子显示屏，宣传板块，配备VCD等电教设备，在大队院内设立橱窗，定期更新横幅、宣传橱窗内容，向群众进行交通法规宣传。寓道路交通安全宣传教育于执法活动之中。强化驾驶员的管理和教育，组织交通违法的驾驶员观看《中华人民共和国道路交通安全法》宣传教育和典型交通事故案例光盘，路面中队民警深入客运站场或在执勤执法纠违时对驾驶员宣传《中华人民共和国道路交通安全法》知识，并随时解答群众提出的问题。建成法制宣传一条街。开展主题宣传活动。在“五进”宣传、酒驾专项整治行动、遮挡、污损号牌专项行动、文明交通主题宣传日、中小学生交通安全日、安全生产月等活动中，在辖区主要路口、人员密集区设立宣传点，悬挂宣传横幅，展出宣传图板，向群众散发宣传材料，集中开展一系列主题宣传活动，全年开展专项行动宣传16场(次)、主题宣传日活动14次。宣传渠道多样化。大队“望城交警”微信公众平台，定期向社会发布权威资讯，传播交通安全知识。利用望城电视台、望城新闻网、新浪、腾讯微博、短信平台等各种载体经常性宣传法律法规和交通安全知识，形成强大的舆论声势。

强化巡查管控，维护交通秩序。大队按照上级部门的部署要求，开展“大排查、大管控、大整治”“平安护航”“道路交通安全大整治”“春雷行动交通秩序集中整治”“暑假交通安全大整治”“工程运输车辆大整治”等专项行动。在东马广场、雷锋大道沩水桥路口、罐子岭路口等重要路口设立卡点，重点治理货车闯禁、闯红灯、和“三超一疲劳”等违法行为；将郭亮路、体育东路、文源路、雷锋大道、金星大道为违法停车重点治理路段，严格查控机动车违法停车行为；以“酒后驾驶、涉牌涉证重点违法整治活动”为依托，在全区范围内大力整治交通违法行为；以“城市管理、文明创建”为契机，在城区较突出的重点部位，加大管理力度，着力解决乱停乱靠、电动车逆行、闯红灯、行人闯红灯等影响交通秩序的突出问题。

强化源头管理，预防交通事故。大队会同环保部门综合采取源头清理、路面整治、限行管理、营造声势等多项措施，在全区范围内开展加速清理黄标车、老旧车综合整治工作。淘汰黄标车800余辆。以重点车辆交通违法“清零行动”为契机，深入辖区重点企业，加强客运、危化品运输、校车等重点车辆及驾驶人的管理，督促重点企业安全隐患整改到位，确保重点车辆管理不漏管、不失控。严格日常监管。对256台大中型客车、257台校车、40家危险品运输车企业均按一车一档、一人一档建立车辆、驾驶人台账，每台校车在行驶中有专人实时监控，企业GPS监管系统24小时监督客运车辆禁行措施落实情况。落实教育制度。督促重点单位严格落实重点车辆驾驶人安全学习教育制度，每月安排时间组织重点车辆驾驶人进行安全学习，通报全国重特大交通事故，分析单位的交通安全形势，教育驾驶人安全驾驶、文明行车。加强重点涉路工程监管。对宝粮路、旺旺路因道路修缮、长湘公路消防中队至651仓库修缮、电厂大道与梅铜线交叉路口至戴公桥地段修缮、黄桥大道（航电枢纽大桥到长湘公路朱家冲路口）修缮等涉路工程采取全封闭施工并发布通告，同时在车流量大的路口和绕行路段安排警力轮班执勤，疏导交通秩序，防止因施工造成道路拥堵和事故的发生。加强隐患排查治理。联合多个部门，重点排查道路急弯、陡坡、事故多发地段的点段上有无安全防护设施和交通标志、标线，交通道路盲点、死角等交通安全隐患。排查道路交通安全隐患110处，督促责任单位对雷锋大道、金星大道、普瑞大道、旺旺路等重点路段安装中心护栏，完善相应配套设施。加强客运车、危化品运输车辆、校车、渣土车等重点车辆交通安全监管。成立重点车辆管理小组，组织与辖区重点车辆管理单位签订“违法清零”责任状，各勤务中队集中约谈辖区安全隐患突出的运输企业法人，公开依法处罚一批运输企业负责人和直接责任人员，9月初，区人民政府副区长、公安局局长凌泽民在区局八楼会议室组织重点部门、重点企业负责人召开道路交通安全约谈会；借助交安委的平台，以望城区道路交通安全委员会的名义，挂牌督办一批长期存在严重安全隐患的运输企业，督促各重点车辆运输企业落实企业主体责任，预防重特大道路交通事故发生。

创新服务模式，方便群众办事。设立交通事故巡回法庭，实现“诉前调解、当庭立案、就地开庭、就地调解、短时间赔付”的一站式服务；成立快处快赔服务中心，公平、公正、高效、快捷地办理轻微交通事故处理工作；车辆购置税窗口迁移至车管所，避免机动车主往返奔波；在区政务中心、区交警大队、丁字湾街道交警三中队、望城快处快赔服务中心设置十台交通违法自助处理终端机并投入使用，为群众提供更多渠道的非现场处理交通违法服务。

【成立快处快赔中心】 5月9日，望城道路交通事故快处快赔服务中心正式运行。中心设金星大道河西永通汽车城内。受理潇湘北路以西、沩水桥以南、黄桥大道以东、岳麓区以北的合围区域内，望城辖区道路上发生的机动车之间无人员伤亡，车辆和驾驶员手续齐全且单方面车辆损失不超过50000元，车辆均能自行驶离现场的交通事故。快处快赔服务中心的成立，有效提高交通事故处理效率，缓解交通拥堵，避免发生第二次事故。至12月31日受理适应快处快赔的交通事故1768起。

【开展“大整治、大排查、大管控”行动】 7月1日—10月1日，区交警支队结合“监管执法年”活动，全面开展道路交通安全“大整治、大排查、大管控”行动。完善雷锋大道东马路口至沩水桥路段、金洲大道望城段等重点路段交通安全基础设施；排查危险品储藏、运输企业进行安全隐患；以重点车辆交通违法“清零行动”为契机，对众旺公司、雷锋公司、校车公司、中望、益华、澄海、鸿胜、中石油8家客运、危运企业的车辆违法未清零、逾期未年检、未报废车辆限期处理。集中警力，采取重点路段、错时整治的方法，针对客、货运车辆、危爆车辆、校车等重点车辆进行查纠，大力整治超速、超载、超员、无证驾驶等严重交通违法行为。通过大排查、大管控、大整治，实现全区“不发生一次死亡3人以上的较大道路交通事故”和“不发生有重大社会影响的客运、危化品运输和校车道路交通事故”的目标。

(办公室)

望城区交警大队

大 队 长　胡　鑫
教 导 员　杨志斌
副大队长　李　钢　吴　浩　周安定

·公安消防·

【概况】 2016年，区公安消防大队下辖望城区中队及书堂山中队两个中队，有官兵95名(干部15名、战士72名、文职雇员8人)。

2016年，望城大队严格按照年初工作部署，紧紧围绕“两个稳定”目标，挖潜增效、提质升级，全面推进全国重大典型创建工作，实现全区消防工作和部队建设“双稳定”和“双提升”，品牌建设也得新突破，开创望城消防工作新局面。

把思想教育放在首位，彰显班子队伍新活力。抓班子，强化队伍综合素质。坚持以雷锋精神建队育警为切入点，开展讲述雷锋的故事、重温雷锋先进事迹、召开学雷锋座谈会和讨论会等雷锋精神教育活动，并把其融入“三严三实”、改革强警和“两学一做”等教育活动，引导官兵形成扎实的积极向上的思想意识，确保官兵思想稳定。官兵自觉以雷锋为榜样，朝雷锋看齐，争当雷锋式消防战士、爱民官兵。大队业务窗口被评为先进窗口单位，战士李忠杰被评为“2015年度杰出青年岗位能手”。抓教育，强化官兵思想理念。大队充分借助网络、传媒传播速度快、形式新、群众乐于接受的特点，主动加强新媒体应用，大胆探索政治教育新模式，借助微信、微博、微电影等形式，有效破解政治工作震撼力不强、影响力不大的难题，并培养一批以各班班长为主力的思想政治小工作者，官兵思想觉悟得到进一步提升，理想信念得到进一步巩固。抓作风，强化党风廉政建设。大队以深入开展廉政文化达标创建活动为契机，扎实开展“纠‘四风’、治陋习”专项整治、“雁过拔毛”式腐败问题专项整治，教育引导官兵对党纪国法心怀敬意，警钟长鸣；开展干部家属“助廉促学”活动座谈会、读书思廉活动、党风廉政宣誓、观看警示教育片、签订承诺书等，丰富廉政文化建设内容，进一步筑牢官兵廉洁从警、拒腐防变的思想根基。一年来，大队未发生部队内部和社会面举报投诉案件，部队保持高度稳定。

以战斗力建设为前提，锤炼实战能力新提高。强化部队常态化管理。以部队管理中出现的新情况、新特点和新问题为切入点，根据部队的条令条例管理部队，抓住各个重点环节管理，重点放在部队常态化管理工作上，建立经常性工作机制，并全面规范标识标牌、内务设置，严抓四个秩序的正规化、常态化，坚持“经常抓、长期抓”，部队管理上了新台阶。坚持执行安全工作形势分析、教育、检查制度，不断强化安全管理，确保了部队高度稳定安全。提升部队实战化能力。坚持“仗怎么打兵就怎么练”的实战化要求，按实战环境设置条件，按作战进程组织演训，组织开展实战演练56次，并及时总结讲评，切实提高部队打赢制胜能力。全年接警316起，抢救被困人员73人，疏散人员53人，抢救财产价值954万元。大队全面整合望城河东片区灭火与消防应急救援联动力量，制定下发《望城河东片区灭火与消防应急救援社会联动工作机制》，并组织开展危险化学品泄漏事故应急救援演练等联合演练，增强全区消防安全救援力量。推动基本建设不放松。区委副书记、代区长范焱斌带队调研消防工作，召开现场办公会解决消防工作和部队建设难题。由区政府规划立项建设月亮岛中心消防站、铜官特勤消防站，解决全区消防队站布局问题；购买1台20吨重型水罐泡沫车、1台3吨城市主战水罐消防车，解决灭火救援战力问题；拨付100万元用于政府购买消防宣传服务，解决人民群众消防安全知识普及问题；追加消防预算经费200万元，解决消防部队发展建设问题。在杨家湾路和红家坡路新建市政消火栓125台，并及时修复损坏的市政消火栓；立足“救早、救小、3分钟到场”的原则，依托乡镇政府、重点单位、城区社区、物业公司建立多种形式微型消防站点，并切实加强对微型消防站的培训指导力度，全区已有38个社区、156个重点单位完成微型消防站建设，夯实了全区消防安全基础。

以服务社会经济为标准，构建火灾防控新格局。党政支持，火灾防控不手软。区委、区政府高度重视消防工作，召开4次专题会议部署推进消防工作，下发消防工作文件8个，与区消防安全委员会28个成员单位、9个街道、5个乡镇签订消防安全责任状，将消防工作纳入平安创建和社会管理综合治理考评体系中，并与安全生产工作相结合，成立13个由区领导带队的督导组，开展分管行业、分管地区的消防安全检查。区政府办、民政局、安监局、教育局、住房保障局、商务局、公安派出所等部门积极履行职责，开展联合检查；乡镇、街道加快消防基础设施、网格化管理等消防工作，乔

开展消防演练

口镇人民政府将消防“网格化”管理纳入“智慧乔口”APP建设中；靖港古镇管委会在商铺门口张贴消防宣传标语及警示牌300个，推广安装独立式感烟火灾探测报警器230个，全力打造靖港古镇消防安全“防火墙”。专项整治，隐患排查实打实。大队委托湖南省首家消防安全评估机构——湖南浩盛消防科技有限公司，开展年度望城区消防安全形势分析评估工作。根据评估报告，全区以易燃易爆危险品场所、文物古建筑、人员密集场所、住宅小区等场所为重点，全面开展今冬明春防控工作、夏季消防检查工作、福利机构、消防产品等专项行动，排查社会单位1689家，发现火灾隐患1684处，整改火灾隐患1652处，临时查封单位50家，责令“三停”单位30家，罚款90.76万元，拘留7人，提请政府挂牌督办两个重大火灾隐患单位进行整改，拆除工地违规搭建彩钢板房千余平方米，为确保火灾形势平稳创造条件。消防宣传，群众意识大提升。加大对社会各界消防培训力度，分层次、分类别、分岗位开展集中消防安全知识培训，先后组织保安工作人员、网吧负责人、乡镇长和村“两委”负责人、居民小区物业管理公司、文化专干等集中消防培训会，2000多人成为消防“明白人”；开展“我给消防员叔叔写封信”征文、“我是小小消防员”绘画竞赛活动、消防安全进军训等消防安全宣传教育行动，大队推送的望城区星城实验小学宾震华同学作品《我是小小消防员》获首届全国儿童消防绘画作文大赛二等奖；聘请38人担任社区消防宣传大使，举行“爱在四季 文明有约”防灾减灾消防趣味运动会等活动，提升居民消防安全意识；各居民小区张贴《社会单位消防安全“一懂三会”》等夏季消防安全宣传海报，利用各单位LED刊播消防公益广告和提示性标语，定期发送消防提示性短信、标语，定期开放消防站和消防科普教育基地等，大力营造人人讲消防安全的浓厚氛围。

以创新发展来补短板，创造创先争优新亮点。精准定位补短板。全面开展消防安全重点单位标准化建设工作，按照“分类指导、稳步推进”“先试点后推广”的原则，将望城区消防安全重点单位标准化建设工作分为摸清底数、选取试点、试点创建、验收试点、召开现场会、全面推行、全面验收七个步骤进行，明确各项标准，提升单位管理水平。9月6日，完成类别试点单位的标准化建设现场会，消防安全重点单位标准化建设工作。

创新发展创亮点。结合湘江两岸古镇群旅游景点和文化历史，邀请

非物质文化遗产、皮影戏传人朱国强共同创作的消防安全知识宣传皮影戏《老百姓话消防》。11月9日在望城区靖港皮影艺术馆开始演出，让消防安全知识融入旅游文化中，成为一种新式宣传；成立雷锋战士小乐队，聘请望城艺校校长任李为艺术总监，每周安排老师给官兵上课，官兵战士学会弹吉他、弹电子琴、打架子鼓、跳街舞等，并改编演奏歌曲《书堂时光》，深受大家喜爱；大队党委分工负责，采取谈心、警营文化等形式，切实做好官兵思想工作，推动书堂山中队改编为单编政府专职消防队。9月，书堂山中队圆满完成由现役改编为单编政府专职消防队。大队党委一方面研究专职消防队管理，摸索一套管理制度，另一方面抓专职消防队训练，采取每周一次实战演练、想定作业等，切实提升官兵打赢能力，并进行每周2次考核，考核成绩纳入月考评中，调动官兵积极性，确保队伍能召之即来、来之能战、战之能胜。10月10日，嘉宝橱柜厂房油漆车间起火，书堂山中队22名消防兵坚持5个小时，成功扑灭大火，为单位挽救财产损失近千万元。常态机制学雷锋。官兵定期走访看望资助贫困学生，定期走访慰问社区贫困家庭；与全国道德模范周美玲开展"学雷锋•在行动"现场交流活动，官兵代表受邀参加黑龙江省消防召开的"学习雷锋 爱满红门"主题座谈及参观交流活动，宜昌支队、南京支队、开封支队、开福区交警大队等兄弟部队及社会单位来队传经送宝，交流学雷锋经验，官兵在交流中深化雷锋精神领悟；积极开展义务植树、献血等活动，让扶贫帮困机制化；与博才梅溪湖小学开展"大手牵小手 种下爱的种子"主题活动，牵手岗位学雷锋队伍得到进一步壮大，学雷锋活动进一步常态化。上半年，到队参观和交流学雷锋经验的单位达到60余家，4000人次。

（办公室）

望城区公安消防大队

大 队 长　朱湘春

指 导 员　肖亚华(11月任)

　　　　　吴宏武(10月免)

区检察院全体检察人员向宪法宣誓

检　察

【概况】 区人民检察院内设政治工作办公室、办公室、纪检监察室、反贪污贿赂局、反渎职侵权局、侦查监督科、公诉科、民事行政检察科、控告申诉检察科、监所检察科、职务犯罪预防科、司法警察大队、案件管理科13个部门，有在职在编干警76人，另有劳务派遣制检察辅助人员32人。

依法忠诚履职，着力维护社会公平正义。依法履行查办和预防职务犯罪职能。立案查办职务犯罪案件16件17人(贪污贿赂案件10件10人，渎职侵权案件6件7人)，侦结20件23人，起诉13件13人，获生效有罪判决14件18人。加大追逃追赃力度，追缉立案在逃人员5人，为国家挽回经济损失2000余万元。转变侦查模式。对全院侦查力量和资源进行整合，探索集约化的办案模式，较好地破解警力不足、审讯突破难和追捕缉逃难三大难题，反贪污贿赂和反渎职侵权工作业绩连续三年位居全省、全市前列。强化预防力度。开展专项预防调查2次，撰写《望城区村集体企业征收现状调查》分析报告和预防职务犯罪年度报告，为区委、区政府有关决策提供参考。建立警示教育进机关、进企业、进乡村的长效机制，开展巡回法治宣讲7场，听课干部群众数千人，不断扩大预防职务犯罪工作的覆盖面和影响力。依法履行审查逮捕和审查起诉职能。受理各类审查逮捕案件238件350人，批准逮捕171件256人；受理各类审查起诉案件330件553人，提起公诉254件404人。坚决打击严重刑事犯罪。批捕涉黑涉恶、盗抢骗、黄赌毒等严重刑事犯罪嫌疑人217人，起诉264人。对以陈某某为首冒充房管局工作人员，诈骗13名购房业主共计30余万元的电信诈骗团伙，依法快捕快诉，7人均被判处有期徒刑，其中5人被判处三年以上有期徒刑。依法从宽处理轻微刑事犯罪。对构成犯罪但情节轻微，无逮捕必要或可以免除刑罚的案件，依法不批捕55人、不起诉31人；对事实不清、证据不足的案件，依法不批捕39人、不起诉18人；对不构成犯罪的案件，依法不起诉3人。依法履行诉讼监督职能。加强侦查和审判活动监督。对侦查机关应当立案而不立案的，监督立案8件，对不应当立案而立案的，监督撤案9件。对应当逮捕而未提请逮捕的，追加逮捕9人，应当起诉而未移送起诉的，追加起诉41人，追诉漏罪22条。对侦查活动中的违法情形提出纠正意见102次，对刑事审判中的违法情形提出纠正意见7次，全部得到采纳纠正，依法提请抗诉1件，目前已发回重审。加强刑罚执行和监管活动监督。受理在押人员控告申诉20件，全部回复、转办到位，对监管活动中的违法行为提出纠正意见22次，对13起减刑不当案件提出纠正意见，对36名被羁押人建议变更强制措施，均被采纳纠正。加强民事审判和行政诉讼活动监督。依法办理执行监督案件10件，支持起诉案件9件，发出督促履职检察建议12份。

主动融入大局，着力提升司法保障水平。保障项目建设。围绕区委"项目建设竞赛年"部署，依法打击强揽工程、阻工闹事、贪污诈骗等影响项目建设的犯罪活动。根据群众举报开展缜密初查，依法查明乌山街道高冲村支部书记叶某利用协助政府从事征拆工作的职务便利，受贿、贪污及伙同他人骗取200余万元征拆补偿款的犯罪事实，立案4件4人。坚持完善行贿犯罪档案查询机制，为辖区建设项目出具行贿犯罪档案查询函230份，参与重大工程招投标监管173次，从源头预防贿赂犯罪。保障园区发展。院领导带队进入晟通集团、光明乳品等园区企业开展实地调研，摸清企业司法需求，找准工作发力点。如某大型企业销售经理何某收受经销商贿赂6.8万元案，采纳受害公司提出何某积极退赃且认罪态度好，对其羁押可能会对企业销售产生不利影响，建议从轻处理。区检察院从服务企业角度出发，依法对何某做出构罪不捕决定。保障企业经营。组织全体干警学习最高检关于促进非公有制经济健康发展的实施意见，着力打击侵害非公有制企业合法权益的刑事犯罪，营造规范有序的市场环境。如刘某某伪造某建筑工程公司印章，与多家外省企业签订购销合同，导致该公司陷入严重经济纠纷，区检察院受案后加快办案节奏，引导公安机关查明刘某某犯罪事实并依法批捕，积极协助企业处理经济纠纷，260万元资金被及时解冻，《检察日报》进行专题报告。

践行司法为民，着力完善司法便民体系。加大民生权益保护。聚焦群众反映强烈的民生问题，对群众高度关注的骗取民生资金等犯罪活动，加大惩治力度。如某私立医院伪造病人住院病历骗取医保基金，该类型案件在望城尚属首次，区委高度关注，区检察院派业务骨干提前介入，引导公安机关固定关键证据，依法批捕4人。深入推进"优化经济发展环境"专项侦查监督活动，保障民生民利。如某投资管理公司以高息为诱饵，非法吸收公众存款，公司停业后有280余万元没有偿还，且受害人多为老年人。区检察院一方面监督公安立案，以涉嫌非法吸收公众存款罪对3名涉案人员快捕快诉，获法院有罪判决，一方面配合有关部门做好风险防控工作，督促被告人与被害人逐一签订还款计划，挽回群众损失。

提供便捷司法服务。将解决群众诉求纳入规范化、法治化轨道，进一步完善检察长接待日、检察联络室定期走访等便民机制，接待来访群众175人，受理举报线索10件，全部办理回复到位，办理司法救助5件，为困难群众提供救助金7万元。6月20日至24日，以"加强举报人保护、惩治群众身边腐败"为主题开展"举报宣传周"活动，组织干警到地铁四号线项目部、区城建投公司等地开展法治宣传，收集举报线索，受到群众欢迎。

彰显司法人文关怀。加强和改进未成年人刑事检察工作，严格落实专人办理、法定代理人到场、犯罪记录封存等制度，对未成年犯罪嫌疑人开展社会调查9次，提供心理辅导12次，附条件不起诉1人。在"六一"儿童节当天，与区法院联合开展"法律伴你健康成长"主题活动，组织200多名中小学师生、家长观摩张某某涉嫌盗窃案的公开庭审，并在庭审结束后开展互动问答，推进青少年法治教育。

【探索集约化办案模式】 3月23日，区检察院作为全省唯一一个基层检察院，在全省检察机关反贪工作会议上介绍探索集约化办案模式的工作经验。近年来，区检察院在坚持独立自主办案的前提下，尝试对全院的侦查力量和资源进行集约化管理，探索集约化办案模式：整合侦查力量。建立自侦人才库，加强分类管理和落实履职保障，破解警力不足难题。2015年，区检察院从自侦人才库先后调配警力60人次充实到侦查部门。整合办案优势，破解审讯突破难题。通过集中开展初查，做足审前准备工作，注重审讯细节，打好案件审讯突破基础，实行团体作战，确保审讯工作顺利推进，实现"执法零过错、安全零事故、干警零违纪"；整合追逃资源，破解追捕缉逃难题。通过优化追逃警力配置，加强横向沟通协调，多措并举积极劝返，共抓获在逃职务犯罪嫌疑人21人，为国家和集体挽回直接经济损失7000余万元。2015年查办贪污贿赂案件数超过2012年的3.25倍，实现初查成案率、大要案比率、有罪判决率3个"百分百"，工作业绩连续3年位于全省、全市前列。

【最高人民检察院王卫东调研检察队伍建设工作】 4月15日，最高人民检察院政治部干部教育培训部部长王卫东等一行人，到区检察院召开检察队伍建设专题调研座谈会。王卫东部长在详细了解区检察院近年教育培训工作情况后认为望城区检察院在队伍建设上思路清晰、措施务实、成绩突出，特别是教育培训工作有特色。举办干警大讲堂的教育培训形式很创新，全员讲课的做法很有新意，干警点单式培训、文书质量评选及检校共建的模式都很好。并希望望城区检察院要为全省检察队伍建设和教育培训工作树立标杆，要进一步加大教育培训力度，加强岗位练兵，对培训需求调查进行汇总，切实解决基层院培训少的难题；要进一步提高培训的专业化，培训的内容也要体现专业化，发挥教育培训部门的指导作用。

（政工室）

望城区人民检察院

检 察 长　石　华
副检察长　余文辉　李　翔
　　　　　曾陕青　江　朔
纪检组组长　张　平
政工室主任　周　虹
反渎局局长　谢哲明
反贪局局长　吕景俊

法　院

【概况】 2016年,区人民法院设政工室、办公室、刑事审判庭、未成年人案件综合审判庭、民事审判一庭、民事审判二庭、行政审判庭、土地房屋征收审判庭(非诉行政案件执行局)、执行局、立案庭、审判监督庭、司法警察大队、纪检监察科、研究室、审判管理办公室15个职能部门和雷锋、高塘岭、靖港、丁字4个人民法庭及经开区、交通2个巡回法庭,有在编法官及其他工作人员108人。

2016年,区法院共受理各类案件7149件,审执结6187件,综合司法绩效居全市第一,获评长沙市"优秀法院"。

惩治刑事犯罪。受理刑事案件309件475人,审结292件445人,判处十年以上有期徒刑13人,十年以下三年以上有期徒刑78人。严厉打击故意杀人、故意伤害、"两抢一盗"(抢劫、抢夺、盗窃)犯罪,审结此类案件105件196人,依法严惩危害食品安全犯罪,审结此类案件3件16人,11人被判处实刑,1人被发布"食品生产销售禁制令";严厉打击"黄赌毒"犯罪,审结此类案件61件89人,贩卖毒品的任某、廖某被判处十年以上有期徒刑;审结贪污贿赂等职务犯罪案件15件15人。准确把握宽严相济刑事政策,对具有从宽情节的134名被告人依法适用缓刑、管制等非监禁刑。坚持"教育、感化、挽救"方针,实行未成年人犯罪记录封存、未成年犯心理疏导帮教,审结未成年人犯罪案件7件7人,回访帮教9人次。

当事人送锦旗致谢

化解民商纠纷。受理民商事案件4051件,审结3687件。找准司法需求,高效审理股东权益纠纷,审慎处理涉企纠纷,稳妥审理企业破产案件,全力服务供给侧结构性改革。顺应发展需要,设立旅游巡回法庭,支持望城全域旅游,全力提供便捷、高效、能动的司法服务。立足区情民情,依法审理婚姻家庭纠纷,积极调处劳动争议,快速审理房屋买卖及物业管理纠纷,及时化解土地流转等涉农纠纷,保障群众安居乐业。发挥定纷止争功能,多措并举加强调解工作,案件调解撤诉率51.09%。湖南某实业有限公司环境污染引发78起索赔纠纷,办案法官深入村组,释法说理,成功促成77案调解撤诉,将一起社会影响面广、群众普遍关注的系列纠纷依法有效化解。

解决行政争议。受理行政诉讼案件159件,审结132件;受理非诉审查案件19件,审结19件。针对行政诉讼案件大幅攀升,案件处理难度骤增的情况,认真分析案件成因和社会影响,严格司法审查标准,努力破解政策难题,稳妥审结一批与征地拆迁、拆违控违、市容整治密切相关的行政案件。规范庭审秩序,严肃庭审纪律,确保当事人诉讼权利,依法严惩旁听人员"闹庭",消除行政相对人对法院公正性的质疑,保障行政审判顺利进行。加大行政纠纷协调力度,引导行政相对人理性行使权利,全面履行义务,推动行政纠纷实质性化解,行政诉讼案件撤诉率、和解率居全市第一。树立行政审判服务意识,发布行政审判"白皮书",为行政执法人员授课,邀请行政机关工作人员观摩庭审,向行政机关提出合理化建议,行政机关负责人出庭应诉率65%,依法行政氛围日益浓厚。

推进司法拆迁。受理行政非诉执行案件19件,执结13件。针对涉征拆行政诉讼案件多,一些案件矛盾尖锐、社会影响重大、关注度高等特点,勤汇报、多沟通、重协调,稳妥审结刘某、王某、尚某等涉重点工程建设案件。切实加大司法强拆案件执行力度,强制拆除白沙洲街道马桥河村王某户、月亮岛街道中华岭村吴某户、白沙洲街道龙某户的房屋。在服务征拆工作中,提前介入案件处理,及时入户调查摸底,随时上门协调指导,快速研究化解矛盾的最佳方案,在充分倾听、相互交流、建立互信的基础上,引导被拆迁户修正价值取向、调整利益诉求,在执结的13件案件中,经做工作自行拆除的10件。充分发挥专业优势,为项目建设提供全方位法律服务,参加政府项目建设相关联席会议,为行政机关提供行政执法咨询，对行政争议的预防和化解适时提出合理化建议。抽调精兵强将支持月亮岛、大泽湖、金山桥等多个街道项目扫尾工作，为征拆工作提供法律支持。

破解执行难题。受理执行案件2611件，执结2057件，执行到位标的5.04亿元。创新执行工作机制，实行结案月通报，逐人建立工作台账，营造比学赶超氛围；实行审限预警，对临期案件及时提醒，限期办结；健全联动机制，加强与银行、房产、国土、公安等部门的协作配合，凝聚执行合力。打击规避执行行为，开展"夏日风暴"、涉民工工资案件专项执行等系列行动，利用夜间、凌晨、节假日加班执行，重大案件邀请人大代表、政协委员见证执行，通过湖南经视等媒体全程跟踪报道执行，以点带面扩大执行影响力。用足强制执行措施，依法传唤被执行人1984人次、司法拘留182人次。对隐匿转移财产、严重抗拒执行的4名被执行人，以拒不执行判决裁定罪，依法启动刑事追责。加大信用惩戒力度，将513名涉案当事人纳入失信被执行人"黑名单"，限制信贷、限制出境、限制高消费，在微信平台曝光"老赖"，挤压失信被执行人的生存空间，穷尽一切措施，督促主动履行，兑现生效裁判。

践行司法为民。依托建立在全区各村和社区的便民联系点、聘请的便民联络员，巡回开庭、现场判案60件，方便群众诉讼，扩大办案效果。通过集中培训、个别指导等方式，增强便民联络员调处纠纷、化解矛盾的能力，就地调处纠纷1000余起。进一步完善诉讼服务中心功能，启动自助查询终端，开通"12368"诉讼服务热线，打造全方位、一站式诉讼服务平台。深化"互联网+"新模式，视频直播庭审40场，依法应公开的裁判文书4239篇全部上网公开。举办"我要当小法官""院长开庭"等法院开放日活动7次，邀请中小学生、媒体记者、社会群众1000余人次走进法院，感受法庭氛围，了解法治文化。升级司法救助平台，对劳动争议、追索赡养费、抚养费等特殊案件当事人，开启绿色通道，为54件案件当事人缓、减、免交诉讼费39957.47元，为50起案件申请执行人发放执行救助金28.42万元。对没有委托辩护人的未成年人、盲聋哑人，依法指定刑事辩护人，为少数民族当事人提供翻译，有效落实对特殊群体的法律援助。

推进司法改革。推出"以案定量，以量定岗，以岗定责，以责定绩"举措，实现岗责相称，权责相当。开展劳动竞赛，完善考评机制，实行书记员、司法警察技能分级管理。稳妥推进法官员额制改革，完成首批42名法官入额遴选工作。推进刑事审判速裁改革，依法快审轻微刑事案件，平均结案周期提速15.6天。试行民商案件繁简分流，小额纠纷简审快判，简化文书，提升审判质效。改革执行管理模式，创新分段集约执行，优化力量配置，提升执行效率。加强流程节点管控，实行数字法院网上巡查，实时监控，及时预警，逐案评查，逐月公示。全面落实立案登记制，有案必立、有诉必理，当场立案率98%，有效保障当事人诉权。细化工作流程，立案前风险告知、立案后释法答疑，预约立案、上门立案，方便当事人诉讼。推进诉访分离，依法终结无理缠访，对接最高法院视频约访，院领导定期开门接访，主审法官带案下访，相关庭室合力息访，涉诉信访工作高效运转，规范有序。全年接待信访群众194人次，一次性息访率94.8%，继续保持无"进京"和"赴省"集体上访案件的良好态势。持续创新人民陪审员工作机制，在分片参审、量化考核、随机抽选、自主管理的基础上，充分发挥人民陪审员贴近群众、了解社情民意等特点，大胆尝试人民陪审员独立调解，推出人民陪审员"法治进社区"宣讲制度。全年人民陪审员参与审理案件1784件，独立调解案件101件，调解成功38件，有效缓解"案多人少"矛盾，进一步扩大司法民主的广度和深度。

加强队伍建设。开辟廉政教育季课堂，每季度开展一次廉洁司法集中教育活动；组织全体干警参观长沙市廉政教育基地；组织党员干部进行《中国共产党廉洁自律准则》《中国共产党纪律处分条例》知识闭卷考试；抓住节假日等时间节点，实时向全院工作人员群发短信进行廉政提醒，筑牢拒腐防变思想防线。每案发出《致案件当事人公开信》和案件监督卡；跟踪回访案件309件，梳理归纳发现的问题，认真分析原因，切实加以整改；备案登记重大案件35件，将廉政风险"关口前移"；院领导带班督察，发现问题及时通报，限期整改，共发督察通报10期，努力做到防微杜渐。进一步完善廉政制度，制定《关于加强我院"三重一大"决策监督的实施意见》《婚丧喜庆事宜规定》《违纪违法线索收集报告制度》等规章制度。认真开展"两学一做"学习教育，教育引导党员校准思想之标、调整行为之舵、绷紧作风之弦，自觉按照党员标准规范言行，坚守司法底线；增强政治意识、大局意识、核心意识、看齐意识，在执法办案、学习和社会生活中起先锋模范作用。邀请专家授课、开展法官论坛、进行主题调研，法官适用法律、化解矛盾、做群众工作的能力得到有力提升。积极推进"以审判为中心的诉讼制度改革"，开展人大代表"听庭评议"活动5次，接受人大代表对庭前准备、庭审程序、庭审礼仪等方面的评议打分，增加审判工作透明度，提升法官庭审驾驭能力。

【望城区法院微信公众号影响力全国夺冠】　2月1日，由《法制日报》、法制网舆情监测中心制作的"第58期政法机关微信影响力一周排行"榜单出炉，区法院主办的"长沙市望城区法院"公众号在本期周榜中获全国法院第一名。

【开展涉案未成年人及监护人心理援助】　为更精准化、专业化审理涉及未成年人刑事案件，避免因心理疏导不及时而给未成年被告人造成不良影响，区法院未成年人案件综合审判庭尝试针对未成年人被告人的个体情况，通过借助心理学手段，在对触及法律红线的未成年被告人进行心理疏导的同时，了解分析未成年人心理特征、人格特质、家庭情况、成长经历、社会交往等情况，对涉案未成年人进行更为适当的个人评价和量刑评价，从心理层面帮助未成年被告人学会自我管理不良情绪，矫正不良行为。3月2日，心理咨询师邱迎春老师分别对小明、小刚、小志3名未成年被告人及其监护人进行首场心理测评和心理疏导。

【开通“12368”诉讼服务热线】 8月，区法院在诉讼服务中心开通“12368”诉讼服务热线。“12368”诉讼服务热线设置专门的接听场所，安排一名座席员专门负责热线的接听、记录和相关事项的答复与转办；同时建立自助语音应答系统，配备必要的工作设施，保证服务热线24小时开通运行。“12368”诉讼服务热线实现与案件流程管理系统、网上办公系统、诉讼服务网、通讯服务系统的有效衔接，其主要功能包括信息查询、诉讼咨询、联系法官、根据需要提供帮助、预约节假日立案和上门立案等，将为群众提供更加方便、快捷的诉讼服务。

（刘雪飞）

望城区人民法院

党组书记、院长	李才坤
副院长	肖智凯 郭峰
	黄胜华 刘昌济
纪检组长	任谷良(3月免)
	黄海辉(3月任)
政工室主任	江革
执行局局长	李为

司法行政

【概况】 2016年，区司法局内设综合科、监察室、基层科、社区矫正科、法制宣传教育科、法律服务管理指导科6个科室，下设区法律援助中心、区“148”法律协调指挥中心、望城公证处3个二级机构。有在编干部职工21人（含法律援助中心和“148”法律服务协调指挥中心）、合同制人员5人。

组织法治宣传“育民工程”，扎实开展普法依法治理工作。深入开展法治宣传教育。在全区14个镇（街）组织开展农村法治宣传月暨“深化法治宣传教育，服务推进脱贫攻坚”专项宣传活动，重点培训基层“法律明白人”757人。在青少年素质教育基地雷锋纪念馆为全区七年级学生进行法治轮训30堂，受益学生6685人次。联合区教育局开展中小学“法治在我心”征文比赛，从562篇作品中择优向市级推荐120篇。联合区教育局、文明办，组织全市首届青少年学法用法网络比赛望城赛区中小学生参赛工作。在“12•4”国家宪法日发动各镇（街）、区直单位开展宪法主题讲座、宪法知识测试、大型法治文艺会演、法治图书角捐建、宪法宣誓活动、同步户外宣传等系列法治宣传活动，让民主法治精神蔚然成风。推进“七五”普法和法治创建活动。在全市率先召开依法治区领导小组会议，并提请区委区政府批转“七五”普法规划。开展“民主法治示范村（社区）”和“依法办事示范窗口单位”创建活动，乌山司法所等5个单位被评为全省“依法办事示范窗口单位”，乌山街道金树村、铜官街道铜官社区获市级命名，丁字湾街道双桥村等12个村（社区）获区级命名。着力加强法治文化建设。组织编印融法律格言、名言警句、法治对联、法治古语等于一体的法治笔记本3500份，分送各级领导和村（社区）干部，推动新一轮的学法工作。邀请区诗词家协会、区书法家协会以“法治事件+法治照片+法治诗词+法治书画作品”的形式，组织编印《“法治望城”诗书影集》反映全区“六五”普法工作成果。2016年，全区共有6700名公职人员参加网上学法考试，1025名村（社区）干部参加纸质考试，通过率100%。

组织人民调解“和民工程”，积极预防化解各类矛盾纠纷。健全完善人民调解网络体系。进一步完善诉前、交通事故、医患调解室等专业调解室和驻公安派出所、学校的联合调解室以及边界地区联防联调委员会，积极探索矛盾纠纷多元化解机制，指导铜官、金山桥、白沙洲在重建安置小区设立以社会贤达人士命名的品牌调解室，实现“哪里有矛盾纠纷，哪里就有调解组织”。积极探索医患纠纷调解经验。区医患纠纷调解中心将调解工作渗透到医疗机构和医疗服务环节，形成依法依规、公平公正、管理规范的工作模式，大幅降低全区医患纠纷数量和赔偿金额，有效遏制“医闹”行为。2016年，中心接待中方县、南京市、司法部基层司等5家单位的6次考察调研，司法部基层司司长梁刚对望城的医患纠纷调解机制给予高度认可，《湖南日报》报道医患纠纷调解“望城经验”。认真开展人民调解“百优”案卷评比活动。提请区政府出台人民调解“以奖代补”文件，开展十佳调解员评比和百优案卷评查工作，调动基层调解员的工作积极性。两次组织司法所长、助理员、村（社区）调解主任共800余人次集中业务培训。全区各级人民调解组织共调处各类矛盾纠纷5598起，调处成功5486起，调处成功率98%，协议涉及金额4148万元。

组织特殊人群管理“安民工程”，切实抓好社区服刑罪犯的教育帮扶监管工作。强化社区矫正信息化、规范化建设。利用“社矫移动执法”终端和电子腕带，实行信息化定位监管203人。以2015年新建的区社区矫正中心为依托，每日实行监管平台核查，每月通报监管情况，每月进行入矫罪犯集中公开宣告，防止社区服刑罪犯脱管、漏管。启动心理矫正试点工作。以政府购买服务方式引入心理咨询与心理矫治，建立在册社区服刑人员心理咨询档案，开展个案动态巡诊及专题教育辅导，对服刑罪犯实行有效的心理疏导和心理危机干预。深入推进专项活动。开展“走访排查、结对帮扶”“情暖高墙、关爱孩子”专项活动，重点帮扶困难矫正对象和刑满释放对象36名，发放慰问金36000元；开展“防脱管与安全隐患排查整治”专项活动，对全区在册社区服刑人员进行面对面“三小时”现场点训；开展社区服刑人员查毒、禁毒专项活动，预防和减少社区服刑人员涉毒类重新犯罪。2016年，全区共新增社区矫正对象119人，期满解矫137人；累计接收1135名，解矫906人，现有在册社区服刑罪犯229人。

组织法律服务“便民工程”，及时援助社会弱势群体。完善法律援助便民制度。实行法律援助律师（法律工作者）值班制度，实现值班常态化、规范化，提升法律服务质量。推进法律援助电子网络平台建设，初步实现法律援助网上受理、审查、指派，努力提高服务的效率。建立公共法律服务站点。依托“公共法律服务体系建设”和“群众点赞工程”，在白箬铺镇、铜官街道、茶亭镇泉丰村等地建9个公共法律服务站（点），组织30余人的法律服务团深入驻点开展法律服务工作，为村民提供家门口的免费法律服务。推进一村（社区）一法律顾问制度建设。组织12名律师（法律工作者）在高塘岭街道、乌山街道、白沙洲街道、月亮岛街道辖区内的42个村（社区）担任为期一年的义务法律顾问。组织公共法律服务志愿大队律师（法律工作者）在茶亭镇泉丰村开展精准扶贫暨律师乡村（社区）行“法润三湘”志愿活动。开展律师参与和化解代理涉法涉诉信访案件工作。建立涉法涉诉信访案件化解工作律师库，精选11位律师定期到信访局涉法涉诉接待室值班，接待信访群众30余人次，维护社会稳定。全年共办理法律援助案件262件（刑事21件、民事241件），为援助对象挽回经济损失300余万元，有力保障社会弱势群体的合法权益。

“法润三湘 律师乡村（社区）行”主题法律服务活动

【获评“全省‘六五’普法依法治理先进县(市、区)”】 10月18日，望城区在湖南省第八次法治宣传教育工作会议上被评为“全省‘六五’普法依法治理先进县（市、区）”。望城区在“六五”普法期间，强化法制根本保障，区委、区人民政府批转“六五”普法规划，并将“法治望城”创建工作纳入“四项”考核范围（社会治安、综合治理、文明单位创建、年度绩效、全面小康建设）。深化“法律六进”活动，组织5000余名机关干部参加集中学法活动和37596人次参加集中普法考试，组织机关干部到法院观摩案件庭审、举办机关干部“法治季课堂”21期，分期分批培训“法律明白人”21073人次，组织区普法讲师团巡回送课289堂（次），组织法制副校长、法制辅导员、“法进学校”讲师团授课150堂（次）、培训青少年2万余人次。加大法治创建力度。区人民政府等97个单位、企业聘请法律顾问，提高依法决策、行政、管理水平。在23个行业开展“依法办事示范窗口单位”创建活动，其中5个单位获全省“依法办事示范窗口单位”称号。开展“法制乡镇（街道）创建”“民主法治示范村（社区）”创建活动，23个村（社区）获区命名，8个村（社区）获高级命名，3个村（社区）获省级命名。先后荣获市普法依法治理先进单位，省法治文化创新基地，全国法治创建先进县（市、区）称号。

【白箬铺司法所、铜官司法所获评“第六批省级规范化司法所”】 11月15日，区司法局白箬铺司法所、铜官司法被湖南省司法厅命名为“第六批省级规范化司法所”。两个司法所在全面规范组织机构、加强基础设施建设的基础上，认真做好人民调解、社区矫正、普法宣传工作。白箬铺司法所组织开展“平安和谐白箬”“平安边界”创建，大力开展社会矛盾排查调处工作，全年镇村二级调处各类矛盾纠纷126起，调处成功123起；聘请社区矫正工作志愿者对118名矫正对象进行帮扶，对114名刑释解教人员每季一次回访教育；组织开展法治乡镇创建“法进学校”“农村法制宣传教育月”的宣传活动，司法工作成效显著，单位先后5次获市、区先进单位称号，16人次获先进个人称号，35个成功案件在省市杂志报纸及多家新闻网络刊载。铜官司法所重点抓宪法普及、青少年法治常态教育和村（居民）法治教育及“民主法治示范村（社区）”创建活动、净化民风、优化社会法治环境；健全矛盾纠纷调解机制、充分发挥“三调联运”（人民调解、行政调解、司法调解）作用，坚持推动社区矫正和安置帮扶工作严格化，确保社区服刑人员审前社会调查到位，社区矫正人员日常监管到位。建设平安市场、法律文化广场、普及群众的法制观念和法律意识。建设丰盛园小区调解室，成功调解矛盾纠纷10余起；晋港社区的“刘柱爹”调解室，调解民间纠纷10余起，成功率100%。

【司法部基层司司长梁刚考察望城医患调解工作】 6月21日，司法部基层司司长梁刚等一行领导到望城督查考察医患纠纷调解工作。考察组视察医疗纠纷调解中心，查看工作阵地，听取区委常委、区政法委书记苏春光和医疗纠纷调解中心工作人员的情况汇报，对医疗纠纷调解中心工作取得的成绩和阵地建设予以充分肯定。医疗纠纷调解中心于2012年5月18日挂牌成立。为区医患纠纷调解委员会的常设机构，负责医患纠纷调解日常工作。区委、区政府对医疗纷纷调解中心提供“四个保障”（保障工作人员、保障工作经费、保障工作阵地、保障联动机制）。中心成立三年多来，累计受理医患纠纷案件222起，成功调处207起，通过多次细致做工作，放弃诉求的30起，引导走司法途径的10起，调处成功率93.24%，实行医患纠纷调处“四个满意”（医院满意、患者满意、社会满意、政府满意），有效减少社会的不稳定因素，为服务地方经济、社会发展、维护社会和谐稳定发挥积极作用。

（段　琼）

望城区司法局

党组书记、局长	廖忠宇（12月任）
	唐晓卫（12月免）
党组副书记、副局长	姚建明
党组成员、副局长	张树雄
	黄海辉（3月免）
党组成员	王炽炎（9月任）
政工室主任	艾敏华（9月“改非”）

军　事

责任编辑 ◎ 赵运良

望城区武装部

【概况】 2016年，区人武部围绕践行强军目标要求，坚持政治建军、改革强军、依法治军，落实具体举措，抓重点、攻难点、创亮点，推动全面建设稳步发展。

抓根本促追随。坚持思想领先，在看齐对表、思想追随上固牢政治建军的根子。紧跟步伐学透上级会议精神。坚持用理论学习凝神聚力，围绕学深悟透上级党委扩大会议精神，先后3次召开党委会，第一时间集体学习，逐字逐句理解把握，领会其中的新思想、新动态、新要求。主动作为开展“两学一做”活动。贯彻“基础在学、关键在做”的要求，督导党员个人自学，努力掌握基本精神、基本内容、基本要求。进一步统一思想认识，明确目标要求，增强内在动力。加强党委班子建设。集中组织班子成员重温毛主席在党的七届二中全会上所作的《党委会的工作方法》，对照12条方法，修改完善党委议事规则，学习掌握蕴含其中的政治纪律和政治规矩，努力提高党委领导决策能力、指挥控制能力、解决问题能力。加强民主集中制建设，注重搞好班子内部的团结，重大问题提交党委集体研究，力求思想合心、工作合力、班子合拍。通过抓政治建军、思想追随，强化政治意识、大局意识、核心意识、看齐意识。

抓主线促改革。坚持把工作主线放在改革上，各项工作都围绕改革来谋划、部署和推进。改革教育跟上。采取上下同步、有分有合的办法，同步参加省军区、警备区组织的改革教育，结合第一专题理论学习，组织全体干部，学习《中央军委关于深化国防和军队改革的意见》，切实把思想和行动统一到中央军委和习主席的决策指示上来，引导干部职工作改革的拥护者支持者参与者。思想稳控跟紧。利用党团活动时间，党支部专题召开思想形势分析会。结合干部转业摸底，开展“改革怎么办、我该怎么干”谈心活动，部领导分别与全体干部职工进行谈心交心。加强经常性思想教育，利用交班的时机，督导干部职工严守改革纪律和政治规矩，不听谣、信谣、传谣，不发表与改革不一致的言论。整体转隶跟进。省军区整体转隶军委国防动员部后，区武装部贯彻各级指示，加强战备值班工作，清理上报财物、营院等档案资料。召开干部大会，学习盛斌部长在省军区领导管理工作会议上的讲话，使大家深刻认识民兵预备役工作的职能定位，激发工作动力，促进稳心定神，在履行职能中担当新一代国防动员人。

抓备战促提升。编实战备方案。加强防恐方案建设，修订完善营区防恐方案，加强战备值班工作，利用两个半天时间，专题学习战备值班规定和突发情况处置的内容、程序、方法，坚持值班首长不离营区、值班员24小时在岗在位、值班分队保持联络畅通，确保转隶期间战备值班正规有序。加强战备器材建设，对6艘破损的冲锋舟进行维修保养。训实专业力量。按照二季度主抓专项集训的思路要求，结合季节性特点，组织各专业民兵分队把时间训够、效果训实。落实干部强能。贯彻省军区关于加强体能训练的通知要求，把集中训练与自我训练结合起来，既每周有计划地组织体能训练。确保干部体型达标、体能过线。

抓动员促融合。抓民兵整组。贯彻一季度主抓整组备案的工作思路，按照要求，推进民兵整组工作。传达贯彻全省、全市民兵整组工作会议精神，组织召开本级整组工作会议，组织到15个乡镇、街道进行普遍检查督导。注重以军民融合编建为导向，把军民融合思想往整组领域落，推进民兵整组向高新企业延伸、向高等院校延伸、向地方应急力量体系延伸。抓基层建设。针对乡镇撤并专武干部调整面大的实际，以党委名义向组织部推荐7名武装部部长人选，保留优秀骨干；抓蹲点帮建，参照省军区、警备区的做法，6名干部每人帮建一个民兵基层，在持续抓好高塘岭街道、乔口镇武装部建设的基础上，向院校和企业拓展，融合湖南信息职业学院、中南林业科技大学涉外学院、黑金刚实业有限公司、湾田国际集团4个单位的基层建设；抓面上督导，3个部领导有分有合，到每个基层武装部至少督导1次，确保基层建设落地见效。抓兵役征集。立足早筹划、早部署，前期把工作重心向大专院校集中，召集4所高校的专武干部召开大学生征兵动员部署会，每个院校安排1万元经费，用于宣传发动；安排政工科长到各高校进行巡回宣讲；刘要明部长利用兼职常委的优势，给每所高校的领导交任务压担子。同时，加强面上的宣传发动，把省市大平台与区里小平台结合起来，在上级宣传造势的基础上，协调区电视台播放滚动字幕，协调宣传部在2个户外大型广告牌上作宣传，协调城管局、交通局在公交站点张贴征兵公告。

抓特色促品牌。在继承和弘扬“三个融入”(融入教育体系，融入双拥共建，融入本职岗位）学雷锋经验的基础上，积极探索推动学雷锋常态化、时代化、大众化的新路子。坚持“军民融合”学雷锋。着眼解决人武部学雷锋主体力量不足的矛盾，与地方党委和群团组织融合推动学雷锋，组织民兵预备役人员和望城籍新兵参与学雷锋活动，把人武部学雷锋活动融入望城区学雷锋的整体规划中来。组建50人的“专武干部学雷锋志愿服务队”，在雷锋纪念馆讲解员队伍中组建“女子民兵学雷锋示范班”。承办驻长部队向雷锋塑像献花宣誓仪式，探望慰问84岁高龄卧病在床的雷锋纪念馆第一任馆长雷孟宣老人，走访慰问全国道德模范、雷锋家乡小雷锋桥驿镇中学生周美玲，与他们开展互动交流，号召人武部官兵职工和民兵预备役人员向周美玲学习。坚持“精准扶贫”学雷锋。持续开展学雷锋助民劳动，协调驻长部队官兵和民兵预备役人员200人，到人武部扶贫点黄金园街道英雄岭村进行植树扶贫；持续开展“传承雷锋美德，共享幸福望城”慰问敬老院活动，到乔口敬老院，陪老人聊天，安排民兵为老人剪头发、常规体检，为老人送温暖；持续开展“我助老兵奔小康”活动，从每个乡镇、街道遴选1~2名困难退役军人或现役军人家庭，5名党委班子成员每人负责联系3~5名，采取多种方式，帮扶困难现役军人或退役军人家庭脱贫奔小康，增强学雷锋的针对性、时代性和感召力。坚持“务军为军”学雷锋。从“姓军为军”原则出发，把着力点聚焦到为现役军人和退役军人家庭开展送温暖献爱心上来，重点帮扶参战老兵和伤病残军人。结合春节，慰问25名退役军人和现役军人家庭。把“雷锋家乡学雷锋”与“双带双促”活动结合起来，引导退役军人“带头建设家乡促进经济发展，带头维护稳定促进社会和谐”，积聚真善美，弘扬正能量，促进“雷锋家乡学雷锋”的时代化、常态化、大众化。

抓安全促稳定。坚持把抓好改革期间的安全稳定，作为党委的中心工作、干部的主要任务来抓。绷紧高压线。严格落实安全形势分析，吸纳职工参与，群策群力对存在的安全隐患进行深查细查，逐一制定整改措施，人人签订责任书。管控风险点。盯住“人车枪弹密、水火电钱网、酒油黄赌毒”等重点要素。投入经费近50万元，修缮门卫室和营区大门的安防设施，为值班室、保密室、文印室和武器仓库等重要敏感部位更换高清红外监控系统，给每个办公室购置双重密码资料柜，对营区主干水电线路进行维护，与滨江保安公司签约2名保安对营区进行24小时保卫。守住纪律关。始终坚持把纪律和规矩挺在前面。加强预算管控，严格按预算安排经费支出，压缩不合理开支。全面停止有偿服务。通过强化党委的主体责任，强化干部的纪律意识，切实做到明规矩、知敬畏、守底线，确保人武部安全稳定不出事。

（政工科）

望城区人武部

部　　长	刘要明
政　　委	伍少林
副 部 长	肖尚武

武警长沙市望城区中队

【概况】　2016年，武警长沙市望城区中队紧紧围绕“铸魂强能听党话，按纲抓建固基础，厚实内涵学雷锋、全面过硬创标兵”的工作思路。强化党支部“三个能力”，不断提高自身建设水平，扎实抓好各项工作落实。执勤中队在勤训轮换获第一名，指导员获支队四会政治教员比赛第二名，二班荣立集体三等功，2人荣立个人三等功，中队连续34年执勤安全无事故。

弘扬雷锋精神，铸就忠诚品质。中队利用驻守雷锋故乡的红色资源优势，坚持把雷锋精神作为“队魂”，把雷锋事迹作为部队教育的“队课”。弘扬用雷锋精神塑造官兵忠诚品格。持续开展“雷锋中队学雷锋、驻地官兵当先锋”活动，深入持久推动学雷锋“六个一工程”建设。在新兵下队，组织全体官兵参观雷锋纪念馆并向雷锋雕像宣誓，进一步激发官兵的爱国热情，打牢官兵争当忠诚卫士的思想基础。大力开展“读雷锋书籍、写雷锋感言、唱雷锋歌曲、走雷锋成长道路”的活动，开设“雷锋微博”，每月组织评比“雷锋之星”，每周三开展评选优秀“续写雷锋日记”，让雷锋精神内化于心、外化于形。中队编写《学雷锋画册》《学雷锋故事集暨续写雷锋日记》，让官兵深刻烙印自己是雷锋中队的一员。邀请雷锋生前同事张建文老人给官兵们讲述自己与雷锋共事时的亲身经历。弘扬用雷锋精神，用使命荣誉激发报国之志。中队有着自身独特的“三队”文化：队魂“弘扬雷锋精神献身强军实践”，队训“忠诚、奉献、精武、责任”，队歌《最美武警兵》。“荣誉使命是生命”是中队始终秉承不变的理念。中队官兵“只有为中队争夺荣誉的义务，没有给中队摸黑的权利”。引导官兵在日常工作中像雷锋一样“干一行爱一行、专一行精一行”，在岗位比赛中“争上游、创一流”。弘扬雷锋精神，奉献他人快乐自己。深入开展学雷锋“六个一工程”，与雷锋图书馆共同举行“雷锋家乡学雷锋”赠书活动，赠送图书4000余册。组织官兵捐款8000余元，购买学习用品，为中队常年资助的乌山中心小学丁颖怡、贺思怡、贺业勤、熊洋4名贫困儿童送去关爱和温暖。慰问光荣院参战老兵，用实际行动传承雷锋精神正能量，与清水塘第二小学、长沙县双江中心小学等学校开展警校共建——学习雷锋好榜样活动。中队官兵学雷锋事迹在《人民武警报》《中国武警》《三湘都市报》《都市频道》《湖南国防教育频道》等媒体8次报道。中队队歌《最美武警兵》MV在《人民武警》微信公众号宣传报道。

围绕强军实践，思想政治建设扎实有效。按照要求，加强和改进部队思想政治建设，为实现强军目标提供坚强保证。扎实开展思想政治教育。把学习贯彻习主席系列重要讲话精神作为首要政治任务来抓，学习三级党委扩大会议精神，深入学习新《军队基层建设纲要》（以下简称《纲要》)严格落实教育制度，采取集中研讨、集中教育等方式，加大学习教育力度，着力坚定理想信念，强化军魂意识。做好改革强军主题教育活动的开展，密切关注意识形态领域斗争的新动向，加大敏感问题教育和网络舆情引导力度。抓经常性思想工作。成立思想骨干领导小组，建立和完善《战士思想档案》，有效发挥政治工作“三互”(官兵思想上互相激励鞭策，工作上互相支持配合，生活上互相关心爱护)“双四一”(四个知道，一个跟上”：知道下级和部属在哪里、在干什么、在想什么、需要什么，思想政治工作要跟上；“四个报告，一个依靠”：向上级报告在哪里、在干什么、在想什么、需要什么，有问题要依靠组织来解决)两个载体，结合“事故案件警示月”活动，以“2•2”和“2•6”案件为教训，从做好经常性工作入手，加强做思想工作的深度和解决思想问题的力度，排查事故案件隐患。开展“学规范、用规范”专题教育活动增强官兵安全意识，防范和杜绝安全事故发生。开展密切内部关系教育，做好新兵第二适应期及上等兵退伍工作，形成部队、家庭相结合的合力，提高思想管控的效果。推进先进军事文化建设。继续完善“六室三场一队一品八种文化”建设，加大文体设施投入和文体骨干培训力度，进一步优化文化建设软硬件环境，促进官兵内涵式发展。开设学雷锋广播室，浓厚学雷锋文化氛围。

聚焦中心谋打赢，各项任务圆满完成。按照“精心打基础，全力抓中心，用心带部队，全程保稳定”的要求，狠抓战备训练，确保处突维稳稳当。抓固定勤务工作。扎实开展“抓规范、打基础、治隐患、保安全”执勤安全教育整顿活动，按照“整体建设、全面规范、勤训结合、确保安全”的执勤思路，进一步正规执勤秩序，堵塞执勤漏洞，提高执勤效益，促进经常性执勤工作规范化落实，确保中心任务完成圆满，确保部队安全稳定。开展方案演练贴近实际，模拟犯罪嫌疑人逃脱、暴乱、骚乱等突发事件，检验中队应急处置能力。

武警部队后勤部副政委吴玉科少将考察中队

将“三班四哨”(编班、领班、值班、上哨、站哨、换哨、下哨)基本动作训练、技术和战术训练与方案演练结合起来，在监区、哨位和上下哨路线上练战术和擒敌术，使训练真正贴近实战。根据监墙的长度、高度以及关押对象逃跑的姿势设置俯角射击训练，提高首发命中率；采取诱导式和智能式假设敌的方法，加强执勤方案演练，熟练掌握报警程序和各种情况的处置方法，提高哨兵的处置能力，确保中队连续34年执勤无事故。抓军事训练工作。按照“抓两头、促中间”的总体思路，依据《纲要》和军事训练“八落实”，突出重难点科目训练，狠抓干部跟班作业，提高施教能力。坚持依法从严治队，中队管理正规有序。结合中队实际，搞好“事故案件警示月”专题教育活动，做到条令学习经常化，以条令促进管理质量的提升，通过重点内容随机抽问、知识竞赛等方式，使官兵熟记条令法规的重点内容。人员管理上，中队高度重视做好新兵“第二适应期”管理教育工作。新兵下中队前，中队开展为期3天的作风纪律教育整顿，进一步端正干部骨干和老兵对新兵的根本态度，为新兵购置生活用品，精心布置营区环境等，营造浓厚氛围。新兵下中队后，中队广泛开展谈心活动，充分发挥“三互”“双四一”等有效载体，深入了解和掌握新兵思想、入伍动机等情况。每月召开训练形势分析，总结经验、研究方法、解决问题，每周组织会操、每月组织军事技能考核，建立军事训练档案，完善激励机制，对会操优胜的班级颁发流动红旗，对军事训练成绩进步快的同志奖励，被总队评为优秀“四会教练员”两名，被支队评为优秀教练员4人，5名同志参加支队魔鬼周集训，名次排名靠前。在支队勤训轮换考核成绩位列第一名，二班长者万华以全优的考核成绩位列战士组个人第一。抓临时勤务。完成临时押解11批次、城市武装巡逻7批次。作为望城的主要安保力量，参加望城“万人红袖章”巡防活动。推进执勤优化改革。推广广西会议集训精神，部署优化改革方案，更改执勤时间、执勤方式，合理编组执勤人员，合并监门哨和三人应急小组，组建专职应急班，并加强反恐应急训练。

坚持建管并重，后勤保障服务到位。坚持勤俭建队的原则，强化后勤人员的专业素质培养，认真贯彻落实首长关于“后勤变前勤”的相关工作指示。认真调剂伙食。严格落实伙食定量标准，不折不扣执行总部制定的“1126”“6211”饮食保障模式。落实伙食管理五项制度，严格落实每周制订食谱制度,广泛征求群众意见,根据战士的口味特点和营养来调剂伙食,保证早餐有两个以上主食,保证中晚餐有水果。官兵伙食满意率100%。合理经费支出。严格经费的开支与使用,对相关经费的开支进行研究,杜绝不必要开支。每周伙食账目按时公布,每月武警委员会及时查账,各类经费的开支使用更加规范严格。加强设施维护管理。争取地方政府经费支持购置反恐运兵车,修建犬舍、车库。对中队训练场地、心理咨询室、营区文化环境、执勤信息化、车库、犬舍及营产营具进行建设、维修。抓好"四小工"的培养和使用,发现损坏,第一时间组织维修,确保设施设备完好。开展农副业生产。开展春耕春播,规划整理菜地,根据季节特点,播种7个品类的蔬菜,2016年梯次养殖生猪7头,出栏3头。

(办公室)

武警长沙市望城区中队

中 队 长　蒋世民
指 导 员　廖汉平

人民防空

【概况】 2016年,区人民防空办公室设综合科、法规与监察室、人防工程服务中心3个科室,有在职在编干部8人。

人防工程建设稳步推进。按照"应建尽建、应收尽收、以建为主、以收促建"的原则,依法足额征收人防易地建设费。2016年征收人防易地建设费5347万元,完成人防结合民用建筑工程审批5.8万平方米。启动指挥所项目建设,完成区人防指挥所工程立项工作。名企、名校人防工程配套设施长郡月亮岛、斑马湖小学、新华联人防工程人防工程已动工建设,地下空间开发成效显著。每月开展人防工程安全生产大检查,完善工程维护管理制度,确保人防工程结构完好,全年无安全责任事故发生。引进市人防办资金在斑马湖(南湖)畔修建斑马湖单建式地下停车库。

人防行政执法水平不断提高。坚持依法行政,依法办事。严格执行《湖南省实施〈中华人民共和国人民防空法〉办法》关于结合民用建筑修建防空地下室的政策规定,对城区新建的民用建筑因条件限制不能修建防空地下室的工程,一律严格按照规定收取人民防空工程易地建设费。加强执法人员的学习和培训。组织有关人员参加全省执法证考试,并认真学习《湖南省人民防空工程建设与维护管理规定》(省政府令第270号)等人防法律法规,提高行政执法人员执法能力和水平,规范执法程序。全年完成行政审批59项,为全区人防建设的快速、健康发展发挥重要的保障作用。

人防宣传教育成效显著。把人防宣传教育贯穿于人防工作全过程,按照"扩大覆盖、保持常态、注重实效"的原则,组织一系列内容丰富、形式新颖、影响广泛的人防宣传教育活动:以领导干部、人防建设任务承担者(开发商)、中小学生等为重点。对领导干部,主要以新时期国际国内形势、人防工作重点难点为重点内容,以加深领导对人防工作的了解,争取领导对人防工作的支持;对人防建设任务承担者以人防建设政策法规、人防工作重要意义等为重点内容,采取上门服务、座谈互动等方式,增强其人防意识和履行法定义务的自觉性;对中小学生,主要以人防基本知识、基本技能等为重点内容,采取专题授课、主题活动等方式,让学生从小培养良好的国防意识、掌握必备的防护技能。在巩固提升雷锋纪念馆、大湖中学、东马小学、民丰小学、靖港镇复胜社区、靖港镇应农图书馆等人防宣教"五进"示范基地的基础上,不断拓宽人防宣传教育的广度和深度,逐步形成以各类示范基地为平台,大型专题活动与日常教育相结合的教育网络体系,实现人防宣传教育"进学校、促家庭、带社区"。东马小学、民丰小学分别投资160万元、80万元打造人防长廊,元素多元,统筹兼顾,在为学生提供日常方便的同时宣传人防知识;大湖中学投资近200万元打造"一室一厅"项目,专注人防体验互动式教学,为广大师生提供一个直观感受人防氛围的场所;应农图书馆立足自身优质平台,开展全民阅读活动,通过各种模型及影像资料,向周边群众和学生大力宣传人防内容,影响辐射新康、靖港、乔口、格塘四个乡镇。广泛开展"贴近群众、贴近生活"的人防宣传教育活动。在5月12日"防灾减灾日",在区政府广场开展防空防灾应急知识宣传活动,向广大市民发放人防知识宣传资料;9月,向全区各大中小学发放人防手册7750套;充分发挥人防素质教育基地综合教育平台的窗口效应,接待省人防办组织的全省县(市、区)人防办主任培训班200余人的现场见习,接待湘西州、怀化、湘潭等地同行参观学习10余批次302人;10月,联合职业中专在区四中召开"人防杯"秋季运动会;11月,参加宣传部、月亮岛街道组织的国家宪法日宣传活动,向广大社区居民发放人防宣传资料逾2000份。

人防应急能力明显增强。与市人防办对接,积极收集望城的自然、人文、地理、水文、气象以及重大工程、交通运输、治安保障等情况资料,参与修编《长沙市"十三五"规划》;参加省人防办组织的"湘防—2016"长沙片区人防机动指挥通信训练,检验人防队伍的应急通信保障能力。在桥驿镇政府、区二中、教研装备中心新装防空警报器,加强对全区现有防空警报器的日常维护管理,每个警报点定点、定岗、定责到个人;11月1日"防空警报试鸣日"活动顺利举行,防空警报器保持良好状态,人防警报设施覆盖率、鸣响率、统控率均达100%。

【湘潭市人防办到望城交流人防宣传工作经验】 10月13日,湘潭市人防办副主任李荣湘率湘潭市人防办中层干部、湘潭市人防教育老师一行97人到望城参观人防素质教育基地,交流人防宣传教育"进学校"的工作经验。李荣湘一行先后参观了大湖中学和东马小学人防素质教育基地,听取相关情况的介绍。他们表示,望城区人防素质教育基地的打造和学校教育相结合，给人防宣传教育提供好经验，很有借鉴意义。市人防办副主任周吉民陪同参观。

【全省县(市、区)人防办主任参观东马小学人防素质教育基地】 7月14日，省人防办党组成员、副主任舒平率各市州人防办分管人事工作领导、县(市、区)人防办主任及工作人员180余人来望城参观东马小学人防素质教育基地，交流人防宣传教育工作经验，副区长聂荣陪同参观。东马小学人防素质教育基地是一个以人防教育为主体，同时兼顾消防安全、食品安全、国防教育、应急避险等多位一体的综合教育平台，实现人防教育和学校特色教育的融合，为学生了解世情国情，提升国防意识提供有效的载体 。

【举行应急疏散演练暨防空警报试鸣日活动】 11月1日，区人防办在东马小学等学校开展防空防灾应急疏散演练暨全区防空警报试鸣日活动。上午9:00，随着警报声的响起，烟雾弹烟雾的扩散，东马小学全体师生迅速进入应急状态，全体学生在老师的带领下，双手交叉护住口鼻，按照应急预案设定的路线，有序地从各教学楼撤离到学校操场上。同时，全区31个固定警报点按时、准确地鸣放防空警报，警报鸣响覆盖率、准确率达到100%。试鸣活动旨在增强全区群众的国防意识和人防意识，树立常备不懈思想，让群众了解和熟悉防空警报信号的规定，并检验全区防空警报器性能和音响效果。

（虢 婷）

望城区人民防空办公室

主　　任　徐　高

副 主 任　周晓辉　肖新民

经济综合管理

责任编辑 ◎ 张理希

发展和改革

【概况】 2016年,区发展和改革局(物价局)内设办公室、发展规划科、产业发展科、招投标管理科、价格管理科、区政府重大建设项目稽察办公室6个职能科室,下设价格监督检查局、区能源局、价格认证中心、区政府投资项目管理局、区重点工程项目办公室5个二级机构,以及两型社会建设综合配套改革领导小组办公室1个合署办公机构。有正式干部职工51人(含能源局10人),政府雇员1人。

项目管理精益求精。2016年,区发改局围绕加快推进"四大主体功能区"建设,形成2017年政府投资项目和社会投资项目计划,铺排实施项目400余个,年度计划投资488.2亿元;提出"六个十大"(十大工业产业项目、十大现代服务业项目、十大现代农业项目、十大小城镇和文化旅游项目、十大基础设施项目、十大民生公益项目)重大项目、区领导和后盾单位联点调度机制建议方案,引领和带动全区项目建设整体加速推进。加强项目投资规模控制。按照"估算控制概算、概算控制预算、预算控制结算"的原则,把控项目投资额,加强项目决策阶段的立项、可研批复环节的投资审查力度,不断加深可研评估精细化管理程度,全年核减项目总投资近1亿元,节省大量财政资金。完善项目管理制度。重新制定《长沙市望城区政府投资建设项目管理实施办法》和《长沙市望城区小额政府投资建设项目优化审批办法》,为细化政府投资项目管理、加快项目行政审批效率提供制度保障,从源头上为规范政府投资项目管理做好顶层设计。创新项目讲评观摩形式,通过拍摄《聚焦开复工——"项目竞赛年"一季度施工现场纪实》视频短片,反映项目开复工情况;首次组织"两会"重点项目视察活动,展示项目建设成绩;引进开发望城区重大项目管理系统,项目建设工作做法在《长沙市重大项目专报》第8期、第38期专刊刊发。

准确研判经济形势。调度区域经济运行,全年召集区直有关单位和园区,召开3次经济形势分析会议,为区委、区政府提供3篇高质量的经济形势分析报告。完成"十三五"规划编制工作。认真贯彻落实中央、省、市重大决策部署,全区34个专项规划全部定稿,全区"十三五"规划综合文本年底完成编印,同时利用区电视台、手机报等多种媒体对区"十三五"规划进行集中宣传。研究区域经济发展热点问题,针对如何建设四大主体功能区、如何加快建设金桥综合枢纽、如何承接省会核心功能转移等重点问题,与湖南师大、湘潭大学等高校联合开展多个专项课题研究,为区委、区政府科学决策提供有益参考。

深化改革卓有成效。及时对接上级经济体制改革小组牵头部门,协调区内各项改革任务牵头单位,确保全区深化经济体制改革各项任务落实到位。牵头制定党政机关公务用车制度改革实施方案和各细化方案,正式实施全区党政机关公务用车改革。和区民政局配合完成第一批行业协会商会与行政机关试点脱钩工作。统筹生态文明体制改革小组7大项23小项生态文明体制改革任务,落实两型标准实施与认证,参与市两型办绿色发展评价考核指标体系课题。完成对区人民医院医改工作,从2016年1月1日起实施城市公立医院医药价格改革,医改后病人负担减轻,全年减少群众就医支出1048万元。

引领两型建设。斑马湖社区获评省两型示范创建社区,新阳村、月圆村获评市两型创建村庄,黄金创业园获评市两型产业双创基地创建单位;新峰村、大垅围村评为市两型示范单位,望府路社区等3个村、社区评为市两型创建单位,华望科技、湘台科技评为市两型企业。出台《长沙市望城区2016年生活垃圾分类处理工作实施方案》,坚持把城乡垃圾分类减量作为深化两型社会建设的战略性举措来推动,工作经验在《长沙两型专报》上刊载推广。与科技局共同举办"创新引领、共享发展"两型科技产品推介会暨2016年科技活动会,活动得到长沙晚报、星辰在线、望城发布等媒体的广泛推介,望城获"国家可持续发展实验区"称号;联合区机关事务局开展公共机构生态文明宣传作品征集活动;两型特色工作在《长沙通讯》上刊载。

规范价费监管。稳定民生价格,全力推动阶梯式水价工作,完成污水处理费调整、重点建制镇开征污水处理费,做好出租车价格调整前期工作;印发宣传手册4万份,在望城电视台作3期专题节目,宣传解读价格政策;对全区所有收费项目实行动态清单管理;对行政事业性收费、涉企收费、服务性收费进行3次全面清理,清理收费项目100多个;正确引导民众参加各类价格协调会,受理各类价格举报及投诉54起,全部及时处理回复。采用电话询价和上户采价等形式监测市场价格,全年上报各类监测数据26092条,撰写市场动态信息及调研分析材料69篇，为国家、省、市、区进行宏观调控提供真实有效的数据，2016年价格监测中心被推荐为全省价格监测质量考核优秀单位，邹静文同志被评为全国价格监测工作先进个人。开展价费检查，对全区99所学校，开展春秋两季学校收费检查；重要节假日前夕对全区105处景区（点）进行巡查，保证全年主要景点巡查不少于两次；抽查辖区内18个医疗机构，对尚没有执行药品“零差价”制度的医疗单位下发整改通知书；检查局提醒告诫、关口前移的做法受到上级价格主管部门的肯定，2016年，望城区被明确为省价监局网格化监管试点区。

推进节能降耗。精心打造节能示范工程，重点抓好工业、建筑、交通、公共机构、农业农村、商务等领域的节能降耗，争取上级能源项目政策支持，全年有20余个项目获国家、省市能源扶持资金300余万元。按照《长沙市农村生态能源网络化服务单位建设标准》要求，分别建设茶亭镇和白箬铺镇两个能源环保服务站，10月顺利通过市级验收。联合机关事务局组织开展节能宣传周活动，开展特色鲜明、形式多样、互动性强的宣传活动，深入传播节约集约理念，普及全民节能节水意识，并在望城电视台黄金时段滚动播出节能减排主题动漫公益广告，工作经验在《长沙晚报》《长沙能源》上刊载推广。出台《望城区工业厂房屋顶光伏分布式发电技术推广试点示范项目实施方案》，鼓励利用办公楼和厂房屋顶建设光伏发电项目，晟通科技和银卓机电厂屋顶光伏电站等项目建设完成。

【望城区获批“国家可持续发展实验区”】 5月19日，望城区举行“国家可持续发展实验区”挂牌仪式。2014年望城区以“建设特色村镇群落、引领城乡一体发展，加快实现新型城镇化”为实验主题创建国家可持续发展实验区，坚持将生态环境保护、人民群众幸福指数放在首位，做到既满足当代人的需要，又不对后代人满足其需要的能力构成危害的发展方式推进实验区建设。2015年，经过自主申报、科技部专家委员会审核、现场考察、国家相关部委联席评审等程序，科技部下发文件认定湖南省长沙市望城区等29个市（县、区）为国家可持续发展实验区。望城后续将围绕实验区建设主题，打造生态环境、文化资源、特色产业、科技创新、社会保障等五大实验区支撑体系，积极争取创建国家可持续发展先进示范区，为其他地方提供可复制的可持续发展模式。

【湘江古镇群列为省第二批服务业示范集聚区】 11月12日，湖南省发改委公布第二批“湖南省服务业示范集聚区”名单，望城湘江古镇群作为文化旅游类入选。2015年，为加快转变湖南服务业发展方式，引导服务业集聚发展、集约发展，进一步推动产业结构优化升级，省发改委印发《湖南省创建服务业示范集聚区办法（试行）》，在全省组织开展湖南省服务业示范集聚区创建工作。望城区注重古镇的差异发展，保持古镇的独特风貌，实施市场化运作模式，助推旅游特色小镇建设。此次评选，有助于湘江古镇进一步完善产业规划布局和公共服务环境，从而带动望城产业转型升级、推动服务业加快发展。

【望城成为省价监局网格化监管试点县区】 8月，湘发改价监〔2016〕5号文件明确“长沙市望城区为省价监局网格化监管试点县区”。长期以来，望城价格监测工作开展扎实有效，采用提醒告诫、关口前移的做法，受到上级价格主管部门的肯定，多篇相关论文为上级宏观决策和价格调控提供有力支撑。望城区价格监测中心被评为湖南省2016年度价格监测工作先进单位，邹静文同志获评湖南省2016年度价格监测工作优秀个人。

（佘吉琼）

望城区发展和改革局（物价局）

党组书记、局长　高　明
派驻纪检组组长　廖志军（3月任）
副　局　长　文革委　刘　洋
　　　　　　杨　罗
总　经　济　师　邱　进

·能源管理·

【概况】 区能源局（加挂长沙市望城区能源执法大队牌子）属区发展和改革局二级机构，2016年有在职在编干部职工10人，下设区农村能源技术服务站，有职工21人。

2016年，区能源局坚持以科学发展观为指导，狠抓能源管理、节能降耗和能源行业安全生产等工作，严格执行党风廉政建设责任制，圆满完成年度各项目标任务。全区能源消费总量243万吨标煤，预计单位GDP能耗为0.48吨标煤／万元，同比下降2%以上。全面完成市下达区重点民生实事项目——建设两个农村生态能源网络化服务体系建设任务，解决能源建设后续服务的需求。

创新思路推进节能降耗。进一步规范节能评估与审查的标准、流程及操作程序；全年对湖南众彩文化园等25个固定资产投资项目进行节能评估审查，对区文化馆整体搬迁提质改造等203个项目进行节能备案登记。突出抓好电力、机械制造、有色金属、陶瓷石材等重点用能单位节能，推动企业加快产品结构调整，拉长产业链，提高产品附加值，积极引导企业实施节能技术改造，降低能源消耗。组织以“节能领跑•绿色发展”为主题的节能宣传周活动，开展“绿色低碳进企业”“两型宣传进社区”“公共机构做表率”等一系列特色鲜明、形式多样的宣传活动，并以节能知识问答、废品手工艺制作等趣味活动与广大市民互动。

强化六大领域节能降耗。工业：积极开展清洁生产，湖南亚泰电气设备有限公司等8家企业均完成清洁生产技术改造，为湖南金龙国际铜业有限公司等十余家企业争取到省技术改造节能创新专项资金，淘汰湖南汇克涂料有限公司等10家落后产能企业。建筑：城区新建建筑设计和施工阶段建筑节能标准执行率100%；全区新增23个绿色建筑项目，建筑面积209.8万平方米，完成可再生能源建筑示范应用设计面积347.6万平方米、完成既有居住建筑节能改造13万平方米。交通：推广使用的新能源公交车423台、出租车140台，优化开通W107、219（市内）公交线路2条，淘汰营运黄标车，更新或购置新教练车17台。农业和农村：积极推进节能亮化建设和新能源建设，箬铺镇、茶亭镇等乡村道路推广使用LED节能路灯、节能杀虫灯、太阳能路灯3000余盏，发展大型沼气工程1处，建设生态能源网络化服务站2个。商业和商务：继续抓好“限塑”工作、积极开展“零售业节能行动”、抓好油气回收治理等工作。公共机构：在全省率先制发《长沙市望城区公共机构合同能源管理实施方案（试行）》，对区行政中心58家公共机构用能系统进行专项能源审计；人均电耗下降2.1%，单位建筑面积能耗下降1.74%。

加强监管抓好安全生产。围绕省级安全生产示范区创建和“监管执法年”活动的总体要求，创新监管方式，开展大排查大管控大整治集中行动，进一步落实企业的主体责任，狠抓隐患排查治理，深入开展宣传培训，确保全区油气管道运行安全稳定。经验文章《攻坚克难，铸造望城平安管线——当好油气管道“保护神”》在《湖南安全与防灾》2016年第9期上刊登。

加大投入强化项目管理。争取上级能源项目政策支持和区财政投入。全年争取国家、省市能源扶持资金200余万元，区级财政安排380万元专项资金支持节能降耗工作。加强项目协调调度和督促检查，严格项目资金管理，做到专款专用，率先全区开展区级专项资金在区财政公共专项资金管理平台进行申报、审核、管理。制定《长沙市望城区农网改造专项扶贫实施方案》，已完成5个省定贫困村农网改造。

（办公室）

望城区能源局

局　　长　陈　瑜

统计工作

【概况】　2016年，区统计局内设综合科、业务科、法规科，下设普查中心、经济调查队两个下属事业单位，有在职干部职工25人。

夯实统计管理基础。2016年，区统计局制定全区统计工作网格化管理工作方案，指导全区各镇（街道）、村（社区）及企业建立健全各级工作网格，明确各级网格管理员和网格员的工作任务，并将网格化建设工作纳入对镇街的绩效考核，促进统计管理和统计服务进一步向基层延伸。强化统计队伍管理，严格执行统计人员备案制度，确保统计队伍稳定，全年备案统计人员71人次；各镇（街道）统计站建立辖区内“四上”企业统计从业人员台账，加强与企业统计人员的联系，均配备2~3名专（兼）职统计员；多次组织业务培训会，培训对象延伸至“四上”企业统计员，提升统计队伍业务素质；制定《统计工作制度》统一安装到全区所有镇（街道）统计站。加强社区统计平台建设，全区设立统计窗口的社区26个，构建“横向到边、纵向到底”的统计网络，走在全市前列；发挥大泽湖街道、乔口镇、铜官街道等统计站的先进站点样板作用，组织统计人员观摩学习。

加强统计法治建设。区统计局依托统计联网直报系统，加强“四上”企业申报和名录库管理，保证统计调查对象不重不漏，组织全区632家“四上”企业开展联网直报，做好企业景气调查、规模以下工业抽样调查等10多个专项调查，在市局各专业处室考核评比中，取得较好成绩。加强对统计法治工作的组织领导和落实开展，成立法治工作领导小组，制定法治工作要点，做好对统计执法证考试及证件核发和管理工作；利用“9.20”“12.4”“12.8”统计开放日、法治宣传日、宪法日，组织乡街开展形式多样的统计法律法规知识宣传，组织镇（街道）和企业单位统计人员参加统计从业人员继续教育网络培训。开展统计执法和巡查工作，创新机制，建立台账，促进统计执法规范和效率提升，全年对42家基层报表单位进行统计执法检查，立案查处7家单位，曝光1家单位，给予6家单位警告和责令整改处罚，有效维护统计工作的严肃性，净化统计工作环境。

优化统计服务体系。搭建与其他区县的横向联系平台，建立与财政、金融、税务、发改、工信、商务等部门数据共享等横向联系机制，建立定期向上汇报和镇（街道）联点等纵向联系机制，搭建面向社会的数据发布和咨询平台，形成“点、线、面结合”的三维立体式统计服务体系。按月编印《主要经济指标完成情况》，及时发布全区生产总值、工业、商贸、固定资产投资、财政收入等主要指标完成情况，全面客观地反映全区的经济运行情况。建立数据监测预警机制，加强与其他区县的数据对比，对全区经济运行情况及时开展分析研究，撰写分析文章，为区委、区政府决策提供参考。收集、整理、评估、发布反映经济社会发展状况的数据，完成市对区县绩效考核、全市经济社会发展“十强十快”乡镇街道考核、推进新型工业化考核、区委政府考核镇（街道）等考核服务任务，做好重点民生实事统计考核、全面小康监测工作，助力全区经济建设和社会发展。

【开展第三次全国农业普查前期准备工作】　9月8日，望城区召开第三次全国农业普查工作会议，全区第三次全国农业普查前期准备工作正式开展。会后，区统计局对照国家方案，先于市农普办自行组织试点，总结“两图+四表”（普查区示意图、普查区小区图，住户摸底及汇总表、单位摸底表及汇总表）的工作模式，为正式普查积累经验。组织各镇街在全区选聘普查指导员和普查员1074人，分片区、分镇街组织业务培训会。全区开展前期清查摸底，累计摸排普查对象113891个，其中，农户111559户，规模农户1010户，农业企业1322家。为保证工作质量，区统计局对镇街机构设置、普查经费、"两员"选聘等进行全面督查，并创新开展清查摸底评查活动，受到省农普办高度肯定，在全省进行推介。截至年底，区统计局落实成立机构、经费申报、设备购置等筹备工作，顺利完成全国第三次农业普查组织动员、普查"两员"选聘、试点、清查摸底等前期工作。

【推行统计工作网格化管理】 11月，区统计局出台《统计工作网格化管理办法》，指导全区各镇(街道)、村(社区)及企业建立健全各级工作网格，明确各级网格管理员和网格员的工作任务，并将网格化建设工作纳入对镇街的绩效考核。全年对网格范围内的重点企业开展走访帮扶、业务指导，对网格内的准"四上"企业开展帮扶培育、统计知识宣传，对网格内的其他企业、产业活动单位、个体户开展统计监测，促进统计管理和统计服务进一步向基层延伸。

【打造铜官街道示范统计站】 10月，望城区铜官街道统计站被评为全区示范统计站。区统计局结合铜官街道陶瓷产业特点和统计工作情况，指导铜官街道统计站建立统计工作检查制度，定期开展统计工作监督检查活动，对在检查中发现的业务性问题当场进行纠正，把好源头数据质量。12月，市统计局通过对9个区县的统计站进行观摩调研，对铜官街道的管理制度提出好评并在报告中推介。示范站建成后，有效发挥示范作用，推动全区各镇街统计站规范化建设。截至年底，全区打造统计示范统计站3个，分别为大泽湖街道统计站、乔口镇统计站、铜官街道统计站（原乌山镇统计站因行政区划调整原因取消示范站）。

（文勇强）

望城区统计局

党组书记、局长　冯德亮(9月任)
　　　　　　　　杨立新(9月免)
党组副书记、副局长　冯德亮(9月免)
党组成员、纪检组组长　刘　艺(3月任)
副局长　胡　可
党组成员、副局长　晏　思(5月免)
党组成员、总统计师　唐启平

·统计调查·

【概况】 2016年，国家统计局望城调查队是国家统计局湖南调查总队41个直属县市区调查队之一。内设办公室、业务股、监测与专项调查股3个职能股(室)，是承担统计调查行政职能，参照公务员法管理的正科级单位，有在职在编干部8人。

做好常规统计调查业务。2016年，调查队组织实施城乡居民收支调查、主要畜禽监测调查、农产量对地调查、农民工监测和农民工市民化进程动态监测调查、农村住户固定资产投资调查、农产品中间消耗调查、农村集贸市场价格调查、农产品生产者价格和建筑业小微企业调查等常规统计调查。严格执行统计调查制度和业务工作规范化标准，定期开展电话抽查核实，严格执行专业负责人初审、分管负责人复审和队长终审的数据"三审"制，确保调查数据真实、准确，在2016年度湖南市县国家调查队综合考核中获得良好等次，各调查专业在全省调查队系统业务工作考核中均获好成绩。

夯实基层调查工作基础。全年召开各专业辅助调查员业务培训会8次，组织辅助调查员参加长沙调查队业务培训3次，参加长沙调查队组织的全市住户调查知识考试竞赛1次，有效激发辅助调查员工作积极性。组织开展队内居民收支调查基础工作交叉检查，联合区畜牧局对全区15个畜禽监测调查点逐一开展检查，积极配合湖南调查总队、长沙调查队开展居民收支调查基础工作检查、涉农专业基础工作交叉检查和第三次全国农业普查遥感测量实地调查事后质量抽查工作，更好地落实各调查专业基础工作。

开展形势分析研究。积极撰写分析材料，为党政领导科学决策当好参谋，做好服务。全年撰写政务信息、重要经济信息、各类专业季度分析60余篇，其中《处于起步初期，亟待大力扶持——望城区电子商务促进农产品销售情况调查》和《望城区快递下乡调查报告》被湖南调查总队内网全文刊登，《望城区晚稻收购存在的问题及建议》在湖南调查队系统优秀调查分析评比中获二等奖。

加强统计法治建设。利用业务培训、季(年)报会，4次组织基层调查员学习统计法律法规知识，向基层调查员发放培训资料100余份，向调查对象发放宣传卡片200余份。在"统计开放日""国家宪法日"等节日，利用展板、横幅、气球、发放宣传册和现场讲解统计知识等形式开展统计法治宣传活动，向社会公众宣传统计法。将统计执法检查与基础工作检查相结合，立足省市队4月份与8月份开展的住户调查随机抽查、7月份开展的涉农专业基础工作检查，进行统计执法检查，全区基层网点总体情况良好，基础工作较为扎实。

【完成第三次全国农业普查农作物面积遥感测量】 12月，望城调查队完成第三次全国农业普查农作物面积遥感测量。2015年年底至2016年，望城调查队按照国家、省市有关方案，认真选聘熟悉调查村情况、业务能力强的辅助调查员，并组织对15个调查村所在乡镇的农技站站长和30名辅助调查员进行业务培训；加强协作沟通，邀请区农林局工作人员、调查村分管农业的村主任、辅助调查员和村民组长全程参与野外调查；严格执行业务规范化标准，现场操作PAD录入数据、画丘块分布图和收集耕地样本单位区基本情况，切实加强数据审核及上报工作，做好资料存档备份，完成望城区第三次全国农业普查农作物面积遥感测量工作。该项工作在2016年度湖南国家调查队系统业务工作考核中获得良好等次。

（谢　意）

国家统计局望城调查队

队长　谭正强
副队长　任建良
纪检员　谢　意(10月任)
　　　　张建益(1月"改非")

市场和质量监督管理

【概况】 2016年,区市场和质量监督管理局加挂区食品药品监督管理局、区食品安全委员会办公室牌子,下设办公室、政工人事科、政策法规科、商事主体信用管理科、商标广告管理科、特种设备监察科、质量监管科、标准计量科、食品生产监管科、食品安全综合协调科、食品经营监管科、市场规范监管科、药械和化妆品监管科、监察室、机关党委、工会、财务科17个科室,行政审批局1个直属机构,市场监督执法大队、产商品检测中心、投诉举报中心、信息中心、望城区消费者权益保护委员会办公室、望城区个体私营经济发展指导中心6个二级事业机构,15个市场和质量监督管理所,有在职在编干部职工165人。

监管执法确保食药安全。区市场局以食品安全监管体制改革为契机,实现食品生产、流通和餐饮服务"一体化监管",在强化日常监管的基础上,组织开展系列食品安全专项整治工作,全区食品监督抽检合格率99.4%。开展药品快速检验61批次,检验合格率100%,上报药品不良反应314起,医疗器械不良事件102起,有效净化药品市场环境。以创建省级安全生产示范区为目标,全面提升特种设备安全保障能力,牵头制定《望城区特种设备安全事故应急预案》,组织各类专项行动8次,辖区特种设备监察覆盖率100%。开展食品安全监管、特种设备、法制工作等培训10余场(次),干部队伍综合业务素质得到提高,执法更加规范。全区食品药品监管覆盖率、特种设备重点单位定检率、药品医疗器械经营监管覆盖率均100%,连续六年实现了食品、药品安全"零事故"。

专项治理维护市场秩序。相继开展红盾护农、打击传销、食品安全十大利剑行动等专项市场整治,切实加强产商品质量监管,检查各类市场主体2000余家次,取缔无证经营户45家,没收假劣食药械1200种次,没收违法生产经营工具800余件,立案312件,结案182件,罚没125万元,清理传销窝点121个。其中办理的"湖南盛大金禧金融服务公司"广告违法案件,被评为2016年"全国十大典型违法案件"。有效整合"12315""12331""12365"投诉举报平台,接待群众来信来访咨询285起,受理消费投诉343起,成功调解320起,为消费者挽回经济损失166.9万元。先后开展"3•15"国际消费者权益保护日、食品药品投诉举报日和食品药品安全宣传周等大型活动,现场受理咨询120人次,发放宣传资料5500份,发布消费警示4次,有效提升消费者维权意识和维权能力。积极组织开展民生计量,进一步加强对强检计量器具的监督管理,开展3C认证企业监督检查,完善了质量监管档案,检定计量器具2768台,检查湖南派派食品有限公司、湖南庆湘食品有限公司等11家单位;商品量后处理11家,38个批次,其中31个批次合格、7个批次不合格,已依法责令改正;开展成品油监督抽查,抽查17个加油站,38个批次成品油。

优化服务助力企业发展。区市场局压缩审批登记流程和事项降低市场准入门槛,助推大众创业。全区全年新增商事主体7535户,同比增长25%,其中新增企业2239户,同比增长17.1%,新增农民专业合作社198户,同比增长69%,新增个体工商户5098户,同比增长27%。成功推荐望城金店董事长陈金华获评全国先进个体工商户。摸排出65家基本具备条件、发展后劲足的企业开展商标培育工作,对32家申报驰、著名商标企业开展企业"多对一"的联系服务。推荐湖南晟通科技有限公司和湖南旺旺食品有限公司进入湖南省长质量奖培育名单,指导5家企业成功申报湖南名牌产品,推荐23件商标认定为省著名商标,获评数量同比增长53%,区内企业的品牌影响力进一步提升。开展打击商标侵权和制售假冒伪劣商品专项行动90次,查处商标侵权案件3件,制售假冒伪劣商品案件16件。做好食品企业办证认证、"一进二访"(进村入户、访困问需、访贫问计)等工作,对旺旺乳饮、澳优乳业、素加乳业等知名企业车间布局、工艺流程、检验研发予以专业指导,解决企业生产难题,推动食品产业良性发展。

创新举措打造重点项目。全力

望城区登记注册企业实现"五证合一、一照一码"

创建国家食品安全示范城市，在各乡镇（街道）均设立监督管理所，配备155名村（社区）区食品安全协管员，构建区、镇、村三级食品监管体系；开展食品安全“四进”（进中小学校、进乡村农户、进城市社区、进超市集市）送戏下乡活动等各类宣传活动30余次，发放宣传资料4.8万份，营造浓厚的创建氛围；组织开展食品从业人员培训18次，参训人员2320人次；精准办理一批食品安全大案要案，创建国家食品安全城市民众支持率75%，满意率90%，顺利完成阶段性创建任务。深化商事制度改革，继实行“三证合一”（工商营业执照、组织机构代码证和税务登记证）后，进一步整合审批事项，压缩审批环节，先后与于9月20日和12月1日，实现企业登记“五证合一、一照一码”（工商营业执照、组织机构代码证和税务登记证、社会保险登记证和统计登记证；加载统一代码的营业执照）制度和个体户“两证整合”制度（只需填写一张表格，提交一套资料，一个工作日就可以领到新版营业执照）；以信用监管为抓手，不断加大事中事后监管力度，全区市场主体年报率85%，并将669户隐瞒真实情况、弄虚作假的企业列入经营异常名录，对市场主体“一处失信、处处受限”的信用监管格局初步形成。推进区域性检验检测中心项目建设，检测中心改造已列入国家第二批试点县级食品安全检验检测资源整合试点项目，项目预计总投资1449.2万元，其中中央财政补贴900万元，地方财政投资549.2万元，完成立项、可研、环评、招标、设计及电梯和设备采购等工作，预计2017年6月完成竣工验收，有望成为全省一流的区域性检验检测中心；检验检测中心在全省182家食品技术机构能力验证大比武中，顺利通过食品中的蛋白质和沙门氏菌的能力比对，检验检测能力得到进一步验证。

【创建国家食品安全城市】 3月25日，望城区召开专题会议，安排部署国家食品安全城市创建工作。根据会上创建国家食品安全示范城市的部署和要求，区市场局2016年践行“四个最严”（最严谨的标准、最严格的监管、最严厉的处罚、最严肃的问责）和“四有两责”（指基层监管有责、有岗、有人、有手段，日常监管、监督抽验责任），提升全区食品药品安全保障水平。在全区配备155名村（社区）区食品安全协管员，构建区、镇、村三级食品监管体系；开展食品安全“四进”送戏下乡活动等各类宣传活动30余次，发放宣传资料4.8万份，营造浓厚的创建氛围；组织开展食品从业人员培训18次，参训人员2320人次；精准办理一批食品安全大案要案。分别于9月8日和8月23日迎接了全国政协副主席卢展工，省委常委、市委书记易炼红对望城区食品安全监管工作的调研，并得到充分肯定。

【望城企业登记实施“五证合一”】 9月20日，区市场局党组书记、局长朱飞跃在区政务服务中心市场局行政审批窗口给企业发放了望城区第一本“五证合一、一照一码”新的营业执照，望城区登记注册企业正式实现“五证合一、一照一码”（营业执照、组织机构代码证、税务登记证、社会保险登记证和统计登记证）。2015年10月1日，望城实施工商营业执照、组织机构代码证、税务登记证“三证合一”改革，获得社会积极反响，2016年，区市场局进一步整合审批事项，压缩审批环节，先后与于9月20日和12月1日，实现企业登记“五证合一、一照一码”制度和个体户“两证整合”制度，实现简便快捷的业主服务，全区后置许可审批办证率达91.38%，居长望浏宁4区县第一。

【推进区域性检验检测中心项目建设】 3月，作为长沙地区唯一试点单位，区市场局检测中心改造列入国家第二批试点县级食品安全检验检测资源整合试点项目。中心占地8666.67平方米，业务用房建筑面积3600平方米，拥有专业技术骨干15人，主要承担“食品快检、信息综检、乳业精检”三大任务。项目分为基础设施建设、设备仪器采购、信息平台建设3部分，总投资1449.2万元，其中中央财政补贴900万元，地方财政投资549.2万元。截至2016年年底，检测中心完成立项、可研、环评、招标、设计及电梯和设备采购等工作，进入实验室改造阶段，预计2017年9月完成竣工验收，建成后可成为全省一流的区域性检验检测中心。

（办公室）

望城区市场和质量监督管理局

党组书记、局长、食安办主任	朱飞跃
党组副书记、副局长	沈建林 周智敏（9月免）
党组成员、纪检组组长	刘小松（3月任） 莫泽伟（3月免）
党组成员、副局长	周建刚　蒲宏卫 莫正波 易智文（3月任） 许德山　唐　伟 谭志波 刘达五（9月“改非”） 吉光明（3月免） 汪曙光（3月免）
党组成员、副局长 食安办副主任	夏　平

审计监督

【概况】 2016年，区审计局内设综合科、审计一科（加挂园区审计中心）、审计二科、审计三科、内部审计指导科（加挂审计执行科），下设政府投资审计中心（主任乡科级副职）、领导干部经济责任审计室（主任高配副科级），有干部职工19人。全年完成财政财务收支审计项目35个，查处违纪违规金额5640万元、管理不规范资金322412万元；完成区财评中心政府性工程抽审项目121个，在区财评核减基础上，依法依规审减政府投资金额713万元。

审计监督全面覆盖行政领域。2016年年初，区审计局按照“项目法定，民生优先，两年一审、一审两年，突出对‘关键少数’领导干部履职尽责评价作用”的原则，确定全年审计计划项目111个。内容涵括财政预算执行、政府债务管理、专项资金分配使用、领导干部“三守一尽”(守法、守规、守纪、尽责)情况和政府投资绩效等五个方面,推进审计监督“有计划、有步骤、有深度、有重点”的全覆盖。

专项调查监管财政资金使用。区审计局全年组织开展2015年度区本级财政预算执行情况、部门预算执行情况等29个审计项目,对区2015年度债务资金等6个专项进行审计调查。对2015年度义务教育和高中教育阶段国家学生奖、免、补政策执行及专项资金管理使用情况开展专项审计调查,就区属二所公办高中招收复读生并为其发放国家助学金和6所中、小学校挤占挪用教育专项资金等问题,报请区政府主要领导批准同意,移送主管部门查处,由区教育局督促各高中收回多发的补助金625元上交区财政,责成各中小学校针对存在的问题进行整改。

强化交接审计规范权力运行。创新开展离任交接审计监督,采取领导干部任期经济责任审计和离任交接审计监督相结合的方式,全年对42个单位的44位离任领导干部进行离任交接审计监督。完成13个经责审计项目,界定为主管责任问题金额1518万元、领导责任问题金额2645万元,为选拔任用干部、评价干部提供有力参考。对经责审计中发现的原蔬菜局在望城坡的国有资产“体外”运作的问题,由区政府办牵头,相关职能部门配合,查明该资产的存续状态和有关收益情况。

严审项目提高政府投资效益。重点关注项目落地、资金使用、工程质量等情况,完成政府性投资项目工程结算造价抽审项目121个,实现107个项目有核减,核减面86%,在区财评核减基础上,再次审减工程造价713万元,比2015年同期560万元,增加153万元,增长27%。对潇湘北路、铜官大道等25个重点工程项目进行跟踪审计,向区政府呈报《关于2016年第一季度重大政府投资项目跟踪审计的综合报告》,区长范焱斌要求各建设单位、平台公司按审计意见整改,确保政府投资项目依法、依规进行。

开展第26个“全国土地日”宣传活动

积极建言揭示机制制度问题。全年向区委区政府呈报审计要情报告、情况反映等综合报告8篇、提出审计建议93条,审计工作、审计事项被区委、区政府主要领导批示20条。针对村、社区经责审计发现的问题,区长范焱斌要求“财政局牵头按审计发现的问题,提出规范社区、村财务管理的办法,由各街道、镇监督执行”。

(综合科)

【区人大对“同级审”反映问题整改情况实行满意度测评】 2月25日,区人大召开常委会,专题听取和审议2014年“同级审”反映问题整改落实情况和进行满意度测评。测评具体做法是为区人大常委会组成人员对被评议的11个单位的整改情况进行满意度测评表决,测评档次为“满意”和“不满意”两个档次,满意票占投票人数80%以上的为“满意单位”,低于80%的为“不满意单位”,需重新进行整改。11个单位经现场测评,仅有3个单位的满意度达到100%,有效督促各部门加强审计整改力度,解决反映的问题。11月18日,区人大再次进行满意度测评,11个单位全部被评为满意单位。

(综合科)

望城区审计局

党组书记、局长 熊建新
党组成员、副局长 朱海波
陈正兴(10月“改非”)
唐龙建(10月“改非”)
副局长 梁茜(4月任)
李玲(4月免)
党组成员、总审计师 何永忠

国土资源管理

【概况】 2016年,区国土资源局内设办公室、纪检监察室、人事科、财务科、总窗口、不动产登记科、规划和节约集约用地科、耕保科、建设用地科、地籍科、地产科、政策法规科、信息中心、拆迁科、土地开发公司等15个内设科室,设土地执法监察大队、土地整理中心、土地储备中心、土地交易中心、矿管办、征地拆迁所、不动产登记中心、测绘队等8个二级机构,设高塘岭、经开区等15个国土资源所派出机构,其中储备中心、整理中心、执法监察大队、矿管办为副科级单位。有在岗人员304人，其中在职在编干部职工156人，政府雇员16人，临聘人员132人；退休干部职工26人。

严格执法保护土地资源。2016年，全区中心城区范围内划入永久基本农田853.53公顷，落实建设项目占用耕地补充面积209.13公顷，实现全区耕地总量动态平衡，确保耕地保有量不少于33098公顷、基本农田保护面积26369公顷不减少目标任务（2013—2017年度）完成。区国土局不断创新土地整治工作机制，完成2015年度8个省级、市级土地整治项目，总投资4765万元，建设规模1713.53公顷，完成省级“表土剥离再利用”试点工作，建设规模70公顷，总投资1400万元。全区节约集约用地水平持续提高，国土资源节约集约模范县（市）通过省级复核，年度建设用地节约集约利用考核成绩位居一区三县（市）前列，经开区获全省2016年节约集约用地园区一等奖，获省国土资源厅奖励20公顷新增建设用地指标。全年全区开展土地执法动态巡查2089次，发现和制止违法用地437宗60.07公顷，查处违法用地5宗3公顷；处置闲置土地17宗93.67公顷，关停砖厂7家；土地矿产卫片执法检查工作顺利通过市级验收，违法占用耕地占新增建设用地占用耕地比例控制在2.29%。

保障用地服务经济发展。2016年，区国土局争取省厅下达2016年度新增建设用地指标470公顷，获批国有建设用地63宗539.53公顷，完成集体建设用地审批备案7宗17.4公顷，供应土地412.67公顷，保证全区重大基础设施、产业项目和民生工程的用地需求。全年挂牌出让国有建设用地使用权48宗208.6公顷，成交总价款32.66亿元；完成国土基金收入30亿元，完成纯收益7亿元，完成全年财税目标。修订《〈长沙市望城区征地补偿安置办法〉实施细则》，实施征拆项目216个，涉拆面积2173.4公顷，完成138个项目1298.8公顷土地的拆迁腾地。

依法行政维护群众土地权益。进行不动产统一登记改革，依法完成机构、职能、人员的整合，开展12大类不动产登记业务，实行登记机构、登记簿册、登记依据和信息平台“四合一”，于2016年8月8日全区实施不动产统一登记发证。完成“数字望城地理空间框架”二期工程建设，全面推进成果应用，启动望城国土资源“一张图”项目建设和档案信息化二期工程建设，探索建立信息化、系统化的国土资源监管新模式。优化电子政务审批流程，实现所有审批体内循环，全程代办；驻政务中心窗口全年受理业务2194宗，5次被评为“雷锋式服务窗口”、14人被评为“雷锋式服务明星”和“共产党员示范岗”。制定《长沙市望城区城乡居民建房管理规定（试行）》（望政办发〔2016〕39号），召开全区城乡居民建房个案问题第一次联合会审工作会议，研究解决一批新老政策遗留的“疑难杂症”问题，个人建房管理不断规范。开展地灾预防治理，针对7月初大范围强降雨引发的全区108处突发地质灾害隐患，第一时间进行救援和灾后重建工作，争取治理资金309.5万元，地灾隐患通过治理全部排除。

【实施不动产统一登记】 8月8日，区政务服务中心三楼大厅举行望城区不动产登记首证颁发仪式，望城区成为长沙市第一个正式颁发不动产权证书的市辖区，湖南省高速公路建设开发总公司岳临高速项目成为湖南省第一个颁发《不动产权证书》的公路项目。2016年，望城完成不动产统一登记职能整合、机构设置等工作，将房屋登记、山林权属登记、水域滩涂权属登记整合至区国土局，实施全区不动产统一登记，实现登记机构、登记簿册、登记依据和信息平台“四合一”。望城不动产登记工作被湖南省国土资源厅在《湖南不动产》第4期上进行典型推介。

【开展表土剥离利用试点】 7月，区国土局完成“表土剥离利用、中低产田提质与耕地质量等级指标折算相结合”省级试点，进一步探索土地整治工作新模式。试点从2015年5月开展，吸收湖南省保障性安居工程投资有限公司作为国有社会资本方，在乌山街道双兴村、茶园村和八曲河村开展全省首个规模为66.66公顷的表土剥离再利用试点项目（双方各实施33.33公顷）。试点过程中，着重抓好科学剥离、合理存放、安全运输、精细回填的施工“四个环节”，剥离和利用分别采用“分段平移式表土剥离法”及“平面式均匀覆土法”，实现保护耕地与整理同步开展，大幅提升土壤肥力，极大改善土培肥能力，表土覆盖后耕作层厚度50厘米以上，优质土层厚度80厘米以上，有效改善土壤质量，实现农业高产和耕地保护。试点利用优质表土6.36万立方米，获省厅66.66公顷旱改水奖励指标，起到省级试点示范效果，为社会资本参与耕作层剥离利用，建立健全耕作层剥离利用标准规范，完善相关政策研究并推进市场化奠定良好基础。

【通过国土资源节约集约模范县(市)省级复核】 7月7日，望城区召开国土资源节约集约模范区复核工作动员大会，正式开始复核工作。复核工作的范围是区行政管辖范围内的国土资源（包括农用地、建设用地和未利用地），考核内容由4项先决性一票否决指标和46项考核性土地资源指标、矿产资源指标和综合性指标组成。全区积极推广节地模式，严格落实节约集约用地政策，在园区建设、节约集约考核、模式推广等方面严格把关，10月，通过国土资源节约集约模范县（市）省级复核。通过不断提高节约集约用地水平，2016年，全区完成市级年度建设用地节约集约利用考核，考核成绩位居全市一区三县（市）前列；望城经开区获全省2016年节约集约用地园区的一等奖，省国土资源厅奖励20公顷新增建设用地指标。

（高 伟）

望城区国土资源局

党组书记、局长　张宏彬(3月任)
　　　　　　　　刘勇军(3月免)
党组副书记、副局长　冯海强(3月免)
纪检组组长　谭　刚
副局长　何建国　李　琼
　　　　陈舸夫
总工程师　李园红

安全生产监督管理

检查企业安全隐患排查记录

【概况】 2016年,区安全生产监督局内设办公室、安监一科、安监二科、安监三科、安监执法大队等5个职能科室,有干部职工26人。

2016年,全区有非煤矿山24家、烟花爆竹生产经营单位415家、危险化学品生产经营单位95家、工贸企业275家、客运企业3家、货运物流企业21家、普货装卸码头3个、渡口6处,机动车保有量18.3万辆、公路2432.6千米。全年全区发生安全生产事故23起、死亡8人,事故起数下降6起,同比下降20.7%。3个街(镇)通过省、市两级示范乡镇验收,12个街镇标准化安监站建设通过市安委办验收,"平安校园"建设被省教育厅评为湖南省"平安校园建设先进县市区","安全生产月"活动获湖南省安委办创新奖,安全生产年度考核在全市名列前茅,获全省安全生产先进区县称号。

宣教培训广泛覆盖。在望城电视台创办安全生产专栏《以生命的名义》,栏目每周2~3期,全年覆盖人群超过50万人;利用望城电视台新闻栏目播出"安监发布",每天发布2~3条安全常识和安全警示提示,并在黄金时段播出安全生产公益片;建立企业安全生产"红黑榜",在电视台及时曝光企业非法违法生产行为及存在的重大安全隐患。开展公众宣传,结合"一月一警示"活动,以"演一场戏、赠一本书、讲一堂课、建一个队"为主要内容,开展"六进"宣传活动,推进公共安全教育工程;组织监管人员观看《红线》等教育警示片,分行业开展典型事故案例警示教育和业务培训、专业知识考核;聘请安全生产专家讲师团,深入工矿商贸企业免费开展安全讲座20多场,培训4000余人次;创作编排皮影戏《照镜子》,将安全生产法律法规、安全知识和事故案例融入文艺节目之中,为基层和企业免费演出50场;投资30余万元,购置发放各类安全生产图书资料20万多册;利用安全生产信息平台和微信公众号,及时推送安全生产工作动态和预警预报等信息20多万条。开展安全生产专题活动,举办"加强安全法治、保障安全生产"安全生产文艺专场,组织安全生产宣传咨询日、安全知识抢答赛、安全倡议与承诺等主题活动10余场(次),接受群众安全生产常识咨询2000多人次,发放科普知识图片、安全知识手册12000份,播放安全警示教育片20场(次),浓厚全区安全生产氛围。

建立基层基础体系。坚持横向到边、纵向到底原则,建立健全区、街镇、村社三级监管网络。每个街镇(含园区)成立安监站,并按"六有"安监站标准化建设要求,每个站配备3~5名安全管理人员。在全区156个村(社区)配备安全信息员,给予每人每月100元补贴,发动群众排查隐患,建立举报奖励制度。加大经费保障力度,投入资金1亿多元,解决安监队伍编制与待遇、安监站建设、应急指挥平台建设、标准化建设、职业卫生现状评价补助及重点路段交通设施配套、铜官园区特勤消防站和月亮岛中心消防站建设等问题,并确定2017年增加1000万元财政预算,实施农村道路临水、临崖路段改造;采取以奖代补方式,引导28家企业开展标准化建设,组织10家企业进行职业卫生现状评价(另有8家企业待专家评审验收),不断提升企业本质安全水平。有序推进安全生产示范乡镇、安监站标准化建设及平安社区、平安校园等群众性达标创建活动,其中标准化安监站建设完成率100%;依托重点单位、城市社区和物业公司等建立多种形式微型消防站点,全区有38个社区、156个重点单位完成微型消防站建设;积极排查滑坡、崩塌等地质灾害,强化高层建筑、大型综合体、道路桥梁、油气管道和人员密集场所、居民小区公共安全监管,加强和改进治超工作等等,夯实全区安全生产基础工作。

强化全领域隐患排查。区安监局坚持定期检查和不定期检查、明察和暗访相结合的方式,及时深入重点单位、企业开展隐患排查,引导企业高度重视安全生产工作,指导开展自查自纠和整改，提高企业自身防范事故的能力。在督导巩固三大高危行业企业自查、自改、自录隐患的基础上，进一步拓展至交通、建设等行业领域全年有151家企业纳入“三自系统”。在危化、农村道路交通安全、砂石运输等领域开展遏制重特大事故试点工作。在危险化学品、非煤矿山、烟花爆竹等高危行业领域，采取聘请专家、委托安全评价机构、安全生产行业协会等安全中介服务机构通过购买服务实施日常、定期和计划检查，排查安全隐患。经开区设立专项资金40万元，推行第三方安全评估机制，专门聘请9名各类行业的博士、教授对园区企业开展隐患排查和安全评估，截至10月底完成66家企业的隐患排查和安全评估，有效提升安全风险防控能力。

规范安全生产监管执法。全区从3月开始开展安全生产“监管执法年”活动，累计检查生产经营单位和场所13204家(次)，责令停产整顿企业 34 家，取缔非法生产经营窝点 5 处，提请关闭企业 7 家，罚款近400万元。深刻吸取宜凤高速公路“6•26”特大交通事故教训，全力开展安全生产“大排查、大管控、大整治”行动，集中解决非煤矿山、消防安全、油气管道、校园安全、道路交通、特种设备、砂石运输管理等7个方面10个重点难点问题，组织检查组1123个，检查生产经营建设单位5037家次，排查整改隐患760多处，责令改正、限期整改、停止违法行为1055起，责令停产停业、停止建设10家，关闭非法违法企业1家，罚款41.34万元。牵头清查整治安置小区、物业小区、物流市场、废旧厂房等“四类场所”，发现违规经营、储存单位88处。加强危险化学品生产、储存、经营、运输等环节的巡查管控，组织检查企业135家(次)，发现整改安全隐患390余条，取缔危化品生产、经营、储存非法窝点4家，立案10起，行政罚款15.7万元。

健全安应急处置体系。在区级层面，依靠全区的应急联动指挥系统，对全区范围内安全生产进行统一调度、交办、考核。在行业领域，成立望城区安全生产应急救援大队，配备专职人员5人、兼职社工3人、志愿者近50名和若干装备，作为政府部门专业应急救援队伍的补充，日常开展防灾救灾知识科普、社会不稳定因素情报收集等预防性工作，突发事故主要承担建筑施工、非煤矿山、危险化学品、密闭空间、水上、高空、丛林等重点行业领域安全生产应急救援任务，更好地应对突发性事件紧急救援任务。

(高 伟)

望城区安全生产监督局

党组书记、局长　周宏杰
纪检组组长　汪曙光(3月任)
副局长　杨文广　严春帆
　　　　吉光明(3月任)
　　　　刘小松(3月免)

工业与园区建设

责任编辑◎龙 宇

工业概述

【概况】 区经济和信息化局是长沙市望城区人民政府综合管理全区工业经济和信息化建设的区直部门。2016年年底,局机关在职干部职工18人,内设办公室、规划发展科、工业企业科(加挂望城区国有工业企业改制遗留问题处理办公室牌子)、法制信息科、陶瓷产业科5个职能科室,下辖城镇集体工业联社1个二级机构。

工业投资增势显著。2016年,全区完成工业投资269亿元,同比增长2%。证通电子、联智桥隧、智成交通、华望科技等一批重点项目加快推进主体建设,恒飞电缆、旺旺乳饮、湘江涂料、天卓塑胶等项目已建成投产。证通电子1#栋数据中心已封顶,装修装饰和设备稳步推进,2#栋数据中心的主体建设稳步实施,动力中心主体建成;智成交通办公楼、厂房均已封顶,墙体施工和装修装饰稳步推进;中粮可口可乐主厂房、生产辅房等已建成,装饰装修、机电设备和生产设备安装稳步实施。

工业经济平稳较快增长。工业总量快速增长。全区完成工业总产值1278.7亿元,增长13.3%;完成规模工业产值1177.2亿元,同比增长14.4%;完成规模工业增加值288.26亿元,同比增长13.6%;实现工业投资268.63亿元,增长2%;规模工业实缴税金18.92亿元,增长2%;全部工业增加值占全区经济总量的50.4%,对GDP增长贡献率达65.5%,推动GDP上升6.42个百分点。重点企业发展迅速。全年新增规模企业36家,超年计划6个,产值过亿元企业达164家,产值达到5亿元～10亿元企业23家,过10亿元企业10家,晟通科技年产值达到408.1亿元,金龙集团年产值达到136.1亿元。优势税源企业不断壮大,税收过千万企业达到25家,长高集团、澳优乳业、中航飞机起落架、长沙船舶厂、康普通信、恒飞电缆、光明乳品等企业产销两旺,增速较快。

产业结构稳步调整优化。主导产业优势凸显。有色金属材料、机械制造、食品医药三大产业领跑全区工业经济发展,完成规模工业产值896.1亿元,占全区规模工业产值的78.9%,同比增长13.6%,其中有色金属新材料产业完成产值598.4亿元,同比增长15.4%;机械制造产业完成产值156.1亿元,同比增长15.2%;食品医药产业完成产值141.5亿元,同比增长5%。工业园区稳步发展。“一区两园”累计完成规模工业产值905.3亿元,同比增长15.6%,园区规模工业贡献率达76.91%。其中,经开区完成751.9亿元,占全区规模工业产值的63.9%。企业向园区聚集,园区的承载功能凸显,成为望城工业发展的核心增长极。

项目工作取得明显进展。项目建设稳步推进。全区铺排工业项目35个,投资58.89亿元,其中重大工业产业项目21个,年投资48.19亿元,证通电子、智成交通、关西涂料、天马新能源等项目正抓紧推进主体建设,大旺乳饮、联东U谷、永旺科技园、中粮可口可乐、欧比佳等项目已进入装修扫尾或设备安装阶段,华腾包装、利利平、优美科、恒飞电缆、湘江涂料、德茂隆等项目已投产或部分试产。项目引进取得突破。紧紧围绕先进制造业主题,瞄准行业龙头、世界500强、国内百强和重点央企,深入开展驻点招商、委托招商、产业招商和以商招商。2016年先后引进平安综合金融产业园、梦网科技“三大中心”等投资过亿项目,全区共引进工业项目41个,其中,投资过亿项目24个,过10亿项目9个,过50亿项目2个。

企业发展实现创新转型。创业创新推动企业转型升级。出台创新创业“1144N”工程计划,成立“双创”服务中心,以金桥国际、黄金创业园、农科园、铜官陶瓷公司为依托,创建商贸服务、新型工业、都市农业、文化旅游四个创业创新基地,统筹规划服务器、众创空间、公共技术服务平台、服务站点等主体,构建起“1中心+N站点+多平台”的“双创”服务体系,为企业提供人才招聘、技能培训、法律维权、检验检测、知识产权、科技创新及融资对接等系列服务。企业帮扶破解企业发展难题。面对经济下行压力持续加大、部分工业企业生产经营出现困难的情形,2016年年初牵头对区内55家重点企业开展帮扶活动,建立区级领导带队联系重点企业制度,采取点对点、常态化服务举措,为企业提供全链条、一站式、零障碍服务,探索出破解重点企业发展难题的“望城式解法”,受到企业的普遍欢迎。活动实施以来累计收集资金、政策、要素、环境等9方面133个重点问题,对问题进行点对点、分类分级集中研究,个性问题一企一策、共性问题集中交办、疑难重大问题单独呈报方案报请领导小组研究解决。同时,综合运用舆论造势、督查交办、组织回访方式,巩固帮扶成果。2016年55家重点企业完成工业产值647.7亿元,增长13%,完成税收18.2亿元。全区重点企业呈现筑底企稳、稳中向好的发展势头。产业政策引导企业平稳发展。2016年,表彰奖励2015年度164

个有功单位和17名优秀个人，最高奖金50万元，奖金共计1180万元，激发企业创造活力，营造工业发展的浓厚氛围。2016年年初，进一步修改完善工业企业扶植政策，相继出台《关于加快发展先进制造业大力推进新型工业化的实施意见》《长沙市望城区小微企业创业创新工作实施方案（2016—2018）》等政策，编制《长沙市望城区“十三五”新型工业化发展规划》，拟定《加快发展先进制造业集群实现产业强区的若干意见》等，在支持区内企业做大做强、加快创新创业步伐、加强品牌和标准化建设、加快推进智能制造、拓宽企业融资渠道、鼓励引进高端人才、加大帮扶企业力度和兑现工业扶植政策等方面，对应设置各类奖励项目，加大奖补力度，切实发挥政策的引导性和激励性。

（文　慧）

望城区经济和信息化局

党委书记、局长　黄建平
党委副书记、副局长　余建龙
纪检组组长　莫泽伟（3月任）
党委委员、副局长　余君武
副局长　李　玲（3月任）

食品医药

【概况】 2016年，望城食品医药业实现一定幅度的增长，完成产值141.5亿元，同比增长5%。新增湖南德茂隆食品有限公司、长沙金轩农业科技有限公司、长沙嗨皮食品有限公司、长沙天然油茶科技发展有限公司、望城东成农业科技发展有限公司5家规模食品企业，退出的有湖南五福食品有限公司、搬走的有湖南湘楚情食品有限责任公司、湖南庆湘食品开发有限公司，至年底，共有60家规模企业。纳税靠前的企业有澳优乳业（中国）有限公司（17047万元），旺旺食品（7509万元），长沙素加营养品有限公司（5588万元），百威英博（湖南）啤酒有限公司（5278万元），湖南新汇制药股份有限公司（986万元）。澳优乳业（中国）有限公司成功创建湖南省博士后科研流动站协作研发中心，澳优乳业（中国）有限公司、湖南新汇制药有限公司2家企业通过湖南省企业技术中心认定。

（王　顺）

有色金属材料

【概况】 望城拥有全省最大的有色金属制造产业基地，有色金属产业现有规模企业29家，晟通科技、金龙集团两大企业集聚望城经开区，全国唯一的国家有色金属新材料精深加工高新技术产业化基地落户望城。2016年，有色金属产业完成规模工业产值598.4亿元，同比增长15.4%，全省产值规模最大。其中，晟通科技产值408.1亿元，同比增长15.5%，突破400亿元，成为全球最大的铝箔生产基地，位居全国有色行业五强；金龙集团实现产值136.1亿元，同比增长12.5%，两家企业完成产值占全区规模工业产值的46.2%。湖南金龙国际铜业有限公司通过湖南省企业技术中心认定。

（王　顺）

机械制造

【概况】 全区机械制造产业现有规模企业93家，新增长沙望远博弈科技有限公司、长沙利麟机械设备有限公司、湖南丰茂植保机械有限公司、万家乐空气能科技有限公司、长沙昊博机械设备有限公司、长沙市望城区美博机械设备有限公司、长沙汇道通教学设备有限公司、长沙市望城区晟程机械加工厂、长沙市望城区三井川精密机械有限公司等9家规模企业。中航起落架承担国内包括C919大飞机在内的各类飞机起落架研发生产，中传机械、航天磁电专业生产航天航空零部件及磁性材料，望城区正发展成为全省航天航空装备制造基地；长高集团、泰嘉新材分别拥有省、市级企业技术中心和工程技术研究中心，湖南航天磁电有限责任公司被认定为湖南省工程实验室，成为各自细分行业内的领头羊。2016年，机械制造产业完成规模产值156.1亿元，同比增长15.2%，成为继有色金属产业、食品医药产业后全区第三个百亿产业。

（王　顺）

望城经济技术开发区

【概况】 望城经济技术开发区成立于2000年，2014年2月，经国务院批准升级为国家级开发区。园区规划控制面积60平方千米，下辖乌山、白沙洲、黄金园、金山桥4个街道，东临雷锋大道，西至黄桥大道，北起旺旺路，南连长沙高新区。园区全境纳入国家级湘江新区、环洞庭湖生态经济圈、长株潭“两型社会”综合配套改革试验区和国家自主创新示范区四大国家发展战略范畴，列为国家和省、市、区重点建设区域。园区历经16年建设发展，已入驻企业1000余家，其中规模以上企业146家，境内外上市公司、世界500强企业42家，已组建国家级实验室4个，国家级企业技术中心3个，院士、博士后工作站6个，已拥有中国驰名商标13个，湖南省著名商标63个，已形成有色金属、食品加工、电子信息、商贸物流四大主导产业，已获批湖南省十大最具投资价值产业园区、国家知识产权试点园区、国家级有色金属新材料精深加工高新技术产业化基地。

中共望城经济技术开发区工作委员会、望城经济技术开发区管理委员会驻地设长沙市望城区同心路1号，分别是中共望城区委员会、望城区人民政府的派出机构，合署办公，为正县级单位。望城经济技术开发区内设正科级机构有工会联合会、办公室、规划建设局、招商合作局、产业发展局和社会事务局，直属（或归口）事业单位有投（融）资管理办公室和金星文化产业园，直属企业有望城经开区建设开发公司，区直单位驻园机构或分设窗口有财政分局、同心派出所、国土中心所、市监所、巡回法庭及国税、地税、工商、规划、建设等。

2016年，望城经开区以“打造千亿主导产业、进军全国百强园区”为奋斗目标，全力实施“产业强园”和“人才兴园”两大战略，园区呈现良好局面。全年完成规模工业总产值900亿元，同比增长16.8%；完成规模工业增加值230亿元，同比增长15.2%；完成固定资产投资139.8亿元，同比增长42.1%；完成工业投资128.3亿元，同比增长38.6%；实现财政总收入36.4亿元，同比增长17%；固定资产投资、工业投资增速位列全市五个国家级园区第一；规模工业总产值、规模工业增加值增速在全市五个国家级园区中排名第二。园区顺利通过国家知识产权试点园区验收，获批ISO 9001国际管理体系认证，泰嘉新材在深交所成功上市，黄金创业园获批国家级科技企业孵化器，浩威特荣获中国创新创业大赛优胜奖。

全面优化生产要素。征地拆迁打开新局面。有力构建片区指挥部统筹协调、街道负责实施、园区提供保障的责任体系，强化“一把尺子量到底”的政策刚性，制定“签约清零、土地清表、项目清算、村组清交”的征拆标准，全年新铺排项目26个，征拆面积466.67公顷，实现“四清”（清零、清表、清算、清障）标准交地14个，腾地266.67公顷；完成21个历史遗留项目扫尾清零，腾地400余公顷。全年挂牌出让用地23宗，面积124.53公顷，成交总额13.8亿元，集聚新一轮发展的势能。融资工作创造新纪元。抢抓国家稳增长的政策机遇，充分利用“AA”级平台票据融资优势，多渠道、全方位、高效率开展融资工作。获批国家农发行18年期40亿元政策性贷款，获批国家发改委8年期利率3.75%的27亿元企业债券，全年获批融资规模113.4亿元，到位资金71.95亿元，全面优化园区的资产结构，为园区新一轮发展提供了坚实的资金保障。规划优化拓展新空间。全力实施“南拓西进”的空间发展规划，制定实施“四步走”扩园计划，西片区规划研究编制完成，南片区用地规划获市政府批准，新增13平方千米建设用地，初步实现了土地规划、城市规划、产业规划“三规合一”，为园区新一轮发展拓展了空间。“人才兴园”展示了新活力。大力实施“人才兴园”战略，面向“985、211”院校公开招聘18名高学历、高素质专业人才，进一步充实干部队伍力量。同时，内部提拔9名中层骨干，激发干事创业活力。

园区全力推进项目建设。招商项目实现“大突破”。全年举办三次招商引资重大项目集中签约仪式，共引进项目49个，总投资336.9亿元。其中，投资50亿元以上项目2个，投资30亿元以上项目3个，投资10亿元以上项目7个，投资2亿元以上项目17个；引进世界500强4家，上市公司、行业龙头企业12家。产业项目呈现“加速度”。全年铺排社会性投资项目73个，总投资656.4亿元，年度实现投资128.3亿元。旺旺乳饮、中粮可口可乐、恒飞电缆、湘江涂料、优美科富虹等17个项目建成投产，释放产能315亿元。商业项目迎来“开业潮”。3万平方米的开利星空长沙国际汽车城、4万平方米的金桥未来城、6万平方米的金桥皮革城、20万平米的金桥建材城、25万平方米的高星（钢铁）物流园市场二期和奥特莱斯美食街等一批商业项目次第开业，汇集近千家商户，商贸集群发展初现规模。

全新提升区域价值。重点工程推进顺利。纵贯园区东西、联通京珠复线的普瑞西路实现通车，省重点工程长益高速复线11月3日开工建设，长株潭城铁经开区段施工顺利，三环线和普瑞大道立交互通已获省市批准，施工图设计顺利实施。市政道路加快建设。航空西路、沿河路、红家坡东路竣工通车，望城大道、月亮岛西路、高塘岭路等8条道路开工建设，金星路、马桥河路、同心路等8条道路提质改造启动实施。全年实施市政道路项目17个，完成投资8亿元，新增、提质道路里程30余千米。基础配套不断完善。中粮可口可乐和金桥国际10千伏电力专线竣工送电，证通电子电力专线、110千伏桂芳变电站和4条万伏线路加快建设，龙正蒸气供气工程竣工投产，航空路北侧雨水管涵等9项管涵工程如期竣工，智慧园区启动建设，园区承载功能进一步提升。区域营销力度增强。始终围绕宣传产业和服务企业，做实区域营销、精准区域宣传，湖南卫视、湖南经视、长沙新闻频道等电视媒体报道20余次，《中国经济时报》《湖南日报》《长沙晚报》等纸质媒体策划专栏专版34个；网易、腾

“有色智造·兴业望城”招商推介会暨重大项目集中签约仪式

讯、新浪、中新网、红网等网站刊载转载200余次，在望城电视台开辟《崛起的园区》专栏，全方位提升园区的知名度和美誉度。

【举行证通云计算大数据产业园项目开工仪式】 3月29日，证通云计算大数据产业园（长沙云谷项目）开工仪式在望城经开区举行。省政府副秘书长、市委副书记、湖南湘江新区管委会主任虢正贵宣布项目开工。省人民政府驻深圳办事处主任廖克勤，省贸促会副会长胡强，中国电信湖南分公司副总经理刘少阳，中国农业银行湖南省分行副行长钱宏，副市长廖健，市政协副主席、市工商联主席彭继球，湖南湘江新区党工委委员、管委会副主任罗社辉，望城区委书记孔玉成，区委副书记、区人民政府党组书记、副区长（主持政府全面工作）范焱斌，区领导喻金平、骆志平、余学辉、戴水文、吴皓出席开工仪式。证通云计算大数据产业园由深圳市证通电子股份有限公司投资建设，总投资50亿元，总用地46.67公顷，规划建设2栋软件研发中心、5栋数据中心。项目总建筑面积23万平方米，旨在打造“国家级绿色数据中心”“中部地区最具影响力的行业数据开发服务中心”以及“大数据交易中心”。项目预计用2－5年时间，实现园区入住5000人，年产值80亿元以上，年税收6亿元以上。为助力项目开工，自2015年10月落户后，望城经开区倒排工期，一周一调度，简化审批流程，公用5个月的时间，完成了从工商注册到规划设计、道路开口等环节实施全程代理一站式服务。项目的建设培育一批互联网及大数据、云计算企业，为推进“智慧长沙、数据长沙”做出新的贡献。

（陈柄丞）

【中信戴卡南方智能制造产业园开工建设】 11月5日上午，中信戴卡南方智能制造产业园项目在望城经开区开工建设。中信戴卡是中国大陆第一家铝车轮制造企业，是全球最大的铝车轮和铝制底盘零部件供应商，世界汽车零部件100强企业。产业园由中信戴卡股份有限公司投资建设，是中信戴卡在中国南方地区布局的重大战略投资项目。项目总投资50亿元，计划用地46.67公顷，将在全国建设年产1200万轮毂、4万吨凯斯曼合金配件生产基地和中信戴卡南方总部及研发中心，成为长沙智能制造基地示范项目。中信戴卡南方智能制造产业园项目建设对长沙深入推动智能制造行动、做大做强汽车制造产业具有重大推动作用，并将全力助推长沙建设国家中心城市和望城建设名望之城加快实现区域经济转型升级发展。

（陈柄丞）

【举行“有色智造•兴业望城”招商推介会暨重大项目集中签约仪式】 11月9日下午，国家级望城经济技术开发区举行“有色智造•兴业望城”招商推介会暨重大项目集中签约仪式。中国有色金属学会理事长贾明星出席签约仪式，并作《有色金属行业运行现状和发展趋势》主题演讲。湖南湘江新区党工委副书记、管委会主任虢正贵讲话。省政府驻深圳办事处主任廖克勤，省政府驻上海办事处主任王华平，中信银行长沙分行行长王顺清，省经信委副主任殷林波，省有色金属管理局副局长宁建业，市政府党组成员、督导李科明，湖南湘江新区管委会副主任罗社辉出席签约仪式。本次集中签约共分3轮进行，共签约宝湾物流长沙国际电商物流港、尔康原料药及辅料产业园、明匠工业4.0智能制造研发及服务基地、易信科技长沙产业园等27个重大项目，总投资148亿元。项目主要涉及有色金属材料及智能制造、商货物流、电子信息、食品加工等。其中包括世界500强、上市公司、行业龙头企业8家；工业类项目24个，商贸类项目3个；投资50亿元项目1个，投资30亿元项目1个，投资10亿元项目3个，投资5亿元项目2个，投资500万元项目20个。活动的举办为进一步宣传推介望城、提高望城知名度和影响力起到关键性作用，也为壮大望城经开区优势产业集群，助推望城经济转型创新发展搭建良好的平台。

（陈柄丞）

望城经济技术开发区
管理委员会

区委副书记	
党工委书记	张　毅
党工委副书记	
管委会主任	吴　皓
党工委委员	
纪工委书记	刘　彪
党工委委员、总规划师	李彦波
党工委委员	李小平
管委会副主任	杨　智
党工委委员	
管委会副主任	郑以仁　佘浩宇
	姚罗光（12月任）
	浣望明（12月免）
管委会调研员	李新宇
工会联合会主席	瞿宏斌（9月任）
	向章平（9月免）
办公室主任	杨文耀
招商合作局局长	谢鸿超（3月任）
	张宏彬（3月免）
社会事务局局长	任代伟（1月任）
	杨晓科（1月免）
产业发展局局长	夏志刚（3月任）
	谢鸿超（3月免）
金星文化产业园管理委员会主任	
建设开发公司总经理	魏吉辉
规划建设局局长	李雄辉
财政分局局长	廖建武
投（融）资管理办公室主任	何　谈（12月任）

湖南望城国家农业科技园区

【概况】 湖南望城国家农业科技园区管理委员会内设办公室、产业发展局、招商合作局、科技人才局、社会事务局5个局室，共有园区专项编22名，实际在职在编人员15人、政府雇员1人、专业技术人员5人。同时，园区聘请包括袁隆平院士在内的专家委员会成员15人。

招商引资。精心包装农业世界之窗、国际农庄、绿色慢生活村庄和环大众垸生态绿道等项目。组织召开国家农业科技园区创新创业专家会商会，与科技部特聘专家、国内知名农业企业和政府高校专家签订电商平台建设、互联网+农业等高端合作协议15个。与湖南省驻澳洲招商代表处、北京丰会集团、中国低碳产业博览会有限公司(香港)等知名企业深度洽谈,达成初步协议的项目有国内首个智慧农业小镇和国际低碳产业园。2016年,新引进5000万元投资项目4个,协议投资 3.5亿元,实际到位资金2.1亿元。

项目建设。全省首家农业创新创业园一期基础配套建设全部完成。完成年度市造绿复绿重点项目鲜花港20公顷彩化任务。南方地区规模最大的生物组培企业隆照高新完成3600平方米生物组培室、8000平方米智能温室建设,并全面投产。区内首条自行车休闲慢道项目完成公开招投标。湖南师大鱼类遗传育种中心、柯柯农业二期、八佳兴等13个项目投产运营。

产业培育。继续承担袁隆平院士倡导实施的"三一"粮食高产工程攻关示范项目,由沙道湾、广源种植、辉胜等6家企业具体实施,示范点每公顷产16515公斤,再创历史新高。强化点对点服务,支持以新康隆平种粮合作社为龙头的靖众种植专业合作联社、以柯柯农业为龙头的望城蔬菜产业协会、以奕辉农业为龙头的长沙守盛农产品配送公司组团发展,提高园区企业风险防范能力,促进现代都市农业健康发展。新增农业新型经营主体78家,科技示范户12家。

品牌创建。开展企业品牌创建调研,指导企业品牌创建升级。集中表彰澳优、柯柯、千龙湖等19家品牌创建优秀企业。湘台、千龙湖、神农大丰等3家企业获评省级龙头企业,姚记农业科技发展公司等12家企业获评市级龙头企业,云游茶业、奕辉农业2家企业获批湖南省著名商标,汇丰生态农业茄子等4项产品获得绿色认证,湘台农业辣椒等7个产品获评无公害认证。

企业服务。聘请食品药品、农产品检测中心专家,就农产品"SC"认证和"三品一标"认证申请与管理进行专题辅导。组织金融企业与园区企业对接洽谈,协调国土、规划、建设等区直部门联合办公12批次,及时破解企业用地、融资等难题37个,不断提振企业发展信心。扶持安排企业产业扶持资金590万元,科技专项资金300万元,重点支持企业品牌升级、设施改造和技术革新,带动社会投资3.5亿元,实现新增固投18亿元。引进科学技术。率先全省完成智慧园区农业信息化平台一期建设,30家企业与园区、湖南农大、省科技厅并网互通。引进科技部、中国农大及省内科研院校前沿技术67项,邀请湖南农大、中南林科大和省农科院等专家教授,为企业破解技术难题30多项,新增产值3000万元。开展培训。以园区大讲堂为平台,开展农业专业技术应用、茶树栽种、休闲农业发展、葡萄种植新技术等各类专题培训4次。组织园区部分企业高管赴中国农大、国家农科院进行轮训学习。申报项目。伟誉园林、梅树林获市农业特色产业科技示范基地项目支持、隆平格塘种粮合作社获市科技计划项目支持,千龙湖获批科技部首批"星创天地",科技项目管理经验得到省市推广。发挥园区平台优势,组织和指导园区企业开展项目申报36项,立项27个,其中申报科技部星火计划项目2个、农业部国家农业产业化示范基地项目1个、省市科技局项目11个,累计争取上级科技部门项目资金支持5100万元,农业企业新增实用型发明专利12项。

(办公室)

湖南望城国家农业科技园区管理委员会

党工委书记	杨文东
党工委副书记、管委会主任	黄立武(12月任)
	李谷良(12月"改非")
党工委副书记 纪工委书记	李　奇
党工委委员、管委会副主任	邓　义(10月免)
	秦正良(9月"改非")
党工委委员 科技人才局局长	朱小平(9月免)
办公室主任	胡顶立(9月任)
	陈　萌(9月免)
产业发展局局长	丁华光
招商合作局局长	周智勇
社会事务局局长	王　奇

铜官循环经济工业基地

【概况】 铜官循环工业基地管委会内设机构7个(监察室、办公室、产业发展处、社会事务处、招商合作处、投融资管理处、规划建设工程管理处),有工作人员68人。2016年,全年完成规模工业总产值86.92亿元,同比增长22%;完成固定资产投资42.5亿元,同比增长5%;实现财政总收入4.29亿,其中税收3.25亿元。

突出主导产业,精准招大引强。大力发展新材料、新医药两大主导产业,实施精准招商。2016年8月初,园区举行长沙港铜官港区工程开工仪式、招商项目集中签约仪式。全年共引进尔康制药、方盛制药、金驰能源新能源电池材料等11个项目,其中,投资过20亿元项目1个,投资过10亿元项目2个,为园区积蓄持续发展后劲。

突出夯实基础,破解融资瓶颈。年初,党工委、管委会把"壮大资产平台,破解融资瓶颈"作为实现园区跨越式发展的破题之举,用一个季度的时间来破解未来三五年的资金需求瓶颈。2月,完成铜官陶瓷公司土地资产注入的全部工作。获得联合资信外部2A评级,成为望城首例同时获得"公司债""企业债"的融资平台。获批资金7笔,共计46.2亿元,已到位25.37亿元,彻底破解"十三五"期间的建设资金需求。

突出企业服务,优化产业发展。围绕项目建成抓服务。从项目建设手续协办、生产要素配套等方面,提前介入,优化服务。实现金驰能源、华纳大药厂、朗晟洗涤项目全面投产,关西涂料项目设备调试。新引入"四上"企业8家,新增入规企业4家。围绕产业优化抓清理。清退铭伦石油、铭泰石油、三鑫化工3家涉油涉化企业,同时重点攻进华廷筑邦、祥和退出。围绕安全环保抓监管。园区安监所与环保局驻园环保所联合,建立24小时值班、日常巡查制度,严守底线;联合安监、环保、交警、交管等部门,委托湖南省安全生产科学研究有限公司,多种形式开展"大排查、大管控、大整治”，分别落实园区监管和企业主体责任。全年关停1家企业；停产整改3家；查处35家企业共计300余个问题，整改率达到95%。

突出腾地征拆，保障项目落地。园区全年共铺排拆迁项目14个地块，实施征拆面积163.8公顷，铜官街道共清零交地53.33公顷。其中，港区一、二期及代征交地；容昌项目交地；托阳项目交地。

突出基础配套，提高承载能力。共铺排政府性投资项目6个，总投资1.82亿元，新增、提质道路里程达12.75千米，并以“黑化促出行、绿化美环境、亮化树形象、文化提品质、净化促发展”的理念，力促园区品质整体提升。在配套建设方面，港区一期项目陆域借土回填完成47万立方米，码头前沿桩基施工完成；铜官镇污水入园提升泵站已完成建设投入使用；五杉路计划年底建成通车；铜官大道10千伏入地电缆工程完成2.1千米建设，确保关西等用电大户的投产运行；誓港大道于10月底正式进场建设；铜官大道、花果路、白杨路路面改造工程完成花果路、白杨路沥青路面建设，铜官大道已完成半幅建设。

湖南同远新材料科技有限公司开业

【湖南同远新材料科技有限公司开业】 2月26日上午10时许，湖南同远新材料科技有限公司竣工典礼暨开业庆典在铜官园区举行。湖南省经信委、湖南省质量技术监督局，湖南省建材行业管理办公室、湖南省节能与科技协会、湖南省建筑防水协会、江西省建筑防水协会，大连理工大学、中南林业科技大学、湖南工学院，望城区建设局、望城区环保局、铜官循环经济工业基地、望城区政务中心、铜官街道办事处等部门和单位的相关负责人以及巴斯夫(中国)有限公司等相关合作伙伴共同参加庆典。作为全球领先防水材料供应商，湖南同远新材料科技有限公司是世界最大的化工集团——巴斯夫股份公司在中国最具价值的战略合作伙伴之一，是集科研、生产、销售、施工于一体的专业集团公司，在园区总投资9000万元，占地4公顷，主要生产高速路面材料及防水建材生产线，年产值达10亿元，预计创造税收1200万元。

【湘江枢纽物流港口长沙港铜官港区一期工程开工】 湖南“黄金水道”湘江的枢纽物流港口，“十三五”时期长沙规划的重要港区之一——长沙港铜官港区，其一期工程项目开工仪式于8月1日在望城铜官循环经济工业园举行。长沙港铜官港区位于湘江右岸的铜官循环工业园，属望城区管辖，铜官港区上距湘江长沙枢纽9千米，依托铜官大道、湘江大道、芙蓉北大道、京珠西线与长沙、岳阳等地相连，码头前沿面临湘江主航道。该项目由湖南省水运建设投资集团有限公司投资建设，湖南省航务工程公司负责项目的施工建设。长沙港铜官港区一期工程，建设2个2000吨级(兼顾3000吨)泊位，设计吞吐量为60万吨/年，并配套建设相应的仓库、堆场、道路和生产生活辅助设施。泊位前沿距湘江大堤35米，两个泊位总长度210米，泊位设计高水位34.75米、设计低水位21.69米，前沿顶面高程37.30米，前沿港池河底设计高程18.59米。码头前沿平台采用直立式钢筋砼框架结构、灌注桩基础、接岸采用挡土墙。港区综合楼建筑占地897平方米，总建筑面积约3534.5平方米，地上4层。件杂货仓库为单层仓库，建筑面积为2232.5平方米。码头前沿配置1台40 吨门座式起重机和2台5吨门座式起重机。进行前沿装卸，码头前沿至库场采用牵引平板车运输，库场采用龙门起重机和内燃叉车装卸作业。主要的配套工程有供配电、照明、控制、信息及通信、给水排水、机修及供油、消防、环境保护、安全、劳动卫生、节能等。项目施工图设计预算总金额为15482.01万元，建设总工期为18个月。长沙港铜官港区的建设对于望城进一步打通水运物流通道，完善铜官循环工业园配套功能，构建水运、铁路、公路对接联运体系，提升望城乃至长沙、湖南的综合竞争优势都具有重大意义。

(周拓兴)

铜官循环经济工业基地管委会

党工委书记	郑以仁
党工委副书记、管委会主任	丁永胜
区纪委派驻园区纪检组组长	胡巧云
党工委委员、副主任	黄勇军
	虢 军
	彭国祥

滨水新城

【概况】 2016年，滨水新城管委会受区委、区政府委托负责与湘江新区先导投工作对接；负责区政府原与湘江新区先导投合作的相关后续工作；负责参与制定滨水新城起步区招商引资规划和政策措施，承担相应的招商引资任务；负责原已引入的社会投资项目服务。管委会内设综合管理部、规划建设部（含项目服务中心）、招商项目部，有干部职工（含政府雇员）20人。

项目服务纵深推进。永通汽车城7家汽车4S店及客户服务中心（快处快赔中心）建成投运，综合公寓楼基本完工；滨水新城医院医技楼基础施工竣工；红星美凯龙14万平方米单体建筑主体完工；明发商业广场南区1#~6#栋住宅建成，南、北区商业全面启动建设，北区商业01#、02#栋主体完工；万泰国际新奥总部建成；九城汽车城起亚店、及1.2万平方米汽配城投入运营；津湘汽车4S店启动土方施工；完成正荣财富中心北地块商业设施建设；新奥佳园8栋高层住宅及1栋商业全部建成交付；澳海月亮湾14栋4万平方米一期洋房已交房；二期洋房11栋10万平方米完成主体建设；新城国际花都完成四期10栋高层建设，五期共12栋全部开工；月亮岛保护利用工程完成岸线边坡整治、道路、桥梁、码头、滩涂修复及岛内水系。

招商引资精准务实。主动协助万泰国际二次招商，成功引进金星酒店；长燃置业签订婚庆园一期用地勾地出让协议；注重招大引强，积极争取卡梅隆（长沙）国际影视文化创意产业园项目。

片区合作稳中有进。规划建设初见成效。协调推进滨水新城控规优化提升，积极推动滨水新城片区项目海绵城市、智慧城市建设。月亮岛保护利用工程基本完工；湘江新城合作片区“两纵两横”主干路网基本成型。合作关系加紧理顺。启动黄桥大道第三段建设资金回购工作；积极探索“岛城互动”合作模式有关工作；牵头完成合作片区银星东路、银杉北路等七路共计5.96亿元征拆结算工作；协调解决长重机械厂土地划拨和拆迁问题。积极主动与湘江新区对接。多次对接湘江新区空间发展战略规划、重大项目规划布局等规划，积极参与协调长望路线型优化调整等项目建设；积极对接湘江新区招商平台，卡梅隆国际影视文化创意城项目和四医院（滨水新城医院）的命名就充分利用湘江新区资源优势及战略平台。

（朱　丹）

滨水新城管理委员会

党工委书记　余学辉
党工委副书记
管委会主任　余浩宇(3月免)
党工委副书记
管委会副主任　张朝辉(3月任)
派驻纪检组组长　谭未明(兼)(6月任)
党工委委员　何建国(兼)
管委会副主任　任谷良(3月任)
管委会副主任　肖　宇
综合管理部部长　赵卓炜(3月任)
　艾敏华(3月免)
综合管理部副部长　罗明军
规划建设部部长　张朝辉(兼)
规划建设部副部长　龚细武　陈立祝
招商项目部副部长　王惠良

农　业

责任编辑 ◎ 任俊国

概　述

【概况】 2016年，区农业和林业局内设办公室、粮油生产管理科、蔬菜和经济作物管理科（加挂区蔬菜工作领导小组办公室牌子）、农村经营和农林企业管理科（加挂区农民权益维护和农民负担监督管理办公室牌子）、农林资源保护科（加挂区山林权属管理办公室）、造林绿化科（加挂区绿化委员会办公室、区造绿复绿办公室区林业科技推广站牌子）、扶贫开发办公室、政策法规监督科（加挂行政审批科、农产品质量安全监管科牌子）、计划财务科、监察室10个科室，下设农产品检测中心、农林执法大队、农科教办、农机局、农机安全监理站、农技服务中心、森林公安局、原种场、农机公司9个二级机构，工作人员205人，其中局机关84人。

稳定粮食生产。2016年在极端天气偏多的情况下，采取多种措施，确保早晚两稻粮食生产面积和产量，全区粮食生产总体保持平稳，全年粮食播种面积55800公顷，水稻面积50500公顷（优质稻面积38000公顷以上，其中高档优质稻面积12000公顷以上），粮食总产37.65万吨。加大粮食生产宣传力度，积极指导和帮助各街镇组织抓好粮食生产，全面遏制抛荒现象，没有发现常年性耕地抛荒现象。在春插前完成了粮食田间产能工程任务。

开展造绿复绿。2016年是全市三年造绿的收官之年，完成市级造绿重点建设项目6个，造林植树1400公顷，占市下任务的105%；全民义务植树102万株，市级绿色示范创建绿色示范村庄5个、绿色示范社区2个，区级绿色示范创建绿色示范村庄11个、绿色示范社区3个、绿色示范庭院1300户。完成区级项目40个，绿化面积136.5万平方米，街镇村（社）绿化456万平方米，另外栽植时令草花5万余平方米，撒播草花100余万平方米。全区各级各部门、社会各界共投入造林绿化资金约12亿元。在开展造绿复绿同时，指导半岛水利风景区、航电大道、芙蓉北大道等市级重点绿化项目建设，实施主要树种“甲供苗”方式，效果明显。2016年6月全市组织的环城绿带一期建设观摩中，区环城绿带建设深得好评。

建设美丽乡村。成立领导机构。成立以区人民政府区长为组长的全区美丽乡村建设工作领导小组，指导全区美丽乡村建设，街镇、村（社区）成立相应的领导机构，负责美丽乡村建设的具体落实。出台政策文件。印发《关于全面推进“五美五韵”美丽乡村建设的实施意见》（望发〔2016〕1号）、《京港澳高速复线望城段沿线美丽乡村示范走廊建设实施方案》（望办发〔2016〕38号）。加大财政投入。在原有660万元城乡一体化专项资金的基础上，增加2000万元专项资金用于全区美丽乡村建设。同时，争取省市级专项建设资金1350万元，为区美丽乡村建设提供强大的资金支持。22个市级示范村、特色村顺利通过验收，其中，茶亭镇大龙村、桥驿镇群力村获全省美丽乡村示范村，《湖南日报》、新湖南、华声在线、长沙观察等媒体先后报道了区美丽乡村建设成果。

推进精准扶贫。做好精准识别。采取集中培训与分片指导相结合的方式，巩固完善精准识别、备案管理等基础性工作。多次召开部门、镇街、村社精准扶贫培训会议，紧密部署建档立卡系统数据维护、挂图作战和精准扶贫档案管理工作，完善贫困户识别资料，确保识别程序到位、结果真实。实施精准帮扶。明确8个省定贫困村联点区领导，充实后盾帮扶力量，其他101个面上村安排一个以上区直单位联点，与街镇群众工作站共同组成扶贫工作队开展驻村帮扶工作，实现109个农村村（社区）和贫困户帮扶“两个全覆盖”。完善“一户一策”帮扶情况表。强化政策扶持。召开全区精准扶贫工作动员部署会议和推进培训会议，下发《长沙市望城区脱贫攻坚实施方案（2016—2017年）》，制定“‘两不愁’、金融扶贫、就业服务、社会扶贫、危房改造、教育扶贫、医疗救助、旅游扶贫、农网改造、交通建设、电子商务、产业发展、水利和饮水安全、兜底保障、普惠服务”15大扶贫措施，构建“1+15”大扶贫政策体系。保障精准脱贫。区、街镇、村社三级层层签订减贫责任书，完成8000人贫困人口预脱贫、5个贫困村预摘帽。下发区对街镇、专项扶贫部门、区派驻村工作队3个绩效考核办法，强化责任落实。开展3次专项督查，发现问题及时整改。出台产业扶贫专项资金管理办法，确保专项资金使用规范。建档立卡贫困对象6984户20972人，动态调整清除212户627人，脱贫1532户4599人，省定贫困村盘龙岭村“摘帽”。

推进土地确权。2016年4月，区被纳入省第二批共49个整体推进农村土地确权工作的单位之一。全区26128公顷农村土地确权工作有序稳步推进，已基本完成确权登记工作。高位推进确权工作。成立由区长任组长，分管副区长任常务副组长、区农林局局长为办公室主任的确权颁证工作领导小组。领导小组办公室从各相关单位抽调专人负责确权颁证工作的业务指导、工作督查和资料整理等工作。科学制定实施方案。研究制定《长沙市望城区农村土地承包经营权确权登记颁证整区推进工作方案》。有力落实资金保障。在中央、省、市各项补助工作经费的基础上,区财政安排农村土地承包经营权确权经费700万元。拟定村组工作经费为195元/公顷,已按120元/公顷的村、组工作经费拨付到各街镇309.108万元,剩余部分在验收完成后一次性拨付。精心组织权属调查。组织技术公司招投标,确定湖南勘测设计院等3家有技术资质的单位中标区土地确权技术服务工作。在开展入户调查和地块实测工作中,采取召开专题培训会和现场跟踪指导措施,细化落实每个环节的操作方法和步骤,坚决杜绝跑粗、走过场、暗箱操作等现象发生。

贫困户填写登记表

搞好耕地治理。2016年,按照省农委、省财政厅相关文件精神,在全省率先采用政府购买服务引进第三方治理的模式,开展重金属污染耕地修复治理和种植结构调整试点工作,重金属污染耕地修复治理效果明显。施用生石灰15718.80公顷,喷施叶面阻控剂15000公顷,水分管理1866.67公顷,种植绿肥3666.67公顷,深翻耕12372.47公顷。大力推广镉低积累水稻品种,政府招标采购镉低积累水稻品种14个,617.809吨,采购金额1835.2913万元,推广种植面积15448.40公顷,所有采购镉低积累水稻品种经检测全部合格。安排专门监管人员到重金属治理物资发放现场,对物资进行抽样、送检。各类产品质量较好,未发现重金属超标的不合格现象。加强肥料、农药执法监管,执法检查4次,抽检样品34个,其中肥料样品2个不合格、农药样品4个合格,均对不合格的农药、肥料进行依法查处。在高塘岭街道谭家湖村、乔口镇柳林江村分别实施试验、示范面积6.67公顷。试验示范严格按照方案制定的技术路线操作,结合实际选择不同技术措施进行对比试验,各项技术都已按技术方案要求落实到位,分别采集土样130个、稻谷样100个进行送检、分析,为解决重金属治理技术本地化提供依据。取2530个土样,2530个稻谷样,其中可达标生产区462个,管控专产区573个,扩面区域230个。同时已完成灌溉水取样688个。推进重金属污染耕地休耕试点。在乔口镇盘龙岭、蓝塘寺、湛水村和靖港镇柏叶村四个村整村推进休耕试点,总休耕面积约906.67公顷,其中计税内休耕面积671.87公顷。主要采取深翻耕、旋耕、开沟、绿肥种植、管理维护、监管监测等措施降低耕地重金属污染。

壮大农林产业规模。蔬菜种植面积约1333.34公顷,蔬菜产业示范园蔬菜基地种植面积约486.67公顷,6800平方米生态体验馆全部投入使用,以舜丰农业为主体,建设循环农业示范点。登记的休闲农业企业、农庄194家,省三星以上的休闲农庄22家。接待游客701万人次,从业人员5900人,休闲农业产业年经营收入12亿元以上,带动农户数8997户。新增省五星级休闲农庄2家,省四星级休闲农庄1家。10月28日举办"湘江论坛",望城成为永久举办地。

发展新型农业。已登记备案的合作社650家,家庭农场268个,其中种植业家庭农场28个,养殖业家庭农场60个,种养结合的家庭农场110个,以农家乐为主要形式的特色餐饮以及休闲农业、观光农业70个;农产品加工企业1453家,年销售收入2000万元规模以上企业53家,企业主要以果蔬加工、大米加工、水产加工、豆制品加工、农副食品加工、奶制品生产为主。农产品加工业完成销售产值241.62亿元,完成增加产值29.67亿元,实现利润25.25亿元,从业人员达17925人,带动农户数17870户。

保护农林资源。加强落实森林资源保护和发展目标责任制。森林资源得到有效保护和发展,2016年森林覆盖率34.11%,活立木蓄积量175.7924万立方米,较2015年增加6.84万立方米,增长率为4.05%,全面完成省市森林资源考核目标。加强森林、湿地等资源保护。加强森林防火队伍建设,督促强化日常训练和集中训练,区防火队在全市技能比武中获综合一等奖。加强湿地资源保护工作,积极组织申报国家湿地保护与恢复项目;在团头湖、大泽湖设立了湿地保护监测点,聘请专人巡护巡查。做好古(大)树名木标志和保护宣传工作,推荐摄影作品"塔树相依"获"寻找'最美古树名木'"——第三届"美丽中国"作品大赛全国一等奖。对全区古树名木进行普查,对已建档未挂牌的进行补挂；对遗漏的重新建档挂牌保护。加强执法检查。组织研究开展违法占用林地、秸秆禁烧等农林业执法行动，确保无违法占用林地，无大面积焚烧秸秆事件。

【桥驿镇朝蓬种植专业合作社理事长罗军被评为湖南省“最美扶贫人”】 2016年8－10月，省扶贫办、湖南日报社联合开展了湖南省“百名最美扶贫人物”的评选活动。经过推荐申报、筛选初审、公众投票和组织专家评审，桥驿镇朝蓬种植专业合作社理事长罗军被评为湖南省“百名最美扶贫人物”。

（谭　斌）

望城区农业和林业局

党组书记、局长　周立仁
纪委派驻纪检组组长　彭　文
党组成员、副局长　曹　辉　刘立新　刘健康　骆孟国　叶干强　周红宇　张建林　陈　杰
党组成员、副局长
总农艺师　卞罗坤
党组成员、农科教办主任
农广校校长　肖剑龙

·农 机·

【概况】 2016年，区农业机械管理局，是参照公务员管理的副科级单位，行使农机管理和服务职能。内设办公室、财务室、管理科，在职干部职工26人（含区农机安全监理站）。全区15个乡镇（街道）农机管理（服务）站，隶属乡镇人民政府（街道办事处）管辖，业务上接受区农业机械管理局指导。2016年，全区推广农业机械736台套，农业机械总动力60.91万千瓦。

落实农机购置补贴。申领补贴申请表653份，受益户数304户，补贴各类农机具736台套860.35万元。其中：耕整地机械404台套，补贴总额202.96万元；种植施肥机械15台套，补贴总额43.94万元；收获机械124台套，补贴总额258.47万元；收获后处理机械47台套，补贴总额137.71万元；农产品初加工机械38台套，补贴总额22.8万元；动力机械108台套，补贴总额194.47万元。区财政局和区农机局、街镇、村三级联动紧密配合，纪检监察、农业农机、财政等多方监管，没有发生违纪违规事件。

抓好机插技术推广。推广插秧机28台〔其中高速插秧机28台(套)〕，插秧机总量达到443台〔其中高速插秧机142台(套)〕，完成早晚稻机插面积8666.67公顷。依托龙虎农机合作社、喻唯农机合作社等机械化育秧技术推广示范点，负责推广水稻机械化育插秧技术和供应大部分机插秧示范区的秧苗。4月15日，在高塘岭街道金成水乡生态种养基地举办2016年度第一届机插秧技术培训班，在长沙市望城区吉仁农机专业合作社组织水稻机械化育插秧现场演示会。7月15日，在茶亭镇戴公桥村举办2016年度第二届机插秧技术培训班，在长沙市望城区粮诚农机专业合作社举办水稻机械化育插秧现场演示会。两次活动均有各乡镇街道农机合作社负责人、种粮大户和周边群众200余人观摩。12月份，向省市提交创建粮油生产全程机械化示范县创建申报材料，接受专家评审，12月22日答辩会上以排名第一的成绩获评“省粮油生产全程机械化示范县”。

发展农机合作社。按照发展现代农业和新农村建设的要求，区农机局以推进农业机械化科学、协调、可持续发展为目标，以全面提升农机社会化服务水平为宗旨，把发展新型农机专业合作社作为建设农机社会化服务体系的主要方向。全区农机专业合作社的发展已取得初步成效，在数量上由少到多，组织化、规模化、产业化程度不断提高，已经成为全区农机社会化服务体系的重要力量。在区农机局备案的新建农机合作社已78家，2016年17家农业机械专业合作社申报湖南省“百千万”工程项目，44家农机合作社被纳入湖南省“百千万”工程项目扶持名单。

加强农机安全生产。严格牌证管理，农机监理站办理新车上户140台套，新发、换发、补发驾驶证230本，新发、换发、补发行驶证403本，年检、补检车辆770台，过户车辆31台，在检农用拖拉机交强险投保率100%。严抓安全整治，农机监理人员上路出勤83人次，查检车辆320台(次)，查处生产安全隐患21起，违规车辆 106台(次)，下发扣车通知3 份，警告教育 80 余人，大大提高了农机手的法律意识和安全防范意识，使农机安全生产隐患排查专项整治工作取得阶段性成果。加强安全宣传教育，结合“九打九治”“安全生产年”和“平安农机”创建活动要求，区监理站深入开展农机安全生产宣传活动，发放《农机安全生产知识》《湖南农机杂志》200 余册，免费发放反光标志 7000 余张，2场农机安全知识咨询，参教机手300 多人次，开展“平安农机”创建。2016年度，领航、沃耕、皓泉三家合作社被评为长沙市“平安农机”示范合作社。

【举办机插秧培训班】 2016年4月15日，在高塘岭街道金成水乡生态种养基地举办2016年度第一届机插秧技术培训班，在长沙市望城区吉仁农机专业合作社组织水稻机械化育插秧现场演示会。7月15日，在茶亭镇戴公桥村举办2016年度第二届机插秧技术培训班，在长沙市望城区粮诚农机专业合作社举办水稻机械化育插秧现场演示会。两次活动均有各乡镇街道农机合作社负责人、种粮大户和周边群众200余人观摩。在演示现场，重点演示各型插秧机的操作，众多参观的种粮大户和周围农户都对插秧机使用表现出浓厚兴趣，对今后在望城推广插秧机和提高望城区农业机械化水平起到良好的示范推动作用。12月，组织一期新型职业农民培训班，市农委副主任肖志高，处长王安尧，市农机安全监理所长韩琦，区副县级干部谭智海，农林局局长周立仁参加开班典礼。70余家农机专业合作社参加培训，洋马、久保田等知名厂家派出讲师授课，有力推动职业农民技能提升，进一步夯实全区农机安全生产根基。

【农业部水稻生产全程机械化专家指导组到望城调研】 2016年10月28日,农业部专家组一行3人到望城区调研指导水稻生产全程机械化示范项目。专家组考察参观望城区靖港农业农机合作社望城区水稻生产全程机械化示范片区水稻生产情况,理事长何光辉就汇报2016年合作社项目实施情况。专家组一行来到望城区龙虎农业机械服务合作社,参观合作社烘干中心和大米生产车间,专家组详细询问合作社种植面积、烘干能力、大米加工等情况,理事长袁虎向专家组汇报合作社目前发展规模和发展前景,专家组对龙虎农业机械服务合作社在水稻生产全程机械化中取得的成就给予充分肯定,对今后的发展提出指导性意见。陪同调研的还有湖南省农机局汤绍武、刘毅,长沙市农委农机处王安尧、傅举谦,望城区副区长易文龙出席调研活动。

(缪倩妮)

望城区农业机械管理局

局　　长	李志刚(9月任)	
	庾学军(9月免)	
副 局 长	程润强	黄岳元
	童瑞金	周　准

养　殖

【概况】 2016年,区畜牧兽医水产局内设办公室、畜牧兽医科、水产科(加挂渔政执法队牌子)、法制科、行政审批科5个科室,编制17人,有干部职工24人。直属二级机构有区乔口渔场、区动物卫生监督所和区动物疫病预防控制中心。全区出栏生猪114.76万头,出笼家禽326.76万羽,水产品健康养殖4573公顷,渔业产量2.6万吨,实现养殖业总产值27.39亿元。坚持质效并重、生态环保的现代养殖业发展思路,突出生态标准、疫病防控、质量安全、结构调整、转型升级、融合发展,全区无区域性重大动物疫情和畜禽水产品质量安全事故发生,获评全市"养殖业先进区县"。

落实防控责任。全面部署落实春、秋季重大动物疫病集中强制免疫和申报免疫,狠抓散养户的上户免疫,猪牛羊口蹄疫、猪瘟、猪蓝耳病和禽流感免疫率、疫苗抗体效价抽样检测均达到上级要求。各级监管机构和养殖户免疫档案、台账健全规范。全面开展疫病监测预警,采集牛咽道液50份、羊咽道液30份、猪拭子样400份,通过病原检测均为阴性。采集禽拭子样581份、环境拭子60份,全区禽养殖环节均无阳性检出。规范阳性案例处置,对活禽交易环节检出的输入性阳性,全部通过市疫控中心复核后依预案处置到位。

推行网格化管理。全面推行官方兽医联场和网格化管理,全区898家规模畜禽养殖场户均明确1名官方兽医联场,动物防疫、动物卫生监督、质量安全实行网格化管理,联场官方兽医负责对责任场、网格责任人对网格内的监管对象进行全程监管和指导服务,实现规模场监管的全覆盖,建立长效监管机制。全面推行入场现场APP联网在线监管,严格执行产地检疫申报制,严格规范检疫行为,全面实行电子出证。全面推行标准化生产,以奖代补引导养殖户完善畜禽标准化栏舍、粪污治理设施、病死动物无害化处理设施、动物防疫条件等,推行干湿分离、雨污分离、种养平衡等科学手段,定期和不定期监督检查动物防疫情况、动物检疫情况、投入品使用情况、病死畜禽无害化处理情况、养殖档案建立情况等,查找问题,督促整改,畜禽规模场标准化率达80%以上。

强化质量安全监管。举全局之力加大监管力度。按照市、区关于创建国家食品安全城市的要求,明确创建目标、集中动员部署,组织对规模场进行质量安全、饲料兽药等4轮联合大检查,监督检查畜禽水产规模养殖场户760家(次)、饲料兽药店38家(次)。自加压力提高抽样频次。畜禽水产品质量安全抽样定量检测189批次,水产品快速定性检测3000例,瘦肉精抽检11080批次,检测频次超过市、区下达任务30%以上,且全部抽检合格,保持13年瘦肉精检出为零,全区无畜禽水产品质量安全事故发生。生猪集中定点屠宰管理推行驻场全流程监管,出勤到岗实行指纹打卡,全程实行执法记录仪监管,严格执行操作流程,严把入场监督检查、待宰巡查、宰杀同步检疫和无害化处理"四关",提升畜禽屠宰监管执法水平,确保生猪产品市场供应和肉品安全。望城区代表

动物免疫采血采样

全省接待广东省人大淡水产品质量安全监管考察；在省、市专项抽样检测中，望城区的畜禽水产品质量安全监管工作得到通报表扬；在上级的食安创建督查中多次得到高度肯定，创建效果良好。

推动转方式调结构。从产业规划、政策引导、项目支持等方面着力，推荐争取60余个省、市养殖业扶持项目，争取产业发展项目资金1000余万元，引导规模养殖场提高生产的组织化、专业化水平，转变养殖方式，加快特色产业发展。调整养殖结构，积极扶持特色渔业和休闲渔业适度规模发展，形成以翘嘴鲌鱼、生态甲鱼、鳜鱼、虾蟹、泥鳅、黄颡鱼为主的万亩特色产业板块，全区名优养殖达2000公顷以上。稻田综合种养拓展400公顷，综合种养生产方式深入人心，全区渔业综合效益不断提升，成为产业盈利的亮点。2006年望城从湖南省水产科研所引进翘嘴红鲌，至2016年末红鲌精养面积达1333公顷，规模化养殖企业10余家，已形成孵化、养殖、加工、销售一体化产业链，年产值达8亿元，已发展成为望城区域特色优质农产品和地区主导农业产业。

开展“双基建设年”活动。精心组织开展“基层基础建设年”活动，加强基层、夯实基础、增强能力、规范行为，着力优化基层基础工作。优化机构设置和人员配备，适时合并部分街镇动物防疫站，明确基层站所职能职责，科学调整配备工作人员，主动适应街镇区划调整和养殖业发展需要。开展专题培训，分层级、分街镇、分养殖门类开展标准化养殖、质量安全监管、食品安全城市创建和养殖技术等培训，全面提高养殖管理和从业人员的业务水平和综合素质。完善基础硬件条件，10个基层站同步挤入市农委检疫申报点和检测室项目建设笼子，各站加强功能室、网上监管和电子出证系统、检测室和检测设备、动物防疫冷链体系等基础设施设备建设，动物防疫站标准化水平明显提升。强化制度建设，从站、所财务财产管理、官方兽医联场、质量安全与防疫工作网格化管理和便民服务监督等方面着手，健全管理机制，建立层级化管理体系，望城区质量安全与防疫工作网格化层级管理工作得到市农委通报表扬。强化过程监管和痕迹管理，全面调查摸清畜禽水产养殖场的底数，明晰养殖网格划分和责任。实行“凡检查必通报、凡通报必到受检养殖场、凡通报必明确具体指标”制度，“以查促改、查考同步”，通过检查促进养殖场户和基层站同步整改落实。创新防疫员管理考核，将对防疫员的考核与村干部考核测评同步进行，放大服务对象的满意度测评权重。

开展“雁过拔毛”反腐败。组织全系统273名在岗干部职工开展自查，实名制填报线索、问题自查表，对2013年以来下拨的各项专项资金集中清理排查，向40个饲料、兽药生产和经营单位进行问题线索函询，积极搜集处置“雁过拔毛”式腐败问题和“四风”问题。主动预警、坚决纠正生猪保险制度设计中的风险点。

治理养殖环境。巩固推进团头湖湿地保护。严格落实“不承包、不投肥、不施饵”的要求，实行人放天养，团头湖生态系统不断向好，水质已达国家三类以上标准。加快推进退养工作。落实部、省部署的洞庭湖水环境综合治理，对1000人以上集中式饮用水地下取水点1千米范围内的存栏大于50头或栏舍面积大于100平方米的养殖场和一级水源保护区范围内的网箱养殖落实退养到位，10家生猪养殖场、两家网箱养殖全面退出；8家奶牛散养户自愿转产退出奶牛143头。助推产业转型升级。积极引导全区规模养殖户进行生态化改造，全区规模养殖场粪污处理达标率80%以上，推行种养平衡率90%以上。

湘江禁渔管理常态化。为修复湘江生态环境，落实省委“1号工程”，4月1日起对湘江望城段及其支流部分水域实施常年禁渔。为落实禁渔执法任务，渔政队临时增聘人员实行24小时值班巡查制，加大非法捕捞打击力度。渔政累计出动1000余航次、5000余人次开展常态化巡查执法，与相关部门联合执法21次，逐段逐码头逐船督促限期整改拆除非法捕捞设施，批评教育30人次，立案查处10起，收缴销毁电捕设备50余套，地笼、丝网、迷魂阵等各类禁用网具2400多条。同时开展人工增殖放流2次，全年放流各类优质鱼苗4800万尾，补充湘江渔业资源，维护湘江生态平衡。

完成渔民转产转业。认真制订渔民转产转业实施方案，委托第三方评估公司对渔民船网现场公开评估作价，与转产转业对象当场签订转产转业协议，当场对船网进行销毁处置，率先全市全面完成转产转业现场处置任务，236户转产转业渔民相关直接补助、非转业渔民困难补助支付到位。全区转产转业工作没有出现一例越访和到区大规模集访。

做好精准扶贫。以创建服务型党组织为抓手，以实施群众“点赞”工程和精准扶贫为重点，局4个支部与乔口镇盘龙岭村支部开展结对共建，49名党员干部一对一结对贫困户，针对每个家庭实际情况分别制定帮扶措施，定期上门走访、捐款捐物、帮难解困。发挥养殖技术优势着力实施产业扶贫，向36户贫困户赠送3000只绿头野鸭苗，实现当年产蛋上市，户均产生收益3000元以上；重点帮扶2户开展泥鳅养殖，示范户带动发展养殖脱贫致富。盘龙岭村摘掉省贫困村帽子。

【完成部、省洞庭湖水污染治理任务】 巩固推进团头湖湿地保护。严格落实“不承包、不投肥、不施饵”的要求，实行人放天养，团头湖生态系统不断向好发展，水质已达国家三类标准。加快推进退养工作。对1000人以上集中式饮用水地下取水点1千米范围内的存栏大于50头或栏舍面积大于100平方米的养殖场和一级水源保护区范围内的网箱养殖场落实退养到位，10家生猪养殖场、两家网箱养殖全面退出；8家奶牛散养户自愿转产退出，共退出奶牛143头。助推产业转型升级。积极引导全区规模养殖户进行生态化改造，全区规模养殖场粪污处理达标率80%以上，推行种养平衡率90%以上。

【开展渔民转产转业工作】 作为省政府的“1号工程”，认真制订望城区渔民转产转业实施方案，委托第三方评估公司对渔民船网现场公开评估作价，与转产转业对象当场签订转产转业协议，当场对船网进行销毁处置，236户转产转业渔民相关直接补助、非转业渔民困难补助支付到位。全区转产转业工作没有出现一例越访和到区大规模集访。工作经验在全市推广，省局将此作为洞庭湖渔民上岸政策的参考和借鉴。

【对口扶贫村通过省扶贫办考核预脱贫验收】 盘龙岭村为局党组的扶贫对口单位，局党组聘请湖南农大首席扶贫专家黄璜教授作为扶贫顾问，因地制宜制定扶贫工作方案，全系统干部职工一对一进行帮扶，大力发展特色产业扶贫，稻田综合种养取得成功，其中稻田野鸭养殖为36户贫困户带来20多万元收入，直接收入就超过长沙市脱贫基线。提高渔业设施标准，改造低标准渔业设施提高承包基数，为村级集体收入增加4万元，扶贫工作得到贫困户的高度认可，盘龙岭村顺利通过省扶贫办考核脱贫验收。

(唐春华)

望城区畜牧兽医水产局

党组书记、局长　胡阳光
副局长　严佑红
党组成员、副局长　刘鹏飞
肖志强(9月免)
党组成员、工会主席　王望成

水务

【概况】 2016年，区水务局内设办公室、监察室、人事教育科、财务科、计审科、河道堤防与安全饮水管理科、水政水资源科、农水科，加挂区防汛抗旱指挥部(办公室)牌，下属二级水务机构11个，归口管理单位1个，业务指导水管单位7个，在职在编干部职工169人。全区共有堤垸22个，其中6666.67公顷堤垸1个，666.67公顷堤垸7个，66.67公顷堤垸9个，33.33公顷堤垸5个；一线堤防164.3千米，湘江贯穿区境35千米；上型水库44座，其中，中型水库1座、小(一)型水库7座、小(二)型水库36座。

推进项目建设。2016年，全区投入水利资金12.73亿元，铺开水利项目7200处，其中：重点工程600处。抢抓洞庭湖生态圈、湖南湘江新区、湘江古镇群发展先机，谋划启动大众垸堤防综合整治、江河湖库水系连通两大水利项目，着力构建了集“防洪闭合圈、道路交通环、沿江景观带”于一体的综合性水利工程。按照长沙市提前建成小康，2019年普及农村自来水的目标，制订全区“三年行动计划”，实施铜官水厂提质扩容和乔口镇盘龙岭自来水管网延伸等7个项目，满足9.4万人安全饮水需求。完成8个扶贫村水利配套，28处排灌设备更新改造，117千米沟渠疏浚，266.67公顷塘坝扩容增蓄，145处水毁工程修复，47处险工整治，34处木闸门改不锈钢闸门。办好市、区人大建议和政协提案21件，促进民生改善。

规范水务管理。按照洞庭湖生态圈、湘江水环境治理要求，制定《望城区最严格水资源管理制度实施方案》(望政办发〔2016〕51号)、《望城区最严格水资源管理制度考核办法》(望政办发〔2016〕52号)，强化水工程、水资源、水环境、水土保持监督管理，常态化做好河道保洁，严守水资源管理“三条红线”。健全“制度+科技+文化”廉政防控体系，建立“行政事业单位内部控制”体系，全过程、全覆盖“水利项目铺排设计评审、预结算审核、施工管理、变更签证、资金支付、质安监管”等环节，实时监管。严格“四制”规定、电子化招投标等程序，建立水利“项目设计、工程施工、工程监理”等“红、黑榜”信息平台。落实工程质量终身负责、责任倒查、问责追究，建立目标明确、职责清晰、纵横到底的安全生产管控机制。引入“互联网+”智能化技术，整合防汛抗旱指挥、水资源实时监管、河道保洁常态监控、水利设施运行管护“大数据”，对接气象、水文监测预报系统，推动全区水务信息化建设。

深化水务改革。调整水利项目建设体制。按照“建设、管理主体分离”要求，明确政府性投资项目归口区水利建设中心、融资项目归口水利投资公司、单项工程总投资200万元以下项目归口街镇具体实施，促进了权力下移、监管前移。涉水行政许可全面推行“网上审批”，精简行政审批为8项，法定20个工作日控

改造后的沩水水闸

制在5个工作日内，办结审批52件。纳入财政预算，参照全额标准，保障基层水务单位工作经费。特别是采取注资增信等措施，做强区水利建设投资管理有限公司。2016年，公司总资产达46.7亿元，净资产34.8亿元，主体长期信用等级AA级，市场融资能力极大提升，成功发行到位5年期5.1%票面利率债券10亿元，到位流动资金贷款2.35亿元，争取上级投资2.1亿元，为水利建设提供资金保障。

【望城获评“2016年湖南省防汛抗灾先进集体”】 7月，一场强度之大、范围之广均超历史记载极值的特大暴雨席卷望城。面对暴雨洪水，全体水务人坚决落实区委、区政府和区防指命令，与全区干部群众一起，快速响应，科学应对，用忠诚铸就坚强，凭技术提供保障，以拼搏夺取胜利。长沙市委“六个走在前列”大竞赛活动领导小组肯定“望城合力打赢防汛抗灾攻坚战”，湖南省防汛指挥部授予望城区水务局“2016年全省抗洪抢险先进集体”。未雨绸缪，超前部署。汛前，认真开展4轮检查，及时发现处理95处隐患，完成大众垸张家屋堤段渗漏等41处险工治理，补充防汛器材，开展技术培训，科学制定14个预案，建立机械设备“平时造册登记、汛期集结待命、紧急情况出动”等应急机制，为夺取防汛全面胜利奠定基础。快速响应，科学应对。特大暴雨导致各类险情276处，其中：涌沙冒水、滑坡内坐等重大险情47处，区防指组织17次紧急会商指挥抢险救灾。危急关头，水务技术人员沉着应战，一线指导，现场敲定一系列抢险方案，及时提出老沩水“内停机、外抢排、上控客水、全线排除险情”等综合保安措施。全力以赴，众志成城。全员出动，决策参谋、抢险指导、信息传递、综合保障全面到位，第一时间反馈雨情等信息100多次，24小时保障指令传达落实，开启2.3万千瓦机械抢排渍水，确保靖港电排等重要机组连续运行达300小时。汛情一缓解，又迅速修复145处水毁工程，落实47处险工整治，实施34处木闸门更换为不锈钢闸门。

【望城获2016年湖南省水利建设最高奖“芙蓉杯”】 2016年，望城创造了水利建设投资12.73亿元、市场运作融资12.35亿元的“双超12亿元”新的历史纪录，捧回“2016年湖南省水利建设先进集体‘芙蓉杯’”，上半年，及时完成大众垸新康张家屋堤段渗漏等41处险工程。下半年，全面掀起水利建设热潮，长沙市委、市政府专题在望城召开全市水利建设现场会议，市领导及其他8区县市负责人参观望城水利建设现场，推介典型经验，新浪、东方、网易、红网和《长沙晚报》、长沙电视台等媒体以“望城区大手笔投入水利建设，做好水文章”广泛深入进行宣传报道。

【望城半岛水利风景区获评“国家级水利风景区”】 2016年，望城半岛水利风景区获评“国家级水利风景区”。核心区项目包括：沩水水闸道路箱涵、亲水平台、管理用房、淹没区水系治理配套建设，胜利垸城市防洪及高沙脊造绿复绿，胜利垸及沩水北岸生态护坡，实现保障防洪灌溉、打通长沙西北交通瓶颈、改善区域生态环境的综合效应。全国人大考察、水利部专项稽查、长沙市绿化观摩都莅临现场考察，国家、省、市有关领导给予充分肯定。

（余国平）

望城区水务局

党组书记、局长	朱起志
纪检组组长	陈　艳（3月任）
党组成员、副局长	周登攀（12月任）
	虢昀晖　周建清
	朱小平（9月任）
	谭正荣（9月“改非”）
	吴世昌（12月免）
	彭　文（3月免）
总工程师	陈凡辉（9月免）
	袁　艺（9月任）

气　象

【概况】 2016年，区气象局内设办公室、气象台、业务科、防雷减灾科和公共气象服务中心，有干部职工15人。

气象预报预警准确及时。2016年望城天气形势复杂多变，灾害天气频发。全区经历低温雨雪冰冻（1月23—25日，2月1—7日）、寒潮（2月12—14日，11月22—24日）、大风（8月16日，风速19.4m/s）、暴雪（2月1日）、5月低温寡照、暴雨洪涝（7月2—4日）和高温热害（7月21-8月3日，8月16—21日）等灾害性天气过程20余次。特别是在应对7月2—4日连续性暴雨洪涝和7月21日—8月3日中度高温热害气象服务中，预报准确、工作积极主动、服务及时有效，获区委、区政府领导的充分肯定和高度赞扬。

“直通式”气象服务“三农”。扎实推进“直通式”气象服务。气象局与区内种粮大户、农民专业合作社等新型农业经营主体718户建立“直通式”气象服务，气象灾害预警信息、气象专题信息、农业气象技术等通过手机短信、QQ群和微信等方式直接送达农户手中。积极开展关键农事气象服务。以农业生产需求为导向，3月组织召开“2016年长沙市农业气象专家会商会”和“全区粮食生产气象服务座谈会”，进一步完善《农业生产气象服务工作方案》，制作发布《气象为农服务周报》《春耕春播气象服务专报》等农事气象专报和《农用天气消息》《休闲农业消息》等服务短信；特聘3位农气专家为望城农业生产把脉和献计献策。开展农业气象灾害调查评估工作。5月望城降水日数偏多，降水过程频繁，光照不足，出现自2003年以来最严重的5月低温天气。5月27日特邀请省、市农业气象专家到高塘岭街道兴旺村沙道湾合作社、利红优质水稻种植专业合作社等基地进行实地调查，向政府提供一份《望城重度5月低温寡照天气对水稻生长影响的调查报告》。

拓展专业专项气象服务领域。气象部门坚持以需求为引领,不断拓展气象服务领域,积极开展森林火险、地质灾害、空气污染等气象服务工作,同时开展节假日、中(高)考、重大社会活动(10月的湘江论坛等)以及"三会(党代会、人大会、政协会)"等气象保障服务工作,取得一定成绩,受到各界好评。

完成区突发事件预警信息发布系统建设。完成区突发事件预警信息发布系统建设,8月投入业务试运行,率先在全省建成县级突发事件预警信息发布系统。成立"望城区突发事件预警信息发布中心",平台运行维持经费纳入财政保障。与全区14个街镇和6个一级联动单位接通视频专线,为安监、农林、环保等部门发布信息工作。

做好气象灾害防御应急指挥部工作。因气象灾害启动应急响应12次,其中启动气象灾害(暴雨)II级应急响应命令1次(17天)、III级8次(31天)、IV级3次(11天),发布气象预警信息50期76.3万人次。完成全区4套人影火箭炮和车辆的年检保养,桥驿龙塘人影基地维护以及作业人员的培训。

推进基层现代气象服务体系建设。按照《中共长沙市望城区委全面深化改革领导小组2016年工作要点》的通知,"推进基层现代气象服务体系建设试点"纳入全区全面深化改革2016年工作要点。试点任务严格按照各时间节点稳步推进,气象为农服务"望城模式"在全省气象部门打响。坚持政府主导,建立气象防灾减灾组织体系建设。成立区气象灾害防御应急指挥部,将防雷和气象防灾减灾纳入区安委会对乡镇的绩效考核;培育主体多元、开放有序的气象服务市场。首次提出"现代农业气象服务超市",开发"现代农业与乡村旅游气象服务专报"新产品,坚持社会参与,激发气象服务活力。组建由14个街镇、7个涉农部门以及相关农业基地共188名志愿者组成的气象信息员队伍,利用社会组织(蔬菜协会)对气象信息再传播,直通式服务对象718个。推动基层气象防灾减灾预警发布手段融入地方社会治理体系基层网格化管理体系。将气象局的监测预警、信息发布、建设规范、风险评估和设施维护等工作纳入到区网格化社会治理工作之中。成为中国气象干部培训学院湖南分院的气象为农服务体验式教学基地,全国气象部门处级干部培训班、县气象局局长培训班、农业气象基础知识培训班等多期学员到区观摩学习。

【现代农业与乡村旅游气象服务系统研究与应用获"第八届中国技术金桥奖优秀项目"】 11月18日,望城区气象局《现代农业与乡村旅游气象服务系统研究与应用》项目被中国技术市场协会评为"第八届中国技术金桥奖优秀项目",颁奖大会在人民大会堂举行,该项目是全国气象部门,也是2016年湖南省唯一获得优秀项目奖项。《现代农业与乡村旅游气象服务系统研究与应用》项目注重服务望城全域旅游,结合长沙现代农业综合配套改革试验区和湘江古镇群的建设的实际要求,将"智慧气象"融入望城现代农业与乡村旅游的建设中,以基层现代气象服务体系建设省级试点为基础,围绕将望城打造现代农业试验区和湘江古镇旅游产业示范区为目标,通过建设现代农业气象观测试验站,完善现代农业与乡村旅游气象服务综合监测系统、气象信息发布系统和气象保障服务系统,研发现代农业气象综合服务平台、现代农业气象灾害风险评估平台、现代农业气候资源开发应用平台、现代农业气象适用技术推广应用平台和乡村旅游气象服务平台,探索精细化多元化的气象服务业务,开发现代农业与乡村旅游气象服务产品,为望城现代农业防灾减灾和增产增收做出贡献。

(李　军)

望城区气象局

局　　长　陈朝晖

副 局 长　邹　胤　陈久塍

农业综合开发

【概况】 2016年,区农业综合开发办公室是区财政局副科级二级机构,承担国家农业综合开发项目及现代农业项目管理与实施,在职人员7人。农业综合开发办按照建设"长沙现代农业综合配套改革试验区"的整体规划,建设长沙现代农业综合配套改革试验区辐射区。年度省级验收考评中,区农业综合开发办公室获省先进宣传单位,现代农业项目获省优秀。

建设高标准农田项目。2016年农业综合开发第一批土地治理项目区涉及茶亭镇西湖寺、狮子岭村和铜官街道中山村3个行政村,建设高标准农田668公顷,项目区新建排灌站3处,清淤扩容、护砌山塘16口,整治渠道22条15.63千米(其中骨干灌渠衬砌2条5.43千米,灌渠20条10.2千米),新修道路12.12千米(其中硬化道路3条2.03千米,砂石机耕路21条10.09千米)。该项目总投资1824.23万元,其中长沙市望城区2016年度农业综合开发土地治理项目1596万元、市级监理费结余资金项目14.23万元和2013—2014年度农业综合开发结余资金项目214万元,本级另外配套200万元。争取2016年茶亭镇望群村高标准农田建设项目,建设面积93.34公顷,主要建设工程灌排渠系工程衬砌1.65千米,加固、扩容骨干山塘2座,土地平整2.70公顷。项目争取上级财政投资200万元。

助力农业产业发展。2016年国家级农业产业化经营项目4个,分别为湖南八佳兴农业科技有限公司"长沙市望城区1500吨蔬菜加工新建项目"、长沙市望城区新河优质稻种植专业合作社"长沙市望城区71.20公顷水稻种植基地改建项目"、望城区奕程特色种植专业合作社"长沙市望城区16公顷蔬菜种植基地改建项目"、长沙神丰生态农业庄园"长沙市望城区53.20公顷水稻种植基地改建项目",项目分别投资663.08万元、98.17万元、132万元和

85.4万元，争取上级财政投资分别为252万元、42万元、56万元和42万元。

项目建设取得成效。项目区建成后，有效改善区域内的农业生产条件和生态条件，特别是铜官街道中山村中心渠和茶亭镇团结渠全线护砌及机耕路建设，提高防洪保安能力、农机作业水平，改善农村面貌，为农业稳定、农村繁荣、农民增收、地方财力增强发挥积极作用，高标准农田建设完成800公顷，对巩固和完善农村承包责任制、推进种植大户经营权改革、稳定农村经济发展起到重要促进作用，有效带动农民加大对农业投入和引导社会组织共同参与农业综合开发项目区的后续建设，新农村示范村建设将呈现一道亮丽的风景。

【获评省级宣传先进单位】 2016年，望城区农业综合开发办获评省级宣传先进单位。望城区农业综合开发办公室高度重视农业开发的宣传工作，坚持宣传开路，典型引路，叫响"望城农开"品牌，让"望城农开"走进基层，走入千家万户，得到上级领导认可，广大党员干部和人民群众理解支持参与。《湖南日报》报道2次，拍摄专题片2部；政府门户网站报道10次；望城电视台在新闻时段播出农业综合开发新形象4次，编发简报9期。市、区领导黎石秋、李蔚、孔玉成、喻金平考察指导农业开发项目5次。

【现代农业项目获省优秀】 2016年，望城区现代农业项目在省级考评中获省级优秀。现代农业综合产业园辖东城镇苏蓼垸的苏蓼、东闸、大龙、金钩寺村。核心区为东闸、苏蓼村，稻田面积534.94公顷，项目建设面积200公顷。区委、区政府高度重视支农资金整合，成立支农资金整合领导小组，发改、财政、农业、水利等相关部门为成员单位，担负支农资金整合的组织、协调和指导工作，同时建立日常管理制度和会商制度，形成职责明确、统分结合、协调配合、良性互动的整合工作机制。2015年，整合资金4071万元，其中申请中央财政现代农业生产发展项目资金300万元，市、区级配套资金200万元，从预算源头整合水务局小农水资金200万元，农业局产粮大县奖励资金配套投入300万元，农业综合开发资金1421万元，林业局投入绿化资金200万元，自筹资金1450万元。政策要求中央财政项目资金80%用于农田水利建设投资，20%用于良种补助。2015年，投资240万元在核心区苏蓼、东闸村衬砌渠道0.28万米；投资1000.33万元整合资金新建和改造机耕路11.25千米（含南横渠加高、道路绿化工程）；投资1560.67万元衬砌渠道14.20千米（金龙、齐心、西港、西闸、车头湖、下沙、肖家围等骨干排蓄渠建设）。合作社及龙头企业优质稻扩面及巩固种植1000公顷，良种补助资金60万元。在项目建设实施过程中，坚持既按照质量要求，又考虑当地实际；既满足实用要求，又考虑生态因素，科学设计，精益求精，切实把工程建设成为一流工程。渠道衬砌、机耕路固脚沙石铺面等建设工程质量扎实过硬、外观整齐美观、人本理念讲究，通过项目建设，实现渠相连（分排分灌）、路相通（农机作业畅通）、田成方（布局合理的现代农村新格局），同时在便民利民上，各种小型涵闸、机械入田台阶、大渠梯级附建物配套。在注重生态上，大量采用浆砌石渠道工程，加强农业原生态保护，配套物理频振式杀虫灯，地力培育，农业生态绿化等措施，打造出支农资金整合的现代农业项目新亮点。

（罗　腾）

望城区农业综合开发办公室

主　　任　李鸿钧

城乡建设·环境保护

责任编辑◎张理希

建设管理

【概况】 2016年,区住房和城乡建设局内设综合科(办公室、法规科、财务科)、总工室、市场科、城镇科、监察室等5个科室,下设质量安全管理监督办公室、建筑建材站、建设工程招标投标(造价)管理办公室、燃气热力办、城建档案馆、给排水管理办公室、公共资源交易中心、劳保办8个二级机构,有在编干部职工132人。

城镇建设取得新突破。选定滨水新城核心区31.4 平方千米为申报省级海绵城市试点示范区范围,精心编制申报方案,组织参加竞争性评审活动,望城区跻身全省海绵城市建设四个示范区县行列。代拟出台《长沙市望城区新型城镇化综合试点工作方案(2015—2020)》(望政办发〔2016〕72号),编制《长沙市望城区新型城镇化发展规划(2016—2020年)》,申报湘江古镇群为省级新型城镇化综合试点示范片区,为全区新型城镇化试点工作提供科学指导。全年铺排小城镇建设项目65个,完成投资约3.9亿元,各街镇基础配套设施逐步完善,项目报建管理程序进一步规范。牵头开展全区截污排污现状摸底,组织茶亭镇、桥驿镇统一编制给排水专项规划,为争取上级政策资金打下良好基础。望城垃圾治理工作经验在住建部改善农村人居环境专刊中推介;乔口、靖港两镇入选全省美丽乡镇;乔口镇、白箬铺镇光明村分别入选第三批国家美丽宜居小镇、美丽宜居村庄示范村。

行业得到健康发展。引导建筑业转型升级,代拟出台《长沙市望城区关于进一步促进建筑业发展的意见》(望政发〔2016〕19号),明确建筑企业发展激励机制。全年受理建安企业资质升级增项30项,新成立10家建筑工程施工总承包三级企业,升级1家二级建筑工程总承包企业。新增麟辉、望建、九峰、乔口4家一级企业培训机构。引进长沙新康、湖南湘华等6家建筑业"四上企业"税务落户望城。企业创先争优意识不断增强。9家建筑业企业被评为市AAA诚信企业,申报"安康杯"劳动竞赛3项,乔口建设、湘华建设等6家本土企业获评"鲁班奖""金杯奖""芙蓉奖"和省优工程等殊荣。建筑业全年总产值316亿元,同比增长6.0%。助力房地产市场健康发展,全年培育新增房地产企业8家,11家房地产开发企业资质升级;针对开发商违法预售、哄抬房价行为,对全区房地产开发企业开发、经营、管理情况开展一次全面检查,对涉事房地产开发企业进行行政约谈。严格"两项基金"征返管理,全年征收新型墙体材料专项基金2589万元,实现主城区禁实限粘禁现,全区散装水泥使用率80%,受监工程商品混凝土使用率100%。主城区范围内及周边大型黏土砖厂全部关停,墙材革新工作重心逐渐转移到新型墙体材料的技术创新上;严格按照"两项基金"(新型墙体材料专项基金、散装水泥专项资金)使用项目补贴奖励实施办法完成补贴奖励 21家企业455万元;重点引导扶持的梅湖建材有限公司由20余年生产黏土烧砖工厂,成功转型为年产量1亿吨符合国家标准的标砖页岩的公司。按照市委、市政府相关工作部署,基本完成全区混凝土搅拌站环保升级建设。完善燃气行业管理,全年增加中压管网27.95千米,庭院管道61.69 千米,新增居民用户15000户;加强行业整顿和燃气工程建设管理,4家违规经营液化气门店被依法取缔。规范档案基础管理,全年签发档案合格证106份,整理档案12600余卷,接待查询利用98人次,通过省一级档案室复查。

建管市场规范有序。强化绿色建筑、海绵城市建设、建筑节能和设计深度审查,全年新建节能建筑229万平方米,完成教师、学生宿舍既有居住建筑节能改造13万平方米,新增绿色建筑项目23个,获住建部高度评价。加强施工许可管理,积极发挥协税护税作用,全年发放79个项目施工许可证,收取报建规费5.29亿元(其中配套费4.23亿元),同比增加3.19亿元,增长152%。代拟出台《长沙市望城区政府投资建设工程造价管理办法》(望政办发〔2016〕40号),强化初步设计概算审查,出版发行《望城建设造价》4期,建设工程造价管理获评市先进单位。坚持"公开、公正、公平"和"依法、依规、依程序"原则,进一步规范政府投资项目招投标和交易行为,全年完成政府投资招标项目246项,实现总中标造价约31.9亿元。

质安监管精准发力。全年累计受监工程124个,面积850万平方米,市政工程19个,质量安全监督覆盖率、工程竣工验收备案、安全等级评定项目合格率均为100%。开展建筑工地质量安全专项检查19次,签发整改通知135份,设备限制使用通知28份,停工通知43份,约谈责任主体5次,上报省住建厅2名责任人严重不良行为记录,对2个项目违法违规建设单位进行处罚,全区建设工程安全生产形势总体平稳,未发生重大质量安全监督责任事故。制定《望城区违法开工项目工程质量检测鉴定工作实施办法》，有效管控违法开工项目的质量安全。全年实现文明施工问题整改261个，文明施工水平得到较大提升。创建湖南省工程质量标准化示范工地36个，金色阳光、上实•森林海、长沙玫瑰园等项目成功创建省、市优良工地。

服务水平持续提升。对重点项目实施行政审批服务“容缺受理”，将补正材料与受理审核两个步骤进行并联，简化工作流程。深入湾田国际、证通电子等20多个项目进行一对一帮扶，项目服务环境进一步优化。高位协调地铁4号线星城段项目用地及望城段站点渣土运输等工作，为地铁建设营造良好的施工环境。着力推动金山桥盛腾雅苑、丁字湾美高梅限价商品房项目开工建设，妥善处理景城御苑、金富星城、滨水铭城等项目的物业信访问题，提高人民群众的获得感。投入3695万元完成农村危房改造1500户，工作经验在《湖南日报》上得到重点推介。顺利承接给排水管理工作，稳步推进全区给水、排水专项规划编制，全年组织对61栋危房进行鉴定，全力开展抗洪抢险工作，确保人民群众生命财产的安全。

【列入省级海绵城市建设试点城市】 2月26日，望城区通过湖南省海绵城市试点区县竞争性评审，成为第一批省级海绵城市建设试点示范城市。滨水新城北部约31.4 平方千米的区域作为示范区，预计通过三年完成试点建设。试点由区住建局牵头，成立区海绵城市建设工作领导小组及办公室，制定海绵城市建设专项工作方案，结合望城实际水环境条件编制专项技术导则、海绵城市建设项目管理办法等指导性文件，并将海绵化建设纳入全区工程项目行政审批各环节，合理铺排未来三年示范建设项目。黄金河水环境综合整治、半岛水利工程、雷锋公园等项目加紧进行海绵化改造；潇湘北路中段、月亮岛生态区、南湖公园等项目计划按PPP模式建设营运。试点项目规划利用水系发到湖泊众多的自然优势，重点实施河湖连通工程，通过完善水系规划，新建改造雨污管网、恢复原始水系连通格局，整治黑臭水体等措施，因地制宜打造“大海绵”体，打造一座自然积存、自然渗透、自然净化的海绵名望之城。

中层干部竞争上岗演讲大会

【举办知识抢答赛巩固“两学一做”成果】 6月30日晚，区住建局举办“两学一做”学习教育暨党纪条规知识竞赛现场，住建局系统及局属单位组成5个队伍竞相抢答，给该局全体党员干部上了一堂生动活泼的“党课”，进一步巩固“两学一做”的学习成果。2016年，区住建局“两学一做”为引领，引导党员围绕全区重点工程等重大建设项目，推进简政放权，强化项目服务，参与对口建安企业的帮扶活动。引导党员深入到脱贫攻坚和全面小康的前沿阵地，深化“一进二访”(进村入户、访困问需、访贫问计)活动，深入到农村危房改造、限价商品房项目建设中，积极主动为群众解决实际困难。知识竞赛起到推动全局党员干部忆党史、铭党恩、强党性、促党建、肃党纪、正党风的作用，在系统大范围、大力度地开展党史、党纪、党规及相关知识教育，有助于促进党的知识学习。

（办公室）

望城区住房和城乡建设局

党组书记、局长	舒　勇
党组成员、纪检书记	熊光辉(6月任)
党组成员、副局长	焦放军　黄建波
	廖　勇(3月任)
党组成员、总工程师	刘日刚(3月任)

城乡规划

【概况】 2016年，区规划分局内设综合办公室、规划编制管理科、规划实施管理科(含市政、个人建房、非市政)、总工室(含技术、法规)4个科室，下设规划信息服务中心、规划建筑勘测设计院、城市规划展示馆3个二级机构，有干部职工164人，其中在职在编人员44人，政府雇员5人。

推动区内规划纳入省、市规划范围。区规划局通过与市规划局、湘江新区沟通，将区内重大战略构想和基础设施布局纳入省、市统筹安排考虑，主动争取上级编制经费346万元，其中市局296万元、湘江新区50万元，为城市发展和项目建设赢得主动。其中，滨水新城控规修改按区里发展意图获得市里认同、区人民政府批复；配合市局开展快速路研究，编制铜官历史文化街区修建性详细规划;配合湘江新区开展渝长厦客专研究、有轨电车研究、金桥枢纽片区规划研究。

推进全区规划体系建设。规划研究方面,开展三环线互通研究、长岳城际铁路望城段规划研究、金桥枢纽周边用地研究、望城区有轨电车线网研究等,深入探索城市发展重大问题;战略规划和总体规划方面,组织编制望城区2050远景发展战略规划、湘江古镇群总体规划、铜官园区总体规划、铜官小城市总体规划暨重点地段城市设计等宏观层面规划,以先进理念和大时间跨度谋划城市发展;控规方面,重点推进都市区13片控规、铜官镇控规的编制工作;城市设计方面,开展滨水新城总体城市设计,高星片、星城片、经开区南片、航电枢纽至丁字地区等控规层次城市设计,助力品质望城建设;专项规划方面,组织编制望城区海绵城市专项规划、河东片区排水专项规划、河西高星组团给排水专项规划、中小学专项规划、自然生态保护规划等专项规划,为城市高效运行提供支撑;修规方面,完成环城林带修规、望城区安置小区修规整合;村庄规划方面,积极开展美丽乡村规划,其中茶亭镇东城社区、白箬铺镇淑一村、白箬铺镇黄泥铺村、桥驿镇禾丰村等4个美丽乡村规划在长沙市美丽乡村规划设计竞赛中取得优异成绩,推动美丽乡村建设。

严格控制规划决策和项目品质。完善区土规委会审查机制,牵头制定区土规委会城乡规划章程,提高城乡规划管理水平,增强决策的科学性,全年共召开区土规委会12次,审议议题52个,审查通过52个。按照建设品质望城的战略目标,在规划条件中将临街商业建筑总长度、广场、代征道路绿线、海绵城市、建筑高度等内容进行具体化,对道路设计、绿化、立面、色彩、公共配套设施等提出更高要求,有效提升项目建设品质和城市建设水平。对技术认定、撤销行政许可、召开听证会等行政行为和操作程序进行补充完善,制定出台多项制度进行规范,促进依法行政;积极办理行政诉讼和行政复议,继续组织全局在编干部开展普法学习,规范行政执法案卷入库归档标准。牵头制定《长沙市望城区城乡居民建房管理规定(试行)》(望政办发〔2016〕39号),规范居民建房管理,提升建房品质,开展城乡居民建房培训2次、送证下乡活动5次,将规划服务送到最基层。建立建设工程日常监察巡查机制,分乡镇、街道进行建设工程日常监察巡查130余次,配合乡镇、街道做好控违、拆违工作3次;主动加强对个人建房的固定路线巡查,及时发现违章建筑,完成违法违规建设的规划技术认定90次。

创新规划服务促推项目建设。优化审批流程,改革实施分片审批管理模式,将全区分成两个片区,成立相对应的审批科室,各片区内每一个项目从规划选址、用地许可、方案审查至工程许可实现由一个科室承办,减少现场踏勘和进窗次数,为项目加快建设创造最优条件。局领导践行一线工作法,率相关业务科室主动深入湾田国际、金湘苑、铜官古街等30余个重点工程项目现场进行规划工作对接,对困难和问题限时办结。为重大项目规划做好放线定位、方案审查、工程许可、竣工验收等服务工作,顺利完成潇湘北路、腾飞路、谷山路、环城绿带、湘江关西涂料、嘉宇西苑、湾田国际、新华联铜官窑等重大项目的规划服务。开通绿色通道,灵活采用先技术审查后行政审批的预审模式,全年有岳麓污水处理厂扩建工程、铜官创客中心等10余个重大项目启动预审制,获得项目单位一致好评。对全区所有重点项目进行责任分解,建立领导包案制度,实行"一个项目、一名领导、一套人马、一帮到底"的服务机制,联系局领导和责任人员实时掌握项目建设动态,建立台账,采取"5+2""白+黑"的工作方式,主动与项目对接,全程指导规划审批手续的办理。全年核发选址意见书28份,规划许可用地面积402.08公顷,建筑面积510.97万平方米,竣工面积261.76万平方米,个人建房审批172户。

广泛宣传扩大规划影响。2016年以"城乡居民建房"为主题开展系列规划宣传活动。召开望城区城乡居民依法建房专题会议并邀请湖南师范大学教授进行专题讲座,引导城乡居民依法依规建房,提升建房法治意识;开展为期一个月的"送规划进社区"活动,在全区设立195个宣传点,深入望城每一个村(社区),将规划知识、政策、设计、服务送到城乡居民家门口;开展"望城区最美民居"评选活动,76户民居参与评选,通过微信投票最终评选20户"望城区最美民居",微信访问总次数522.32万次,累计投票63.11万次;将市里获奖的4个美丽乡村规划在各村进行展示,多方位展现望城美丽乡村规划成果。《湖南日报》、湖南卫视、《长沙晚报》、凤凰网、红网等多家主流媒体对规划宣传活动进行跟踪报道。

【《湖南日报》专题报道城乡居民建房工作经验】 11月22日,《湖南日报》刊登名为《十年一剑,规范建房出真章 惊艳面世,特色民居放异彩——长沙市望城区推进城乡居民依法依规建房纪实》的文章,对区规划分局在城乡居民建房工作中所做的一系列工作进行专题报道。稿件从科学规划、古镇特色、服务上门等角度,对区规划分局在城乡居民建房工作中的一系列创新城乡建设进行评述,使望城引导居民规范建房,打造城乡居民依法依规建房新典范的工作成果得到推广。

【组织"最美民居"评选】 9月13日,区规划分局在全区启动"最美民居"评选活动。活动前期由各街道、乡镇群众海选出70户规划手续齐全、房屋设计布局合理、环境卫生整洁干净、植树栽花绿化好的民居,采取微信投票的方式,请社会大众评选出20户区级"最美民居"。活动引起社会各界的广泛关注,截止到评选结束,累计投票数高达631106票,总访问量高达5271053人次,新湖南、掌上长沙、红网、湖南交通频道等各大主流媒体进行报道。为引导望城区城乡居民依法依规建房起到良好示范效用。

【开展“送规划进社区”活动】 11月，区规划分局按滨江片、经开区片、大众垅片、河东片成立4个活动小组，历时1个月，深入全区195个村(社区)开展“送规划进社区”活动。活动中，规划人员进行政策讲解、法规答疑、手续引导和规划展示，免费发放城乡居民建房管理规定、美丽乡村规划、社区改造更新规划、“望城区最美民居”评选等资料，为居民提供22套建房设计图以参考，并现场接受居民建房申请，引导望城百姓依法依规建房，打通规划服务“最后一公里”。此活动获得湖南经视、湖南卫视、《湖南日报》、《长沙晚报》、政法频道、长沙新闻频道等主流媒体报道。

【打造“望城区规划素质教育基地”】 3月，区规划展示馆被区教育局授予“望城区规划素质教育基地”。区城市规划展示馆作为集中展示望城区历史文化、区情概况和城市规划的综合性场馆，长期为全区中小学生提供参观教育的平台。每周四展馆与区素质教育基地联合组织学生参观规划展览馆，使学生认知了解城市规划，启蒙规划意识，增进对望城的了解和热爱，引导学生参与规划、宣传规划，共建美好家园。创新暑假中小学生接待工作，免费提供文具用品、饮用水、雨具；发放展示馆参观指南；播放城市规划纪录片。开馆以来接待中小学生约1.3万人。

(周　杰)

望城区城乡规划分局

党组书记、局长	舒志清
党组成员、纪检组组长	黄海军(5月任)
副局长	欧　洋
	陈　浪(3月免)
党组成员、副局长	李　军(3月任)
党组成员、总规划师	李　华

住房保障

【概况】 2016年，区住房保障局(区房屋产权管理局)内设监察室(不占内设机构限额)、办公室、住房保障科、产业发展科、计财科、政策法规科等5个科室，下设8个直属二级机构(7月，棚改办并入局二级机构)，有在职在编干部职工84人，政府雇员4人。

推进保障性安居工程。全年争取上级资金1.55亿元，发放廉租补贴资金346万元；完成安居工程项目26个，其中公共租赁住房13个595套，城市棚户区改造13个3870户，全面完成保障性住房建设任务。累计完成配租4157套，配租率75.17%，超过市对区70%入住率的考核目标。7月，棚改办职能并入区住保局，主要负责全区棚户区改造和城市提质改造工作。区住保局以棚投公司为建设主体，充分发挥投融资平台作用，顺利完成铜官棚改项目开行贷款前期审批手续，融资2.671亿元，积极推进湘江古镇群建设。

稳步发展房地产业。全年全区存量商品房190万平方米，去化库存94万平方米，与2015年年底相比缩短5.1个月。全年房地产开发投资103亿元，同比增长19%；商品房新开工312万平方米，同比增长15%；批准预售276万平方米，同比增长10%；商品房销售375万平方米，同比增长57%；销售金额188亿元，同比增长61%，销售业绩创历史最高。4月向提请区政府通过并出台《若干意见》的房地产发展政策，受理个人购房补贴3.7万件，金额3.18亿元。另外，二手房交易成交率稳步攀升，办理房屋转移备案2200件，30万平方米，同比增长117%，创税收3058万元。

推进房屋征收工作。全年启动征收项目13个，完成自来水厂拓改、望城海绵厂等5个项目，其中望城水厂提质改造项目征收涉及20户私房，2天之内实现签约清零；城际铁路、铜官棚改等4个项目进入签约阶段；启动并铺排誓港大道项目的泽禹建材公司等4个项目。长沙红网首页以“20天内实现拆房腾地 长沙市望城区住保局5年零信访”为题对房屋征收工作经验重点推介，省住建厅将该经验向住建部汇报。

提升房产政务效能。配合开展不动产统一登记整合工作，实现信息系统的共建共享和业务数据的实时互通；2月，二手房交易中心实行网上签约和资金监管，引入银行和担保公司建立资金监管账户，保障二手房交易买卖双方权益，确保交易资金安全；加强对商品房交易网上签约，预售备案和二手房交易、抵押备案的管理力度，优化业务办理，提高办事效率。全年办理交易类业务33583笔，抵押类业务30697笔；归集物业维修资金2.15亿元，支取维

勘察“棚改”项目

修资金142.67万元;白蚁预防面积506万平方米,灭治面积22410平方米;完成房地产预、实测业务865宗594.78万平方米;办理延时服务3721次,快捷服务9328次,大学生创业优先服务92次,预约办理2565宗,发送签约提示短信2万余条。

【房屋征收工作连续5年零信访】 12月14日,长沙红网首页以"20天内实现拆房腾地 长沙市望城区住保局5年零信访"为题,对望城房屋征收工作经验重点推介。5年来,区住保局坚持依法依规充分保障被征收人合法权益;推行征收项目责任制,确保责任上肩,措施到位;采取"上台讲""出去学""业务考试"等多种形式提高干部职工业务素质,达到交流学习到位,执行政策到位;做好补偿政策、制度、方案的公开透明,确保公平公正。征收工作中经验获省住建厅充分肯定,因而被红网重点推介。

【成立物业矛盾纠纷调处中心】 12月,望城区成立物业矛盾纠纷调处中心并正式挂牌办公。2016年,区住保局探索打开物业管理新局面,建立物业管理工作联席会议制度,促进部门监管和属地管理的有效落实;代拟《长沙市望城区关于进一步加强物业管理工作的实施办法》、关于建立物业矛盾纠纷调处三调联动、四位一体工作机制的实施办法;并将高塘岭街道斑马湖社区和月亮岛街道杨丰社区部署为开展小区物业管理试点工作区域。调处中心的成立为建立物业矛盾纠纷调处机制,畅通物业矛盾纠纷调处渠道打造出一个有效平台。

(潘 为)

望城区住房保障局

党组书记、局长	邓树林(10月任)
党组书记	李良红(3月免)
党组副书记、局长	阳立强(10月免)
副局长	李 溪 黄志勇
	肖新苗(3月任)
	胡刚强(5月免)
	胡 敏(5月免)
	谢君跃(5月免)

住房公积金管理

【概况】 2016年,长沙住房公积金管理中心望城区管理部内设综合科和业务科,有干部职工10人。2016年,分别被区委、区政府和市住房公积金管理中心评为"区政务服务先进窗口单位""优质服务单位"等。全区有588家单位37297人建立住房公积金制度。全年归集住房公积金金额4.05亿元,新增缴存单位43个,新增开户职工4118人。提取住房公积金23069笔,1.90亿元,占归集总额的46.91%。其中,住房消费类提取9881.19万元(购房和还贷提取),占提取总量的52.02%。发放住房公积金贷款1827户5.45亿元;贷款逾期率控制在0.0003%以内。

稳步推进归集。争取中心和区委、区政府、区财政局、区人社局对公积金管理工作的重视和支持,进一步推动住房公积金扩面工作,着力推进望城区事业单位临聘人员建制进程。建立联动机制,借助区财政局和区人社局的信息平台,全面摸清全区单位临聘人员的人数情况,并按单位性质加以划分,建立完善机关事业单位编制外合同人员台账。走访各个社区,通过社区之间的横向联系掌握各社区的财务状况和人员情况,对未建制和未全员建制的社区进行全面摸底,进一步明确重点,挖掘潜力。改进归集方式,年初制定归集方案,将目标任务分解到岗到人,强化工作责任意识,创造良好氛围。积极与望城区委、区政府、区财政局沟通衔接,要求将全区干部职工增补工资及福利奖金全部纳入缴存基数,2016年年初全区行政事业单位均按照新的工资基数缴纳住房公积金,有效突破望城区归集瓶颈。在汇缴工作方面每月建立台账,每月施行催建催缴,任务层层分解落实到位,做到人人有任务、个个有责任,全年累计催建30余次,电话催欠550余次,有效规范的推动归集汇缴工作,全年归集工作效果显著。

优化服务惠民。与合作银行的沟通加强公积金政策的宣传力度,借合作银行网点的智能化宣传屏,滚动宣传公积金相关政策。注重服务评比。参与区政务中心"优质服务月"活动,在内部环境卫生整治、窗口服务等综合评比月度考核中取得优异成绩,全年参与望城区政务服务中心的"雷锋式服务窗口""优秀共产党员示范岗"和"服务明星"评比活动,有效提高管理部前台人员服务意识和业务水平,管理部3次被区政务中心评为"雷锋式服务窗口"称号,窗口人员被评为先进13人次,得到广大缴存职工的认可。贴切实际"人性化"管理,除购建、大修住房等政策支取外,对属于低保家庭、特困职工以及因本人或直系亲属患重大疾病造成生活困难的职工,开展上门服务,一站式服务,实施阳光操作,有效提高住房公积金的社会知晓度并维护职工的合法权益。建立服务绿色通道。优化信贷政策,抵押手续、加强业务章以及资金拨付等方面管理,全面推行"综合窗口制"个性化服务管理,每月搜集贷款操作过程中的难点、疑点、及时汇总形成书面材料上报中心,争取支持解决,尽可能满足广大职工的贷款需求,解决其住房困难需求。

严格控制风险。坚持严格把关和"人性化"管理相结合,严格审批,堵塞漏洞防止违规骗贷现象发生,重点针对公积金政策认识不清,伪造凭证,真假混杂的大修房、建房和重大疾病、异地购房提取等情况,由专人实地考察和重点审核把关。稳健个贷,确保资金有序运行。严格前台操作,坚决杜绝违规贷款;密切关注宏观经济形势和区房地产市场走势,加强信贷形势分析,牢牢把握中心制定的信贷政策尺度,严格执行贷款政策和三级审批操作流程,始终树立信贷风险意识,确保贷款资料真实、抵押如实和服务优质,做好风险防控,杜绝违规审批现象发生。

强化执行力。定期召开工作例会、业务专题讨论会，及时解决工作中出现难点、疑点问题，着力推动各项管理工作有序开展，重点对于中心每季稽核检查和专题风险排查所反映出现的“重复账号”“错误身份证号码”和“有误电话号码”等未完善的操作现象，均做到及时整改消化。提升工作业绩。强化“谁主管、谁负责”的工作责任意识，进一步加大归集催建、贷款发放及风险控制管理等方面的工作力度；在逾期控制方面每月始终保持在万分之三以内的低风险安全可控状态；在挂账资金管理方面，针对财政单位月底到账难以清挂的特殊情况，利用休息时间加班加点，力争降到最低值。

（任　喜）

长沙住房公积金管理中心望城区管理部

主　　任　左爱莲
副 主 任　喻灿坚

城市管理

【概况】 2016年，区城市管理局（与区城市管理执法大队机关合署办公）有综合科、法规宣教科（加挂行政审批科牌子）、财务审计科、绩效考核科、总工室、政工人事科、亮化管理办公室、自行车管理办公室、纪检监察室（不占内设机构数）等8个职能科室；区城管执法大队直属中队4个；下属机构：渣土办、广告办、14个驻街（镇）城管执法中队；有在编干部职工124人。

积极作为提升执法水平。城市管理执法：依托数字化管理平台，坚持网格化划分、动态化覆盖、精细化管理、目标化考核，实施全覆盖、无缝隙、制度化、精细化城市管理，全面提升城管执法水平，形成“资源共享、统筹调度、各司其职、高效运作、快速反应”的良好工作格局；全年开展市容秩序整治行动230余次，整治流动摊贩、店外经营1325处，拆除违章户外灯箱广告325处，处置非法收运餐厨垃圾行为11起，依法捣毁利用餐厨垃圾喂养生猪场所8处620平方米，销毁潲水油锅炉22个，查扣潲水油60桶约2400千克，印发宣传资料1100余份。拆控违执法：以拆违促拆迁，严格管控项目内违法建筑，做到“第一时间发现、第一时间查处、第一时间拆除”，全年市交办望城的拆违目标任务为15万平方米，全区已依法拆除违章建筑895处计22.1万平方米，超额完成全年任务。渣土执法：切实推进“百日会战”渣土扬尘专项整治行动，统一渣土公司、渣土运输、渣土载量、运输时间、运输路线、运输要求的“六个标准”，开展建设工地、混凝土搅拌场、砂石场、渣土消纳场、建筑垃圾消纳场、渣土公司“六个规范化”管理，通过日通报、周调度、月总结，形成渣土扬尘污染治理的长效管理机制；行动开展以来，全面检查全区在建工地260处，发现问题150个并督促限期整改，指导规范建设洗车平台4处，暂扣违规车辆150台，立案严处重罚182起；规建房执法：坚持“深入项目、实时监管、持续跟进、严格执法”的工作思路，全面开展专项执法行动，检查全区在建工程项目118个，完善执法监督跟踪管理档案135个，下达责令整改通知书65份，督促在建工程项目整改到位65个，查处涉嫌违法建设工程案件35起，严厉打击违法违规建设行为，有效规范和促进全区项目建设。

从严治理规范公共管理。户外广告管理：从严开展户外广告现场勘查预审和申报资料归档登记，全年审批各类户外广告176处，备案门店招牌213处；配合开展户外广告综合整治，指导参与街镇违章户外广告拆除工作，按照“百日会战”工作要求，规范全区38个房地产项目户外广告设置；积极开展公益广告宣传，包括欧阳询文化节、“百日会战”综合整治行动、“两学一做”“环城造绿”、文明创建、湘江论坛、两节两会等宣传广告200多块；加强公交候车亭维护管理和公益广告设置工作，组织对金星大道、雷锋大道等4条道路公交站亭广告位进行公开拍卖，拍卖总价是上次的2倍以上，取得良好收益。渣土扬尘治理：落实24小时巡查制度，加大对渣土公司考核监督力度，及时处置道路污染，确保城区干净、整洁，处理突发事件190余起，出动洒水车辆261台（次）；开展建设工地及“三车”（渣土车、砂石车、混凝土车）整治百日行动，对建设工地及“三车”的洁净度、道路污染事件、运输秩序、施工场地进行专项整治，从源头上杜绝污染行为的发生；高标准、高规格打造河东建筑垃圾消纳场，经过多轮现场踏勘和研究论证，将两个推荐方案报区政府审定，最终确定湘江大道旁废弃采石场作为消纳场地；继续开展社会路口硬化工作，通过全面清查新增补漏待硬化社会路口28处1.8万余平方米，完成立项报批，交由当地街镇具体组织实施。给排水管理：启动实施望城区防涝排渍规划的编制工作，编制完成规划初稿；委托勘察设计单位对望城主城区（含高星片区、丁字片区）的地下排水管网进行全面普查，清查排水管网443千米（其中雨水管道179千米、污水管道102千米、雨污合流162千米）；通过定期检查与不定期抽查，进一步加强对城区和乡镇污水处理厂的运营监管，并严格落实报表报送制度；对已建成管网定期维护清理，确保管道排水畅通和污水处理厂正常运营。上半年疏浚管道6000多米，清理泄水桥216个，提质建设井室80余个，加固纳污主干管井室7个（根据《区长办公会议纪要（〔2016〕20号）》文件精神，从2016年7月1日起给排水办已调整为区住建局管理的二级事业机构，其职能职责调整整合到区住建局）；暴雨季节启动应急机制，及时疏通排水管道，清理路面淤积杂物，全力确保行人行车安全和交通出行畅通。亮化管理：通过公开招投标，委托两家专业维护公司对城区公共地带亮化设施实行常态化专业维护管理；年初提请区人民政府印发《望城区2016年迎新春美化亮化净化工作实施方案》,并牵头组织实施全区迎新春亮化美化净化工作;组织对城区雷锋大道、金星大道、普瑞大道沿线公园节点、桥梁、重建地等处进行亮化提质改造,为2016年的湘江论坛峰会营造绚丽的亮化美化效果,提升城市形象品位,得到社会各界和国内外友人的好评。公共自行车管理:对城区投入运营的所有站点进行全面维护和技术升级,确保各个站点的稳定运营和市民安全便捷出行。截至年底办理借车卡近2000张,累计骑行量14万余人次;启动实施湘江古镇群公共自行车系统建设,完成靖港古镇和乔口渔都10个站点建设,400台套公共自行车全部安装调试完毕投入使用。

推进重点工程建设。根据望政发〔2016〕16号文件安排,2016年区城市管理局负责望城区公共自行车租赁系统、污水处理系统等2个续建政府性投资项目。公共自行车租赁系统新建站点20个,安装停车柱520个,投放公共自行车400辆,安装智能管理箱20个,安装防雷及安防监控系统20个;污水处理系统中白芙塘片区排水改造项目完成全线雨污水管道铺设,杜绝该片区污水直排白芙塘,为周边廉租房和楼盘入住污水排放提供保障;医学院、商学院片区排水改造项目通过招投标选定施工及监理单位,召开技术交底会,做好随时进场施工的准备,协调当地街道、规划、国土部门完成医学院片区征地补偿费用测算,待区财政部门拨付相关土地费用、当地街道完成征拆补偿腾地工作即可开工建设。

(王新怀)

望城区城市管理局

党组书记、局长　王　准
党组副书记、副局长　张治旻
局党组成员、纪检组组长　唐永岗
局党组成员、副局长
城管执法大队大队长　李　栋
局党组成员
城管执法大队教导员　谭　勇
局党组成员、副局长　张　亮
副局长　鲁　进(4月任)
城管执法大队副大队长　阳　勇
　李特为
　秦学峰

·市政维护·

【概况】 2016年,区市政局内设财务科、办公室、设施维护科、督查勘核科、工程建设科、政工人事科、监察科7个职能科室,有在编在职人员26人,临聘人员15人。区市政局负责全区市政道路及设施,包括城市道路、人行道、交通设施、排水管网等基础设施的维护管养工作。

打造市政亮点工程。2016年,区市政局根据上级交办中心工作以及考核检查的需要,完成谷山体育公园、公安局广场、三环线入城口、雷锋路社区历史街区等提质改造工程;湖南教育报刊社、天闻新华印务有限公司开口工程;潇湘北大道路灯风光互补工程、厚朴商业广场"郭亮中路"公交站台迁移工程以及金洲大道望城段提质改造工程方案设计联审等工作。

推进日常设施维护。区市政局根据2016年度市政提质改造工程项目铺排方案,顺利完成郭亮北路、旺旺路、高裕北路提质改造等17个项目;全年铺设油砂路面26830平方米、水泥路面7871平方米,更换井座井盖、泄水桥2607余套、麻石板20496平方米、盲道板5305平方米、路沿石10014米、树围石3991米。

承担管网维护职责。7月职能接管后,区市政局对城区下水管网进行摸底排查,及时清理疏通堵点、全面加固黄田村污水主干管、改造中野科技旁管道、修复旺旺路等多处塌方,会同区规划局、区住建局、中粮北纬28°等单位负责人对雷锋大道胜利路口D800排水管整改方案进行技术研究,力争整改到位。

完善市政管理机制。建立应急处置机制,及时制定防洪防涝和冰雪暴雨自然灾害以及各类突发事件的应急处置预案,在2016年防汛抢险期间迅速处置各种险况。完善巡查联动机制,联合电力、电信、光缆、燃气、交警等部门,进行定期巡查,并积极与职能单位沟通协调,实现联防联动。健全行政审批制度,建立"现场勘核、科室审查、领导核定"的三级定审制度,所有审批事项由2个以上勘核人员相互监督办理,局监察室全程监督,全年受理临时占道装修、道路路口挖掘修复手续98例。

郭亮北路路面提质改造工程

高效处理各类市政案件。积极应对区长信箱、人大政协交办、城市管理数字化信息平台、“12345”热线和城市文明指数测评等反馈机制，全年受理各类数字化案件1529个。对案件中反映的问题，第一时间组织施工力量维护、整改，并以文字、图片等形式进行回复，无延迟和二次交办案件。

【三环线入城口提质改造工程】 5月5日，区市政局启动三环线入城口提质改造工程，工期20天。主要任务是打造星城互通的节点，拓宽入城口，将三环线入城口约6100平方米的水泥路面改为沥青路面。同时改造入城口人行道，将其建成一条集“美观”与“环保”于一身的绿色通道。三环线入城口人行绿道采用透水混凝土制作，特殊材料能保证路面的透水性又能满足承载需求，美观且实用，是望城区首次采用这一新型技术铺设道路，建成后的三环线入城口人行绿道也是全区的第一条绿道，面积949平方米。

【郭亮北路路面提质改造工程】 5月18日，区市政局启动郭亮北路路面提质改造工程。主要任务包括：修复破损的路面、人行道、跑水石、树围石，增设盲道等。工程于6月底全线完工，更换跑水板220米，路沿石170米，两厢盲道板158平方米，人行道板130平方米，树围石25套；安装管道42米，疏通旧管道126米；安装人行道透水砖62平方米；拆除旧水泥路面合计1300平方米，新做油砂路面1300平方米；更换泄水桥11座，疏通泄水桥7座；更换井座井盖7座，疏通雨水井7座；社会路口清理渣土，铺砂石105平方米，补油砂路面40平方米。

【高裕北路人行道整体改造】 6月25日，区市政局正式启动高裕北路人行道整体改造工程，施工地点为吉安驾校旁400米长的路段。工程主要内容包括两大方面，一是拆除西向人行道，铺设压模人行道2000平方米；二是增设人行道盲道。高裕北路人行道整体改造工程是建设“宜居宜业、精致精美”的品质城区，进一步加强城乡接合部社会路口整治的重要内容，工程于8月上旬全面竣工。

（文美华）

绿化普查

望城区市政局

局　　长　肖宇杰
副 局 长　刘航舟　夏炼佳

·园林绿化·

【概况】 2016年，区园林局内设办公室、监督管理科、技术管理科、工程建设科、（监察室不占机构限额）4个科室。有干部职工62人，其中在职在编干部职工35人，在职超编2人，政府雇员1人，临聘人员12人，退休职工12人。固定资产约306.89万元，公务用车1辆（用于绿化督查），洒水车2辆，绿化工程车1辆，督查车3辆。

高质量完成绿化管理。2016年，区园林局完成《望城区园林绿化建设工程管理办法》（试行稿）的制定；安排精干的专业技术人员对建成区开展全面绿化普查工作，预计2017年3月完成普查工作。开展园林绿化日常管理养护工作，采取日常精细化管理，及时除杂，清理死树、枯枝，修剪整形，维护景观效果；完成对已移交公共绿地的维护管养、市对区集中暗访及文明创建及市园林局组织的维护管养管理督查考核等考核任务；完成对雷锋北大道、雷锋东路、三环线星城出口及银杉路西南角等地的零星补植任务；制定防寒、防涝和抗旱应急预案，确保应急处理率100%；及时完成项目资料归档工作。

助力全区项目建设。启动12个全区“绿色城市”建设项目，新增绿化面积约110.66万平方米，完成市对区的年度考核指标（新增绿地80万平方米）。其中：新增公园绿地建设66.4万平方米；林荫道路5条，新增绿地面积19.26万平方米；出入城口（含道路提质）5处（条），提质绿地面积29.9万平方米，新增绿地面积5.3万平方米；立体绿化建设3.75万平方米；林荫景观广场1个；林荫停车场2个，增加停车位80个；增花添彩新增绿地面积25.4万平方米；鲜花进城项目共完成种植摆放鲜花3.5万平方米。

优化政务服务。全年受理审批事项（含退窗）48例，并按要求编制行政许可、行政确认、行政备案等流程，并对外公布进窗上线；行政审批电子监察系统和“制度+科技+文化”、廉政风险防控系统无黄牌和红牌等情况；没有发生损害经济发展环境案件和群众、企业投诉情况。完成城管考核、文明创建、百日会战等交办案卷、各类交办函、电话投诉、局督查、督查暗访、“12345”平台投诉合计1480宗案卷，办结率达100%。

【开展“绿化普查”】 8月，区园林局全年开展园林绿化普查工作。近年全区园林绿化事业取得迅速发展，城市绿化面积不断增长，绿化水平显著提高。随着建成区面积的扩大，各类绿地性质不断发生变化，城区绿化覆盖率、绿地率、人均公园绿地面积等数据有了较大变化。根据区长办公会议纪要〔2015〕34号的要求，为了全面摸清我区城市园林绿化的底数，为城市园林绿化的规划、建设、管理提供准确翔实的基础资料，进一步规范全区城市园林绿化统计口径，提供完善的城市园林绿化数字及图片资料，对全区64.54平方千米建成区范围内所有公园绿地、生产绿地、防护绿地、附属绿地（道路绿地、单位附属绿地、居住区绿地）、其他绿地、立体绿化和古树名木等进行全面摸排登记，全面开展园林绿化普查工作，预计2017年3月完成普查工作。

（办公室）

望城区园林局

局　　长　冯文主
副 局 长　陈凡辉(9月任)
　　　　　夏　强(3月任)

·市容环卫·

【概况】 2016年，区环卫局内设办公室、财务科、信息科、征缴科、市容维护科、基建设备科、监察室，有干部职工37人，退休人员33人，临聘人员14人。负责对新、老城区1058万平方米的主次干道、背街小巷、公园、重建地等公共场所的清扫保洁、垃圾清运、洒水降尘和清洗；负责城区交通护栏的清洗；负责全区56座公共垃圾站、39座公厕和所有垃圾桶、果皮箱等环卫设施的维护和管理；负责城区卫生有偿服务费的收取；负责城区生活垃圾的收集、运输等工作。

2016年，全区环卫品质大幅提升，人居环境明显改善，在文明城市建设月测评和全区城市管理工作考核中，1月、2月市对区集中检查中名列前茅，3月、5月、6月文明城市建设月测评同序列7个单位中排名第一，3月、5月、6月、10月全区城市管理工作考核24个单位中排名第一。在区政协民意调查中，人民群众对环卫工作的满意度为100%。

严格监督考核确保清洁到位。加大对道路巡查和社会化承包公司的督查考核力度，推行“三随”“三督”的工作方法（即：随时、随地、随机检查；班子成员带队督查、信息科督查组日常督查、干部职工对所负责路段自行督查）建立“无缝隙管理、全覆盖督查”的督查考核网络体系；全年派出督查组1800余组、7000余人次，受理区平台数字化案卷918起，局下发督查案卷4981起。切实加强对社会化承包公司的管理，全面实行绩效考核，坚持奖优罚劣的原则，对现有承包公司实行日督查、周通报、月调度、季讲评、年总结，进行考核排名，使各公司的工作实绩与其切身利益直接挂钩，做到严管重罚，并坚决实行奖惩兑现；奖励先进单位10万元、优秀项目经理和先进个人9.48万元，扣除社会化承包公司承包经费75.39万元。对督查发现的问题，及时进行拍照、立案、扣分，限时进行整改，强化数字化案卷处理时效性、针对性，区平台数字化案卷和局下发督查案卷的结案率100%，杜绝第二次交办情况的发生。

创新作业方式彰显工作成效。2016年，区环卫局大力推行环卫管理体制和运行机制改革，建立环卫督查QQ群、微信群、对讲系统等案卷处置信息平台，对50辆环卫作业车辆进行编号并全部安装GPS系统，增设及更换240升垃圾桶880只、双果皮桶400只、6立方米摆臂式垃圾桶10只，在雷锋大道安装全不锈钢垃圾桶箱屋14只，进一步提升城市管理水平和城市整体形象。根据生活垃圾产生量逐年增长的实际，适当增加垃圾收集次数，生活垃圾做到日产日清，杜绝垃圾外漏现象；合理调整主次干道清洗、垃圾清运、交通护栏维护等环卫作业时间，严格错开上下班高峰时段作业，确保正常的交通秩序；全年清运垃圾15万吨。积极打造样板道路、样板公厕、样板垃圾中转站、样板公司等，确保环卫管理和作业质量不断提高；开展“倡导文明出行，拒绝车窗抛物”“弯腰捡垃圾，共建文明城”等主题宣传活动，增强广大群众的文明意识和环境保护意识；每季度评选先进单位和优秀项目经理、先进个人，通过树立典型，充分调动环卫队伍的工作积极性和主动性。在上级考察、中心接待、重大活动和节假日、双休日期间进行严格督促检查，确保全区环境卫生的常态化；完成中央、省、市各级领导50余次考察调研和首届书堂山文人书法周、2016雷锋精神论坛、望城区全民公益半程马拉松赛、中国（湖南）轻合金发展高峰论坛、湘江论坛等10余次重大活动的环境卫生保障工作；完成清洗芙蓉北大道、航电大道、雷高公路等10余次应急处突任务，出动作业车辆1286台(次)、作业人员3858人次。

【清洗芙蓉北大道望城段全线】 2月4日至22日，区环卫局对芙蓉北大道望城段全线进行清洗和春节期间日常保洁。芙蓉北大道全长22.15千米，路面宽30米，2015年年底因建设施工，环卫设施不齐全，挖土机、推土机等施工设备进出场次数较多，导致路面渣土污染严重。区环卫局投入大量人力、物力和财力，采用人机结合的方式，调派下属承包公司洒水车261台、机扫车46台等环卫机械设备对路面渣土进行全面冲洗、垃圾转运车72台进行垃圾转运和环卫工人792人进行日常清扫保洁，确保春节期间芙蓉北大道的干净、整洁。

【做好书堂山书法周环卫工作】 5月，望城区举办首届书堂山当代文人书法周活动，为高标准地活动期间的环境卫生保障工作，5月7日、8日，区环卫局调派各环卫社会化承包公司洒水车、机扫车等环卫作业设备51台，作业人员398余人，克服倾盆大雨的不利天气因素，对航电大道路面进行全面冲洗，为活动营造一个干净、整洁、舒适、优美的市容环境。

（办公室）

望城区环卫局

局　　长　肖泽锦
副 局 长　吴　霞（3月任）
　　　　　彭运霞（9月任）
　　　　　彭辉军（9月免）

城市经营

望城银星湾公园效果图

【概况】 2016年，区城市建设投资集团有限公司设行政人力资源部、投资发展部、工程管理部、融资财务部、设计管理部、国土规建部、监察室（审计法务部）、社会事务部8个内设机构；有区基础设施建设有限公司、区置地有限公司、区城市资源发展有限公司、区沿江建设开发有限公司、长沙溪谷投资发展有限责任公司下属全资子公司5家；长沙先导文化旅游投资有限公司参股。集团共设置59个岗位，有员工125人，其中在编人员16人，政府雇员8人，80％具有本科以上学历，50％具有中级以上职称。

推进滨江片区开发。2016年，区城投集团启动滨水新城核心区控规提升工作，充分融合海绵城市、智慧城市、花园城市、河湖连通、综合管廊等先进理念，以水系为“藤”，以公园为“瓜”，以洲岛为“叶”，形成“长藤结瓜”的布局，重点打造健康乐活、创新商务、生态智慧、文旅乐游四大片区，力争通过10年时间的努力，建成“万亩公园、千亿产业、百亿税收”的滨水城市核心区。规划提升成果于11月获市政府批复。全面启动项目建设。潇湘北路全线开建；岳麓污水处理厂尾水排放管道随道路同步建设；腾飞路拓延工程全线拉通路基，水稳摊铺接近尾声；望府东路实现通车；斑马湖小学完成教学楼、宿舍楼等主体结构施工，计划2017年8月建成移交；长郡斑马湖中学进行征地拆迁和前期设计；中部最美滨江公园群建设全面启动，雷锋公园开园纳客，银星湾公园完成土方填筑，黄金河水系和张家湖公园完成立项批复。完善高端配套。打造片区雷锋故乡靓丽客厅、品质长沙精美名片的形象；湖南商学院新校区落户滨江片区，斑马湖小学、白石湖小学、樟木小学2017年可实现开学，长郡斑马湖中学2018年可开学；滨水新城医院、地铁四号线2019年可投入使用；银星湾公园有望2017年向市民开放，张家湖公园、大泽湖湿地公园、黄金河水系等项目纳入2017年度政府投资计划，片区名校、医院、地铁、公园等高端配套设施逐步建成。长燃山河公司以4875万元/公顷摘得月亮岛文旅新城片区地块。华润置地公司以3045万元/公顷在东湖周边摘地2宗，合计17.53公顷，开启斑马湖片区开发建设新篇章，望城正式跨入“湘江时代”。

提升项目建设品质。全年铺排实施项目57个（其中市重大项目15个），全年可完成固定资产投资62亿元，为年度目标的120％；21个项目超额完成考核目标，黄桥大道跨江段、望府东路、东湖东路、长郡月亮岛学校、雷锋公园等19个项目建成投入使用，新增道路通车里程27千米，新增建筑面积11.5万平方米，新增绿化面积5.5万平方米。成立项目品质建设领导小组、招投标领导小组、工程技术中心3个工作组，分别由董事长、总裁、副总裁任组长，形成一把手抓总，其他班子成员抓落实的工作推动机制，分类破解前期的报规报建、设计的品质规范、建设的协调进度等难题；出台城投《电力工程管理办法》《道路顺接与水利水系恢复管理办法》《工程设计变更及签证管理办法》等规章制度，把权力关进制度的笼子；践行“零变更”理念严控工程变更，通过严格现场管理和施工结算评审等措施，节约工程造价；开展项目建设竞赛、冲刺活动，号召各施工、监理、设计单位在工程质量、成本控制、工程进度、安全生产、遵纪守法等五个方面开展竞赛、比拼，每月开展专项督查、点评，项目建设瓶颈制约快速打通。2016年为城投“项目品质提升年”，区城投集团编制《海绵城市专项规划》，出台《市政道路设计指导意见》《道路设计标准化导则》，设计深度、项目品质大幅提升；其中长郡月亮岛学校获省“质量安全标准化示范工地”、市“优质结构工程”，被誉为“全市最美学校”；航电大道绿化景观工程作为“全市工程品质新标杆”，迎来多个单位观摩学习，被《长沙晚报》等省、市媒体专题报道；谷山体育公园获“省优质工程”；普瑞西路获“2016湖南湘江新区百日会战优胜项目”。

融资争资实现突破。2016年，区城投集团成立专门的融资工作小组，重点跟进重大融资项目进展，全年银行融资到账共计43.3亿元，融资授信超过100亿元；成功包装潇湘北路中段和银星湾公园项目PPP合作，合作金额13.31亿元，作为望城落地的第一个PPP项目，有助于减轻政府财政压力和优化城投融资结构，并为今后PPP项目包装的实施提供经验。创新融资方式。组织编制《公司三年融资规划》，利用政策机遇期确保公司资金需求；在利率下降的同时期限不断拉长，节约成本和减轻还本付息的压力；全年包装的融资项目利率降至约5.3%，期限提升至15年以上，且不需要土地作抵押；实现私募债券、实债类型基金等多种融资方式的创新突破。积极利用政策条件，全年累计争取上级资金7.94亿元，其中6.64亿元完成争资手续，启动资金审批，具体为：岳麓尾水6.28亿元(待湘江新区概算批复后拨付)、干线公路补助1.23亿元(其中3600万元正在审批中)、农贸市场补助960万元、东湖公园100万元、谷山体育公园10万元、并配合区直部门为长郡月亮岛学校争资3000万元。

资源运营跨越发展。完成石渚湖、望雷、滨江、杨家湾、货运等五宗加油站土地挂牌出让，实现营收6747万元，实现土地溢价25%。完成连江、航电、罐子岭、桃园、北横、同福六座新增站点申报，实现固定资产增值1.6亿元。组织制定《城投集团留存国有资产管理运营办法》《城投集团国有资产出租管理制度》；顺利盘活农培中心、才子城边角地块2处留存资产，回款37.5万元；结合滨江片区开发建设任务，促成自有项目内调平衡，顺利实施樟木路、月亮岛路、才子城项目土方调运工作，节约工程成本600余万元。将智慧城市建设作为城投未来的引领点开展骨架搭建，完成智慧望城专项规划及总体规划编制工作；采用试点模式，与长沙南润公司合作打造智能家居样板间工程，实现智慧城市服务延伸到终端用户日常起居生活的建设落地；与长郡月亮岛学校、招商银行达成合作共识，成功推动校园一卡通深化服务的试点运营，推出望城区首张多功能联名卡，取得良好的市场反响和社会效应。

【长郡斑马湖中学签约】 4月29日，区人民政府与长沙市长郡中学举行合办长郡斑马湖中学签约仪式。此次望城与长郡合作办学，是继2014年长郡月亮岛学校落户望城月亮岛片区后再次落户斑马湖片区。长郡斑马湖中学位于潇湘北路、株树路、张家湖东路、白沙洲北路围合地块，属于市级1类学校，是一所公办完全中学，学校净占地面积约9公顷；初中规划30个班，高中规划30个班，初一、高一计划2018年秋季招生开学。学校享有办学自主权，合作办学期间，学校行政上直属于望城区教育局；双方互派成员组成校务委员会，负责对学校发展和日常事务进行决策、管理。

【国家体育总局局长刘鹏参观考察谷山体育公园】 9月12日，国家体育总局局长刘鹏参观考察谷山体育公园。谷山体育公园位于长沙市望城区银星路以南，占地约16公顷，是谷山426.67公顷森林公园的一部分，也是最先开发的426.67公顷森林公园的一期工程，是长沙市面积最大、设施最全、配套最专业的以体育为主题的公园，也是湖南省第一个集体育竞技、户外运动、休闲娱乐、生态探险等主题于一体的大型综合性森林体育公园。刘鹏先后参观考察谷山体育公园室外篮球场、综合馆、专业馆等园区内运动场所。在了解由政府主导、企业参与、群众受益的发展运营模式之后，对谷山体育公园的免费开放、低收费开放工作表示肯定，并要求认真落实国家政策，做好全民健身工作，真正做到“利民”“惠民”。

【滨江生态公园群核心项目集中开工】 12月8日，滨江生态公园群项目集中开工。滨江生态公园群项目，涵盖14个城市公园，4个洲岛、黄金河水系、交通道路、学校医院、市政设施等一大批重大项目。率先开工的“一路一园”，即潇湘北路和银星湾公园是打造中部最美滨江生态公园群的核心项目。潇湘北路南起三汊机大桥、北至沩水河，全长20千米，项目总投资30亿元。作为望城城市主干道和快车道的潇湘北路，该项目建成后将进一步优化滨水新城核心区路网体系，强化望城区与长沙主城区的对接，打造望城至长沙主城区20分钟通勤圈。银星湾公园按照河湖连通和海绵城市的建设要求，以水系为“藤”、公园为“瓜”、州岛为“叶”形成一河贯通、三湖串联、公园群布、绿岛呼应的生态空间，依托潇湘北路、黄金河水系两大发展轴，建成后将成为承载城市公共活动、传承城市文脉的核心场所，提升滨江片区城市品质的同时，可为市民新添一个休闲好去处。

(王海江)

望城区城市建设投资集团有限公司

董事长	郭开宇(12月任)
	姚罗光(12月免)
总　裁	谭　磊(12月任)
纪检书记	谭未明(5月任)
副总裁	杜江军
	胡清明(11月任)

环境保护

【概况】 2016年，区环境保护局内设办公室、管理科、污控科、自然科、法制宣教科、固废站6个科室站，下设环境监察大队和环境监测站2个二级机构。有干部职工42人，政府雇员5人。

加强环保监管。全面完成环保违规项目清理，强力推进环保违规建设项目清理整顿工作，严格按照整顿规范一批、完善备案一批、淘汰关闭一批的总体思路和时间节点，采取有力措施，全区905个环保违规项目清理工作全面完成。落实随机抽查和网格化监管执法，随机抽查重点监管企业30余家，一般监管企业百余家，涉危废企事业单位百余家，对抽查出的问题督促企业整改到位。开展环保执法大练兵活动，检查174家企业项目，其中，发现环境问题116起，立案查处环境违法问题13起，下达处罚决定书13份，罚款金额34.82万元；查处重大案件数量3起，包括行政拘留1起、查封扣押1起、限产停产1起。开展危废大检查。制定2016年安全生产及危险废物隐患排查执法行动方案，对全区65家涉重金属、危险化学品、危险废弃物等环境风险行业进行排查，重点对16家存在问题的单位下达监察文书，要求整改、落实到位。严厉查处各类环境违法行为，坚持严格执法、顶格执法制度，对长沙新宇高分子科技有限公司等10余家企业进行行政处罚立案，妥善处置尹华云收集疑似医疗废物案，全年完成罚款百万元，超过2015年罚款总额。妥善处理群众环保信访投诉，接群众信访投诉700余起，所有公众诉求事项都得到有效处理，结案率100%，全年未出现信访投诉处理不力而引发群体性事件。

农环整治在全国推广。农村环境是望城的名片，农环整治“望城模式”、垃圾分类“乔口模式”等经验多次在全国培训会上专题推介。4月14日，环保部环境发展中心调研望城农村环境综合治理经验；4月18日，环保部组织全国地市级环保局局长培训班，农村环保现场教学在光明村举行；5月19日，由环保部举办的2016年全国乡镇领导干部农村环境保护培训班现场教学观摩活动在乔口举行，环保部水司农村处、省环保厅和中日友好环保中心有关领导参加；重庆市环保局、浙江嘉兴市南湖区、贵州三穗县、浙江安吉县等分别来望城就农环整治、农村污水治理和垃圾处置情况进行学习交流。

环保宣传深入人心。开展“六五”普法宣传。6月3日，在雷锋大剧院举办“守护碧水蓝天，共建品质望城”的宣传活动；同时针对农村环境治理中存在的环保意识薄弱、环保常识欠缺等问题，联合雷锋艺术团精心打造一台以农村环境整治为主题的环保宣传节目，在全区所有乡街进行巡回演出。开展绿色创建活动。创建3个“绿色学校”、3个“绿色社区”、3个“绿色酒店”、3个“绿色企业”，通过树立典范，取得“以点带面”的效果，更好地促进名望之城建设。加强舆情引导，及时关注网络环保舆情，妥善解决环保相关问题。充分利用各种新闻宣传媒体，紧密联系报刊、网络、电视等媒介，强化环保法律法规、环保科普知识、环保工作动态的宣传报道，在公交车站、主要道路、市民广场等醒目位置设置多块大型户外广告牌，让环保宣传遍布望城大街小巷。

2016年第一期全国地市级环保局局长培训班在光明村开展实地教学

完善乡街站点建设。推动在全区14个乡镇（街道）开展“六有”环保站建设工作，确保基层环保工作“有机构、有人员、有场所、有设备、有制度、有保障”。为切实做好全区环境保护工作，全面排查各类环境安全隐患，确保及时解决群众环境信访事项，提高辖区内人民群众的环境保护意识提供平台保障。乔口镇、大泽湖街道、乌山街道等10个镇街完成创建。

【全国地市级环保局局长培训班农村环境整治实地教学在望城举行】 4月18日，2016年第一期全国地市级环保局长培训班全体成员60人来到望城区白箬铺镇光明村进行实地教学。培训班主要为进一步提高全国地市级环保部门领导干部的环境管理业务素质和能力，推进以改善环境质量为核心的各项工作有效开展。实地教学以探讨解决美丽乡村建设环境问题为重点，组织学员参观光明村生活污水处理及垃圾分类减量工程。环保学院的老师以望城区为例介绍了农村环境现状及治理难点，农村生活垃圾、生活污水、养殖废水等污染治理方案，对学员们提出的农村环境综合整治工作中存在的问题进行现场解答。参加培训的学院对望城区农村环境整治模式和工作成效给予高度肯定，表示将结合各地实际情况、借鉴望城成功经验，大力推进农村环境综合整治工作，共建美丽乡村。

【全国乡镇农村环保培训班实地教学在望城进行】 5月19日全国乡镇

农村环保培训班实地教学在望城乔口镇大垅围村新堤七组“人工湿地”进行，区环保局陪同介绍。湿地采用“预处理+人工湿地”的处理模式，村里生活污水通过统一的管网收集后，经居民化粪池进入格栅池，当生活污水流过人工湿地时，经沙石、土壤过滤和水生植物吸收污水中的氮、磷等营养物质，不仅能使水质达到污水综合一级B标排放，还可保证湿地表面植物的生长。2010年以来，望城区投入近3亿元，在全区建设3万余座三级化粪池、186个人工湿地、12家乡镇污水处理厂，实现各街镇污水处理全覆盖，农村污水处理率100%，散户污水处理率90%以上，保证全区农村村洁水清的美丽环境。

【开展“送戏下乡”巡回演出】 8月，为进一步提升农村群众环保理念，普及环保知识，更好推动农村环境治理，区环保局在全区乡镇街道及环境整治村开展“送戏下乡”巡回演出。“送戏下乡”以环保主题的花鼓戏为主要表演内容，同时结合小品、快板等群众喜闻乐见的形式，将环保知识、环保理念以及环保效益穿插其中，使人民群众在轻松愉悦的氛围中增长知识，在潜移默化之中树立环保意识。“送戏下乡”巡回演出在白箬铺镇、靖港镇、丁字湾街道等6个乡镇街道进行演出。

(徐 佳)

望城区环境保护局

党组书记、局长 杨 军
党组成员、纪检组组长 杨永红(6月任)
党组成员、副局长 周 斌 彭 亮 徐佳辉 虢再华

财税·金融

责任编辑 ◎ 刘湘东

财 政

【概况】 2016年，区财政局内设办公室、综合规划科、预算科、国库科、行政政法科、教科文科、经济建设科、农业科、社会保障科、企业科、会计科、财政监督检查室、预算绩效管理科、总工室、金融与债务科、人事教育科等16个科室；下设农业综合开发办公室、非税收入管理局、统发工资中心、国库集中支付核算局、乡镇财政管理局、政府采购监督管理办公室、财政预决算（投资）评审中心、中华函校望城函授站、国有资产管理局、财政信息中心等10个二级机构，有干部职工112人。2016年局机关获“全省农业综合开发宣传信息工作先进单位”“全省现代农业生产发展资金绩效评价优秀奖”“全市基金（专款）资金征管综合管理优胜单位”“全市会计从业资格考试组织工作先进单位”“全市建设工程造价管理先进单位”“全区建议提案办理工作先进单位”“全区百姓城管志愿者协会优胜分会”“十佳关工委”各级荣誉30余项，湖南卫视、湖南经视、《长沙晚报》等多家媒体先后对望城区政府债务管理、公车管理、乡镇财政管理、预算绩效管理等工作进行宣传报道。

全力服务大局，助推经济转型发展。放大财政政策引导和杠杆撬动效应，转变方式、调整结构，推动区域经济转型发展。支持先进制造产业群、“一区两园”扩容提质和加速崛起，鼓励有色金属精深加工、食品医药、电子信息等主导产业提质转型和技术创新。支持湘江古镇群“二次创业”和国家全域旅游示范区创建，促进房地产业持续健康发展，壮大金融产业规模，全力培育专业商贸市场群，促进现代服务业发展。支持芙蓉北大道、潇湘北路、湘江大道北延线等重大交通基础设施建设，加强农村公路提质改造，促进城乡统筹发展。支持棚户区改造、海绵城市等项目建设，争取国家级建制镇和重点小城镇建设示范试点，促进城乡一体化加快发展。

加强财税征收管理，财政收入逆势增长。结合全年目标任务，强化部门统筹联动，化解减收因素不利影响，多措并举挖潜增收，实现收入稳步增长。成立协税护税专门工作机构，推进协税护税常态化。在全省率先建立深度融合税收征管体制，推行“一人一机、同窗通办”，征管效率大幅提升。强化收入分析和精准调度，狠抓非税执收管理和国资盘活增效。加强房地产和建安行业税收管控，强化国土收入清收清缴，认真履行代征代缴责任，确保应收尽收。指导园区、街镇落实主体责任，合力协税护税，持续抓好“四上”（规模以上工业企业、资质等级建筑业企业、限额以上批零住餐企业、规模以上服务业企业）企业招商、重点企业帮扶，夯实财源基础。2016年，全区实现财政总收入70.01亿元，同比增长9.5%，其中全口径税收收入57.6亿元，占财政总收入的比重为82.25%。

致力改善民生，保障水平持续提升。以民生为导向，优化支出结构，编织普惠性、基础性、兜底性的民生保障网；全力实施精准扶贫，提升困境儿童、贫困学生、高龄老人等群体保障水平；支持城乡创业就业，拓宽就业渠道，促进以创业带动就业；支持城乡低保一体化试点，加强城乡居民养老及医疗配套，做到老有所养、老有所医；推进农村危房改造、保障性住房、敬老院、基层卫生院等社会保障工程建设，强化扶贫济困和托底保障，让人民群众公平共享发展成果；支持房地产配套学校、区属高中和公办幼儿园等教

全区推进财政预决算公开工作会议

育基础设施建设，对校车、公共自行车和公共交通实行补助。完善雷锋纪念馆、群众文体中心、望城影剧院等功能配套；支持科技创新、科技下乡、科普宣传等活动，让基本公共服务普惠城乡居民；加大城乡环境卫生整治、城市管理、市政公用设施建管力度，支持环城绿带建设、"三年造绿大行动"、水利秋冬修，狠抓"绿色城市"和美丽乡村建设，城乡面貌持续改善；积极培育高效农业、设施农业和休闲农业，支持集体土地"三权分置"、农民集中居住、涉农资金整合三项改革试点，农村经济发展内生动力不断增强。

着力改革创新，财政管理更加规范。主动对接改革新要求，把准关键，重点突破，加快现代财政制度建设步伐。加强财政预算管理，进一步深化全口径预算管理，完善编制方法，强化预算约束。加大专项资金和基金收入统筹力度，保障重点项目铺排。推进预决算公开，促进财政管理规范透明，让群众看得明白、便于监督。规范专项资金管理，按照"先有项目、后有预算，先有办法、后分资金"的要求，出台42个配套管理办法，推行平台申报，实行项目库管理，资金使用更加规范。深入推进绩效管理，实施项目跟踪问效，强化评价结果运用，支出责任和效率意识明显增强。强化债务管理，建立政府债务预警机制，积极争取债务置换，有效降低融资成本。出台融资监管办法，规范融资审批流程，切实防范区域金融风险。狠抓行政效能提速，改革投资评审管理，创新政府采管模式，实行批件办理提速，优化资金拨付流程，提升服务水平和办事效率。

【严控政府债务风险】 6月18日，区债务管理工作被湖南卫视新闻联播报道。在区级财力有限的情况下，区财政局坚持科学融资举债，不断拓宽资金渠道，有效应对金融危机，促进全区经济平稳较快发展。有序推进债务置换，把高息短期的政府存量债务置换为长期低息的政府债券，累计共争取置换债券66.42亿元，每年节约融资成本2.6亿元。严格风险预警防控，依法厘清政府债务和融资平台等企业债务边界，坚持防控并举，加强风险预警，确保政府债务不突破限额。截至2016年年底，全区政府债务余额80.6亿元，风险级次为绿色安全。强化债务预算管理，将政府债务收支纳入预算管理，并建立债务情况随同预算公开的常态机制，接受公众监督。推进PPP建设，创新投融资机制，引导社会资本参与投资建设。2016年"一路一园"(潇湘北路和银星湾公园)项目试点采用PPP模式成功落地，项目总投资13.31亿元，撬动社会资本12.97亿元。

【提速行政效能】 2016年，围绕全区"项目建设竞赛年"决策部署，以"四个提速"创新服务模式，全力助推项目建设。提速批件办理。创建公文信息管理系统，实行全程痕迹化管理，按照"急件当天办结、一般件3个工作日办结、特殊件5个工作日办结"的要求，建立督查督办和定期通报制度，全年办理各类批件1400余个，全部按要求办结。提速资金拨付。牢牢把握资金这一项目推进的核心要素，高效精准施策。加快预算指标下达，精简集中支付审批环节，加大资金直付力度，全年通过支付系统累计支付资金82198笔，支付金额65.29亿元，直接支付比例达99.53%，规范和拒付585笔，累计金额3661万元，在确保资金安全的同时，实现资金拨付的大提速。提速项目评审。出台《长沙市望城区财政投资评审管理办法(试行)》，严格执行资料送审"一次性告知"和限时办结，加大积压项目清理。将结算初审前移到建设单位，重点强化预算评审和结算复审。升级评审管理系统，建立科学的评审考核体系，激发评审人员工作积极性。全年完成评审项目1457个，完成送审金额57.29亿元，审核金额47.63亿元，核减金额9.66亿元，核减率达17%。提速政府采购。推行"早而准"的源头控制，将政府采购预算纳入部门预算同步编制，实现早批复、早实施。实行"一站式"的平台管理，计划申报、项目管理、履约验收备案、结算支付等全部通过信息平台网上办结，减少环节、缩短时限。运用"活而严"的采购方式，将货物、服务、工程项目政府采购限额起点调整到10万元，货物、服务类公开招标额度由50万元调整至100万元，抓大放小、提高效率。规范"限时结"的办理标准，采购计划1个工作日内办结，采购合同备案2个工作日内办结，非招标方式审批3个工作日办结。

(程　琦)

望城区财政局

党组书记、局长	吴南军(10月任)
	周正茂(10月免)
党组成员、派驻纪检组长	肖正祥(5月任)
党组成员、副局长	姚正祥　徐　特
	张亚波
	刘建春(3月任)
	廖建武(3月免)
	梁　茜(3月免)
党组成员、总会计师	何志强(3月任)
经开区财政分局局长	廖建武

税　务

·地方税务·

【概况】 2016年，区地税局设机构15个，其中派出机构3个，负责辖区内4995户企事业单位和5728户个体工商户的地方税费征管工作。有干部职工119人。

推进税收中心工作。2016年，入库税费29.15亿元，完成全年税收任务。剔除营业税后同比增收4.09亿元，增长16.31%。严格遵守"依法治税、应收尽收、坚持不收'过头税'，坚决防止和制止越权减免税"的组织收税原则，杜绝发生转引税款、收过头税等行为，做到以依法征税，以应收尽收规范税收工作。建立区局、征收部门、税收管理员的三级体系，构建税收大分析机制，通过分析查漏补缺，定向施策，确保完成年度税收任务。与区国税局共同开展税收分析，联合向区政府提供税源分析报告2篇，得到区领导的批示。加强财政补贴款企业所得税征管工作，其中土地返还款征收企业所得税22146万元；开展城市基础设施配套费契税专项征管，入库3200万元；建立健全“项目登记–开发–清算-建档”的全流程税源监控机制，对全区房地产项目的土地增值税预缴情况进行全面清算，并对金税三期系统中的房产税、土地使用税税源开展全面清理，全年入库房产税7564万元，入库土地增值税2.65亿元，同比分别增长15.9%和80.27%。以汇算清缴为契机组织纳税评估，对税收开展“体检”，将企业按照风险高低分级，安排自查与下户评估，减少企业涉税风险和税管员职业风险。全年完成纳税评估313户，入库税款1.03亿元。查处重大税收违法案件，全年查处计划检查户7户，举报案件5户，共计查补各项税金500余万元，建立联席会议、信息交换、联合办案的工作制度，实现深度融合；全年对3户企业开展联合稽查，查补税款1602万元，相互提供线索32条，查补税款167万元。

拓宽征管转型工作思路。强化信息管税，实现数据质量的常态化管理。金三系统的房土两税税源登记信息数据准确率90%以上；强化风险管理职能，制定风险管理系统工作方案；区政府牵头成立协税护税工作领导小组和区综合治税平台，将20多个部门单位的涉税信息汇总，为税务部门拓展税收征管信息来源。国地税合作征税共享信息，按月或按季进行欠税信息和非正常户信息交换，全年共同认定非正常户115户，共享涉税信息3123条，联合采集第三方涉税信息1694条，对1487户纳税人联合开展信用评定。分析比对信息，发现风险点，堵塞征管漏洞，提升征管质量。梳理征管流程，加强对纳税人的税法宣传力度和税收行政处罚力度，申报率与准期申报率大幅上升，纳税人自觉申报的意识大幅提高。按照“陈欠减少，新欠不增”的要求，对欠税数额大，欠税时间长的企业采取催报催缴、下户宣传、税收约谈和街道乡镇进行协调等手段进行清欠，欠税数额大幅降低。

强化办税服务工作。提升服务品质，开展“便民办税春风行动”，提升办税服务的软、硬件。对首问责任、预约办理、延时服务受理情况进行台账登记管理，做到办事留痕、有据可查。全程管理限时办结事项，杜绝发生超时现象。落实各种优惠措施，区局领导带队，开展全员大走访活动，组织和带领干部深入企业走访解难，宣传政策、听取意见，提升纳税人纳税服务满意度。规范联合办税，完成办税窗口融合、后台管理融合、基层分局融合的“融合三部曲”，实现“机构名称统一、干部管理统一、服务标准统一、执法尺度统一、信息共享统一、风险防控统一、考核实施统一”的深度融合。全面实行“一窗一人通办国地税业务”，实现“进一个厅、到一个窗、找一个人、办两家事”，为纳税人提供优质高效的办税服务。在区国税局的共同努力下，望城跻身“全国百佳国地税合作百佳县级示范区”。扩大宣传影响。国、地税联合开发“望城税务”公众微信号，实现实时查询和手机取号功能，方便纳税人。双方联合举办9期纳税人学堂，受训5796人次。联合组建税收政策咨询团队，如“小微企业加油站”“营改增直通车”“出口退税方便门”等，对纳税人进行一对一宣传辅导，解决企业税收疑难。多项国地税合作创新项目，被湖南卫视、湖南经视、《湖南日报》、《长沙晚报》等媒体报道。

（办公室）

望城区地方税务局

局　　长　马小平（1月免）
　　　　　阳国锋（1月任）
副 局 长　熊志勇　王斌辉
　　　　　朱　峰　龚红吉
工会主席　张建军

·国家税务·

【概况】 区国家税务局内设政策法规科、征收管理科、收入核算科、纳税服务科（办税服务厅）、税源管理一科、税源管理二科、税源管理三科7个业务科室，人事教育科、财务科、监察室、办公室、党办5个管理科室，1个信息中心，1个稽查局，1个工会，下设高塘岭、雷锋、丁字3个税务分局，有在岗干部职工114人，离退休干部30人。

2016年，区国税局负责全区20个乡镇（街道）7167户企业和9673户个体工商户的国税征管工作，其中一般纳税人1845户，年纳税10万元以上的企业有821户，10万元~50万元的有458户，50万元~100万元的有114户，100万元以上的有249户。全年完成税收收入296128万元，其中新增营改增入库70644万元，完成区级税收收入295330万元。

税收收入实现平稳增长。强化协调推动综合治税，配合区政府成立区级综合治税信息平台，涵盖区财政、住建、电力、房产、国土、规划等10多个部门，加强与涉税部门的信息共享，拓宽信息共享领域，深化综合治税机制，构建协税工作网络。落实税管员责任，根据税源专业化改革和行政审批制度的改革要求，重新规定业务部门的职权，强化基础数据掌握分析的专项考核，完善巡查制度及工作流程。明确评估科和分局的评估职责与分工，合理下发纳税评估任务，完善评估考核指标。分税种、分级次、分行业、分地区动态监控税源、掌握情况，领导班子成员入企业送政策、听意见、解难题、促收入。强化风险管理，各部门密切配合金税三期系统的调查巡查模块，防范虚开专票等涉税风险。建立“基础管理-纳税评估-税务稽查”的风险应对格局，全年推送风险纳税人462户（次），纳税评估32户，税务稽查36户，查补入库税款11272万元。

税收征管质效提升。营改增试点作为全年的重要工作有序推进，区政府成立由区常务副区长任组长，各街镇以及国地税、财政、住建、国土等部门的负责人为成员的协税护税工作领导小组，多次召开多部门参加的营改增工作专题会议，要求各部门全力配合支持营改增工作；区国税局做好试点纳税人涉税信息基础工作，本轮“营改增”接收移交纳税人3490户，最终确认纳入区国税局管理户3300户。国地征管合作全面深化，与区地税局合作，推动“融合前台管理、融合后台管理、融合基层管理”的全方位多角度融合；办税服务窗口从对等设置到实行AB岗管理，在全省率先实现“一窗一人一机双系统”办税模式，后台信息共享、税收分析、宣传辅导、个体定税、评估稽查实现协同运转。税务分局全面合署，实现机构名称、干部管理、服务标准、执法尺度、信息共享、风险防控、考核实施的“七个统一”，打造“望城税务”服务品牌，获“全国百佳国地税合作县级示范区”称号。

纳税服务质量不断优化。开展“需求大征集，服务大走访”活动，与纳税人面对面交流，掌握纳税人的建议和急需解决的问题。全年走访纳税户3430户，收回有效调查问卷2881份，征集意见建议60条，难题69条，解决23条。开启“营改增服务直通车”，针对不同行业的特点，做好政策解读、操作实务、服务措施等各项工作。开展税收宣传进园区活动，在黄金创业园、高星物流园、金桥国际市场集群、奥特莱斯大市场等纳税人集中的场所开展税收宣传“进园区、进市场、进企业”活动，在高星物流园设立常年服务税收宣传窗口。开展国地税联合宣传活动，通过联合开展电视宣传、整合微信公众平台(推出“望城税务”微信公众号)、联合开展大走访、联合举办纳税人学堂等方式对税收宣传资源进行整合，拓展宣传影响力。强化部门联动机制，在申报高峰期，成立应急处理小组和申报预审团队，开辟绿色通道，主动预约服务，错峰安排缓解申报高峰压力。

市国税局调研望城“营改增”

【国地税实现全区范围合署办税】4月28日，长沙市望城区金山桥办税服务厅正式挂牌成立，标志着望城区范围内全部实现联合办税，同时在全省率先探索基层税务分局整体合署办公，实现在人事隶属关系不变的基础上最大限度的融合。自2015年4月望城区局与区地税局联合入驻区政务中心以来，进一步整合办税资源，实现办税业务的深度融合，区局大厅在已实现联合办税的基础上优化窗口设置，对等设置综合服务窗口，整合税务分局的办税场所，全区设置3个联合办税服务厅，纳税人根据属地原则选择办税机构，彻底解决纳税人重复往返税务机关的问题。此次深度融合实现“七个统一”，即统一机构名称、统一人员管理、统一窗口设置、统一功能布局、统一资料传递、统一设备管理和统一运维管理。试行税务分局合署办公，以金山桥为试点，统一对外展示“望城税务”的形象，分局所有工作人员接待纳税人办理涉税事宜一律严格落实首问责任制，不得相互推诿，日常办公高度协同。推出办税“A+B”模式升级版，明确对于国地税通办业务，国税A岗为受理岗，国税业务办理完毕后，内部传递所有应返回纳税人的资料至地税B岗，地税业务办理完毕后，地税B岗为出件岗，确保对发票代开等涉及附征税费的业务全部处理到位，保证税款不流失。

(蔡晓娟)

望城区国家税务局

党组书记　朱清平
局　　长　朱浩光
副 局 长　丁寿斌　杨　高
　　　　　杨　忠　杨习宇
　　　　　鲁洪楠
纪检组组长　平金明

金融业

·中国人民银行望城支行·

【概况】 2016年，中国人民银行望城支行内设人秘股、会计国库股、业务股3个股室，有在职职工32人。2016年，望城支行贯彻稳健货币政策，按照“松紧适度”的总体要求，各项金融业务平稳发展，信贷资产质量和金融效益得到提高。全区金融机构各项存款余额507.3亿元，较年初增加144.53亿元，增长39.8%，同比多增75.85亿元。各项贷款余额284.21亿元，较年初增加42.82亿元，增长17.74%，同比少增12.83亿元，贷存比为56.02%。辖内银行业金融机构实现盈利9.81亿元，较年初增加3.69亿元，增长60.18%。不良贷款余额1.98亿元，较年初减少1.05亿元，不良率0.7%，较年初下降0.53%。

优化信贷结构。2016年，涉农贷款余额101.58亿元，较年初增加1.58亿元，增长1.58%。其中农户贷款44.5亿元，农村企业及各类农村组织贷款46.78亿元。望城经济开发区贷款余额37.43亿元，较年初增加20.74亿元，增长124.32%。铜官循环经济工业基地贷款余额11.83亿元，较年初增加5.87亿元，增长98.49%。企业贷款余额71.33亿元，较年初增加5.66亿元，增长8.62%。房地产行业贷款余额104.43亿元，较年初增加35.79亿元，增长52.13%。

推进金融扶贫。与区金融办、扶贫办联合印发《望城区贫困村金融扶贫服务站建设工作方案》，制订《2016—2018年望城区金融精准扶贫工作规划》。通过多方协调，推动创新发展“金融+电商”精准扶贫望城模式，9月在望城区黑麋峰村建立望城区第一家暨金融扶贫服务站、雷锋式电商服务站和村级事务服务站“三站合一”的扶贫服务站。2016年对6106户建档立卡的贫困农户进行评级授信，年末新增建档立卡贫困户贷款385万元。

加强金融管理与服务。2016年广发银行、民生银行、长沙银行、交通银行、湘江新区农村商业银行6家商业银行的9个金融网点加入人民银行金融服务与管理体系。全年新增ATM自动柜员机25台，总数251台；新增POS机501台，总数5580台。对长沙银行望城支行、广东南粤银行雷锋小微支行、望城农村商业银行等5家金融机构9个网点开展金融综合执法检查；对工商银行望城支行、建设银行望城支行、邮政储蓄银行望城支行、长沙农村商业银行、湘江新区农村商业银行等5家银行13个营业网点开展人民币银行结算账户专项检查；对中国银行望城支行、光大银行望城支行、招商银行望城支行、长沙市农村商业银行等4家银行7个网点开展开展人民币管理专项检查。全年鉴定残损人民币81笔，金额53028元，上缴假币114400元。对辖内32家反洗钱报告机构进行全面考核评级，其中银行机构17家，证券保险机构15家。制定并印发《望城区反洗钱联席会议制度》《望城区银行业金融机构反洗钱工作考核评比办法》，与辖内银行业金融机构签订《资金风险联防责任书》，建立健全辖内反洗钱报告机构的日常监管工作机制。开展“3•15金融消费权益保护宣传”“防范非法集资宣传月”“征信知识宣传月”“金融知识普及宣传”“《反洗钱法》颁布十周年主题宣传月”等系列金融宣传活动。成功处置邮政储蓄银行2起涉及存款变保险投诉，望城农村商业银行1起征信查询投诉。

履行国库管理职能。完成营业税改征试点工作，组织对 11家区级金融机构代理非税收入收缴业务资格进行年检。全年经“非税收入汇缴结算户”划解入库的收入8050笔，金额29.8亿元。组织发行凭证式国债4期，储蓄国债10期，发行金额3500万元。联合区财政局对集中支付代理银行进行考核；联合区财政局对财政局在各银行开设的63个账户进行全面核实，加强财政预算资金管理。

【望城首家“三站合一”扶贫服务站落户黑麋峰村】 9月，望城区第一家暨金融扶贫服务站、雷锋式电商服务站和村级事务服务站“三站合一”的扶贫服务站在望城区黑麋峰村建立，该站以金融扶贫服务站为主体，整合雷锋式电商服务站和村级事务中心职能，创新“众筹”式信贷扶贫模式。人民银行望城支行以“众筹”思维破题，探索一条适合农村产业扶贫的融资新模式。金融扶贫主办行农商行针对“四有两好一项目”(有劳动能力、有致富意愿、有收入保障，遵纪守法好、信用观念好，参与产业扶贫开发或自主选择较好的小型生产经营项目)的贫困农户开展建档立卡，评级授信。种养殖大户到服务站申报项目进行筹资，服务的银行信贷人员负责把控风险，将通过审核的项目向已被评级授信的贫困户进行推介，贫困户以扶贫贷款自愿入股项目，经贫困农户、种养殖大户、主办银行和扶贫办签订四方协议，达到撮合项目、众筹融资目的。在扶贫工作链中，创新引入电商元素，将金融扶贫项目从生产融资段向产品销售端延伸，扶贫产品在农村电商主页上予以重点推介，形成项目–融资–生产–销售一条龙的全流程扶贫服务模式。为打通农村金融支付“最后一公里”，主办行长沙农商行芙蓉北路支行在金融扶贫工作站布放两台自动柜员机，结束黑麋峰村作为国家AAAA级景区方圆50平方千米无金融网点的历史，村民足不出村就能享受存款、取款、转账、查询、自助缴费等便捷的现代化金融服务。

(陈守为)

中国人民银行望城支行

行　　长　苏小鸽(3月“改非”)
　　　　　罗　栋(4月任)
副 行 长　刘志刚　陆文贤
纪检组组长　陈　皓

·中国工商银行股份有限公司望城支行·

【概况】 2016年，中国工商银行股份有限公司望城支行内设办公室、业务经营部、公司业务部、个人金融业务部、个人贷款中心3部1室1中心，下辖景城苑支行和城关支行2个二级支行，在编员工56人。2016年末，支行资产总额达306356万元，各项贷款余额245663万元，各项存款余额298162万元，全年实现营业收入9393万元，缴纳营业税额759万元。2016年，支行党总支获中国工商银行总行“先进基层党组织”称号，支行获省分行授予“2016年度内控合规工作先进集体”“2016年度个人贷款营销先进支行”“2016年度个人信贷业务先进集体”“2016年度机构业务先进集体”“2016年度票据业务先进集体”等称号。

推动存款增长。打牢客户基石，加强储蓄存款组织工作，专项学习上级行推出的“节节高”等多种优惠产品，提高客户经理营销能力。发挥人熟、地熟、情况熟的优势，主动走出去，挖掘储源。发挥网点阵地营销优势，宣传和销售理财产品，维护好优质客户，以优质的理财产品为媒，使客户的资金得到良性循环。

做强信贷规模。以资产业务为

龙头,稳步拓展具有市场和规模优势的大型项目,为区内企业累计发放贷款约1.5亿元;完成两个政府购买服务项目审批,金额13亿元。根据企业短期融资票据化趋势,发展票据、贸易融资业务,有效支持县域企业流动资金需求,完成票据贴现5.7亿元,任务完成率达382%,完成率居各营业部第一。

服务地方经济。结合区财政收、付考核一体化改革,规范非税收入代收代缴业务,提升改造系统流程,配合区人民银行、区财政局进行集中支付电子化改革,率先实现"银财通"上线,优化快捷支付代理流程,提高集中支付业务的工作效率,保证财政资金高效安全运转。支行在望城区国库集中支付代理银行考评会上获一等奖及系统创新奖。

(戴葵阳)

中国工商银行股份有限公司望城支行

支行行长　李安
副 行 长　周新平　田军辉
　　　　　刘　军　谢慧敏

·中国农业发展银行长沙市望城支行·

【概况】 2016年,中国农业发展银行望城支行内设办公室、客户业务部、财务会计部,有员工22人,党员12人。全年贷款余额28.9亿元,比年初增加23.12亿元,增幅400%;存款余额23.9亿元,比年初增加21.98亿元,增幅1144.79%;实现日均存款余额11.22亿元,同比增加9.15亿元,增幅442.03%。实现中间业务114.49亿元,同比增加20.11万元。累计发放贷款28亿元,累计收回贷款4.88亿元。

推进业务发展。与上级部门汇报和沟通,率先拿到区人大对望城沿江公司35亿元水利项目的正式批复,落实总行批复的所有贷前条件,在规模受控的情况下争取6亿元的信贷规模;在作业监督环节启用新标准,完成金水公司贷前条件的变更,落实经开区整体城镇化项目贷前条件;望城经开区9亿元抵押补充贷款水利建设项目实现2亿元投放,望城沿江公司抵押补充贷款水利建设项目实现6亿元投放,用足信贷规模。

推进贷后管理年活动。整改落实"回头看"检查中发现的问题;强化基金支付等资金支付监管,重点关注支付范围、发票、工程进度等真实性审核,加快合规使用,防微杜渐,严控风险苗头;强化贷款期限管理,收回约期贷款18000万元,防范贷款逾期风险。

优化柜台接待服务。开展柜台文明服务活动,定期评选服务明星,上门服务黄金优质客户;全面开通办贷"绿色通道",发扬吃苦耐劳、团结协作精神,实行"5+2""白+黑"持续作战,加快办贷和放贷速度,确保贷款早投放、早见效、早受益。

(办公室)

中国农业发展银行望城支行

行　　长　何　舟

·中国建设银行股份有限公司望城支行·

【概况】 2016年,中国建设银行望城支行下辖1个综合网点和2个离行式自助银行,在编员工20人。支行一般性存款时点余额29.96亿元,较年初新增15.16亿元,其中对公存款时点余额21.43亿元,较年初新增14.14亿元,个人存款时点余额8.53亿元,较年初新增1.02亿元。一般性存款日均余额22.40亿元,较年初日均新增7.17亿元,其中对公存款日均余额14.29亿元,较年初日均新增6.55亿元,个人存款日均余额8.11亿元,较年初日均新增0.62亿元。各项贷款余额5.8亿元,较年初减少3.5亿元,其中对公贷款0.97亿元,较年初减少4.8亿元,个人贷款4.83亿元,较年初新增1.29亿元。实现中间业务收入1235万元,实现账面利润7536万元。

存款实现超常发展,跃居四大国有银行第一位。2016年,支行存款余额及新增均达到历史最高点,增长率指标居各支行前列。对公存款方面,财政资金、区城投集团等存量客户实现较大幅度提升,为存款的大幅增长奠定基础;个人存款方面,加大优质客户维护力度和争取片区内征拆资金代发项目,取得存款稳定增长,征拆代发项目资金的沉淀率明显提升。

资产管理有序推进。注册发行望城经开区5亿元中期票据,积极营销望城经开区18亿元超短期融资券及10亿元二期中票的注册业务,望城经开区的主办银行地位进一步巩固。通过多策并举,贷款不良率继续清零。国伟机械的不良贷款进入核销阶段,通过贷后专项检查未发现新的不良情况。个贷通过积极催收,不良率为0.8%。

核算质量明显提升。通过业务督导、技能强化,柜员合规意识得到提高。以问题为导向,以会计一级单位标准开展工作,全年未发生重大违规及差错事件,有3名柜员取得二级资格,1名柜员取得三级资格,所有柜员达标级,获省行柜面劳动竞赛一等奖、同城票交优秀网点和代理国库集中支付二等奖。

(彭新凯)

中国建设银行股份有限公司望城支行

行　　长　罗　庆
副 行 长　李海燕
营运主管　李　平

·中国农业银行股份有限公司望城支行·

【概况】 2016年,中国农业银行股份有限公司望城支行设个人金融部、公司业务部、财会运营部、综合管理部、风险管理部5个部室,下辖支行营业部、高塘岭分理处、铜官分理处、雷锋分理处、星城分理处、经开区支行、丁字支行7个对外营业网点及资产团队、负债团队、个贷团队、不良资产风险化解团队4个团队,有在职员工96人。

2016年,支行各项存款38.83亿元,较年初净增5.62亿元;各项贷款41.25亿元,较年初净增7.16亿元,实现中间业务收入1645万元,主体业务指标均超额完成任务。在全省20

家重点县域考核中，支行排名第三。在市分行的年度考核中，支行综合绩效、领导班子考核排名前列，连续三年获得农行湖南省分行经营管理先进单位，为省分行县域支行业务经营核心指标综合排名先进支行、省分行中间业务收入领先行；省分行营业部经营管理先进单位、一级支行先进班子、零售业务先进集体、内控案防先进集体、公司治理支持先进集体，并获湖南省金融工会授予的“金融先锋号”称号，为长沙市唯一一家受表彰金融单位。

深化银政关系，树立区域金融品牌。农行望城支行抓住政府购买服务和PPP项目融资的机会，大力营销政府主导的农业现代化、新型城镇化、棚房区改造等建设项目，支持地方经济发展。2016年，完成全省首家财政金账户上线，实现财政资金的集中管理、集中监控；持续加大区域金融服务力度，审批通过政府购买服务项目S108长湘高速乌山段连接线项目，对国家发改委批复的重大水利建设项目——长沙湘江综合枢纽工程项目进行再投放；推进政府渠道建设，成功营销区域内高塘岭、白沙洲两个街道集中支付代理业务；关注大型投资项目，实现域内上市公司长高集团流动资金贷款的贷款投放；全行实现望城区域内9个征拆项目的代发，且成功与农发行及3家政府平台公司签订项目资金代发四方协议，提升存款市场份额。

加强渠道建设，创立服务“三农”品牌。推进服务“三农”工作，将惠农卡、惠农通工程、农户贷款等业务融入“金融惠农通”工程平台中，发挥普惠金融服务的整体效能。推进“农民安家贷”新产品推广，发放“农民安家贷”835笔，2.6亿元。惠实现区域内惠农机具137个行政村的全覆盖，社保卡发卡16157张。全面启动话费代缴直联以及“惠农通”机具代缴水费等工作，支行惠农通机具代缴电费35624笔，675万元，解决乡镇实体网点不足造成的金融服务缺失等问题，推进普惠金融的纵深发展。

推进网点转型，创立优质服务

金融知识普及和反假币宣传

品牌。推进网点深化转型导入，全面推广并运用“超级柜台”，以培训、检查、导入等形式，提高服务质量，提升客户体验，实现多渠道协同发展。2016年，支行辖内所有网点均获所在街道颁发的“优质文明先进单位”荣誉称号。

（办公室）

中国农业银行股份
有限公司望城支行

行　　长　丁　超
支行副行长　李小芳　孙　承
　　　　　李　禹

·中国邮政储蓄银行股份有限公司望城支行·

【概况】 2016年，中国邮政储蓄银行望城支行有员工88人，内设综合管理部、“三农”金融部、公司业务部3部室，辖直属营业部、望城坡支行、坪塘支行、普瑞路支行4个银行自营网点和33个邮政金融服务代理网点。全年存款总量49.6亿元，年净增8.78亿元，增幅21.5%，其中邮政代理网点各项存款合计34.85亿元，年净增6.48亿元，自营网点存款合计14.73亿元（其中公司存款5.5亿元、个人存款9.2亿元），年净增2.3亿元（其中公司存款净增2.2亿元、个人存款净增1517万元）；贷款结余19.43亿元（其中零售贷款16.37亿元、公司贷2.48亿元、供应链5836万元），年净增9.4亿元（其中零售贷款净增8.2亿、公司贷7800万元、供应链4636万元）。逾期贷款余额1516万元，逾期率0.93%，较上年度下降1.41个百分点；不良贷款余额1045万元，不良率0.64%，较上年度减少下降0.83个百分点。清收已核销不良贷款189.61万元，信贷资产不良率控制在0.64%，资本回报率、利润增长率、不良贷款率、拨备覆盖率和经济利润率等关键指标达到银行同业优秀或良好水平。

（办公室）

中国邮政储蓄银行股份
有限公司望城支行

行　　长　叶朝晖

·长沙银行望城支行·

【概况】 2016年，长沙银行望城支行下设综合保卫部、风险内控部、公司业务部、运营管理部、零售业务部，下辖营业部、金瑞支行、高塘岭支行、钰龙4个一级支行，以及营业部下辖的东马社区支行、政务中心社区支行6个营业网点，在职员工74人。2016年，长沙银行望城支行一般性存款时期数42.44亿元，其中支行储蓄存款时期数14.40亿元；表内外贷款44.8亿元，其中中小微企业贷款5.4亿元。

支持地区基础设施建设。坚持“立足望城，服务地方”理念，全年完成向望城经开区建设开发有限公司投放6.4亿元贷款，向铜官循环经济工业基地投资开发建设有限公司投放2亿元贷款，向望城区水利建设投资集团有限公司投放0.83亿元贷款，向望城区城市建设投资集团有限公司发放9亿元城市发展基金，向长沙市望城区交通建设投资有限公司投放1亿元项目贷款。

支持中小企业发展。与望城经开区、铜官循环工业园、乌山工业园等园区开展合作，对湖南杨桥射线防护器材有限公司、湖南长步道光学科技有限公司、湖南澳海建筑工程有限公司、长沙澄海实业有限公司等企业提供信贷投放；对湖南开天新农业科技有限公司、长沙千龙湖农业开发有限公司、湖南宝丰农业发展有限公司、长沙湘楚汇农业科技有限公司等绿色项目运营企业、绿色企业、绿色行业协会成员企业提供信贷支持。

做好市民服务。打造智慧厅堂，提供E钱庄、网络银行、自助设备等电子渠道办理业务，减少客户排队等待时间，提升客户体验度。新增钰龙支行以及营业部下辖东马社区支行、政务中心社区支行，深化网点布局，打造百姓“家门口”的银行，为市民提供高效、便捷、优质的金融服务。

(办公室)

长沙银行望城支行

行　　长　丁丰华

·交通银行长沙望城支行·

【概况】 2016年，交通银行望城支行下辖2个人工网点和12个自助网点，有员工人数40人。截至11月25日，人民币各项存款时点余额为52.4亿元，较年初新增21.7亿元，其中人民币对公存款时点余额为46.28亿元，较年初新增21.01亿元；人民币储蓄存款时点余额6.13亿元，较年初新增0.69亿元。人民币贷款余额33.8亿元，较年初新增7.47亿元。

抓负债业务，破解发展瓶颈。落实“存款责任制”。营造“一把手抓存款、全员抓存款”的浓厚氛围，通过公司联动、全员营销推动存款增长。政府园区等发债资金持续跟进，营销望城经开区发债资金14亿，营销债券资金过桥2亿元，实现投行业务收入258万元；重点客户精准营销，尤其是国有企业和龙头企业客户，在原有合作基础上进一步摸清客户需求，为长沙医学院等重点客户提供个性化服务，加大客户黏性；拓展拆迁源头存款，成功代发拆迁资金5亿元，成立拆迁代发小组上门营销，配置专项资源，强化后续服务，提高拆迁代发留存率。组织竞赛活动抓存款。组织开展公司、储蓄、中收、保险等“开门红”活动以及“大额存单”“个贷资产”“走进园区、发现未来”等专项营销竞赛活动，对存量客户和潜在提升客户加大走访频率，实行客户经理、营销科长、行长室分层营销，获取一手营销信息；建立走访台账，实行“插旗”管理，提高产品覆盖率和市场份额占比。实行客户经理产品责任制，做好网点日常化营销，配套激励措施，每天、每周通报员工业绩及完成情况。加大力度营销重点行业。瞄准教育、医疗、新闻出版等重点行业进行集中营销。抓信息、抢先机，争取提前介入；优化综合服务方案，推动银企合作向“深”和“宽”方面发展，提高和重点客户的紧密度。取得长沙医学院学费代收唯一行资格，8月成功完成学费代收；同时深入开展与长沙医学院附属第一医院、电子科技学院、康乃馨老年病医院的相关业务合作，为拓展支行客户群奠定基础。

做深资产业务，持续提升盈利能力。加大项目储备管理。做深做透存量客户，加大与晟通的国际业务合作，在信用证、福费廷及双掉期业务上实现新突破；与中航、报刊集团、粮食集团深度合作，辐射营销其附属公司授信审批通过6户、授信金额超过4.2亿元，储备项目4个，开立对公有效户4户；做牢做实潜在客户，对平台类客户和政策支持类客户展开持续营销，成功与望城区城建投、水利投建立合作关系，其中城建投项目审批通过1个、储备1个，水利投审批通过2个，与中民投名下工业化住房项目公司、振兴中药等客户确定合作形式；与望城金融办、经开区、园区、棚改等对接项目融资方案，为后续项目投放、创新业务发展、增加非利息收入等方面打下基础。持续推进“五一工程”建设。启动系统清零，拓宽增存来源。继国土招拍挂系统、物业维修资金系统上线后，进一步突破契税代缴系统和二手房交易资金监管系统的清零工作，全年累计新增物业维修资金5900万元、土地拍卖收入800万元、二手房交易资金500万元。发挥渠道优势，有效提升市场份额。借助政府类账户全覆盖的优势，累计实现2.5亿元土地清欠款和2亿元拆迁资金的体内循环；社保业务合作全面开展，开立农民工工资保证金专户15户、代发被征地农民失业补助300余人；公积金新增定期存款2000万元，新增委贷客户单位10余家。拓展个金资产业务。营销新华联梦想城、中粮鸿云、晟通牡丹舸、三润城、森林海等楼盘项目。望城范围内合计新增个贷2.48亿元，其中住房贷款2.03亿元；“e贷通”2.0项目全年实现10家单位新增。

打通渠道建设，做透基础客群。代发客群方面，实现湖南省教育报刊集团工资代发，持续跟进锁定长沙医学院等教职工的工资代发，以“e贷通”推进政府事业单位及园区企业的工资代发，做好品牌客户同时深入企业、单位挖掘客户潜在需求，增加客户黏性。拆迁客群方面，与政府及街道密切联系，从源头了解第一手拆迁信息，并通过与经开区、金州新区、铜官的授信联动拆迁；针对拆迁客群建立台账，配置专属产品、礼品及短信问候，定期维护跟踪，每日汇报拆迁留存情况。社保客群方面，通过成立社保专项行动小组，制定专项行动方案及流程，定期召开社保会议就发卡激活问题进行总结沟通，确保做好前期的发卡激活及后续服务工作。截至11月初，支行已累计实现发卡激活社保卡15112张，其中上门激活率80%，排名本部支行第一。校园客群方面，通过医学院自助渠道的建设，带动学院学生办卡及手机银行等小指标的推进；营销探索区教育系统“一卡通”项目，推动学生家长发卡，并联动学校工资代发等系列业务。二手房资金监管客群，年初通过行长室走访营销，成为望城区二手房资金唯一监管行，打通二手房资金监管渠道，吸收一部分对私客户，带动对私联动指标及对公对私存款的新增。

推出各类活动，提升品牌知名度。推出卡消费活动。以7个“金邻惠商圈”建设为契机，开展“满额抽奖”“千元免单”“五折消费”“手机抢券”等多种卡消费活动，营造客户用卡刷卡氛围，提高各类手机银行线上活动的参与率。组织客户活动。首开“财富夜市大讲堂”“基金投资分析报告会”等活动，实现精准营销；利用分行平台邀约高端客户，每月开展沃德观影、插花、亲子等多种形式的主题活动，挖掘提升潜力客户。组织公益活动。每月安排3次企业行、1次社区行活动为客户提供后续金融服务。组织学习全国道德模范暨小小金融家开班仪式，开展小小金融家财商课堂活动，马井艺跳蚤市场活动培养小朋友的财商和情商，参与人数达1000余人。

严抓风险管控，确保安全营运。强化全面风险管理。2015年暴露的不良贷款严重制约支行的发展，2016年，支行通过加强客户经理风险意识教育、案防教育和业务培训，提高客户经理的风险意识、合规意识和综合业务素质。把好贷款准入关，从源头上防范风险。把贷前调查做实、做深、做细。切实加强贷后管理，严格落实《关于全面加强全行授信客户贷后管理的意见》，对现有的风险客户制定一户一策的管理办法，防范与化解风险。深化落实案件防控。严格落实“一岗双责”，层层把好落实关，使责任落实覆盖全员、不留死角。紧跟分行案件防控专项行动，提升排查质效对检查发现的问题，专人负责，限期整改，确保安全运营。细化日常管理工作。对日常工作中存在的信息报送、请休假、对账、自助区巡查等问题出台相应的制度进行规范，加大对问题的查处及处罚力度；结合区内保大队要求加强对安保人员的考核，对保安执勤情况、头寸交接情况进行督查；每季度开展一次自助设备大巡检，查找安全隐患并及时整改。

（办公室）

交通银行望城支行

行　　长　向　伟

保　险

·中国人寿保险股份有限公司望城支公司·

【概况】 2016年中国人寿望城支公司内设经理室、综合部、团险部、客服部、个险专业化支公司，有员工24人。下辖城区营销一部、营销二部、营销三部、收展部、高塘、雷锋、莲花、望城坡、坪塘、靖港、铜官、桥驿、含浦、白若、洋湖、团险销售部、银保客户经理和理财经理团队等18个专业营销团队，销售人员超过1000人，有58个分布在银行、邮储的代理销售网点。全年完成保费8000万元，其中人寿保险6504万元，健康险保费229万元，意外险保费726万元，代理车险保费685万元，赔款支出

个人险方面，围绕“千人百将”目标，扩充队伍，加大对标考核力度，创新平台发展，增强市场竞争力。全年新增人力858人，晋级主管65人，为公司业务的全面达成打下坚实基础。

团险业务方面，加强与政府部门衔接，拓展新生业务渠道，把握市场主动权，巩固原有学平险、计生和妇联线外，新增大病医疗保险，老年人意外伤害保险，员工福利计划和小额信贷保险。推进队伍建设，渠道全年新增人力22人，促进公司赢得发展先机，全年实现保费605万元。

银保业务方面，加快向效益型业务发展，深化渠道合作关系，推动业务平台合作双赢，发挥代理渠道积极性。夯实队伍基础，发展客户经理和银保理财经理队伍建设。创新平台销售模式，注重队伍主管和精英培养，做大做强团队和业务规模。

内部控制方面，组织全体员工参加内控和反洗钱培训，签订非法集资防范承诺书；建档建岗，专人负责，建立健全风险防范的长效机制，强化业务技能，提升员工综合处理业务的能力和整体素质。

（办公室）

中国人寿保险股份有限公司望城支公司

总　经　理　熊亮红

·中国人民财产保险股份有限公司望城支公司·

【概况】 2016年，中国人民财产保险股份有限公司望城支公司内设经理室、综合部、农村保险事业部、直销业务部、中介业务部、营销业务部、分散性业务部7个部门，下设黄花塘、靖港、含浦、铜官4个“三农”营销服务部，有三版员工29人，其中经理室成员5人。2016年，实现保费收入7394万元，其中车险业务收入5863万元、非车险业务收入1056万元、农险业务收入475万元；为广大客户提供3756万元赔付保障金额。

在社会保障和社会管理方面，发挥风险保障和管理专业优势，借力保险杠杆参与社会管理，尝试政保合作，服务保障社会民生。与区民政局合作推动农房统保，共同向区政府递交《关于调整政策性农村低保户住房保险承保方案的请示》，得到区政府的支持，并在政府采购项目中标，为1.1万户“两属两户”农户提供住房和灾后基本生活救助统一保险保障。与区政法委合作，续保治安险项目并在试点乡镇全面铺开，

为6万多户乡镇村民提供治安保险保障，推动全区治安环境的整治和优化。加深与区住建委、质检站的合作，推进住建安责险项目。与教育局紧密合作，共同开展全区校园方责任险、学意险等项目。

在服务“三农”方面，继续承办望城区养殖险，2016年承保1.22万头能繁母猪，为7268户农民提供1227.8万元风险保障；承保13.36万头育肥猪，为458户养殖户提供6680.65万元风险保障。借助4家“三农”营销服务部做好农险落地服务，解决服务农民“最后一公里”的问题，全年支付养殖险类灾害赔款247.16万元。

在服务能力建设方面，完善基层机构网络建设，望城本部、雷锋营销服务部和靖港、含浦三农营销服务部装修改造完毕，办公环境、营业大厅环境焕然一新，客户服务体验得到提升。推进标准化、规范化服务建设，建立健全精准、高效的一体化服务体系。进一步推进VIP服务体系建设，完善VIP服务项目，上线微信服务平台，丰富服务场景，提升服务体验。推行职场5S管理及理赔员工日常行为管理，提升各网点承保理赔综合服务能力。全面履行多快好省“理赔服务”承诺，实行微信理赔、互碰快赔等服务项目，进一步简化理赔流程，提供更加自主、便利的理赔服务体验。

（办公室）

中国人民财产保险股份有限公司望城支公司

经　理　王　储

商贸·旅游

责任编辑◎刘湘东

商贸概述

【概况】 区商务局属区人民政府直属事业单位，主管全区内外贸易和招商引资工作，内设办公室、监察室、投资促进科、项目服务科、招商引资服务中心、外经外贸管理科、市场发展建设科和特种行业管理科8个科室。有区商业管理中心、物资管理中心2个下属二级机构；下辖区对外贸易有限公司、民爆器材有限责任公司2个企业。局机关有干部职工27人。

推进招商工作。全年引进项目52个，协议引进资金265.7亿元，其中过亿元项目31个，过5亿元项目16个，过10亿元项目10个，过50亿元项目2个，完成全年目标任务。搭建平台精准招商，通过“央企走进湖南”、沪洽周和湘江论坛等招商节会，与中国铝业等9家央企签署战略协议，协议资金480多亿元。强化举措推动履约，强化重大项目、骨干企业精准帮扶，分类破解企业发展难题20多个；履约清理引导12个项目退出，盘活用地80多公顷，推动20多家企业开工建设。强化驻点招商，加强重点区域招商信息收集、客商联络和项目对接，捕捉和促成中信戴卡、平安综合金融产业园等投资过50亿元重大项目进望落户。创新手段整合力量，结合招商工作实际，推行招商标准化、科学化、规划化，先后拟定《驻外招商联络处工作方案》《招商引资项目操作办法》《项目前置审查办法》等规范文件。

提质商贸激活市场。对照年初下达目标任务、逐月强化调度、兑现新发展限上企业奖励，全年完成社会消费品零售总额127.44亿元，累计增速27.2%，完成年度任务的106.2%；其中限额以上部分完成92.32亿元，累计增速34.9%，完成年度任务的124.14%。全年新增社会消费品零售企业58家。专业市场改造升级，对红旺等城区市场开展提质改造，将10家农贸市场纳入提质改造三年计划（2017—2019年），其中丁字湾街道、乔口镇等4家农贸市场纳入2017年提质改造。开利星空等企业相继营业，湾田国际二期加速建设，新的增长极孕育形成。以高星、金桥为引领的物流业态势头良好，望城后发优势彰显。电子商务蓄势待发，制定下发《农村电子商务扶贫实施方案》，建成8个村级站点。9月28日，首个试点村桥驿黑麋峰村举行揭牌仪式及“村博会”微信码购系列活动，新华网、红网等主流媒体进行报道。

推动外贸稳定增长。全年外贸进出口总额累计完成13296万美元，完成全年任务13000万美元的102.28%。全年新签合同额完成2230万美元，完成全年任务2191万美元的101.8%；截至12月完成对外承包工程和劳务合作营业额4533.4万美元，完成全年任务4385万美元的103.4%；全年加工贸易完成1457.4万美元，完成全年任务1800万美元的80.97%。全面实施区委、区政府稳增长保态势措施，新增30余家外贸企业，重点培育任鑫电子、旺旺食品2家千万美元外贸企业，开辟企业手续报办“绿色通道”，报备审批提档提速。制定完善奖励政策，协调对接相关企业，实施内部挖潜、外部扩增，长步道等企业业绩稳步提升，协调龙湖增资，“三外”工作任务全面完成。提优服务精准帮扶，局班子联点重点企业，实施联点帮扶解困，推行问题限时解决，局面限时打开。为秀龙地产等企业解决系列问题20多个，及时办理备案35家，为新泉新林有限公司申报奖励资金15万元，完成泰嘉新材、宇名汽

黑麋峰村开展“金融＋电商”精准扶贫模式试点

车等4家企业中小开专项资金的申请工作。

到位资金稳步递增。全年园区外引进市外境内资金形成固投66.89亿元，完成年度任务的100.4%；全年园区外实际到位省外资金44.38亿元，完成年度任务的104.3%。

(办公室)

望城区商务局

党委书记、局长　谢洪波
派驻商务局纪检组组长　欧　茂(7月任)
副局长　陈端霞
罗　懿
曾伟军
杨旭明

·国有商业·

【概况】 2016年，区商业管理中心内设政保科、业务科、财计科、办公室4个科室，下辖百货纺织品公司、日用工业品公司、糖酒副食品公司、食品公司4个公司。机关在编在岗干部职工10人，系统在职职工125人，退休人员445人。

做好管理工作。区商业管理中心管理几百户门店，管理人员身兼数职，严格细化各项工作，落实三费收缴工作到每一个职工、每一个门店，时间安排细分到月、季。系统物业以20世纪八九十年代建筑为主，设施破旧，线路老化，内有商场、门店和职工宿舍，情况复杂，经努力细致巡查，全年无事故发生。

(办公室)

望城区商业管理中心

主任、书记　杨旭明
党委成员、工会主席　杨厚敦
党委成员　吴罗元
副主任　叶宏伟　文一五

·物资管理·

【概况】 2016年，区物资管理中心内设办公室，综合科2个科室，共有在职干部职工7人，其中干部5人，党员4人，代管原物资总公司退休人员26人，内退人员7人。

提高认识，排忧解难。2016年，商务系统内民爆公司实现成功选举。民爆公司在市场逐步放开的冲击下，业务量大幅下降，经营出现亏损，企业内部人心浮动，换届选举多次搁浅，不稳定因素激增。为协助民爆公司选好班子，中心找股东逐一谈心，了解每一位股东的真实想法，于9月20号选出新一届领导班子。选出班子后，支持公司在市场放开的背景下，加强横向联系，扩大经营规模，维持民爆公司总体基本稳定，经营业绩稳定上升。对外贸公司国有股退出改革进行可行性论证并向区政府提交处理建议和退出方案，国有股退出改革获区政府批准。

(办公室)

望城区物资管理中心

主任　梁捍红
中心支部书记兼副主任　郧建斌

·外贸公司·

【概况】 2016年，区外贸公司下设经理室、财务室、办公室、进出口部、物管部，注册资本450万元，有股东(含国有股)52人，员工85人。涉及进出口、车辆检测及物业管理等业务，投资长沙翔龙城西机动车辆检测站、望城兴安机动车辆检测站(控股68%)、麓丰房地产公司等。全年完成进出口700多万美元，完成车辆检测5.8万多台，实现盈亏平衡。

外贸出口业务基本稳定。全年新增出口代理客户两人，出口710多万美元，完成年计划的85%。

车辆检测有序开展。培训检验人员，全年引进和培训A1 、A2、A3及B证6人，培训检验人员10人，培训二级汽车维修技师1人，汽车检测高级工程师3人，确保检验人员的资质。完善设备设施和相关检测软件，投资20万元，更换城西检测站的检测软件，提高检测数据可靠性；投资6万元更换望城兴安检测站的摩托车检测设备及相关软件；投资40多万元更换城西检测站的二线制动台、望城兴安检测站的1线灯光仪；按照GB21861的规定，城西检测站安装外壳尺寸仪。完成两个检测站认证。4月和7月，城西检测站和望城兴安检测站认证相继到期，公司完善设备、人员及制度，协调相关评审专家和有关单位，保障两站认证顺利进行和验收。严格按照GB7258、GB21861和GA801，实施车辆日常检验工作，增加内部视频审核，杜绝违规和不规范检验行为。7月，城西站接受省技术监督局和省交警总队的检查，受到好评。9月，望城兴安站接受国家技术监督局和国家认证委检查，受到好评。

存在的问题：因企业文化和企业管理架构的制约，管理存在不到位的地方，人心相对涣散，个人工作相对散漫，责权不能有机结合。

(办公室)

望城区外贸公司

董事长　何建光
总经理　唐鑫博　喻英军
监事长　张树民
副总经理　王粮刚

·民爆器材经营·

【概况】 区民爆器材有限责任公司是国家定点专业民爆器材经营股份制企业，兼营爆破业务和房产租赁。有股东42人，注册资金800万元，国有股占41%。2016年，销售炸药500吨，雷管35万发，资产租赁收入109万元，全年共实现800万元营业收入。

强化管理，排除安全隐患。所有涉爆人员持证上岗，按时进行专业培训；在库区配置有消防、防雷、监控、巡更、红外线门禁等技防措施，当班库管理实行24小时驻守值班并且进行电子巡更，执行双人双锁管理、人员出库管理、物品进出库管理等安全制度；设立专项安全基金，专款专用。2016年3月聘请省专家对全体涉爆人员进行24课时的再教育培训，参与中爆协学习培训班，安排司机和技术人员参加市交通局安全培训，所有人员在考核中合格。

(办公室)

望城区民爆器材有限责任公司

董事长　张汉文
监事会主席　李松柏

供销合作

【概况】 2016年，区供销合作社联合社内设办公室、财务统计科、合作指导科、安全信访科、监察室。机关有在职在编人员18人，负责对下辖霞凝、铜官、靖港、高塘岭、白若、坪塘6个基层供销社和区供销社烟花爆竹、农业产业化、兴业贸易、再生资源、惠农综合服务等5个直属公司的管理、指导、协调和服务。全系统有在职职工357人、退休人员1743人（含已改制企业）、抚恤对象261人。

2016年，全系统按照中共中央、国务院《关于深化供销合作社改革的决定》（中发〔2015〕11号）文件和省委、省政府“关于深化供销合作社综合改革的实施意见”（湘发〔2016〕3号）精神，加强内部管理，创新发展思维，拓宽服务领域，全力推进综合改革试点工作，保证各项工作圆满完成。全年实现商品销售总额5.4亿元，完成目标任务的115%。报表利润亏损13.5万元，控制在目标任务限亏15万元内，物业收入360万元。全系统内无一例非法越级等群体性上访、集访事件和其他安全责任事故，系统大局稳定。

强化管理，排查隐患。继续完善和巩固对基层供销社、直属公司综合目标管理责任制，进一步细化考核实施办法，实行严格的百分制考核，将考核结果与负责干部的岗位工资挂钩，做到奖惩分明、责权结合。各基层社在区联社综合经济目标管理责任书的基础上，与管理人员签订岗位责任书，将责任层层落实。强化安全、信访维稳机制，重点做好传统、特殊节日的困难慰问和走访。在春节、“三八”、“五一”、“八一”、国庆期间，全系统筹措解困资金和物资12万元，为160多困难职工送上政府和组织的关心；争取市、区工会、关工委对4名职工子弟给予爱心助学款11000元。组织力量妥善处理霞凝社李德奇的上访，与坪塘社、霞凝社两级处理200多名原已解除劳动关系人员的利益诉求案。开展3次系统安全大检查，督促各企业组织资金70余万元，整改各类安全隐患13处。在资金紧张的情况下，两级工会融通调剂资金1.8万元，为全系统357名职工办理医疗互助，为23人次解决医疗互助3万余元。

牢记经营服务宗旨，搞好专项商品经营。农业产业化公司坚持服务“三农”宗旨，加强市场调研，密切网络关系，搞好农资冬储工作。4月12日，区供销联社及农业产业化公司承办由市供销总社和望城区人民政府联合举行的“深化综合改革 服务现代农业”长沙供销社系统2016春耕惠农支农活动，区农林局、区市场局、区供销社、相关商品经营公司技术人员为农民朋友提供科学用肥、用药咨询和指导，区供销社为乌出街道、高塘岭街道、靖港镇、乔口镇的 6 个种粮大户、21户困难农民赠送化肥40吨。烟花爆竹公司在区公安、安监等部门的支持下，强化市场安全管理，组织名优商品供应，全年实现销售2998万元，未发生安全责任事故。

有序推进综合改革。继续按照省供销合作总社批准的综合改革试点方案，开展综合改革试点工作，全年完成6家街道（乡镇）惠农综合服务中心、57家村（社区）惠农综合服务社改造并挂牌；扶持、领办“金成种养合作社”“周杰种植专业合作社”，共投入扶持资金8万元，成立望辉种植专业合作社联合社，实现大田托管352公顷；完成乌山综合市场的规划、设计、报建等前期工作；与人保公司望城支公司达成战略合作协议，进行从业人员业务培训；争取省供销总社下拨区供销社综合改革专项扶持资金80万元。2016年，高塘岭供销社被评为全国供销社系统基层社标杆社、铜官供销社源嘉湖惠农综合服务社被评为全省供销社系统农村综合服务社星级社、区供销联社指导扶持的金超天然油茶种植专业合作社被评为全国供销社系统农业产业化重点龙头企业。

（办公室）

望城区供销合作社联合社

党委书记、理事会主任	金　抗
党委委员 理事会副主任	李红玉
党委委员	邓志宏(9月免)
理事会副主任	尹志强(6月任)
工会主席	陈伟仕

粮油经营

【概况】 2016年，区粮食局内设综合科、监督检查科、财务审计科、政工劳资科、储备储运科和监察室6个科室，有机关干部25人。下设区粮油购销有限公司1个国有独资企业和河东、大丰、城关、白若粮油购销有限公司4个国有参股企业以及望城金霞粮油购销有限公司1个合作企业。区内有25家办理粮食收购许可证的粮食收购企业。

落实粮食安全省长责任制。年初牵头召开工作部署会议，印发《长沙市望城区落实粮食安全省长责任制考核办法》，分解细化工作目标。部门联动，联合区委督查室、政府督查室对各相关单位落实粮食安全省长责任制工作开展情况进行督查和考核，及时了解动态，强化工作落实。根据相关文件精神，对照《长沙市望城区落实粮食安全省长责任制考核指标及评分表》，年底组织各相关单位梳理全年工作，分别从落实粮食安全责任、巩固粮食产能、抓好粮食收储、维护市场稳定、促进产业提质增效、确保粮食质量安全等6个方面进行定量测评，附加定性评价指标一个大项，撰写自查报告，自评得分为满分。年底，市政府督查室对望城区落实粮食安全省长责任制工作进行督查，得到督察组的充分肯定。

做好粮食流通监督检查工作。完成粮食流通统计年报资料汇编和粮食、食用植物油供需平衡调查以及2016年乡村居民存粮调查。对辖区内粮油经营活动进行监督检查，核查相关收购单位的收购资质，依法办理和审核“粮食收购许可证”，组织业务培训，严格收购许可。在区域内设立靖港复胜村、桥驿民福村等9个粮油质量监测点。切实加强粮食监管,全面推进依法管粮,开展粮食库存清查工作,全区统计库存169192吨,通过核对统计账、实物账及会计账,数据准确,账账、账实基本相符。与市场和质量监督管理局等单位建立监管协调机制,对相关企业进行联合检查,与宁乡县粮食局、湘阴县粮食局和益阳市赫山区粮食局签订联合执法协议。邀请专家授课,举办第三届粮食质量安全培训班。完成食品监督和国家食品安全城市创建年度工作任务,完成120批次粮油质量抽送检工作。严肃查处各类涉粮案件,严格执行粮食经营、加工企业最低最高库存制度,落实国家粮食质价政策,对定向销售粮食进行全程监管。建立望城区粮食经营企业诚信评价体系,分企业建立粮食收购许可证定期审核申请表、粮油经营企业基本信息登统表、信用档案一览表、最低最高库存审核表等,未出现失信企业。

做好粮食储备储运工作。全区安排早稻粮食收购点6处,晚稻粮食收购点4处,全区全年完成粮食收购113417吨。全年完成5家放心粮油店和应急供应网点建设,出台粮食应急供应网点管理办法。修订望城区粮食应急预案,建立以区国有粮仓为应急储存网点、以区农业加工龙头企业为应急加工网点、以放心粮油店为应急供应网点的应急供应体系。打造数字粮食、智慧粮库,完成机关、桥驿、靖港粮库信息化建设工作。完成桥驿粮库3000吨仓房项目建设工作,对桥驿库2号仓通风设施进行维修改造,完成乔口粮仓仓内设施亮化,外墙白化。开展库存粮食安全检查,库存粮食质量和品质指标均在国家控制标准以内。完成粮食生产成本利润调查工作。完成省级储备粮轮换工作,轮换出库6437吨。开展重点企业帮扶,帮助湖南航天磁电有限责任公司解决自来水管网分离改造、环境污染、人才引进、项目申报等实际问题。制定区级储备粮财政资金补贴办法,储备粮费用纳入财政预算。与中储粮宁乡直属库、农发行等部门协调,完成望城区储备粮承贷主体变更事宜。

副市长廖健(后排右二)调研望城早稻收购工作

开展粮食宣传活动。粮食收购期间,心系粮农开展人性化服务,优质服务得到《湖南日报》、新湖南、《长沙晚报》等媒体的宣传报道和推介。在《粮食流通管理条例》颁布实施12周年之际,采用多种方式宣传国家粮食流通政策和有关粮食工作的法律法规。联合区文明办、区妇联等部门,举办爱粮节粮宣传周系列活动,设置宣传板,发放宣传资料;联合区教育局在全区中小学校举办第三届"节俭养德 爱粮节粮"征文比赛及爱粮节粮标兵评选活动。举办2016年食品安全宣传周活动,开展"尚德守法,共治共享食品安全"主题宣传,布置宣传展板2块,并向市民发放《粮食科普进社区宣传册》《家庭储粮小知识》等宣传资料。

培育和发展壮大龙头企业。争取各级资金,完善粮食产业化项目,全年粮食行业产业化建设完成固定资产投资1706万元,同比增加320万元,增长23%。做好产业化建设工作,扶植完成海学农种植专业合作社、新河优质稻种植专业合作社、望城靖港辉胜土地专业合作社烘干中心建设和长沙天然油茶科技发展有限公司自动包装生产线建设以及望城隆平千重浪种粮专业合作社2000吨仓库建设工作。成功引导长沙龙虎生态农业有限公司和长沙天然油茶科技发展有限公司申报长沙市粮食千亿产业工程专项资金。

【省粮食局调研指导望城早稻收购工作】 8月,省粮食局党组书记、局长张亦贤和市人民政府副市长廖健先后到望城实地调研指导早稻收购工作,查看望城金霞粮油购销有限公司靖港粮库、中储粮长沙直属库茶亭收储点的收购情况,了解早稻收购进展、仓容准备、"心系粮农人性化服务"开展和政策制度执行等情况,并与送粮农民、粮食经纪人交谈,对从事粮食收购的一线工作人员表示慰问。望城区粮食局在粮食收购过程中,巩固和深化人性化服务,全力做好粮食收购工作。在收购开始前完成粮食集并和轮换,保证仓容。领导干部连片,机关干部联点,开展好服务和粮食收购市场监督工作,维护收购市场秩序。设立共产党员示范岗,提供政策和业务咨询,引导运粮车有序送粮,保证"四凉"(即凉水、凉茶、凉药、凉棚)。坚决做到让农民交上"明白粮""满意粮""放心粮""舒心粮"。上级领导对望城区早稻收购工作给予肯定,强调必须严格执行收购政策,依质论价,网银结算,严格做到不拒收、不限收、不向送粮农民打白条，维护种粮农民利益。

【区粮食系统刘映兰获评市“雷锋式模范市民”】 4月，在市文明办开展的2016年第一季度“长沙好人•身边雷锋”评选活动中，区粮食局推荐的系统退休职工刘映兰荣获“雷锋式模范市民”荣誉称号。刘映兰，女，湖南望城人，原靖港粮站退休职工。1994年11月，姐姐刘静秋因故摔下楼导致高位截瘫，长期卧床，生活无法自理，一直都是姐夫照顾，刘映兰老人也经常帮忙。自2010年11月姐夫去世后，刘映兰老人无偿担负起照顾瘫痪姐姐的全部重担。她自学医药知识和护理知识，身兼“医生”“护工”“保姆”数职。无微不至照顾瘫痪姐姐的生活起居，用自己的实际行动演绎了感人至深的人间真情，在街坊邻里中传为佳话。

（张文君）

望城区粮食局

党委书记、局长　佘亚军
党委副书记、副局长　毛国斌
党委委员、副局长　文志勇

烟草专卖

【概况】 2016年，区烟草局下设办公室、综合室、专卖监理股、内管派驻组、市场服务分部5个部门，有正式职工45人，退休职工16人。2016年获得“湖南省2016届文明单位”和“2016年度落实党风廉政建设先进单位”荣誉，继续保持“省级模范职工之家”“优秀县级烟草专卖局”“优秀县级烟草分公司”“先进基层党组织”称号。全年破获网络案件4起，其中真品卷烟非法流通案件1起，国标假烟网络案件3起，刑拘10人，逮捕10人，判刑6人。全年销售卷烟38653箱，任务达成率101.32%；单箱均价32223元，同比增加1516.9元/箱，增长5.26%；全年实现税利总额3.44亿元，同比增长8.4%。

推进卷烟营销。营销团队结合“消费者在哪里，我们就到哪里”主题营销活动，策划“党组成员当店长”“新品定点微信抢”“我是接单王”等活动，组织应急订单132张，开展8场专题客户培训会。根据年度总体目标导向，逐月分解，销售任务每天一通报，每周一分析，每月一总结，形成由分管领导抓方向，中层干部抓进度，基层员工抓落实的攻坚机制，化解销售困局。

规范专卖管理。专卖团队“内管外打、守土尽责”，守住市场监管规范红线。开展市场集中整治，通过“春雷六号”“电狐2号”“3•15法律法规宣传日”“中秋、端午节前市场整治”等行动，震慑不法分子，全年查处涉烟违法案件305起，查获假冒伪劣卷烟1252.42万支，总案值1026.33万元；实施行政许可工作改革，简政放权，推进后置行政审批，实地预勘验商事平台推送的客户信息，宽进严管，商事推送办证率由原来的30%提高到75%，全区新办511户，延续322户，停歇业72户，有效证件2513户；内部监管多头联动，召开专销内联系会议12场次，下市场走访38次（437户），跟送货车上门12次，走访零售客户906户，专销联动异常情况109份，下发整改通知书2份，内管工作底稿19份，督促责任部门及时整改到位。

强化基础管理。完善机关事务标准化流程，审查日常案卷合法性，全年零上访事件、零行政复议、零行政诉讼；推进降本增效创新，申报QC课题2个、“金点子”42个、精益课题2个。耗材节约课题获全市“精益十佳课题”，汤晓芒荣获全市“精益十佳先进个人”称号；策划组织全市系统“五四青年节”系列活动、“道德讲堂”总堂活动，推荐员工参加“紫荆梦，我的梦”演讲赛、“636”杯篮球赛、“友谊杯”足球赛等，展示员工的才华；开展退休干部文化活动、重阳节活动，建立“文化养老”和“老带青，青帮老”机制，让退休干部职工“安得心”。

【破获现场货值超两百万的销售假冒伪劣卷烟网络案】 6月15日，望城区局联合公安机关破获一起销售假冒伪劣卷烟网络案，现场查获卷烟5200余条，货值220余万元，当场抓获犯罪嫌疑人10人。年初有群众举报，某卷烟零售店有销售假烟的嫌疑，经过几个月前期守点布控，望城区局逐步摸清一个销售假冒伪劣卷烟团伙的基本情况。随后联合公安机关，在长沙市一地下仓库、一送货车、某卷烟零售店以及某物流公司内查获大量假冒伪劣白沙（和天下）、芙蓉王（软蓝）等品牌的卷烟，计5200余条（104余万支），货值220余万元。公安机关当场抓获贩假售假团伙犯罪嫌疑人10人。经初步调查，该团伙违法金额巨大，情节严重，公安机关依法立案并将涉嫌犯罪的有关嫌疑人刑事拘留。该案是区局成立以来侦办现场查获案值最大的一起销售假冒伪劣卷烟网络案。

（办公室）

望城区烟草专卖局

党组书记、局长、经理　罗小明
纪检组组长　谭全军
副局长　陈剑
副经理　王中文

旅游管理

【概况】 2016年，区旅游局内设综合科、产业发展科、行业管理科、古镇办、监察室，下设旅游质量监督所。核定行政编制8名，事业编制7名，工勤编制1名，有在职在编工作人员16人，政府雇员1人。全年全区接待游客1318.4万人次，同比增长18.2%；实现旅游综合收入61.5亿元，同比增长24.7%。

创新旅游机制。建立市、区两级领导小组和联席会议制度，召开市委常委会议2次、区领导小组会议4次研究部署湘江古镇群工作，出台《湘江古镇群建设三年行动计划》和《2016年湘江古镇群建设工作要点》，市级编制《湘江北段古镇群总体规划》，区级编制《望城全域旅游发展规划》。建立“旅游创建工作领导协调机制”和“行业综合管理机制”，成立望城区旅游产业发展管理

湘江古镇群亮相省旅博会

委员会。望城区列入国家旅游局首批国家全域旅游创建单位，在区旅委的统筹领导下，建立“区旅委+旅游市场执法中队、旅游治安应急处置中队及旅游治安纠纷调处点、旅游纠纷合议庭”的“1+3”旅游综合管理工作机制，形成三大旅游管理格局。探索旅游发展体制机制综合改革，按照政府主导、市场运作的思路，注册成立长沙市望城区文化旅游投资发展有限公司，负责项目引进、旅游开发和经营管理。

推进项目建设。争取上级政策支持，将湘江大道景观道、长沙新华联铜官窑两个项目纳入2016年省旅游发展专项资金贷款贴息申报项目，其中新华联项目获得贷款贴息750万元；将北横线、航电大道、铜官大道、铜官窑、书堂山、古镇棚改提质、天网工程等项目纳入2016年市重大投资项目计划；将欧阳询文化园、千龙湖等5个项目纳入国家旅游局旅游项目管理系统；将区内19个旅游厕所纳入省旅游局、省财政厅2016年支持旅游厕所建设项目；将雷锋纪念馆、靖港古镇、乔口镇、光明蝶谷、松鼠谷、千龙湖、柯柯农业、柏乐园、绿野香田、青天寨纳入2016年市旅游发展专项资金（旅游厕所建设项目）申报项目，其中靖港古镇、雷锋纪念馆等6家旅游企事业单位获得市旅游发展专项资金34.2万元；申报黑麋峰、千龙湖为省“两型”旅游厕所建设示范点。服务重点项目，明确专人深入项目现场，服务新华联铜官窑旅游度假区、光明大观园、铜官窑遗址公园、绿野香田、千龙湖、靖港古镇等旅游项目建设。指导景区提质升级，指导柏乐园开展国家AAA级景区创建，通过市局验收；按照《长沙市望城区等级旅游景区质量提升专项行动方案》的部署要求，对全区6个国家A级旅游景区在景区管理、环境卫生、旅游安全、服务质量等方面存在的50个问题进行全面整改、提质升级。

加强宣传营销。开展事件营销，举办“湘江古镇群 邀您过新年”“2016我们一路•跑起来”等活动，吸引湖南经视四大新闻直播栏目全程报道，湖南卫视、《湖南日报》、《长沙晚报》等专题专版报道，推广湘江古镇群品牌。组织节会活动增加关注度，以区域为主，举办国研智库论坛2016•湘江论坛暨世界休闲农业与乡村旅游峰会、全国网络名人采风、文人书法周、新康戏剧季等活动；以景区为主，举办了风筝旅游节、蝴蝶主题季、到靖港过传统节、趣味运动季、国际帐篷节等节会活动，打响节会品牌。参与会展营销扩大影响力，包装望城旅游产品参加长江中游城市群省会城市旅游商会、深圳文博会、北京国际旅游博览会、第六届旅游项目投资大会、宁波国际旅游展、上海2016中国国际旅游交易会、深圳文博会等会展活动，推介望城旅游，探索区域营销新模式。推行品牌宣传，在湖南经视、《湖南日报》、《长沙晚报》、FM91.8交通电台、FM90.5高速电台、新浪网、掌上长沙、红网、华声在线、大湘网等主流媒体做覆盖式宣传，提升望城全域旅游的美誉度。

【承办湘江古镇群“2016我们一路.跑起来”活动】 4月17日下午，由望城区人民政府和湖南经视主办，望城区旅游局、靖港镇人民政府、乔口镇人民政府承办，“湖南天下洞庭•萌王鲜磨粗粮”冠名的“2016我们一路•跑起来”活动在长沙望城湘江古镇群雨中开跑。活动总赛道长10.8千米，从长沙望城湘江古镇群靖港古镇西停车场出发，经雷锋大道，到达乔口古镇，终点还设置音乐嘉年华。经视明星主持人蒋宏杰（YOYO）、付安琪，奥运冠军龚智超、凌洁，2016年新晋超级女声选手们分别带领竞赛组、亲子组、企业组、COSPLAY组等多个组别，计2600多人参赛，湖南经视《直播大事件》对活动进行现场直播。

【举办国研智库论坛2016•湘江论坛暨世界休闲农业与乡村旅游峰会】 10月29日至30日，国研智库论坛2016•湘江论坛暨世界休闲农业与乡村旅游峰会在望城区举行，论坛主题为“新经济•新动能•新古镇”。来自国内外的领导、专家、企业家以及古镇代表，围绕“区域经济”“文化旅游产业发展”“古镇保护与发展”等主题进行交流与探讨。论坛聚焦“全域旅游、魅力古镇”的重点，契合中央政策导向，顺应时代发展潮流，对于进一步传承历史文脉、建设特色小镇具有十分重要的现实意义。作为论坛承办者、古镇传承者，望城计划按照中央、省、市的部署和要求，坚持把湘江古镇群复兴作为光荣使命和责任担当，学习、借鉴与会嘉宾的良策，致力把湘江古镇群建设成为湖湘文化展厅、湖南旅游客厅、全国古镇旅游知名目的地，努力探索中国特色小镇建设的“望城样本”。

（杨　瑜）

望城区旅游局

局　　　　长　何迎春
党组书记、副局长　龙　波（3月任）
党组成员、副局长　胡　灿
党组成员、副局长　刘倍求（3月任）

·雷锋纪念馆·

【概况】 2016年，雷锋纪念馆内设办公室、宣传科、经营管理科3个科室，有干部职工40人，其中在职在编19人、政府雇员1人。2016年雷锋纪念馆被省文明委授予“湖南省文明风景旅游区”，雷锋纪念馆党支部被中共长沙市委授予“全市先进基层党组织”荣誉称号。

优化接待服务。做好宣传接待工作，全年接待国内外观众145万人次，为观众免费讲解1.4万批次，发放宣传资料4.1万册。接待新华社原副社长、第十二届全国人大外事委委员路建平、中办毛主席纪念堂管理局局长解津伟等重要领导30余次。开展学雷锋活动，先后主办、承办、协办“2016雷锋精神论坛”“驻长部队向雷锋塑像献花宣誓仪式”、长沙市第十二届“雷锋杯”教书育人风采竞赛、望城区庆祝中国共产党成立95周年暨争当“雷锋式党员”宣誓大会等大中型学雷锋活动25场(次)。“2016雷锋精神论坛”活动被人民网、光明网、湖南新闻联播、湖南日报等媒体进行报道。不断拓展宣传形式，与山东省鱼台县团委合作举办《永远的雷锋》图片展，与张家界市文明办联合打造张家界市雷锋精神核心教育基地，接待观众1万多人次；在链景旅行APP上推广雷锋纪念馆景区，为游客提供免费听取景区语音讲解的全新参观体验，听众人数1.01万人；配合市区文明委开展长沙道德讲堂总堂活动，全年开讲12场，受讲人数5000多人；区素质教育基地全年开班30期，封闭式培训学员8000余人；开展“雷锋精神”巡讲活动，在望城区第一中学、湖南农业大学、长沙市人防办等地开展巡讲活动54场，反响良好。

推进馆区建设。2016年，雷锋纪念馆先后争取中央、省、市专项资金1105万元，为馆区建设提供资金保障。优化陈展工作，按照建设“省会一流，国内领先”展馆的要求，推进陈列布展工作，新征有关雷锋的文物、史料380件；完成陈列内容设计项目的政府采购和陈列方案的编写，邀请冯健、何宇红等雷锋精神研究专家学者对大纲初稿进行评审，征集修改意见65条，初步完成雷锋生平事迹陈列布展的前期准备工作。新建雷锋生平事迹陈列馆周边园林绿化建设及馆内消防、电梯、门窗、水电等基础设施全面竣工；区素质教育基地房屋维修和水电改造如期完工，道德讲堂添置室内大型电子显示屏；根据A级景区要求，对老馆区旅游厕所进行改建，完善残障通道、厕所标识牌，馆区硬件设施和整体环境明显提升。

促进文化阵地建设。加快建设“一馆一站一基地”，根据中央、省、市要求，先后启动“当代雷锋——好人馆”“湖南雷锋纪念馆学雷锋志愿服务总站”和“中国雷锋精神公益广告基地”的建设。11月，中国雷锋精神公益广告基地正式落户雷锋纪念馆并面向全国征集公益广告作品，12月，雷锋纪念馆入选全国公共文化设施开展学雷锋志愿服务首批示范单位，12月16日，“当代雷锋•长沙好人”正式开馆。加强研究队伍建设，聘请省社科院、省委党校专家、雷锋生前好友、同事和离退休同志担任我馆编外“雷锋精神研究员”。参与课题研究，按照省、市文物部门要求，完成《中国博物馆志•湖南卷》雷锋纪念馆篇章的编撰工作，组织撰写《浅析新媒体对弘扬雷锋精神的影响》《周美玲：绽放在雷锋故乡的美德之花》《践行“三爱”教育，塑造优良品行》等理论文章在省、市重要期刊中发表。

【全国唯一一家“雷锋精神公益广告基地”落户】 11月，根据国家工商总局与湖南省人民政府签署的《关于推进湖南广告业发展的战略合作协议》和望城区人民政府制定的《中国雷锋精神公益广告基地建设方案》的相关要求，全国唯一一家雷锋精神公益广告基地正式落户雷锋纪念馆。基地围绕“播撒雷锋种子、建设美丽中国”的主题，采用“专业团队+公司”的模式，发挥“雷锋家乡学雷锋”优

“当代雷锋·长沙好人”事迹展览馆

势，整合资源、统筹创作力量，在政府主管部门支持指导下，通过与广告产业园、省内高校、科研团队合作，打造全国性的雷锋精神公益广告研究基地、创作基地、传播基地、人才培养基地。基地在基础设施建设、制度建设、作品征集等方面取得初步成效，基地建设和日常管理步入正轨。

【入选全国公共文化设施开展学雷锋志愿服务首批示范单位】 11月，中宣部、中央文明办、教育部、民政部、文化部、国家文物局、中国科协联合印发《关于公共文化设施开展学雷锋志愿服务的实施意见》(文明办〔2016〕22号)，雷锋纪念馆入选全国公共文化设施开展学雷锋志愿服务首批示范单位。雷锋纪念馆紧紧围绕中央、省、市关于深入开展学雷锋志愿服务的工作要求，弘扬“奉献、友爱、互助、进步”的志愿精神，不断发展壮大学雷锋志愿服务队伍。自2004年以来，整合社会力量，发动社区居民、中小学校、大专院校学生、五老人士等来馆参与学雷锋志愿服务，馆内常年志愿服务队伍人数保持在200人左右，在传承雷锋精神中开展志愿服务，以实际行动向社会传递正能量，推动雷锋纪念馆志愿服务工作的开展。

【“当代雷锋•长沙好人”事迹展览馆开馆】 12月16日，“当代雷锋•长沙好人”事迹展览馆在雷锋纪念馆正式开馆，免费对市民开放。湖南省委宣传部副部长、省文明办主任刘进能，长沙市委常委、宣传部部长、副市长黎春秋共同为展馆揭牌。来自长沙市各个行业的300多名代表共同见证这一盛典。“当代雷锋•长沙好人”事迹展览馆位于雷锋纪念馆入口处，馆内以图文展板、视屏循环播放等形式，展现全国道德模范、时代楷模、优秀志愿者、服务明星等全市1000多名先进典型的事迹，引导市民“传承雷锋精神，弘扬文明新风”，激发市民“争当雷锋传人”的责任感和使命感，见贤思齐、身体力行，合力唱响“美丽长沙、道德先行”的主旋律，为建设国家中心城市和更高水准的全国文明城市提供强大的精神力量和丰润的道德滋养。

（舒　迟）

雷锋纪念馆

党支部书记	刘宏伟
馆　　长	陈亮伟(11月免)
副 馆 长	杨政海　严　璐

·铜官窑遗址管理处·

【概况】 2016年长沙铜官窑遗址管理处内设综合科、文物管理科、规划建设科、开放运营科4个科室，下设湖南长沙铜官窑建设开发有限公司、长沙铜官窑文化发展有限公司，其中管理处核定事业编制17名，有干部职工25人。

推进项目建设。2016年遗址公园整体拆迁办理核心区初步蓝线；博物馆主体项目已全面完工并竣工验收，陈列布展完成方案设计、施工图编制，旅游配套已启动施工；陈家坪保护展示工程完成立项、设计方案审批、用地报批等前期工作，资金全额落实到位；协助新华联项目建设，2016年完成一期古镇主体建设90%，石渚湖挖湖清淤完成80%，陶瓷文化交流中心、游客服务中心、铜官阁均完成60%，觉华寺全部封顶，高端酒店、博物馆群、楚街完成部分封顶，湖心岛塔完成至8层，市政道路完成4020米，全年完成投资20亿元，超额完成投资计划。

开展文保研究。立足大遗址保护工作，建立人防物防技防“三防一体”立体防护体系，《长沙铜官窑遗址保护条例》宣教工作进入常态化；对石渚湖村开展考古发掘，征集文物，调拨区文物局237件文物，全面修复211件库藏文物；多渠道争取借展文物，与省市文物部门、新加坡亚洲文明博物馆、社会收藏家商议借展文物事宜。

提升运营管理。机构体制改革，管理处升格为副处级事业机构，增加5个编制，完善《机构人员编制方案》；管理制度改革，推行“周工作安排”“月工作计划”制度，确保各项工作“事事有落实、件件有回音”；安全管理工作稳步推进，被市安全标准化委员会评为“安全生产标准化三级企业”；全年免费讲解千余次，55名志愿者提供志愿服务1000余小时，WLAN系统、语音导览系统为游客提供免费“智能讲解”，拓展讲解服务的广度和深度；引导新华联公司统筹编制国家AAAAA级旅游景区规划，谋划两个项目统一运营，共同打造湖湘文化旅游名片。

促进产业发展。开发生产鱼跃飞鸟陶瓷茶具、传世套组陶瓷产品，与《湖南日报》合作开展文化创意产品设计大赛，征集15件长沙铜官窑

长沙铜官窑谭家坡遗迹馆

特色创意作品，打开文化产业发展新窗口；《诗意的彩瓷——长沙窑瓷器艺术展》在北京展出，长沙铜官窑品牌再次传向世界；编辑出版《话说长沙彩》文史书籍，为长沙铜官窑学术研究、宣传推广再添力作；中央、省、市主流媒体报道长沙铜官窑相关新闻40多条。

【《诗意的彩瓷——长沙窑瓷器艺术展》在京展出】 7月23日至10月23日，北京市文物局、湖南省文物局主办，湖南省博物馆、湖南省文物考古研究所、长沙博物馆、长沙市文物考古研究所、长沙铜官窑遗址管理处联合举办的《诗意的彩瓷——长沙窑瓷器艺术展》专题展览在北京艺术博物馆举办，集中展示长沙铜官窑窑址标本、制作工具和窑具等173件(套)，以长沙窑瓷器的造型、装饰艺术为主线，兼及复杂的烧造技术与外销经历，全面再现长沙窑60年来的考古发掘、研究成果，从一个侧面反映长沙窑精湛的制瓷工艺和辉煌的艺术成就。

（办公室）

长沙铜官窑遗址管理处

主　　任　王　宏
副 主 任　叶剑楠　何　莉
　　　　　刘　厚(9月免)

·长沙黑麋峰国家森林公园管理处·

【概况】 2016年，长沙黑麋峰国家森林公园管理处下设办公室、规划建设科、营销招商科、公共管理科4个科室，有干部职工20人。2016年，投入建设资金340万元，投入生态建设资金60万元，接待旅游者65万人次，门票收入137.5万元，收入总额2137.5万元。完成植树造林13.33公顷。

推进项目建设。完善创4A项目及精品游道打造工程的竣工资料，做好财评送审工作。完成X058道路加铺工程一阶段的竣工验收及财评送审工作，推进X058道路加铺工程二阶段的规划设计及预算工作。协调国际露营基地的建设，保证项目顺利进行。完成南、北门票站、文星桥集镇、峰顶寺庙的地形图测量和设计规划工作。完成景区道路亮化工程的设计及预算。推进景区公共设施、设备的维修维护，完成南门票公共厕所维修、观景平台公共厕所设施设备维修、假日宾馆公共厕所设施设备维修、景区道路沿线安保设施维护维修、水库停车场停车位维修及水沟盖板更换、长丘勘水毁工程挡土墙砌筑及绿化种植、龙门坝水毁边坡护砌、南门票站水毁土方清理等。

黑麋峰获国家 AAAA 级旅游景区称号

提升管理服务。环境整治方面：将景区环境清理工作整体承包给原洞阳、峰北两村负责，公共卫生间实施专人专管的责任人上墙制度。安全生产方面：防森林火灾，将管理处一楼原综合办公室，辟为专门的景区森林防火办公室，建立防火制度并上墙；配备防火器材，满足小范围火灾的扑救工作；安排防火巡查员6名，进行基本的巡查工作。维护交通秩序，上山公路弯多路陡，在路口设置禁止车辆上山顶提示牌；在节假日和旅游旺季，上山车辆急剧增多，聘请临时人员疏导交通，缓解景区承载压力。保障道路安全，增设、修复双黑线、文北公路、上山公路沿线交通安全镜10面；实地勘测受7月强降雨毁坏的怀素草堂、烈士墓游道口、池畔金龟、东井平台等15处景点和路段，制定修复方案并实施。

规范管理秩序。完善《门票站管理制度》《农家乐管理办法》等制度，使管理有章可循。联合工商、食安等执法部门，开展多次整治行动，规范农家乐拉客、使用不合格消毒餐具、未建立食品货源台账、未明码标价、工作不到位等问题。将潇湘天池水库沿线流动摊贩管理纳入日程安排，制定管理方案，择地集中安置。落实安全生产，确保森林防火安全、森林旅游监管安全、农家乐和旅游家庭旅馆用房安全，全年无安全事故发生。开展“文明景区创建”“雷锋服务站”活动，向游客发放景点介绍宣传折页2000余份，提高从业人员服务质量和服务意识，提升公园管理水平。

打造麋峰品牌形象。举办国家AAAA级旅游景区授牌仪式、黑麋峰首届儿童森林节、省委办公厅登山比赛、2016中国湖南健身气功大赛(黑麋峰站)、古驿情孝先行等一系列赛事、活动，提高黑麋峰知名度；全面铺开微信、网络、电视、报纸、户外广告等宣传，推介黑麋峰特色旅游资源，展示黑麋峰的“天然健身氧吧、佛道文化圣地、休闲度假乐园”品牌形象。开展宣传营销策划，推进与旅行社、自驾游、驴友及传媒公司的对接和服务工作，连接全新的网络宣传平台，为游客提供预约、咨询等旅游服务；运营微信公众号，发布官方消息和宣传公园品牌；与湖南卫视国际频道

《世界看湖南》栏目合作，拍摄1期关于瞿琮将军游麋峰、国家AAAA级旅游景区授牌仪式、吃喝玩乐在麋峰三个部分的主题节目，7月节目播出后，反响较好，10月进行复播，进一步提升公园知名度；与深圳市多彩旅游策划顾问有限公司合作进行景区深度策划，配合完成对景区的调研，并开展专项工作会议研讨。

创建文明、智慧景区。加强文明宣传和引导，在游客服务中心、购物中心播放以“培育和践行社会主义核心价值观”为主题的“讲文明树新风”公益视频广告；在核心景区位置设置《中国公民国内旅游文明行为公约》等文明旅游宣传海报；在游客服务中心播放文明游览的语言广播和提示，向游客提供《望城区文明旅游宣传手册》；在景区出入口、游客服务中心、核心景区等位置设置“遵德守礼 文明游览”等提示牌；在导游解说词中设有“不乱扔垃圾”“有序排队”等内容。落实投诉处理制度，在景区醒目位置、宣传手册上公布游客投诉电话，并落实专人接听、记录和处理。与省旅游局、湖南活泉电子商务有限公司合作，打造景区VR影视宣传项目，实现高新技术与旅游相结合，提升游客的游玩前的目的地预体验及游玩中的体验感与满意度。和区旅游局、望城移动公司合作，建设景区无线WiFi服务项目。和北京乐游山水网络科技有限公司合作，建设“旅游+互联网信息服务管理平台”项目，为公园提供游客信息大数据分析服务，为游客提供智能化、多功能的旅游信息服务。

【黑麋峰国家森林公园AAAA级景区授牌】 6月3日，黑麋峰国家森林公园AAAA级景区授牌仪式在长沙黑麋峰国家森林公园举行。仪式由望城区人民政府主办，望城区旅游局、桥驿镇人民政府、黑麋峰国家森林公园管理处承办，长沙市人民政府副秘书长卢兴映为黑麋峰国家森林公园AAAA级景区授牌。黑麋峰森林公园总面积为4079公顷，主峰海拔590.5米，园内风景秀丽，气候宜人、植被丰富，曾因有“麋鹿满坡”而得名，是长沙市区内面积最大、海拔最高的国家森林公园，也是长沙市民的“天然大氧吧”。景区以此次授牌为契机，推进黑麋峰景区深度改革和创新发展，加大旅游产业培育力度，挖掘和整合利用黑麋峰自然景观旅游和工业旅游资源，宣传和推介黑麋峰特色旅游资源，集聚黑麋峰旅游发展要素，集中展示桥驿镇优美的乡村环境、良好的乡村旅游品质，进一步打响“黑麋古寺”“文星古村”等特色文化品牌，提升景区的影响力和带动力，扎实推进黑麋峰旅游产业深度开发，为创建国家全域旅游示范区做出示范，不断巩固并扩大景区的知名度和美誉度。

【举办2016中国·湖南健身气功大赛】 7月30日上午，2016中国·湖南健身气功大赛首站海选赛在长沙黑麋峰举行。大赛由湖南省体育局主办，湖南省社会体育指导服务中心、湖南泽途户外旅行有限公司联合承办。竞赛项目分为团体与个人的健身气功易筋经、五禽戏、六字诀、八段锦4种项目。共有来自全省各健身气功站点组织的24支队伍，350余人参赛。湖南省健身气功大赛为全省广大健身气功爱好者搭建广阔的交流展示平台，展示全省练功群众的精神风貌，促进健身气功运动技术水平提高，弘扬优秀传统文化。

(陈 依)

长沙黑麋峰国家森林公园管理处

主　　任　姚　杰(10月任)
　　　　　吴南军(10月免)
副 主 任　李海波　周　勇

交通·邮电·电力

责任编辑 ◎ 刘湘东

交　　通

【概况】　望城区交通运输局内设综合科、财务审计科、安全企业法制科、交建科、监察室5个科室，下辖交通建设投(融)资管理中心(交建投)、路政执法局、农村公路管理站、交通运输管理所、交通质量监督管理站、城市公共客运管理办和交通行政处罚中心7个二级机构，在岗职工119人，管理航运总公司、运输总公司两家企业。

科学发展公共交通。编制完成《望城区公共交通规划(2016—2020)》，构建全区以快速公交与轨道交通为骨干、常规公交为主体、出租车为补充、城乡公交为延伸的客运体系。出台《长沙市望城区公共汽车社会公益性乘车补贴管理办法(试行)》和《长沙市望城区公共汽车安全运行及服务质量考核办法(试行)》政策性文件，为公共交通发展提供政策保障；设立"公共交通发展资金""公共交通设施维护专项资金"和"公共交通管理专项资金"，为发展公共交通提供资金保障。

扎实推进项目建设。全年实施项目11个，服务项目9个。芙蓉北大道(含绿化工程)、铜官大道、趸船码头、红南公路、船厂大道、何桥公路、长湘公路治超站等项目顺利完工，其中芙蓉北大道望城段拓改工程获"全国市政金杯示范工程奖"。协助城投集团完成S108长湘高速公路乌山互通连接线(普瑞路西延线)、高丁公路(G240)省交通厅相关审批程序，并协调进入省规"十三五"干线公路补助计划。配合完成长株潭城际铁路西延线(望城段)征拆工作和50%的桥梁工程下部结构、通涵、路基工程。高效推动G5513长益高速扩容工程启动实质性建设。

创新争资融资模式。通过部省计划、省市项目协调、市级专项、转移支付、本级预算等多渠道协调争资，全年争取上级补助资金到位12930万元，完成目标任务的120.84%，同比增长12%。协调、服务到位资金14100万元，占全年争资计划的122.61%。完成固定资产投入8亿元，占年初固定资产投入计划的114%；继续加大与政策性银行合作，融资贷款到位2500万元，完成目标任务的166.67%，国家开发银行追加贷款额度50000万元；加强与商业性银行合作，与长沙银行合作成功融资1亿元。开展PPP(Public-Private Partnership，即政府和社会资本合作)项目，与湖南省公路建设投资有限公司就湘江大道北延线等项目达成PPP合作协议。

开展交通运输安全执法行动。通过分时段、分行业，多次联合区安监、区交警大队联合执法进行现场排查。2016年共组织各项安全执法活动280次，出动执法人员1274人次，检查生产经营单位256家，下达执法告知书407份，立案调查398起，下达行政执法书398份，经济处罚86.36万元，推动"大排查、大管控、大整治"行动取得实效，全区道路运输市场秩序进一步规范。

农村公路建养上新台阶。农村公路建设完成132千米，完成水星桥、沙河桥、杨西桥、巩桥以及洪山坝桥等危桥改造6座(省市民生实事项目)。启动S324南新线(全长7.6千米，省、市民生实事项目)、X074前马线、X076白乌线、X077厉铁线、S213栏丁线、X115电厂大道等6条县乡道的道路安保工程建设，总里程36千

新开通的城乡便民公交

米。在茶亭、桥驿、白箬铺等街镇打造9条文明示范路,里程40.2千米,修整公路两厢绿化,修复破损路面,安装农村公路管养公示牌。农村公路养护有序开展,加大雨季巡查力度,及时清除路面、涵管、水沟杂物,确保公路排水顺畅,路面整洁。路容路况常年保持良好,全区2232.58千米列养线路经PQI(路面)体系自查,综合优良率达85.5%,PQI(路面)中等路以上比例95.7%、绿化率84.4%.

治超工作取得新突破。将全天候24小时治超执法常态化,集中开展多次"边界区域超限超载车辆整治""工程领域超限超载车辆整治""超限超载源头整治"和"雷霆行动"等专项行动。全年检测货运车辆67.8万台(次),查处超限超载车辆895台次,卸载货物3810.69吨,路面货运车辆超限超载率有效控制在省市要求的0.3%以下。全面建成省、市、县三级互联互通治超信息平台一期项目,至年底已启动二期建设。建成洪家超限检测站,加强河东片区治超执法力度。全区形成以洪家超限检测站为中心的河东片区、以雷锋北大道治超点为中心的河西北片区和以齐天庙超限检测站为中心的河西南片区三大治超责任片区管理模式,实行片区负责制和守点、巡查相结合的无缝隙监管机制,建立望城全域治超、常态治超、科技治超的格局。

打击非法运营。全年组织开展"打非"专项联合整治行动12次,出动各种执法和宣传车辆600台(次),执法人员1600人次,发放宣传单1000余份;查扣非法营运和违规车辆511辆,暂扣违法经营证(牌)21本(块),确保全区道路运输市场规范有序。在春节、"十一"等节假日,加强组织协调,采取24小时值班值勤制度,保障运输安全,完成关键时段的重点物资和旅客运输任务。

民生工作实现新发展。优化开通W107 、219(市内)公交线路2条,方便居民出行;公交IC卡系统与长沙市公交IC卡平台进行融合,刷卡数据实现共享;设立投诉电话,处理群众投诉1000多条;开通高考爱心巴士,开展免费送考等活动;重点保障节假日出行,春运期间投放客运车辆6592台,42984个班次,128828个座位,安全输送旅客51.11万人次,同比减少33.4%,未发生旅客滞留车站现象,未发生重大事故。

提升政务服务能力。推进电子政务工作,主动公开政府信息124条,全文电子化率100%。完成12345交办件,优质高效及时承办280件,群众满意率100%。审验营运车辆3350辆,审验率100%,商事制度改革中后置审批事项许可办证率98.79%。优质高效办理区人大代表建议和政协委员提案21件(其中建议10件、提案11件),承办省市建议提案5件,代表和委员的满意率达到100%。

【芙蓉北大道全线贯通】12月21日,芙蓉北大道项目最后一段望城段全部竣工,芙蓉大道全线贯通。芙蓉大道北至岳阳湘阴,南通长沙主城区,延伸至湘潭,全长约120千米,是湖南最长城际主干道,被称为"三湘第一路"。芙蓉北大道拓改工程于2015年3月开工。该项目起于长沙市芙蓉大道开福区界,途经望城区丁字、桥驿、茶亭三镇,与芙蓉大道湘阴段顺接,主线全长约17.96千米。此前,芙蓉北大道已部分开放交通,但仍有标志标线、交通信号灯等附属工程尚未完工。芙蓉北大道全部竣工后,夜间从长沙城区沿芙蓉北路一路向北行车,两旁的路灯已经开启,双向6车道的标志标线醒目。车主可从湘潭,沿芙蓉大道一路开车经长沙,畅行至湘阴,长株潭"1小时交通圈"融城生活更加便利。

(办公室)

望城区交通运输局

书记、局长	刘洪波
纪检组组长	李程鹏(5月免)
	郭佳华(5月任)
副　局　长	熊　伟(9月免)
	王向阳(4月任)
	周建波　赵　昂
总 工 程 师	骆　晟(4月任)

公路管理

【概况】 2016年,望城区公路管理局内设办公室、政工科、财务科、工务科、路政科、后勤科、纪检监察室、工会、妇联、共青团、关工委,下辖路面综合养护专业队、沥青油场、铜靖汽车渡口所及7个管养站,有在职干部职工127人。主要负责全区境内10条线路,计159.84千米的建设、养护、管理工作,其中国道1条,省道2条,县道6条和代养城市道路1条。

抓公路养护,稳定路况水平。完

养护后的许龙线

成所辖公路大、中改造，全年完成X057廖茶线、X062梅铜线等县道换板1000平方米，完成X062梅铜线安保9.325千米，同心桥危桥改造启动建设。养护管理稳中有升，全年完成沥青路面挖补10340平方米，水泥路面板底压浆20030平方米，水泥路面清灌缝135000米，挖运边坡及挡墙基坑土方4150立方米，浆砌挡土墙1840立方米，路面热熔标线12300平方米，桥栏刷漆9800平方米；绿化补栽627棵，草皮绿化2020平方米；定期组织开展桥梁安全隐患排查工作。重点项目扎实推进，作为北横线望城段征拆协调责任主体单位，完成北横线宁乡白马桥路到靖港老格塘镇路段、铜靖大桥引桥段共9.54千米的征拆线放样工作，丈量线内拆迁计106户，促进政府重点项目顺利推进。

强化路政执法，优化路域环境。开展"路域环境集中整治行动"和"路政管理示范路"创建活动，维护路产路权。各路政中队全年上路巡查1120人次，发放、张贴宣传资料1900余份；拆除违法非公路标志20块，清理摆摊设点24处，清理公路用地范围内堆物放料28处，清除路基、路肩、边坡非法种植物6处，清理马路市场2个，违法占路现象基本消除，路容路貌明显改观。坚持"政府主导、部门联动、各方参与"开展治超工作。通过上路巡查、流动检测及发放宣传资料等形式，与公安交警部门联合执法，落实严管重罚、源头管控，突出重点路段、时段、区域，全覆盖铁腕治理。全年检测车辆154台，处罚超限车辆80台，收取罚款10万元。

推进依法行政，实行"阳光执法"。路政许可项目程序、条件、收费依据和标准等全部实现上墙，提高透明度；为行政许可申请人打开便捷通畅的"快速申办通道"，重新制作路政、治超两个服务"窗口"公示牌，向社会公布举报电话；开展法律法规和职业道德培训，加强执法考评和监督；所有路政案件都在承诺时限8个工作日内办结，行政执法人员没有违法违纪现象，实现零错案、零诉讼、零积案。

（办公室）

望城区公路管理局

党委书记、局长　杨谦
党委副书记、副局长　曾召速
党委委员、副局长　虢林宏
党委委员、工会主席　罗军

邮　政

【概况】　2016年，区邮政分公司设综合办公室、营销服务部，有员工369人。区内有农村投递邮路51条，省级二级干线邮路2条，市趟邮路3条，区内转趟邮路2条，邮运线路里程300.4千米，区内邮件日均2次直达省会中心邮政局。全年完成业务收入7357.89万元，较上年增长19.21%，其中邮务类收入1837.11万元，金融类收入4909.82万元，速递物流收入527.5万元；期末邮储余额34.61亿元，较上年净增6.69亿元。分公司被省邮政公司评为集邮业务"先进单位"、快包业务"先进单位"，雷锋支局被评为全国100强先进营业所，望岳、青山、雷锋、霞凝支局被评为全省城市百强邮政支局（所），麻潭、桥驿、学士支局被评为全省农村百强邮政支局（所）。

金融类业务稳步发展。开展"以节造势，以会聚客"活动，推动金融业务快速发展。一季度开展外出务工人员返乡探亲及新春邮礼营销活动，邮储余额净增3.34亿元；二季度开展邮储发展季竞赛活动，分7个批次、历时3个月，截至7月15日，28个金融网点全部开展一次庆典活动，共吸储3.31亿元，点均当日净增近1200万元；三季度推动网点转型，用活动带动余额的快速增长。

项目营销显成效。集邮鉴赏会整体销售额238万元；开展集邮网厅邮品抢购和摇号活动，开展微店营销，实现收入26万元；在千龙湖文化体育馆举行2016年首届集邮周启动仪式暨《第三十一届奥林匹克运动会》纪念邮票湖南站首发式，湖南省各地的集邮爱好者约300人参加活动，当天销售各类邮品7.8万元；开展儿童舞台剧《大头儿子小头爸爸》营销，将文化商演与其他娱乐项目联合销售，采用专职客户经理外拓、网上售票、微营销等模式，实现收入22万元；与团区委、区教育局合作开展书信比赛，有小学、初中、高中学生3.8万人参加，创收7.6万元；酒品鉴赏会销售酒水132万元；与千龙湖合作销售优质葡萄，收入52万元；通过思乡月拓展、平台代购、邮掌柜批销等方式，实现农资分销260万元。快递包裹全年累计完成揽收业务58万件。

安全服务质量有效提升。公司根据业务发展需要和社会需求，调整网运和投递作业组织，严格网运纪律，优化邮件内部处理环节，加快邮件的传递时限，增强邮递类业务市场竞争力；严格检查支局出口邮件质量，对差错较多、投递压力较大的支局进行业务指导和业务帮扶，要求支局严格按照规格封发邮件，提高出口邮件质量。采取对照问题找差距，分析原因定措施，落实整改保平安的原则，对分公司的安防设施进行逐步改造、升级；对区公司职工开展4次安防知识培训，开展"安全生产月"活动及常规检查和突击检查68个频次，荣获6月长沙邮政安全生产月"一等奖"。

（办公室）

望城区邮政公司

总经理　古建明

中国电信

【概况】　2016年，中国电信望城分公司下辖星城、丁字、桥驿、茶亭、铜官、靖港、格塘、乔口、乌山、黄金、雷锋、白若、雨敞坪、莲花14个支局和渠道、政企、城区、商客、校园五个专业营销支撑部。全区（包括城区和农村）门店代办点120家，全面承接望城区综合信息服务整体经营和建设维护。全年收入1.03亿元，完成年计划的108.92%%,同比增幅17.92%。综合经营指标位居县级分公司前列,获省公司战略经营单元。

注重规模与价值协调提升。2016年,望城分公司改变强推融合模式,注重规模与价值协调发展,全年累计新增宽带15595户,同比增幅70.53%。新增IPTV电视16733户,同比增幅87.91%。

着力光网能力建设。2016年,望城分公司自建光缆项目投入1950万元,新建光网端口43208个,吸引民资合作共建光网端口约10000个,全年新增光网端口53200个。投入415万元新建主干光缆90条,投入116万元新建企事业单位专用万纤光缆240条。满足移动用户网络需求,在无线信号覆盖较弱的区域进行补盲建设,全年新建3G基站12个,开通4G基站93个。

实施"互联网+光纤"宽带惠民行动。2016年8月根据省市公司的安排部署,望城分公司投资近千万元,全面承接800M 4G网的建设。通过合理调度,严格过程管控,12月上旬提前完成全部84个800M基站建设,通过调试并网后,实现全区 4G网络全覆盖。

(办公室)

中国电信股份有限公司望城分公司

经　　理　彭　力

中国移动

【概况】 2016年,望城移动分公司设综合部、市场部、网络部、政企大客户中心3部1中心,员工161人。

2016年,望城移动分公司履行社会责任,推进通信基础设施和信息化项目建设,为服务地方经济发展,推动"智慧望城"建设做贡献。全年完成纳税912万元,有代理渠道600余家,带动价值链劳动力3000余人;2016年移动信息化项目建设累计投资1.3亿元,从智慧政府、智慧教育、智慧旅游、智慧交通、智慧渔业、智慧社区、智慧园区7个方面推动智慧望城的进一步发展,已建成至各乡镇、街道、学校及驻点企业等2000多条专线,完成100多个信息化项目;新建4G基站333个,累计1500余个;建成移动宽带有线端口数15万多个,全年发展移动宽带用户5万余户。

(办公室)

中国移动通信集团湖南有限公司长沙市望城区分公司

经　　理　温　泉

中国联通

【概况】 中国联合网络通信有限公司望城分公司内设综合管理部、营销部、集团客户部、校园业务拓展部、宽固中心、建设维护部。自建自营厅1个、自建他营厅12个、沃店57个、社会专营店15个,特约店30个,有职工108人。负责经营在望城区行政区域内的基础电信业务2G业务、3G业务、4G业务、固定电话业务、互联网宽带业务、国际国内长途、IP业务、数据通信业务和增值电信业务,全年业务收入9847万元,用户规模超过10万户。

2016年,望城联通继续优化"对外服务承诺,对内服务倒逼"的大服务机制,加强客户关怀,做好投诉管控工作,通过限时督办、问题反馈、优先解决等方式,实现前后台联动双向牵引,促进热点投诉问题解决率提升。全网维系工作紧抓存量用户保有率、存量收入保有率、新增续费率、新增不良率、到厅换卡率几大指标,全面推进"存量用户保有"工程。开通入网4G宏站238个,重点解决滨江新城城区、老县城城区和乡镇4G覆盖。通过室内分布解决22处重要场景的信号覆盖,重点解决6处楼盘的深度覆盖。开通入网运行4G站点258个,新增和开通基站73个。

实施惠民光纤宽带工程。推进光纤宽带资源覆盖;实施老项目光网提速改造,为全面推进光纤到户奠定基础;响应省政府十户联防号召,加强十户联防群防群治工作。

(办公室)

中国联通望城分公司

总 经 理　倪　斌

电　　力

【概况】 2016年国网湖南省电力公司长沙市望城区供电分公司有全民员工144人,农电员工310人,6个部室和11个班组。按专业管理模式,下设靖港、高乌、丁桥、星城、铜官5个供电所及配电运行检修一、二队,供电所负责400伏线路及设备的运行维护和低压客户营销业务,配检队负责10千伏配电线路及设备的运行维护。望城电网有220千伏变电站2座,主变容量720兆伏安;110千伏变电站8座,主变容量520.5兆伏安;35千伏变电站7座,主变容量100.2兆伏安;110千伏线路15条,35千伏线路8条,10千伏配电线路165条。

2016年,完成售电量17.57亿千瓦时,同比增长18.96%,完成目标任务115.58%。综合线损率8.27%,还原后下降4个百分点。售电均价为686.33元/千千瓦时(含税),同比下降3.01%。发生营业成本0.99亿元、完成营业收入10.69亿元,实现内部利润2.81亿元。电网运行方面,最高负荷35.2万千瓦,同比增长22.2%;电网安全运行超2700天。

安全局面持续稳定。组织开展稽查作业现场344个,发现各类违章及不规范现场7个,计划检修现场稽查率100%。完成主网年度计划检修22项,大修技改13项。应对抗洪抢险,紧急出动抢修、施工人员2842人次,处理故障54处,架设临时抢险照明线路142.08千米,抢修11台变压器,安装照明灯2910个,确保排渍机台供电和临时抢险照明亮灯。与政府相关部门联动,发现寄挂强弱电共杆以及强弱电交叉跨越安全距离不够问题516处，发现专变客户安全用电隐患174处，联合执法27次，消除外部隐患331处。全年未发生七级以上人身电网、设备、质量事件，未发生严重违章事件，全面实现安全生产年度目标。截至12月31日，实现连续安全稳定运行2735天。

电网发展稳中向好。完成建设投资0.85亿元。110千伏富民变投运，主变容量5万千伏安。城农配网新增配变170 台，新建、改造10千伏线路59.834 千米，完成“重点民生实事工程”8项，解决 2.3495 万户“低电压”问题，完成7个中心村、5个贫困村农网升级改造。完成“十三五”电网规划的滚动修编，第一、第二批“中心村”项目的规划、可研和2017年农网改造升级项目的优选排序等工作。新建110千伏富民变电站投运并配合市公司完成35千伏格塘变电站增容项目的设计审查。完成2015年第二批“低电压”项目，2015年增补项目批次，2016年农网改造升级项目，以及2016年增补批次，计28个项目包，新建、改造配变170台新增总容量38045千伏安，新建、改造低压线路126.794千米，户表改造23495户。

营销服务不断升级。开展公专变计量装置清理工作，关口普查2495个台区，公变台区总数清查2560个，专变线变关系清理1388个用户。负控终端改造96户，计量采集系统用户从19.8万户上升到25万户，采集成功率99.4%，提升1.05%。业扩完成新装、增容项目206个，容量19.804万千伏安，同比增长23%。电能替代完成154个项目，同比增长48%。通过95598工单处理流程，利用早会、营销周例会、月度例会、“四不放过”分析会、微信温馨提示整改闭环工作，制定和实施《优质服务奖惩办法》、调取投诉工单录音和敏感客户，完善公司优质服务体系。

农电管理日趋规范。按照国网公司供电所班组设置要求，规范各所班组和岗位设置。处理农电用工历史遗留问题，防范和化解用工风险。按照星级供电所标准开展供电所建设，初步实现供电所抄核收分离和公、专变上收，进行低压台区隐患整治。依据专业管理要求，将指标责任到人，安全责任落实到人。撤销配检一队、二队，将人员分配至各供电所，实行服务网格化和终端融合。

（办公室）

国网湖南省电力公司长沙市望城区供电分公司

书　　记　胥　望
总 经 理　周卓敏
副总经理　张　曦　彭信淞
工会主席　戴远力

教育·科技

责任编辑◎任俊国

教育管理

【概况】 2016年,区教育局内设办公室、教育督导室、人事科、财计科、普教科、职成科、监审法规室(监察室)、综治安全科有群团组织区教育工会,挂靠机构区大中专毕业生就业指导中心、区招生委员会办公室和区教育信息中心,在区大中专毕业生就业指导中心和区教育信息中心分别加挂学生资助管理中心和区校车管理办公室的牌子,下设区教研培训装备中心、区教育后勤产业办公室2个二级机构。教育局机关在编在岗人员46名。全区有中小学校98所,其中普高3所(省示范性高中1所、市示范性高中2所)、国家级重点职业中专1所、初中22所、小学72所,在校学生5.6万人,幼儿园121所,在园幼儿1.9万人;有在职教职工3878人,其中小学、初中教师3161人,高中教师717人。获评国家级农村职业教育和成人教育示范区。获2016年度长沙市"教育综合改革奖"。教育综合改革、教育督导、平安校园建设、教育阳光服务等工作走在省、市前列。

优化教育资源。办学条件持续改善。投入4亿余元,建设3所公办幼儿园、25所标准化学校、2所扩容提质学校、209套农村学校教职工公租房、长郡月亮岛学校二期、一师斑马湖小学。对76所中小学校(公办幼儿园)校舍维修。全面推进教育信息化建设,建成教育督导管理平台和普通话测评系统,多媒体到班率98.6%。师资水平整体提升。公开考录编制内教师132人,聘用编外合同制教师192人;培训教师6778人次;评聘60名"区级名师";新增5个名师工作室;交流、轮岗校长、教师131名,占符合条件校长、教师总数的28.29%。科学制定并稳妥实施《长沙市望城区乡村教师支持计划(2016—2020年)实施细则》。启动教师职称改革,完成教师资格首次注册。遴选20名后备干部到局跟班学习。白箬铺光明小学杨伊老师获评第四届"感动星城 十大魅力教师",大湖中学李阳老师获长沙市第三届"十大孝星"提名奖和"'雷锋式'模范市民"称号。多元办学加快推进。与长郡中学再度联手,签约合办长郡斑马湖中学。湖南师大附中星城实验中学实行"一体两翼"办学模式,新增两个小学部(白石湖校区和杨丰校区)。长郡月亮岛学校发展势头良好,多次接待省、市、区领导考察调研,得到一致好评。引进市体操学校在区内办学。区域内集团办学、对口支援等工作有序推进,5个教育集团、4个帮扶对子共建共享,优质教育资源示范引领作用不断加大。

增强教育活力。教研教改不断深化。依托区教研培训装备中心,建立区、校两级教研体系,开展各类研讨活动50余次,7个市级课题顺利结题,2个获市级一等奖。区职中邱琼老师获全国教师信息化教学大赛一等奖,星城实验中学胡强老师获全省生物教学大赛一等奖,乔口小学肖佳皓老师获省教育厅支教工作图文展活动一等奖。9名教师获市级赛课一等奖。承办全省送培下乡现场会,常态化研修"3321"模式(打造三个团队、采取三种培训方式、分成两类片区、实施一体研训)在会上推介。办学特色不断彰显。不断创新办学理念,切实加强校园文化建设,推动各级各类学校特色发展。区一中"精致"教育、星城实验中学"活化"教育、金海学校"闪光"教育等育人模式特色鲜明。星城实验中学舞龙队再创佳绩,获全国第四届中学生舞龙舞狮锦标赛舞龙规定套路、自选套路男子组两个第一名。区二中德育特色工作在《湖南日报》上推介,白箬铺光明小学绘画教学被《中国日报》、政法频道等多个媒体报道,桥驿环保教育被《长沙晚报》报道。星城东马小学创建为市文明单位和市级区域特色校。新康中学创建为市戏曲特色校。格塘中学创建为市两型学校。乌山金塘小学获评市学生劳动综合实践基地。书堂中学顺利承办全国当代文人书画作家书法展。黄金中学连续举办八届校园美术展。育人效益不断提高。高考质量稳中有升:区一中西藏班一本上线率100%,杨琦同学被北京大学录取;区二中二本上线率较上年提高5.4个百分点。区职中顺利通过国家中等职业教育改革发展示范校省级评估,毕业生一次性就业率98.5%。区六中成功举办建校60周年纪念活动。扎实开展普法教育,区一中、星城实验中学、高塘岭实验小学获评"长沙市首届青少年学法用法知识竞赛模范学校"。组队参加全国青少年足球冠军赛获三等奖。219人次获市级艺术竞赛一等奖。望一简文学校周美玲同学入选感动中国之感动湖南十大人物。金海学校获湖南省学生阳光体操活动小学组花球规定一级冠军。砂子塘新世博学校精细化管理得到社会广泛认可。管理体制不断创新。实施教育体制改革,撤销14个中心学校,将农校从教育系统剥离。对区一中、星城实验中学、长郡月亮岛学校试点后勤服务社会化,效果良好。全面完成学校章程建设,实现"一校一章程"。教育督导工作经验全国交流。

改善教育民生。教育公平取得新进展。严格落实“公办不择校、择校到民办”的中小学招生政策，切实加强招生入学管理。精准扶贫展现新作为。及时发放各级各类免补、助学资金3409余万元，确保没有一个学生因贫失学。建立贫困教师档案，慰问帮扶191名困难教师，发放助困金近45万元。继续选派18名优秀教师赴绥宁支教。教育援藏工作有了新动作：区六中周著老师赴西藏山南市第三中学支教，区一中西藏部新开设“山南代培班”，并接收4名山南教师挂职培训。育人环境呈现新面貌。落实领导干部带队检查安全制度，认真开展校园及周边治安综合治理，切实加强校车规范运营管理和师生安全教育。创建市安全文明校园2所，市平安校园17所。积极参与国家食品安全城市创建活动，大力推进“明厨亮灶”工程，确保师生饮食安全。2016年3月，望城区被授予“平安校园建设先进县市区”牌匾。认真落实内控管理制度，加强学校财务管理，对58所学校开展财务审计。“雷锋580”教育阳光服务平台建设成效明显，全年接收各类信访件307件，接待群众来电来访900余人次，办结率100%，获评全市教育阳光服务平台建设一等奖。支持、规范民办教育发展，发放普惠性民办幼儿园补贴100万元，促进学前教育普及普惠发展；定期开展督查，对存在安全隐患的单位下发整改通知或停办通知，协助相关部门依法关停南英励志培训学校。

完成高考、自考、成考等各类大型考试的组考工作，保持“零失误”。老干、工会、计生、征拆、城市管理、建议提案办理等工作取得新成绩，区教育局获评“教育部关工委‘五好小公民’主体教育先进集体”“全市关心下一代工作先进集体”“长沙市望城区‘建议提案办理优秀单位’”等，全区教育事业发展不断迈上新台阶。

合作办学

【创建第一批国家级农村职业教育和成人教育示范县】 11月17日，教育部第一批国家级农村职业教育和成人教育示范县评审专家组第二组专家，实地调研望城区国家级农村职业教育和成人教育示范县创建情况。湖南省教育厅副巡视员郭建国，省教育厅职成处副处长周韶峰，望城区委常委、宣传部部长姚建刚，区人民政府副区长苏敏芳等陪同调研。通过听汇报、看现场，调研组对望城区农村职成教育发展取得的成绩给予肯定。11月29日，教育部、农业部等6部门联合下发《关于公布第一批国家级农村职业教育和成人教育示范县名单通知》（教职成函〔2016〕16号），望城区名列其中，成为长沙地区首个创建为国家级农村职业教育和成人教育示范县的区（县、市）。

【易炼红考察长郡月亮岛学校】 6月23日，湖南省委常委、长沙市委书记易炼红一行考察长郡月亮岛学校。望城区委书记孔玉成，区委副书记、区人民政府党组书记、副区长（主持区政府全面工作）范焱斌等陪同调研。易炼红指出，要把老百姓家门口的每一所学校都办成人民满意的好学校，把每一个教师都培养成为优秀教师，让每一个孩子都成为优秀人才，实现“校校成名校，师师做名师，生生皆成才”的教育目标。他对望城区依托名校推动区域整体办学提升的做法给予肯定。

【肖国安调研望城教育工作】 6月14日，湖南省教育厅厅长、党组书记、省委教育工委书记肖国安，副厅长、厅党组成员、省委教育工委委员王建华率省厅相关处室长，深入学校实地调研望城教育工作。长沙市教育局党委委员、副局长孙传贵，望城区委副书记、区人民政府党组书记、副区长（主持政府全面工作）范焱斌，副区长苏敏芳等陪同调研。肖国安在讲话中肯定望城教育近年来的成绩，特别是对望城区在校长、教师交流轮岗工作上的先进经验和做法大加赞赏。

【责任督学挂牌督导创新工作经验全国推介】 3月25日，全国中小学校责任督学挂牌督导创新县（市、区）推进会在北京召开，教育部副部长、国家总督学刘利民出席会议并讲话。来自全国31个省（区、市）及新疆生产建设兵团教育行政部门、教育督导部门负责人参加会议。望城区作为全国5个代表之一（另有辽宁省金州区、上海市虹口区、江苏省秦淮区、重庆市巴南区）在大会上作教育督导工作典型经验介绍。这是继2014年望城区教育督导工作经验全国推介之后的第二次全国推广交流。

【西藏班办学成效显著】 望城区第一中学西藏部2016届毕业班的58名学生全部考过一本线,其中杨琦同学以全国西藏生文科第二名、湖南省西藏生文科第一名的好成绩,被北京大学录取。9月,望城一中西藏部新增"山南班",招收西藏山南地区的孩子。同时,接收4名山南地区骨干教师来校挂职培训。望城一中自2002年开办西藏班以来,招收15届401名西藏学生,其中已经毕业的有235人,他们均以优异成绩考入重点大学继续深造。学校通过对藏族学生们实施"精巧细致、追求完美、关注个性发展、尚善求真"的"精致教育",不断提升西藏学生的学业水平,开阔他们的眼界,使他们成为宣传和践行民族团结的重要力量。

【探索合作办学模式】 为进一步扩大优质教育资源的辐射带动作用,推动全区经济社会发展,在成功合作举办长郡月亮岛学校、师大附中星城实验中学的基础上,望城区人民政府再次牵手长郡中学和湖南师大附中。4月29日,与长郡中学签订合作办学协议,合作举办一所公办完全中学——长郡斑马湖中学,初中、高中各规划30个班规模。11月4日,与师大附中签订合作办学协议,进一步扩大师大附中星城实验中学办学规模,在现有初中校区的基础上,新增两个小学部(白石湖校区和杨丰校区),各规划48个教学班,实行"一体两翼"办学模式。

【举办首届幼儿园园长专业能力大赛】 4月26日至27日,由望城区教育局主办,望洲幼儿园承办的望城区首届幼儿园园长专业能力大赛顺利举行,来自全区各幼儿园的12名选手参加比赛。该比赛以"管理提升质量、专业引领发展"为主题,是望城区进一步加强幼儿园园长队伍建设,全面提升学前教育保教质量,加快推进学前教育事业发展的一个重要举措。比赛共分综合素质考查、专业理论考试、现场教学评价及管理案例分析四个环节。经过激烈角逐,高塘岭苗苗幼儿园(文源园)业务园长王梦馨、万婴时代幼儿园副园长康珊斩获特等奖。

(办公室)

望城区教育局

党委书记、局长	李树先(10月任)
	万畅红(10月免)
党委委员、副局长	曹小平 肖 跨
教育督导室主任	李力行
党委委员、教育工会主席	王艳平
区纪委派驻纪检组组长	熊 冰(5月任)
	颜 颖(5月免)

·教研与培训·

【概况】 2016年,区教研培训装备中心内设办公室、教研部、师训部、电大部、装备部5个部门,有教职员工52人,高级教师32人(其中特级教师1人),中级教师17人,文印、会计及其他工作人员3人。扎实开展中小学教师信息技术能力提升培训、"研训一体 送培到校"培训、"诊断式"调研、"点单式"调研、"高效课堂""一师一优课 一课一名师"评比等活动;加强高三教学和考前复习的指导,组织两轮教学调研和教学质量抽测;做好初三毕业班相关学科实验考查和教学设备的配备工作。

教育科研。教研部2016年继续创新教育科研工作,在开展教学调研、联片教研、网络教研等常规教研工作的同时积极整合教研资源,在全区范围开展大教研组建设。根据区教育局的要求,构建以区教研培训装备中心牵头的区级教研责任主体,以各区属学校、各中心学校为具体执行单位的乡级(区属)教研责任主体的区、区属学校及中心学校两级教研体系,对全区453名教研组长进行业务培训,开展大教研组研训活动3786人次。开展集研训、赛培于一体的第四届高效课堂教学竞赛活动,上半年,小学思品、科学分别在星城实验二小、乌山梅湖小学;体育在区二中、新世博和书堂中学,音乐分别在职业中专、星城实验小学和星城实验中学举行高中、小学、初中三个学段的教学比赛。下半年,中学数学在望城金海和桥驿中学,中学语文在望城二中和望一向阳中学,中学英语在望城二中和望城金海,中学政治在望城一中和星城实验中学,历史在望城一中和星城实验中学,地理在望城一中和长郡月亮岛学校,化学在望城六中和望城金海学校,生物在望城一中和向阳中学,小学数学在高塘岭实验小学,小学语文在乔口田心小学,小学英语在星城实验小学,信息技术在望城二中和高塘岭实验小学,美术在长郡月亮岛学校和星城东马小学举行高效课堂教学竞赛活动。

教育教学。2016年,教研部多次承办省市教研活动。小学科学和音乐分别承办长沙市小学科学教学比赛和长沙市音乐教师教学风采大赛;文综、理综和英语学科分别在茶亭镇望一简文学校主办河东片区初三复习研讨大教研组教研活动;小学数学在新世博举办长沙市小学数学讲题比赛。"一师一优课 一课一名师"网上赛课推出66堂市级优课,晒课率达94%。指导教师参加市级以上赛课,10人次获市一等奖、5人获省奖。主持开展3个课题的研究工作,指导基层学校成功立项的市级课题6项、区级课题3项,3个市级课题顺利结题,2个课题获市一等奖、1个课题获市二等奖。精心组织高三复习备考研讨会,3月22日,结合长沙市教科院专家对望城区的调研视导,在望城二中精心组织高三教学研讨活动。举行课堂教学开放日活动,4月26日,在望城金海中学举行面向全区开放的课堂教学开放日活动,展示七大课型,50余堂精彩的课堂同时开放,给全区各科教师代表提供课堂教学示范;10月和11月,指导望一集团先后在新康中学、育红中学开展教学开放与学科研讨活动。加强区内教学视导,10月,中学组与小学组分片区组织将研讨、指导与督查相结合的课堂教学和大教研组建设重点视导活动,对被视导学校的课堂教学、教学常规的落实、大教研组建设等方面起到号脉诊断作用。组织全区高三模拟考试3次,联合长沙县、宁乡县、浏阳市组织高三联考1次。组织高三、初三毕业会考、肄业班各年级文化学科期末质量检测和非文化学科抽测工作，促进全区教育教学质量的稳步提升，获“长沙市创新教研工作奖”。

师资培训。2016年，师训部完成681人次的“国培”“省培”“市培”三级培训的送训任务，组织325名教师参加网络学习，启动“北京奥鹏教育”培训。重视学校管理水平的提高和学校特色发展，3月31日，组织全区76所小学校长在星城实验小学举办一次“校长专业发展‘思与行’能力培训”班，认真探讨如何提高全区小学校长专业素养和管理水平的问题。全力推进乡镇学校开展自主培训，指导白箬铺镇中心校、高塘岭中学分别开展以“初中语文学科大教研组研训活动”“教师心理健康与良好师生关系建构”“优化育人环境，提升管理水平”为主题的自主培训活动。承办“湖南省送教下乡培训现场会”，展示并推介“3321”培训模式。2016年6月29日至7月1日，在新世博学校承办湖南省教育厅、湖南省中小学教师发展中心、湖南省中小学教师国家级培训计划项目实施工作办公室在望城区举办的全省送教下乡培训现场会，向来自全省的200余名省市（区）培训专家展示推广“3321望城研修新模式”，为全省各地推进送教下乡培训工作发挥示范作用。暑假组织区级培训，开办小学班主任培训、初中班主任培训、心理健康培训、新任教师培训、资深教师培训、初中教师适岗培训、中心学校幼教专干和幼儿园团长等七类培训班，培训教师1298人次。协助区教育局，在原有的6个区级名师工作室的基础上新建何宇红小学语文等5个名师工作室，做好11个名师工作室和150位区级名师的管理和考核工作。完成约4000名中小学教师的学分登记任务。

电大与社区教育。电大部招收学员176人，其中，农民大学生60人（专科35人、本科25人），中南网院81人，开放教育25人。完善《班主任跟班学习》《学员奖励》《教师聘任》《网络学习》等办学制度，创造性地使用教材，开设《网页制作》课程，与乌山镇团山湖村、东城镇静慎村和湘港生态农业公司3个单位签订农民大学生实践教学基地合同并已挂牌，开展农民大学生实践学习活动，农民大学生期末考试成绩合格率达96%。社区教育完善课程建设体系、创建特色课程，突出内涵建设，开展学习之星评选活动；指导桥驿镇桥头驿社区学习中心、金山桥街道金山桥社区学习中心获评”市示范性社区学习中心“。完成行政人员资格电子化考试。电大部获“湖南省优秀基层电大”。

教育技术与实验教学。全面完成教育城域网建设，完成全区6所学校多媒体设备流转工作，使全区多媒体设备覆盖率达98.6%，全区基本具备到班多媒体设备条件。3月，在星城实验小学开始网络直播课堂试点工作。配合教研部开展“一师一优课，一课一名师”竞赛活动，在全区开展多媒体设备教学应用竞赛和微课制作竞赛，收集微课作品200余件，推出多媒体设备教学应用竞赛课52堂。完成2015年教育技术装备采购计划和部分2016年采购项目的验收工作。进一步建立健全中小学校教育技术装备管理制度，做好25所拟建标准化学校功能室建设情况摸底统计工作，推动和指导18所标准化实验室项目学校做好验收的准备工作，协助长郡月亮岛学校和一师斑马湖学校制订设施设备的采购方案，协助区教育局做好网络考试评卷相关工作。2016年1月，获“长沙市2015年度现代教育技术工作目标管理考核先进单位”。

【承办“湖南省送教下乡培训现场会”】 6月29日至7月1日，望城区教研培训装备中心在新世博学校承办湖南省教育厅、湖南省中小学教师发展中心、湖南省中小学教师国家级培训计划项目实施工作办公室在望城区举办的全省送教下乡培训现场会。区教育局局长万畅红向来自全省的200余名省市（区）培训专家阐述颇具望城特色的“3321培训模式”（即打造三支团队、采取三种方式、分成两块片区、实施一体研训）。会议结束后，区教研培训装备中心组织初中组培训专家赴书堂中学、小学组培训专家赴星城实验二小（金坪）现场观摩，取得很好的效果，为全省各地推进送教下乡培训工作发挥示范作用。

（办公室）

望城区教研培训装备中心

中 心 主 任　　杨志明　龙飞跃
中心副主任　　唐 卓

·望城区第一中学·

【概况】 长沙市望城区第一中学（简称望城一中）有教学班级56个，在校学生近3000人，在职在岗教职员工268人。有正高级教师1人，特级教师4人，高级教师104人。2016年，学校获得“全国示范文学校园”“湖南省食品卫生安全示范学校”“长沙市中小学德育研究先进集体”“望城区绩效考核一等奖”等10余项国家级、省级、市级、区级奖励或荣誉。

以教学为中心，全面提升教育教学水平。2016年，望城一中高考成绩一本上线235人，上线率30.2%；二本以上上线592人，上线率76.1%。西藏生58人，一本上线58人，一本上线率达100%，杨琦同学获湖南省西藏生文科状元，被北京大学录取。进一步加强教学常规考核，完善教师教学管理和教师教学绩效考核制度，优化各部门考核细则，明确考核依据，最大程度实现“多劳多得、优劳优得”的考核目标，为教师工作提供动力。制定每个年级教师聘任方案。明确学科老师的奋斗目标，有计划地组织教学，有效地提升教学水平。动员全体行政、教研组长、学术委员会等下移工作中心，积极跟踪课堂，检查教师备课情况，促进教风建设，提升课堂质量，切实提高课堂效率。研究新高考。面临新高考的改革挑战，积极应对，创新方法。加强教学交流活动，充分发挥优秀教师模范带头作用，促进教师之间、校际之间的教学交流。

以“六个一”（一副健康身心，一个良好习惯，一种创新特质，一门艺术素养，一身国学传承，一生导师引领）的培养目标为根本，加强德育工作。细化各项目标，进一步探索精致教育课题中主体德育、生本课堂和星级服务等核心内容，落实“实施精致教育，培养完全人物”的办学策略，认真开展德育常规工作，动员教师集体抓住教育契机，将培养目标贯彻到具体的德育工作中。创新机制开展体育艺术节活动。实施“主体德育”，以学生为主，创设个性特长的发展平台，建设“1234”德育工程，高举雷锋精神旗帜，发扬创新精神，开展体育艺术节系列活动，丰富校园文化。深化“一副健康身心、一门艺术素养”教育，在活动中完善学生人格，实施德育。规划班团活动。继续坚持升旗仪式教育，继续发挥读报课和班团活动课的作用。重点抓住学生中典型的人和事，传播正能量。以班为单位，开展具体德育活动，落实德育工作。深层次挖掘学校文化内涵，深入进行“一身国学传承”教育。

以民族教育为特色，做好“山南班”，做强西藏班。作为湖南省唯一一所承担“山南班”光荣任务的学校，稳定民族教育工作特色，建设好首届西藏“山南班”。望城一中贯彻“实施精致教育，培养完全人物”的教学策略，共享教育资源，山南班做好做强，做成精品优品。西藏部加强教育教学研究，加强学生心理、生活、学习习惯研究，有目的、有计划、有步骤地开展活动，为西藏学生提供良好的学习生活环境，创设和谐校园氛围，教育教学与民族特色相结合，推进民族教育事业，加强民族团结。培养学生品质，注重提升教育教学质量，促进汉藏民族和谐。

以“智慧校园”系统为基础，推进校园治理现代化。打造国内一流的设施设备。完成图书信息中心、科技馆、体育艺术馆内部装修、维修改造等，优化教育教学硬件设施，改善教学条件，丰富教学方式，为教育教学工作提供切实保障。全面升级“智慧校园”系统。加强信息化管理，完善系统维持水平，充分发挥“智慧校园”在学校工作中的积极作用，提升学生综合素质培养水平，信息化教学及管理，搭建线上教学服务平台，形成家校教育服务生态圈。做到资源集中化、管理智能化，加快推进教育现代化。整理修订一系列规章制度。为全面对接新一轮高考及课程改革，积极采取措施，建立和完善一套与新课程相适应的教学管理制度。提高多元办学及联合办学的水平，2016年望城一中托管望一向阳、望一简文、望一新康、望一育红四所中学。望城一中建立联合办学管理机构，派遣名誉校长，共享优质教育教学资源，谋求共同发展共同进步，尽全力为望城教育事业贡献一份力量。

望城一中

【举行首届“五一表彰会”】 4月29日下午，望城一中第一届“五一”学生表彰颁奖典礼隆重举行。区委常委、宣传部部长姚建刚，理想奖学金、永清奖学金、天合奖学金等组委会成员出席本次颁奖典礼。湖南紫光测控有限公司董事长及总经理严文交先生、GE大中华区首席合规官执行顾问朱湘莲女士等7名杰出校友作为奖学金捐赠人回母校参与颁奖典礼并举办个人讲座。4月13日，学校知名校友严文交董事长和苏胜培教授出席理想奖学金励学金面试座谈会，与推荐优秀学子一一进行面对面的亲切交流。望城一中理想奖学金、永清奖学金、长虹奖学金、富基奖学金、左承植教育奖、孔子教育奖等奖项奖金逾500万元。

【与美国布朗瑞克中学签约“千校携手”项目】 2月22日，美国布朗瑞克市教育副监管Anna Pender Makin（安娜•彭德•梅金）女士和布朗瑞克中学国际事务负责人Julie Mason（朱莉•梅森）女士到望城一中交流访问，两校就中美“千校携手”项目展开交流与合作，并在厚德楼三楼会议室举行签约仪式，望城一中校长夏育华、副校长肖忠平、谢永兴参加签约仪式。

【“山南班代培班”落户望城一中】 9月23日下午，望城一中举行首届“山南班代培班”开班典礼，湖南省教育厅民教处副处长文春华、长沙市教育局副局长缪雅琴、望城区委统战部部长喻霞元等领导出席会议，四名山南地区骨干教师入驻望城一中挂职培训。4月7日，望城区委统战部和区民宗局发起“汉藏情深助学行”活动，资助望城一中30位藏族学子。4月27日，湖南省教育厅副厅长王建华一行莅临望城一中调研西藏部工作。5月21日，廖克勤书记带领30名湖南第三批援藏干部走进望城一中慰问西藏学子，望城一中西藏学子充分感受到援藏干部的深情关怀。

【联合办学开启新篇章】 望城一中2016年下学期托管学校新加入望一新康中学、望一育红中学，联合办学工作进入总结、思考与进一步提升阶段。半个学期以来，坚持贯彻落实望城区教育局“五个统一”（行政统一管理、教师统一调配、教学统一安排、考核统一标准、资源统一使用）和望城一中提出的“实施精致教育，培养完全人物”的总体要求，通过联合办学会议和联席会议，共同探讨联合办学新思路、新方法；开展教学开放日活动、班主任经验交流会、四校大联考、常规大检查、绩效考核等手段以检查促进学校教学常规规范化，提升了教学常规管理水平，促进了联合办学教学管理更加科学化、规范化、优质化、精细化，实现“双轮驱动、合作共赢、创新发展”新局面。

【《望城地方文化视点》出版发行】 《望城地方文化视点》是李玉上语文工作室“校园文学与地方文化类语文校本课程教材开发研究”课题组的研究成果。工作室以“课题研究”为着力点和突破口，有计划、有组织、有实效地认真开展丰富多彩、生动活泼研讨活动，工作室10名成员历时7个月，最终完成该教材的编写任务。该书约28万字，分“雷锋精神”等20课目102个篇章。该书选材广泛，立意深远，图文并茂，被誉为“望城地方文化的百科全书”。启迪学生思想，陶冶学生情操，弘扬学生道德，培养讲文明、讲纪律、讲学习、讲奉献的完全人物。

（余敏慧）

望城区第一中学

校　　长	夏育华
书　　记	李玉上
副 校 长	姚武良　肖忠平　谢永兴
工会主席	杨清华

·望城区职业中专·

【概况】 望城区职业中专是一所全日制公办职业中等专业学校。学校创办于1956年，位于望城区中心，占地面积8公顷，建筑面积80517平方米，有教职工228名，在籍学生3000多人，开设有加工制造、交通运输、信息技术、旅游服务、财经商贸、文化艺术六大类9个专业，开设有海员班、海乘班、轨道交通服务班、高速公路收费班等多个特色班。

2016年，学校行政团结和带领全体教职员工，紧紧围绕“办人民满意职业教育，培养雷锋式职业人，创一流职业学校”的工作目标，内涵发展，质量兴校，扎实开展各项工作，顺利通过国家改革发展示范校项目省级验收和3个“十二五”省级重点项目验收，学校获得“长沙市首届青少年学法用法模范学校”“望城区学雷锋示范学校”等17项市、区荣誉。

彰显校园文化。学校将雷锋“一滴水、一盏灯、一颗钉”三个一精神作为校园文化建设的核心，开展“学习雷锋精神，做雷锋式职业人”系列活动，师生多人获区“学习雷锋积极分子”荣誉：党总支组织党员对口帮扶高塘岭街道莲湖社区，深入班级进行精准帮扶；团委开展敬老孝老志愿者服务、为白血病患者捐款等活动；学校一年一度的“温暖三月，心系贫困生”活动被省级刊物《高中生》跟踪报道。技能节、汇报会、运动会、艺术节、武术操比赛、国防军事教育、法制教育、安全演练、励志讲座、“文明风采”竞赛、文明创建、百姓城管等丰富多彩的活动成为学校亮丽的风景线：新生国防军事教育别开生面；音乐专业毕业生汇报演出受到社会各界一致好评；举行“彩虹人生——优秀毕业生报告分享活动”，3名优秀毕业生进行精彩分享；紧急疏散逃生演练提高师生自护自救能力。各类社团搭建推进素质教育的平台：校园“诗蕾”诗社受到望城区诗词协会的表彰与奖励，校刊《校园诗蕾》结集出版2期，9位同学作品入选国家级刊物《中华诗词》，1位老师获区首届雷锋艺术文学奖；晨曦女子合唱团节目获区校园文化艺术节优秀节目展演一等奖；跳绳队获区阳光体育跳绳比赛集体长绳特等奖；足球队获区中小学生校园足球赛“体育道德风尚奖”；田径队在区运会上收获1金1银2铜。校报《燃梦望职》及学校微信公众号发挥典型示范、自我教育和信息传播的作用，成为学校联系师生员工、联合办学企业、学生家长的纽带。

加强队伍建设。党总支在党员中认真开展“两学一做”学习教育活动，加强党风廉政建设和师德师风建设，营造风清气正的教书育人氛围。学校多途径提升广大教师的教学教研水平：重视培训。有200

现场模拟导游风采大赛

多人次参加各级各类培训：12人次参加国家级培训，71人次参加省级培训，49人次参加市级培训，80人次参加区级培训。建设好名师工作室。机加、旅游、汽修、焊接4个重点专业均成立名师工作室，其中以戴石辉为首席名师的机械加工技术工作室成为区级名师工作室。积极开展教研教改与课题研究。教学开放周授出示范课和研讨课68节；老师参加教学比武、主编教材、撰写案例和论文、指导学生参赛等获市级以上奖励达164项，其中国家级荣誉20项，省级荣誉27项，10多位老师作品或论文在报纸杂志上发表；2个省级课题顺利结题，1个市级课题获市级奖励；1位老师被评为市“最有魅力团干部”，2位老师获望城教育奖。

提升专业技能。为促进学生专业技能全面提升，学校加强日常实习实训的过程管理，严格组织各专业学生技能年度考核，并开展全校性的技能竞赛，竞赛涵盖8个专业20个项目，学生参赛面广，选手竞争激烈，许多项目突破历史纪录。技能大比拼在全校营造勤练技能的良好氛围，学生参加省技能大赛获二等奖3个，参加市技能大赛获一等奖1个、二等奖22个、三等奖42个，获团体奖2个，学校获组织奖。

深化校企合作。学校与联合办学企业开设海员班、海乘班、轨道交通服务班、高速公路收费班等特色班，并与晟通集团在旅游和汽修专业开设“晟通订单班”，校企协同育人，促进校企深度互融。加强学生就业安置和跟踪调查工作，建立毕业生就业信息网络，对就业学生进行多次企业回访，加强与企业沟通，依法切实维护学生合法权益。承办了长沙市大中专毕业生就业工作会议，在市大中专就业创业成果展板竞赛中获二等奖，计算机专业学生在市大中专学生面试大赛决赛中获奖。就业品质不断提升，高三就业班学生顺利进入对口企业顶岗实习，毕业生学校推荐就业率为98.1%。

拓展社会服务。利用学校资源优势，开展多种培训，承办市中职高星级饭店运营与管理专业教师为期10天的培训，举办2016年第一期电工培训班，开展望城区安全生产监督局的安全员培训、望城区畜牧水产局的业务培训、望城区财政支付系统业务培训等各类社会技能培训共计500余人次。学校被定为长沙市就业技能培训定点机构。

【望城职业中专获评国家中等职业教育改革发展示范学校】 7月27日，教育部、人社部、财政部委托湖南省教育厅、人社厅、财政厅对望城区职业中专进行国家改革示范验收，望城区职业中专获评国家中等职业教育改革发展示范学校。从2013年开始，望城职业中专严格按照教育部、人社部、财政部审批的第三批国家中等职业教育改革发展示范学校《项目任务书》和《建设方案》开展创建工作，以重点专业建设为龙头，全面实施人才培养模式与课程体系改革，实施学历提升、“双师”培养、名师培养与引进、师德建设“四大工程”，打造德技双馨教师队伍，构建产教深度融合机制，促进互利共赢。结对输送优质资源破解机械装备产业“用工荒”，着力提高人才培养质量，多维度促进内涵提质，输出办学经验引领职业教育改革，形成398项建设成果，任务完成率100%，资金使用率100%。建成省级示范性特色专业2个、省级特色专业2个、省级示范性特色专业群1个、省级精品专业1个，国家级实习实训基地1个、省级生产性实习实训基地1个、市级示范性实训基地1个、市级开放性实习实训基地1个、市级精品专业1个、区级名师工作室4个。组建行业专家、企业技术骨干和社会能工巧匠组成的课程开发团队，重构适合职业能力培养的课程体系。校企共建省级精品课程1门，市级精品课程2门，开发校本特色教材和延伸性教辅资料30本。

【“大手牵小手”结对帮扶绥宁县职业中专】 学校发挥国家改革发展示范学校引领、辐射作用，提升边远贫困地区职业学校教育教学水平，实现当地职业学校学生高品质就业。从2014年起结对帮扶绥宁县职业中专，开展送课、送技术活动，选派专业老师姚宏伟、陈立功老师每人支教一年，在该校开办“三一班”“华天班”等订单班。第一期“三一绥宁班”40名学员于3月初到望城区职业中专完成了焊接理论和实操学习。帮助绥宁职业中专选拔和训练焊接专业技能比赛选手，2016年3月，该校3名学生到望城职业中专接受为期6天的强化训练，望城职业中专选派刘智海、李显其等专业教师精心指导，受训学生在邵阳市技能大赛中获一等奖，代表邵阳市参加湖南省技能大赛获二等奖。湖南省教育电视台、《湖南日报》和当地电视台先后进行报道。望城区职业中专作为省内被教育部确定为“东西部合作办学”的两所职业学校之一，近年来先后开展对口支援湖北兴山县职教中心和湘西腊尔山区转移农村剩余劳动力培训，得到教育部和省教育厅的高度评价。

（余敏慧）

望城区职业中专

校　　长	陈建国(12月任) 杨奇才(8月免)
书　　记	李颂武
副 校 长	文学兵　陈昆明 龙飞跃(9月免)
校长助理	汪志明

科技管理

【概况】 2016年，区科学技术局(加挂区知识产权局、区科学技术协会两块牌子)内设综合科、工业科技科、农业科技科、科普宣传科4个科(室)，下设专利办公室、技术市场管理办公室和生产力促进中心3个二级机构，有干部职工29人。

加快科技创新步伐。加快省科

美丽之城

2016年，望城统筹推进品质城区、精美城镇、美丽乡村建设。金星大道北延线、潇湘北路全线启动建设，航电大道拓改、月亮岛路（二标）竣工通车，城乡公交网进一步优化。实施湘江古镇群建设三年行动计划，承办“国研智库论坛2016·湘江论坛暨世界休闲农业与乡村旅游峰会”。推进“五美五韵”美丽乡村建设，实施“青山、碧水、蓝天、秀洲、美垸”五大计划，开展城乡接合部环境综合整治“百日会战”。城乡一体化建设成效显著，获批全省首个省级生态区。

斑马湖景

滨水新城区

十里画廊——彩陶源村

品质楼盘

WANGCHENG
ALMANAC

宝丰农场

黑麋峰风光

靖港镇

谷山体育公园一角

新康社戏码头

望城半岛水利风景区

岳临高速

绿化美化后的高乔大道

高裕垸景观工程

团头湖

幸福之城

望城通过共建共享推进文明宜居首善区建设。深化公立医院改革，基本公共卫生服务实现免费供给。合作办学迈出新步伐，群众文体活动丰富多彩。出台小微企业创新创业支持政策，农村危房改造成效显著。精准扶贫成效显著，4652人脱贫、1个省定贫困村“摘帽”。电子政务超市24小时不打烊，“雷锋580”获评全国最佳志愿服务项目。社会治理再上台阶，获评全省依法治理先进区、安全生产先进单位。

区政府与湖南师大附中签订合作办学协议

乔口镇养老服务日间照料中心

基本公共卫生服务

24小时不打烊的3D实景网上政务大厅

全民公益半程马拉松赛

铜官街道新型职业农民培训班

WANGCHENG
ALMANAC

桥驿镇卫生院与市一医院建立医疗卫生服务联合体

全国孝老爱亲道德模范田秀英讲课

精准扶贫

“泥人刘”刘坤庭在教学

民俗迎新年之“望城剪纸”

中国作家书画院书堂山分院揭牌仪式

舞台剧《君生我未生》

乔口三贤祠

醉美古镇 戏唱新康

区司法局对社区服刑人员进行入矫宣告仪式

治安巡逻

安全生产督查

应急指挥中心

“平安望城”建设宣传

义务清扫

望城区创新创业推介会暨 2016 年全国科普日活动启动仪式

技成果转移转化示范县建设，打造湖南先进制造产业集聚高地。2016年9月，望城区获批省科技成果转移转化示范县。转化推广重点新成果、新技术300多项，转化“交通运输用高性能铝合金材料开发与应用关键技术研究及产业化”“大型高举消防车关键技术及应用”等重大科技成果，促成2016年长沙科交会上项目签约31个，签约金额65.1亿元。加强创新平台建设，为产业发展提供科技支撑。2016年3月，望城区承办国家可持续发展实验区湖南湖北片区座谈会并作经验推介。魅创空间获批国家级众创空间，黄金创业园获批省级科技企业孵化器强基工程。支持企业科研平台建设，指导铜官陶瓷产业依托企业建立公共技术服务平台。天卓塑胶获批“长沙市HDPE管道工程技术研究中心”，全区市级以上工程技术研究中心21家。千龙湖、雪峰山茶油、守盛农业3家单位获批省级农业星创天地试点单位，奕辉农业、伟誉园林、梅树湖生态农庄3家单位获批市级现代农业特色产业科技示范基地。培育壮大高新技术产业，促进产业向高端方向发展。2016年247家科技型中小企业完成备案工作，培育认定科技创新小巨人企业9家、高新技术企业19家。2016年，望城区高新技术产业增加值189亿元，高新技术产业增加值占GDP比重达30.97%。小微企业技术合同登记39项，合同成交额1621.18万元，超额完成621.18万元。加快实施知识产权战略，提升知识产权创造能力。多措并举促进专利增长，分片区派驻知识产权特派员，积极推进知识产权代理工作。2016年专利申请量为915件，专利授权量为457件，其中发明专利授权142件为历年之最。加速知识产权运用，长高高压、澳优乳业、航天磁电专利项目分别获得省专利一、二、三等奖。绿建集团认定为长沙市2016年度企业知识产权管理规范化试点单位，成为望城区首家知识产权贯标企业。加大知识产权执法力度，组织联合执法4次，开展执法巡查10余次，发放知识产权宣传资料3000余份，查处假冒专利案件61起。

浓厚创新创业氛围。举办创新创业推介会，开启双创工作新局面。举办创新创业推介会暨2016年全国科普日活动启动式，创新创业四基地一中心一平台获得授牌，金桥国际创客大学、黄金创业园、中德产业园进行项目推介，科大讯飞、开利星空开展项目路演及创业分享，活动受到人民网、长沙晚报等多家主流媒体报道，望城区创新创业环境向外推介，全社会尊重知识、崇尚创新氛围空前浓厚，开创望城区大众创业万众创新新局面。加大科技项目支持，营造鼓励创新支持创新氛围。加强科技奖励指导，2016年获省、市科技奖励9项，其中晟通科技获长沙市科技创新市长奖，新汇制药“生物中药猴头健胃灵标准化关键技术研究及产业化”项目获长沙市科技进步一等奖。组织开展2014—2015年度区级科技奖励评审，对20家获奖单位进行表彰奖励，其中对晟通科技、中联消防2家分别获评区创新贡献奖单位和省科技进步一等奖配套分别给予50万元重奖。大力推进科学普及，全面提升公民科学素质。搭建科普宣传教育载体，2016年5月建成望城区首个青少年科学工作室并正式对外开放。推动科普信息化建设，开通望城科普微信公众号，定期推送科普知识。加快实施基层科普行动计划，指导创建2个国家级、2个市级、8个区级科普示范单位和个人，并获得奖补资金。其中望城区格塘镇无公害生态优质稻种植协会、高塘岭社区被中国科协列入国家“基层科普行动计划”，充分发挥科普典型的示范带动作用。

优化创新服务体系。构建创新政策支持体系，强化政策导向作用。2016年3月至6月，开展主题为“强化科技服务 推动创新创业”科技大调研活动，紧密结合区人大双创工作调研和重点企业帮扶工作，深入企业广泛开展高企申报摸底、企业需求对接、创新政策宣传和指导，帮助晟通科技、黄金创业园等10多家企业解决创新创业方面实际问题。组织召开区长中小微企业调研座谈会，收集整理企业代表提出的创新创业支持政策需求，将涉及的工作任务分解到相关部门。搭建企业互联互通平台，打通上下游产业链。举办两型科技产品推介会，出台政府采购支持两型产品政策文件，促成一批产学研合作和两型产品采购合作项目成功签约，聘请黄伯云、刘经南等院士专家作为经开区科技顾问，为区内产业发展提供智力支撑，活动受到主流媒体和《长沙要情》广泛报道。举办全区高新技术企业培训会，精准指导科技型企业申报高新技术企业及科技项目等。开展国外专利信息资源库推介应用培训,推动国外专利信息资源在区内企业的借鉴、消化和利用。邀请国防科大、中南大学教授开展产学研合作会商,帮助航天磁电解决迫切需要解决的产业发展技术难题。深入推进农业科技发展,助推农业产业转型。提质农业科技特派员工作。健全“双向选择”的对接模式,市、区两级选派23名特派员。两级特派员驻点时间1602天(次),举办技术培训46余场(次),培训农民近2693人次,推广新技术、新产品48项,引进新品种60个,促进农业产业转型提质、农民增收。强化农业信息服务站建设。区蔬菜协会、湘港珍禽等4家单位成功创建“12396”市级信息示范站,培育世宏生态农业等3家单位为“12396”区级信息服务站。

(张 柱)

【望城区被认定为湖南省成果转移转化示范县】 9月,望城区被认定为2016—2018年湖南省科技成果转移转化示范县(全省共15个),成为长沙地区唯一获此荣誉的县域。12月,区政府印发《湖南省科技成果转移转化示范县建设三年实施方案》,重点围绕有色金属材料制备及应用产业,依托国家级有色金属新材料精深加工高新技术产业化基地,着重建设一批科技成果转移转化服务平台,培养一支高素质的创新创业人才队伍,形成一批重大科技成果转化项目,打造一片科技成果转移转化示范基地,不断拓宽有色金属材料应用领域,推动产业提质提档,促进产业链延伸和提升。有色金属材料产业由原来的粗加工型向精深加工转变,材料制备向有色金属材料下游的装备与产品制造应用转变,推动有色金属材料产业向智能、高端、绿色、集约方向发展,将有效带动望城经济的发展。预计通过三年示范县建设,将全面推进新型工业化,引领和支持创新要素向有色金属材料制备及应用产业集聚,科研创新平台建设、产学研合作、高端人才的引进和培养进一步加强,技术成果转化应用能力不断提升,在有色新材领域创新研发出一批具有市场前景和高附加值的高新技术产品。

(张 柱)

【举行两型科技产品推介会暨2016年科技活动周启动式】 5月19日,望城区举行两型科技产品推介会暨2016年科技活动周启动式。中国工程院院士、中国科协副主席、省科协主席黄伯云宣布科技周活动正式启动,中国工程院院士、武汉大学原校长、国家卫星定位系统工程技术研究中心主任刘经南,省科技厅党组成员、副厅长杨薇,省经信委党组成员、总经济师熊琛,市政协党组副书记、副主席钟新莲,区委书记孔玉成,区委副书记、区人民政府党组书记、副区长(主持政府全面工作)范焱斌共同启动科技活动周电子球。多家科技型企业展出的两型产品、科技产品成为“重头戏”,其中晟通科技、中航起落架、长高集团、中联消防、航天磁电、金龙铜业等一批高新技术企业,研发出的零基铝箔、登高云梯消防车、特高压开关等科技含量高、拥有自主知识产权、市场竞争力强的产品得到重点推荐。湖南省科技厅受科技部委托,正式授予望城区“国家可持续发展实验区”牌匾。黄伯云、刘经南、周科朝、吴义强、黄守道、肖加余、赵西友、白书欣等院士专家接受望城经开区科技顾问聘书,并表示将为经开区产业升级、经济转型实时把脉。

(张 柱)

望城区科技局、区知识产权局

书记、局长 杨东方
纪检组组长 文革委(12月任)
晏 思(9月“改非”)
副 局 长 刘 英
任成进(12月任)
虢万来(9月“改非”)

望城区科协

科协主席 李建龙
科协副主席 欧阳君利
李小武(9月“改非”)

科技普及

·老科技工作者协会·

【概况】 2016年,望城区老科技工作者协会(简称老科协)有街、镇分会14个、区直机关分会10个,有会员986人,其中有中、高级专业技术职称461人,占46%。

服务经济建设。协助抓好农业转型升级。老科协会员积极协助当地培育新型农业经营主体。2016年,全区街、镇分会及有关专业分会配合乡街道、镇、农办、农科校等部门举办农技、植保、农机、水产养殖及农民实用技术培训班49期(次),培训一批职业农民。乔口镇分会以农校为依托,举办电工知识、水产养殖、厨艺等课23堂,学员2000多人,还选派20人参加省现代农业领军人才、实用人才、农场主、电子商务等培训。乌山街道分会以农科校为中心,组织农民进行技能培训,为创业富民园输送初级技工200多名。金山桥街道分会以“网络直播课堂”和街道农科校为依托,对失地农民进行专业技能培训,培训人员200多人次。全区镇、街道老科协组织指导、协助培育农业产业化龙头企业、专业大户、现代农庄、农民专业合作社,吸纳当地农民158户跟班学习和就业。指导扶持乡村发展休闲度假型、农事体验型、美食品味型、民俗风情型等乡村旅游业。科技项目推广取得进展。乌山街道浩鹏农产品合作社发展66.67公顷富硒红薯,生产红薯粉,在2015年的基础上又扩大33.34公顷富硒优质稻,打造66.67公顷连片富硒茶,通过省农产品检验检测中心检测,富硒指数达标,基地生产经营稳步发展;乌山街道分会老科协会员李广芝经营的长沙天然油茶科技发展有限公司注册资金500万元,总资产2000多万元,发展油茶基地45.34公顷,加土地分植面积66.67公顷,有科技人员20多名,公司以采集、收购、种植、生产、加工、销售于一体,是湖南省农产品加工研究所研发企业和安全生产标准化AAA级企业，带动周边产业的规模发展。继续抓好科技扶贫工作。黄金园街道农民刘伟军因创业失败欠账10万多元，分会引导其做青天寨农庄配套产业，为其积极争取无息创业资金10万元，创建鑫泉生态农业公司，推出科技龙虾养殖垂钓、葡萄错时结果技术等项目，提高产业利润，实现脱贫致富。靖港镇分会发挥技术和经验优势，协同市老科协农业分会在省、市贫困村——格塘杨家山村实施优质稻产业化，大幅度调整品种结构，采用良种良法技术，使水稻产量和质量大幅提高，全村年增收节支60多万元。茶亭镇分会对丧失劳动能力、无住房的贫困户余生根进行帮扶，指导他养鸡，解决低保、救助1800元，捐款1000元，安排其妻做环卫工作，家境大有好转。2016年区老科协对第三轮科技扶贫工作做好巩固工作，所扶助的23户扶贫对象已全部脱贫，其中有11户致富。启动新一轮科技扶贫工作，全区老科协对贫困户进行调查摸底，明确对15户贫困户进行帮扶，落实扶植产业、帮扶措施和方法。发展能人经济。区老科协涌现一大批科技致富会员，如高塘岭街道会员王成发展大型生态观光农业，年经营额5000多万元，被省老科协评为2016年度农村科技致富能人。黄金园街道有会员企业8家，其中会员陈检发展绿色蔬菜、珍稀苗木种植、特种水产养殖，研发、推广农业新技术、新品种，年生产总值380万元，带动周边160余户农户科技致富；乔口镇会员刘树良充分运用农技知识，在自己创富的同时，指导科技扶贫户和农业龙头企业；乔口镇会员吴树林经营的湘柳源农业科技开发有限公司流转土地175.33公顷，进行水稻无公害种植，发展稻田养蟹13.3公顷，年产值2400万元，利润480多万元；丁字湾街道会员余立专创办"石乡苗圃"，常年安排近30名农村劳力就业，带动周边30多户农户从事苗木种植；白沙洲街道会员唐天明创办的渔场，吸引顾客垂钓、餐饮，经济效益客观；茶亭镇会员姚从明培植20公顷药材基地也获得可喜的经济效益。铜官街道会员谭艺推出茶杯、茶罐等艺术陶瓷作品，在长沙文创十大工匠首届"金手指"传人评选活动中被评为"金手指"奖。

服务社会。参与维稳促和工作，2016年，全区老科协会员调处大量民事纠纷，铜官镇分会会员刘铁柱的"柱爹调解室"调处7起纠纷；政法分会协助司法行政机关做好社区矫正工作；发挥社会阅历丰富优势，参与人民法院人民陪审工作，参与案件审理，引入社情民意，弥补法官对案件判断的不足。开展"五老四讲"（老干部、老模范、老教师、老战士、老专家，形势政策、党的历史、思想道德、公民意识教育）活动。黄金园街道老科协会员易迪祥在全区"五老"宣讲员"畅谈发展变化"微宣讲赛课活动，获一等奖，在青少年关爱家园、黄金中学等地开展公益宣讲活动，被长沙市老干局聘为"五老"金牌讲师团宣讲员。金山桥街道挖掘"科技能人""老匠人"资源，创建"中国好人"之"丙爹工作室"，为倡导文明风尚、传承传统文化、引导创业创新、服务社会进行了有益尝试。发挥乡贤作用。区老科协将一大批热心公益事业的新乡贤吸引到老科协队伍中来，用乡贤的经验、学识、专长、技艺、财富及文化道德修养参与新农村建设和乡村治理，用乡贤身上散发出来的文化道德力量教化乡民、温暖故土，促进和睦，为推动乡村治理现代化发挥了引领作用。发挥文化能人作用。铜官街道分会会员、老科协科技精英、铜官窑"泥人刘"第三代传人、著名陶艺大师刘坤庭，他的新作《乐》创意陶瓷在2016年第十二届中国（深圳）国际文化产业交易博览会上博得观众的赞美。

推进"创百"工作。2016年区委、区政府对创建百岁健康区工作（简称"创百"）高度重视，投入资金38万元，继续加大创建工作力度。区老科协抓"创百"文化植入，抓"双八"（即百岁健康村"八有"、健康老人"八有"）活动推进，抓"创百""三个融入"（即将"创百"工作融入美丽乡村建设、融入道德实践活动，融入老人日常生活），"创百"工作呈现良好态势。19个"创百"示范村建有创百文化广场29个，36760平方米，健身场地62个，13120平方米，建创百文化一条街15处12840米，有老年活动室55间，5474平方米，专家讲课163堂次，听众17807人次，成立健身团队68个，2260人，举行创百文化活动82场次，13849人次，刊发宣传牌匾926块，订自我保健杂志1089份。2016年，乌山街道团山湖村被市老科协评为百岁健康村。老科协顾问冯正其、会员刘铁柱被市老干局评为"阳光老人之星"；曾宪凡被市老科协评为"健康老人"。乔口镇乔口社区投入60多万建成老年人健康保健基地和孝心示范基地，尤其是创百文化，设计科学、主题突出、制作精巧，成为一道亮丽的文化景观；茶亭镇东城社区群众自发捐款40多万元，打造乡贤文化广场，建乡贤走廊、乡贤戏台、乡贤榜、乡贤亭等文化景观；桐林坳社区打造的"创百"文化元素标准高、亮点多，形成了系统；九峰村打造的创百文化一条街制作精致，为美丽乡村建设锦上添花。全区逐步形成"创百"文化的"三点一线"特色，即以中老年人健身点（文化广场）为中心的健身文化形态；以老人活动点（室内文体活动场所）为中心的老人养身文化形态；以老人体检点（村卫生室）为中心的防病治病的医卫文化形态。

组织建言献策。组织召开座谈会58场次，参与座谈交流、调研的会员790人，设置课题58个，撰写调研、论文、建言献策61篇，从中择优40篇报送市老科协。经市老科协评审，望城区获奖9篇，其中一等奖2篇、二等奖3篇、三等奖4篇，并获组织奖，这是望城区老科协连续4年获此荣誉，从中精选37篇，编印《2016年度学术实践建议献策》一书，送区"四大家"领导及相关区直部门阅览、参考。

开展科普活动。开展科技、卫生、法治三下乡活动，与区科协配合开展科普大篷车下乡20多场次，受教育人数近万人次，发放科普书籍1620册（套）。组织医疗专家下乡义诊6次，参与义诊医务人员37人，接诊人数近1000人次，区老科协自我保健中心6名医务人员轮流值日坐诊,接诊群众311人次。老科协科普活动中心除了陈列科普读物供读者阅读外,充分利用科普实物演示和科普展板,向学校师生展示科普知识,15余台科学操作仪器,让师生和会员尽情体味集科学性、趣味性于一体的“科普套餐”。中心接待团体8次,受教育近500人,个人预约26次,受教育208人,会员68人,科技书籍阅读731人。开展科普系列活动。在5月17日至23日的科技活动周中,老科协配合区科协围绕“创新引领、共享发展”主题,开展“六大主体”活动,即望城区两型科技产品推介会暨科技活动周启动式、科技特派员组团巡诊服务活动,首个青少年科学工作室正式开放、科普大篷车进校园活动、送种子送技术下乡活动、SYB创业培训班。在9月17日至23日的全国科普活动中,围绕“创新放飞梦想、科技引领未来”主题,区老科协同区科协开展创新创业推介会,暨2016年全国科普活动启动式、科技特派员水产团科技服务活动之水产养殖技术培训班、科普大篷车进校园巡展、“健康科普”进社区、义诊等系列活动。

加强自身建设。加强队伍建设。各分会对会员进行重新造册登记,把优势人才吸纳到队伍中来。加强村级老科协组织建设,基层基础工作不断夯实。加强平台建设。区老科协办公设施建设得到改善,基础工作不断夯实,为会员建起一个温馨的家。区老科协下设的“两个中心”服务会员和群众,经常对外开放。完善服务功能,各乡镇、街道分会依托老科协活动场所、科普阵地与农广校配合,根据社会需求,找准自己的角色定位,做到位微不忘强能、难为不忘有为、事小不忘尽责,拾遗补阙、积极作为,不断延伸服务触角,做大做强科技服务品牌。开展创先争优活动。区老科协开展“会员争一流、工作创品牌”活动。先后涌现一批先进集体和个人。乔口镇分会、铜官街道分会获评市老科协先进集体,肖干明、虢正宏、刘代红等获市老科协先进个人。开展文体活动。组织开展多种文体活动,增强会员的幸福感和归属感。

(徐振祥)

望城区老科技工作者协会

会　　长　李文彬

文化·体育

责任编辑◎龙　宇

文体建设

【概况】　2016年，区文化体育广播电视局机关内设综合办公室、文化事业科、体育事业科、产业发展科、社会管理科5个科室，有干部职工15人。系统下设文化市场综合执法局、体育运动中心、文物管理局、文化馆、雷锋图书馆、雷锋艺术团、电影发行放映公司7个二级机构。

文体基础设施日趋完善。望城影剧院和群众文体中心提质改造顺利完成，九源红色文化博物馆建设稳步推进；汉长沙国考古遗址公园安防二期工程竣工验收；郭亮纪念园实现安防全覆盖。民生实事项目有序推进，完成大泽湖街道、黄金园街道2个综合文化站，建设茶亭镇综合文化站，并提质改造10个市级示范性村（社区）综合文化服务中心，在街镇户外建成全民健身中心5处、全民健身工程点132处，湘江村成为全省首个全民健身示范村。

群众文体活动广泛开展。文化惠民活动。“民俗文化艺术节”，既涵盖陶艺、剪纸、皮影、木雕等“非遗”代表项目展示，又增加全民健身、全民卡拉OK等全民互动的特色活动。吸引了数以万计的群众参与。3月，“欢乐潇湘”群众文艺会演、广场舞大赛联袂展开，吸引百余支群众文艺团队、5000多名群众参与，极大地活跃和丰富了群众文化生活。集中优势资源创排推出的舞蹈《蝶恋花》获2016年“欢乐潇湘”全省群众文艺汇演一等奖，月亮岛街道名都艺术团代表长沙地区参加2016年全省第六届全民广场舞大赛，获冠军。人民文学杂志社第五届“新浪潮”望城诗会聚集全国百名青年文学才俊共话诗篇。体育赛事。全省首届“雷克斯杯”法国（PBP）长沙•望城—张家界•武陵源300km不间断骑行挑战赛，吸引全国600多名车手参赛；环洞庭湖汽车拉力赛云集国内外百余名车手参赛；“美来美杯”羽毛球混合团体邀请赛参赛代表队伍达42支，运动员近600名；“星澜之悦杯”中小学生足球赛历时20余天，46支球队、220名运动员开展激烈角逐；男子篮球联赛参赛队伍68队次，累计比赛400场次，已成为望城的群众体育活动品牌项目；首次举办的百村篮球争霸赛，历时两个月，鏖战500多场，农村20余万名群众参与其中，《人民日报》在重要版面予以专题报道。

多次体育竞技荣誉颇具分量。2016年，组队代表长沙地区参加全省龙舟赛，获总成绩亚军；参加全省第七届“强民杯”农民篮球、乒乓球赛，分别获团体亚军、双打亚军；组队参加全市“公仆杯”篮球赛一路连胜上届冠军；参加第37届全国少儿乒乓球比赛（全国青少年官方举办的“八大杯”赛事之一），为望城争得男子单打比赛第三名。

文化遗产保护力度加大。2016年，区文体广电局争取文物保护项目和各项专项保护资金近2600万元，有效推进望城影剧院提质改造，全面完成汉长沙国考古遗址公园安防工程一、二期和郭亮纪念园安防工程，组织实施湘江古镇群历史文化资源调查，编写《望城非物质文化遗产概览》一书，以及公布19处县级文物保护单位。

文体市场管理稳定有序。认真实施《网吧、音像、娱乐场所管理分片包干责任制》，加大对文化市场违法、法规查处力度，把网吧违规接纳未成年人、娱乐场所不重视安全管理等作为执法工作重点，有针对性地开展专项整治。督查网吧业主启用计算机实名登记，有效杜绝网吧违规接纳未成年人现象。同时，周密部署“扫黄打非”行动，组织开展“阳光暑假”“清源”“秋风”和打击接收境外卫星电视专项整治行动；参加全国侵权盗版和非法出版物集中销毁行动，共销毁非法出版物1万余张（盒），为全区营造良好的社会文化环境。

（高 衎）

民俗艺术节 欢乐闹元宵——“你阅读 我买单”

望城区文化体育广播电视局

局　　长　张红元
纪检组组长　杨铁军
副 局 长　周景光　肖　敏
　　　　　胡正科(4月任)
　　　　　刘　厚(9月任)
　　　　　龙伟清(9月"改非")

第五届"新浪潮"望城诗会朗诵会举行

·群众文化·

【概况】 区文化馆内设办公室、财务室、艺术部、创作部、活动部、非物质文化遗产保护中心6个部门，有干部职工12人。

开展群众文化活动。2016年1月22日，在望城区雷锋大剧院举办"红红火火过大年"春节系列活动百团迎新喜乐会暨"斑马湖杯"群众文艺团队评选颁奖典礼；2月20日，在文源东路举行"我们的节日•元宵——望城区第二届民俗文化艺术节"；6月7日，在铜官陶城广场开展长沙市望城区文物保护单位授牌仪式暨文化遗产日宣传活动；8月19日，在望城区雷锋大剧院开展"欢乐潇湘•品质长沙•幸福望城"大型群众文艺会演决赛；9—10月，在全区各基层相继开展2016年"欢乐潇湘 品质长沙 幸福望城"系列文化活动"时代倾城"杯第四届全民健身广场舞大赛3场初赛，并于10月26日在望城市民文化广场进行区级总决赛；10月15日，在雷锋大剧院开展人民文学杂志社第五届"新浪潮"望城诗会朗诵会。优秀节目舞蹈《蝶恋花》及歌伴舞《乔口古镇》分别荣获省"欢乐潇湘"群众文艺会演优秀节目类一等奖、二等奖；区基层团队望城艺校繁星艺术团荣获省"欢乐潇湘"群众文艺汇演"优秀文艺团队(单位)"；馆职员刘飞宇获省"欢乐潇湘"群众文艺会演组织工作"先进个人"；月亮岛街道名都艺术团荣获湖南省"欢乐潇湘"第六届全民广场舞大赛总冠军。

加强非物质文化遗产(以下简称"非遗")的保护及宣传工作。2月，长沙泥人刘陶艺有限公司、望城区铜官窑雍起林陶艺工作室、望城区铜官窑广华鑫陶艺文化发展有限公司、望城区异超陶艺工作室申报为第二批长沙市非物质文化遗产生产性保护基地；6月，推荐"望城花鼓戏"(由"望城花鼓戏""靖港花鼓戏""新康花鼓戏"进行整合而来)和"谷酒酿制技艺"两大项目申报市级"非遗"保护名录，最后，"望城花鼓戏"列入为市级"非遗"保护名录。同月，"文化遗产日"期间，在铜官陶城广场以陶瓷和剪纸为主题开展非遗展演暨手工制作评奖活动。9月，编辑发行《望城非物质文化遗产概览》一书，加大对非物质文化遗产宣传力度。11月，在乔口书院举办为期3天的"非遗"精品展，引导"非遗"项目在秉承传统的基础上，更加全面融入当代人生活，得到传承。

加大文化培训工作力度。2016年，区文化馆开展业余团队骨干的培训班及不定时对业余文艺团队进行业务辅导，包括器乐、舞蹈、舞龙等艺术形式。全年下乡辅导100余次。

【举办第五届"新浪潮"望城诗会之朗诵会】 10月15日，人民文学杂志社第五届"新浪潮"望城诗会之诗歌朗诵会在长沙市望城区雷锋大剧院举行。省政协原副主席、省诗歌学会名誉会长谭仲池，《人民文学》杂志副主编、著名作家徐坤，以及入选第五届"新浪潮"诗会的诗人出席活动。诗歌朗诵会是望城诗会系列活动之一。朗诵会以《盛世鼓韵》开场舞拉开序幕，展现当今和谐社会的精神面貌；著名湘剧艺术大师、全国"梅花奖"获得者曹汝龙先生通过朗诵和湘剧形式演绎的《沁园春•长沙》；著名朗诵家宋怀强朗诵的《九章•橘颂》让观众身临其境；古筝弹唱《别亦难》感受诗词的魅力；经典花鼓戏《刘海砍樵》以及赞美望城的诗歌《在靖港镇石板路上寻找影子》《铁匠铺》《洗笔泉之光》《月亮照着铜官窑》等穿插其中，通过朗诵名家的声韵再塑，展示出一幅幅大美望城图画。

【编辑出版《望城非物质文化遗产概览》】 2016年，《望城非物质文化遗产概览》正式出版。该书从2015年启动、收集和整理，历经2年，数易其稿，是一本系统反映望城非物质文化遗产的工程性读本。全书共10章，记录望城陶艺、剪纸、戏剧、书法、诗词、石雕木艺、民间文学、传统游艺竞技、民俗和美食等各项非物质文化遗产的脉络与现状，展现望城文化的深厚底蕴。

(刘飞宇)

望城区文化馆

支部书记、副馆长　朱净波

·图书阅览·

【概况】 区雷锋图书馆设"文化信息共享工程"望城支中心、电子阅览室、报刊阅览室、少儿外借部、综合图书外借部，有干部职工8人。

为读者提供阅读服务。坚持"读者至上，服务第一"的宗旨，为满足读者的需求，及时购买新书新刊、充实书库和阅览室，通过微信群、QQ群、望城手机报等形式做好新书推介，吸引读者学习热情。2016年新购畅销图书8000余册，征订报刊380种，更新电子图书2000册。另外，在雷锋图书馆馆内及区政府大楼设立2台电子图书借阅机和电子报刊触摸阅读系统，方便读者下载书籍阅读。

推广读书交流活动。1月份，组织开展"春联送万家，欢乐过大年"活动，全区18位书画名家义务为基层群众写春联800余副。以全区民俗文化艺术节为依托，开展"你阅读 我买单"活动，为群众现场办理借阅卡及出售畅销书籍。活动中还邀请望城书法名家现场书写，送出字画200余幅。4月12日至20日，组织2000余册畅销图书，先后为乌山图书分馆、师友图书分馆和望城湖湘文化交流协会开展赠书活动，以推动全民阅读活动的开展。5月12日，组织600余册图书，为丁字湾街道文化站开展送书活动。7月1日，配合望城书协开展纪念中国共产党95周年暨红军长征胜利80周年书法大赛及作品展，优秀作品在行政分馆展出，参观展览人次达2万人次。暑假期间，组织学生开展小小图书管理员志愿服务活动，报名和参加志愿活动学生180余人。8月8日，组织青年志愿者和学生开展领动机器人技能培训活动。积极组织开展书香家庭评选，焦广家庭获"全国书香之家"称号。10月22日，选送张筱蕊参加2016年全市少年儿童"光荣与梦想"纪念建党95周年暨红军长征胜利80周年阅读知识竞答赛，获"阅读之星"称号。

（肖 敏　袁 健）

【雷锋图书馆行政中心分馆搬迁】 11月23日，雷锋图书馆行政中心分馆搬迁至望城区望府路202号（在行政中心档案馆一楼）并正式免费对外开放，因原雷锋图书馆行政中心分馆所在位置，即雷锋政务超市需打造为全市的交易中心，根据需要安排，分馆搬迁。搬迁后的图书馆设为借阅室、阅览室、书法室，上架各类书籍2.5万余册。馆内的装修设计显现出书香浓郁的阅读环境。同时，图书馆还本着"以服务至上"的责任，提供直接饮用的纯净水，铅笔便签、雨伞和简单医药等人性化服务，为助推"书香望城"奠定基础。

（办公室）

望城区雷锋图书馆

馆　　长　袁　健

·戏曲演出·

【概况】 区雷锋艺术团内设演出队、办公室、财务室，有干部职工22人，聘用人员18人。

开展送戏下乡活动。2016年，雷锋艺术团加强与文明办、环保局、质监局等部门联系，以弘扬社会正能量为主题，编排3台综合文艺节目在全区范围内进行巡演，全年演出280余场，观众多达20万余人。

创作文艺节目。2016年，雷锋艺术团从文明创建、食品安全、禁毒环保等角度入手，创排《旧貌换新颜》《查亲家》等花鼓戏、《雷锋家乡小雷锋》等弹词、《责任》《邻里之间》《娘亲》《自食其果》等小品、《毒》等三句半、《文明建设赞标兵》《食品安全惠民生》等快板舞。复排花鼓戏，如《择媳当家》《王金龙探监》《清风亭赶子》《访友》等。

开展地方戏曲普查和申报工作。2016年5月，对全区的花鼓戏剧目现存、新创、人才、获奖情况等做了一个全面的普查和登记。6月配合区文化馆完成长沙市第五批市级非物质文化遗产代表项目——望城花鼓戏的申报工作。同时，还开展经典剧目的剧本、曲谱等收集、整理、归档等工作，为花鼓戏的传承打下夯实的基础。

（范 琳）

望城区雷锋艺术团

团　　长　易辉洪

·文物管理·

【概况】 区文物管理局下设综合科、文物安全执法科、文物保护管理科、郭亮纪念园，有干部职工15人。

2016年，全区拥有不可移动文物点139处，国家级文物保护单位2处，省级文物保护单位7处，市级文物保护单位17处，县级文物保护单位26处，文物库房拥有馆藏文物共872件（套），其中珍贵文物99件。文物管理局认真贯彻"保护为主、抢救

弹词《雷锋家乡小雷锋》

第一、合理利用、加强管理”文物工作方针，对全区范围内的文物保护实施监督管理，被长沙市文物局授予“文物安全管理先进集体”称号。

文物保护工程顺利实施。汉王陵安全防范二期工程竣工验收，布设摄像机130个、地下声敏传感器208个、广播音箱18个、监控中心3个，完成总投资1077万元，并通过公安部安全与警用电子产品质量检测中心检测及省局组织的专家验收。郭亮纪念园安全防范、抢险工程有序实施，在故居、烈士墓、陈列室、山中游道等安装摄像头15个，实现安防全覆盖。全力应对园内暴雨灾情，迅速实施抢修工程，清理塌方，修筑麻石护坡，复原园内北侧围墙和陈列室廊道，恢复了绿化植被。望城影剧院维修改造工程设计阶段工作全面完成，12月全面启动改造施工。陈树藩墓维修工程获发改立项批复。

文物安全管理不断加强。完善和加强“三级网络”体系建设，督促各街镇与所辖村（社区）、不可移动文物保护责任人签订新的《文物保护责任书》，确保安全责任落实到位。继续推行不可移动文物专业队伍巡查试点，全年开展巡查150余天，巡查范围遍布全区不可移动文物，试点工作接受中国文物报社专题采访。联合市、区公安消防大队开展古建筑消防安全专项大检查及消防安全培训，配备独立式烟感探测器100余套。规范建设用地文物调查勘探，完成47宗、面积86.67公顷建设用地文物调勘审核，建设单位满意率100%。

文保基础工作不断夯实。6月3日，区人民政府下发《关于公布望城区第五批县级文物保护单位的通知》，新增郭亮故居等19处县级文物保护单位；制作安装40处县级以上文保单位临时标志牌；完成16处市级以上文保单位范围和建设控制地带划定并上报。

湘江古镇群历史文化资源调查全面铺开。历史文化资源调查工作方案正式获批，成立资源调查领导小组和工作机构，并召开2次专题会议。协调组织召开乔口、靖港等6个古镇和老县城城区调研座谈会，收集各类有价值资源与线索300余条，形成《湘江古镇群历史文化资源调查报告》和“湘江古镇群历史文化电子地图”初步成果，新增并记录有价值的物质文化遗产点172处。

文化遗产宣传不断深化。以重要节点为契机，举办文化遗产宣传活动。6月7日，在铜官陶城广场举办省级文物保护单位标志牌授牌仪式暨“文化遗产日”宣传活动。市文广新局副局长聂勇、区人民政府副区长苏敏芳等市、区领导为义兴窑等7处省级文物保护单位授牌。宣传活动现场设置文化遗产宣传和湘江古镇群系列展板、文物保护宣传台和宣传车、“非遗”项目展演等，为群众带来一场文化大餐。

（曾　斌）

望城区文物管理局

局　　长　刘　厚（9月任）
　　　　　龙伟清（9月“改非”）

·文化市场综合执法局·

【概况】 区文化市场综合执法局为区文化体育广播电视局管理的正科级事业机构，内设办公室（政策法规室）、市场办、网吧执法中队、娱乐执法中队、广电执法中队和新闻出版执法中队6个股室，有干部职工19人。

2016年，全局依法行使文化主管部门的监管职能，认真履行文化市场的监管职责，组织对网吧、娱乐、广电、出版物等市场的专项整治行动，引导文化市场经营项目逐步向规范化、品牌化、连锁化方向发展。全局共出动执法人员2600余人次，车辆580余台（次），收缴非法音像制品4000余张（盒）、各种盗版书籍360余册、取缔出版物零售店档摊点5个，立案41起，办结41起。

网吧经营逐步规范。把2016年定为“网吧管理年”，推进“网吧+安全体系”建设，实行网吧行政监管和安全责任相结合，对每个网吧都明确安全责任人，实现网格化管理。年内，重点开展网吧及校园周边环境专项整治行动、互联网文化市场“清朗”专项行动和“阳光暑假”网吧专项行动，确保网吧专项整治出成效。同时，对24小时热线举报电话保持畅通，坚持“有报必查、查实必治、处罚必严”的原则。2016年共处理网吧举报投诉17起，已全部查处并回复。

娱乐市场健康发展。5月份在鹏程大酒店举办全区歌舞娱乐行业安全生产暨法律法规知识培训班，与80余家娱乐行业负责人签订2016年《歌舞娱乐场所安全管理责任书》。对全区已办理证照的歌舞娱乐场所悬挂文化市场监管公示牌，明确市场管理与安全管理人员责任、权利与义务，并按照规模大小分级管理。2016年，处理娱乐场所噪音扰民投诉47件，回复率、满意率均为100%。

广电市场整治力度加大。2016年，继续加强对各类卫星接收设施用户，尤其是宾馆饭店、单位大院等场所的巡查，防止非法境外卫星电视信号落地。8月，查处桥驿镇明旺村长沙力欧网络有限公司未经广播电视行政部门许可擅自利用卫星地面接收设施接收传输广播电视节目和擅自设立小前端一案，对公司处以3000元的行政处罚。

文化环境专项行动成效显著。根据长政发〔2016〕11号关于进一步加强文化市场监管工作的意见和市“扫黄办”关于印发《长沙市净化文化环境专项整治方案》的通知，牵头开展为期一个月的净化文化环境专项整治行动，全区共出动执法人员1650余人次，车辆410台（次），共计检查娱乐场所820余家（次），网吧1100余家（次），出版物经营单位390余家（次），下达责令整改通知书36份，取缔证照不齐歌厅2家，关停5家，关闭证照不齐邮政报刊亭1家，清除虚假广告2处，处罚违规经营的网吧8家，收缴非法出版物1200余本（册）。

“扫黄打非”工作常抓不懈。组织抓好日常监管，坚决查缴封堵违禁非法出版物及有害信息，全面扫除淫秽色情出版物及不良信息，大力查处侵权盗版出版物及网上侵权盗版行为。适时组织开展“清源”“净网”“秋风”等系列重大行动，继续加强对汽车站、农贸市场、大型商场、步行街等薄弱部位的监控，对游商地摊进行清理，共清理流动书摊5个，收缴盗版出版物320余册。在“4•26世界知识产权日”前夕，积极参加全省侵权盗版及非法出版物集中销毁行动，销毁侵权盗版及非法出版物4000余册（本）。

（高伟平）

望城区文化市场综合执法局

局　　长　周景光
副 局 长　毛刚强　何青山

·体育事业·

【概况】 根据市机构编制委员会办公室发布的《关于明确长沙市望城区体育运动中心有关机构编制事项的通知》（长编办发〔2016〕86号），明确长沙市望城区体育事业发展中心为长沙市望城区文化体育广播电视局所属正科级全额拨款事业单位，并更名为长沙市望城区体育运动中心。区体育运动中心负责体育中心场地管理、体育训练、体育技能培训及区内大型活动、体育赛事后勤保障工作；实施体育产业开发和国民体质监测工作。中心有干部职工8人。

体育赛事活动丰富。2016年，先后举办、承办、协办的体育赛事活动共20余次，参与活动人数20万余人次。其中影响大的体育赛事活动有湖南首届雷克斯杯法国PBP长沙•望城-张家界•武陵源300千米资格选拔赛、2016年国际新能源汽车拉力赛长沙赛、“湘江古镇群•2016我们一路跑起来”、望城区2016年全民健身节暨“湾田杯”男子篮球联赛、“与奥运同行美丽望城•快乐长行杯”男子篮球百村争霸大赛。全年有老年人气排球比赛、长沙市冬泳大赛、省体育局钓鱼比赛、省定向越野赛、长沙市千龙湖国际帐篷节、“活力旺旺•公益望城”全民半程马拉松比赛，“经开杯”企业男子篮球赛、区“美来美杯”羽毛球混合团体邀请赛、“正荣杯”羽毛球比赛、“金桥国际商贸城杯”乒乓球会员赛、区直机关乒乓球赛和象棋赛、“时代倾城杯”第四届全民健身节全民健身广场舞大赛、“四海风”春潮垂钓俱乐部钓鱼邀请赛、老年人太极拳比赛、老年人广场舞比赛、区“展示阳光、体验美好生活”老干部趣味运动会等赛事活动。

竞技体育实力增强。组团代表长沙地区参加2016年全省第六届全民广场舞大赛获总冠军；省“强民杯”篮球和乒乓球赛，分别获团体亚军、男双亚军、女双季军、男单第五、六名的成绩；望城区千龙湖龙舟队代表长沙市参加在常德柳叶湖举办的全省群众性龙舟赛获亚军；2016年环洞庭湖流域羽毛球邀请赛获季军；组织参加2016年长沙市区县（市）“公仆杯”篮球赛获冠军；参加第37届全国少儿乒乓球比赛获男子单打比赛第三名；自行车协会组织参加第二届张家界—凤凰古城220千米不间断骑行挑战赛，获男子公开组第一名；区老体协组队参加长沙市第四届老干部运动会，获门球一等奖。

体育市场健康发展。2016年7—9月，对全区管辖范围内的高危体育项目经营进行不定期的安全检查，对于必备手续不完善、资料不合格、场地器材不达标的相关单位，责令整改。为确保中小学生暑假期间游泳安全，区群众文化体育中心游泳池和时代倾城游泳池在暑假期间由政府投入20万元为全区中小学生提供免费游泳。

加强社会体育指导员的培训工作。举办全区气排球社会指导员培训班2期，共有100多名学员参加培训。96人通过考评获得二级社会体育指导员证。此次社会体育指导员培训班的举办，旨在进一步提高全区气排球的技术水平，为全区普及气排球运动打好基础。

（袁建武）

【气排球馆对外开放】 9月1日，气排球馆正式对外开放。气排球馆位于体育运动中心足球场西南角，是拆除体育运动中心原办公楼后改建的场馆，总用地面积520平方米，建筑面积484平方米。场馆于2016年1月动工，8月底建成，共投入资金110万元（其中区财政投入资金107.5万元）。9月22日—23日场馆首次承办全市老年人气排球赛，来自各区县和市直部分单位的20支代表队、共150余人参加比赛。气排球馆自对外开放后共接待气排球运动爱好者3000余人次，给全区众多爱好气排球运动的市民创造机会，提供平台，同时也为承办气排球赛打下坚实的基础。

【举办男子篮球百村争霸大赛】 7月28日，2016年全民健身节“与奥运同行美丽望城•快乐长行杯”男子篮球

百村篮球赛

百村争霸赛在区体育中心开幕。110支球队共1760名运动员参加当天的开幕式。随后，首场比赛在莲湖社区和湘江之间展开争夺。比赛分预选赛和总决赛。预选赛由各街道自行组织举办，总决赛从全区各村和各街道组成的110支球队产生。8月8日，百村争霸大赛总决赛开幕。总决赛持续10天，采取分两组进行单循环赛，取每组的前四名再进行交叉双淘汰赛，决出冠亚军。经过激烈角逐，靖港镇芦江社区代表队夺冠，高塘岭街道高塘岭社区代表队获得亚军。整个比赛历时两个月，共比赛500多场。这次比赛以"提升美丽乡村新风尚""重在参与""健康快乐"为宗旨，是望城有史以来参赛队伍最多，覆盖领域最全、影响人群最广的一场篮球赛事。

(袁翠平)

望城区体育运动中心

主　　任　伍　亮

广播电视

【概况】 区广播电视台分广播电视台机关、电视台、广播电台和湖南有线望城网络公司四大块。广播电视台机关设综合办公室1个；电视台设新闻中心、播控中心、技术中心、广告中心4个部门；湖南有线望城网络公司设综合事务部、客户服务部、市场营销部、运维部、网建部、河西岳麓客服部6个部门。单位有在职在编人员35人，聘用人员100人。

2016年，网络覆盖原望城区划的19个乡镇和岳麓区部分区域，全网覆盖用户12.6万户，网络公司用户7.7万户。共设有10个乡镇广播电视站，每站用户规模都在3000户以上，乡镇站自报累计投入共计6000多万元。原星城、黄金、高塘岭、乔口及丁字等乡镇由区网络公司直接管理营运，其他乡镇网络的节目信号源由区网络公司统一提供。

准确把握舆论导向，营造健康向上主流舆论。精心组织宣传报道。策划《古镇行》《项目现场》《匠心筑梦》等十六类主题报道，以及"喜迎湘江论坛""桑榆满天霞""众志成城抗洪魔"等系列报道，为区域经济社会稳定发展营造良好舆论氛围。全年共编播《望城新闻》351组，播发新闻共计3480条，专题56期，并有25条新闻被湖南卫视、长沙新闻频道等省、市媒体采用，有9件作品获省市奖。全力融入中心工作。发挥媒体特色，以全程录像、主持播报、随行解说、广播电视新闻专题宣传等方式，主动参与区"两会"、党代会、"湘江论坛""第三届、第四届'狮子型'团队(干部)(黄牛型干部)评选表彰"等活动。在全区各部门大型活动中积极推送主持人，如"'新浪潮'望城诗会朗诵会""百姓城管靓丽望城主题文艺会演"等。牵头策划举办"中国新童星"全国选拔赛望城分赛暨区中小学生才艺大赛，参与的中小学生人数有1000余人。打造公益宣传平台。制播雷锋精神永传承、深入开展创建国家级食品安全等方面的公益宣传片50个并实行循环播出。制作微动漫作品《不合格党员19种情形》引导党员规范日常言行。将全区改革创新农村基层党员教育培训模式——"三分五统"(即以区委为主体，分层落实责任、分片建点办班、分类集中培训，实行课程审核、师资选配、教学管理、经费负担、考核评估五个统一)制作成《"三分五统"工作法》汇报片。创新广告营销模式。积极拓展业务空间，确保工作高质高效，全年完成广告创收任务200万元。

把握广播电视传输主导地位，推进有线网络发展。精心优化有线网络，全面推进优质服务。全年实现任务4073万元，利润1000万元。强化服务体系建设。完善服务管理相关制度，统一服务标准，通过运用OSS电信支撑系统，提高工单完成时效，提高回访处理速度，对故障、安装工单及时进行数据分析，及时掌握整体动态，提升服务保障水平。创新营销思路。积极开展一系列营销活动，如元旦促销、春节开门红、"5•17电信日"活动等，加强小区摆点营销路演工作；根据市场状况制定合理的价格政策，适时调节融合资费套餐标准，以适应不同区域、不同用户的发展需求；大力发展农村宽带。截至2016年年底，网宽带用户7533户，宽带新装用户2839户，家盒用户新发展1619户。夯实网络支撑能力。加强财政专网和卫计专网项目建设，对新增覆盖区域拓展有线业务、数据业务，做到网络建设与市场拓展相互促进；把拓展专网业务作为公司转型升级的重要抓手，逐步向酒店、宾馆等公众聚集场所推广"宽带视频"新业务，扩大专网发展规模，保障网络安全、稳定传输。加强机房设备改造。根据有线电视系统各项拓展业务和增值业务发展的需要，结合实际情况，于2016年11月启动机房网络优化改造工程，满足用户看电视的多元化需求，为以后电视节目传输打下坚实的基础。

(黄　格)

望城区广播电视台

台　　长　周伟红(9月任)
　　　　　缪万年(9月"改非")
副 台 长　李小春　冯静妮
　　　　　龙　双
总 编 辑　黄称忠

图书发行

【概况】 湖南省新华书店有限责任公司长沙市望城区分公司内设综合管理部、财务部、教材业务部和图书音像业务部，图书音像业务部下设中心门店、区行政中心机关书店、岳麓实验中学校园书店、长郡月亮岛学校校园书店、望城一中校园书店(国学馆)。截至2016年年末，共有在职干部职工35人，退休职工14人。

2016年，公司以加强内部管理，提升盈利能力为抓手，公司持续健康发展。全年实现销售码洋6324.4万元。

发挥宣传阵地作用，营造"书香望城"氛围。以"推广全民阅读，建设书香望城"为主题，大力开展全方位、多层次的全民学习活动，努力营造浓厚的学习氛围。

在书香望城公众微信号新增“全民阅读”“书粉专享”等子菜单，方便读者查找书目；积极开展“湘版好书榜”宣传推介活动，在中心门店设置“湘版好书榜”专柜，陈列湘版好书、新书。

加强公司内部管理，提高服务读者和人民群众的能力。贯彻落实总公司《门店管理中心标准化手册》，加强对门店员工的业务技能的提升，加大业务练兵和绩效考核力度，秉承“为书找读者，为读者找书”的服务理念，不断转变服务观念，优化服务环境，达到内练素质外树形象；以市场为导向，加强进销管理，丰富图书品种，优化购书环境，以满足广大人民群众日益增长的精神文化需求。

（李潇潇）

湖南省新华书店有限责任公司长沙市望城区分司

经　　理　黄　涛

医疗卫生和计划生育

责任编辑 ◎ 赵运良

概 述

【概况】 2016年,区卫生和计划生育局内设办公室、监察室、财务科、政工人事科、党群宣教科、文明创建科、医政科、公共卫生科、政策法规科、项目办、医改药政科、家庭发展科、基层指导科、流动人口管理科14个职能科室,区血吸虫病防治领导小组办公室、区计划生育协会挂靠卫计局办公,下属单位财务集中核算中心、药具站与局机关合并办公,共有在编干部职工29人。

2016年,全区有医疗卫生机构37家,其中区属医疗卫生机构8家,乡镇卫生院、街道社区卫生服务中心16家,民营医院13家;有卫生所145家、诊所111家,享受财政补助的村卫生室138个。全区各级各类医疗机构有卫生技术人员3312人,其中,医师1461人、护士1851人,每千人拥有卫技人员数6.2人。全区医疗卫生单位拥有床位3639张,每千人拥有床位数6.7张。各医疗卫生服务机构接诊门、急诊54.88万人次,接收住院病人6.35万人次,实现医疗业务收入3.33亿元,分别较上年增长1.75%、4.96%、6.82%。2016年度全区总出生人口9954人,符合政策生育率98.10%,人口自然增长率7.46‰,男女性别比104.5∶1。

持续深化医药卫生体制改革。以乡镇卫生院为主导,组织对基药配送企业进行公开测评打分,严格实行末位淘汰;组织开展急需低价药物议价,持续加大对乡镇卫生院和村卫生室巡查监管和考核力度,发现违规行为直接与下拨经费挂钩,从源头杜绝网外采购和加价销售等乱象发生。充分发挥中医药在常见病、多发病诊治中的优势和作用,全力打造中医药特色服务。稳步实施基本公共卫生服务,12项基本公共卫生服务全部免费供给,全区累计建立居民健康档案51万份,更新健康教育专栏1195个版面,发放健康教育资料40万份;接种一、二类疫苗30万剂次,基础疫苗及强化免疫接种率均在95%以上;对65岁及以上老年人规范化体检37416人,高血压病新建卡管理2998人,糖尿病新建卡管理3043人,检出并登记重性精神疾病患者2383人,发现并规范免费治疗管理活动性肺结核病人发现任务355例。扎实开展人感染H7N9禽流感、手足口病、埃博拉病等重大传染病疫情监测,不断加强卫生应急处置能力建设,及时规范处置突发公共卫生事件2起,预警事件16起,未发生重大传染病暴发流行。切实加强出生缺陷综合防治,严格控制剖宫产率,认真落实妇幼健康“十免十优”服务,扎实开展孕前优生检查和妇女“两癌”筛查,完成妇女病查治5万人,“两癌”筛查5000人,免费孕前优生检查8533人,5岁以下儿童死亡率控制在6‰以下。扎实开展查螺灭螺工作,有效控制急性血吸虫病疫情。不断加大卫生计生综合监督执法力度,荣获2016年度全区行政执法案卷评查优胜单位。2015年12月31日24时在区人民医院启动城市公立医院改革,全面取消药品加成,医疗服务价格同步调整到位,药品平均降幅超10%。积极探索医院改革后运行新模式,重点在医药采购、医保支付、法人治理、人事管理、绩效考核等方面进行摸索,制定出台分级诊疗制度、公立医院薪酬制度和药品流通体制等相关配套改革草案。

稳步提高出生人口质量。广泛开展全面二孩政策宣传,切实加强流动人口管理服务区域协作和重点协同治理,继续推行“三级联创四到基层”工作,生育秩序保持稳定。严格控制政策外多孩生育,不断加大社会抚养费征收力度,继续保持严厉打击“两非”(非医疗需要的胎儿性别鉴定、非医学需要的人工终止妊娠)重点案件高压态势,2016年征收社会抚养费150万元,查处3例“两非”(非医疗需要的胎儿性别鉴定、非医学需要的人工终止妊娠)案件。利导政策逐步完善。全面提高计划生育特殊家庭奖励扶助标准,全区确认“七项”(农村奖扶、农村特扶、城镇奖扶、城市低保、失独家庭一次性补偿这、手术并发症补偿这、独生子女保健费)奖扶对象35888人,发放奖扶资金960.52万元,为36669户计生家庭赠送一份计生家庭意外伤害保险,录入1264人享受城镇独生子女父母奖励政策资料。将群众自治融入新农村建设,扎实开展基层群众自治示范创建,申报创建省市人口计生基层群众自治示范村(居)6个,其中白箬铺镇黄泥铺村获评全国计划生育协会村级先进单位。深入开展“生育关怀-送温暖、助困”等系列活动,共发放帮扶慰问金36.96万元,惠及群众463人。成功协办“生育关怀•健康长沙”知识竞赛暨计生协会“5•29”会员活动,并获得知识竞赛团体一等奖。

不断健全卫生计生服务体系建设。积极推动医疗单位污水处理系统建设,启动区人民医院重症监护室、高塘岭街道社区卫生服务中心、乔口镇卫生院和金山桥街道社区卫生服务中心新改扩建,完成桥驿中心卫生院门诊综合楼、茶亭镇东城卫生院和靖港中心卫生院提质改造。稳步实施第二个卫生人才五年培训规划,公开招聘专业技术人员

29名，引进成熟型人才3名，派送到上级医疗机构培训300余人次。积极探索建立乡镇卫生院后备人才库，切实加强基层计生队伍建设，逐步配优配强村级专职卫计专干、助理专干和组级信息指导员。积极争取区政府支持，安排400万元专项经费用于基层医疗单位医疗设备更新维修维护，采购设备重点向大型设备及中医设备倾斜，基层卫生院诊断治疗水平大幅提升。

全面加强医疗卫生单位安全质量。切实改进医疗服务质量，严格落实病历、处方点评及分级查房制度，深化临床路径管理和抗菌药物分级管理，提升“三基”理论知识和医技操作水平，在全市技能操作竞赛中获团体第一。稳步实施上下级医院“手牵手”帮扶和双向转诊，积极推进“医疗联合体”和乡村医师签约服务团队建设，着力打造平安医院。扎实开展群众满意的乡镇卫生院创建，星城卫生院、乔口卫生院、桥驿卫生院获评全国群众满意的乡镇卫生院称号，喻家坡街道卫生院、雷锋镇卫生院获评全省群众满意的社区卫生服务中心称号。充分发挥区医调中心第三方调解作用，受理医患纠纷56起，成功调解54起，调解成功率96%，经验在2016年8月24日《湖南日报》报道推介。

【获评湖南省妇幼健康优质服务示范区】 2月24日，在长沙市卫计委召开的全市2016年妇幼健康服务工作会议暨业务管理培训会议上，望城区获“湖南省妇幼健康优质服务示范区”称号。近年来，望城区实行“面向群体、面向基层和预防为主”的妇幼卫生工作方针，全面推进基本公共卫生制度建设，加快构建覆盖城乡居民的医疗卫生服务体系，孕产妇死亡率、婴儿死亡率、5岁以下儿童死亡率、免费计划生育基本技术服务项目落实等指标均纳入相关部门的目标管理体系中，逐步形成“凝聚全区合力、依托三级网络、坚持儿童优先、保障母婴安全”保健与临床相结合的有效服务模式，为全区妇女儿童提供从出生到老年、内容涵盖生理和心理的主动、连续的医疗保健服务和健康管理，提高全区妇女、儿童的健康水平，营造良好的妇幼健康服务氛围。通过狠抓高危孕产妇筛查，确保连续两年孕产妇零死亡、剖宫产率由51%下降至41.8%的；加强托幼机构儿童保健培训与管理，多渠道、多场地进行预防儿童意外知识宣教降低儿童意外伤害，将5岁以下儿童死亡率控制在4.77‰以下，婴儿死亡率控制在2.88‰以下。优生优育三级预防、自然分娩、城乡妇女健康查体等多项工作均取得优异成绩，全区妇幼健康管理水平取得长足发展。

【获长沙市“生育关怀•健康长沙”知识竞赛一等奖】 5月27日，由长沙市卫生计生委、市计生协会主办，望城区卫生计生局、区计生协会承办的长沙市“生育关怀健康长沙”知识竞赛暨计生协会“5•29”会员活动在望城区雷锋大剧院举行。省计生协会会长石玉珍、秘书长梁文明，市人大常委会副主任、市计生协会会长芮英姿，市政协副主席石长松，市人民政府秘书长谭勇，市卫生计生委党委书记、主任周敏，区委书记孔玉成，区委副书记、区人民政府党组书记、副区长（主持政府全面工作）范焱斌，区领导丁四明、苏敏芳、凌立霞，区计生协会会长徐罗生等领导应邀出席活动并观看比赛。市卫生计生委、市计生协会有关处室、直属单位负责同志，各区县（市）计生协会会长、卫生计生局局长、计生协会常务副会长、秘书长，望城区卫生计生系统和计生协会有关负责人、基层协会会员代表、志愿者代表和来自9个区县（市）的36名竞赛选手等约600人参加活动。 本次知识竞赛分为必答题、抢答题、风险题3个环节，内容包含健康基本知识和理念、健康生活方式与行为、基本技能和人口计生政策法规、计生协知识等。望城区代表队参赛队员沉着答题、配合默契，最终以综合成绩96.44的高分获一等奖。省计生协会会长石玉珍为望城区颁奖。

【开展突发公共卫生事件应急处置模拟演练】 6月16－17日，区卫计局组织区疾控中心各乡镇卫生院、街道卫生服务中心等18家单位80余名专业技术人员在黑麋峰森林公园进行突发公共卫生事件应急处置模拟演练。在演练现场，队员们参加负重拉练返往接力、团体平衡支撑、负重登山、野外生存技巧培训等野外生存训练，传染病防控知识抢答赛，针对模拟的鼠疫、人感染高致病性禽流感突发疫情的野外传染病例救援、转运、个人防护、疫点处置等科目的现场操作考核。区卫计局党委书记、局长刘迎秋，党委委员、副局长程新和等领导出席开幕式，市疾控中心副主任张锡兴，疾病防治科科长刘如春等专家对各疫情处置机动队的疫性处置过程进行现场点评。通过演练进一步强化卫生应急意识，提升全区突发公共卫生事件应急处置能力。

【望城区首个数字化管理预防接种门诊投入使用】 1月8日，望城区首个数字化管理预防接种门诊——星城卫生院数字化管理儿童预防接种门诊投入使用。该项目是省卫生计划生育委员会确定首批数字化管理预防接种门诊之一，由石装饰公司设计，湖南省望新建筑有限公司承建。项目设住院大楼三楼，总投资60万元，总面积300平方米，有儿保室、妇幼室、哺乳室、儿童娱乐室、疑似预防接种异常的反应处置室、候诊区、登记处和3个预防接种台，备自动取号、登记、接种、留观计时及预防接种查询系统，实现取号、登记、接种、留观为一体的数字化服务。室内主题以森林为背景，配蓝天、白云和小动物图片，地面铺浅蓝色防滑砖，整体精致温馨。数字化管理预防接种门诊的建设，实现儿童预防接种信息系统和数字化管理系统的无缝对接，为群众提供更便捷、优质、安全的预防接种服务。

【通过省级消除疟疾工作评估验收】 8月12日，望城区通过省级消除疟疾工作评估验收。由省、市卫计委专家组成的评估组抽查区疾病预防控制中心、区人民医院、乔口镇卫生院等单位近三年的疟疾防控工作，随机抽选区内医疗机构的15名专业技术人员进行专业知识与实验室检测技术进行现场考核。评估组通过抽查和考核，一致认为望城区各项指标达到消除疾病标准。近几年，望城区将疟疾防控工作纳入政府发展规划，全面落实疾病防控措施，建立以区、乡、村三级监测网络，各医疗卫生单位加强“三热”病例(不明原因发病病例、疑似疟疾病例、疟疾病例)的镜检筛查工作。近三年共开展疟原虫镜检1295人次，大力开展疟疾防治知识的宣传教育，广泛开展爱国卫生运动，消除蚊蝇传播媒介，切断传播途径，疟疾防控效果明显，已连续22年无本地感染疟疾病例。

(李凤飞)

望城区卫计局

党委书记、局长　刘迎秋
党委委员、纪检组组长　欧程锦
党委委员、副局长　陈泽军　程新和
李国军　曾利人

·区人民医院·

【概况】 区人民医院是一所集临床、教学、科研、预防于一体的二级甲等医院，是长沙医学院教学医院及省人民医院指导医院。内设区“120”急救中心、区产科急救中心、区医院感染质量控制中心。2016年有病床598张(总院499张，望城坡分院99张)，开设内、外、妇、儿等临床科室30个。有职工963人，有高级职称人员69人，中级职称人员299人。全年接待门、急诊26万人次，收治住院病人2.8908万人次，手术5288台次，病床使用率86.5%，业务收入21120.1万元，分别较上年增长15.1%、4.6%、7.6%、5.4%。

规范医疗行为，保障医疗安全。进一步健全医疗质量管理制度，编印《医院制度和职责》，参照二甲医院制度管理要求，修订医院临床、医技科室医疗质量考核标准，严格落实十八项核心医疗制度，充分发挥医疗质量管理委员会职能，形成以环节质量控制为主，终末质量控制为辅的医疗质量控制模式。组织质控管理小组成员参与全院医疗质量检查，进一步强化医疗质量和医疗安全管理。通过院长亲自抓、分管院领导具体管、科主任为第一责任人的齐抓共管的形式，纠纷发生率、恶性纠纷、赔偿金额明显下降。进一步加强临床路径、医保控费及院感管理工作，确保因病施治和合理检查、合理收费，使患者以较低的医疗费用享受到最规范优质的医疗服务，减轻群众的就医负担。加强门、急诊管理，完善门诊管理制度，狠抓门诊服务质量，着重完善《转诊制度》，落实分级诊疗政策，提高急危重症患者救治水平。

启动公立医院改革，规范药事管理。2016年1月1日执行药品零差率销售政策，严格执行药品网上阳光采购，加强合理用药监管，制定并执行药品量价挂钩、以销定进的新举措，为营造风清气正的药品购销环节提供有力保障。全年销售药品6793 万元，较上年减少328 万元，药品比例控制在35%以内。基本药物全年采购金额位居长沙地区前列，基本药物使用率较上年提高约16个百分点。基本药物品规占有率45%。坚持做好合理用药治理工作。将药品销量前十的品种及用量第一的个人按期公示，对不合理用药的医生及科室进行约谈，不断深入处方医嘱点评力度，制定《质子泵抑制剂点评原则》并进行专项点评，点评门诊处方23616张，处方合格率99 %，点评住院医嘱2340份。按要求完成药品不良反应网报40例次，临床药师参与临床会诊216 次。全年抗菌药物使用各项指标均达到国家规定要求。

加快诊疗环境改造，项目建设实现新突破。坚持以发展抓项目，以项目促进发展。总投资1100余万元的重症医学科顺利开科，投资1400万元的核滋共振已进入安装调试阶段，投资160万元的儿科急救中心新生儿病房已平稳运行。积极探索银医合作，引入银行资金300余万元，实施信息化系统改造工程，争取原区交通局办公楼的整体使用权。

专业学科及人才队伍建设不断加强。学科建设得到加强，新成立ICU、新生儿病房。实行副主任医师责任制，充分发挥和调动高级专业技术人员的职能，完善各专业学科发展。人才队伍建设得到提高，对年轻医师的“三基三严”培训31次，促进年轻医务人员业务能力的提升，选送专业技术人员赴上级医院进修14人次，录用一批不同层次不同级别的医护人员，其中有副高职称2名，研究生2名，签约本科毕业规培生5名。

服务水平不断提升。急救中心第三个分站在星城卫生院正式挂牌运营，区医院感染质量控制中心在医院成立，服务能力进一步提升。2016年，“120”急救中心共出车6325次，同比增长3.1%，接回病人3864人，转上级医院1023人。通过推行“无假日医院”，搭建网络便民服务平台，开展优质服务示范工程和落实各项便民惠民措施，进一步优化医疗服务。积极开展平安医院创建，将专业安保队引入医院，负责日常巡逻和安全隐患排查工作，增加监管设施，建立涉医事件报告制度，不断总结经验，提高医疗纠纷处理能力。

科室管理各具特色。各临床科室稳步向前发展，综合实力得到提升。神经医学中心获卒中中心联盟单位的授牌，神经外科学术研究“腰大池持续引流在基层神经外科疾病中的应用”，获望城区科技进步推广奖；神经内科规范轻型脑卒中和短暂性脑出血发作的双抗治疗流程，并成功开创院内阿替普酶溶栓的先例，中药分包治疗；外一科开展的老年股骨粗隆骨折C臂下微创手术、膝关节镜手术等，实现技术的更新与突破；外二科疑难手术病例增加，住院人数、病床使用率有较大增长；外三科腹腔镜技术得到进一步发展，腹部外科绝大部分均采用腹腔镜手术；妇产科开展宫腔镜、腹腔镜联合手术等微创手术水平有较大提升，内一科配合功能科进行运动平板实验，并继续开展国家“十二五”重大专项“H型高血压比较效果学”；内三科努力打造消化专科特色，中医药特色稳步推进，首次开展数例内镜下食管胃底静脉曲张破裂大出血套扎、硬化剂和组织胶注射术，取得良好效果；血液净化中心新开展股静脉临时置管、中心静脉导管内溶栓术；门诊、急诊规范诊疗操作，建立胸痛和脑卒中单元的绿色通道；护理部开设专科门诊为全区广大患者就诊提供方便，深受患者好评，在全区形成良好的影响力。在护理人力资源相对短缺的情况下，为儿科新生儿无陪病房、重症医学科的开科，提前进行护理人才培养和储备，以送上级医院进修及在院脱产培训等形式，短时间内大大提升专科护理水平，快速适应新开科室的工作；望城坡分院新开展腹腔镜下腹股沟疝修补术和小儿疝高位结扎术，妇产科独立完成经腹腔镜筋膜内子宫全切微创手术，均取得满意的疗效。

【成立重症医学科(ICU)】 12月19日，位于区人民医院外科大楼三楼的重症医学科(ICU)正式运营。该科投入资金1100万元，工作用房面积715平方米，设床位10张，有专职医生6名(其中副主任医生1名、主治医生3名)，配“1拖8”中央监护器、进口多用呼吸机、多功能除颤仪、纤维支气管镜、医用亚低温治疗仪等先进诊疗设备。至12月31日止，重症医学科已成功救治危重病病人6例。建设重症医学科，对需要特别救护的患者实行集中管理，使危重病人得到早期而准确的诊断，紧急而恰当的处理，以提高对危重病患者救护的成功率。

【成立新生儿科】 12月16日，位于内科楼一楼、投资200万元的新生儿科正式成立。该科用房面积144平方米，备进口有创和无创呼吸机、除颤仪、血气分析仪、监护仪、婴儿培育箱、蓝光治疗仪、辐射台、新生儿经皮测疸仪、脉氧仪、输液泵、注射泵等多种先进设备，可以治疗新生儿胆红素血症，肺炎、脐炎、败血症、颅内出血、窒息复苏后等新生儿疾病。至12月31日，收治33例新生儿患者，全部有效救治。

(刘　林)

望城区人民医院

院　　长　张曙林(4月任)
　　　　　彭晓兰(4月“改非”)
书　　记　吴　超(4月任)
　　　　　赵劲良(4月免)

·疾病预防控制·

【概况】 区疾控中心设传染病预防控制科、免疫规划科、卫生应急及质量管理科、慢性非传染性疾病预防控制科、艾滋病与性病预防控制科、结核病预防控制科、公共卫生健康危害因素控制科、劳动卫生与学校卫生以及职业病预防控制科、诊疗服务科、检验科、办公室、财务科、后勤科13个科室，有在职在编职工69人。副高级职称4人，中级职称28人。

落实防控措施，重点传染病得到有效控制。加大人感染H7N9禽流感、霍乱、狂犬病、手足口病、登革热等重点传染病监测与报告力度，做好埃博拉出血热等新发传染病防控工作，监测2000余份传染病样品，无甲类传染病发生，无重点传染病暴发流行。切实抓好艾滋病防治管理，免费艾滋病初筛检测28886人次，管理艾滋病及感染者199例，送47例现症病人到市级定点医院免费住院治疗，门诊治疗105人次；成立艾滋病高危行为干预机动队，对暗娼、吸毒、男男同性恋等高危人群干预检测1660人，自愿咨询检测578人；在长沙证通云计算产业园、才子城、湖南书景建设有限公司、润和长郡、澳海月亮湾5个建设工地开展农民工健康讲座，在长沙医学院举办艾滋病防治知识宣传及抢答赛。落实结核病防治措施。发现并免费规范化治疗活动性肺结核病人379人，做好病人的督导和追踪，病人规则服药率、完成治疗率、治愈率分别90%、86.3%、86.7%。开展高危人群疟疾血检工作。检测454名不明原因发热病人，未发现疟疾病例，7月通过省卫计委消除疟疾评估；开展伊蚊监测和鼠、蟑螂、蚊、蝇密度监测46次。加强法定传染病报告管理。全区共报告乙类法定传染病13种，1154例，总发病率为208.91/10万，报告死亡病例3745例；组织两次传染病疫情与死亡病例漏报调查，调查医疗机构56家次，查阅门诊、住院病人49303例，查出法定传染病375例，漏报7例，传染病漏报率1.87%。

落实免疫规划，疫苗针对传染病有效控制。全面贯彻落实《疫苗流通和预防接种管理条例》《望城区扩大国家免疫规划实施方案》，加强免疫规划工作质量管理，目标儿童建卡率、建证率、卡证相符率100%，为0～7岁儿童免费接种一类疫苗141822针次；在6月、12月两次组织免疫规划疫苗接种率评估，分别入户调查目标儿童579名、485名，国家免疫规划疫苗接种率均在95%以上，无15岁以下乙型肝炎、新生儿破伤风、流脑、乙脑病例报告，无预防接种差错事故。联合教育部门开展入托、入学儿童预防接种证查验工作，全区84所小学、154所托幼机构入托新生28997名，查验预防接种28997人，查验率100%，补发预防接种证258本，补种一类疫苗1390人2412剂次。继续推进预防接种门诊建设，桥驿中心卫生院、靖港中心卫生院、星城卫生院获“市级示范性，通过“省级数字化预防接种门诊”验收。

各类突发公共卫生事件及时有效处置。通过完善应急预案、值班制度、建立应急物资绿色通道、加强业务技能培训、整合人员力量等多种途径全面提升应对突发公共卫生事件处置能力。5月，调整5个卫生应急处置机动队、1个后勤保障组、1个检验组。实行24小时领导带班值守制。6月，在黑麋峰森林公园开展望城区2016年突发公共卫生事件现场模拟演练。7月，救灾防病期间实施联点联片制，出动机动队85次，确保灾后无暴发疫情发生。全年共成功处置2起一般突发公共卫生事件，处置预警事件16起，出动机动队42队次，无重大突发公共卫生事件发生。

启动示范区创建，慢性病、重性

精神病管理工作稳步推进。启动省级慢性病综合防控示范区的创建，由区人民政府办公室制定下发《关于印发〈长沙市望城区创建省级慢性非传染性疾病综合防控示范区实施方案〉的通知》(望政办发〔2016〕101号)，并安排工作经费100万元，健康主题公园、健康小屋的建设、社区诊断、基线调查等核心工作稳步实施。基本公共卫生服务均等化程度稳步提高。全区共建立居民健康档案517466份，建档率97%，更新健康教育栏1163个版面，发放健康教育资料39万余份，开展65岁及以上老年人体检37673人，登记管理高血压病人43046名、糖尿病患者14263名，检出并登记重性精神疾病患者2508人，为65岁及以上老年人进行中医体质辨识21023人。

加强人才培训，业务能力显著提高。组织人员参加省、市级业务培训47期146人次，组织自训50期396人次，组织基层卫生单位开展区级业务培训指导25期782人次。先后选派37人次到上级业务部门跟班学习、现场观摩，选派2人参加流行病调查集中学习。10月19日，参加“2016年长沙市疾病预防控制职业技能竞赛”获团体三等奖，金姣获个人一等奖并被市总工会、共青团市委授予“长沙市五一劳动奖章”“青年岗位能手”。健康检查和卫生检测检验能力逐步加强。完善质量控制体系，建立《质量手册》《程序文件》《作业指导书》，调整科室质量监督员队伍，每月开展一次科室内部纠错工作和日常纠错工作，组织对各科室进行一次内审，内容涵盖19个要素。顺利通过重点职业病监测与职业健康风险评估。依照《职业健康监护技术规范》要求，为40家尘毒作业人员2971人进行职业病检查，对11 家企业作业场所进行职业危害因素检测评价。对全区大专院校、区属中小学校检测水样220份，合格率99.4%。通过开展餐饮具、食品风险、公共场所卫生、水质检测、健康检查和培训、可疑食物中毒事故处置等工作，保障人民群众食品安全。

(曾　理)

望城区疾病预防控制中心

主　　任　赵劲良(4月任)
　　　　　赵运良(4月“改非”)
书　　记　程　发

·卫生监督·

【概况】 2016年7月，全区深化机构改革，整合卫生监督和计划生育职能，组建区卫生计生综合监督执法局，定编21人，设办公室(内设稽查科)、公共卫生监督科、医疗执业监督科3个科室，承担公共场所、生活饮用水、学校卫生监督和医疗执业、母婴保健、计划生育技术服务、放射诊疗、传染病执法、计划生育综合监督职能，有干部职工17人，乡镇卫生监督协管人员38人。全年受理405份卫生计生行政许可申请，发放卫生许可证363份(公共场所卫生许可证354份，供水许可证7份，放射诊疗许可证2份)。

开展卫生法制宣传。组织开展“消费者权益保护日”“生活饮用水宣传周”“职业病防治法宣传周”“艾滋病宣传日”4次专题宣传活动。组织乡镇卫生监督协管人员培训2次；派出87人次参加上级部门组织的各类业务培训。组织召开10家生活饮用水单位和32家餐饮具集中消毒单位负责人培训会，对相关法律法规及食品安全城市创建相关要求进行培训。在日常监管中注重与媒体合作，先后5次邀请区电视台对春季开学学校卫生、生活饮用水卫生检查、餐饮具集中消毒单位专项检查等工作进行报道，进一步扩大卫生监督工作的社会影响。加强举报投诉情况的跟踪与查办，办理各类投诉事件12起，确保每一起投诉均得到妥善答复。

开展国家食品安全城市创建活动。成立创建工作领导小组，制定创建实施方案，明确职责分工，加强与疾控、乡镇公卫办在检验检测、突发事件信息报送及处置各环节的联系与配合，确保各部门密切合作，依法履职。充实监督力量，提升监管水平。选派卫生监督员参加省卫监局、市卫计局和市卫监所组织的各类业务培训班，提高卫生监督员的业务素质和履职能力。充实乡镇卫生监督协管队伍，重新聘任38名卫生监督协管员，并进行两次相关业务知识培训。部门联动，大力开展专项整治。与区水务局联合，对全区农村集中式供水单位开展一次卫生监督专项检查，检查农村集中式供水单位10家，设计日供水千吨以上的6家，持有有效卫生许可证6家，共有供管水人员47名，持有有效健康证的44人。7月洪涝期间，对全区集中式供水单位进行一次拉网式检查，对泵房被淹的苏瘳水厂作暂停供水处理，对丁字水厂和格塘水厂进行重点巡查盯防，督促各供水单位严格执行消毒程序，保障居民用水安全。组织开展二次供水单位专项检查，检查二次供水单位25家，持有效卫生许可证4家，同时进行现场水质检测，25家二次供水单位现场检测全部合格。联合区环保局开展全区餐饮具集中消毒服务单位专项检查，检查餐饮具集中消毒单位37家，从事消毒服务工作的从业人员175人，持有效健康证的89人，持证率50.8%。加强卫生监督抽检。全年共监督抽检水样80份，其中农村集中式供水单位水质全分析33份，合格30份；二次供水单位水质全分析8份，合格8份；现场监测25份；学校水质全分析4份，合格4份；重大活动保障水质抽检10份，均合格。采集集中消毒餐具样品101批次，检测合格101批次。加大处罚力度。对2家因卫生监督抽检水质不合格的单位立案查处，分别给予罚款3000元的行政处罚；对2家未按规定检验合格并随附消毒合格证明出厂餐饮具的集中消毒服务单位给予警告的行政处罚。

加大医疗执业行为监管力度。继续保持对非法行医的高压打击态势，充分利用计生网络队伍，广泛排查非法行医线索，组织2次打击非法行医专项执法行动，排查150余家行医单位(个人)，医疗机构监督覆盖率100%，组织预防接种、放射诊疗、母婴保健等专项行动，对合法医疗机构中的执业人员资质、消毒管理、处方管理、放射诊疗活动、精麻药品管理等方面的违法行为进行重点查处。加强医疗违法案件的查处，核查处理有关医疗投诉举报6起，取缔无证行医、非医师行医9人次，立案查处无医疗机构执业许可证擅自执业案、非医师行医案6起，医疗机构任用非卫生技术人员案6起，罚款44800元，其中涉及吊销医疗机构执业许可证1起，吊销医师执业证书1起，向公安部门移送非法行医涉嫌致人死亡案件1起。立案查处违反消毒管理案件6起，违反放射诊疗规定案件3起，违反处方管理案件5起，罚款11400元，进一步规范合法医疗机构的执业行为。

开展公共场所卫生监督。加大对商事管理平台中涉及需要办理相关证件单位的督促力度，充分利用卫生监督协管队伍，及时将未办证的单位的信息发送到各乡镇协管员，由乡镇协管员上门督促办证。对部分办理营业执照后，停业或者不经营涉及卫生项目的单位，经请示市卫计委进行沟通后，及时退回，确保商事管理平台办证率稳步提升。组织开展沐浴场所、旅游景区公共场所、游泳场所、公共场所无证经营和旅游区公共场所“二小行业”无证经营专项整治行动。联合区疾控中心对400余家公共场所单位的环境卫生状况进行监督监测，对4家违反《公共场所卫生管理条例》的单位进行行政处罚，共罚款12500元。对643家公共场所经营单位进行卫生信誉等级评定，其中A级单位3家、B级单位158家、C级单位459家、不予评级23家。

开展学校卫生监督。联合区教育局、区疾控中心，对全区99所学校、托幼机构的突发公共卫生事件处置、传染病防控、生活饮用水卫生状况和健康教育课开展情况专项检查2次。委托区疾控中心对四所学校生活饮用水进行监督抽检。为高考、学考保驾护航。在高考、学考期间，安排专人对考点饮用水卫生监督、教室、寝室卫生监督。按照《长沙市学校卫生监督工作方案（2016年）》的要求，联合区疾控中心对24所（小学13所、初中8所、高中3所）学校开展教学环境监督抽检，对10所学校进行卫生监督综合评价，评定优秀学校1所、合格学校9所。对不能提供充足的符合国家标准的饮用水、自建设施供水、二次供水未取得卫生许可、学校未组织开展学生晨检、因病缺勤病因追查和登记工作、新装修教室未进行室内空气检测等不规范的5所学校违法行为给予警告的行政处罚。

（舒　杰）

望城区卫生计生综合监督执法局

所　　长　吴　超（4月免）
书　　记　王金煌（主持全面工作）

·妇幼保健·

【概况】 2016年3月，全区推进机构改革，区妇幼保健院和计划生育服务站合并，组建区妇幼保健计划生育服务中心。中心设保健部、妇女保健科、儿童保健科、健康教育科、信息科、医务科、护理部、妇产科、儿科（含新生儿科）、医技科、药械科、财务人事科、办公室、后勤保卫科、计划生育科15个科室。有工作人员130人（在编65人、临聘63人、委聘2人）。有正高职称1人，副高职称4人，中级职称25人。2016年，获市妇联“三八红旗集体”和区妇联“巾帼文明岗”称号。

突出重点，强化管理，妇幼健康服务工作取得实效。以巩固“妇幼健康优质服务示范区”成果为目标，妇幼健康服务工作稳中有进，妇女儿童健康水平稳步提高。狠抓高危重点人群管理，畅通急救绿色通道，完善孕产妇评审和新生儿死亡评审机制，降低剖宫产率，巩固儿保门诊合格区，加强新生儿窒息复苏培训，有效控制孕产妇死亡和5岁以下儿童死亡，妇女儿童健康管理指标保持较高水平：全年有产妇7053人，活产7134人，产妇建卡6746人，建卡率95.65%，产检5次的7010人，产检率98.26%；早孕检查6988人，早孕检查率97.95%；产后访视7053人，产后访视率98.86%；孕产妇系统管理6948人，系统管理率97.39%；有0~6岁儿童48218名，保健管理44916名，管理率93.15%；筛查营养性疾病及其他疾病儿童1548人，营养性疾病管理率100%。继续采用区、乡结合、以乡为主的模式全面铺开妇女病查治项目，全区15个乡镇共筛查49303人，筛查完成率96.85%。“一站式”婚检、孕前优生检测工作稳步推进。结婚登记7360人，婚检7066人，婚检率96.01%；孕前优生健康检查8455人。信息化建设工作位居全省先列，先后有长沙县妇幼保健计生服务中心、汨罗市妇幼保健计生服务中心、零陵妇幼保健计生服务中心、娄底双峰县妇幼保健计生服务中心等多家兄弟单位到区交流学习。出生缺陷防治不断加强。在婚检中，全面进行孕前保健知识、优生优育指导，免费发放叶酸片7411人，服用率96.66%。产前筛查率达98.65%，并加强对产筛阳性病人的随访工作，派专人进行高风险孕妇的登记、随访管理，切实提高产前诊断率。新生儿疾病筛查、新生儿听力筛查工作有序开展。全区9家接产单位全部开展新生儿疾病筛查工作，全年新生儿疾病筛查5434人，机构筛查率95.4%，新生儿听力筛查5363人。全面落实孕产妇艾滋病、梅毒、乙型肝炎筛查检测工作。全区接受产前保健8532人，孕期接受艾滋病咨询8199人，艾滋病检测6423人，咨询率、检测率分别为96%、75.3%。住院分娩孕期艾滋病咨询率98.9%，艾滋病、梅毒、乙肝检测率均为98.9%。健康教育工作形成良好氛围。中心在各人流集中地，开展“预防出生缺陷，提高人口素质”等专题健康教育活动20余场（次），受益人群5万余人，发放宣传手册、光盘、折页、打印文稿10万余份。

群策群力，服务至上，临床业务工作稳步推进。以“医疗联合体”为契机，临床业务工作取得初步成效。对各科室实行服务质量（即群众满意度测评）及目标的绩效目标管理，年初制定总体目标任务，努力拓宽服务领域，坚持以临床、以服务对象为中心，为技术服务提供重要保障，各科室积极配合，临床业务收入比上年有明显增长。全年接待门诊病人35600余人次，施行各类手术3000余例，医技科B超检查18000余人次，心电图检查7500余人次，临床检验62000余人次，药品销售426万元(药占比24%)。住院1762人次，全院业务收入共计完成1776万元，与上年同比增长550余万元，增长率约为45%。

加强培训，提升人员综合素质。选派妇产科、护理部、检验科、B超室、医务科、健教科、保健部等多名工作人员到湘雅医院、长沙市妇幼保健院，省内、省外卫生计生科研所等单位进行相关的全国、全省专题培训，提高技术人员服务水平和服务质量。加强对中心医疗人员的业务培训工作，每季度组织医务人员培训、学习，全年共培训30余次，定期考试15次，合格率达到了95%，人员听课率达到了90%。每季度举行“三基”业务考试，内容涵盖临床、影像、检验、药学等多个科目，有效地提高业务人员的整体素质。

(张　开)

望城区妇幼保健计划生育服务中心

主　　任　廖哲辉(4月任)
　　　　　黄干权(4月“改非”)

·血吸虫病防治站·

血吸虫病人群病情调查

【概况】 2015年，区血吸虫病防治站设预防科、宣教科、医疗门诊科、办公室、财务科5个科室。有在职在编人员27人。血吸虫病疫区覆盖大泽湖、白沙洲、高塘岭、乌山、靖港、乔口、铜官、茶亭8个乡镇(街道)20个行政村(社区)，疫区总人口约7.8万人。全区现有钉螺面积358.95万平方米。2008年以来，无本地居民牲畜感染血吸虫病，未发现阳性钉螺。已连续9年无急性血吸虫病病例。

开展查螺、灭螺、灭蚴工作。2016年系统抽样调查钉螺面积580.681万平方米，总查螺13564框，发现活螺46框，共拾钉螺282只，其中活螺226只、死螺56只，钉螺最高密度36只／框，活螺平均密度0.01只／框，环境抽样调查1141.784万平方米，查螺4577框，未发现钉螺。5月、6月、8月份组织对重点地带水体药物灭蚴158万平方米。9月对有螺地带药物灭螺201.6万平方米。同月，联合湘阴县樟树港血防站对望城区苏蓼村的泥洲与湘阴县樟树港的白眉洲进行同步灭螺20万平方米。共投放氯销柳胺药物7192千克。11月对高塘岭街道湘江村外滩10.81万平方米及靖港镇芦江社区金星外滩9.36万平方米洲滩实施翻耕垦种环改灭螺，工程已验收达标。

联合各疫区乡镇卫生院、区人民医院开展疫区人群查病、化疗工作。在感染季节后的10月组织区人民医院、疫区乡镇卫生院、村卫生室对高塘岭街道莲湖社区、月圆村、湘江村、裕农村、大泽湖街道西塘村、乌山街道团山湖村、铜官街道潭洲社区、靖港镇芦江社区、乔口镇柳林江村、茶亭镇苏蓼村等10个疫区村的陆上居民进行血吸虫病检查，5—11月对各疫区的居民，航运水利及湘江望城段重点工程建设水上作业人员、下水人员登记和病情调查。在区人民医院、乔口镇卫生院和茶亭镇、东城镇卫生院设立固定监测点，对流动人员进行血吸虫病筛查。全年查病5305人次(其中血检5253人、粪检52人)，未发现新感染病例。对疫区居民人群化疗1303人(陆上居民1243人，水上工作人员60人)。对在疫区洲、滩敞养的牛化疗516头，羊化疗18只，共投放化疗药物吡喹酮14661片，送2例晚血病人到定点医院进行救治。

开展血吸虫病防治知识宣传周活动。对各疫区村居民及全区境内水上作业人员、重点疫区的8所中小学校发放血防宣传资料2438份，宣传品10750份，张贴宣传画册530张，举办血防知识讲座8课时。对柳林江村、苏蓼村、金钩寺村、谭洲社区120名村民进行血防健康教育问卷调查。

加强血吸虫病急性感染防控。制订预案、成立机构，强化责任、严防死守，应急配备灭螺机5台、氯硝柳胺灭螺药物3000千克、吡喹酮化疗药物12000片、防护膏1100支、防护套鞋30双。配合畜牧部门在高感染季节前化疗敞放有螺洲滩的牛516头、羊18头，以控制传染源。对中小学生上2堂血防知识宣传课，并签订不下河游泳、戏水的保证书。苏蓼村、柳林江村、金星村、谭洲社区等重点疫区地段在5－11月感染季节设立哨卡，聘请血防巡查员沿堤巡查，劝阻各类人员下水上洲活动，对确因生产、生活需要下疫水的人员，发放防护油膏并做好登记，适时给予化疗投服，全年各疫区村共摸底排查184人，化疗144人。与渔政、水利、海事、执法局等部门协作，密切监控外来传染源的输入和对湘江望城段渔船民及水上作业人员监测。完成国家监测点工作，按照全国监测方案内容和要求，对茶亭镇苏蓼村国家监测点开展螺情、病情监测，共查螺195.61万平方米，未发现钉螺，人群查病814人次（血检804人次、粪检10人），未发现血吸虫病新感染病例。

【完成芦江社区金星外滩和湘江村湘江外滩环改灭螺工程】 11月，根据长沙市血吸虫病地方病工作领导小组的部署，对靖港镇芦江社区金星外滩和高塘岭街道湘江村湘江外滩同步实施翻耕垦种环改灭螺，采取机械除障、翻耕平整后种植上农作物以改变钉螺的孳生环境，遏制钉螺的生长繁殖，两处洲滩共计环改灭螺面积20.17万平方米（其中金星外滩9.36万平方米、湘江外滩10.81万平方米）。

（徐慧英）

望城区血吸虫病防治站

站　　长　张　伟（9月任）
章世清（9月“改非”）

·精神病医院·

【概况】 2016年，区精神病医院设门诊、精神科、综合科、中医理疗科、医保科、药剂科、检验室、心电图超声室、放射科、护理部、医务科、科教科、财务科、办公室15个科室。设床位208张，有职工96人，高级职称1人，中级职称4人，初级职称46人。精神科分设精神病区5个，全年收治常住精神病人325人次，精神科业务量达到1000万；综合科全年共收治新病人1167人次，医院年业务收入达1300万元。

加强人才队伍建设。先后选派各类技术人员进修及短期培训30余人次，引进一名精神科副主任医师，定期开展学习，鼓励继续教育，组织外出考察。由省脑科医院、市精神病医院指派6名精神科专家定期到院技术指导，促进医院医疗水平稳步提升。

完善硬件设施。投资40余万元完成综合科前坪绿化改造工程、综合楼屋顶漏水改造工程、警务室（保安亭）建设及水电、绿化、道路、护坡、围墙、亮化工程；投资300余万元完成30套公租房主体工程建设；完成医院环境评估、医院用地蓝线规划，为医院的基础建设打造良好的长远建设平台。

提高医疗质量。制定医疗核心管理制度，完善相关规定，健全医疗护理、院感、医保等管理组织，定期组织院长查房、突击夜查房和每周六大查房行动。落实病历书写规范，护理部、科教科、医务科每月进行医疗质量检查。每周组织业务学习，进行疑难病例讨论分析。推行优质护理服务，在门诊大厅设立电子屏显示系统，开设“雷锋580”服务，上门服务20余次。出院病人回访率90%以上，满意度95%以上。

落实精神病救治。医院精神病防治小组每月到全区14个发药点免费发放药品。发放救助卡1948张，发放药品总额112万余元，为病人体检2645人次，登记造册2513人。组织全区精神病管理专干60余人进行系统培训。开展精神病管理“686”项目，规范管理精神病人，维护社会和谐稳定。

（谭　平）

望城区精神病医院

院　　长　易志雄

·区心脑血管病专科医院·

【概况】 2016年，望城区心脑血管病专科医院设心电图、超声科、彩超室、心血管超声、检验室、生化室、康复室、理疗室、药剂科、普通门诊、专家门诊、办公室、财务科、医保科14个科室。开设病床60张，抢救病床1张，有医务人员46人，副高职称1人，中级职称14人。医院门诊5381人次，住院1957人次，总业务收入1075万元，较上年同比增长20%。

保障医疗安全。加强基础医疗质量管理，强化“三基”训练，开展临床医师理论及抢救技能的培训，每月进行一次三基知识以及临床护理操作考试。加强护理质量管理，每月举行一次护理安全分析报告会，选派4名护理人员到长沙市四医院进修学习，规范专科护士培训工作，提高医院临床护理整体水平。

加强院感防控。规范医院管理，落实医院感染监测制度、消毒隔离制度，一次性无菌医疗物品监测合格率100%，室内空气、物体表面、医护人员手、紫外线强度监测合格率分别为97%、97%、99%、99%。每月组织抗菌药物监测，无超范围使用现象。组织以“感染防控，‘手’当其冲”为主题的“感染知识及消毒隔离”培训，增强医务人员院感防控意识。成立H7N9禽流感防控小组，落实人感染高致病性禽流感防控措施。

拓宽医疗业务。开展体外反搏、颈动脉穿刺术等特色专科医疗业务治疗脑梗塞，体外反搏2920人次，颈动脉穿刺2000人次，疗效显著。

改善医疗环境。租用二楼一套退休职工家属房进行装修改造成病房，缓解病床紧张局面。全面对医院电线路、门窗、卫生间、室外地板及部分办公室改造，消除消防安全隐患，改善就医环境。

（朱颂尧）

望城区心脑血管病专科医院

院　　长　陈学云（4月任）
肖文昌（4月“改非”）

爱国卫生

【概况】 2016年，区爱国卫生运动委员会（以下简称区爱卫办）挂靠区人民政府办公室，有在职人员6人。

开展乡村环境卫生整洁行动。每月有重点地对集镇、建筑工地、农贸市场、重建安置小区的环境卫生进行综合整治，积极治理脏、乱、差，创建清洁、靓丽城区。结合全市性的城乡接合部环境综合整治“百日会战”行动，集中力量整治群众反映强烈的“脏乱差”问题以及一大批重点难点问题。乌山街道对重建地开展大型综合整治行动，规范集镇及电子街店外经营。靖港镇和乔口镇对集镇和景区的店外经营、流动摊担、违章广告、乱悬挂、乱张贴等影响市容的不文明“顽疾”进行重点整治,规范沿街铺面的经营秩序。茶亭镇出动工作人员200余人次,开展违规赶集专项整治行动3次。白箬铺镇将主干道修理店的乱堆乱放现象列为重点整治内容,并回收废旧轮胎用作鲜花盆景和卡丁车护栏,用于光明村美丽村落和松鼠谷、蝴蝶谷景区打造,2000个废旧轮胎通过油漆一新变废为宝。2016年全市城乡环境卫生整洁行动年终考评中,乔口镇、乌山街道、茶亭镇、靖港镇荣获“优秀乡镇(街道)”称号;茶亭镇大龙村、铜官街道书堂山村、乌山街道喻家坡社区、高塘岭街道六合围村、乔口镇蓝塘寺村荣获“优秀村(社区)”称号。在2016年全市城乡环境卫生整洁行动半年度及年终考评中,望城均位列县(区)一类。

创建环境卫生示范区。区爱卫办将环境卫生示范区建设纳入对各街道(镇)的绩效考核。2016年,创建茶亭镇金钩寺村南横渠片区、铜官镇“美女晒羞”片区,乌山街道原佳村前洲后洲组片区等高品质的环境卫生示范片区。

推进垃圾分类减量工作。率先在全市提出《长沙市望城区生活垃圾分类示范村(社区、小区)标准》,出台《长沙市望城区2016年生活垃圾分类处理工作实施方案》(望爱卫发〔2016〕5号),并将垃圾分类减量工作纳入年底对街道(镇)的绩效考核,2016年全区创建12个市级农村垃圾分类示范村。乔口镇已全部拆除垃圾池,倒逼居民、农户进行垃圾分类,并在每个村建立垃圾分拣中心,建成全省规模最大、运行最规范的垃圾分类处理总站,联系市联合餐厨公司对集镇每天产生的近2吨厨余垃圾进行集中收集处理。黄泥铺等23个村又相继拆除垃圾池,新建垃圾分拣中心,向农户发放分类垃圾桶,指导住户开展垃圾分类,通过保洁员上门回收,垃圾分类减量率达到百分之三十以上。在2016年4月20日省住建厅组织召开的农村生活垃圾治理工作会议上,范焱斌区长代表望城区作以《先行先试,精准发力,奋力推动垃圾分类减量工作走在全省前列》为题的经验介绍。在5月24—27日省住建厅组织的农村生活垃圾治理培训班上,乔口镇的主要负责同志作为全省唯一受邀的乡镇代表,作《开启分类减量模式,建设美丽宜居古镇》的经验介绍。望城区的垃圾分类减量工作经验被省委改革办重点推荐。

推动卫生创建。2016年,乔口镇和靖港镇分别成功创建国家卫生镇和省级卫生镇;乔口镇柳林江村、铜官街道彩陶源村成功创建省级卫生村;淑一村、洪开桥村、杨桥村成功创建市级卫生村;喻家坡社区和斑马湖社区创建市级卫生社区。星城卫生院等3家单位创建市级文明卫生单位;星城实验中学和丁字卫生院两个单位及梁阳等10户家庭分别获市爱卫会命名的“无烟单位(家庭)”称号。

开展病媒生物防制。中标病媒生物防制专业公司负责城区内公共区域防制工作,同时,切实加强对专业公司的监督,引入市场监督机制,实行第三方监督,安排专人对中标企业病媒生物防制效果进行督查、考评。全面实施城区主要市场、主要街道下水道以及公共地带除“四害”专项行动;街镇逐步推行集镇、居民小区灭鼠、灭蚊、灭蝇、灭蟑工作并引入专业公司参与防制。结合全市环境卫生整治行动,发动街镇和村(社区)动员人民群众积极开展农村农户除“四害”活动,继续保持望城区老鼠、蟑螂、蚊子、苍蝇“四害”密度控制在国家规定的标准之下。

加强健康教育。在爱卫月活动期间,组织各街镇开展以“灭蚊防病健康你我”为主题的春季爱国卫生运动、倡导推广健康生活方式、文明健康知识宣传等形式多样的爱卫月活动,发放宣传资料2.3万余份,清除卫生死角86处,开展各类大型宣教活动50余场(次)。

继续实施农村改厕。按照市爱卫会要求,制订详细的工作方案,加强技术指导,严格督查,确保农村改厕质量。完成农村改厕2900座。

(陈浪波)

望城区爱国卫生运动委员会办公室

主　　任　何建新
副 主 任　洪　峰　肖建新

社会生活

责任编辑 ◎ 宁利宏

民政事务

【概况】 望城区民政局机关内设办公室、监察室、救灾救济科、基层政权建设科、优抚安置科、规划财务科、社会事务和社会福利科7个科室，“雷锋580”中心、社会救助局、救助管理站、老龄委办公室、民间组织管理局、婚姻登记处、殡葬管理站、军队离退休干部休养所、福利彩票发行中心、慈善会办公室、按摩医院、光荣院12个二级机构。有在职在编干部职工77人，其中局班子成员7人(含区纪委派驻纪检组长1人)。

加大扶贫济困力度。城乡低保统一标准。稳妥推进城乡低保一体化，7月1日实现全区城乡低保并轨运行，建立低保流程管理系统，保障标准、低保制度资金发放更加精细规范，识别贫困对象更加精准，低保人数减少2192户、3721人，重点困难低保对象月人均救助金额增加200余元。“救急难”创建全国品牌。创新“救急难”工作，扩大“雷锋580”紧急救助品牌影响，向全区范围内因重大疾病、突发意外事故、严重自然灾害造成基本生活困难需要紧急救助的望城籍城乡居民和生活无着需要紧急救助的流浪人员提供救助，使之成为反应迅速、保障有力的民生服务通道，被授予“全国最佳志愿服务项目”称号。慈善救助力度加大。雷锋慈善会设立助学、助医、助困的慈善项目，发放慈善款物798万元，惠及困难群众1.5万人次。大病救助标准提高。加大大病救助力度，低保对象最高救助限额提至5万元，全年救助7000余人次，发放救助金2300万余元，低收入人群因病致贫得到缓解。防灾减灾扎实有效。应对“7•3”风暴等自然灾害，发放救灾资金350万元，生活物资1.4万份，确保了灾民基本生活秩序。同时，扎实开展示范创建，高塘岭街道望府路社区达到民政部“综合减灾示范社区”标准，丁字湾街道丁字湾社区、高塘岭街道斑马湖社区、茶亭镇大龙村、乌山街道双兴村、茶园村5个村(社区)获省民政厅“综合减灾示范社区”称号。

推进基层政权建设。并村工作圆满完成。把准方向，精准发力，1个月时间将125个村合并为97个，实现全区28个合并村(社区)全部挂牌运行，工作过渡顺利、基层大局稳定，得到省、市、区各级部门和领导的充分肯定，经验做法在省、市推介。社区提质提档任务完成。发挥社区提质提档牵头部门作用，深入推进社区规范化建设，基础配套得到完善、环境品质得到提升、服务效能得到优化，完成西塘街社区、雷锋路社区、白芙塘社区、杨丰社区的硬件提质、软件提档工作，4个社区成功创建和谐(精品)社区；完成19个农村社区示范建设，双兴村成功创建省级“农村社区建设示范村”。基层民主不断增强。实施村级公共服务中心运行维护机制建设试点，92个村(社区)实现村级事务代办。指导基层民主自治，严格村务公开，浓厚民主氛围，乔口镇获评“全省村务公开和民主管理示范镇”。

落实优抚安置政策。拥军优属、抚恤优待、退伍安置等政策执行到位。双拥创建氛围浓厚。深入开展走访慰问驻军部队、烈士家属和抗战老兵等双拥共建活动，形成“民拥军，军爱民”的浓郁氛围。优抚待遇全面落实。提高抚恤补助标准，发放各类抚恤优待资金3800万元；全面完成残疾军人换发证、优抚信息录入；为在乡老复员军人送医送药，缓解看病难问题。复退安置不打折扣。继续推行退伍安置改革，按要求完

慰问“7•3”风暴自然灾害受灾群众

街道·乡镇

责任编辑◎李富强　任俊国

丁字湾街道

【概况】　丁字湾街道地处望城河东，南接开福区新港镇，东壤桥驿镇，北邻铜官街道，西与望城主城区隔江相望。街域总面积39.89平方千米，总人口5.7万人，下辖兴城社区、丁字湾社区、金云村、翻身垸村、双桥村。在编干部、职工60人，聘用人员41人。丁字湾街道区位优势明显、交通便捷，距长沙主城区仅15千米，毗邻深水码头、火车货运新站，芙蓉北路、湘江大道、京珠高速、绕城高速、京广铁路、电厂铁路等主要水陆交通干线在此交汇，是省、市、区规划的“水运、公路、铁路中转联运中心、仓储物流中心和大运量工业基地”。境内盛产麻石，已探明麻石储量达37亿立方米，有2000年的开采历史，素有“麻石之乡”的美誉。2016年，完成工业生产总值30.8亿元，固定资产投资40.43亿元，实现社消零6.35亿元，完成财税收入1.9091亿元。2016年获全区综合目标管理考核一等奖。

加强党的建设。落实每月的党员积分定等工作、每季度党建工作点评会、每半年督导验收党小组规范化建设、年底实行党组织书记“双述双评”，强化支部书记管党第一责任人的意识。开展“两学一做”学习教育、群众“点赞”工程、精准扶贫等工作，及时处理群众实际问题151件，扶持慰问现金物资211万元。安排资金30万元，高标准建设党员活动阵地、党代表活动室、党员档案室、机关支部活动室。开展“党员当先锋，慈善我先行”活动，募集资金10万余元用于帮扶困难群众。湾田国际、丁建集团等非公有制企业党建工作得到上级组织肯定。丰富和创新党建宣传，在媒体大力推介党建成果，创建微信公众号、党建文化长廊、《光荣册》等载体，延伸党建工作成果。大力实施农村党员积分定等、党小组评星定级、党支部考核定类等“三定工程”。以每月交叉检查方式对党员进行全方位量化考核，推动871名农村党员积分定等工作落到实处。通过量化星级党小组指标，让党小组建设有章可循、有据可依。全年投入30万元，按照“基数+奖励”的形式下拨到党小组，同时对创建成功的党小组挂牌标星。街道33个党小组全部实现阵地标准化、组织生活规范化。每季度对街道22个党支部进行考核定类，实行奖优罚劣。

夯实产业基础。湖南湾田集团总部成功注册到望城区。湾田国际一期、二期建成与投入运营，产业集聚效应凸显，柏强创业园、湘妮仓储、红星冷链等物流企业保持良好发展态势，以湾田国际为龙头的商贸物流产业集群初具雏形；全年新增限上企业15家，“四上”企业注册6家。芙蓉北大道提质改造、美来美商业广场等项目启动和建设，人气商气渐旺，新镇和高校片区发展格局进一步提升，商业服务产业发展环境日益优越；编撰《丁字石韵》、参加望城区举办的“2016我们一路•跑起来”活动，《长沙晚报》、金鹰报刊等多家媒体宣传，向外推介丁字古镇。完成古镇旅游策划、招商策划等编制、评审，丁字古镇开发进入实质阶段。

加快项目建设。按照区委、区政府对“项目竞赛年”的总体要求，铺排市、区重点项目15个，全面实现开复工。严格落实“五个一”责任机制和激励约束机制，加强项目动态管理，加大项目建设调度力度，启动湘

丁字农贸市场项目建设

妮机械等8个项目建设，推进湾田国际二期、京阳物流等4个项目建设；本着“依法拆迁，阳光拆迁”的工作准则，科学分工、明确责任，圆满完成霞凝货站扩征、滨江加油站等6个项目57户的拆迁，其中嘉宇〔2013〕50号地块11.80公顷，动迁9户，二榜当天全部签约清零，拆迁再现“丁字速度”。推进外国语学院等3个重点拆迁项目的扫尾工作；在“四纵三横”的路网骨架基础上，启动外贸路延长线、向东路等区域路网建设，高标准完成芙蓉北大道拓改、汤加湖路建设。完成对南北二区、官山等重建地内网道路及给排水、绿化、亮化设施建设，完成丁字棚改三期项目150缝房屋立面改造，丁字农贸市场建设顺利。完成丁字片区纳污管网、翻身垸纳污主、支管网建设，实现与湘江大道管网对接。

推进民生工程。全体街村干部结对帮扶186户困难群众，扶贫工作实现精准调度、精准结对、精准帮扶，实现88户222名困难群众脱贫，涌现出以谭铁辉为代表的社会扶贫典型。坚持“公开、公平、公正”原则，严格把握政策，坚决杜绝关系和人情，788户1762人享受城乡低保，对33户房屋进行危房改造，为59户困难群众落实大病医疗救助金56万元。做好各项社会保险工作，城乡居民基本医疗保险参保率100%。组织劳动就业培训、劳务输出以及主办大型公益招聘会等，新增城镇就业565人，新增创业主体457人，带动城乡就业986人，解决贫困劳动力就业108人。完成5处健身站点建设，组织文化活动32次，其中广场舞比赛获全市第三名。区文化馆、区图书馆均在街道设立分馆，街道文化站获评河东文化明珠。完成观枫寺幼儿园和新苗幼儿园附属工程改建。开展文明创建工作，承办市“传承长征精神，共创名望之城”纪念长征胜利80周年主题活动。

加强环卫整治。推行垃圾上门回收，对芙蓉北大道两厢350缝房屋进行美化、绿化。做好农村秸秆禁烧工作，未出现秸秆焚烧点。完成100个农村改厕任务。丁字卫生院新镇分院评为市级“无烟单位”，4个家庭获评“无烟家庭”。开展环保违规建设清理整治行动，清理30家违规企业。完善项目管理制度，实现渣土运输零污染、项目建设零违法。完成城乡环境综合整治“百日会战”，整治脏乱差问题171处，完成违章建筑拆除面积15366.3平方米，在全区城市管理考评中排名前三位。

维护社会稳定。开展平安丁字建设，评选表彰100户平安家庭，20户平安门店。组建一支446人的“红袖章”平安巡防员队伍，组织3次集中“亮剑”行动，集中整治社会治安问题，排除治安隐患。严厉打击违法犯罪行为，破获各类刑事案件52起。加大社会矛盾化解力度，充分发挥基层调委会作用，调处106件民间矛盾纠纷。加大非访治理力度，化解10件信访积案。推进安全监管执法，组织集中执法15次，排查发现隐患135处，责令停产整顿企业5家，取缔非法生产经营窝点6处。落实安全生产“一岗双责”“党政同责”责任制，开展安全生产检查整治行动和安全生产宣传、培训和演练活动，全年未发生安全责任事故。

【开展“党员当先锋，慈善我先行”活动】 7月1日，丁字湾街道举办庆祝建党95周年暨“党员当先锋，慈善我先行”活动，街道1000余名党员参加活动。在街道党工委的倡议下，与会党员积极践行“两学一做”，纷纷参与慈善募捐。活动共募得善款近10万元，主要用于帮扶街道范围内的困难群众，其中，3万元用于帮扶李泽生、骆长发等10户困难家庭；2.5万余元用于帮扶胡莹、曾安琪、袁透等31名贫困中小沉重3万余元用于救助谭凤明、肖菊香、周金等6名重病患者；1.5万余元用于帮扶叶新德、胡胜、李润芝等6户精准扶贫户。活动开展广泛弘扬传播“爱”和“善”的正能量，极大地提升了党员党性意识。

【望城文化馆在丁字设立分馆】 8月29日，长沙市望城区文化馆丁字分馆授牌仪式在丁字湾街道文化站举行。丁字的文化工作已形成以丁字文化站为主阵地，各村（社区）文化工作齐头并进的良好局面。丁字湾街道文化站设有活动大厅、雷锋慈善会工作室、电子阅览室、图书室、教学排练室等。丁字湾街道注重挖掘、宣传麻石文化，在丁字文化站内专门设置麻石文化展示厅，把麻石雕刻艺术引入到文化站，进一步弘扬传承麻石文化，扩大了麻石文化的影响力。

（党政办）

丁字湾街道

党工委书记	刘灿辉（3月任）
	聂　荣（3月免）
办事处主任	曹　文（3月任）
	刘灿辉（3月免）
人大工委主任	夏岳峰
党工委副书记	邵志军（3月任）
政协联络处主任	方尉茗
党工委委员	余高建　谢定伟
办事处副主任	胡　勇（3月任）
	陈铁武（3月免）
	蔡海龙　李　花
	王　卿
工会主席	黄　智

铜官街道

【概况】 2016年，铜官街道辖9个行政村，5个社区，总人口5.2万人，其中非农业人口3.1万人，总面积90.3平方千米。完成财政总收入6.21亿元；规模工业产值55.6亿元；固定资产投资49亿元；财税收入1.1亿元（不含铜官园区）；社会消费品零售总额1.06亿元。2016年获评全市经济社会发展“十快乡镇”、全市安全生产示范乡镇，街道司法所获评全省规范化司法所。

加快小城市建设。黄桥大道全面建成，铜官港区、城市快线、铜靖大桥启动建设，铜官的区位、交通优势进一步凸显。完成铜官集镇污水入园泵站及管道工程、丰盛园安置小区提质改造项目三期、芙蓉北路两厢立面改造工程和环境综合整治，城镇品质进一步提升。稳妥推进洪家洲渔民转产转业，完成第一阶段的渔民捕捞设施征收处置工作。铜官古镇棚户区改造项目启动建设，完成一期198户签约，收回已腾空房屋36栋，为136户征收户办理安置补贴。

推进项目征拆。完成铜官港区、新华联二期及代征、新华联三期、方盛、托阳、荣昌包装、湘江大道(铜官港区段)、何桥公路、石渚湖加油站等9个项目征地拆迁，实现腾地140公顷，拆迁房屋108栋。建立区直部门、街道、派出所、村和项目方联动工作机制，化解遗留问题、维护项目环境。

提升文化品牌效应。积极跟进省、市、区委关于湘江古镇群实施二次规划建设，致力做好古镇开发保护及品牌推广工作，加大文物点的管理和保护力度，辖区内不可移动的文物点明确专人负责。加强铜官古镇、铜官窑、欧阳询文化园、郭亮故居等景区管理与维护，定期检查维护公共基础设施，管护绿化景观，不断提升景区形象。举办书堂山当代文人书法周、湖南省第五届工艺美术大师评审等有重大影响力的活动，铜官的知名度和美誉度不断提升。

做好招商引资。2016年7月签订潇湘壹号投资建设铜官古镇文化艺术交流中心商务协议。项目建筑面积10000平方米，包含陶瓷展厅、陶瓷论坛、4D影院、艺术家工作室等，项目投资3000万元，占地面积约2000平方米，9月30日，区政府与文旅大咖叶文智签订铜官古镇文化旅游项目框架合作协议。2016年10月签订湖南华夏投资集团商务协议，湖南华夏投资集团依托书堂山欧阳询文化园，融入“琴棋书画、诗酒花茶”八雅、国学六艺等元素，将打造集休闲度假、雅士教育、影视拍摄、非遗文创、沙龙庆典的“一站式”休闲度假体验基地，总投资约12亿元，项目建成后将实现年接待游客300万人次以上。新华联铜官窑国际文化旅游度假区项目一期，包括古街古镇、7个博物馆群、铜官阁、演艺中心、沿江商业街、生活配套区、酒店、游客服务中心等，约60万平方米已封顶。已完成投资约20亿元。

长沙铜官港区建设

发展社会事业。完成书堂中学教师公租房、书堂小学提质改造、新河小学教师公租房等教育项目建设。完成华城村、誓港社区综合文化服务中心建设。完成重建地等13处户外健身设备、篮球场等场地建设。组织区人大代表在铜官敬老院设立爱心帮扶基地，为孤寡老人送温暖，弘扬尊老爱老、扶贫帮困的优良传统，人民网等主流媒体进行宣传报道。在全区率先成立文艺界联合会，协会包含陶艺、龙灯、诗词、书法、旗袍、舞蹈、摄影等文艺项目。铜官街、袁家湖获评市级“发挥五老作用”示范阵地，第三次获评市级“残疾人服务明星社区”；高岭社区创建国家级“无邪教创建示范社区”。

搞好精准扶贫。从发展生产脱贫等8个方面确定255户、702人的脱贫计划，实行“一对一”帮扶策略，建立扶贫长效机制，使困难群众长期受益，实现彻底脱贫。推进低保城乡一体化工作，救助139人，救助资金110万元。实行就业帮扶，新增城镇就业878人，新增创业主体342个，带动城乡就业687人，城乡居民医疗保险参保人数32337人。

存在的困难和问题：街道地质灾害区域点多、面广，治理难度大。基础设施不完善，特别是背街小巷的提质改造、配套设施建设亟待加强。

【举办“湘江古镇群 邀您过新年”活动】 为更好地推介湘江古镇旅游资源，提升望城古镇旅游形象，铜官街道在2016年春节期间，举办“湘江古镇群 邀您过新年”活动，由湖南经视以连线直播的方式集中宣传报道湘江古镇群的春节年俗、风俗活动和风土人情，2月7日、8日分别在书堂山欧阳询文化园举办“书堂祈福，见福见喜”、铜官国际陶艺村举办“铜官敬窑，陶神闹春”特色民俗活动，取得良好反响。

【承办湖南省第五届工艺美术大师评审】 10月20日，国研智库论坛2016•湘江论坛暨世界休闲农业与乡村旅游峰会首个大型系列活动——湖南省第五届工艺美术大师评选暨作品展在望城铜官国际陶艺村隆重开幕。活动由省工艺美术协会、望城区人民政府主办，区经信局、区旅游局、铜官街道办事处承办，铜官陶瓷行业协会协办。省人大常委会原副主任、工艺美术协会名誉理事长蔡力峰，省人大农业与农村工作委员会副主任、工艺美术协会名誉副理事长殷海清，省经信委党组成员、副主任黄宝林，省工艺美术协会理事长戴兆林，区人大常委会主任喻金平、副区长刘洪波以及湖南省各市州工艺美术界嘉宾，区直相关部门和街道负责人、铜官陶瓷行业协会代表，120余人出席活动。副区长刘洪波为开幕式致辞，省经信委副主任黄宝林发表讲话，高度评价了近年来湖南工艺美术事业的发展。省人大常委会原副主任、省工艺美术协会名誉理事长蔡力峰宣布湖南省第五届工艺美术大师评审暨作品展开幕。与会嘉宾一行参观湖南省工艺美术作品展及实操表演。活动时间为10月20日至30日，活动流程包含开幕式，参评作品展示，实际操作考核，评审会议，国研智库论坛2016•湘江论坛暨世界休闲农业与乡村旅游峰会嘉宾考察，“世界青年看铜官”国际文化交流，“铜官百问我知道”知识竞赛以及LOGO设计大赛等部分。

（党政办）

铜官街道

党工委书记 周志国
党工委副书记
办事处主任 余　款
党工委副书记
人大工委主任 徐文昌
党工委副书记
政协联络处主任 龙　尧
党工委副书记 梁海波
党工委委员
纪工委书记 刘　灿
党工委委员 余匹雄　熊　彪　严海砂　丁　智　周志兵　何　柳　宾　臻
办事处副主任 刘海波　谭佳惠　姚旭科　周　旺　余　彪

高塘岭街道

【概况】 2016年，高塘岭街道辖高塘岭、西塘街、雷锋路、高塘、白芙塘、莲湖、航运、斑马湖、望府路、新康集镇10个社区和胜利、裕农、长联、新阳、六合围、月圆、湘江、新河、名盛9个建制村。总面积 69.07 平方千米，总人口15万人。2016年，街道实现经济总产值 159亿元，其中第一、二、三产业分别为 6.18亿元、33.13亿元、113.70亿元；完成财税总收入 4.71亿元；完成社会消费品零售总额7.60亿元；城镇、农村居民可支配收入分别为 33598元、23546元。获评省“创新创业带动就业示范街道”，市“计划生育模范单位”“现代农业发展优秀乡镇”，区“绩效考核一等奖第一名”“财税工作一等奖”“项目建设单位”等。

增强经济实力。主动服务企业，重点抓落实、抓改造、抓升级、抓融资，帮助企业解决生产经营中的各种难题，促进工业企业的持续健康发展。2016年实现区域总产值159亿元，完成税收收入4.71亿元，其中地税2.22亿元，国税2.49亿元，完成社会销售品零售总额7.60亿元；工业方面，全年完成规模工业产值35.40亿元；农业方面进一步调整产业结构，发展规模化、集约化经营，着力扶持湘台、大丰、宝丰、龙虎、金成等现代农业项目，现代农业集中示范片产生良好经济和社会效益，区域经济社会发展综合实力不断提升。

推进项目建设。2016年，街道范围内铺排的省、市、区重点工程项目49个，明确所有项目指挥长、责任单位和责任人，建立党政领导、机关干部、村组干部“三位一体”的协调服务责任体系，直接服务项目建设。新启动一师附小、雷锋东路南厢地块、高原路、谭家湖压浸平台建设、张家湾处险工程、高沙脊复绿工程等项目18个，征地近200公顷，拆迁300余户房屋。街道原有扫尾项目11个，涉拆房屋33户（栋），任务重、难度大，区项目攻坚领导小组极力破解征拆难题，电子科技职院、旺旺广场西南角、胜利垸堤防工程等10个项目扫尾清零，历时三年多的雷锋西路、黄桥大道两大“梗阻”相继清盘，“161”项目全部签约。完成固定资产60亿元，超额完成全年任务。妥善解决雷锋公园、工农东路、望府东路、领航公馆、厚朴置业等项目建设过程中矛盾问题；强力推进“雷霆行动”，积极组织一师附小、白芙塘路等项目维护性施工，进一步优化发展环境。完成街道内5个村（社区）“两安”用地数据摸底、指标初审等各项工作，率先全区进行公示。作为“两安”遗留问题处理工作试点单位，为全区“两安”用地政策出台提供经验。

深化城乡治理。建立数字化考评、社会化监督、痕迹化管理体系，强化数字化城管考核案件处置，处置案件7000多件，结案率100%。组织开展“城市综合治理百日会战”，推进“城乡品质倍升三年大行动”，对主城区内“一店两招牌”“门前违规促销”和薄弱地带环境“脏乱差”等问题进行清理整治，组织大型整治及拆违行动42次，清理牛皮癣1500多处，清理垃圾60余吨，收缴违法违规物品550批次，拆除违章广告招牌260多块、违章建筑2.47万平方米，最严城市管理逐步形成常态。在楼盘社区创新实行城管物管联盟，将社区、物业、开发商职能职责进行科学界定，解决职能职责交织不清的矛盾，形成齐抓共管的良好格局。在城区社区试点无人管理小区开放式物业服务，按照“五规范”的工作要求，强化居民参与物业服务的决策权，倡导“先服务后交费”的服务理念，从根本上解决部分小区脏乱差现象。在农村村（社区）推进示范创建，精心打造新康、月圆、湘江等村（社区）示范点，推进六合围、斑马湖等垃圾分类减量试点工作，城乡面貌焕然一新。推进美丽乡村建设，加大乡村旅游资源整合力度，推进样板工程建设，完善区域配套，提升服务档次，实施环城绿带、花色道路等项目建设，精心组织开展绿化美化活动，着力打造湘江村、高塘社区西街、新康社区新河为重点的10个美丽乡村示范片区，持续提升农村环境品质，优化乡村旅游环境，营造整洁、清新、靓丽的良好风貌，湘江、新康等村（社区）获评长沙市美丽乡村建设示范村、特色村。

提升戏乡品牌效应。主动对接省市区湘江古镇群发展规划,相继举办“湘江古镇群,邀您过新年”湖南经视连线“直播大事件”活动,举办青少年戏骨选拔赛、新康戏剧季活动开幕式、湘剧大师曾金贵艺术人生研讨会等活动,“以戏为媒,唱响新康”,提升新康戏乡知名度,助推湘江古镇群“二次创业”,《湖南日报》《长沙晚报》等多家媒体进行专题报道。始终坚持“大戏乡、大产业、大景区、大配套”,推进农业产业结构调整,促进农业与旅游深度融合,助推经济创新发展。在完善戏乡基础设施的同时积极引进项目,盘活土地资源,通过引进农业产业项目,有力推进现代农业快速发展,扶持发展种粮大户、合作社44家,实现土地流转1333余公顷,解决就业800余人,湘台农业科技园、金成水乡、宝丰农庄、龙虎生态等现代农业和观光体验农业魅力初显。

促进社会事业发展。提质提档惠民生,统筹有序、精心组织实施工农路、宝粮路等背街小巷改造,实施刘家塘、裕农、中南等重建地提质,实施雷锋北大道两厢立面改造。按照“一服务中心、一示范片区、一老旧改造小区”的创建模式,全面实施西塘街、雷锋路、白芙塘3个城区社区提质提档工程,着力打造市、区开放式小区、城管示范片区和老旧城区改造的典范。防汛抢险保民安,7月持续强降雨形势严峻,街道迅速落实防汛责任,强化抗灾措施,街村干部群众日夜不间断巡堤值守,及时处置雷锋公园、老沩水堵坝闸涵闸管涌等79处大小险情,取得防汛抗灾的全面胜利。在区人大会上针对新老沩水亟待整修的实际,代表联名提出《关于加强新老沩水、撇洪河堤防设施建设》的建议,被确定为议案。精准扶贫暖民心,落实群众工作,开展“向群众承诺,为群众办实事”等活动,进一步融洽干群关系。推进精准扶贫工作,出台扎实推进精准扶贫的实施意见和街道机关干部一对一结对帮扶方案,广大党员干部进村组、入农户、察实情,“一户一策”“一户一档”,因村施策、因户施措、成效明显,全年脱贫218户657人,产业扶贫带动210户,危房改建49户,就业帮扶320人。做好城乡低保、医疗保险等工作,审核退出低保对象近200人,率先市、县完成城乡低保一体化建设,居家养老、日间照料中心在全区率先实现购买社会化服务全覆盖。精心组织实验小学、高塘小学、新湖中心小学等提质改造工程,校园环境进一步改善。协调推进计划生育等各项事业,获评省“创新创业带动就业示范街道”、市“计划生育模范单位”、市“生育关怀•健康长沙”知识竞赛一等奖、市“综合示范性敬老院”等。组织开展“安全生产月”咨询日活动,切实开展安全生产“打非治违”等专项整治行动,促进企业安全生产工作落实。加大食品安全监管力度,构建食品安全工作网格化监督联动机制,街道内未发生食品安全事故。组织开展平安创建活动,开展义务巡防“红袖章”工程,及时调处矛盾纠纷,做好涉军、涉拆人员思想工作,落实特护期信访维稳工作,实现“三零”目标,保持社会大局和谐稳定。

高塘岭街道召开“雷霆行动”动员部署会议

存在的困难和问题:街道基础设施有待进一步完善,特别是背街小巷的提质改造、重建地配套设施和管理服务亟待跟进。辖区范围内征拆项目多,压力大,有的项目未实现全面清盘,信访维稳压力较大。城市管理工作任务艰巨,尤其是实施数字化城管新的更高要求,城市管理方式方法亟待创新。受到土地利用规划瓶颈制约,招商引进企业和个人建房用地规划需求矛盾十分突出。新常态下的村级财务管理水平有待规范和提高。

【举办首届新康戏剧季活动】 8月下旬,“醉美古镇 戏唱新康”——首届新康戏剧季活动在新康戏乡举行。活动以“醉美古镇 戏唱新康”为主题,包括“点燃梦想”青少年戏骨选拔大赛、“湘剧大师”曾金贵的艺术人生主题研讨会、“新康欢乐一条街”等主题活动,媒体报道充分展现新康戏乡“戏窝子”的风采,使新康“老戏窝”焕发艺术“新生命”。

【全国人大常委会副委员长吉炳轩考察新康片美丽乡村建设】 5月20日,全国人大常委会副委员长吉炳轩到新康片指导美丽乡村建设工作,省领导许又声、易炼红等陪同考察。考察组在宝丰农业实地考察高效节水灌溉项目。同时参观考察街道现代农业和美丽乡村建设工作。对农田水利、农业农村工作,吉炳轩指示:要进一步推动依法治水,推动水利建设特别是农田水利工程建设,按照“十三五”发展规划的要求,实现跨越式发展,为现代农业的发展提供必备的水利条件。要把现代水利建设作为关系经济安全、生态安全、国家安全的战略举措，高度重视水利工程建设，着力解决旱涝保收、靠天吃饭的问题。要始终高度重视粮食安全问题，切实保护好耕地。要加快推进农业现代化建设，特别是要优先推进农业水利化建设、农业机械化建设、农业科技化建设，着力解决“三农”问题。

【老城区社区升级改造】 按照“一服务中心、一示范片区、一老旧改造小区”的创建模式，在西塘街、白芙塘、雷锋路社区进行社区提质提档改造。其中，西塘街社区紧紧围绕“宜居宜业、活力西塘”的服务理念，以“晨光筑梦”“十全九美”两大服务品牌，深化残疾人创业就业、清风微公园的打造、社区治理水平提升；雷锋路社区把传承和弘扬雷锋精神贯穿于社区升级改造服务全过程，雷锋小区在改造中，拆除围墙 620米、杂屋58间、传达室7间、门面4间、拆违面积达5000平方米，改造后新增停车位200个，新增植被3000平方米，新增篮球场2处及公共设施面积近4000平方米，方便居民出行，拓宽文体活动空间，发展社区志愿服务，丰富学雷锋内涵，老城区焕发新生机，成为雷锋精神孵化基地，精神乐园。白芙塘社区通过挖掘本土文化，以数学家丁取忠为核心内涵融入社区提质改造之中，先后打造取忠兴趣博物馆和取忠法制文化公园。同时，把数学兴趣课堂设在居委会，把取忠公园建在居民的家门口，真正做到内强素质，外化形象。

【项目建设取得实效】 2016年是区委、区政府确定的“项目建设竞赛年”，街道上下竭诚服务、攻坚制胜，以项目征地拆迁“四三制”为总指导，构建“指挥长负责制、分组责任制、业务归口制、经费统管制”四制工作模式，“零距离、全方位、保姆式”服务项目，腾地面积200公顷，拆迁房屋300余户。街道党工委、办事处以“双轮驱动、四制统领”，高效推进师范附小、潇湘北路、斑马湖储备地块等18个新项目征拆，扫除雷锋西路、黄桥大道等项目遗留“尾巴”。

（党政办）

高塘岭街道

党工委书记	吕凯兴
办事处主任	梁志辉
人大工委主任	李智勇
党工委副书记	梁志辉　李智勇　崔　林　文　侠
政协联络处主任	崔　林
党工委委员	何铁亮　徐铁武　陈望福　周志刚　姚帅军　周曼红　舒　泽　熊正国　杨　磊　潘志高
办事处副主任	徐铁武　陈望福　姚帅军　舒　泽　李　达　粟　强　唐　勇　方　起

乌山街道

【概况】 2016年，乌山街道辖黄花岭、金树、双丰、维梓、八曲河、团山湖、乌山、龙王岭、双兴、原佳、高冲11个村，徐家桥、旺旺路、喻家坡、仁和4个社区，面积102平方千米，9.8万人，有356个村民小组。完成规模以上工业产值64.5亿元；完成财政总收入1.02亿元；完成社会消费品零售总额7721万元；固定资产投资32.312亿元。整体纳入湘江新区和望城经开区控规，拥有自建园区望城区中小企业园，系望城区推进新型工业化“一区两园”的重要组成部分，承担着望城城区和经开区西拓的重要职能。团山湖农场系雷锋工作的第一站，享有“雷锋精神发源地”的美誉。

2016年，紧紧围绕“建设产城融合和城乡融合的示范街道”战略目标，坚持“城乡一体、工农并举、基础先行、产业强街”的发展思路，大力推进新型工业化、新型城镇化和城乡一体化，经济社会保持健康快速发展，获评“长沙市城乡环境卫生整洁行动十佳乡镇(街道)”“长沙市青年文明号”“长沙市小城镇建设管理综合考核优秀乡镇”“省委党校雷锋精神与公共服务教学服务基地”“三年造绿大行动优秀单位”。

发展中小企业园。园区引进企业42家，投产达效26家，洽谈的项目13个，完成工业总产值35.46亿元，较上年同期增长62.8%，麓山电子、金环交通、长城电子、拓宇等园区落户项目实现厂内土方施工，进入主体施工阶段，争创“省级电力智能产业园”步伐稳步推进。抓关键，项目建设成效显著。深入贯彻落实区委、区政府“项目建设竞赛年”决策部署，全力以赴抓好项目建设。铺排52个重大产业和基础设施投资项目，航空路片区板块项目正在填土，网讯通板块加速土地平整，31.2公顷项目全力推进，望城箱涵管网进展顺利，历时六年的富民二路全境通车运行，兴工大道、高原路开工建设，兴工一路、普瑞西路、航空西路实现路基成型，梅罗线拓改全面完成。

推进征地拆迁。2016年新铺排征拆项目35个，街村干部通过发挥爱岗敬业、乐于奉献、敢于碰硬的“乌山精神”，已交地项目31个，417公顷，403户，征拆腾地266.67公顷。其中，金星路片区1029项目、智能交通产业园二期和航空路西延线项目在第一阶段就成功签约118户和105户。

稳定社会大局。坚持精准识贫、精准脱贫，649户、1923名贫困对象全部建档立卡，全面实现动态管理，2016年实现脱贫266户791人。建立健全文明创建村级月督查考核办法，“最美红旗手”评比、“社区老百姓永远跟党走”等活动浓情开展，文明创建工作经验得到《长沙晚报》等宣传推介。玉湖公园“千亩樱花主题园”建设初现成效，樱花、梅园、茶花竞相绽放，团山湖村石牛塘片区、新田和水产组绿化示范片、八曲河村家围片区等特色亮点凸显，团山湖村、双兴村美丽乡村建设跻身省市前列，吸引周边区县来此观摩学习，得到社会各界人士高度评价；街道、村创建绿色示范庭院245户，旺旺路社区全面完成市级示范村庄建设任务。

提升城乡品质。坚持建管结合，投入900万元对徐家桥集镇(政府口至梅十线、农贸市场口至梅湖桥)沿街300户房屋进行立面改造、广告招牌翻新、电力线路整理、弱电线路入地、雨污管网改造，提质改造新河洲广场，镇碑加油站处60米道路，由原来5米拓宽至9米，完善集镇配套设施，新建两个公共停车场，解决集镇形象不佳及配套设施不完善的问题。坚持日巡违、月总结制度，加大防控力度，以高压态势确保违章建筑“零增长”，开展拆控违行动25次，查处违章建筑66处，拆除违章建筑面积约1.5141万平方米；组织45次综合执法行动，重点整治沿街的乱搭建、乱挂晒、乱堆放，破解“门前三包”难题，数字平台接收案卷5564起，已全部结案。抓保障，队伍建设不断加强。充分发挥党建龙头统领作用，扎实推进“两学一做”教育活动，有序推进党员积分定等、党小组“五星创建”、党员组织关系排查、软弱涣散党组织整改等工作，5月，街道获评省委党校“雷锋精神与公共服务教学基地”。坚持高效运用廉政风险防控系统，完善《村级财务管理制度》，开展村级报账员专业技能考试、村级财务“赛账”活动，乌山财务“赛账”工作模式全区推广运用。

存在的困难和问题：信访维稳压力大。原喻家坡街道作为望城工业发展的起步区，征拆安置较早，由于当时相关政策的缺失和不完善，导致涉及“两安用地”和外嫁女群体的征拆信访等跨时间、跨部门、跨地域性遗留问题长期得不到解决，有串访、缠访、越级访等现象，稳控和化解难度大。发展要素不足。街道经济总量不大、自主财源不足；农业现代化水平不高、农民收入渠道不广；第三产业欠活跃，金融、医疗、文化、公共交通等配套设施不够齐全。安置小区数量多，配套建设和管理压力不断增大。中小企业园发展较艰难。区中小企业园虽已纳入全区“一区两园”规划盘子，随着经开区事权剥离和财权的不对等，园区控制规划没有得到进一步完善，未能享受到政府较好的财税政策和招商等权限。

乌山街道

【省委党校“雷锋精神与公共服务教学基地”授牌】 5月27日，省委党校“雷锋精神与公共服务教学基地”授牌仪式在乌山街道举行。省委党校常务副校长张国骥，省委党校教育长吴厚庆，区委副书记、区委党校校长尹英龙，常务副校长黄辉宏、乌山街道党工委书记丁翔出席授牌仪式。授牌仪式由黄辉宏主持。丁翔致欢迎词。他表示，街道始终坚持以雷锋精神兴业育人，率领广大干群自觉将雷锋精神融入发展之中，街道将以授牌仪式为契机，进一步挖掘雷锋精神，丰富雷锋精神时代内涵，全力将雷锋精神的探索与发展推向更高层次。张国骥授“雷锋精神与公共服务教学基地”牌匾，丁翔颁发“团山湖村第一支部书记”聘书。尹英龙指出，省委党校在乌山设立教学基地，对望城意义重大、影响深远，既体现省委党校对望城的关心和厚爱，也是对望城学雷锋活动的肯定和褒奖，更是对雷锋精神的一次传承和创新，必将推动望城区进一步传承好、弘扬好、发展好雷锋精神。作为雷锋故乡，将以此为新的起点，坚持不懈、与时俱进，探索学雷锋和提升公共服务相结合的新路子，把学雷锋这支“道德长跑接力棒”永远传递下去，使雷锋精神在望城薪火相传、历久弥新、永放光彩，真正把望城建设成为一座充满大爱的首善之地、名望之城。省委党校常务副校长张国骥对教学基地的建立表示祝贺。他强调，乌山街道和团山湖村山清水秀、人文底蕴深厚，是省委党校经过慎重、全面考察后，精心选定的教学基地。下一步，校地将密切交流合作，把基地办出特色、办出水平、办出品牌，让“雷锋精神与公共服务教学基地”在省干部伦理教育中发挥积极作用。

【维梓村政务服务中心挂牌成立】 3月25日，乌山街道维梓村挂牌成立仪式在维梓村政务服务中心举行(原茶园村政务服务中心)。街道合并村工作领导小组成员，维梓村临时支部工委全体成员、党小组长、村民组长，各村(社区)支部书记，街道企事业单位负责人参加揭牌仪式，区委组织部副部长杨松林、区委办副主任胡清明应邀出席，区委副书记尹英龙、街道党工委书记丁翔，街道党工委副书记、办事处主任姚杰等共同为维梓村揭牌。乌山街道合并村工作按照区委、区政府统一安排部署，经过广泛调研、充分酝酿、集中决策、上级批审，将原蓟家巷村和茶园村成建制合并成立维梓村。新设立的维梓村总人口6998人，面积11.6平方千米，将立足区位优势、资源禀赋，打造成街道乃至望城村级经济社会发展新名片。

【玉湖公园开展义务植树活动】 3月15日下午，孔玉成、喻金平、骆志平、周志辉、刘要明、姚建刚、苏春光、邹特等区领导以及在职副县级以上领导干部、区直相关单位负责人到玉湖公园参加春季义务植树活动，玉湖公园工程建设增添新绿，也以实际行动带领全区人民掀起绿化美化家园的义务植树高潮。玉湖公园地处望城区乌山街道喻家坡社区，东至望城大道，西接雷高公路，南起航空路，北连金穗路，总规划面积86.67公顷，是长沙市城市规划的绿带区、连接乌山水源至湘江水系的重要生态廊道。公园总体规划以“生态为主题公园开发”为启动点，服务于经济开发区的开发思路，实现片区提质增目的，通过打造集文化休闲、绿色宜居、生态办公、特色商业于一体的生态服务示范区。公园建成后，将为全区人民提供一个休闲、旅游、娱乐的绝佳场所。

【《湖南日报》推介乌山中小企业园建设】 5月18日，《湖南日报》刊发专题文章《打造百亿主导产业，进军省级工业园区——记腾飞中的长沙市望城区中小企业园》，宣传推介区中小企业园建设发展情况。望城区中小企业园坐落在乌山街道境内，原名乌山创业富民基地，成立于2009年，2013年7月，经望城区政府批准，正式更名为区中小企业园。该园区东接黄桥大道、南至金星西路、西抵京港澳高速复线，坐拥国家级湘江新区、长株潭“两型社会”综合配套改革试验核心区、国家级望城经开区工业配套产业园等国家级重大平台的叠加优势，充分享受国土管理、投资融资、城市规划等改革红利。园区累计吸引36家企业入驻，投产达效22家，年度完成工业总产值45亿元，完成税收8600多万元，解决劳动就业4500人。当前，园区正以望城区推进新型工业化“一区两园”的主要板块稳步成长，已成为全区先进制造业和新型工业化的重要增长极，创建省级工业集中区的步伐明显加快。

（党政办）

乌山街道

党工委书记	丁　翔
街道办事处主任	毛　斌（10月任） 姚　杰（10月免）
党工委副书记	毛　斌（10月任） 姚　杰（10月免） 冯　峥　张玲英
人大工委主任	谭建刚
政协联络处主任	李跃平
党工委委员	谭建刚　李跃平 李再武　刘树松 杨　胜　唐海凡 刘　佶　舒　鸥 文曙光（12月任） 刘新辉（12月免）
办事处副主任	宁静宇　徐　昆 袁　鑫　彭跃军 张志勇　戴　宇

金山桥街道

【概况】 2016年，金山桥街道辖3个社区，108个居民小组，4815户，常住人口18478人，总面积24.07平方千米。完成经济总收入29.53亿元，同比增长14.2%，其中第一产业2.80亿元、第二产业24.30亿元、第三产业2.43亿元，分别占比9.8 %、82.3%、7.9%；实现财税收入3.02亿元；工业产值22亿元，固定资产投资46亿元，居（农）民人均纯收入28745元，同比增长16.5%；社会消费品零售总额10885万元。获评2013—2015年度全市环境卫生“十佳”优胜街道。

加强党的建设。街道以“一带两联”助推“两学一做”，机关党支部带动其他党支部，机关党员领导干部联系指导党支部，全体机关党员联系指导党小组。实现街道工作重心下移，进一步强化机关党员的责任意识和目标意识，激发农村党员投入“两学一做”的浓厚热情。“一带两联”模式得到区委、区政府的高度肯定，《湖南日报》、《长沙晚报》等省市媒体进行宣传报道。重建地提质改造带头人李海清先进事迹在12月的组工通讯上专题报道。

加快项目建设。全年铺排项目52个，其中新建项目13个，续建项目39个。扎实推进新项目征拆，全面完成环城绿带、金坪储备用地、黄金时代和三环线互通等10多个项目200余户133.34公顷的征地拆迁任务。环城绿带示范路段一天完成12户21栋房屋签约，储备用地7天完成88户签约，特别是黄金时代项目，四天预热期就完成15户31缝雷锋大道临街门面的征拆，为全区主干道临街门面征拆提供样板。强势完成征拆扫尾，组织协拆行动近10次，扫除大河西汽配城，统征地，城际铁路等老项目的近20户项目遗留问题。切实优化发展环境，组织大小维护性施工4次，为中粮、荣盛、龙湖高尔夫、大汉•汉园、金地三千府、城际铁路、望城大道等重点项目建设提供保姆式服务，不断优化施工环境，千方百计创造条件推动签约项目早开工、在建项目早竣工、投产项目早达效。

加强城市管理。铁腕巡违控违拆违。创新机制，制定巡违控违绩效考核和责任追究办法，实行全天候巡违，对违章建筑采取零容忍态度，实施史上最严格、最精细、最到位的城市管理控违拆违行动。开展违法建筑拆除行动40余起，拆除违章建筑1.8万余平方米，处罚不得力巡违干部6人次，处理违规建房党员1名，实现新增违法建（构）筑物“零增长”。美丽创建成效显著。借鉴“金悦模式”，引导重建地居民花最少的钱，办最好的事，用自己双手，建自己的家园。完成青山重建地、黄金创业园前街重建地的提质改造工作。白沙塘重建地、乌龙塘重建地的提质改造已完成设计。城乡环境显著改善。在全区爱卫和数字化城管月考评中，多次获评第一，市爱卫年中和年终检查均排在全市前列。“百日会战”市交办的案件均一次性验收合格，100%完成任务，特别是党员、干部联门店，助推城市管理的成功做法在长沙市“百日会战”工作简报得到宣传推介。

开展文明创建。积极参与推荐全国、全省道德模范和“身边好人”活动，引导干部职工践行社会主义核心价值体系。广泛组织学习道德模范活动,充分发挥道德模范榜样示范作用,大力培育文明风尚,推进形成“知荣辱、讲正气、尽义务”的良好氛围。2016年5月,开展“同做文明人,共建文明城”专题文艺会演;6月纪念建党95周年群众性主题教育活动——社区老百姓永远跟党走等大型主题活动;9月“我们的节日——中秋”暨“长沙好人面对面百果园里话团圆”

2016年9月,省委宣传部副部长、省文明办主任刘进能为"丙爹工作室"授牌。工作室将主要围绕带领群众学雷锋,传播孝文化等中华传统美德,带领群众建设美丽乡村三个方面开展工作。开设义务宣讲员培训班,通过招募志愿者学员、开展免费培训,带领更多人加入长沙市雷锋精神宣讲团,传播正能量。街道文明创建在全区月考评中三次获得第一,桐林坳社区获评省级文明社区、百果园生态农庄省级文明门店,黄金农校评选为市级文明单位。

发展社会事务。送服务进社区深得民心。联合长沙市四医院、长沙医学院、长沙爱尔眼科医院、黄金卫生院开展5次义诊进社区活动,开展“食品安全”“计生关怀”进社区活动10余次。开展送冬种进社区、动物防疫进社区等活动,数千名群众在家门口享受到各项便民服务,让群众共享改革发展成果。扶贫济困实现常态化。不折不扣落实精准扶贫工作,按照“一就业”“两不愁”“三保障”分类施策,对街道108户精准扶贫户实行一对一结对帮扶。救助56名寒门学子成学业,帮助36名贫困劳动本地就业,走访慰问困难群众400余户,发放各类慰问金30余万元。着力解决低保户、“五保户”、残疾人等困难群众在生产、生活中的实际困难。卫计服务大有革新。打造两个全区示范性卫生室,金山桥卫生公共服务中心启动建设,街道计生率达98.5%,性别比106.5,自然增长率6.7‰。爱心献血超额完成任务,主动承担全市“7•11”人口日宣传活动,市民反响较好,街道计生工作2次在《湖南日报》、《长沙晚报》上报道。群众文化蓬勃发展。高标准完成街道综合文化站建设,组织居民积极参与各类文体活动,木棉花艺术团获得全区优秀艺术团,金枫文艺团获得全区优胜艺术团。2016年度组织本地群众开展文艺演出5次,送戏下乡4次。

金山桥街道召开农村土地承包经营权确权登记部署会

稳定社会大局。化解矛盾解决诉求。实施街道综治牵头,社区为主,实现矛盾调解进社区、进小区、进楼盘、进项目,排查化解各类矛盾纠纷200余起。对特殊重点对象均实行“五包一”重点稳控,严格落实领导包案制和矛盾形势分析评估制,对可能发生的群体上访苗头提前介入,安排人力,努力将矛盾纠纷化解在萌芽状态,竭尽全力控制进京上访,社会民调跃居全区前列。2016年已化解信访积案四例,实现特护期进京非访零登记,8月8日青山重建地无名尸骨事件妥善处置,成功维护辖区大局稳定。加强社会治安防范。开展“月月亮剑行动”2次,打击赌博案5起,清查流动人口1300余人,出租房屋130余户,盘查待审可疑对象14人,酒驾7人,清理网吧22家、整改4家不规范旅社,营造良好的社会治安环境。加强安全保障。强化安全生产,开展各类安全生产大检查20余次,查处安全隐患33处,当场整改21处,下达整改责令书12处,拆除成品油管管道安全隐患1处。强化食品安全,组织3次潲水油专项整治行动,对潲水油,发现一户取缔一户。积极开展平安家庭创建活动,配合电力、电信部门检修,确保辖区安全。

存在的困难和问题:街道拆迁任务重,因拆迁遗留的信访问题较多、较复杂;街道楼盘多,入住率高,现有楼盘外来人口超过3万人,加之大部分楼盘没有成立业主委员、未成立专门的社区,楼盘管理压力较大;随着楼盘的增多,教育、医疗等配套基础设施不匹配的矛盾即将凸显。

【省市文体局考察金山桥街道全民健身中心建设】 为认真贯彻落实《全民健身纲要》,金山桥街道2016年新建一全民健身中心。健身中心可开展各类体育活动,极大地丰富街道居民业余文化体育生活。为确保这一重点民生实事工程的顺利推进,省体育局群体处处长曾跃军、市体育局副局长覃世平,区文体局党委书记、局长张红元,9月22日对街道全民健身中心建设点进行现场考察。金山桥街道全民健身中心位于金山桥街道桐林坳社区范围内,马家河路与雷高路交会处,该中心由原家具旧厂房改造翻新而成,总占地约5000平方米,建筑面积3000平方米。至年底该中心已开设乒乓球室、健身室、棋牌室、室内健身房、舞蹈排练室等，同时有一个面积1500平方米，集标准的室外篮球、羽毛球、健身步道、健身路径、健身一体化的综合场地，配套设施齐全，已进入试运营阶段。检查组考察乒乓球馆、舞蹈室、棋牌室、篮球场等场地，详细听取街道负责人对场地建设的介绍，认真了解健身场地的基本使用情况和民众健身锻炼的现状，并对金山桥街道在发展体育产业及推动全民健身上取得的成效给予充分的肯定和赞扬。

【启动城乡低保一体化改革试点工作】 11月，望城区城乡低保一体化试点工作在金山桥街道正式启动，通过广泛宣传，扎实调查，制定标准，精准评估，民主评议，审查批准等程序，街道城乡低保一体化工作全面完成，真正达到应保尽保的要求。一体化后，街道城乡低保对象由139户340人减少至89户213人，"三无"人员由95户99人减少至90户96人，低保对象核减35%，低保金减少29%。

【精准扶贫工作卓有成效】 2016年，金山桥街道精准扶贫户108户、331人，2016年脱贫203人。建立"一对一"帮扶和包户脱贫制度，"送政策、帮解困、助就业"，干部集中走访慰问帮扶对象。农村党员结对帮助贫困户传信息、学技能、促增收。开展慰问活动，为贫困户送去8万元慰问金和大米清油等慰问品；"六一"儿童节前夕，向20多名贫困学生捐赠学习用品。确定加入雨露计划3人，加入高等教育助学5人，义务教育减免学费28人。推动劳务创收扶贫，提供用工信息，协调联系7家用工单位，帮助贫困户联系就业岗位。帮助1户贫困户申请危房改造，解决住房困难问题。开展医疗帮扶，联合卫计办开展专家义诊健康检查。推进惠民生项目实施，投入资金5万元，实施亮化工程，为盘树湾组安装路灯，解决群众夜间出行难。

（党政办）

金山桥街道

党工委书记	陈宏武（12月免）
主任	杨 毅
人大工委主任	周建武
政协联络处主任	任斗霓
党工委副书记	杨 毅 刘 燕 周建武
党工委委员	易正民 朱 浩 李先知 毛 旭 彭雄伟
副主任	李 峰 刘 波（4月免）

黄金园街道

【概况】 黄金园街道位于望城区中南部，山水资源丰富，森林覆盖率81.6%。

2016年，街道辖黄金园、桂芳、英雄岭3个行政村，总面积28平方千米，户籍人口14500人。完成工业产值4.30亿元，国地税收1549万元，社会消费品零售总额4594万元。

加强组织建设。建立健全管党治党责任机制，强调党组织书记党建工作第一责任人的责任，制定班子成员工作责任清单，强化班子成员管线联村主体责任，开展基层党组织书记履行管党治党责任"双述双评"工作，述评结果在一定范围进行通报。开展"两学一做"学习教育，街道党工委精心组织安排"两学一做"学习教育，形成党工委、党支部、党小组三级联动学党章党规、学习近平系列讲话、做合格党员浓厚氛围。抓党员积分定等工作，围绕项目建设、征地拆迁、环境卫生等事项，运用积分定等、民主评议党员等有力抓手，严肃处置不合格党员1名，强化党内的正确导向。抓党小组服务阵地建设，加大投入，提升党小组阵地服务功能，积极申报区党建示范点1个、区示范党小组3个。实施党务工作规范化管理，明确各支部党建工作经费和党员教育培训经费，做到专款专用，开展党组织关系排查，完善党员档案，规范党员转接、档案查阅、党费收缴等工作程序，坚持"控制总量、优化结构、提高质量、发挥作用"标准。培育入党积极分子21名，发展党员7名

改善民生事业。街道把精准扶贫工作作为一项"政治任务、民生工程"来抓，全面落实惠农强农政策，深入推进扶贫济困常态化，精准扶贫建档立卡150户，出台配套补助政策，新增加精准扶贫资金近60万元，采取集中慰问、政策帮扶、就业引导等精准扶贫帮扶措施，已脱贫104户，为2017年实现全部脱贫的目标奠定了基础；坚持低保审核入户调查制度，做到低保工作公开、公平、公正，2016年，街道有居民低保115户300人，发放金额280665元，"五保"集中供养20户20人，向"五保"分散供养78户81人发放金额55755元；加大对残疾人的鉴定和关爱，新增鉴定残疾人40人，发放残疾人补贴317640元；积极开展全国食品安全城市创建工作，黄金园村成功创建区级示范点，街道境内没有发生任何食品安全事故；加大计生优质服务力度，全面落实二孩政策，2016年政策内生育率为99.1%，计生工作整体水平明显提升；医保收缴完成90%以上，社保征缴完成98%，在全区街道排名第二；完成棚户改造200户，农村危房改造17户，保障特殊困难群众的生活；投入460万元新建街道文化站，投入170余万元新建街道停车坪，提质改造周边道路，投入370万元对福定公路、702路进行沥青路面改造，安装路灯400多盏。

提升城乡品质。确定"黄桥大道以东建设精致城区，以西建设美丽村庄"的指导思想，以"百日会战"为契机，完成桂芳重建地排水管网扩容工程，开展专项整治行动，在重建地、桂芳佳园小区、集镇等地多次开展整治流动摊贩、店外经营乱堆乱放、乱停乱靠等城市乱象问题，城乡品质不断提升；积极与经开区及在建项目方对接，督促建立洗车平台、围挡施工、进出口道路硬化等，整改问题15处，采取安装警示牌、放置大型垃圾箱等长效治理的方式，有效防止经开区项目内如金桥国际、旺旺乳饮等项目内

生活垃圾和建筑垃圾乱倾倒的问题;2016年,街道继续加强对违章建筑的处置,拆除违章建筑2万余平方米,有效遏制乱搭乱建现象的发生和蔓延,数字化平台收到案卷2042件,按时处置率达99%以上;积极推进美丽乡村建设,整合省、市、区美丽乡村建设专项资金325万元,重点打造英雄岭美丽乡村建设示范片区,增设路灯、增加文化元素,提升示范片品质,新增英雄岭村筲箕坡、瓦屋、元树山组示范片,增加"美丽庭院"150余户,完成片区内主要道路两侧、公共绿地、农户庭院的绿化、美化和亮化建设;提质改造福定公路、黄府路、702路近9千米;继续强化环境卫生整治工作,按月开展环境卫生月检评比活动,发现问题立即发放整改通知单,下发整改通知单1200余张,发现整改问题3100余处;深入推进垃圾分类减量工作,进一步鼓励引导群众实行垃圾分类减量,在英雄岭村元树山组新设村级大型垃圾分类回收点1个,积极开展三年造绿大行动,完成造绿项目5个,新增绿化面积达2万平方米。

推进项目建设。2016年街道新启动拆迁项目9个,按照"四清标准",5个项目交地100公顷,实现"拆得下、拆得快、拆得稳"的目标。月亮河绿地代征18.27公顷、平安电子二期项目50.80公顷完成房屋拆迁,清表工作基本完成,达到交地标准;黄金中学扩建征地1.73公顷、拆迁安置2户,平安电子三期68户房屋代征房屋全部拆迁;长益高速复线先行项目0.54公顷、拆迁安置1户,房屋已拆迁;群峰置业房屋已全部拆迁,长益高速复线项目已经完成房屋调查。在项目建设过程中,街道选派班子成员、办主任和重点骨干干部联系服务项目建设,优化项目建设环境。

稳定社会大局。开展平安创建工作,走访群众2000余户,发放平安创建宣传资料3000余册,开展平安建设"大宣传、大普法、大评选"活动,评选240户平安家庭;建立"党小组调解室",及时妥善处理各类矛盾纠纷,调处矛盾纠纷85起,重大纠纷4起,调处率达100%;积极化解信访积案,加大不稳定因素排查,对重点信访对象明确专人负责,落实包案责任人,接待信访人员50余起,实现无进京上访,越级集体非访、重大社会治安事件"三无"目标;开展安全培训3次,自查、整治安全隐患20多处,未发生安全事故,综治民调工作上半年全区排名第一。

志愿者宣传环保出行

【启动乌山省级森林公园建设】2016年,区林业局和黄金园街道委托中南生态旅游规划设计有限公司编制乌山省级森林公园总体规划(2016—2025年),对公园的基本情况、生态环境及森林风机资源、发展条件分析、规划总则、总体布局与发展战略、容量估算及客源市场分析与预测、植被与森林景观规划、土地利用规划、投资估算、效益评估、分期建设规划等做了详细阐述。2016年2月,省林业厅组织专家对乌山省级森林公园总体规划进行评审,并批复同意乌山省级森林公园总体规划。2016年,街道完成4.7千米防火通道提质改造,对基础路面进行拓宽,公园进山主游道基础成型。街道自筹资金结合乌山省级森林公园的开发及美丽乡村建设,完成公园东西广场连通(兰定)公路油化建设、谢家新屋——大塘冲的702路油化工程。

(党政办)

黄金园街道

党工委书记 龚国华
办事处主任 张勇
人大工委主任 谢立雄
党工委副书记 张勇 谢立雄 李建恒
政协联络处主任 文杰林
党工委委员 刘真 谭芝藩 文杰林 黄志国
办事处副主任 刘真 文杰林 黄志国 佘青
人大工委副主任 刘奇

雷锋街道

【概况】 2016年,雷锋街道辖8个行政村、2个社区居委会,14258户,总人口45806人,区域总面积79.8平方千米。全年完成农村经济总收入7.1亿,农民人均纯收入21507元,同比增长11.7%。

推进廉政建设。一岗双责。建立健全执行党风廉政建设责任制领导机制和工作机构,明确党工委书记"第一责任人"、纪工委"监督责任"和分管领导"一岗双责"的具体工作任务。完善党风廉政建设责任制工作目标的责任分解，开展党风廉政建设目标责任制落实情况的自查自纠和定期检查。充分发挥民主理财小组和村务监督委员会的作用，聘请独立会计事务所完成对村（社区）财务审计，为下年换届选举打下坚实基础。作风建设。抓好作风建设，每月定期召开街村干部大会，学习贯彻中央、省、市、区关于加强作风和纪律建设的有关文件精神，强调党员干部继续带头执行中央“八项规定”要求。完善和编发《雷锋街道机关干部管理制度汇编》，严格出勤、会风、值班、财务等管理制度。在重大节假日发送作风建设提醒短信，强化作风建设和廉政文化建设。扎实开展“纠四风，治陋习”及“雁过拔毛式”腐败问题自查自纠和专项整治，紧盯侵害群众利益、群众反映强烈的突出问题，开展专项督查，营造风清气正的良好氛围。执纪问责。街道纪工委和机关党支部加强对党员干部作风建设和执行纪律情况的监督，同时组织党员干部认真学习新修订的《中国共产党纪律处分条例》《中国共产党廉洁自律准则》，正确引导干部职工牢记党的优良传统和作风，树立崇高道德追求，守住为人做事的基准和底线。年内，街道纪工委对1名违反作风建设有关规定的党员干部给予党内严重警告处分，通报处理3名不合格党员，配合区纪检监察局完成对违法违纪党员的处置工作。

提速发展转型。新启项目。始终坚持以项目实绩论英雄，把想干事、能干事、干成事的人才放到拆迁主战场，实施“火线优选”和“赛场选马”，加快人才梯队培养，全面促进新项目拆迁进度。街道全年共新启动项目16个，其中第一批次水质净化厂、青山路等4个项目完成征地106公顷，动迁群众约438户。第二批次启动生物医药园三期、雷锋文化公园、医疗健康城等12个项目约112公顷的征地拆迁工作。年内，生物医药园三期完成签约97%，医疗健康城完成签约85%。文化公园、三益变电站、山水英伦土地置换项目进展顺利。樱花路（南）完成27户线外代征的签约和倒房。美丽乡村示范路和环城绿带均基本完成土地租赁合同签订。街道自10月启动项目建设“百日攻坚”行动以来，各项目均呈现自我加压，全面提速的良好态势。扫尾项目。街道项目扫尾工作按区域设立4个指挥部，注重工作连贯性，抓好时间节点调度，坚持“日调度，周小结”，研究解决新情况、新问题，实现扫尾项目与新启项目同部署、同实施、同推进。全年街道共完成扫尾项目签约和倒房161户，其中儿童公园项目70户，许龙路完成代征44户，长沙职院二期项目和新材料园二期项目签约4户实现清零，桥头铺保障住房补征项目24户，雷锋科技城项目18户，廖家坪片区扫尾任务全面清零1户；其他所剩各户正在加快进行违章认定和推进司法程序。科技城项目26个村民组土地补偿费已结算到组。同时完成新材料园二期项目安置工作，安置拆迁群众107户426人，其中货币安置129人。建设协调。有效整合多方资源，发挥各方优势，不断优化建设环境，形成协调配合、共同推进的强大合力，确保辖区内在建26个重点项目抓得准、上得快、建得好。全年解决和化解因各类施工引发的阻工事件60余起，完成房屋补损46户，解决各类矛盾问题20余件。雷锋片区明湖南路、许龙路、泉塘冲路三路建设推进顺利，山水英伦北片区清表已完成、附属工程协调已全部完成。廖家坪片区车商世纪城、兰天汽车城、人防疏散基地、岳麓大道辅道、黄桥大道城市化改造等项目建设均按计划推进，限价商品房已经完成水、电、气接入，拆迁户年底入住。雷锋科技城范围内雷锋湖及龙王港三期、雷锋社区和桥头铺村保障性住房、雷锋社区生产安置用地、桥头小学、松柏路、铃兰路、自来水厂等11个项目均进展顺利。

综合整治城乡。拆违控违。进一步健全街道违法建筑网格化监管机制，加大日常巡查、管控与宣传力度，有效防止拆而复建，从源头上控制违法建筑的发生，进一步改善全街环境面貌。街道上半年就提前完成高新区下达的历史违建16处，2874平方米的拆除任务。另外，通过巡查、群众举报、项目拆违等方式，发现并拆除新增违建70处7051平方米。百日整治。按照治脏保清洁，治损保美观，治堵保畅通，治乱保秩序的高标准要求，深化落实整治措施，确保整治责任落实到位。自3月20日起，街道在辖区内推进城乡接合部环境综合“百日会战”工作，共调度开展11批次整治行动，整治店外经营260处；拆除大型违章广告牌84处；拆除机电市场和谢家湾重建地违章建筑共计117处，拆除面积5725平方米，清理垃圾堆物共计1620余车。街道525个“脏、乱、差”问题顺利通过市、区验收销号，实现问题全面整改清零。6月24日，长沙新闻频道综合报道街道的整治成果。环境治理。以改善大气环境质量和改善水环境质量为目标，强化污染减排，深化源头治理，打出环境治理组合拳。全面铺开养殖面源污染整治工作，关闭黄桥大道以东区域猪场309户，拆除栏舍面积10.9万平方米，整治工作效果显著。组织实施雷锋河5.7千米“清杂、清障、清淤”工程，雷锋河流域的水环境质量得到改善。关停辖区5家燃煤作坊，启动“燃煤改烧”治理和餐厨垃圾无害化处置工作。全年街道共处置噪音污染、水污染、喷漆污染等各类污染问题57起，全面提升街道生态环境，提高区域空气的能见度。基础建设。基础建设以改善生态环境，提高集镇形象和品位为目标，努力做到环境整洁、出行便利和秩序井然，为广大人民群众营造良好的人居环境。年内，街道内引外联、多方推动对集镇老旧区域进行全面升级改造，完成整治区域复绿3.8万平方米，硬化和修补破损路面95处，新增停车位1030个。9月启动对安庆路、清泉路的环境综合整治和提质改造，预计提质改造工作将在12月底基本完成；同时谢家湾小区及机电市场农安小区的道路提质、停车场改造、绿化提质于12月底完工。2016年冬修水利，计划清淤整修13公顷山塘、疏浚19千米沟渠，硬化改造22千米的村级公路，至年底已完成计划的70%。牌楼坝村入选长沙市100个美丽乡村示范创建村之一。

服务推进民生。社会保障。社会事务工作坚持惠民便民原则,逐渐构建了覆盖城乡、制度统一的社会保障体系。全年街道发放低保403万余元,惠及困难群众7453户,14860人。发放各类救助资金348万元;发放优抚、涉军补贴469.3万余元;发放高龄津贴和老年慰问金57万元。残疾帮扶、危房改造、免费医疗、殡葬管理、地名普查和文物管理等工作均落实到位。全年共完成退休人员资格认证1253人,组织现场招聘会7场,实现新增稳定就业575人,城乡居民基本医疗保险征缴率廖家坪片100%,雷锋片99.9%。养老保险征缴率廖家坪片98.5%,雷锋片96%。同时按区划调整要求,完成原雷锋村和原和润园社区的合并工作,成立雷锋社区。雷锋新敬老院和新卫生院完成主体建设和装修,年后即可投入使用。街道日间照料中心通过验收并投入使用。计划生育。以优质服务为主线,继续开展各类生殖健康服务、健康咨询、妇科病查治和两癌筛查等公益服务活动,服务辖区群众6720人。全年街道共完成新增农村和城镇奖扶71人,共办理生育证355本,完成3989户家意外险上报,开展4次计生主题活动,慰问计生困难群众和失独居民64户,发放慰问资金4.96万元。年内,街道共出生828人,新生儿符合政策生育率为98.1%,出生性别比为70.3%,自然增长率为6.97‰。农村农业。农业农村工作细化量化目标,把握季节特点,早谋划、早部署、早行动,确保各项重点工作全面落实。将遏制耕地抛荒工作纳入村(社区)年度工作目标管理考核,扎实落实粮食生产的目标和工作任务。探索完成农村集体经济组织成员资格认定,完成初始认定3.36万人。疏通雷锋河堵点5处,完成小石塘水库、牌楼坝村双狮塘、菊花冲大塘等多处塘坝的抢险加固工程,确保街道全年安全度汛。继续推进监管关口前移,完成果蔬农残量和瘦肉精的抽样检测2000余批次,抽样检测超市动物源性食品安全40批次,全年共落实农机购置补贴资金3.35万元。文明创建。全面加强社会主义核心价值观、雷锋精神的宣传,先后开展义务送春联,“春暖三月•关爱走访”,“清洁家园•美丽雷锋”“我为雷锋添新绿”“雷锋家乡学雷锋,乡邻互助睦乡邻”“七一慰问老地下党员和困难党员”“健康伴我行之健康雷锋,你我同行”等一系列志愿活动,并成功举办首届“雷锋榜样,感动你我”道德模范评选、男子篮球赛、广场舞大赛等群众喜闻乐见的文化体育活动。桥头铺村老党员赵建恒荣获全国“最美志愿者”荣誉称号,和润园小区居民朱榕钰获得第三届长沙“十大孝星”特别奖。街道学雷锋志愿服务和文明创建工作全面升温。

构建平安体系。群众工作。走进群众生活,在“民情大走访,温暖入万家”活动中,街道党员干部共计走访群众9500户,实现走访全覆盖、零死角。摸准群众心声,全年街道各群工站共收集群众意见诉求820条,解决群众问题560个,采纳群众合理化建议52条,完成为民办实事18件。解决群众困难,开展了党员干部“一对一”结对帮扶活动,对困难户、上访户、老党员进行重点帮扶。赢取群众信任,通过公示栏、微信公众号等方式及时公开党务政务,自觉接受群众监督。同时街道举办“平安家庭”评选、“平安高新、法治高新”文艺晚会、国安安全日宣传、网上信访、防灾防震等各类宣传活动,宣传国家政策法规,增强办事透明度,密切了党群干群关系。综治维稳。今年是高新区“信访积案化解年”,街道成立党工委书记为组长的工作领导小组,通过集中力量,整合资源,多措并举,加大信访积案化解力度。在“杭州G20峰会”“十八届六中全会”“省党代会”等十余个重点特护期间,加强重点人员管控,实现“零上访、零非访”的目标。今年街道共调处各类矛盾纠纷114起,调处成功率98%,未发生一起因调处不及时导致的民转刑和上访事件。同时根据民调反馈结果,对赌博、地下六合彩、盗窃等问题,开展集中整治;三级巡逻防控和护路护线实现24小时无缝对接。街道现有在册社区矫正对象13人,接受社区戒毒康复人员14人,均做到有效管理。全年共收集各类情报信息257起,排查上报186起,有效保障社会大局稳定。安全生产。2016年街道单独设立安监办,构建“党政同责、一岗双责、齐抓共管”的安全生产责任体系。全年组织开展了危险化学品生产储存和运输、道路交通、消防安全、地质灾害点等领域专项检查和整治行动330余次,消除问题隐患110余处。其中,整治农产品大市场门面44处,取缔非法储存销售液化气、乙醚、柴油场所5处,查获非法烟花爆竹169件,处理60处山体滑坡等地质灾害点。同时开展道路交通安全大排查大管控大整治专项行动,及时召开会议学习关于江西丰城电厂“11.24”事故教训,举办各类消防演练和培训4次。加强食品安全督促力度和辖区30所大中小学校和幼儿园食堂及校园周边食品安全专项整治工作,加强重大节日期间的森林防火巡查力度,确保全年无森林火灾事故。

从严治党。党建工作。在“两学一做”学习教育活动中,把全体党员学习教育抓在日常、严在经常,使“知行合一”在学习中深化,在行动中体现。街道班子召开专题学习4次,班子成员人均完成6篇学习笔记,机关党员完成4篇,农村党员完成2篇。班子成员、支部书记讲党课20余次,邀请市委党校、市委宣讲团等专家学者开展专题讲座3次,对中共十八届六中全会、省代会、市党代会重大决策部署进行全面深入解读阐释。开展“走好一段路、学好一本书、树立一批典型、打造一支队伍”四项活动。组织中层以上干部前往复旦大学开展为期一周的素质培训;村(社区)支部组织党员前往韶山、花明楼、井冈山等革命旧址,缅怀革命先烈,重温党的历史。组织工作。科学把握组织工作定位,从细化举措、从严落实方面发力,破解组织工作难题,街道班子围绕“讲奉献、有作为,当带头干事创业的党员”这一主题，召开专题民主生活会，开展做“四讲四有”(讲政治、有信念，讲规矩、有纪律，讲道德、有品行，讲奉献、有作为)党员为主题的专题讨论会4次，组织开展村(社区)书记基层党建述职。扎实开展党员春冬训工作、党员民主评议、党员组织关系清查、党员违法违纪清查、党费收缴专项检查和党组织换届检查等重点工作；对党小组阵地进行完善和升级，完成和润园小区服务中心和白马村村民活动中心的提质改造，切实用好区党建惠民资金，依程序发展11名新党员，招聘57名党务志愿者；启动不合格党员的处置；创新方式召开“七一”总结表彰大会，表彰一批先进集体和个人。主体活动。积极探索组织生活、组织活动的新载体、新模式，增强党建源头活水，并注重发挥群团组织作用，构建党工委统一领导下群团组织协同开展工作的有效机制。即全力拓展街道党小组、桥头铺村、真人桥村、三益村、雷锋社区、荷花塘社区、和润园小区等党员联系群众、学习评比、创先争优为内容的党建载体，有效增强了基层党组织建设活力。结合“在职党员进社区”，街道党员志愿者先后参加妇联、工会、团委组织的各类志愿服务和主题活动20余次。7月，街道党工委被评为“长沙市先进基层党组织”。和润园小区党支部书记何忠宇被授予“全市优秀村(社区)党支部书记”称号。

“雷锋榜样感动你我”颁奖晚会

【启动“雷锋榜样，感动你我”评选活动】 3月5日，由市文明办主办的“雷锋家乡学雷锋，乡邻互助睦乡邻”暨雷锋街道“雷锋榜样，感动你我”评选活动启动仪式举行。长沙高新区党工委委员、总工会主席杨金林出席活动。上午，湖南雷锋纪念馆广场到处飘扬着鲜艳的志愿者旗帜和横幅，到处流动着“活雷锋”的身影。活动现场，免费手机贴膜、义务维修家电、健康保健宣讲、人才招聘咨询等活动开展有声有色、热闹非凡。“能帮我修一下这个电饭煲吗？”在长沙高新技术工程学校维修电器志愿服务台前，成爷爷抱着一个电饭煲上前询问，学生立马接过来，细心询问电饭煲破损的地方，并告知成爷爷半小时后来领取即可。在另一边，湖南将军书画院、湖南臻品斋、高新区书画协会的书画家书写500余件作品，并免费赠送给市民。“每年的3月5日学雷锋纪念日，我都会带小孩过来参加，跟她讲讲雷锋的故事，带她参观雷锋纪念馆，让孩子学习雷锋精神、感知正能量！”一位带着孩子前来的妈妈笑着说。活动仪式上，杨金林表示，志愿者是城市文明的重要标志，是活动顺利推进的重要保障，也是建设“创新、开放、生态、幸福”高新区的重要力量，希望全区广大青年志愿者将雷锋精神与当前的经济建设、社会发展大力结合，为挺进全国十强做贡献，不断壮大志愿服务者队伍，扩大服务范畴，丰富活动内容，建设一支高素质的服务队伍。雷锋街道“雷锋榜样 感动你我”评选活动持续到3月底，评选出公平正义之星、助推发展之星、热心公益之星、敬业奉献之星、孝老爱亲之星、和美之家、书香之家、创业之家、友爱之家、两型之家。

【举办“舞动金秋，喜迎国庆”全民广场舞比赛】 9月25日，由街道党工委、办事处举办的雷锋街道“舞动金秋，喜迎国庆”首届群众广场舞比赛于在雷锋中学体育馆正式拉开帷幕。来自街道机关、企事业单位和各村(社区)的11支代表队共380余人参加比赛，现场邀请专家评委对参赛舞蹈队进行评比打分。比赛正式开始后，伴随着激越铿锵的舞蹈音乐，各代表队身着不同艳丽舞装依次登场，展示才艺。机关代表队的《茶香中国》，荷花塘社区大热门广场舞代表队的《中国美》，三益村代表队的《毛主席语录》，廖家坪代表队的《火了大中国》等11个舞曲，都体现了街道群众文化活动蓬勃开展，百姓精神蒸蒸日上的风貌，异彩纷呈的表演让整个场面都沸腾起来，赢得了阵阵掌声和喝彩声。经评委公平公正评判，白马村代表队获得一等奖，荷花塘社区望雷广场舞代表队、荷花塘社区大热门广场舞代表队、桥头铺村代表队获得二等奖，坪山村代表队、廖家坪村代表队、雷锋开心舞蹈队、真人桥村代表队获得三等奖，其余代表队获得优秀奖。“舞动金秋，新迎国庆”首届群众广场舞比赛，作为街道大力开展群众性系列文化体育活动的一个重要组成部分，也是深入培育和践行社会主义核心价值观的一项具体实践，旨在丰富全镇人民群众文化生活，满足广大人民群众精神文化需求，营造积极向上、健康文明的优质生活理念。

(李湘湘)

雷锋街道

党工委书记	唐鄂桥	
党工委副书记		
办事处主任	鲁存良	
党工委副书记		
人大工委主任	金胜利	
政协联络处主任	黄光佑	
党工委副书记		
纪工委书记	周立良	
党工委副书记	曾曙光	杨永亮
党工委委员		
办事处副主任	何铁刚	付向岗
党工委委员	文　稳	罗劲波
	来辉煌	王　倡
	陈英强	
办事处副主任	粟德志	周　豹
	罗　钢	
人大工委副主任	吕正良	

白沙洲街道

【概况】 2016年,白沙洲街道辖马桥河、腾飞、黄田3个村,同心园1个社区,108个村民小组,面积25.44平方千米,总人口约2.1万人。2016年,完成财政总收入7295.8万元,同比增长20.9%;税收收入2532万元,其中国税970万元、地税1562万元。规模工业产值4亿元,社会消费品零售总额1.54亿元,固定资产投资6.9亿元。

服务项目建设。明确所有项目指挥长、责任办线和责任人,建立党政领导、机关干部、村组干部"三位一体"的协调服务责任体系,切实服务项目建设。稳妥彻底扫尾清盘,年初,经开区所有移交的征拆扫尾项目,街道仅用三个月时间解决历史遗留问题92个,实现华腾包装等11个项目253.33公顷的全面交地。项目拆迁又好又快,2016年街道共铺排拆迁项目10个,征地138.07公顷。其中,月亮河绿带项目在预热期第一天即完成签约清零,腾飞路拓改项目3天内签约清零,邵商投项目5天签约清零,3个项目均在一周内全部完成房屋征拆;潇湘北路项目205户,10天内签约195户,长郡斑马湖中学及周边地块项目9天签约158户,签约率98.5%。征拆工作采取党政领导牵头、办线分组包户,集中精力攻坚的方式,实现启动一个项目征拆即交地建设一个项目,未因新项目的征拆而出现到市赴省非访现象。大力开展"铁拳行动"和"正锋行动",进一步规范附属工程建设,依法打击违规收取工程协调费和恶性围标行为,从严从重打击强揽工程、非法阻工闹事等不法行为,辖区项目建设秩序井然,施工环境优良,服务环境优化。

提升城乡品质。及时维护和完善重建地公共基础设施,完成东马重建地西侧主排水管道的铺设,实施湘江"十里花廊"和重建地的电力改造、绿化提质工程,启动马桥河整治工程,完善同心重建地全民健身工程和黄田村"廉政文化街",打造节点,城乡面貌焕然一新。实行城乡无缝化管理,整治城乡环卫,集中开展多次大规模专项整治行动,加大宣传、责任上肩、全面参与,居民环境卫生意识显著提高,村级环卫工作日趋常态,街道环卫工作从过去"十差"边缘转变为市区推荐学习观摩点。加强城市管理,着力机制创新,注重队伍建设,强化监督检查,深入开展城市管理"百日会战"行动。发现、控制违建42处,控违面积5662平方米,依法组织大型拆违行动32次,拆除违法建筑64处20636平方米,市容秩序得到明显改善。

谋求民生福祉。全面发展惠民事业,扎实开展城乡低保一体化工作,确保低保对象审核精准。积极开发就业岗位,为下岗失业人员和失地农民提供就业和自主创业的有利环境,完成新增城镇就业550人,失业人员再就业86人,困难对象再就业18人,新增创业主体188户,带动城乡就业360人,公益性岗位实现就业3人。明确职责、落实责任、强化监督,食品安全工作有序推进。加大教育工作投入力度,重视校园安全,联合多部门开展大规模整治行动。积极开展文体活动,组队参加区"百村篮球争霸"比赛,取得较好成绩。无偿献血工作连续三年获市区先进单位。计生工作基础夯实,各项数据成绩均居全区前列。避免盲目性,提高精准度,精准扶贫取得明显成效,经验做法在《湖南日报》"精准扶贫在路上"专栏推介。

稳定社会大局。全面实施信访

白沙洲街道 SYB 创业培训班

包案，推行信访问题“五包一”制度，积案化解见成效，综治维稳获区红旗单位。亮剑行动动真格，定期组织街村干部和公安干警集中开展“红袖章”月月“亮剑”行动，对辖区内重建地、学校周边、重点企业、项目工地、交通路口开展全方位地毯式清查，严厉查处“黄赌毒”，以铁的手腕、铁的措施，为人民群众安居乐业提供坚强保障。强化“打非治违”“专项治理”“隐患整改”三个常态，安全生产创市优，成功创建为“长沙市安全生产示范街道”，街道安监站被评为长沙市标准化“六有”安监站。

存在的问题：街道没有形成多点支撑的产业格局，经济贡献率不高；失地少地农民创业就业能力不强，解决的办法不多。

【新模式助推流动人口享均等化服务】 7月20日，白沙洲街道流动人口管理新模式在长沙晚报上作推介。为促进流动人口卫生和计划生育信息共享与应用，缩小流动人口与户籍人口卫生和计划生育基本公共服务的差距，街道以同心园社区为重点，成立卫生和计划生育“5+6”服务中心，开展社会融合系列项目，为流动人口提供免费的健康教育、预防接种、传染病防治、重点人群保健优生优育、奖励优待等11项均等化服务，减少流动人口个体的孤独感，让她们找到归属感。

【开展“阳光假期·亲情陪伴”活动】 8月4日，白沙洲街道“阳光假期·亲情陪伴”主题活动正式拉开帷幕。活动由街道计生协会组织“雷锋号”青少年关爱家园同心公益课堂的志愿者们开展，为期12天，以“故事分享会”、溺水等安全急救知识的系统学习、发挥创意让闲置物品焕发“新生命”等不同主题、不同形式为内容，让孩子们从中拓宽思维和想象力，为辖区的留守儿童奉献一个又一个精彩的假期。长沙晚报作题为《留守儿童增添“温暖大家庭”》的推介。

【创建长沙市标准化安监站】 10月，安监站年度验收，白沙洲街道评为“长沙市标准化安监站”。街道办事处严格落实创建精神，按照“六有”标准（有机构、有人员、有场所、有制度、有设备、有资金保障）要求，成立组织机构，配强安监队伍，加大资金投入，完善阵地建设，强化日常监管，实行严格执法。标准化安监站的成功创建，为基层安全生产监察工作提供有力保障，让安全隐患“无处遁形”。

（刘馨兰）

白沙洲街道

党工委书记	刘国富
办事处主任	谢　孟
党工委副书记 人大工委主任	郑文艺
党工委副书记	彭亚拉（9月任）
	周　玲（9月免）
政协联络处主任	钟德星
党工委委员	胡湘海
	王　彪（9月任）
	彭亚拉（9月免）
	刘贞勇（5月任）
	邓少文（5月免）
办事处副主任	彭亚拉（9月免）
	王　彪　姚　铁
	陈　畅（4月任）

大泽湖街道

【概况】 大泽湖街道辖南塘村、回龙村、西塘村和东马社区，面积25.33平方千米，户籍人口2.6万人，127个村（居）民组。街道工委设13个党支部，有党员654人。2016年，实现经济总产值17.29亿元，其中第一产业1.45亿元、第二产业7.57亿元、第三产业8.27亿元，分别占8.39%、43.78%、47.83%；完成规模工业产值1.54亿元；完成工业投资12亿元；完成财政收入任务0.51亿元，其中国税任务0.19亿元，地税任务0.32亿元；完成社会消费品零售总额0.81亿元；完成固定资产57亿元；新增限上企业（限额以上贸易企业）3家；新增服务企业2个；引进“四上”（指规模以上工业企业、资质等级建筑业企业、限额以上批零住餐企业、规模以上服务业企业等这四类规模以上企业）企业4家。

突出项目主线，项目征拆清零快。依法拆除原“196”项目龙某户房屋，和谐拆除“839”项目师某某、李某某2户，解决久拖不决的“老大难”问题；实现环城绿带生态圈等10个项目153户签约全清零，腾地交付67公顷；在“百日竞赛”中，高效完成区委、区政府铺排的全部7个项目，实现东马西路、证通电子高压走廊、新巷北路3个项目13户一次性全面签约清零，实现东马广场、金星西路提质、2013年度第八批次建设用地3个项目按“四清”标准一次性全面交地，实现轨道交通4号线一期星城段53户房屋签约51户。项目建设推进顺。证通电子、红星美凯龙、环城绿带生态圈、腾飞路拓改等项目工程建设顺利，进展较快。

致力民生事业，社会保障全面加强。做好精准扶贫119户333人建档立卡和发放联系卡、结对卡、干部联户表、脱贫户调查表等工作，严格按照“一户一策、分类帮扶、扎实推进”原则，坚持分类施策、依策施为，精准发力，完成2016年度区级脱贫考核73户200人的指标任务；做好低保户、“五保户”、特困户大病医疗救助，社会精神病人药物救助和城乡居民养老保险参保工作，完成医疗保险1.22万人；完成城乡低保一体化工作，发放保障金2453户次5020人次113.48万元；为400余人次残疾人办理各类生活、护理补贴或药物、康复救助；就学补助13人3.9万元；点对点帮扶特困残疾61户71人；走访慰问272人27.2万元；完成农村劳动力转移172人、失业再就业88人、就业困难再就业19人。社会事业加速发展。在恒康医院新建1500平方米设施齐全的老年人日间照料中心1个；在东马社区新建1000平方米高标准的示范性综合文化站1个；投资20多万元，实施全民健身工程4个，建设全民健身中心1个，打造户外健身路径3条；完成大湖中学公租房、钢架电动车停车棚、校园绿化分类提质；新建南西小学不锈钢风雨走廊200平方米，提质改造南西小学操坪、围墙、篮球场；完成两癌筛查、妇女病普查1287例；人口自然增长率控制在6.1%内；完成无偿献血56人次。

立足美丽家园，推进环境整治。通过集中整治、垃圾分类减量等举措，创建美丽环境示范片3个、垃圾分类示范村2个，市区爱卫办到现场调研；数字化城管工作每月考核成绩均在“优秀”以上。坚决推进拆违控违。全年组织集中执法行动36次，拆除违章建筑7万多平方米、违章广告200余处，制止违章新建48处，主次干道、重要节点等可视范围内的违章建筑全部清除，实现“新增为零、陈量逐步清零”目标。持续推进造绿增绿。推进“三年造绿大行动”，投资52万元，完成回龙洲路两侧及南塘撇洪渠、王家湾路、铁路桥两侧、雷锋大道与铁路桥公路交会处、西塘村村级公路5个造绿项目，植树5245棵，新增绿化面积2.3万余平方米。安全生产再创佳绩。全面落实安全生产党政各项责任要求，结合春节、“五一”、端午、国庆等节点，对重点区域、重点项目进行专项监督检查18次500多家(次)，排查整改隐患80多处；组织地沟油、“魔爽烟(是果粉小食品，可以用香烟状的吸管吸食)”类食品等专项整治行动多次，确保生产与“舌尖”的安全，获省级“安全生产示范单位”。

加强党的建设。落实区委《加强和改进基层党建“1+5”三年行动计划(2016—2018)》要求，完善党代表工作室，增设党建办、监察室，加强人员力量配备。整顿软弱涣散党组织2个，新建非公有制支部2个，发展党员9人。投入40余万元，增购资料，提质阵地，新建党员档案室1个，打造“基层党建示范点”2个，培训农村党员400余人。严肃开展“纠‘四风’、治陋习”和“雁过拔毛式”腐败问题专项整治。创新实行“三查、三评、三处置”(对党组织、党员进行检查、评比、处置的具体办法)，督查100余次，表彰40余人次，约谈10余人，党员干部作风显著改进。坚持挺纪在前，对违纪违规的党员干部从重从严处置，绝不姑息。全年自办案件2起，立案调查5人，严厉处置7人，党风廉政建设进一步深入。

大泽湖街道依法拆除违法建筑

存在的问题和困难：一是拆迁安置任务重，历史遗留问题较多，制约经济社会发展；二是城市化进程快，社会管理难度大。

【举行“学雷锋 倡三清 送文化”主题文艺会演】 3月18日下午，在东马小学体育馆举行“长沙市‘美丽长沙，美德先行’主题活动暨望城区大泽湖街道‘学雷锋 倡三清 送文化’主题文艺会演”。活动会上，居民集中学习《长沙市民文明公约》，观看精彩的群众文艺演出，活动中特别穿插文明创建知识有奖问答。对所有参演节目进行评选并颁奖，东马小学歌舞剧《雷锋三部曲》荣获一等奖，大湖中学歌舞《雷锋精神永放光芒》、东马社区文娱队小品歌舞剧《学习雷锋好榜样》荣获二等奖，快乐文艺队舞蹈《飞扬苗鼓》等节目荣获三等奖。活动对弘扬雷锋精神，传递社会正能量，树立文明新风尚，建设雷锋家乡道德新高地，起到积极作用。

【召开文艺团队总结表彰暨培训会】 3月23日，在街道一楼会议室召开辖区文艺团队总结表彰暨培训会。各支文艺团队负责人、文艺明星代表等近20人参加会议。表彰会上回顾2015年街道文艺团队的工作，并要求文艺团队做到“三有”：有雄心壮志，有规范管理，有优秀人才。会上宣读《关于2015年度优秀文艺团队和文艺明星评选结果的通报》。对评选出来的3支2015年度街道优秀文艺团队及24名文艺明星进行颁奖。各支文艺团队代表畅所欲言，进行充分的交流，对新一年工作的开展提出好的意见及建议。

【召开省级安全生产示范创建工作推进会】 6月6日，在街道四楼会议室召开省级安全生产示范创建工作推进会。会上，认真贯彻习近平总书记关于安全生产工作“党政同责、一岗双责、失职追责”的重要指示精神。特邀省安监局政策法规处处长苏宏高作《如何开展省安全生产示范创建工作》专题讲座，并深入浅出的分析当前安全生产示范创建工作的目的、总体要求、创建考核工作中常见的几个问题等。会议决定加强对安全生产工作的领导，推动安全生产责任制进一步落实，推进省级安全生产示范单位创建成功。要求通过创建省级安全生产示范街道活动，努力夯实基层基础工作，提高安全监管工作水平，确保街道安全生产创建目标顺利实现，为街道安全稳定和经济发展起到新的重大贡献。

【举行"万名学生齐承诺"禁毒活动启动仪式】 6月24日，长沙市望城区禁毒"万名学生齐承诺"活动启动仪式在街道大湖中学隆重举行，来自各单位的禁毒志愿者和大湖中学全校师生共计1000多人参加仪式。仪式上，主持人介绍活动主题及意义，禁毒青少年志愿者宣誓承诺，珍惜生命，珍惜青春年华，远离毒品，并为铲除毒瘤，扼制毒患尽自己最大的努力和责任。最后禁毒学生志愿者在禁毒宣传背景上庄严地签上自己的名字，并参观禁毒宣传展板，领取宣传资料。活动对增强青少年识毒、防毒、拒毒意识，营造全民参与禁毒战争的良好社会氛围，起到积极作用。

【"雷锋号"青少年关爱家园夏令营开营】 7月22日，由望城团区委主办，太泽湖街道团工委与长沙市岳麓区禾湘文教促进会共同承办，望城"雷锋号"青少年关爱家园夏令营回龙小学站点在回龙村二楼举行开营仪式。此次夏令营活动将从7月21日持续到8月1日，历时12天，在辅导作业的基础上为同学们开设音乐、美术、舞蹈、书法等课程，多方面拓宽孩子们的兴趣面，给孩子们带来一段愉快充实的暑假时光。仪式上，小朋友们伴随着营歌《真心英雄》表演手语；由小朋友为领导戴上象征团结的红领巾；志愿者现场为孩子们分发心愿便利贴，孩子们在便利贴上写下心愿，仪式结束后亲手贴到心愿墙上；最后在志愿者的引导下所有小朋友进行宣誓，承诺遵守夏令营纪律，做一个积极向上的人。

【市区领导督导街道综合文化站建设】 10月17日，市督导组组长黎政一行对街道综合文化站建设进行督导调研。街道综合文化站作为2016年省市为民办实事工程，选址于东马社区，主体大楼建筑面积1000平方米。提供公共文化服务、指导基层文化工作和协助管理农村文化市场的公益性事业单位，集书报刊阅读、宣传教育、文艺娱乐、科普培训、信息服务、体育健身等各类文化活动于一体，服务当地农村群众的综合性公共文化。

（陈　庆）

大泽湖街道

党工委书记	谭志龙
办事处主任	邹　文
人大工委主任	李　飒
政协联络处主任	易　亿
党工委副书记	邹　文　李　飒 易　亿　欧阳钟
党工委委员	黄新宇 陈铁武（3月任） 卢建群　王　帆 龙成宇（10月免）
办事处副主任	陈铁武（3月任） 王　帆　谢　攀 罗　瑜（3月免）

月亮岛街道

【概况】 2016年，月亮岛街道辖银星、中华岭、戴公庙3个行政村和月亮岛、黄都港、黄狮岭、桑梓、杨丰5个社区，总面积22.77平方千米，总人口近12万人，党支部20个、党小组45个，党员885名。财税总收入8.01亿元，同比增长20.8%，其中国税3.31亿元，地税4.69亿元；固定资产投资73.75亿元，工业总产值2.05亿元；居民人均纯收入达到28500元，同比增长11%。黄狮岭社区时代公共服务中心获共青团长沙市委颁发"青年之家"。

力推项目建设。以"项目竞赛年"和"项目建设百日大竞赛"为契机，铺排鸿荣源、限价商品房、"两路两校"等14个项目，拆迁560户，实现腾地106.67公顷。各个项目均在一周内实现协议签订，在区"项目竞赛年"活动中名列前茅。继续做好新华联、吴家冲路等项目的扫尾清盘工作，实现签约13户。发挥街道区位优势，全力引进"四上"企业21家，培植稳定的财源税源，拉动街域经济增长。

注重城市管理。全面落实最严城管要求，成立巡违控违工作小组，扎实开展巡违控违工作，有效控制新建违建30余起，组织大型拆违行动12次，小型拆违行动70余次，拆除违章建筑（含过渡棚）130余处、34000余平方米。办理"数字化"城管案件超7000件，结案率100%。结合"城乡环境卫生百日会战"行动，投入2300余万元实施了银星、张家瓦屋、中华岭、勤诚达等重建地小区的提质改造工程。在金桑苑小区打造"百姓城管门前三包示范片区"，在中华岭村建立流动摊贩疏导点。继续深入推动"三年造绿大行动"，植树造绿71.3公顷，培育生物防火林带2.5千米，创建绿色示范社区1个，绿色示范庭院50户，打造润和紫郡美丽小区，得到广大群众纷纷点赞。

着力改善民生。突出抓好精准扶贫，街道58户170人实现全面脱贫。完成社会保险扩面19831人次，办理拆迁户转户参保1308户，审发失地少地农民生活补助920万元。开展失地农民创业服务工作，开设SYB培训班2期，培训人员60人次，新增就业人数628人，就业率为100%，新增创业主体793个，带动城乡就业1922人，"零就业"家庭动态清零。开展大型文化活动"同做文明人，共建文明城"文艺晚会、"校园文化进社区"等文艺会演5次。成立望城区首家社区卫生服务中心，集"健康教育、预防、保健、康复、治疗、计划生育技术指导"六位一体的专业社区卫生服务机构，为居民提供公共卫生、医疗服务。组织广场舞比赛、太极拳比赛、篮球比赛等各类综合性文体活动7次。名都艺术广场舞队获2016年湖南省第六届全民广场舞大赛冠军。

强化社会治安。在全国"两会"和"六四"特护期期间，街道信访维稳工作实现"三零"目标。较去年相比，进京赴省信访量和非访登记量同比均有明显下降。成立积案化解小组等工作机制，落实主动下访，化解积案17起。调解各类纠纷121

起,其中亡人纠纷3起,纠纷受理率达到100%,调处成功率达98.3%。充分发挥“红袖章”和“月月亮剑”行动的作用,强化社会治安防控体系建设,挤压外来流窜犯罪分子的生存空间和高危人群的藏身之所,营造全民抵制、全民举报、全民管理的大治安局面。街道食安办开展食品安全检查28次,排查发现安全隐患15处,逐步打造放心食品街区。

坚持从严治党。强化管党责任,充分发挥基层组织作用,以党员冬春训和“两学一做”学习教育为契机,邀请专家授课,开展学习讨论等形式,进一步增强广大党员的使命意识、担当精神。强化党员积分定等管理,全面落实星级党小组评定工作。把握“四种形态”、注重预防,展开任前廉政谈话、提醒谈话等形式共246人次,办结违纪案5起,行政问责6人次,处置不合格党员1名,评定六星级党小组2个、五星级党小组7个,完成月亮岛社区党支部软弱涣散组织的整改。以党建工作为引领,全力推动银星村、戴公庙村村级服务场所建设,为进一步提升服务质量奠定基础。实行党建进楼盘,黄都港社区党小组建在楼栋,黄狮岭社区成立“时代倾城公共服务中心”,方便社区居民,理顺党群关系。

存在的突出问题:社会管理任务大。街道实有总人口近12万人,且以年均1万人的速度增长,做好管理与服务工作,任务很重。信访维稳压力大。特别是历史遗留问题和涉及多个部门的信访件难以及时处理并回复,使一些矛盾越积越深,重点信访对象有近30人,信访任务十分繁重。城市管理难度大。街道属于典型的城乡接合部,楼盘小区、安置小区、农村片区与待建区域零距离接触,造成城市管理压力巨大。

【发展群众性文体事业】 发展群众文体事业,推进社会文明程度,将满足群众精神需求、培养高度文化自觉作为首要任务,营造全民文化氛围。扶持群众文体活动,成立各类文化团体近18个,组织街道首届中老年人排球比赛,推动全民健身。围绕“共建美丽家园”“打造清明廉政文体”等主题,组织群众自编自导,送演出到小区,歌颂身边好人好事,促进文体事业蓬勃发展。黄狮岭东方明珠太极队获区中老年太极拳比赛第一名,恒大名都艺术团老年人广场舞队、模特队在“2016‘欢乐潇湘•裙舞飞扬•湖南省第六届全民广场舞大赛’”中,代表长沙市在总决赛中获冠军,登上中央电视台的大舞台。

黄狮岭社区时代公共服务中心开放仪式

【黄狮岭社区时代公共服务中心开放】 11月23日,望城区黄狮岭社区时代公共服务中心正式开放。街道不断强化党建工作,延伸党建工作内涵,以党建带社建、带团建,联合小区建设黄狮岭社区时代公共服务中心,黄狮岭社区时代公共服务中心是长沙市首个由开发商与政府联合共建服务中心,公共服务中心面积近900平方米,设置7个文体健身中心和8个功能室,其中文体健康中心涵盖社区书画室、舞蹈室、文化阅览室、雷锋服务队活动室、声乐室、亲子空间以及老年活动室,时代倾城全体业主都可以免费到此健身、娱乐、交友和学习。

(党政办)

月亮岛街道

党工委书记	周辉军
办事处主任	张妹辉
人大工委主任	郭荣辉
党工委副书记	张妹辉　郭荣辉　谭　舟　谭　华
政协联络处主任	谭　舟
纪工委书记	何　勇
党工委委员	何　勇　贺　舟　曾向阳　余　波
办事处副主任	徐小勇　李思慧

桥驿镇

【概况】 桥驿镇镇域总面积103平方千米,辖1个社区、8个行政村,共429个村(居)民小组,年末总人口39102人。2016年,农村经济总收入35.86亿元,同比增长17.6%,其中第一产业8.21亿元,第二产业15.53亿元,第三产业12.12亿元,分别占22.89%、43.31%、33.80%;全年完成财政总收入27398万元,完成财税收入6844万元(其中国税2411万元、地税4433万元),同比增长41.03%;完成规模工业产值31.4亿元,完成固定资产投资17.2亿元,完成社会消费品零售总额5226万元;农民人均可支配收入22978元,同比增长10%。引进军信环保科技、惠明环保能源、仁华环保科技等5家"四上"企业，镇域经济发展态势良好，综合实力进一步提升。

项目建设快速推进。桥驿小城镇建设进展较快，2016年在全市小城镇建设管理综合考核中排名第14位，并在全市通报表扬，是全区进入市前20名的三个镇街之一。兰桥集中居住区交付户主自建，第四期209缝立面改造和芙蓉北大道（桥驿段）两厢立面改造已完成。商贸区2处生态停车场完成整平及排水工程，群力村跨沙河桥修建完工，民福村2座危桥改造正在建设之中，杨桥集镇段完成路面提质改造及两厢绿化。力田集中安置区完成签约工作并拆除全部16栋房屋，长沙北城桥驿农副产品交易大市场项目完成规划技术条件审核等挂牌前期工作，桥驿镇敬老院年底前完成主体建设，芙蓉北大道和航电大道全线贯通，生活垃圾清洁焚烧、中巨机械、茂通包装、华逸府等项目建设有序推进。

农业产业稳步发展。狠抓粮食生产，全年种植水稻3836.3公顷，无抛荒现象。按时按质完成土地承包、土地流转、合作社建设、一事一议项目建设、农民权益维护及农民负担监督等相关工作，建立土地流转交易平台，启动土地承包经营权确权登记颁证工作。做好动物防疫、重大动物疫病防控工作，落实森林保险、公益林补偿等惠农政策，林业有害生物防治积极有效。全年植树造林80公顷，绿化养护管理措施到位。推进绿色创建活动，创建区级绿色示范庭院100户，杨桥村创建为区级绿色示范村庄，白石村永丰片创建市级绿色示范村庄。

美丽乡村建设初具成效。出台《桥驿镇乡村环境卫生工作考评方案》，强化各村（社区）环境卫生考核评比结果运用，加大奖惩力度，充分调动了参与环境整治的积极性，群众反映良好。在禾丰、群力试点推行垃圾分类回收，对集镇商户收取垃圾处理专项费用，全镇统筹使用。着力打造美丽乡村片区，将永丰大路上组、禾丰西塘湾组、群力盆湖湾组、力田田园风光带示范片区打造成全区美丽乡村的亮丽名片。杨桥村成功创建为市级乡村环境卫生示范村。

城乡综合治理成效显著。大力开展拆违控违"百日攻坚"行动，组织对全镇范围内的违章建筑进行地毯式大检查，对违规建设"发现一处，拆除一处"，拆除各类违法建筑288处19800余平方米，全镇违章建筑实现"零增长"。加大对违规广告牌、流动摊担整治力度，规范门店经营和集镇车辆停放秩序。

社会大局保持和谐稳定。由党政主要领导牵头，积极开展群众工作，深入固废场周边农户家走访，听取意见并及时化解矛盾，争取最大范围社会面和直接涉及拆迁群众的理解支持，堵路上访等事件明显减少，有效缓解全镇维稳压力。未发生涉访极端性事件和规模集访、闹访的情况。加大安全生产的监管力度，年内全镇无一例安全生产事故。加强创建国家食品安全城市工作，前三季度综合总分排名全区第一。进一步推进网格化管理和"红袖章"工程，加强平安铁路护路和森林防火工作，严厉打击各种违法犯罪活动，社会大局和谐稳定。在综治民调工作中，名列全区第二，群众满意度不断提升，进一步提升了群众的安全感和幸福指数。

社会保障更加有力。全镇共有低保对象508户1054人，全年共发放生活救助金225万余元；共有"五保"对象328户338人，其中集中供养53户53人，全年共发放生活救助金217万余元；新增城镇就业432人，工资集体协商完成29家，新增创业主体261个，带动城乡就业566人，医疗保险参保缴费年底31380人，城乡居民养老保险完成缴费16226人，完成率96.53%。

精准扶贫落实到位。围绕长沙市2017年率先脱贫，实现贫困户清零的目标，我镇全面落实后盾单位、机关干部、驻镇企事业单位、村（社区）点对点帮扶机制，确定"愁吃"对象50户，"愁穿"对象50户，"既愁吃，又愁穿"对象160户，分别按600元/户、1000元/户的标准一年进行两次救济。为29户建档立卡贫困户按2000元/人•年的标准发放助学金，对42户建档立卡贫困户按一般困难不低于3500元/年、特别困难不低于6000元/年、孤儿贫困户10000元/年的标准，进行高等教育助学。对1户无房户和64户危房户屋进行新建和修缮，全镇815户贫困户帮扶结对率实现100%全覆盖。

中阀科技（长沙）阀门有限公司二期扩建项目举行开工奠基仪式

社会事业全面进步。完成标准化学校、公租房、公办幼儿园建设,校车运营管理日趋规范,民办教育管理规范。积极组织参加湾田杯篮球赛、庆祝建党95周年文艺会演、纪念长征胜利80周年等综合性文体活动,建成群力村综合文化服务中心,建成桥头驿社区2处、白石村1处健身站点。完成卫生和计生的五大整合,在全区范围内作为先进典型进行推介。

存在的困难和问题:农村集体经济薄弱,政府自身财力不足;产业发展不优、特色不鲜明;维稳形势依然严峻,社会管理水平有待提高。

【举办“美丽乡村 文明向善”专题文艺演出】 6月2日下午,为纪念即将到来“六五”世界环境日,深入推进文明城市建设和美丽乡村建设,望城区“美丽乡村 文明向善”文艺演出活动在桥驿镇隆重举行。长沙市文明办常务副主任丁德喜等领导及桥驿镇党政班子出席活动。活动将舞台搭到群众的家门口,采取知识抢答、快板、小品、童话剧、诵读、歌舞戏曲、漫画展板等群众喜闻乐见的形式,宣传文明环保知识与事迹,将“改善环境质量推动绿色发展”的先进理念深深的汇入到群众脑海心中。《保护美丽的家园》《电池兄弟鸣冤记》《今天我来说环保》等群众自编自导自演的节目,深受现场600多名群众的欢迎与喜爱,广大群众的文明理念和环保意识得到提高。

【举行“做有道德的人”夏令营】 7月31日晚,桥驿镇在群力村举行“做有道德的人”主题活动暨“雷锋号青少年关爱家园”暑期夏令营闭营文艺演出活动。为期12天的夏令营活动,依据青少年的身心发展规律和成长特点,从孩子们关心、喜欢的事入手,用他们易于接受的方式,围绕“做一个有道德的人”主题开设丰富多彩的教育实践课程,深受孩子们的欢迎和喜爱。演出活动现场,夏令营的60个孩子在志愿者老师的指导和群力村同心群乐文艺团的配合下,用歌舞、朗诵、戏曲等16个精彩纷呈的文艺节目,生动演绎“忠孝为先”“仁义为贵”“礼信为范”“勤俭为本”的四个篇章,向家人和社会传递他们在夏令营所习得的种种正能量。而懂事的孩子们,也用实际行动来感恩社会对他们成长的关注——他们在“八一”建军节来临之际,特别邀请83岁高龄的抗美援朝老兵王春全来到会场,将英雄的故事用口口相传的方式传播给更多的人,并为英雄敬献上精心挑选的鲜花。

【开展庆祝建党95周年系列活动】 6月29日,为庆祝中国共产党成立95周年,桥驿镇党委以庆祝大会、讲党课、廉政文艺会演等形式,庆祝党的生日,回顾党的光辉历程。全镇机关党员干部,各村(社区)支村两委、党小组长,企事业单位及非公有制党支部书记以及村民群众总计逾千人参加活动。庆祝大会在全体新老党员郑重的重温入党誓词中拉开的帷幕。会上,桥驿镇党委书记、黑麋峰森林公园管理处主任吴南军带领大家回顾党的历史,就培育和践行社会主义核心价值观,增强基层党组织和党员的活力,进一步凸显党建引领发展的先进作用发表重要讲话。市委党校马列主义理论教研部主任徐少兵副教授则围绕《关于时代变迁与习近平治国理政的思考》的主题,从大目标、大方向、大动力、大布局、大理念、大格局、大方法等7个方面,用鲜活的案例,为全体党员同志上了一堂生动精彩的党课。晚上举行的“颂党恩、强党性、跟党走”廉政文艺会演暨“欢乐潇湘•幸福桥驿”群众文艺会演活动吸引1000余名村民群众参与和观看。手鼓舞、扇子舞、大合唱、交谊舞、诗朗诵等群众自编自导自演的各类节目轮番上阵,《我的祖国》《再唱山歌给党听》《最美的歌献给妈妈》《五星红旗》等群众耳熟能详的爱国歌曲,在群众的演绎中展现出别样的风采,赢得台下掌声阵阵。

【省卫计委法制处到桥驿镇调研】 9月8日上午,省卫计委法制处到桥驿镇调研,市卫计委、区卫计局领导一同参加调研。调研重在了解卫计合并以来抓紧法制工作对促进和谐医院建设的重要作用,了解当前形式下基层法制工作的重点、难点、疑惑和困境,为全市乃至全省法制化建设提供素材和蓝本。桥驿镇就卫计法制工作作了简要汇报,并特别指出全面两孩政策放开以来社会抚养费征收难的问题和公共卫生监督执法难到位的问题。其后,区卫计局领导对全区卫计法制工作情况作汇报,重点介绍望城区医疗纠纷调解处理中心的基本情况。省、市卫计委领导认为桥驿镇卫计合并以来,职能职责整合融合行动迅速、举措到位,认为望城区医调中心的成立与实施及时化解了矛盾纠纷,指出在今后的工作中务必明确依法行政这个大形势,时刻保持程序意识、留痕意识、执政意识。

(党政办)

桥驿镇

党委书记	吴南军(10月免)
	姚　杰(10月任)
镇长	刘海林
人大主席	周　翔
党委副书记	刘海林
	周　昕(3月任)
	周　翔(4月免)
	陈　艳(3月免)
政协联络处主任	周桂林
党委委员	周　翔(4月任)
	周桂林(4月任)
	王泽林　刘志国
	周炎明　陈伟胜
	文志勇(3月免)
副镇长	周桂林(11月任)
	刘志国
	周炎明(11月任)
	袁　鑫(3月免)
	蔡　江
人大副主席	吴　锋

茶亭镇

【概况】 茶亭镇辖望群、九峰山、谭家园、狮子岭、西湖寺、代公桥、洪开桥、泉丰、杨家坪、大龙、苏蓼11个建制村，梅花岭、东城（不含五杉片）2个社区，总面积116.4平方千米，共有 484 个村民小组，总人口5万人。全年财政总收入21940.8万元，其中一般预算收入2611万元，补助收入8290.7万元，代管专户收入11039.1万元。2016年农业总产值83812亿元，规模以上工业产值30.8亿元，社会消费品零售总额17500万元，固定资产投资完成14.06亿元。

村级合并顺利完成。2016年茶亭镇进行村级合并，由原15个建制村、2个社区，合并为11个建制村、2个社区，精简27%。其中，狮子岭村与中兴村成建制合并设立狮子岭村，办公地点设原中兴村村部；苏蓼村与东闸村成建制合并设立苏蓼村，办公地点设原东闸村村部；大龙村与金钩寺村成建制合并设立大龙村，办公地点设原大龙村村部；慎家桥社区与静慎村成建制合并设立东城社区，办公地点设原静慎村村部。以合村为契机，不断完善公共服务设施建设，提升为民服务质量。

美丽乡村建设初见雏形。茶亭镇紧紧立足生态涵养区的定位，整合现代农业、农业综合开发及水利项目等涉农资金用于开展高标准农田建设、渠系综合整治、路网完善等基础设施建设，提升基础设施配套水平，为打造美丽乡村示范片奠定了坚实基础。2016年东城社区乡贤文化广场已初步建成，九峰山惜字塔片区建设如火如荼，美丽乡村建设以东城社区、九峰山两个重点片区为核心向周边辐射，全力打造示范引领，2016年大龙村被确定为省级为民办实事美丽乡村示范村；大龙村、东城社区、九峰山村、望群村被分别确定为创建全市美丽乡村建设示范村与特色村；2016年茶亭镇成功申报全市总域推进美丽乡村建设示范乡镇。茶亭镇利用茶亭水库、惜字塔、祥云山等知名度较高的景点和资源，结合新正宫油菜花节、桃花塘草花节、武庄花海乡村音乐节等主题活动的开展，打造茶亭赏花一日游精品旅游线路。

农业基础全镇稳步提升。茶亭镇全年完成早稻种植面积3309公顷，晚稻种植面积3409公顷，扩大种植面积200公顷，集中育秧面积达38公顷；无单点连片0.13公顷以上常年性抛荒或单点连片0.27公顷以上季节性抛荒，无单点连片耕地0.67公顷以上常年性抛荒，无单点连片耕地13.3公顷以上常年性抛荒或季节性抛荒面积占耕地面积15%以上，无严重抛荒村，确保水田种植面积。菜和草籽采取“免费供种、种植补助、鼓励大户、发动群众”等方法，通过遍地开花和示范打造相结合，油菜种植面积已达667公顷，成片的有267公顷；草籽种植面积200公顷，成片的有53公顷。2016年5月成立茶亭镇五彩茶亭种植专业合作社联合社、茶亭镇大美茶亭养殖专业合作联合社、四季花海农副产品联合社。成立石渚河茶亭项目区、农业综合开发项目等专门协调服务工程项目的组织机构，及时协调和处理工程建设过程中出现的各种矛盾纠纷。2016年，秋冬修山塘、渠道整修加固20来处、应急处险36处、山塘水坝清淤47公顷，新建、维修改造机台13座。

重点工程项目建设全面推进。茶亭镇配合区指挥部做好芙蓉北大道望城段二期（岳望高速长沙北连接线）、铜官大道（电厂大道）、芙蓉北大道综合提质改造等重点工程建设。长冲小学、珠琳小学、梅花岭小学教师公租房及珠琳小学学生公寓楼建设全面完成；东城卫生院提质改造项目进入扫尾阶段；岳望高速（龙咀）重建地、东城重建地二期交付建房；长沙北连接线（戴公桥）重建地完成拆迁腾地、土方平整、绿化控制带等工作；中直线（渠道、道路）提质改造项目完成规划设计、财评预算等前期工作。鲌鱼基地项目建成投产，2016年8月协鑫光伏项目投入建设。

百日会战综合整治取得实效。茶亭镇发放各类宣传单1万余份，组织开展16次集镇整治、8次渣土扬尘整治、9次取缔非法赶集、14次拆除违章建（构）筑物、1次大型广告牌拆除专项执法行动和4次环境卫生专项整治行动，共整治“脏乱差”问题近3000处，其中立案处理24起，完成拆除违章面积5445平方米，清理湘江干流支流58.2千米，清理垃圾490余吨，行动共投入资金80余万元。出动宣传车辆20余次，发放城市管理、渣土扬尘、拆违控违宣传单5000余份，发放环境卫生整治、垃圾分类倡议书等宣传单5000余份，镇村干部走访村组群众1万余户。以四集镇三

副市长陈中（左三）在东城社区调研美丽乡村建设工作

大道作为整治的重点，组织城管执法、派出所、交警、村(社区)等单位联合开展大小专项整治行动52次，整治店外经营14处、绿化5处，亮化路灯设施27处，完善基础设施22处，取缔非法集市3处，修补道路缺损9处，整治乱堆乱放18处，整治汽车修理店3处，清理成堆垃圾17处，牛皮癣多处，完善梅花岭新老集镇划线停车。投入15万元对集镇及主干道绿化带进行补栽，修剪、养护，投入近20万元对集镇市政设施、路灯亮化设施实施专业化承包，亮化设施完好率达99%以上，市政设施完好率达85%以上。

抗洪抢险取得全面胜利。7月，茶亭镇防汛工作任务艰巨，茶亭镇从高度认识严峻形势、统一安排调度、迅速采取行动、现场安排处置以及机关汛期值班等五个方面进行安排部署，防汛工作以苏蓼垸湘江一线大堤、茶亭水库、寺冲水库为重点，以“不溃一堤、不垮一垸、不死一人、万无一失”为目标，镇党委书记、镇长带领全体镇村干部近1个月的轮番值守，密切关注汛情变化，最终在全镇干群的通力合作之下，我镇人员安全度过汛期，取得全面胜利。

困难和工作中的不足：经济总量不大，产业层次不高，核心竞争力没有形成；基础设施需完善，城镇道路、农村公路以及水电讯气等设施建设任务重；少数干部作风漂浮、工作不实，有负面影响。

【完成换届选举工作】 4月茶亭镇进行党委换届工作，10月进行人大、政府班子换届工作，党政班子、人大换届选举工作均以满足人民意志，实现公平公正为目标，严格按照换届选举工作的相关要求，严守换届选举工作的纪律要求，按法定程序精心组织开展。换届选举工作高度凝聚人心，营造公正有序、风清气正的政治环境，顺利选举出新一届的党政班子成员及人大成员。

【协鑫新能源项目开工】 8月25日，由长沙现代农业综合配套改革试验区(简称“试验区”)引进的协鑫新能源长沙市茶亭镇(东城片)20MWp分布式渔光互补项目开工奠基仪式在茶亭镇大龙村隆重举行。协鑫新能源长沙市茶亭镇(东城片)20MWp分布式渔光互补项目是试验区在农业农村改革基础上引进的重要产业项目，同时也是望城区2016年社会投资重点建设项目之一。项目总投资约1.6亿元，采用水面上设立光伏组件、水面下养殖鱼虾的形式，实现一地两用，不改变土地性质，将清洁能源与现代渔业有机结合，大幅提高土地利用效率和单位面积土地产值。项目年提供清洁电力1750万千瓦时，节约标准煤5180吨，减少二氧化碳排放量13576吨，减少二氧化硫排放量44吨，减少氮氧化物排放量38吨，年实现所得税、增值税、销售税金附加等税收收入300万元左右。项目建成后将成为试验区一、二、三产业融合发展的示范项目，不但能有效优化长沙市能源结构、保护周边生态环境，还能较好提升当地居民收入、促进区域经济可持续发展。

【棚户改造取得实质进展】 2016年，茶亭镇对境内棚户区进行改造，取得实质性进展。茶亭镇原有梅花岭新老集镇、郭亮集镇和戴公桥集镇，2015年东城合并后增加慎家桥集镇、杨家坪集镇和沙咀集镇，有近13万平方米的棚户区。涉及集镇居民住房约4450缝，3950户，居民约9000人。2014年至2016年三年对梅花岭新老集镇、慎家桥集镇2250缝1850余户，约7万平方米临街房屋实施棚户改造，重新进行天沟防水处理，外墙立面改造，广告招牌翻新整治，强电弱电线路整改。该项目列入市、区棚户区改造计划，共投入建设资金3642.46万元。项目的建成提高了镇区形象和品位，改善了镇区居住环境，赢得老百姓好的口碑。

(党政办)

茶亭镇

党委书记	郑波
党委副书记、镇长	李勇
党委副书记	肖伟亮
党委委员、人大主席	易皋
政协联络处主任	
党委委员、副镇长	彭阳
党委委员、纪委书记	龙成宇
党委委员、副镇长	熊和平
	龙曙光
党委委员、组织委员	徐欣
副镇长	姚铁军
	余青
	周新颜
人大副主席	钟巍伟

乔口镇

【概况】 乔口镇辖7个行政村、1个社区居委会，总户数9630户，总人口35567人，其中非农业人口2089人，区域总面积46.23平方千米，其中水田2178公顷、旱地74公顷、水面933.4公顷。2016年，全镇地区生产产值达21.43亿元，同比增长11.36%，其中第一、第二、第三产业分别为4.90亿元、9.19亿元、7.34亿元，分别占22.9%、42.9%、34.2%；规模工业增加值1.57亿元，同比增长9.6%；固定资产投资12.2亿元，同比增长0.8%；财政总收入1.05亿元；社会消费品零售总额3.82亿元，同比增长9%；农民人均可支配收入23791元，同比增长18%。获评中国美丽宜居乡镇、湖南省美丽乡镇，国家级卫生镇，湖南省2016届文明镇、全市综治维稳红旗乡镇、全区绩效考核一等奖等荣誉称号。

建设基础设施。按照“美食乔口、休闲乔口、电商乔口、国学乔口、健康乔口”的总体部署，加大财政投入，多方筹措资金，争取政策支持，努力完善基础设施建设，突出景区特色，统筹城乡发展。提质以“三帝三贤”为文化内涵的乔江书院、三贤祠等景点设施，实施柳林湖背立面改造、古镇提质改造，修建休憩亭廊、水面花草景观等景区配套设施，整理了环湖花草苗木。通过光网建设、实现景区WiFi全覆盖，打造智慧景区。新建、提质、修复农村公路30余千米，建设撇洪渠公路、玉水渠公路、团头湖村、柳林江村沟渠道路，提质改造红南公路、大垅围分拣中心公路。实施了盘龙岭村的小子龙桥危桥改造，保障居民安全出行。在7月初连降大雨时期，全镇上下齐心协力，保障乔口镇安全度汛。汛期后，乔口镇扎实开展汛后恢复工作，共实施3处更新机台更新改造工程，15处渠道、渡槽、机台、涵闸等水毁恢复工程。第二污水处理厂竣工，进入试运营。大众垸防洪整治工程撇洪河段项目的启动，创造望城拆迁史上单日85户全签约“清零”新纪录。

发展产业。坚持推进文旅产业、现代农业、创新事业协调发展。按照《望城区乔口镇总体规划（2010—2020）》《乔口镇产业发展规划》等镇村规划的部署，整合资源做大做强渔都发展。完成国土整理和基本农田建设，打造现代渔业生态示范园，形成开天渔庄、八百里、湘柳源、澳光农业、凤凰农庄等串联起来的现代农业产业链，推出大闸蟹、翘嘴红鲌、瘦身鱼、罗氏虾等特色水产品，同时结合产业扶贫，打造农业电商平台，推广“乔口特色”的渔产品。完成商贸古街的提质建设，稳步推进渔都商业街、农贸市场提质改造，推出了“古镇游、呷鱼游、赏荷游”等精品旅游线路。结合三年休耕计划，规划建设乔口鱼花港美丽乡村示范片，着力打造芙蓉园、渔乐园、耕读园等特色景点，新种植各类花苗达466.67公顷，引导村民由从事传统种植业向乡村休闲旅游业转型。通过旅游产业的推进，柏乐园二期工程完成建设，新长久商贸城售罄，乔口镇的经济文化风貌持续提升。深度挖掘龙三庙、湖尾遗址、大垅围春秋战国遗址、团头湖遗址等历史文化，增强乔口古镇的历史底蕴，推动文旅事业发展。

提升城乡品质。全面推进美丽乡村建设，开展“三年造绿”大行动，先后实施湘团西路绿化提质改造、沙塘公路绿化等11项造绿工程，共造绿17公顷。组织各村采取“村委投苗、分户栽植”的方法，共实施“四旁”植树（即路旁、沟旁、渠旁和宅旁植树）52公顷。全镇共完成造林造绿

防汛工作调度会议

68公顷，乔木栽植4680株，灌木栽植11200株，花草播种面积31800平方米。清理整理环保违规建设项目30余个，新建环保三级化粪池1200多个。完善南湖片区、沙塘片区、东福片区农村环境整治。全面推行垃圾分类减量，建成1个垃圾分拣总站、7个垃圾分拣中心，实现垃圾分类处理的全覆盖。围绕乔口“鱼花港”，积极开展花卉种植，积极建设美丽乡村，湛水村、盘龙岭村、团头湖村入选湖南省农村人居环境整治重点村，盘龙岭村、蓝塘寺村入选长沙市美丽乡村示范创建村，湛水村、乔口社区入选美丽乡村特色创建村。规范门店经营，制定《乔口渔都广告招牌审批办法》《乔口渔都门店装修审批办法》等规范，建立城管队员管网格、义务劝导员巡网格、经营户参与评网格“三位一体”的集镇管理模式。建立“联席会议制度、信息共享制度、联调联处制度、联防联控制度、联管联动制度”五大长效机制，集中开展“雷霆行动”“亮剑行动”“百姓城管”等专项行动，在望城区综治民调中荣获第一名，获评全市综治维稳红旗乡镇。

发展民生事业。依据《长沙市望城区廉租房管理办法》，组织分配廉租房85套。完成合格化学校建设和村级卫生室标准化建设，努力申报大垅围、蓝塘寺、柳林江等村建立10个全民健身中心建设，大幅提升居民生活、医疗水平。镇、村两级认真走访调查，圆满地完成7个村的低保重新核定工作。全面开展城乡居民养老保险工作和新型农村合作医疗，养老保险缴费率达95%以上，农合参保率99%以上。做细工作、分类施策、精准帮扶贫困家庭，树立信心，精准发力脱贫攻坚。盘龙岭村在迎省检的过程中表现出色，在望城区贫困村中率先实现摘帽。

存在的困难和问题：经济总量比较小，特别是支撑财税收入的龙头项目不多；城镇配套功能亟待完善，群众可支配收入总体不平衡，贫困人员较多，城乡品质整体水平不高，景区特色不明显，渔都品牌不响；镇财政面临的资金压力较大等。

【获“国家卫生镇”称号】 2016年，乔口镇对照国家级卫生镇的评定标准，坚定信心，扎实开展荣誉争创工作。完善组织管理、健康教育、环境卫生、环境保护、除“四害”工作、食品卫生、公共场所及生活饮用水卫生、疾病预防与控制、社区卫生、镇辖村卫生等工作；同时加大古镇建设投入力度，推动集镇、农村卫生水平再上新的台阶。经第一、第二污水处理厂、垃圾分拣站、

垃圾分拣中心建成使用后,卫生水平有了明显的提升。8月,乔口镇顺利通过验收,获得"国家卫生镇"的称号。

【大众垸防洪整治工程撇洪河段项目拆迁单日签约85户】 11月8日8时至20时45分,涉及大众垸防洪整治工程撇洪河段项目85栋(处)房屋全部签约清零,创下望城单日完成签约的最快纪录。项目位于乔口境内,起点为团头湖,止点为乔口防洪闸,全长11.60千米,是一项以堤防为主,集公路、观光于一体的综合性水利工程。项目涉及拆迁房屋85栋(处)中,79户为村民户,6处为集体设施,房屋拆迁时间紧、任务重。乔口镇党委、政府把房屋拆迁作为一项政治任务,精心组织,积极动员、全面宣传,把情况摸清,把政策吃透,把工作做实,确保拆迁按时快速完成。

【防汛工作取得全面胜利】 7月,乔口镇连降大雨,7月2—4日降水量338毫米,为望城区最大降雨量,防汛形势十分严峻。在防汛救灾中,镇机关干部、党员、企事业单位负责人一起上阵,按照50米1岗的部署,24小时坚守防汛阵地,在阵地上连续坚守16个昼夜。长沙市委副书记、市长胡衡华两次考察乔口,指示全镇防汛工作。望城区委书记孔玉成,望城区委副书记、区长范焱斌先后到乔口察看汛情。一线防汛人员坚守奋战16天,使全镇安全度汛,人民群众的财产安全得到保障。

【盘龙岭村"省定贫困村"成功摘帽】 2016年,乔口镇积极响应区委、区政府全面打响脱贫攻坚战的要求,构建政府、市场、社会协同推进的"三位一体"大扶贫模式。经联点单位及上级各部门的重点支持,在盘龙岭村发展养殖业和种植业,向贫困户发放黄桃树苗、湘莲、野鸭、泥鳅苗种,通过建立盘龙岭村电商平台和联系农副产品加工厂商,拉动产品销售。同时建立湘绣技艺等农村手工业培训班,通过产业扶贫的模式,培养贫困户致富的技能,保障精准扶贫的长效性。在12月的省级精准扶贫督查中,盘龙岭村摘下省定贫困村的"帽子",实现贫困户的全面脱贫致富。

【成立雷锋慈善会乔口分会】 12月26日,雷锋慈善会乔口分会在乔口成立。会议邀请乔口籍知名人士回到故乡,开展慈善义卖,所得善款全部捐至慈善分会拥护包括赈灾在内的乔口慈善事业。雷锋慈善会乔口分会的成立,推动乔口镇民生慈善事业发展,为更好地帮助困难群众,深入推进精准扶贫工作,起到积极作用。

(廖项峰)

乔口镇

党委书记	王润波
镇长	李刚民(11月任)
	李志钢(11月免)
人大主席	余晓阳
政协联络处主任	刘 城
党委副书记	李刚民(10月任)
	吴弘毅(4月任)
	李志钢(10月免)
	余晓阳(4月免)
	刘 城(4月免)
党委委员	程 维 邓传军
	余晓阳(4月任)
	刘 城(4月任)
	邓 望(4月任)
	冯双炎(4月任)
副镇长	邓传军 刘 臻
	邓 望(11月任)
	刘 城(11月任)
	黄志国(1月免)
人大副主席	粟 钦(4月任)

靖港镇

【概况】 靖港镇(与原格塘镇合并)位于长沙市望城区西北部,东隔湘江与铜官街道相望,西与宁乡县朱良桥镇、赫山区欧江岔镇相连,北抵乔口镇,南连高塘岭街道。雷锋北大道、千龙湖大道、潇湘大道、北横线、靖格线贯穿其中,距京珠复线仅2千米,距望城区行政中心10千米,距省会长沙25千米,水陆交通十分便利。全镇下辖10个行政村、2个社区(原合池村一部分合并至杨家山村,另一部分合并至三桥村;原高桥村合并至众兴社区;原农溪村和原金星村合并至芦江社区),总面积92.47平方千米,人口6.73万人。镇党委下设46个党支部,90个党小组,共有党员2870名。

2016年,各项经济指标全部超额完成区年度目标任务。其中,完成财政收入(国税、地税)2736万元,完成年度任务的166.73%,全年完成财政收入2900万元,是全年任务数的176.72%。完成规模工业产值9.33亿元,工业投资额5.1亿元,固定资产投资7.95亿元,社会消费品零售总额1.85亿元,引进"四上"企业1个,新增限上企业2家。

项目建设取得突出进展。古镇AAAA级旅游景区整治提质工程全面完成,小城镇建设全面启动,刘畴西纪念馆全面开工,同仁巷等巷道特色打造进一步增加了古镇内涵;万亩蔬菜基地完成200公顷高产果蔬大棚主体工程;老沩水、五土线、船厂大道等道路提质改造项目全面完成;靖港敬老院主体工程完工,进行附属设施建设;船厂大道提质改造和绿化亮化全面完成;华夏乡旅靖港"泥爸爸亲子育学园"项目签约,处于设计阶段;湖南湖大艾盛汽车技术开发有限公司的"汽车主题公园"项目签订框架合作协议。申报省级"产镇融合示范镇"。

镇域面貌发生显著变化。完成老沩水、凌茯公路和多个村级示范片绿化项目,全镇完成造绿任务67公顷。各村社区美丽乡村建设成效显著,谭树湾、云游湾、百草湾、月宋小区等示范片区全面提质。积极开展辖区内农村环境综合整治,完善靖港古镇、新镇范围内污水管网,及时修复损害管网,提高污水收集率。2016年申报全国美丽宜居乡镇通过初审。

民生实事赢得更大成效。精准

扶贫深入推进，全面落实。格塘中学、靖港中学、民丰小学和三合公办幼儿园建设扎实推进。完成城乡低保一体化工作。按照区级要求设置社会救助站，运行良好。城乡居民医疗保险、养老保险等工作全面完成。加强计划生育服务，全年计生率98%，性别比107(以女性为100)，自然增长率为7.9‰。加强城市管理，数字化平台共处理案卷4689起，结案率100%。组织开展广场舞大赛、长跑等文化体育活动，古镇节假日系列旅游策划活动取得满意效果。

社会治理实现稳步跨越。严格执行耕地占补平衡和相关项目的土地复垦方案编制、及时完成土地复垦。全镇无违法用地图斑处置，无新增违法用地。加强防汛抗灾工作，确保堤防安全。狠抓安全生产，强化各类安全隐患排查整治，累计检查企业、烟花门店100余家，发现存在问题与事故隐患30余个，并得到全面整治。完善食品安全保障体系，开展食品安全宣传周活动，食品安全专项整治活动形成长效监管。辖区社区戒毒人员报到报告率、措施率和到位率均达到100%，处置率50%，禁毒经费纳入财政预算，专款专用。定期开展专项整治行动，确保社会和谐稳定；健全镇、村、组调解网络，规范调解程序，确保镇村和谐。

党的建设获得全面提升。坚持以作风建设为抓手，强化管党意识和党风廉政建设，细化完善机关出勤、值班、后勤等各方面工作制度，重点明确项目建设、财经审批等方面的纪律要求，班子成员带头执行，全面推动服务型机关和规范化政府建设。不定期邀请各级专家和领导加强文明礼仪、思想作风、廉政教育学习培训，党员干部素质不断提升。完成乡镇区划调整，完成政府内设办所调整，理顺古镇风景区管理体制，政府全面接管，实施中层干部竞争上岗和一般干部双向选择，强化干部服务能力，树立良好的干部形象。

存在的问题和困难：基础设施不完善、景点特色不突出等短板，靖港古镇保护性开发和民生事业改善投入了大量资金和物力，化债压力

靖港镇杨家山村精准扶贫现场推进会

严峻；受制于市场价格和成本约束的压力，农业企业转型升级遭遇瓶颈，带农增收出现后劲不足。

【中组部调研前榜村党性教育】 5月31日，中组部党员教育和干部测评中心主任陈燕楠率调研组深入靖港镇等地调研考察党员教育工作，实地考察大众垸片区党员教育培训基地和靖港古镇等地，详细了解党员教育工作的经验和做法。靖港镇前榜村积极响应望城区创新党员教育培训的号召，依照上级指示和要求建立党性教育基地，就近就地开展农村基层党员大轮训。依托望城区党性教育实践锻炼基地，积极推进“两学一做”学习教育，制订年度学习计划、培训重点，邀请省市委党校教授下村讲课，多次接待全省乡镇党委书记轮训班并现场教学，2016年全年培训党员干部3200人次，接受中央、省、市、区各级领导调研考察20余次。

【靖港古镇精准提质提升服务质量】 2016年以来，靖港古镇以游客需求为导向，鼓励游客“挑刺”，聘请专家积极“捉虫”，进行精准改造，千年古镇的旅游服务质量及“颜值”大幅提升。景区实现WiFi全覆盖。靖港古镇智慧景区微信摇一摇语音导游项目全面启动。游客到达景区内任一景点，只要打开蓝牙，进入微信摇一摇，便可获得相应景点的语音解说界面，操作十分简单。这将很好地改变以往游客“走马观花”式旅游，为游客朋友舒心地游玩古镇、读懂古镇的文化和历史提供便利。另外，景区已经实现WiFi全覆盖，供游客免费使用。鼓励游客“挑刺”，聘请专家“捉虫”。靖港古镇从设施建设到各项服务上，共找到千余个不足之处，涉及园林养护、文物保护、环境卫生、道路交通规划、商业经营等。对此，靖港古镇“拔刺捉虫”，立即整改率达95%。精美盆栽户户有，规范中英文标识随处见，免费凉茶随便喝，不走过场动真格的整改效果让游客惊喜连连：“靖港古镇越来越精致，越来越有韵味了。”

【靖港古镇入选湖南省首套手绘古镇系列明信片】 2016年5月24日，在由湖南省委宣传部主办、湖南省邮政公司承办的“把美丽湖南寄出去”活动上，举办“把美丽湖南寄出去之湘景——湖湘古镇”系列邮票明信片首发仪式。望城的靖港古镇入选此套明信片，有效宣传靖港古镇的旅游资源，传播、弘扬湖湘文化。此套明信片精选湖湘古镇中的凤凰古镇、芙蓉镇、洪江

古商城、张古英村、靖港古镇、高椅古村、女书文化村、板梁古村、荆坪古村、夫夷侯国10个名镇作为明信片的创作元素，是湖南省首套手绘古镇系列明信片。“把美丽湖南寄出去”活动主要体现为宣传湘业、湘景、湘愁、湘味和湘音六大主题，充分发挥邮政文化服务的承载性和独特性，将其作为反映湖湘精神与文化内涵、展现湖湘风采的传播载体。

【夺取防汛抗灾工作胜利】 7月，罕见特大暴雨突然袭击，洞庭湖、湘江水位迅速攀升，湘江各支流望城段全线告急，老沩水水位直逼历史最高水位“红线”，全区发生涌沙冒水、涵闸漏水、管涌、滑坡等重大险情次46处。洪涝灾情发生后，全镇迅速反应、齐心协力、迎难而上，打好一场抗洪抢险攻坚战。汛期到来之前，镇党委、政府召开专题会议，成立领导组，编制镇防汛抢险应急预案，执行值班制度，镇、村全体干部手机24小时畅通。7月4日，上游宁乡境内洪水直接向下排泄、两岸机埠向内排渍，老沩水水位抵近历史最高水位，多处堤防滑坡、涌沙冒水。面对复杂危险的局面，镇防指迅速向区防指请示报告，提出“立即暂停沿线机埠排渍、全方位全天候确保靖港电排连续安全运行、准备应对紧急局面”等安全调度方案，得到区防指的批准，确保老沩水安全运行，从更大层面保护了沿线群众的生命财产安全。7月7日，降雨趋停、水位缓慢下降。镇防指一面继续加强值班调度，一面开始着重全面救灾、恢复生产和修复水毁工程工作，制定详细灾后救助和慰问方案，组织生产自救，尽快恢复受灾区域正常的生产生活秩序。针对1200余公顷水稻受淹，邀请专家现场指导，指定措施，成功挽回大部分损失。

【靖港皮影艺术馆开馆】 9月30日，“靖港皮影艺术馆”在长沙市望城区靖港古街开馆，一展“千年卡通”——皮影戏的风采。望城区委常委、宣传部长姚建刚，副区长苏敏芳共同为靖港皮影艺术馆揭牌。该馆共有两层，面积440平方米，一楼是4个展厅，二楼是互动区和观看区。艺术馆展出有由望城皮影世家第五代传人朱国强搜集整理的剧本、乐器、道具、历史文献等展品近2000件。靖港皮影艺术馆的开馆，为进一步交流和展示古今皮影艺术提供一个新的平台，是望城区非物质文化遗产朝着专业化、规范化、普及化和大众化的道路迈出的坚实步伐，是传承、保护优秀传统文化的重要载体。馆内，各式文献资料展示着皮影戏的源远流长，墙角摆放的行箱、清油灯和搭台竹棍透露着老艺人的谋生方式，喇叭、京胡、锣、钹等传统乐器一应俱全。观众可亲自参与玩几把，从中体会皮影戏的魅力。

【举办2016国际帐篷节】 10月6日，长沙千龙湖生态旅游度假区内欢呼声、呐喊声、笑声不断，“宝贝，今晚不回家”2016中国(长沙)第四届国际帐篷节闭幕。6天时间，来自长沙周边的10万多名游客来到千龙湖，欢度国庆假期，参与精彩盛会。夜晚降临，灯光、摇滚音乐、美食齐登场。3000万盏灯同时点亮，变幻出万种奇妙光华。浪漫的爱情长廊、五彩斑斓的时光隧道、绚丽的富士山、唯美的高跟鞋、幸福满溢的花仙子、可爱的俏皮的海豚等上百种造型，依托园区植物勾勒的灯光造型随处可见，亦真亦幻，让人沉醉其中，收获现场大批游客的赞叹、并驻足观赏合影留念。帐篷节期间，数百名小朋友还把制作的手工玩具参与到爱心义卖中，共筹集3550.2元爱心资金，这笔钱将通过慈善机构捐助给贫困山区的儿童。本次帐篷节由长沙市旅游局、长沙市体育局主办，活动汇聚了亲子、露营、音乐、美食、灯展、义卖等元素，为长沙市民营造一场大型综合性户外体验活动。

(钟 珍)

靖港镇

党委书记	陈际明
镇长	李志钢(10月任)
	刘 平(10月免)
人大主席	罗丽华(女)
政协联络处主任	李 意
党委副书记	李志钢(10月任)
	佘敏威
	胡 震(4月免)
党委委员	邓治国 易新宙
	杨 涛 张德智
	刘新辉(12月任)
	文曙光(12月免)
	王成刚(4月免)
	李先知(4月免)
副镇长	罗 瑜 刘 杰
	彭跃军(4月免)
	鲁 进(4月免)
人大副主席	刘怀远
	王 卿(4月免)

白箬铺镇

【概况】 白箬铺镇辖10个行政村、1个居委会，517个村民小组，13465户，总人口45794人，区域总面积106平方千米。2016年，全镇实现财政总收入9190万元，完成税收2684万元，其中国税完成1692万元，地税完成992万元；实现工业生产总值29亿元，同比增长7%；固定资产投资11亿元，同比增长12%；社会消费品零售总额11100万元，同比增长24.7%。新增“四上企业”(指规模以上工业企业、资质等级建筑业企业、限额以上批零住餐企业、规模以上服务业企业等这四类规模以上企业)5家(超额完成4家)。

项目建设提质增效。2016年，白箬铺镇以“项目竞赛年”为契机，对省、市、区铺排的重大项目及镇域内重大农业项目实行党政干部联系负责制，按照“一名领导、一套班子、一个方案、一抓到底”的工作机制及时调度，确保项目建设进度稳步推进。长青机械、天马节能工业园、仁鑫电子、一步到位门窗等项目投产达效，天马科技园完成了20万平方米厂房主体工程建设，成功引进10多家企业落户。光明大观园启动二期建设，现代农业项目发展态势良好，片区内中华黑茶文化博览园、光明松鼠谷、宏欣健康生态产业园等投资过亿元的重大农业项目实现开门营业；云开生态庄园、光明花果园等投资过5000万元的重大农业项目建成营业，光明蝶谷二期建成并对外开放，年接待游客30万人；奇奇农业、轩逸农庄、国林农庄、联创农业、古村农庄等农业项目建设有效推进。白箬小学9月份建成投入使用、公办幼儿园主体建设已完工。白箬铺片区棚改二期项目完成集镇居民房屋立面改造，房屋前坪人行道铺装、油砂车行辅道、植草砖停车位、绿化、亮化、给排水等项目建设。

美丽长沙 美德先行"主题活动暨白箬铺镇"同做文明人 共建文明城"颁奖活动

城乡品质加快升级。在美丽乡村建设方面，白箬铺镇组织群众投工投劳投资，高规格打造光明坝湾、雅港；淑一秀才坡、泉水组；黄泥铺白螺冲等8个美丽村落和1200余户庭院绿化美化；实施6万多平方米露黄复绿工程，形成绿树常荫、四季有花的景象；完成友仁集镇环境综合整治，五里集镇和三十二公里(以距离标志命名地名)集镇提质改造；积极推进淑一村特色黄桃种植，结合桃花水库、桃花溪等地生态优势，挖掘淑一红色文化，发展"红色+绿色"生态旅游产业。在加强城乡治理方面，保持拆违控违专项整治的高压态势，积极开展城乡接合部环境综合整治"百日会战"，全年共控违132处，面积9642平方米，拆除违章建筑36处，面积6035平方米。结合景区服务和集镇道路狭窄堵塞的具体问题，投资近160万元，完成光明蝶谷、松鼠谷等3个停车场提质改造，新修连接线1条、停车坪2个，实现人车分离、景区和集镇分离。共投入环保综合治理资金450万元，新建4个人工湿地，在黄泥铺、光明、大塘等村积极探索推进垃圾分类减量工作，注重环保实效。在完善基础设施配套方面，白箬铺镇全面铺设金洲大道至黄泥铺村自来水管网系统，全面启动镇域内自来水供水工作；全面铺排冬修水利项目，完成镇域内骨干山塘、水坝、沟渠的清淤修整工作；全面启动良溅桥文物保护计划，完成白箬桥、段家桥等危桥改造项目；投资800余万元完成汉琛路、绿野香田道路拓宽提质，投资150万元新建友仁集镇至光明蝶谷连接线；峙半公路、五良公路提质改造即将启动；深入推进农村电网改造，切实改善农村基础条件。

社会事业稳步发展。社会大局和谐稳定。白箬铺镇严格落实信访维稳责任，创建市级示范性司法所，推进平安创建，整合综治、司法、信访、公安、交警力量，部门联动推进依法治镇，2016年镇村两级共调处矛盾纠纷317起，其中调解成功302起，调解成功率95%。通过近一年努力，全市民调排名由148名攀升至前20名，首次跨入全区三强的先进行列，社会大局平稳可控，人民群众的满意度、安全感大幅提高。精准扶贫务实达标。白箬铺镇认真贯彻执行新时期扶贫政策，切实抓好扶贫攻坚的各项工作，扶贫攻坚工作由党委书记负总责，并成立扶贫工作领导小组，镇、村层层签订责任状。党委、政府对扶贫攻坚工作实行"一票否决制"，同时加强完善组织领导，以实现扶贫开发的高位推动，按照"书记负总责，工作到村，扶贫到户"的总要求，充实完善监督体系，定期检查，形成制度，长期坚持。全镇已脱贫136户，227人。民生事业持续发展。全年城乡居民养老保险完成缴费人数19780人，缴费率为 95.1%。进一步强化了森林防火、备汛防汛和救灾工作，创新安全生产技术外包服务，扎实开展"大排查、大管控、大整治"行动，全年累计检查企业、烟花门店242家，发现问题与隐患68处，发放书面整改40份，立案10起。加强食品安全日常监管和专项整治工作，开展"潲水油"专项整治行动、"休闲食品"专项整治行动以及农村厨师体检和培训等，营造健康有序的食品安全环境。精神文明建设卓有成效。积极推进"孝心村"建设，成功举办"海峡两岸情、和美一家亲""我们的节日——重阳"暨孝顺之星评选广场舞大赛、"国学践行进社区"亲子公益课程讲座等大型活动，吸引数十家省市媒体前来采访报道。深入开展文明创建，文明创建年内4个月排名全区第一。工青妇桥梁纽带作用发挥得当，为白箬发展增加后劲。

存在的困难和问题：一是经济发展的总量不足，项目不多，规模企业较少；二是经济发展不平衡，经济发展的环境需要进一步优化；三是经济和社会发展中不少的问题亟待解决。

【中组部培训班到白箬铺镇光明村考察学习】 5月31日，由中央组织部党员教育和干部测评中心主办、湖南省组织部承办的贵州台江县农村党组织书记培训班近百名学员前往白箬铺镇光明村开展抓党建促脱贫攻坚专题培训。光明村通过现场教学，介绍近年来通过新农村建设总结出来的以抓党建促发展，以党建带群建的工作做法，组织学员参观镇村共建的乡村旅游景点和休闲农业产业示范带；村支部书记黄铁辉结合自己的工作经验为学员互动介绍光明村党建带群建的具体做法和旅游经济开发及土地流转专业合作社的运行模式，用先进典型实例充分发挥示范培训的带动作用。

【举行"建设幸福白箬 我当先锋"演讲比赛】 7月23日上午，白箬铺镇"建设幸福白箬 我当先锋"演讲比赛在镇四楼会议室举行，白箬铺镇党委、镇纪委、全体机关党员、各村(社区)及企事业单位支部书记和组织委员共同观看了比赛。此次演讲比赛是白箬铺镇庆党成立95周年系列活动之一，也是"两学一做"学习教育中比学、比行、比思考的重要举措。决赛现场，共有9名选手立身各自职责，结合工作实际，从不同侧面讲述在"建设幸福白箬"和"两学一做"学习教育中的体会和感受，反映了党员干部在活动中知难而进、勇于探索的进取精神和爱岗敬业、埋头苦干的奉献精神，让大家深受教育和触动。广大干部表示，此次比赛是一次很好的以赛促学、以学促做的机会，在以后的学习教育中，做到学有所思、思有所悟、悟有所得，在实践中磨砺党性心性，争做党纪党规的坚定拥护者、模范执行者、有力监督者。

【举办"海峡两岸情 和美一家亲"活动】 9月3日上午，由省文明办、省台办指导，市文明办、市台办主办，望城区文明办和白箬铺镇承办的湖南省"我们的节日——中秋"主题活动暨望城区"海峡两岸情 和美一家亲"活动，在白箬铺镇台湾绿野香田世界举行。30对来自海峡两岸的夫妇在"同心匙"上写下对彼此的祝福，携手漫步薰衣草庄园，并向大家分享他们的浪漫爱情故事。本次活动为两岸联姻的夫妻或情侣搭建一个新的团聚平台，共叙两岸深情，并以此推介望城的光明大观园品牌，不断提升其知名度和影响力，着力打造湖南与台湾乡村旅游融合发展的升级版。

【举办首届"孝顺之星"评选表彰】 10月8日，白箬铺镇长沙市"我们的节日——重阳"暨白箬铺镇首届"孝顺之星"评选表彰在金城小区顺利举行，此次活动由长沙市文明办指导，望城区文明办、白箬铺镇党委政府举办，望城雷锋艺术团协办。白箬铺镇部分退休老干部、村(社区)干部、企事业单位负责人、中华孝心示范村志愿者老师、同日举行的广场舞参赛队伍等近千名群众参加此次活动。活动共表彰由群众推选的11位孝老爱亲典型，镇党委、政府对这11位同志进行表彰，并组织学习了他们的感人事迹，宣传和弘扬他们孝老爱亲的优良品质。表彰过后，"孝顺之星"代表王艳向全镇人民发出孝老爱亲倡议。

(陈慧琼)

白箬铺镇

党委书记	冯群芳
镇长	夏岳峰(12月任)
	廖忠宇(12月免)
党委副书记	夏岳峰(12月任)
	廖忠宇(12月免)
	胡　震(4月任)
	易　超(4月免)
	王姣妍(4月免)
人大主席	易　超
政协联络处主任	王姣妍
党委委员	易　超(4月任)
	王姣妍(4月任)
	易小宇　刘　波
	曾洪波(4月任)
	胡　宇
副镇长	王姣妍(4月任)
	刘　波　曾洪波
	张力夫
人大副主席	周双旗(10月任)

人 物

责任编辑 ◎ 李富强

赵建恒 男，1949年1月28日出生，1970年应征入伍，在广州军区服役6年，1972年9月加入中国共产党，现为中共雷锋街道桥头铺村第五党小组成员。2016年4月15日，在湖南省学雷锋志愿服务工作推进会上，赵建恒荣获全国志愿服务“最美志愿者”光荣称号。

赵建恒是街道桥头铺村一位有着43年党龄的老党员，也是一段“爱心路”的铺筑者。赵老的家住在桥头铺村旁皮冲组，该组地处偏僻，人口稀少，巷道都是土路，遇到阴雨天气，这里就成了名副其实的“水泥路”，过路行人叫苦不迭，但这条坑坑洼洼、崎岖不平的土路却是桥头铺村民们出村的必经之路，一到下雨天，路面非常泥泞，行人和车辆几乎无法通行，小路上交通堵塞的现象时有发生。看到这种情况，赵老便产生了把这条小路修好的想法。说干就干，赵老自己出钱购买铁锹、铁锤、镢头塑料桶等工具，还从附近的施工工地上找来一些残剩的石块、砖头等建筑材料，开始从事路面维修。他用铁锤把石块、砖头等砸成小块，用塑料桶装上，撒到路面的坑洼处，倒进去一些土渣，用铁锹等工具填平后，再用铁锤慢慢砸实。就这样，日复一日的重复动作竟不知不觉坚持了十五年。

从廖石公路到港子坳组的砂石公路转角处原来是一个90度以上的急弯，过往车辆在通过时稍不注意就有碰撞、刮擦的危险，赵老每天坚持去铲那个拐出来的尖角，将那个阻碍视线的山咀一点点移平、并铺上了砂石。为必经该处的七八个村民组村民在出行的道路上消除了一处事故多发的安全隐患地段，有效保障了这一带村民出行安全。2015年4月雨水较多，这一段公路新铺装的砂石几乎全部都被雨水冲走、被过往车辆压飞了。赵老每天不论刮风下雨，穿着套鞋披着雨衣冒雨把公路两边水渠疏通、一铲一铲把被车辆挤压到路基边的开口收集成堆。天气稍有好转，赵老就一担担把砂石挑回路中间再铺平、压实。每天这条路上都能看到赵老忙碌而瘦小的身影。在他的带领下，桥头铺村30多名党员、100多名村民成立了桥头铺志愿护路队，8个志愿护路小组，每个小组负责维护一条道路，村里的道路一天天变得顺畅平整起来。2015年9月7日，赵建恒的先进事迹登上《人民日报》。

赵老不但自己修路，只要生活稍有宽余就会自掏腰包购买砂石铺路，自从2015年高新区推选赵建恒作为“长沙市最美志愿者”后，各级政府、社会各界人士纷纷慰问捐款，赵老一分不留，把所得得所有捐款全部交到村部，作为村级公路的维护费用。作为一名老党员，赵老一直以来非常关心村级事业的发展，在支村两委就村级工作及村集体经济发展听取党员一件和建议的会上，赵老都会积极献言献策，在党员如何树立形象、村级资金如何用于发展、村级环境卫生如何有效整治等方面提出很多行之有效的建议和意见，并勉励支村两委要树立为党工作、为群众服务的决心。

陈金华 男，1973年生，福建莆田人。1992年只身来到望城求职，凭借莆田人的坚韧、勤勉和不怕吃苦的精神，成功在望城人民银行金店担任珠宝设计师和锻造师，凭高超的珠宝设计和锻造手艺，加上人勤勉诚信的态度受到当时上司和顾客的多方好评。2016年，他所置业的湖南鸳鸯金楼望城代理商被国家工商行政管理总局评为全国先进个体工商户。

2002年受益于望城人民银行改制，陈金华接手望城金店并担任董事长，把一个名不见经传的小金店发展成如今望城区规模最大、历史最久、信誉最好的珠宝首饰购物商场，并连续多年被评为望城区“文明经营户”，“3•15消费者信得过单位”“购物放心店”等多项荣誉。

“咬定青山不放松，扎根原在破岩中，千磨万砺还坚劲，任尔东西南北风。”这是清代扬州八怪之一的郑板桥对“青竹”的一首题画诗，也是对竹子的刻画和赞美。竹子未曾出土便有节，咬定青山，气概破岩，不论遭受多少磨难，仍然坚定强劲。“吃亏是福，挫折是激发有志者奋发向上的一种动力……”走近陈金华，详细了解他的创业人生，就会发现他和众多创业成功人士一样，出身贫寒无助，创业路上布满荆棘和坎坷，但他却有清末名将曾国藩那样屡败屡战，坚韧不拔的坚强意志和竹石品质。那么，纵观陈金华的艰苦创业历程，可以看出他有一股竹石的风格，坚韧不拔，屡败屡战，终于创出一片自己的天地,成就一番耀人的事业。2012年成立望城区华珍金银饰品销售有限公司,业务进行多元化发展,在周围城镇如平塘、桥驿、乔口、星沙等开设多家分店,公司在2012年被区工商局评为"先进民营企业""守合同重信用企业"。

高中文化程度的他,有着一股子干事情创事业的豪情和干劲儿。从一穷二白的艰苦创业到自己拥有公司的过程中,他从没有放弃过学习。平日里注重用理论,武装头脑,坚持在繁忙的事务中学习党的各项路线、方针、政策。在政治上、思想上、行动上与党中央、与区委、区党委保持高度一致。用他自己的话说,"不学习就要被社会淘汰,尤其是在社会经济迅猛发展的今天,从事商界的我们更应该注重学习,才能跟得上时代节拍,才能在自己从事的领域内取得更长足的发展。"

长期以来积极拥护党的基本政策与方针,积极参政议政,支持地方发展,为下岗职工提供免费的咨询指导与帮助,并免费为她们进行在岗培训。作为企业界的一名区政协委员,陈金华始终不忘立足本职、尽心履职的神圣职责。他积极参加市政协组织的各项调研活动,踊跃参政议政,建言献策。非常关注区域经济发展和社会进步,积极向政府相关部门提出自己的意见及建议,其中很多提案和建议都得到领导的肯定,为望城区的经济与发展提供了积极而有益的贡献。热衷于社会公益活动,多次出钱出力资助贫困学生及捐助希望小学,在群众中树立了自身良好形象,受到群众的拥护和欢迎。

另外,凡是修桥补路、建校、助学、救灾扶贫等社会公益事业,陈金华都是二话不说,慷慨解囊,他总是说:"我的成功,全凭党的政策好,离不开各级部门领导的支持,亲戚朋友的帮助,企业是社会的,我有责任把它管好,把事业做大做强,至于钱财、名利和地位嘛,我是从来不在乎的,富而不忘本,不忘国家,积极投身公益事业,这就是我的终极目标!"

2012年在望城区雷锋慈善晚会上,陈金华当场捐了2万多元会后并积极地参加和组织各项慈善活动。

在每年的重阳节、春节来临之际,陈金华都会带着米、面、油和一些生活用品出现在敬老院,给这些老人带去了温暖。在向雷锋同志学习纪念日期间,他参加"心连心、手牵手、情系贫困学生"的活动。通过个人资助捐赠并参加向中学生募捐他们的小学课外书籍,把募捐到的5000多册课外书,捐送到聋哑学校和乡村小学,让更多的贫困孩子免费看到更多的课外书籍,他希望把这次捐书活动在全县推广,让更多的中学生参与到为贫困小学生捐赠课外书籍的活动中来,让爱心在彼此间传递。

瞿宏斌 男,1971年8月出生,苗族,中共党员,本科学历,现任望城经开区工会主席,时任长沙市望城区委组织部副部长、区委基层办主任。获得 2011—2013年度湖南省优秀组工干部,被记湖南省二等功;2011年获得长沙市优秀组织工作者,被记长沙市二等功;2006年获得长沙市委优秀党务工作者;2次被望城县(区)政府记三等功,14次年度考核被望城县(区)政府嘉奖。2006年和2011年,当选为中共长沙市第十一届、第十二届代表。2016年,被评为湖南省优秀党务工作者。

2002年3月到望城县委组织部工作后,先后在研究室主任、组织科长、干部科长等多个中层岗位担任"操盘手",有比较丰富的组织工作经验。2012年4月任副部长,分管过干部教育、人才工作、组工信息、党建工作、群众工作等,独当一面的工作能力比较强。

先后3次参加区县和乡镇的换届选举,参加3次乡镇行政区划调整和2次"并村"工作,连续5次为主参与近些年来中央开展的全党性集中学习教育的组织工作;2006年年底至2008年,以他为主具体负责中组部在望城开展的"科学规范和有效监督县(市)委书记用人行为调研试点"工作,被评为长沙市首届组织工作创新奖;此后,望城区每次向市委组织部申报的组织工作创新项目,他都是具体的承办人和责任人,2010年的党组织书记履行管党责任述职评议、2011年的面向村(社区) 党组织书记定向考录、2013年不合格党员处置等申报项目,都获得全市组织工作创新奖。2012年年底分管党建工作后,他持之以恒推进镇村书记管党责任"双述双评"以及村级活动场所达标"清零"和全区基层党小组标准化建设,大力开展党建示范点创建和村级后备干部选拔,探索实行农村(社区)党员积分定等管理和不合格党员处置,3年共处置不合格党员322名,打造基层党建示范点76个。2015年,他针对农村基层党员教育培训的实际,提出建立"三分五统"模式(分层落实责任、分片建点办班、分类集中培训和统一教学管理、师资选配、课程审核、经费负担、考核评估),分片区建立4个农村基层党员党性锻炼基地,由区委组织部直接负责组织,力争每年对全区1.8万名农村基层党员进行2天以上区级轮训。2015年6月至2016年年底,4个基地集中办班近40期,培训基层党员干部13000 多人次。

多年的组织工作磨炼,养成了严谨细致、精益求精的工作习惯。为了夯实党建工作基础,提高区基层党建工作水平,他每年组织基层单位开展党建工作交叉检查、现场观摩、调查核实等,亲自深入乡镇(街道)和村(社区)、党小组检查抽查,发现和纠正基层党建工作中走形变样的问题和倾向,并通过讲评会、研讨会、交流会等方式,在实践中指导基层建章立制,规范操作,先后下发《关于严肃村(社区)党组织活动开展相关纪律的通知》《关于做好乡镇区划调整基层党建工作清理交接的通知》《关于做好并村期间村级党组织建设的通知》等,有效规范了工作,夯实了基础。他还草拟《警惕机关党建"六化"倾向》《对党组织的监督应纳入党内监督视野》等工作建议,先后在《党建文萃》《中国纪检监察》等党建核心期刊发表。

担任副部长后，他经常深入基层调研指导工作，主动为基层排 忧解难，全区100多个村(社区)，他每年都要跑一遍以上，并利用春节假期亲自上门慰问生活困难的离任村干部，每个村(社区)的情况和负责人的姓名等，他都能随口道来。2011年他结对帮扶靖港镇福堂村一个贫困的精神病家庭，个人捐款2000多元，并想办法帮助筹集5000元资金进行救治、救助。2014年，他主动联系茶亭镇郭亮村、九峰山村2户贫困家庭，每年主动上门5次以上，逢年过节还带着家人一起上门送钱送物。郭亮村70多岁的低保户张正祥老人还多次到他家拜访，双方俨然结成了“亲戚”。

在组织部工作14年里，他常年加班加点超负荷工作，克服了很多的家庭困难和个人身体上的病痛。2005年10月的一天，同事们发现他脸色苍白、全身冒冷汗仍在上班，一再坚持把他送到医院检查，为尿道结石，而他只在医院住了一天便又回来上班。2006年和2008年，他两次脚踝痛风不能走路，领导们要他回家休息，但他却说，闲在家里脚会更加痛，做起事来能忘记痛，硬是坚持着上班。2016年春节后，他先后两次痛风、两次全身过敏，却只临时请了两个上午的假去医院检查，下午又回到工作岗位。这些年来，他每年工作时间350天以上，每天上班时间12个小时左右，用14年的时间，干了别人30多年的工作。

陈际明　男，1972年12月出生，湖南湘潭人，中共党员。1994年12月参加工作。多次获得区委、区政府嘉奖。现任望城区靖港镇党委书记。2016年，被评为全省优秀乡镇党委书记。

2009年11月，陈际明到桥驿镇任党委书记。他深入调查研究，妥善解决了长沙市固体废弃物填埋场建设引发的上访问题，确保了社会大局稳定；他克服基础设施薄弱、资金瓶颈制约等不利因素，合理调整发展思路，发挥桥驿自然资源和人文资源优势，确立了以黑麋峰森林公园建设开发和产业发展为重点，大力推进“两区两线，三大产业”发展战略，夯实了桥驿镇跨越发展的基础。2012年8月到白箬铺镇任党委书记，征拆工作中他带头坚守一线，夜以继日统筹调度，在短时间内妥善解决了省重点工程长湘高速征地拆迁的各种矛盾问题，高效征拆被誉为“长湘奇迹”。立足于白箬的生态优势，创新推动“五谷欢乐地、光明大观园”建设，特别是2013年启动实施的“光明蝶谷”建设，从选址规划到正式开园仅用288天，创造项目建设的“蝶谷速度”。通过打造“光明蝶谷”品牌，打破了白箬的发展瓶颈，实现了由输血变造血、由资源变效益、由田园变公园的三大转变。光明村创建为省级新农村建设示范村，成为全省乃至全国新农村建设的标杆和典范。2015年12月任靖港镇党委书记以来，他全力以赴推进合镇并村工作，坚持以文化旅游为突破口，研究产业策划，创新活动载体，探索市场机制，全力推动靖港古镇的二次创业。

吕景俊　男，1975年7月出生，湖南省新邵县人，中共党员，一级检察官。1995年4月参加工作。历任长沙市望城区检察院检察员、检察委员会委员，侦查监督科科长，公诉科科长，党组成员、反贪局局长。2003年9月，获湖南省检察院“优秀公诉人”；2007年10月，获湖南省检察院“侦查监督系统优秀办案能手”；2011年5月，因办理湘西非法集资系列案被湖南省检察院记“三等功”；2016年，获“湖南省检察机关优秀反贪局局长”。他是个全能型的检察官，既担任过侦查监督科、公诉科、反贪局等业务部门的负责人，自2013年4月担任反贪局局长以来，反贪局在全市基层检察院建设综合考核中连续三连排名前列，办理的中南大学职务犯罪系列案作为依法反腐的典型案例被评为2014年“全省检察机关优秀案件”，2名主犯一审分别被判处有期徒刑八年和十四年六个月，为国家挽回经济损失2亿元。在依法“打虎”的同时，他更关注民生民利，不忘清除侵害群众切身利益的“苍蝇”。近年来，查办征地拆迁、医疗教育等领域的职务犯罪案件达45件，为国家挽回经济损失7000余万元。早在2009年担任侦监科科长时，吕景俊就开始探索审查批捕环节听取律师意见的工作机制，在他的推动下，该院先后出台《关于规范交通肇事案件法律文书送达工作的意见》《关于职务犯罪案件法律文书送达工作的意见》。此外，他还创新内部管理机制，办案之余带领公诉科干警深入辖区的机关、学校、企业等开展法制教育，积极传播法治文化，公诉科被评为“市级青年文明号”。在长沙市政法系统“展现政法风采、建设法治长沙”辩论赛中，他带领干警荣获团体第一名；他自编自演的反腐倡廉题材的快板话剧，在长沙市电视台公共频道的《开心讲廉》栏目播出，以通俗易懂的语言和风趣幽默的形式宣讲法治精神，赢得观众的喜爱。

光　荣　榜

责任编辑 ◎ 李富强

获省部级奖励(命名)单位名单表

表一

获奖单位	奖励(命名)名称	授奖(命名)单位
共青团望城区委 “雷锋号”青少年关爱家园	第二届全国基层团建创新典型案例	共青团中央组织部
区检察院	全国检察宣传先进单位	最高人民检察院
区民政局 望城“雷锋580”民生紧急救助项目	全国最佳志愿服务项目	中宣部、中央文明委、中国志愿者协会
区司法局	全省“六五”普法依法治理先进县(市、区)	中共湖南省委法治湖南建设领导小组办公室、省委宣传部、省司法厅
区价格监督检查局	全省依法办事示范窗口单位	中共湖南省委法治湖南建设领导小组办公室
大泽湖街道	全省安全生产示范街道	湖南省人民政府
高塘岭街道雷锋路社区	全省先进基层党组织	中共湖南省委
靖港镇	文明风景旅游区	湖南省精神文明建设指导委员会
白箬铺镇黄泥铺村	全国计划生育协会工作先进单位	中国计生协会
白箬铺镇光明村	全国美丽宜居村庄	住房城乡建设部
中共千龙湖集团委员会	非公有制经济组织基层党组织规范化建设示范点	中共湖南省委组织部
千龙湖生态旅游度假区	国家AAAA级旅游景区	国家旅游局
桥驿中心卫生院	全国群众满意的乡镇卫生院	国家卫计委
乔口镇卫生院	全国群众满意的乡镇卫生院	国家卫计委
星城镇卫生院	全国群众满意的乡镇卫生院	国家卫计委

获省部级奖励(命名)个人名单表

表二

获奖人	所在单位	奖励(命名)名称	授奖(命名)单位
陈际明	靖港镇	省优秀乡镇党委书记	中共湖南省委组织部
瞿宏斌	区委组织部	全省优秀党务工作者	中共湖南省委
吕景俊	区检察院	全省检察机关优秀反贪局长	湖南省人民检察院
黄煜华	区检察院	第一届湖南省检察机关案件管理业务竞赛能手	湖南省人民检察院
黄少为	区检察院	全省检察机关网络安全业务竞赛标兵	湖南省人民检察院
赵建恒	雷锋街道桥头铺村	全国“最美志愿者”	中央文明办
陈金华	湖南鸳鸯金楼望城代理商	全国先进个体工商户	国家工商行政管理总局
谭正元	乌山街道旺旺路社区	全国计划生育协会先进个人	中国计划生育协会

获市厅级奖励(命名)单位名单表

表三

获奖单位	奖励(命名)名称	授奖(命名)单位
区史志档案局、区广播电视台口述史《望城家庭联产承包责任制》	全省党史部门党史优秀成果影视音像作品类三等奖	湖南省党史研究室
望城经济技术开发区	全省2016年度开发园区节约集约用地一等奖	湖南省国土资源厅
望城经济技术开发区	全市2016年度“六个走在前列”大竞赛暨绩效考核第一名	长沙市委办公厅、长沙市政府办公厅
区国土资源局	文明单位	中共长沙市委 长沙市人民政府
国家统计局望城调查队	全省市县国家调查队综合考核良好等次	湖南调查总队
国家统计局望城调查队	全省统计法制和财会工作获业务工作考核优秀等次	湖南调查总队
规划局《长沙市望城区中小学布局优化及公办幼儿园规划(2014–2020)》、	全省县(市)丙级单位优秀规划设计三等奖	湖南省规划厅
区工务局代建的文源路、望府路拓改工程	“市政金杯示范工程”奖	中国市政工程协会
区规划局《湘台文化创意产业园概念规划》	全省县(市)丙级单位优秀规划设计表扬奖	湖南省规划厅
区规划局《长湘路与丁字联络线拐角处微改造》	业余组优秀奖	“品质长沙”2016长沙城市微改造创意征集大赛组委会
区规划局《长湘路与桃园路拐角处微改造》	业余组佳作奖	“品质长沙”2016长沙城市微改造创意征集大赛组委会
区规划局《大泽湖湿地公园入口微改造》	业余组佳作奖	“品质长沙”2016长沙城市微改造创意征集大赛组委会

续表三

获奖单位	奖励(命名)名称	授奖(命名)单位
区规划局《箭坡小区市场入口处微改造》	业余组佳作奖	“品质长沙”2016长沙城市微改造创意征集大赛组委会
区住房保障局中共区房产政务服务支部	先进基层党支部	中共长沙市委
区住房保障局产权交易中心	省级“巾帼文明岗”	湖南省妇联
区住房保障局档案信息中心	省一级档案室	湖南省档案厅
区住房保障局物业维修资金管理办公室	长沙地区物业维修资金管理先进单位	长沙市房地产权局
区住房保障局白蚁防治	省白蚁防治行业先进单位	湖南省房地产权厅
区城建投	湘江新区百日会战先进集体	湖南湘江新区管委会
区城建投	全市三年造绿大行动优秀单位	长沙市造绿复绿工作领导小组
区广播电视台	市级文明标兵单位	中共长沙市委、长沙市人民政府
区广播电视台《美玲风尚》	湖南省新闻奖三等奖	湖南省文化厅
区经济和信息化局	全省工业经济运行监测协调工作先进单位	湖南省经济和信息化委员会
区农开办	全省农业综合开发宣传信息工作先进县	湖南省农业综合开发办公室
区农开办	现代农业项目省级考评优秀	湖南省财政厅
区工务局	文源路、望府路拓改工程“市政金杯示范工程”奖	中国市政工程协会
丁字湾街道	乡镇街道经济社会发展十强乡镇	中共长沙市委、市人民政府
乔口镇	乡镇街道经济社会发展十快乡镇	中共长沙市委、市人民政府
星城卫生院	创建省级数字化预防接种门诊示范单位	湖南省疾病预防控制中心
乌山街道喻家坡社区卫生服务中心	湖南省群众满意社区卫生服务中心	湖南省卫生计生委
雷锋街道社区卫生服务中心	湖南省群众满意社区卫生服务中心	湖南省卫生计生委
区价格监测中心	价格监测工作先进单位	湖南省价格监测分析中心
区两型社会建设综合配套改革办公室	两型标准认证工作先进单位	长沙市两型社会建设综合配套改革办公室
区工商业联合会	省“五好”县级工商联	湖南省工商联
靖港镇	综治维稳红旗乡镇	长沙市政法委
靖港镇	省级卫生镇	湖南省爱卫办
靖港镇	产镇融合示范乡镇	湖南省发改委
高塘岭街道	省创新创业带动就业示范街道	湖南省人力资源和社会保障厅、省财政厅
高塘岭街道	市现代农业发展优秀乡镇	中共长沙市委办公厅、市人民政府
高塘岭街道	市先进市民学校	长沙市精神文明建设指导委员会

续表三

获奖单位	奖励(命名)名称	授奖(命名)单位
高塘岭街道	市“六五”普法依法治理先进单位	中共长沙市委法治长沙建设领导小组办公室
高塘岭街道	市关心下一代工作先进集体	中共长沙市委办公厅、市人民政府办公厅
黄金园街道英雄岭村雷锋号青少年关爱家园	省示范性“青年之家”综合服务平台	共青团湖南省委
黄金园街道黄金园村雷锋号青少年关爱家园	省示范性“青年之家”综合服务平台	共青团湖南省委
茶亭镇东城社区	荣获美丽乡村规划设计大赛三等奖	长沙市城乡规划局
白箬铺镇淑一村	荣获美丽乡村规划设计大赛三等奖	长沙市城乡规划局
白箬铺镇黄泥铺村	荣获美丽乡村规划设计大赛优胜奖	长沙市城乡规划局
桥驿镇禾丰村	荣获美丽乡村规划设计大赛优胜奖	长沙市城乡规划局
靖港镇复胜村	荣获美丽乡村规划设计大赛优胜奖	长沙市城乡规划局
乌山街道团山湖村	荣获美丽乡村规划设计大赛优胜奖	长沙市城乡规划局
铜官街道彩陶源村	荣获美丽乡村规划设计大赛优胜奖	长沙市城乡规划局
桥驿镇群力村	荣获美丽乡村规划设计大赛优胜奖	长沙市城乡规划局
乌山街道团山湖村	荣获美丽乡村规划设计大赛优胜奖	长沙市城乡规划局
望城区大泽湖街道	全市社会管理综合治理“红旗单位”	中共长沙市委办公厅、政府办公厅
白箬铺镇	同心乡村示范片区	中共长沙市委统战部
白箬铺镇淑一村	市特色创建村	中共长沙市农业委员会
白箬铺镇光明村和黄泥铺村	市美丽乡村示范创建村	中共长沙市农业委员会
区司法局白箬铺司法所、铜官司法所	第六批湖南省规范化司法所	湖南省司法厅
区司法局乌山司法所	全省依法办事示范窗口单位	湖南省司法厅
区妇幼保健计划生育服务中心	省儿童保健合格区(县)	湖南省卫生计生委
白箬铺中心卫生院	基层卫生岗位练兵和技能竞赛团体二等奖	湖南省卫生计生委、湖南省总工会
中共桥驿镇委员会	先进基层党组织	中共长沙市委
中共铜官街道彩陶源村支部	先进基层党组织	中共长沙市委
中共乔口镇大垅围村支部	先进基层党组织	中共长沙市委
中共白沙洲街道黄田村支部	先进基层党组织	中共长沙市委
中共湖南雷锋纪念馆机关支部	先进基层党组织	中共长沙市委
中共区公安局刑侦大队支部	先进基层党组织	中共长沙市委

获市厅级奖励(命名)个人名单表

表四

获奖人	所在单位	奖励(命名)名称	授奖(命名)单位
张宏伟	区发改局	全国价格认定工作法制建设年活动优秀个人	国家发展改革委价格认证中心
谢　阳	区发改局	两型社会建设工作先进个人	长沙市两型社会建设综合配套改革办公室
谭　思	区发改局	全省发改系统青年岗位能手	湖南省发展和改革委员会、共青团湖南省委
邹静文	区价格监测中心	价格监测工作优秀个人	国家发展改革委监测中心
谭正强	国家统计局望城调查队	考核优秀等次并予以嘉奖	湖南调查总队
罗　腾	区农开办	全省农业综合开发宣传信息工作先进个人	湖南省农业综合开发办公室
罗　军	桥驿镇黑麋峰村	湖南省“最美扶贫人	湖南省扶贫办
刘艺苗	高塘岭街道	优秀党务工作者	中共长沙市委
周　冶	区卫计局	省卫生计生系统“六五”普法先进个人	湖南省卫生计生委
金　娇	区疾病预防控制中心	省“十二五”重点传染病监测先进个人	湖南省疾病预防控制中心
罗丽华	靖港镇	优秀共产党员	中共长沙市委
魏　伟	大泽湖街道	优秀共产党员	中共长沙市委
冯正其	区政府办老干党支部	优秀共产党员	中共长沙市委
周正茂	区财政局	优秀共产党员	中共长沙市委
谭　惠	区人民医院	优秀共产党员	中共长沙市委
周　翔	区国税局	优秀共产党员	中共长沙市委
周辉军	月亮岛街道	优秀党务工作者	中共长沙市委
刘艺苗	金山桥街道	优秀党务工作者	中共长沙市委
朱凌云	区纪委	优秀党务工作者	中共长沙市委
余莉慧	区直属机关工作委员会	优秀党务工作者	中共长沙市委
瞿礼义	区委政法委	优秀党务工作者	中共长沙市委
李海青	金山桥街道	优秀党务工作者	中共长沙市委
肖　卓	区委宣传部	优秀党务工作者	中共长沙市委
周　祥	乌山街道团山湖村	优秀村(社区)党组织书记	中共长沙市委
姚罗华	茶亭镇东城社区	优秀村(社区)党组织书记	中共长沙市委
吴艳明	丁字湾街道双桥村	优秀村(社区)党组织书记	中共长沙市委
纪荐伟	乌山街道喻家坡社区	优秀村(社区)党组织书记	中共长沙市委
吴国军	月亮岛街道银星村	优秀村(社区)党组织书记	中共长沙市委

统 计 资 料

望城区国民经济和社会发展统计资料
(2015－2016年)

表五

项 目	单 位	2015年	2016年	2016年比2015年增减	
				绝对数	%
一、人口情况					
总户数	万户	16.47	17.02	0.55	3.34
年末总人口	万人	53.33	55.49	2.16	4.05
年内出生人口	人	8239	8894	655	7.95
出生率	‰	15.45	16.03	0.58	—
年内死亡人口	人	3474	3028	–466	–12.84
死亡率	‰	6.51	5.46	–1.05	—
年内自然增长人口	人	4765	5866	1101	23.11
自然增长率	‰	8.93	10.57	1.64	—
二、生产总值及构成					
生产总值(不变价)	万元	4527888	5791964	—	11.3
第一产业	万元	268828	412546	—	4.7
第二产业	万元	3355067	4194612	—	11.6
其中:工业	万元	2697485	3394532	—	13.0
第三产业	万元	903993	1184805	—	12.7
生产总值(现价)	万元	5204201	5821907	617706	11.3
第一产业	万元	394026	433106	39080	4.7
第二产业	万元	3759199	4162967	403768	11.6
其中:工业	万元	3004861	3357192	352331	13.0
第三产业	万元	1050976	1225833	174857	12.7
生产总值构成(现价)	%	100.0	100.0	0.0	—
第一产业	%	7.6	7.4	–0.2	—
第二产业	%	72.2	71.5	–0.7	—
其中:工业	%	57.7	55.2	–2.5	—
第三产业	%	20.2	21.1	0.9	—
三、农业生产情况					
农林牧渔总产值(可比价)	万元	661062	738500	77438	4.9
农业产值	万元	410657	464290	53633	7.6
林业产值	万元	7222	9079	1857	5.7
牧业产值	万元	192734	211090	18356	–0.9
渔业产值	万元	42209	45115	2906	5.3

续表五

项目	单位	2015年	2016年	2016年比2015年增减	
				绝对数	%
农林牧渔服务业产值	万元	8241	8926	685	6.20
农林牧渔总产值(现价)	万元	704112	777022	72910	—
农业产值	万元	431313	477650	46337	—
林业产值	万元	8592	10844	2252	—
牧业产值	万元	212948	234505	21557	—
渔业产值	万元	42854	45115	2261	—
农林牧渔服务业产值	万元	8405	8909	504	—
年末耕地面积	公顷	30.30	30.31	0.01	0.02
其中:水田	公顷	26.93	26.94	0.01	0.02
旱土	公顷	3.373	3.368	–0.005	-0.10
粮食作物播种面积	公顷	55.29	55.88	0.59	0.93
单产	公斤	455.69	449.06	–6.63	–1.47
总产	吨	373732	371356	–2376	–0.64
其中:稻谷播种面积	公顷	51.02	50.58	–0.44	–1.89
单产	公斤	472.70	467.40	–5.30	–1.14
总产	吨	356946	354624	–2322	–2.08
全年生猪发展数	万头	176.06	178.16	—	—
全年出栏生猪总数	万头	114.64	114.76	0.12	0.10
出栏肉猪	万头	114.64	114.76	0.12	0.10
出栏外贸仔猪	万头	0	0	0	-
年末生猪存栏	万头	61.42	63.40	1.98	3.22
其中:能繁母猪	万头	6.68	6.92	0.24	3.59
年末家禽存笼	万羽	359.96	362.98	3.02	0.84
年末牛存栏	万头	0.79	0.8	0.01	2.53
其中:能劳役的	万头	0.22	0.22	0.00	0.00
奶牛存栏	万头	0.09	0.09	0	0.00
年内蛋品产量	吨	15271	15350	79	0.52
年内水产品产量	吨	26045	26158	113	0.43
其中:鱼类(含鳝鱼、泥鳅)	吨	23663	23774	111	0.47
四、居民收入					
农村居民人均可支配收入	元	25623	27639	2016	7.9
城镇居民人均可支配收入	元	37088	40179	3091	8.3
五、区域工业单位个数及工业总产值					
企业个数	个	4229	—	—	—
其中:规模以上企业	个	312	322	10	3.2
六、全社会固定资产投资完成情况					
固定资产投资	万元	6810433	6070848	—	14.6
房地产投资	万元	1208681	1347435	138754	11.5
七、社会消费品零售					
社会消费品零售总额	万元	1002074	1274400	272326	27.2

续表五

项　目	单　位	2015年	2016年	2016年比2015年增减	
				绝对数	%
八、财政金融					
一般预算总收入	万元	639168	700108	60940	9.5
财政支出合计	万元	650614	722646	—	11.1
金融部门年末存款余额	万元	3627705	5073016	1445311	39.8
其中：城乡居民储蓄余额	万元	1994585	2334529	339944	17.0
金融部门年末贷款余额	万元	2413956	2842134	428178	17.7
九、科教卫生事业情况					
普通中学学校数	所	25	26	1	4.0
普通中学在校学生数	人	20437	20800	363	1.8
小学学校数	所	73	72	–1	–1.4
小学在校学生数	人	31712	34964	3252	10.3
职业中学学校数	所	1	1	—	—
学龄儿童入学率	%	100	100	—	—
初中升学率	%	99.3	99.1	—	—
高中升学率	%	89.5	87.5	—	—
全年专利申请数	件	641	915	274	42.8
卫生技术人员数	人	2377	2833	456	19.2
产妇住院分娩比例	%	100	100	—	—

说明：由于核算制度相关规定，表中2015年生产总值及三大产业可比价数据采用的是2010年不变价；
固定资产投资中上年同期数进行了调整，表中为未调整前数据，调整后基数是529.88亿元

附　　录

文件选登

中共长沙市望城区委
长沙市望城区人民政府
关于全面推进“五美五韵”美丽乡村建设的实施意见

望发〔2016〕1号

为深入贯彻党的十八大和十八届三中、四中、五中全会及中央、省、市农业农村工作会议精神，根据《中共长沙市委长沙市人民政府关于落实发展新理念全面推进美丽乡村建设加快实现农村基本现代化的意见》（长发〔2016〕1号）精神，结合我区实际，将全面推进“五美五韵”美丽乡村建设，着力打造美丽乡村建设的“望城模式”升级版，现提出以下意见。

一、充分认识全面推进“五美五韵”美丽乡村建设的重要意义和优势条件

（一）全面推进“五美五韵”美丽乡村建设是落实“创新、协调、绿色、开放、共享”发展新理念的重大举措。党的十八届五中全会提出的五大发展新理念对“十三五”时期经济社会发展具有重大指导意义，新时期农业农村发展必须以创新发展激发农村活力，以协调发展加强城乡互动，以绿色发展推动产业转型，以开放发展拓展市场空间，以共享发展增进农民福祉。全面推进“五美五韵”美丽乡村建设，是在我区农业农村领域贯彻发展新理念的重大举措。

（二）全面推进“五美五韵”美丽乡村建设是统筹解决“三农”问题、建设“四更长沙”和名望之城的重要途径。党的十八大明确提出到2020年全面建成小康社会，市委、市政府提出了建设“能量更大、实力更强、城乡更美、民生更爽”“四更”长沙的总体要求和到2022年实现基本现代化的阶段性目标，区委、区政府提出了“建设更加美丽、强盛、幸福的名望之城”的总体目标。建成全面小康和实现基本现代化、建设“四更长沙”和名望之城的短板、难点都在农村。我区农村基础设施相对落后、公共服务参差不齐，农业发展内生动力不强、体制机制不顺，部分农村居民幸福指数不高、获得感不多等现实问题依然存在，必须以全面推进“五美五韵”美丽乡村建设为切入点，形成系统性解决方案，加快农村现代化进程，确保城乡同步发展。

（三）全面推进“五美五韵”美丽乡村建设是我区打造美丽乡村升级版的必然要求。望城是雷锋故里，坐拥独特的古镇群落，自然环境优美，人文、历史、山水资源丰富，建设美丽乡村具备良好的基础条件。近年来，随着“十美”创建活动的开展，美丽乡村建设“115工程”的实施，系列休闲旅游节会的举办，打造了城乡统筹发展的“望城模式”，社会各界对美丽乡村建设形成了广泛共识。特别是区委、区政府提出了“四大主体功能区”发展战略，对城乡统筹发展、农业农村发展提出了新的思路和要求。在新的起点上推动望城发展，必然要在突出城镇建设、工业园区建设同时，坚持以城市的理念建设农村、用工业的思维发展农业、按市民的要求提升农民，在大部分农村区域开展“五美五韵”美丽乡村建设，着力打造美丽乡村建设的升级版，使都市、城镇与乡村共同发展、相得益彰。

二、准确把握全面推进“五美五韵”美丽乡村建设的思路、目标、原则和实施步骤

（一）总体思路。按照“抓点、连线、成片、集群”分步推进计划，结合国家全域旅游示范区和最具魅力湘江古镇群建设，以湖南望城国家农业科技园区（下称农科园）和长沙现代农业综合配套改革试验区（下称试验区）为主要平台，突出大众垸、苏蓼垸区域，重点打造京港澳高速复线沿线示范走廊和北横线两厢示范带，分期建设书堂山片、黑麋峰片、九峰山片、梅花岭片、黄龙河（苏蓼垸）片、团头湖（大众垸）片、团山湖片、（乌山）英雄岭片、（光明）大观园片、白鹤山片10个片区，通过三至五年时间建设美丽乡村示范村、特色村约100个，美丽庭院1万个以上，建成“两区两垸两带、十片百村万户”美丽乡村示范区。

（二）工作目标

“五美”乡村：

——布局美。城乡规划体系相互衔接融合，城镇、村庄空间布局更加科学合理，村庄内部形态更加精致精美，乡村特色充分彰显，形成一批高品质、高品位的美丽乡村特色片区。

——产业美。农业供给侧结构不断优化，农业新主体、新产业、新业态蓬勃发展，实现产品优质安全、资源高效利用、生态环境友好，农村一二三产业融合、协调发展。

——环境美。农村开发建设与生态环境保护相互协调，农村基础设施配套基本与城市接轨，人居环境全面改善，生态优势更加凸显，处处干干净净、整整洁洁、漂漂亮亮、清清爽爽。

——生活美。全面消除绝对贫困现象，基本实现城乡社会保障和公共服务一体化，农村居民收入不断提高，生活品质明显提升，生活方式绿色健康，获得感更多、幸福感更强。

——风尚美。乡风文明在农村自我管理、自我服务、自我提升、自我监督中发挥主要作用，社会和谐、邻里和睦、家庭和美，村民文化生活丰富、精神面貌良好。

“五韵”望城：

——水韵望城。紧密结合望城水资源丰富、山水洲镇自成一体的特点，进一步完善全区水系水网，做足做活水利水景、水乡水产、水上游乐文章，改善生态环境，提升水韵特色。依托湘江、沩水、八曲河、彩陶溪等河渠岸线资源，团头湖、千龙湖、茶亭水库、古冲水库等水体水域资源，实施河湖连通、“黄金水道”、整治美化工程，绘就“湖湘版画、水韵望城”。

——绿韵望城。按照“绿量面积扩大、绿化品质提升、绿色空间共享、绿色资源连通”的目标，深入推进新一轮“三年造绿大行动”，加强林相改造和古(大)树名木普查、保护，开展“乡村公园”、绿色村庄、美丽庭院创建，规划并分批建设300千米以上绿道，将全区景观节点、美丽村落、古镇群落等有机连通，展现“层峦叠翠、绿韵望城”。

——古韵望城。以湘江古镇群建设为主体，串接古镇、古街、古巷、古迹，集中打造美丽乡村古韵文化片区，推动古镇核心区提质提档；加强传统村落和文物保护，重视古井、古塔、古渡口、古寺庙、古祠堂等古迹修缮；进行传统民居改造、传统技艺传承和遗址公园建设，打造一批在全国具有较大影响力和知名度的核心景点，重温“荆楚之地、古韵望城”。

——品韵望城。以绿道驿站为主体，建设适宜自在、公益环保的“漫客空间”；组织和举办“大地艺术季”主题活动，大力发掘和培植陶趣、渔趣、书趣、石趣、童趣娱乐文化，将雕塑、摄影、歌舞、曲艺、茶艺等艺术作品和表现形式与乡村自然景观、人文景观深度融合，打造一批与精致农林产品产业和谐统一的体验基地、休闲农庄、农家小院、家庭旅馆，推介一批宜玩宜赏、宜品宜购、宜居宜业的乡村慢生活场所，感受“诗意栖居、品韵望城”。

——礼韵望城。丰富“好人故里”内涵和外延，创新雷锋形象传播方式和渠道，扩大雷锋精神覆盖面、引领力。积极开展“乡贤之家”“道德模范”“五好家庭”等创建活动，鼓励加强“乡贤广场”“农耕文化广场”“乡村文化站”“农家书屋”等阵地建设，大力倡导乡土文化、传统文明，推进社会主义核心价值观教育、崇礼教育进实践基地、进中小校园、进社区村庄、进单位家庭，引导人们见贤思齐、向善尚美，建设“首善之区、礼韵望城”。

(三)基本原则

1. 以人为本，共建共享。美丽乡村建设不宜大包大揽，要坚持突出村民主体地位，强化村民主体意识，充分尊重村民的知情权、决策权、监督权，充分考虑当地居民日常生产生活、外来游客消费休闲、专业人员研究保护的方便与需求，尽最大努力提升各方面人群的认同感与获得感，激发社会各界和广大群众参与美丽乡村建设的积极性和自主性，形成共建共享美丽家园、美好乐园的大好局面。

2. 规划先行，生态优先。坚持规划先行和刚性执行，各街镇、项目实施村(社区)要结合全区美丽乡村整体规划及“四大主体功能区”规划要求，以符合规划、一次成型、不被占用、永久保留为准则，细化落实到具体地块范围。明确美丽乡村实质性建设以规划为农村区域的村(社区)为重点，属于开发建设重点街镇的村(社区)在开发征拆之前，以加强环境卫生保洁、修缮便民设施、消除安全隐患、严格拆违控违等为重点，确保不大拆大建、不重复建设。坚决执行区人大《关于加强自然生态保护的决定》，坚持生态保护优先、保护与开发并重，重点保护好森林、湿地等自然景观与人文景观资源，在充分考虑功能需求、设施配套、满足发展定位的同时，实现美丽乡村健康、有序、绿色、可持续发展。

3. 彰显特色，精致精美。坚持立足产业基础、地形地貌、山水人文、民俗习惯等实际，遵循村庄发展多样性，准确定位，因地制宜，分类开展示范村、特色村创建，体现村庄个性魅力，突出各美其美，避免“百村一面”。坚持提升品质、彰显品位、打造品牌，把握乡村元素，留住田园风光，遵循农时农事，“让乡村更像乡村”，防止贪大求洋。培育和推介安全、优质、高效的乡村旅游产品，营造优美、闲适、便捷、人与自然和谐相处的乡村休闲环境。

4. 协调联动，统筹推进。健全完善以城带乡、以镇带村、以工促农的发展机制，突出整村推进和片区建设，坚持建设与整治同步，推动城乡基础设施与公共服务融为一体，农村经济发展与社会管理相互协调，物质文明与精神文明共同发展。按照“县主导、镇负责、村实施”的要求，坚持区、镇、村三级纵向联动，各单位、各部门横向联合，强化区级的整体谋划功能、部门的专业服务功能、街镇的引导实施功能、村组的组织实施和自我管理功能，突出重点，统筹推进，形成合力。

(四)实施步骤。根据全区近年开发建设进程和纳入城镇建设范畴的实际，将所有永久保留为农村或大部分保留为农村状态的村(社区)，以五年为规划期限，按照“前三年全面推进建设见成效、后两年巩固提升完善塑品牌”的总体安排，分步推进实施。

1. 前三年全面推进建设见成效阶段(2016—2018年)：

——2016年，完成全区、相关街镇、示范村和特色村村域的美丽乡村建设总体规划和全区绿道规划。以京港澳高速复线两厢有一定基础的村（社区）为重点，整村推进30个以上美丽乡村建设，着力打造茶亭镇黄龙河（苏蓼垸）、大众垸（新康戏乡）、白箬铺镇光明大观园3个片区。各街镇编制好连点成线成片美丽乡村建设规划，并在示范村、交通干道、古镇周围确定1-3个自建点启动美丽乡村建设。结合大众垸堤防整治工程和水系连通工程、环城绿带和苏蓼垸农业公园、湘江古镇群建设三年行动计划实施，分别启动“水韵望城”“绿韵望城”“古韵望城”建设。

——2017年，扩面推进建设，新建美丽乡村30个以上，全区美丽乡村覆盖率达70%以上。同时，根据各街镇示范片创建情况，建设提升精品示范片1-2个。加强“品韵望城”建设，以白箬铺镇光明大观园为核心，进一步完善配套设施，强化产业支撑；启动“礼韵望城”建设，以雷锋农场为核心，重点实施乌山团山湖片、英雄岭片。

——2018年，进一步扩大覆盖面，加强融合度，继续扩面推进30个以上美丽乡村建设，初步实现“一镇一片，一片一品”的创建格局，基本完成“两区两垸两带、十片百村万户”的既定目标，全区美丽乡村覆盖率达100%。力争在桥驿、茶亭打造出若干条山水田园风光线，在大众垸打造出一条现代农业产业线，在古镇群打造出特色旅游精品线，在白箬、乌山打造出一条乡土文化风情线。

2. 后两年巩固提升完善塑品牌阶段（2019—2020年）：

按照“两区两垸两带、十片百村万户”的整体布局，对全区重点街镇、片区、项目村（社区）进行巩固提升，在原有的基础上打造亮点，形成点、线、片、群相互映照、相互促进、共同发展的良好格局，打造美丽乡村建设“五美五韵”望城模式。

三、突出抓好全面推进“五美五韵”美丽乡村建设的重点工作

按照长发〔2016〕1号文件精神，根据我区实际情况，望城“五美五韵”美丽乡村建设要围绕优化城乡空间布局、推动农林产业转型、打造生态宜居家园、改善农村民生福祉、加强乡风文明建设五个方面，突出抓好十六项重点工作。

（一）优化农村规划布局。加快城乡建设、土地利用、经济社会发展等基础规划和全域旅游、城乡供水、污水处理、垃圾处理、林地利用、绿地系统等专业规划“多规融合”“多规合一”。依托各自优势资源，科学编制和实施全区、街镇、村（社区）三个层面的美丽乡村建设规划，因地制宜，科学定位，优化布局，分类指导，创建特色产业型、生态田园型、休闲旅游型、文化体验型、民俗风情型等多种类型的“五美”“五韵”乡村。规划编制完成前，根据全市统一部署，以试验区和乔口镇、铜官街道为重点，开展城乡融合发展与美丽乡村建设全域推进试点。

（二）引导农民集中居住。以试验区为重点，按照“小规模、组团式、生态化、微田园”理念，坚持依法、自愿、有偿原则，试行统规统建、统规代建和统规自建等模式，推动“农民上楼”集中居住。鼓励通过村庄整理、经济补偿、易地搬迁等方式，规划建设功能齐全的农民集中居住点，引导和推动农民向集中点聚居，逐步提高农民居住品质。鼓励其他城乡融合发展试点镇、美丽乡村建设示范村和特色村等，探索整合利用现有宅基地、村内空闲地建设村民集中居住点。

（三）优化乡村产业布局和促进转型升级。以农科园及其创新创业园、试验区为重点，鼓励街镇根据自身优势和“宜业”原则，科学划分农业生产空间、生活空间、生态空间，合理布局农林种养、健身养生、创意体验、物流劳务、旅游服务等产业形态。加强农林产业园区建设和项目引进、培育，加强校企合作、园校合作，探索、解决制约发展规模化、集约化、专业化、市场化、信息化等瓶颈问题。提高农产品加工、配送、安全检测等配套和社会化服务能力，促进农产品加工入园集中，引导和推动乡村产业相对集中布局，促进一、二、三产业融合发展。以长沙市民为主要消费群体，适度引导采用传统方式生产生态产品，大力发展有机农业、绿色农业。鼓励企业加强基础设施生态型硬质化建设，大力培育精致农林业，增强美观度和可及性，促进体验农业发展，提升即时消费附加值。尊重市场主体作用，促进土地依法、有序流转，从财政补贴、信贷金融、用地用电、科技创新、职业农民培训等方面扶植支持，大力发展农林业龙头企业、农民专业合作社、种养大户、家庭农场等新型经营主体，推动农林业适度规模经营，确保美丽乡村创建村（社区）土地合作经营比例达到80%以上。鼓励发展电商、网络营销，加大产业业态、产品品质、生态环境宣传力度，促进农林产品和服务品牌的形成，扩大市场占有率和美誉度。

（四）完善农业农村基础设施。加快农村道路硬化建设，有序实施乡村道路“白改黑”和会车平台建设工程，确保村级道路硬化率达100%、主干道和公共场所路灯安装率达95%以上。坚持集约节约用地，大力推进高标准农田建设、新增粮食产能田间工程，加快完善农田水利基础设施和机耕道建设。全面完成危桥改造、危房改造、校舍改造和农村电网改造等基础设施改造任务，解决美丽乡村创建区域饮水安全问题，实现农村电视、网络信号全覆盖。严格个人建房管理，大力整治农村乱搭乱建现象。

（五）整治农村生产生活垃圾。全面实施清洁庭院、清洁能源行动和农村清洁工程、农村环境综合整治，重点开展农村垃圾分类处理、污水处理、卫生改厕等农村环境卫生专项整治行动，实现美丽乡村创建区域生活垃圾无害处理率达90%以上，农户生活垃圾分类回收率达100%，生活污水处理农户覆盖率达90%以上，户用卫生厕所普及率达90%以上，农村清洁能源利用率进一步提高。清除房前屋后的杂物和堆积物，加强农村卫生保洁和公共设施维护，确保农户庭院卫生清洁与堆码整洁。建立健全农村公共卫生长效管理机制，完善政府补助为辅、村集体和村民自筹为主的筹资机制，推动农村公共卫生管理服务社会化。到2018年，村庄环境整治覆盖率达到100%。

（六）美化农村人居环境。全面实施清洁路沿、清洁水源、清洁田园行动。大力推进村庄美化，对影响视觉的建筑外墙、屋顶、电线杆、广告牌等进行全面整理、美化，探索开展拆除废弃旧房、杂屋行动。实施河道清洁行动，开展河道综合治理、山塘清淤和村旁、路旁、宅旁沟渠净化工作，充分发挥农村小河流域湿地自然净化功能，实现河道及沟渠“水清、流畅、岸绿、景美”。综合治理农业面源污染，发展节水农业，推广种养结合循环模式，实施农作物秸秆禁烧、种养业废弃物资源化利用与无害化处理，提高综合利用水平，严格控制农业投入品使用，全面实施农药化肥“零增长”行动，深入推进重金属污染耕地修复治理。

（七）加强农村生态建设。围绕改善农村环境生态质量和景观面貌，根据各村现状和特色，采取新造、补植、封育等措施，着手坡坎生态修复和废弃、裸露地块复绿“清零”。全面提质、改造公路沿线、沿河两侧绿化，深入推进以精致化、彩色化、适度果林化为主的“新三年”造绿大行动，优化美化林相景观，美丽乡村示范村、特色村绿化率达到90%以上。结合稻田休耕，组织绿肥、艺术花田播种，助力美丽乡村建设和乡村旅游。划定生态保护红线，强化森林防火、防疫措施，促进森林健康。

（八）壮大村级集体经济。加快推进农村集体经济股份制改革，优化集体经济产权结构和管理架构，保障农民集体经济组织成员权利。支持村集体以集体资产入股组建经营实体，因地制宜合理开发农村资源，发展特色农业和服务产业，投资经营物业项目，争取美丽乡村创建村集体经营纯收入达到10万元/年以上。积极发展农村混合型经济，引导村集体吸纳国有资本、集体资本、非公有资本投资入股，鼓励社会资本合理参与农村集体经济发展。

（九）深入实施精准扶贫。推动精准扶贫与美丽乡村建设相协调、相统一、相促进，以全面脱贫作为美丽乡村建设的基础条件，实施各项专项扶贫工作，采取政策兜底、产业发展、医疗救助等多种措施，实现农村贫困人口“清零”。优先安排美丽乡村创建区域贫困人口实施危房改造和饮水安全改造，用两年时间全面解决全区建档立卡贫困户住房和饮水安全问题。探索贫困地区建设美丽乡村的有效方式，充分挖掘生态资源、产业资源培植特色生态产业，重点支持对贫困地区发展和贫困人口脱贫带动作用较大的产业项目和经营主体。完善低收入农户帮扶机制，分类指导低收入农户脱贫致富，通过提供市场信息，加强就业培训引导，建立利益联结机制，促进农民入股分红和农村劳动力特别是贫困人口就近就业，实现农民年人均纯收入增长10%以上，力争全区低收入农户人均纯收入年均增长15%以上。

（十）完成土地确权登记颁证。严格执行农村土地承包法律政策，完成农村土地承包确权登记颁证工作。以现有土地承包合同、权属证书和集体土地所有权确权登记成果为依据，查清承包地块的面积和空间位置，建立健全土地承包经营权登记簿，妥善解决承包地块面积不准、四至不清、空间位置不明、登记簿不健全等问题，把承包地块、面积、合同、权属证书全面落实到户，依法赋予和保障农民的土地承包经营权。支持试验区探索以“三权分置”为主要形式的农村土地改革。

（十一）完善社会保障体系。加大政府公共财政对农村社会保障的投入力度，不断提高农村社会保障水平。切实抓好城乡居民基本养老、基本医疗保险等社会保障政策的实施，实现农村居民养老保险、医疗保险全覆盖。完善社会救助途径，扩大救助范围，建立健全城乡最低生活保障正常增长机制，实现动态管理下的应保尽保。巩固提高农村“五保”老人和城镇“三无”人员集中供养水平，加快养老机构建设，积极探索居家养老服务。

（十二）提升公共服务水平。推动城乡教育高位均衡发展，确保农村学前三年入园率高于80%，九年义务教育普及率达到100%。加快城乡医疗资源实现有效双向对流，切实提高农村医疗水平。加快农村社会事业发展，确保农村公交通村率、饮水安全覆盖率均达到100%，农村社区公共服务中心覆盖率达到100%。新农村电气化村实现全覆盖。广泛开展群众性体育活动，实施农民健身工程，实现村村都有体育设施。加强村级农贸市场改造提升，确保市场的食品安全和卫生保洁。加大统筹城乡发展力度，加强资源整合，完善体制机制，逐步实现城乡教育、医疗、文化设施一体化，城乡环卫一体化和城乡公交一体化。

（十三）推进农村文化建设。全面实施文化信息资源共享工程、文化下乡工程，优化城乡公共文化资源配置，推动城乡文化均衡发展。大力推进“数字兴农”工程，加快发展数字广播电视。加大对节庆活动和传统民俗活动的支持，加强历史文化名镇、名村、农村文物、非物质文化遗产的保护，切实强化农村文化市场监管。加强农村精神文明建设，深入开展社会主义核心价值体系宣传教育和社会公德、职业道德、家庭美德、个人品德教育，组织开展乡风评议和群众性精神文明创建活动。

（十四）加快农村新社区建设。以乡镇区划调整和合并村为契机，着力培育中心村，建设农村新型社区，切实加快城乡一体化进程。积极探索农村新社区建设新路径，率先建成一批“规划科学、环境整洁、设施配套、服务健全、安居乐业、生活舒适、邻里和睦、管理民主”的文明和谐农村新社区。完善农村社区管理服务中心，整合卫生保洁、放心超市、事务代办、文体公用设施维护经营等功能，对村内公共服务事业进行统一管理。

（十五）强化农村基层治理。健全农村民主选举、民主决策、民主管理、民主监督和“四议两公开”等制度，积极推行基层党组织“公推直选”，完善村党组织领导下的村民自治机制。全面推行村务、财务、党务工作公开，加强村级财务监督，落实群众知情权、决策权和监督权。村级财务监督得到加强。大力实施“三自三会三公开”建管模式，规范村级公共设施建设管理。深入整治农村社会黄赌毒、非法宗教和不良风气，彰显、弘扬农村正能量。着力培育好的乡风民风，发挥村规民约、家风传承和其他自治管理在农村基层治理中的主体作用，引导农民自觉遵守。加强农村党风廉政建设，健全农村惩治和预防腐败体系。

（十六）夯实“三农”基础保障。加强街镇农林综合服务站保障。探索整合街镇农技站、林业站、供销社、粮站、畜牧兽医站、农机站现有人、财、物，逐步实现街镇农业综合服务站全覆盖；采取农林服务“超市”模式和“套餐”模式，为广大农户提供可供选择、性价合理、质量可靠的服务；鼓励通过政府购买服务等形式，提高服务站的综合服务功能。加强农用基础设施配套保障。按照总体规模、功能设计、点位布局要求，对粮食烘干中心等设施用地及其项目进行系统规划；组建农民专业合作联社，鼓励农民专业合作社、种粮大户、现代农庄等优势互补、资源共享、合作共赢。加强三农金融支持保障。做大做强做优农发集团和水利投，做好争资、融资、投资、注资的结合文章；充分发挥好湘江现代农业产业发展投资基金的撬动作用。

四、建立健全完善全面推进“五美五韵”美丽乡村建设的工作机制

（一）组织管理机制。成立美丽乡村建设工作领导小组，由区长任组长，区委、区政府分管领导为副组长，相关部门为成员单位，负责全区美丽乡村建设的统筹协调、整体推进和督促落实，领导小组办公室设在区农林局。领导小组下设规划编制、基础建设、环境整治、产业发展、社会保障、精神文明等专项小组，分别由相关职能部门牵头，负责协调推进具体工作任务和建设项目落实。各相关部门要按照美丽乡村建设的责任分工，各司其职，加强联动，整合项目，合力推进。财政部门要加大美丽乡村建设投入保障；发改部门要优先支持美丽乡村创建村开展高标准农田建设；国土部门要在建设用地指标安排上向美丽乡村建设项目倾斜；规划部门要加强对美丽乡村创建村规划的指导和监督；住建、交通、水务、供电、电信等部门要切实加大对美丽乡村农房、路网和公交系统、水利、电网、宽带网络等基础配套设施建设的支持力度；教育、民政、人社、卫计等部门要加强对农村基本公共服务发展的支持；环保、爱卫等部门要组织落实好美丽乡村各项生态环境保护和整治措施；经信、科技、农林、商务、旅游等部门要加大对美丽乡村产业发展的培育和扶持力度，指导美丽乡村加强建后运营管理；农发集团要充分利用好现有平台，为美丽乡村建设创造“农村人居环境改善”融资途径；宣传、文体部门要大力支持美丽乡村文化设施建设，组织开展主题文化活动，加强舆论引导，积极挖掘推介先进典型，营造浓厚的美丽乡村建设工作氛围。各街镇要成立相应领导机构和专项工作组，切实加强对辖区美丽乡村建设工作的组织领导；支村“两委”要切实担当主体责任，做好美丽乡村建设的宣传发动、组织实施和管理服务等工作。

（二）统筹整合机制。推动用地整合，规范土地流转，出台指导意见，规范流转程序，明确权责关系，盘活农地资源。将农村土地所有权、农村土地承包权、农村土地经营权、集体建设用地使用权、集体建设用地上房屋所有权、林权高质量高标准确权到位。探索进行农村宅基地使用权、农村养殖水面经营权、小型水利工程产权、农业生产设施所有权的确权颁证工作，逐步实现各类农村产权应确尽确、归属清晰、保护严格、权责明确。推动资金整合，建立“财政投入、村级自筹、社会支持”三位一体的美丽乡村建设资金保障体系。在城乡一体化专项资金的基础上，每年由区财政另行安排2000万元专项用于美丽乡村建设。整合国土、交通、水务、农林、环保、农电等涉农建设资金，优先考虑美丽乡村建设项目，在国土收入中提取一定资金用于集中居住区基础配套建设。探索实施财政涉农资金“拨改投”试点。拓宽社会融资渠道，依托有关涉农专业融资平台，支持美丽乡村建设项目打捆融资。各街镇要逐年增加对美丽乡村建设的投入，并通过农村土地承包经营权流转、土地股份合作制等多种形式，进一步增强村级集体经济实力、增加农民收入。

（三）考评奖补机制。从2016年起，将美丽乡村建设工作纳入到区对街镇的绩效考核。区美丽乡村建设领导小组办公室将根据各村（社区）创建、申报情况，对照美丽乡村示范村、特色村标准逐一进行考核验收。对考核验收合格的示范村、特色村，根据投入额度和实际效果，按一定比例定等分档实行奖补，对考核验收不合格的创建村（社区）给予通报批评，并作为对街镇绩效考核的依据。具体的考评标准和奖补办法由美丽乡村建设工作领导小组另行制定。

中共长沙市望城区委
长沙市望城区人民政府
2016年9月2日

长沙市望城区人民政府办公室
关于印发《〈长沙市望城区征地补偿安置办法〉实施细则》的通知

望政办发〔2016〕86号

各街道办事处、镇人民政府，区直各有关单位：

《〈长沙市望城区征地补偿安置办法〉实施细则》已经区人民政府审定同意，现印发给你们，请认真组织实施。

长沙市望城区人民政府办公室

2016年7月11日

《长沙市望城区征地补偿安置办法》实施细则

第一章 总 则

第一条 为加强征地补偿安置管理，维护被征地农村集体经济组织、村（居）民和其他权利人的合法权益，根据《长沙市征地补偿安置条例》、《长沙市征地补偿实施办法》（长沙市人民政府令第103号）、《长沙市望城区征地补偿安置办法》（望政办发〔2014〕30号）等文件精神，结合本区实际，制定本细则。

第二条 征地补偿安置是指因依法征收农民集体所有土地而对被征地的农村集体经济组织、村（居）民和其他权利人补偿安置的行为。

第三条 区人民政府成立区征地补偿安置工作领导小组：区长任组长，分管征地补偿安置工作的区领导任常务副组长，分管审计、公安、财政、国土资源、住房保障、人社、规划、农林等工作的区领导任副组长；区政府办、区委宣传部、区公安局、区民政局、区财政局、区人社局、区国土资源局、区卫计局、区审计局、区规划分局、区城管局、区征地办、区市场和质量监督管理局、区农林局、区畜牧兽医水产局、街镇等为成员单位。

领导小组办公室设区征地办，区征地办主任兼办公室主任。

第四条 区直相关部门、街镇应严格按照法律政策规定和本细则具体要求做好征地补偿安置工作，区人民政府对工作完成情况实行目标管理考核。

第二章 工作程序

第五条 拟征农民集体所有的土地，在土地调查红线确定后，征地方案报批前，区国土资源局应在拟征地所在街镇、村（社区）、组发布预征地公告。

第六条 征地方案经依法批准后，区征地办拟定征收土地方案公告，区人民政府批准后，在被征地所在街镇、村（社区）、组发布，并组织各相关单位开展征地补偿安置工作。

区国土资源局书面通知相关部门在征收土地方案公告规定的期限内暂停办理征地红线范围内户口迁入、分户、工商登记以及房屋改（扩）建、抵押、租赁、转让等有关手续。

第七条 征收土地方案公告发布后，区国土资源局会同公安、规划、农林、住房保障及街镇、村（社区）等单位现场调查登记，并经被征地农村集体经济组织、村（居）民和其他权利人确认。

区国土资源局会同相关部门办理征地补偿登记时，被征地农村集体经济组织、村（居）民和其他权利人在调查中应主动提交土地、房屋权属等合法有效证件，未在规定期间内办理登记手续或对调查结果拒不配合、确认的，其补偿内容以区国土资源局调查结果为准。

第八条 区国土资源局会同相关部门根据调查核实结果和批准的征地方案，以被征收土地的所有权人为单位，拟订征地补偿安置方案，在被征地所在街镇、村（社区）、组发布征地补偿安置方案征求意见公告，听取被征地的农村集体经济组织、村（居）民和其他权利人的意见。当事人要求听证的，应当组织听证。

第九条 征地补偿安置方案经区人民政府审批后，区国土资源局发布征地补偿安置方案实施公告，并组织实施。

第十条 区国土资源局在征地补偿安置方案实施公告发布之日起三个月内，将征地补偿费用（社会保障资金除外）足额直接支付给被征地的农村集体经济组织、村（居）民和其他权利人，并在被征地所在的街镇、村（社区）、组张榜公布。街镇负责指导、监督农村集体经济组织的征地补偿等费用的分配使用，并应在农村集体经济组织内张榜公布。

在规定期限内未领取征地补偿费用的，区国土资源局应当以被征地的农村集体经济组织、村（居）民和其他权利人的名义专户储存。

被征地的农村集体经济组织、村（居）民和其他权利人的征地补偿费用得到足额支付后，在规定期限内没有腾地的，区国土资源局依法作出限期腾地决定。到期拒不腾地的，依法申请区人民法院强制执行。

第三章 征地补偿安置

一般规定

第十一条 征地补偿安置资金由区国土资源局负责

审核、区人民政府审定；征地补偿安置资金从区征地补偿专户中支付。

第十二条　征收土地按照被征地的原用途补偿。征地补偿费用包括土地补偿费和安置补助费（合称“征地补偿标准”）、地上附着物及青苗补偿费。

被征地的原用途是指预征地公告发布时前三年的实际用途。

第十三条　征地补偿标准根据省人民政府规定按区域（片）划分为四类：

一类地区为丁字湾街道、铜官街道原书堂山街道区域、高塘岭街道原高塘岭街道区域、乌山街道原喻家坡街道区域、月亮岛街道、大泽湖街道、白沙洲街道、黄金园街道、金山桥街道；

二类地区为白箬铺镇、乌山街道原乌山镇区域；

三类地区为铜官街道原铜官镇区域（包括原东城镇慎家桥社区五杉片的跃进等七个居民小组，原茶亭镇郭亮村）、桥驿镇、茶亭镇；

四类地区为乔口镇、靖港镇、高塘岭街道原新康乡区域；

具体征地补偿标准见望政办发〔2014〕30号文件表一。

户型确认

第十四条　征地补偿安置时以农村集体经济组织成员组成的家庭自然户为基本单位，每户只认定一处宅基地建筑为合法房屋。

农村家庭自然户是指由夫妻双方及其子女等家庭成员构成的家庭单位，户型由区国土资源局会同公安局、农林局、民政局、卫计局、街镇等单位结合有关规定核实确认；有争议的，由区征地办组织相关部门联合审核确认。

人口认定

第十五条　征收土地方案公告规定期限内，被征地范围内的农村集体经济组织成员应予以认定；

征收土地方案公告规定期限内，被征地范围内因婚嫁、出生、大中专学生毕业回原籍、义务兵退役、刑满释放等情形的入户人员应予以认定；

征收土地方案公告规定期限内，被征地范围内在校就读的大中专学生、现役义务兵、不符合军转安置条件的士官以及正在服刑的人员应予以认定。

上述规定以外的人员，不予认定。

第十六条　原望城县人民政府施行长沙市人民政府令第5号（1991年12月20日发布）征拆政策期间，因国家建设征收土地的失地、少地农民整组转为非农户口，享受了集体经济组织成员相关权益、履行了相关义务，不属于行政机关及国有企、事业单位编制内工作的人员，参照农村集体经济组织成员予以认定。

原望城县人民政府施行103号令前，购买非农户口，且户籍一直未迁出本区，享受了集体经济组织成员相关权益、履行了相关义务，不属于行政机关及国有企、事业单位编制内工作的人员，参照农村集体经济组织成员予以认定。

第十七条　农村集体经济组织内，仅将户籍迁入，但未享受集体经济组织权益、未履行本集体经济组织成员义务的人员，在征地补偿安置时不予认定。

合法建筑面积认定及补偿

第十八条　被征收土地上房屋合法建筑面积的认定，均以征地公告发布前的合法有效证明为依据，按照合法建筑面积、使用年限、结构、批准用途补偿。房屋的装饰装修及设施，根据该房屋的结构、合法建筑面积，按照规定的标准补偿。

第十九条　根据《湖南省实施〈中华人民共和国土地管理法〉办法》第三十二条的规定“农村村民每户只能拥有一处宅基地。每户用地面积使用耕地不超过130平方米，使用荒山荒地不超过210平方米，使用其他土地不超过180平方米”的原则，一次性建成的房屋建筑面积按以下办法认定：

（一）依法取得房屋产权管理部门2006年7月1日以后颁发的房屋权属证书的，其房屋合法建筑面积以房屋权属证书为依据；

（二）未依法取得房屋产权管理部门2006年7月1日以后颁发房屋权属证书的房屋，合法面积按以下情况区分认定：

1．被拆迁对象主张房屋为1987年1月1日以前兴建，属未改建、扩建、新建的，按以下原则认定：

(1) 调取房屋建设的航拍资料作为证明；

(2) 由被拆迁对象提供证明材料，街镇、村（社区）证明，区征地办组织相关部门核实后，在所在村（社区）、组张榜公示无异议的；

2.属1987年1月1日以后兴建，办理了合法有效建房用地手续的房屋按证载面积认定；建筑面积未达批准面积，其补偿按实际建筑面积认定；

（三）属1987年1月1日以后兴建，未办理建房用地手续或因政府实施城乡规划停办建房用地手续的一次性建成房屋，常年居住，生活设施完善，经调查核实符合建房条件，根据认定的本集体经济组织人口数，以户为单位进行认定：

对4人为基准的自然户户型按200平方米房屋建筑面积认定补偿，超出4人的，每增加1人按40平方米的标准增加房屋建筑面积认定补偿；

对1人户型的自然户按不超过120平方米的房屋建筑面积认定补偿；

对2~3人户型的自然户按不超过200平方米的房屋建筑面积认定补偿。

第二十条　符合“一户一基”条件的房屋层数按以下规定认定：

（一）办理了建设用地批准文件、建设工程规划许可证的，按证载层数认定；

（二）没有办理建设用地批准文件、建设工程规划许可证的，按不超过两层（含）认定；

（三）在我区施行《中华人民共和国城乡规划法》前，仅办理了建设用地批准文件的一次性建成房屋，按实际层数认定；

在我区施行《中华人民共和国城乡规划法》前，仅办理了建设工程规划许可证但未载明层数的一次性建成房屋，按实际层数认定；在我区施行《中华人民共和国城乡规划法》后的，按不超过两层（含）认定。

第二十一条 集体土地上拥有两处及以上宅基地上的住房（一户多基），只认定一处给予合法建筑补偿。

第二十二条 长沙市一元化户籍制度（长政发〔2015〕31号）前的世居非农户在农村集体土地上拥有合法手续且生活设施完善的自建房屋，按房屋类别价认定补偿，并按标准计算购房补助。

第二十三条 因原望城县城镇建设需要在原县属部门、园区和乡镇等单位购买地基的所建房屋按房屋类别价补偿。

第二十四条 按《中华人民共和国继承法》规定继承所得房屋，征地补偿时按以下规定补偿：

（一）办理了房屋产权管理部门颁发的房屋权属证书的，其房屋合法建筑面积以房屋权属证书为依据；

（二）没有办理房产合法手续的房屋，属1987年1月1日以前兴建的，以其拥有的被继承房屋计算；

（三）没有办理房产合法手续的房屋，属1987年1月1日以后兴建的或者是建新未拆旧的继承房屋，按违章建筑处理；

（四）因遗产继承的房屋，按房屋重置价补偿。非本集体经济组织成员的继承人不纳入社会保障体系，不安置。继承房屋位于同一集体经济组织建新未拆旧的，按违章建筑处理。

第二十五条 虽已登记为国有土地而无农用地转用、征收等合法国有土地权属来源的集体土地上房屋，经依法撤销国有土地使用权证后，按集体土地上房屋认定。

第二十六条 属于本细则第十七条规定情形人员所建房屋，办理了建设用地、规划许可证件的，按房屋类别价补偿，其他情形一律不予补偿。

第二十七条 下列情形不予补偿：

（一）违法建（构）筑物，超过使用期限的临时建（构）筑物、有关合法证件中注明国家建设需要时无条件拆除的临时建（构）筑物；

（二）室外生产生活设施、农业生产用房、水塘、水库、构筑物、临时建（构）筑物等的装饰装修；

（三）已废弃的生产、生活设施。

征地安置

第二十八条 征地安置对象为被征地的农村集体经济组织成员。

征地安置主要采取以下两种方式：

（一）货币安置；

（二）由农村集体经济组织统一安置。

对实行货币安置的人员，应当纳入城镇就业服务和社会保障体系。

第二十九条 货币安置按以下规定执行：

（一）货币安置区的农村集体经济组织或者村（居）民委员会，应当自征地公告之日起30日内召开村（居）民会议或者村民代表会议，确定以户为单位纳入社会保障体系的人员名单，经街镇初审，报区征地办联合审核认定。

实行货币安置的被征地农民，由区人社局按《长沙市人民政府关于印发〈长沙市被征地农民就业培训和社会保障办法〉的通知》（长政发〔2014〕48号）文件规定纳入就业培训和社会保障体系。

经核准以户为单位纳入社会保障体系的人员应由村（居）民委员会统一到区相关部门办理相关手续。

被征地农民于房屋拆除后次月开始享受社会保障待遇。

（二）实行货币安置的人员按以下原则确定：

实行货币安置的人员，一律以户为单位纳入社会保障体系，不再保留原农村集体经济组织成员身份，但仍然享有原农村集体经济组织积累的财产分配权利。

（三）区人民政府对货币安置区提供两种安置方式，由安置对象自主选择。一种安置方式是提供2.53万元/人的购房补助、5.47万元/人的购房补贴、55平方米/人的限价商品房申购指标；另一种安置方式是对自愿放弃限价商品房购房指标（55平方米/人）的安置对象，在提供2.53万元/人的购房补助、5.47万元/人的购房补贴的基础上发放4.4万元/人回购限价商品房购房指标费。

（四）“五保户”的补偿安置由街道统筹，其购房补助、补贴拨付到街道。

第三十条 农村集体经济组织统一安置按以下规定执行：

采取农村集体经济组织统一安置方式需要重建的，应符合土地利用总体规划和村庄、集镇规划，区人民政府按需安置的农业人口数人均80平方米（含人均净占地30平方米、生活小区道路、房屋间距、其他配套设施等用地面积）核定用地指标，并按780元/平方米支付重建地补偿安置、规划设计、用地报批报建、基础设施配套等的包干费用，由项目拆迁责任单位组织实施。

集中重建面积分配，按人平分配30平方米底层占地面积，以户为单位进行安置，其层数按规划设计实施。

“单身户”应安置面积不足60平方米的，可选择与他户联合自建或购买30平方米占地面积（按实支付费用）。

“五保户”不在集中安置范围内重建，由其所属集体经济组织另行安置，给予5.2万元/人包干安置费用。

依据村庄和集镇规划分散安置的，安置面积按省、市、区规定执行。区国土资源局按照重建地用地类别将征地补偿标准（土地补偿费和安置补助费两项之和）、地上附着物和青苗补偿费及按房屋补偿费的20%补偿超深基础费用核算给项目拆迁责任单位统筹使用。

项目拆迁责任单位是指街镇、村（社区）集体经济组织。

其他补偿

第三十一条 “半边户”是指夫妻双方中只有一方是本集体经济组织成员；“独生子女户”是指持有效的“独生子女父母光荣证”且夫妻双方实际只有一个子女的家庭。

货币安置区内“半边户”和“独生子女户”按以下规定执行：

（一）“半边户”中非本集体经济组织成员一方，未享受福利分房、房改房、经济适用房或其他住房补贴等住房保障政策的，以户为单位，增加一人份额的购房补助和一人份额的限价商品房购房指标；

（二）“独生子女户”增加一人份额的购房补助和一人份额的限价商品房购房指标，单方申领“独生子女父母光荣证”的享受标准的50%。

非货币安置区内“半边户”和“独生子女户”按以下规定执行：

（一）“半边户”中非本集体经济组织成员一方，未享受福利分房、房改房、经济适用房或其他住房补贴等住房保障政策的，以户为单位，增加一人份额的重建安置面积；

（二）“独生子女户”增加一人份额的重建安置面积，单方申领“独生子女父母光荣证”的享受标准的50%。

第三十二条 “渔业户”的补偿安置认定

经渔政主管部门批准，以江河捕鱼为业，非本集体经济组织的渔业人员，在集体土地上的合法房屋需拆除时，参照农村集体土地上农房的补偿标准认定补偿，给予8万元/人的购房补助、购房补贴和55平方米/人的限价商品房指标；“渔民户”不是村（居）集体经济组织成员，不参与集体经济组织权益的分配。

第三十三条 未征收房屋、只征收其户外设施的补偿

合法房屋不拆迁，需拆除合法房屋的室外必备生活设施的，按以下原则处理：一是采取由建设施工单位恢复的原则；二是无法恢复的，按拆除设施量所占该栋设施的比例，以 0.26万元为一个补偿等级进行包干补偿，但每栋最高补偿不超过 2.6万元。需与户主签订补偿协议，被征地单位及个人应出具承诺书，该补偿费用在该户房屋下次拆迁时，在室外设施总费用中扣除，不得重复补偿。

一栋多户，均属于农村集体经济组织成员，达到了分户建房条件，但只有一栋房屋，只以一户户主名义办理了建房手续的，经街镇、村（社区）及相关部门核实，经公示确系他处无房证明，按每户可享有相应的室外设施补偿和生产用房补偿。

第三十四条 农家乐的认定补偿

同时具备以下六个条件，并经依法批准的临时建筑，按照房屋结构结合使用年限剔除残值后包干补偿，补偿比例最高不超过房屋结构补偿费的80%：

（一）面积、层数符合相关规定并在规定的使用期限内；

（二）办理了相关用地手续；

（三）有商务、规划、农林、畜牧水产、工商、税务、旅游、卫计等相关部门的批准；

（四）办理了生产经营许可，依法经营，照章纳税；

（五）有专业管理人员，工作制度、账表齐全；

（六）规范和规模化生产经营。

第三十五条 利用合法住宅房屋办企业或作商业门面使用的，一律按住宅房屋标准补偿；拆迁未满租赁期，租赁双方当事人应当在征收土地方案公告规定的拆迁腾地期限内变更或解除租赁关系。

第三十六条 专业菜地的认定补偿

同时具备以下五个条件的菜地，按专业菜地的标准认定补偿，其他按一般菜地认定补偿：

（一）经市、区人民政府划定（不包括农村自留地），有国土资源、规划、发改、农林等相关部门的批准；

（二）有相关部门批准认定的专门从事种植且以种植为业的工作人员；

（三）有砖、沟、渠、池、管道喷灌、蔬菜大棚等设施；

（四）有专业管理人员及疫病防治设备和措施；

（五）常年耕种。

第三十七条 专业鱼池的认定补偿

同时具备以下五个条件的鱼池，按专业鱼池的标准认定补偿，其他按一般鱼池认定补偿：

（一）经市、区人民政府划定（不包括农村自留地），有国土资源、规划、发改、农林、畜牧等相关部门的批准；

（二）有相关部门批准认定的专门从事养殖且以养殖为业的工作人员；

（三）有砖、砼、石沟、渠、护坡及充氧设备，有孵化池、替代水源，不作为灌溉和蓄洪使用；

（四）有专业管理人员及疫病防治设备和措施；

（五）常年饲养。

第三十八条 拆迁电力、电信、广播电视、给排水、燃气等设施需要补偿的，由拆迁责任单位会同有资质的部门和单位进行评审核定后给予补偿；废弃不用的不予补偿。

第三十九条 集体设施和杆线搬迁补偿费按以下规定执行：

（一）区级以上（含区级）投资的设施和杆线搬迁补偿费（不在其规定的包干补偿范围之内），由区人民政府统筹；

（二）街镇、村（社区）投资的设施和杆线搬迁补偿费，在集体设施和杆线搬迁包干补偿费中列支，由街镇统筹。

第四十条 房屋成本价、房屋重置价、房屋类别价的计算，根据《长沙市望城区人民政府办公室关于印发〈长沙市望城区征地补偿安置办法〉的通知》（望政办发〔2014〕30号）中“住宅房屋”补偿费标准的规定，按以下办法计算：

（一）房屋成本价按房屋结构补偿费标准的60%计算补偿；

（二）房屋重置价只计算房屋结构补偿费、房屋装饰装修及设施补偿费、房屋搬迁补助费，按期拆迁腾地的，另给予按期拆迁房屋奖励费；

（三）房屋类别价只计算房屋结构补偿费、房屋装饰装修及设施补偿费、房屋搬迁补助费、房屋过渡补助费、室外设施补偿费，按期拆迁腾地的，另给予按期拆迁房屋奖励费；

钢混、砖混一类、砖混二类房屋结构结合成新（使用

年限)计算补偿费。

第四十一条 有合法建房手续的水泥空心砖房屋,其房屋结构类别按砖木结构认定。

第四十二条 坚持被征地补偿安置人员不重复享受安置原则。

第四章 法律责任

第四十三条 被征地对象或有关单位及个人采取伪造证件、合同或其他不正当手段骗取征地补偿安置资金,以及挤占、挪用、截留征地补偿安置资金的,由相关部门依法查处。涉嫌犯罪的,依法移交司法机关处理。

第四十四条 工作人员在征地补偿安置工作中玩忽职守、滥用职权、徇私舞弊,涉嫌犯罪的,依法移交司法机关处理。

阻挠和破坏征地补偿安置工作,妨碍公务人员依法执行公务的,由公安机关依法予以处罚。涉嫌犯罪的,依法移交司法机关处理。

第五章 附 则

第四十五条 本细则自公布之日起实施。

本细则实施前已完成征地补偿安置的,按原规定办理;本细则实施前已发布征地补偿安置方案实施公告的,按原有规定办理。

本细则涉及的省市相关文件如有调整,根据省市文件适时调整。

长沙市望城区人民政府办公室

2016年7月11日印发

长沙市望城区人民政府
关于印发《长沙市望城区政府投资建设项目 管理实施办法》的通知

望政发〔2016〕36号

各街道办事处,镇人民政府,区直机关各单位,各园区:

《长沙市望城区政府投资建设项目管理实施办法》已经区人民政府审定同意,现印发给你们,请认真遵照执行。

长沙市望城区人民政府

2016年4月27日

长沙市望城区政府投资建设项目管理实施办法

第一章 总 则

第一条 为建立健全科学的政府投资管理机制,规范政府投资行为,推进精细化管理,保证工程质量,控制工程造价,加强管理监督,提高政府投资效益,根据《国务院关于投资体制改革的决定》《湖南省人民政府办公厅关于深化投资项目审批制度改革的实施意见》《长沙市政府投资建设项目管理办法》和相关法律、法规,结合我区实际,特制定本实施办法。

第二条 本实施办法所称政府投资建设项目,是指使用下列资金(或资产)进行的固定资产投资:

(一)本级财政预算安排的建设资金;

(二)上级各类专项建设资金;

(三)国债资金;

(四)通过政府信用贷款或政府承诺偿还的方式所筹资金;

(五)国际金融组织和国外政府贷款等政府主权外债资金;

(六)政府、区属投融资平台公司通过各种融资方式获得的资金;

(七)其他政府性资金或资产。

第三条 本实施办法适用于本区权限范围内政府投资新建、改扩建、装饰、装修和维修施工单项合同10万元(含10万元)以上的建设项目。

应急和抢险救灾工程项目参照《长沙市人民政府办公厅关于印发〈长沙市政府投资应急抢险救灾工程审批管理办法〉的通知》(长政办发〔2013〕48号)执行。

国家和省、市对使用国际金融组织和外国政府贷款等政府主权外债资金及中央和省、市财政专项资金的项目另有规定的,从其规定。

本办法以外的纯技术服务、设备采购、规划编制等其他政府性投资事项按财政部门有关规定执行。

第四条 本实施办法所称一般项目,是指政府投资1500万元以下的能源系统、给排水系统、交通系统、通信系统等工程设施项目和政府投资500万元以下的其他项目;重大项目,是指政府投资1500万元(含)以上的能源系统、给排水系统、交通系统、通信系统等工程设施项目和政府投资500万元(含)以上的其他项目。

第五条 政府投资建设项目应当严格执行项目法人制、招标投标制、合同管理制、工程监理制、安全生产责任制、工程质量终身负责制和重大项目跟踪审计制。对经济、社会和生态环境有重大影响的政府投资建设项目,实行公示制度和专家评审制度。

第六条　政府投资建设项目的实施应严格执行国家规定的基本建设审批审核程序，严禁边立项、边招标、边勘察、边设计、边施工。

第七条　一般项目基本建设审批审核程序如下（按编号顺序执行）：

（一）立项审批，同时核准招标方案。

（二）办理规划选址、用地预审、环境影响评价、节能评估、社会风险稳定评估以及根据项目情况按规定必须完成的其他相关前置审查批复。

（三）用地审批，工程规划许可，详细勘察，初步设计审查，概算审查等。

（四）施工图审查及备案，预算审核。

（五）下达项目投资计划，依法招标采购。

（六）中标合同审查、签订和备案。

（七）施工许可，开工建设。

（八）竣工验收。

（九）结、决算审查和资金支付。

（十）资产移交。

第八条　重大项目基本建设审批审核程序如下（按编号顺序执行）：

（一）立项审批，同时核准勘察、设计的招标方案。

（二）规划选址，用地预审，环境影响评价，节能评估，社会风险稳定评估以及根据项目情况按规定必须完成的相关审查批复。

（三）可行性研究报告的批复，同时核准施工、监理和重要设备材料的招标方案。

（四）用地审批，工程规划许可，详细勘察，初步设计审查，概算审查等。

（五）施工图审查及备案，预算审核；

（六）下达项目投资计划，依法招标采购。

（七）中标合同审查、签订和备案。

（八）施工许可，开工建设。

（九）竣工验收。

（十）结、决算审查和资金支付。

（十一）资产移交。

第九条　成立长沙市望城区政府投资建设项目管理领导小组（以下简称“领导小组”），由区长任组长，常务副区长任常务副组长，其他副区长任副组长，成员单位由区发改局、财政局、规划分局、国土资源局、环保局、住建局、交通运输局、水务局、审计局、监察局、工务局、农林局、园林局、市政局等单位组成。领导小组的主要职责是审核政府投资建设项目年度计划及中长期规划、计划调整、重大项目稽查和处理项目建设过程中的重大问题。领导小组办公室设区发改局，发改局长任办公室主任，负责日常管理工作。

区发改局是政府投资主管部门，负责区本级政府年度投资计划编制、投资建设项目节能审查，审批及计划执行情况监督，会同区财政局下达政府投资建设项目资金计划。

区财政局负责政府投资建设项目预（决）算审核、政府采购管理、财务活动监督等工作，对工程项目竣工（财务）决算进行审核、批复，并负责本级财政预算安排的建设资金拨付，对其他资金安排的项目进行监督。

区审计局负责政府投资建设项目预算、结算和决算审计监督，对重大项目跟踪审计。

区监察局负责政府投资建设项目行政监察和廉政建设监督。

区规划分局、国土资源局、环保局、住建局、交通运输局、水务局、工务局、农林局、园林局、市政局等其他相关职能部门，按各自职责对政府投资建设项目进行管理和监督。

第十条　各项目建设单位或相关职能部门应充分利用社会专业技术力量对政府投资建设项目进行论证、咨询、审计和后评价，推进技术服务外包，不断提高政府投资效益和管理水平。

第二章　投资决策

第十一条　政府投资主要用于公共基础设施、社会民生事业，生态环境保护、城乡统筹发展和科技进步等市场不能有效配置资源的经济和社会领域。

第十二条　经批准的相关经济社会发展规划、土地利用规划、城市总体规划和其他专项规划应作为政府投资决策的重要依据。

第十三条　建立政府投资建设项目库，并进行动态管理。政府投资建设项目库由续建项目、新建项目、预备项目、储备项目组成。

第十四条　年度政府投资建设项目计划铺排过程为：

（一）区政府每年下半年发出编制下一年度政府投资建设项目计划的通知，各有关单位应按通知要求申报项目。

（二）区财政局和政府投融资公司提出下年度政府投资可用财力总规模；区国土资源局提出下年度政府投资建设项目可用建设用地总规模；区征地办提出下年度可承受政府投资建设项目拆迁总规模。

（三）区发改局广泛征求社会各界和相关部门意见并组织专家论证评审后，编制年度政府投资建设项目计划草案，经领导小组初审后，报区政府常务会议、区委常委会议审定通过并向社会公示，以区政府文件形式下达执行。

第十五条　年度政府投资建设项目计划应当包括下列内容：

（一）区政府年度投资总规模；

（二）项目名称、建设单位和责任部门、建设地点、建设性质、建设规模及内容、建设期限、总投资额和资金来源、年度投资额和资金来源、年度建设内容等；

（三）其他应当说明的情况。

第十六条　年度政府投资建设项目计划经批准后必须严格按照工程建设项目基本建设程序执行，项目建设单位应在计划年度内按规定的工期和进度计划组织项目实施。年度政府投资建设项目计划确需调整的，由项目建设单位向区发改局申报，区发改局统一汇总后呈报领导小组审定。没有列入年度政府投资建设项目计划或未经规定程序审批确定增补的项目，区发改局不予立项，区财政局不予预算评审，区国土资源局不予安排用地指标。

第三章 投资控制

第十七条 各相关单位应严格控制政府投资建设项目工程造价，提高资金使用效益，防范政府性债务风险。

第十八条 政府投资建设项目应推行全过程工程造价控制法，在一般项目立项、重大项目可行性研究报告及设计审批、施工、竣工验收等各阶段加强投资控制及管理，坚持“估算控制概算、概算控制预算、预算控制决算”的原则，注重事前预控、事中监控、事后追控。

第十九条 各相关单位应把优化设计方案作为投资控制的核心。项目建设单位送审的可行性研究报告应进行多方案比选并基本达到初步设计编制深度，初步设计应基本达到施工图编制深度。发改、规划、住建等部门在设计方案审查环节应对投资控制进行专题论证。

第二十条 建设单位应要求设计单位进行限额设计，即按照可行性研究报告批复文件中明确的投资估算控制初步设计，按照批准的初步设计概算控制施工图设计。

第二十一条 设计概算超过投资估算的10%或者设计概算中工程建设费超过投资估算中的工程建设费10%的，应相应重新报批可行性研究报告或修改初步设计，经领导小组同意后执行。区财政评审中心不得未经批准对送审预算超概算的项目进行预算审核。

第二十二条 政府投资建设项目应严格按照批准的设计文件进行施工。在项目实施过程中严禁擅自通过施工洽商或补签其他协议等方式变更设计方案、增加建设内容和提高建设标准。确因地质、水文、天气等特殊情况需要变更设计的，按工程变更相关管理规定执行。

第四章 项目审批

第二十三条 凡是列入年度政府投资计划的项目，项目建设单位可凭当年度下发的投资计划分别向区发改局、规划分局、国土资源局、环保局申请办理立项、规划选址、用地预审、环境影响评价及节能审查手续。

第二十四条 项目建设单位向区发改局申请批复可行性研究报告时，应附规划选址意见书、规划条件、用地预审意见、环境影响评价批复及节能审查意见，不涉及新增用地的项目可不附规划选址意见书和用地预审意见。区发改局应对技术复杂及投资额较大的项目组织专家和相关职能部门(必要时可委托第三方中介机构)进行可研评审。

第二十五条 项目建设单位应按照有关规定选择符合资质要求的设计单位，依照经批准的可行性研究报告总投资、建设内容和建设规模进行初步设计及编制概算，交通、水利项目由行业主管部门审批，其他项目由区住建局审批。区园林局负责组织市政道路等绿化工程部分初步设计及概算评审，将意见提交区住建局汇总；区农林局负责组织交通、水利项目绿化工程部分初步设计及概算评审，将意见提交交通、水利行业主管部门汇总。

第二十六条 项目建设单位应依法委托设计单位进行施工图设计，市政、房建类项目经具备相应资质的中介机构审查后报区住建局备案，交通、水利类项目分别由交通、水利行业主管部门批复。

第二十七条 项目建设单位依法委托中介机构编制工程预算报区财评中心审核。经批复的概算文件和经审查合格的施工图是进行预算审核的前置条件，否则，区财评中心不得受理。

第二十八条 依法合并审批环节，进一步简化审批手续，压缩审批时限。

(一)合并市政、水利、交通等建设项目可行性研究报告审查和节能审查环节。原节能措施并入可行性研究报告文件，建设单位在提交可行性研究报告给主办部门审查的同时提交节能审查部门，以便提前对可行性研究报告文件所涉及节能措施进行审查。需要进行社会风险稳定评估的项目，可行性研究报告中要包含社会风险稳定评估专门章节，在可行性研究报告审查时一并审查评估。

(二)合并审批规划条件、选址意见书和调查蓝线环节。规划部门在项目业主办理规划依据图时，同时办理规划条件、选址意见书和调查蓝线。

(三)合并建设项目初步设计审批和规划报建图审查环节。项目单位初步设计文件编制完成后，同时报区规划分局和住建局，并同时进行技术审查。初步设计批复后区规划分局方可核发建设工程规划许可证。

第二十九条 提前介入，优化流程。法律、法规规章规定审批前后置关系的，在不影响审批部门履行职能的前提下，要按照从优原则，做到后置部门提前介入审批过程，采取技术审查和行政审批相对分离的运行模式。先期进行技术审查，待业主办理前置审批手续后即予以批复。

(一)可行性研究报告编制完成后，主管部门先予受理并进行预审查，待办理相关前置审批和获取初步意见后，且其他申报材料符合规定要求的，在规定时限内予以批复。

(二)初步设计文件编制完成后，主管部门先予以受理并组织技术审查。技术审查通过后，直接进入施工图设计。待申报材料按规定要求齐备后，在规定时限内对初步设计予以批复。

(三)其他因前后置审批关系有可能影响审批进度的，参照上述要求执行。

第三十条 全程推行联合审批方式，切实消除审批事项之间互为前置条件的现象。联合审批一般采取联审会议形式，由牵头部门邀请审批项目的相关部门参加联审会议。参加联审会议的部门，要作出明确的审查或审批意见；无故缺席联审会议或参加联审会议没有作出审查或审批意见的，由审批管理机构开具行政督办函，被督办的审批部门必须按督办函规定的时间作出明确的审查或审批意见。联审会议由主管部门牵头召开并作出会议纪要(或综合审查意见)，纪要(或意见)须明确各职能部门的审查或审批意见。

(一)项目可行性研究报告联合审查。由区发改局召集项目前期相关的规划、国土等审批部门和专家进行联合审查，参加联合审查的各部门要出具明确、具体的审查和修改书面意见，并注明强制性修改意见和建议性修改意见，强制性修改意见要附法律、法规规章和国家强制性规范要求的条款，区发改局在归纳相关部门意见后，作出综合审查的意见。项目业主办理环评批复、规划选址（水利工程类还需规划同意书）、用地预审、节能审查批复后，区发改局在5个工作日内出具项目可行性研究报告批复文件。其他法律、法规规定的审批，有关审批职能部门按照综合审查的意见，出具审批手续，不作为项目批准的前置条件，但在开工之前要按规定完成审批工作。

（二）初步设计联合审查。初步设计联合审查的内容包括建设规模、建设标准、设计方案、设计概算、消防设计、节能设计及强制性技术标准、法律、法规规定的其他内容，由行业主管部门召集有关部门和专家进行联审。凡是属于初步设计阶段审查的内容（初步设计文本），各参加联合审查的部门须2天内提出明确、具体的审查和修改书面意见，并注明强制性修改意见和建议性修改意见，强制性修改意见要附法律、法规规章和国家强制性规范要求的条款，不得将修改意见带到后续审批阶段。设计单位根据审查意见，修改初步设计图纸和概算。

第三十一条 创新审批方式。

（一）环评审批。属于区环保局审批项目，在项目批准阶段，对于编制环境影响登记表的项目，区环保局根据可行性研究报告及评审意见，对建设单位提供的项目环境影响登记表直接批复。对于编制环境影响报告书、报告表的项目，区环保局根据可行性研究报告及评审意见，先出具项目初步审查意见，提交区发改局，作为区发改局对项目可行性研究报告作出审批决定的依据之一，与此同时，根据项目选址意见和规划设计条件，编制环评报告进入环评审批程序。

（二）节能审查。项目建设单位申报可行性研究报告要有专门节能章节，节能章节应符合深度要求。节能审查部门参加可行性研究报告评审，对于达到节能评估审查要求的项目，需邀请节能方面专家参与评审。

（三）用地预审。取消用地预审要求的规划选址意见书，以规划依据图替代。

（四）除法律、法规明确规定由建设单位编制文本进行评估或专家论证外，其他评估或专家论证一律作为审批程序的内容，由审批职能部门负责编制文本。

（五）符合放样条件的可在建设工程规划许可证批准之前先开具放样通知书。

第三十二条 严格首次办理即登记和一次性告知制度。项目业主向审批部门提出申请时，审批部门即予登记；申请材料齐全、符合法定形式的，即予受理。申请材料不齐全或不符合法定形式的，审批部门应以书面形式一次性告知需补充的全部内容。

第三十三条 审批职能部门受理审批事项时，对于主件齐全，仅缺副件材料的，在申请人作出书面承诺后，可先予受理。对于项目基本符合审批条件，且无直接关系他人重大利益或可能产生法律纠纷的，可在申请人作出承诺后先予技术审查通过。对申请人不履行承诺内容的，后续审批将不予通过，由此造成的经济损失和其他后果，由申请人承担。

第三十四条 严格执行限时办结制度。对超过承诺时限未予办结的，经审批管理机构审核确认无正当理由的，由审批管理机构开具行政督办函，业主凭督办函启动下阶段审批。被督办的审批部门必须按审批管理机构督办函的规定时间办结。

第三十五条 进一步加强网上审批平台建设，扩大和完善审批网络功能，积极推进网上并联审批等做法，不断提高审批效率。

第三十六条 行政审批管理机构负责审批流程的编制和管理，对审批过程中遇到的问题要及时进行协调，加强对项目审批全过程的监管，督促相关部门严格按照流程审批，并负责解释。

第五章 建设管理

第三十七条 政府投资建设项目应当明确项目法人，负责项目的建设、管理和运营。不具备实行项目法人责任制条件的政府投资建设项目，经领导小组批准实行项目主管部门负责制。

第三十八条 非经营性政府投资公益性项目推行代建制。

第三十九条 经营性和准经营性基础设施项目经领导小组批准采用PPP等融资方式的，推行项目法人招标制，即通过公开招标选择符合条件的项目法人对项目进行投资建设和运营。对拟实行项目法人招标的项目，在项目可行性研究报告批复时予以明确。

第四十条 政府投资建设项目的勘察、设计、施工、监理和重要工程设备材料的采购，达到招标额度的应当依法进行招标，未达到招标额度的按政府采购程序办理。所有招标采购活动必须在公共资源交易中心进行。

（一）项目总投资估算3000万元以上的项目，其招标方案（含标段划分、招标方式、时间安排等）和施工单项1000万元以上招标的评标办法、资格审查条件等必须事先书面报告分管副区长和常务副区长批准同意；项目总投资估算5000万元以上的重大项目，其招标公告、招标方案（含标段划分、招标方式和组织形式、评标委员会的组建、评标办法、投标人基本资格条件、招标时间安排等）和施工单项3000万元以上招标的评标办法、资格审查条件等还需再报区政府主要领导批准同意，招标结果按同样程序上报。

（二）经区财评中心审核委托价50万元以上500万元以下的服务合同，其招标方案（招标方式、时间安排等）、评标办法、资格审查条件等必须事先书面报告分管副区长和常务副区长批准同意；委托价500万元以上的，其招标公告、招标方案（招标方式和组织形式、评标委员会的组建、评标办法、投标人基本资格条件、招标时间安排等）还需再报区政府主要领导批准同意，招标结果按同样程序上报。

区发改局会同行业主管等有关部门 负责对政府投资建设项目招标投标的全过程监管。

第四十一条 政府投资建设项目必须实行合同管理制，其勘察设计、施工、设备材料采购和工程监理，以及代建、项目法人招标等都要依法签订合同。各类合同必须符合《中华人民共和国合同法》《中华人民共和国招标投标法》《政府采购法》和相关规定，且必须按招标采购确定的金额签订；逐步推行标准合同文本，标准合同文本由行业主管部门提出，经区政府法制办审查后实行。未按标准合同文本签订金额在2000万元以上的融资合同和施工合同，签订前必须报区政府法制办进行合法性审查。严禁任何单位超概（预）算签订建设合同或未经有权限部门批准擅自变更、补签合同，工程变更管理办法制定时应对违反此项规定的项目建设单位相关责任人员设定严格的追责措施。

第四十二条 政府投资建设项目实行工程监理制。监理单位应当根据有关法律、法规、规程、工程设计文件和监理合同以及其他工程建设合同，对工程建设进行监理。

第四十三条 政府投资建设项目发生特殊情况且不是人为原因造成的工程内容或工程量增加，由施工单位提出并提供相关资料，在工程内容或工程量发生变化时由项目建设单位（或代建单位）和设计、监理单位及行业主管、发改、审计、财政部门共同确认，确认工作由发改部门负责牵头组织。如遇突发事故，出现危及生命和财产安全等紧急情况时，可采取现场必要抢险措施，同时向项目主管部门报告；需增加投资的，须在2个工作日内向行业主管部门和发改部门递交追加投资的预报告，发改部门按规定程序补办相关审批手续。其他情况造成投资规模增加的，由施工方自行承担，政府不予支付。

第四十四条 政府投资建设项目必须严格实行现场工程量签证制度。项目建设只有因政策性调整、不可抗力因素或不可预见因素需要且可以进行工程变更的，由项目建设单位事先提出变更方案，按规定程序审查批准后方可进行工程变更；其余情况不得进行工程变更。投资规模发生变更的，必须事先报批；造成投资增加的，事后补办无效。

第四十五条 政府投资建设项目实行工程质量终身负责制。政府投资建设项目的相关行政领导、项目法人代表和勘察设计、施工以及监理单位的相关责任人，按各自的职责对工程质量终身负责。

第四十六条 政府投资建设项目应科学确定工期且必须在中标合同确定的工期内完成建设任务，并依法实行竣工验收和交接制度，交通、水利项目（不含绿化工程）由行业主管部门牵头组织，其他项目（不含绿化工程）由区住建局牵头组织，交通、水利项目绿化工程部分由区农林局牵头，其他项目绿化工程部分由区园林局牵头，发改、审计、财政等相关部门参与并按各自职责进行验收。

第四十七条 项目建设单位在政府投资建设项目完成综合竣工验收后28个工作日内将项目结算资料报区财政局审计审核，并将出具的竣工结算审核报告及其他相关资料在15个工作日内将交区财政局办理竣工（财务）决算批复，区财评中心不得对未完成竣工验收的项目办理竣工结算审核。

第四十八条 项目建设单位应自竣工财务决算批复后30个工作日内，依法办理公共资产登记，纳入公共资产监督管理。

第四十九条 项目建设单位应在验收合格后3个月内向维护管理部门办理管理移交手续；需要办理产权登记的，应当事先办理产权登记。项目经区财政局对竣工财务决算进行审核批复后移交，并接受区审计局审计。

第五十条 政府投资建设项目应按有关规定严格执行统计、档案管理及信息报送制度。由竣工验收牵头部门负责建立政府投资建设项目管理信息系统，项目审批、施工、验收、决算等各个环节的实施情况均录入系统备查。

第五十一条 具备条件的政府投资建设项目经领导小组批准后依法转让产权或股权，以回收的资金滚动投资。

第六章　资金管理

第五十二条 建设单位要严格按照财政部《基本建设财务管理规定》的要求，做好基本建设财务管理工作，按规定设置独立的财务管理机构或指定专人负责基本建设财务工作。政府投资建设项目资金必须设立专门账户，按照基本建设财务制度和会计制度进行核算，并严格按照投资计划批复文件的要求实行专款专用。

第五十三条 未进入年度计划的项目和未办理立项审批的政府投资建设项目，区财政局和区属投融资平台公司不得办理资金拨付手续。政府投资建设项目建设资金按以下程序拨付：

（一）区发改局根据年度政府投资建设项目计划、可研报告批复下达项目投资计划，区财政局和区属投融资平台公司依据项目投资计划批复文件和工程进度拨付建设资金。项目建设单位（或融资单位）应按有关规定与区财政局对政府投资建设项目建设资金（国家金融组织和国外政府贷款等政府主权外债资金除外）实行“双控”管理。

（二）政府投资建设项目实行直接拨付资金制度。使用财政预算资金的项目，项目建设单位凭项目投资计划批复文件，以及设计、施工、监理和设备材料采购等相关合同和建设单位负责人签署的拨款申请，到区财政局办理拨款手续；区财政局按程序审核后，直接向设计、施工、监理或设备材料供应等单位拨付建设资金；采用资金补贴形式的政府投资建设项目，由区财政局直接拨付给项目单位；使用区属投融资平台公司融资资金的项目，参照财政预算资金拨付模式执行。

第五十四条 区财政局或区属投融资平台公司应按合同约定拨付资金。在未办理竣工结算前，工程款支付累计额原则上不得超过合同金额（不含不可预见费）的70%。剩余资金应依据区财政局审核的竣工结算进行清算，审计抽审项目应依据审计报告进行清算。项目建设资金应当预留工程质量保证金，待建设工程合同约定保修期满后支付。

第五十五条　不构成工程实体的建设单位管理费和中介咨询服务费等开支，开支标准和经费管理按照区人民政府相关规定执行。

政府投资建设项目的可研评审、环境影响评价、节能评审、初步设计评审、概算审查、预算审核所需评审（审查）费用由审批单位承担，纳入财政预算。各审批单位不得以任何名义向项目单位或中介机构收取评审费用。

第五十六条　区财政局、审计局依法对政府投资建设项目资金进行财政、审计管理与监督，行业主管部门在职能范围内加强对建设项目资金的监督检查。区审计局依据《中华人民共和国审计法》等规定，对政府投资建设项目和资金进行审计，并将审计结果及时报送区人民政府。

第七章　监督管理

第五十七条　区监察局负责对政府投资建设项目涉及的相关单位和部门的行政职责履行情况依法进行监察。

第五十八条　区发改局负责监督检查政府投资建设项目计划的执行情况，并向区政府报告。

第五十九条　实行政府投资建设项目稽察制度。区政府重大建设项目稽察办公室依据区人民政府相关规定，对政府投资建设项目实施全过程稽察，稽察情况应及时向领导小组报告。

第六十条　政府投资建设项目推行后评价制度。在项目交付试用期满后，区发改局会同区财政局、审计局、监察局等部门按照国家有关规定进行项目后评价，并将评价结论报告报区政府。区政府对在政府投资建设项目的成本控制、建设管理过程中有突出贡献的单位、个人予以表彰奖励。

第八章　责任追究

第六十一条　项目建设单位有下列行为之一的，由区政府重大建设项目稽察办公室责令限期整改，将其不良行为记入信用档案，在媒体上予以公布；造成经济损失的，依法承担赔偿责任；依法追究其单位负责人和直接责任人纪律和行政、刑事责任。

（一）未履行基本建设审批审核程序的。

（二）未经批准擅自提高建设标准、扩大投资规模、改变建设内容的。

（三）未依法组织招标投标的。

（四）转移、侵占或挪用建设资金的。

（五）未经验收或验收不合格即交付使用的。

（六）其他违反本办法和相关法律、法规的行为。

第六十二条　政府有关行政管理部门有下列行为之一的，区监察局应当责令其限期改正，不改正的，按违纪论处；构成犯罪的，依法追究刑事责任。

（一）违反本办法规定擅自批准立项、环评、可研、初步设计和概算、预算等批复或许可的。

（二）违反本办法规定批准超规模、超标准、超估算和概算的。

（三）应进行招标或政府采购而未进行的，干预招标投标或政府采购活动的。

（四）违反本办法规定拨付资金的。

（五）审查或监督结论严重失实或弄虚作假的。

（六）其他违反本办法以及相关法律、法规的行为。

第六十三条　国家机关工作人员在政府投资建设项目实施过程中滥用职权、徇私舞弊、索贿受贿，玩忽职守、监管不力、行政不作为或乱作为，以及行政过失等失职渎职行为造成重大损失的，依法依纪追究责任单位主管领导和有关人员的行政责任；构成犯罪的，依法追究刑事责任。

在行政审批工作中，有下列行为之一的，由责任人所在行政机关、任免机关或监察机关根据管理权限和情节轻重对有关责任人员分别给予口头效能告诫、通报批评、书面效能告诫、停职检查、调离工作岗位、免职、辞退；构成违纪的，追究纪律责任。

（一）对已经取消的行政审批事项，继续进行审批的。

（二）没有法律依据，擅自增加审批条件或环节的。

（三）对符合条件，不实行合并审批或联合审批的。

（四）对符合条件、手续齐备，拒绝办理或者超时限办理的。

（五）不执行首次办理即登记制、首问负责制或一次性告知制的。

（六）无故缺席联审会议或在联审会议上不发表明确的意见，且在后续审批中无故不按联审会议纪要办理审批事项的。

第六十四条　承担政府投资建设项目相关业务的中介机构和参建单位及其从业人员与项目单位或相关方进行串通违规操作的，出具的成果报告或审查结论严重失实的，或造成项目质量低劣的，根据情节轻重，将其不良行为记入信用档案，在媒体上予以公布，相关单位在5年内不得委托其承担长沙市望城区政府投资建设项目的相关业务；造成经济损失的，依法承担赔偿责任；构成犯罪的，依法追究刑事责任。

第六十五条　政府投资建设项目发生重大质量或安全生产事故的，除依法追究参建单位、项目建设单位法定代表人和直接责任人的法律责任外，还要依法追究项目相关管理部门负责人及经办人的行政责任；构成犯罪的，依法追究刑事责任。

第九章　附　则

第六十六条　本实施办法自2016年5月1日开始施行，《望城县政府投资建设项目管理实施办法》望政发〔2010〕116号文件同时废止。在此之前区人民政府颁布的有关办法或规定与本实施办法有相悖之处的，以本实施办法为准。

附件：

1. 政府投资项目审批建设流程（一般项目）
2. 政府投资项目审批建设流程（重大项目）

长沙市望城区人民政府办公室

2016年4月27日印发

望城非物质文化遗产选介

责任编辑◎张姣美

望城古为荆楚之地，历史文化底蕴深厚，非物质文化遗产资源丰富。望城积极开展非物质文化遗产（以下简称“非遗”）的传承和保护工作，截至2016年年底，有国家级“非遗”项目1个，为铜官陶瓷烧制技艺；省级“非遗”项目1个，为望城剪纸；市级“非遗”项目3个，分别为望城影戏、新康木雕、丁字石雕；区级“非遗”项目6个，分别为望城花鼓戏、洪山古寺祭拜习俗、新康花鼓戏、谷酒酿制技艺、丁字木雕技艺、靖港花鼓戏。有国家、省、市、区四级代表传承人19名。

唐代长沙窑酱釉模印贴花罐

长沙窑铜官陶瓷烧制技艺

长沙窑铜官陶瓷烧制技艺是望城传统手工技艺，2011年经国务院批准被列入第三批国家级非物质文化遗产名录。

长沙铜官窑是世界陶瓷釉下多彩的发源地，被誉为“陶瓷史上的里程碑”。铜官在唐代曾是中国三大陶瓷出口基地之一，铜官窑产品通过“海上丝绸之路”，远销东南亚、西亚、北非等29个国家和地区，名声远播，影响深远，在历史上留下光辉的一页。“黑石号”沉船打捞出6.7万件唐代文物珍品中长沙铜官窑的瓷器达56500多件，这是迄今为止，发现数量最多、保存最好的长沙铜官窑瓷器。

它的烧制技艺自唐代传承至今，拥有一整套制作规则，形成独特的铜官陶瓷风格。突出表现在六个方面：一是成型“三绝”，即拉坯、捏坯和印坯技术独特；二是釉下“两奇”，即铜官窑首创的釉下多彩和高温铜红技术；三是装饰多样，陶瓷装饰有压花、贴花、画花、印花、刮花、堆花、镂空雕花等多种形式；四是烧成有则，陶工们全凭肉眼观察确定烧成温度，流传千年形成了一种绝技；五是科学智慧，铜官陶瓷的制作过程中的拉坯技术、龙窑的设计、矿石颜料的配比至今仍闪耀着科学智慧的光芒；六是铜官陶瓷独创的诗歌文字装饰，开陶瓷器物装饰之先河，赋予铜官陶瓷文化和生活的气息。

长沙窑铜官陶瓷烧制技艺的传承有家传、师传两道谱系。目前主要传承人有刘坤庭、雍起林、胡武强、谢福洋、谭异超、李建伟、刘志广、雍建刚、曾鸿儒等，其中刘坤庭被评为“湖南省（首批）民间文化杰出传承人”，荣获“中国工艺美术行业2012年度典型人物”称号，雍起林擅长毛主席像雕塑，被中国轻工业联合会。中国陶瓷工业会评为“中国陶瓷艺术大师”。

望城剪纸

望城剪纸是长沙地区流传盛广的民间技艺，2009年列入湖南省第二批非物质文化遗产保护名录。

望城民间剪纸是求吉避凶的吉祥图和被作为祭祀偶像的鬼神精怪、狐妖图形以及纸扎祭祀用品、民俗活动灯彩、牌坊上的装饰图案。表现形式有喜期窗花和礼花、格子花、绣花样稿、纸菩萨等。

望城紧靠长沙，文化发展较早，具有丰富的民族民间文化积淀，楚文化的特点十分明显。西部、西南部在产生和发展较早，带有较多神秘色彩的梅山文化圈的辐射影响下，其文化又具有梅山文化的某些特征。

望城民间剪纸的特点有：多样性、独特性、活态性。在剪纸类型上，全国各地有的望城大多数都有。从两种主要的制作手段来看，望城有剪纸也有刻纸；从两种主要的艺术风格来看，望城有粗犷朴实的，也有纤细秀美的；从剪纸的题材来看，望城有表现民间神话、传说、故事的，也有表现社会生活的；从用途来看，望城有大量用于喜庆的吉祥剪纸，也有用于生、老、死人生礼仪各个阶段的剪纸。从品类看，望城的格子花，纸菩萨是全国各地少有的，或虽然有而望城的风格独具的。从制作方法和手段看，望城有多种独特的：一是剪绘结合的“描筋剪纸”，外地虽也有剪绘结合的做法，但线描与剪镂如此协调配合完美统一的极少；二是折剪技法，纵观全国各地的民间剪纸，折剪技法的运用非常普通，但大多为团花型、对称型、符号型、独立纹饰型折剪，而望城的民间剪纸，发展成一种综合型，这是全国非常独特的。很多民间剪纸是以民俗活动为载体，而不是以艺术品的形式独立存在，如果这种民俗活动不复存在，这种剪纸也就没有了。望城过去有些民俗活动如“光瓢儿姑姑”“插黄禾旗”等都有伴生的民间剪纸，这些剪纸因其民俗活动的活态性而独具特点。

双凤牡丹——秦石蛟剪纸作品

望城民间剪纸具有极高的学术研究价值、审美价值和对剪纸文化研究的价值。目前健在的传承人有何玉梅、张得华、李秀英、秦石蛟，其中秦石蛟为省级代表性传承人，他剪法洗练，运刀如神并创造交织套色剪纸法。2004年全国民间艺术之乡剪纸邀请赛上获评“全国十大神剪”称号，并于2007年创办全国第一家私家剪纸博物馆华夏剪纸博物馆。

望城皮影戏

望城皮影戏俗称“影子戏”，是一种以兽皮或纸板做成人物形象，在灯光的照射下投影在透光的银幕上，观众观看透过银幕看到影像的一种演出形式。2010年望城皮影戏列入第三批市级非物质文化遗产名录。

朱国强在演皮影戏

望城皮影戏主要流传于望城全境及周边地区，属于中南部皮影中的长沙皮影流派，说唱都是长沙话，以湘剧和花鼓戏为主。起于何时不可考，但真正有文史记载在宋朝，有着近两千年的历史，明清时期非常盛行，民国时期有影戏班子一百多个，中华人民共和国成立后，以王复生、夏少春、何德润、谭德贵、李少坤 、朱莲章等望城影戏艺人为代表，把湖南影戏的艺术带出国门，先后9次分别出访亚洲、非洲、欧洲13个国家和地区。同时，望城影戏艺术是通过千百年流传发展形成的，有着深厚的文化内涵，是一种集历史、文学、民俗、音乐、美术、雕刻、剪纸、吹、打、弹、(拉)唱、操纵影偶于一体，三至四人相当几十人的剧团，有很高的艺术、学问，有独特的艺术魅力。目前主要传承人有朱国强(朱莲章之子)、何志明(何德润之孙)，其中朱国强为市级传承人，他在靖港古镇开设望城皮影艺术馆，并出版《望城皮影戏》一书。

丁字石雕

丁字石雕

丁字石雕以望城特有矿产花岗石(俗称“麻石”)为基础，雕刻以写实手法，表现人物、动物、花鸟，并通过它们之间的组合反映民间习俗的一种手工技艺，具有广泛的实用价值和艺术价值。2014年，被列入长沙市第四批非物质文化遗产名录。

丁字湾人俗称的“麻石”在丁字分布非常广，储量丰富，质地优良，开采历史悠久。麻石的加工分粗工和釉工个工种，粗工主要负责石料开采，釉工负责雕刻加工。工序一般先由掌墨师傅打墨线，加工师傅根据墨线打去多余石料，掌墨师傅跟进整个加工部，不停地打出墨线，直至作品完工。能干的师傅可以掌墨线，自己画自己打。产品大体可分为日常生活品几小件、大型用品及雕塑、建筑用麻石构建乃至大型建筑、桥梁和码头等。目前主要的传承人有李国强、周旭，其中周旭为市级“非遗”传承人。

新康木雕

望城新康木雕具有200多年的历史，它的鼎盛时期在清末民国初。新康木雕主要取材于民间习俗，如佛像、神龛、龙凤朝阳等吉祥内容，其技术为浮雕、高浮雕、圆雕。造型别致敦厚，传承技法浓郁，为人们喜闻乐见。2014年，被列入长沙市第四批非物质文化遗产名录。

新康木雕由胡玉林创始，最初用于自制食品模具，为了食品美观，在模具上雕刻十分讲究的梅兰竹菊花鸟瑞草等，后来转为专门从事雕刻，从食品模具到大型菩萨木雕，由简到繁，技艺逐渐成熟。新康木雕讲究有形寄形，无形造型。木雕的流程分为选树、浸水、下坯、打墨、打坯、细雕、抛光、上色等，在雕刻菩萨时还有很多禁忌习俗。胡氏木雕传承至今已到第四代，其传承人为市级非物质文化遗产传承人，其木雕作品在民间已经声名鹊起，《奥运中国龙》《鼎盛中华》等作品得到社会一致好评。

新康木雕

索　引

说明：

一、本索引把年鉴的条目、正文中出现的人名（特载、大事记、统计资料、光荣榜、附录、单位领导名录除外）用主题分析的方法，按英文字母顺序排列。

二、类目用黑体字标明。

三、索引名称后的阿拉伯数字表示内容所在的页码，拉丁字母（a、b、c）表示栏别（从左至右分别为1、2、3栏）。

A

爱国卫生……195c
安娜.彭德.梅金……174c
安全生产监督管理……114a

B

白描……47b
白箬铺司法所、铜官司法所获评“第六批省级规范化司法所”……99b
白箬铺镇……226c
白沙洲街道……214a
白书欣……178b
办理涉法事务……62b
保险……153b
编辑出版《望城非物质文化遗产概览》……182c
宾震华……93c
滨江生态公园群核心项目集中开工……142c
滨水新城……122a

C

财政……145a
蔡力峰……202a
残疾人联合会……82b
曹汝龙……182c
茶亭镇……220c
陈际明……231a, 231b
陈检……179a
陈金华……229c
陈金华……41b、76a、110c、229c
陈立功……176c
陈燕楠……225b
陈义文……52a
陈泽晖……42b
陈长辉……55c
成立快处快赔中心……92a
成立雷锋慈善会乔口分会……224b
成立物业矛盾纠纷调处中心……136a
成立新生儿科……191a
成立重症医学科.ICU……191a
承办“2016雷锋精神论坛”……47a
承办“湖南省送教下乡培训现场会”……173b
承办湖南省第五届工艺美术大师评审……202c
承办湘江古镇群“2016我们一路•跑起来”活动……160b
承接省、市行政审批事项下放的相关工作……45c
城市管理……137a
城市经营……141a
城乡规划……133c
程新和……189c
创建第一批国家级农村职业教育和成人教育示范县……171a
创建国家食品安全城市……110a
创建长沙市标准化安监站……215a

D

打响雷锋号青少年关爱家园品牌……80b
打响雷锋政务超市品牌……69b
打造“望城区规划素质教育基地”……135a
打造铜官街道示范统计站……109a
大会发言……73b
大手牵小手”结对帮扶绥宁县职业中专……176b
大泽湖街道……215b
大众垸防洪整治工程撇洪河段项目拆迁单日签约85户……224a
戴道晋……60c
戴石辉……176a
戴水文……52a、119a
戴兆林……203a
“当代雷锋·长沙好人”事迹展览馆开馆……162a
党史联络工作……50a
党校……48a
邓建华……55a、55c
邓文华……42a
地方税务……146c
电力……168c
丁德喜……220a
丁取忠……205a
丁四明……30a、189b
丁文……41c
丁翕云……52a
丁翔……206b、206c
丁颖怡……102c
丁字湾街道……200a
督查工作……38a、63a
杜勤德……55a
对口扶贫村通过省扶贫办考核预脱贫验收……128a
对台工作……42a
夺取防汛抗灾工作胜利……226a

F

发展和改革……106a
发展群众性文体事业……218a
法院……96a
法治政府建设……88b
范焱斌……55b、58b、59c、72b、79c、93a、112b、119a、171b、171c、189b、196b、224a
防汛工作取得全面胜利……224a
房屋征收工作连续5年零信访……136a
冯德亮……55c
冯海强……55a
冯健……161b
冯正其……51b、179c
芙蓉北大道全线贯通……166b
付安琪……160c
妇女联合会……80c
妇幼保健……193b
傅雷……42b

G

高洪波……47b
高塘岭街道……203a
高裕北路人行道整体改造……139a

工商业联合会......75c
公安......89b
公安消防......92b
公方彬......47a
公路管理......166c
龚智超......160c
共青团望城区委......79b
供销合作......157a
关心下一代工作......51b
管斌......47a
广播电视......186a
归侨侨眷联合会......83b
郭建国......171b
郭亮北路路面提质改造工程高裕北路人行道整体改造......139a
郭文波......55a
国地税实现全区范围合署办税......148a
国家税务......147b
国家体育总局局长刘鹏参观考察谷山体育公园......142b
国民经济和社会发展状况......31c
国土资源管理......112c
国有商业......156a
虢正贵......119a
虢正宏......180c

H

韩琦......125c
何德润......257a
何光辉......126a
何金辉......83c
何宇红......161b
何玉梅......256b
何志明......257a
何忠宇......213a
贺思怡......102c
贺添喜......75c
贺业勤......102c
黑麋峰国家森林公园AAAA景区授牌......164b
红十字会......85a
候曙华......79a
胡衡华......224a
胡林翼......42a
胡强......119a、170b
胡清明......206c
胡庆云......51a
胡胜......201b
胡遂......42a
胡武强......255c
胡莹......201b
胡玉林......257b
胡跃福......47a
《湖南日报》推介乌山中小企业园建设......207a
《湖南日报》专题报道城乡居民建房工作经验......134c
湖南同远新材料科技有限公司开业......121a
湖南望城国家农业科技园区......119c
环境保护......142c
黄宝林......203a
黄彪......59c
黄伯云......177c、178b
黄关春......89c
黄宏......47a
黄璜......128a
黄辉宏......206b
黄金园街道......209b
黄楷......79a
黄兰香......84b、84c
黄兰香调研望城区新侨创新创业情况......84b
黄狮岭社区时代公共服务中心开放......218b
黄守道......178b
黄松雄......42b、42c
黄铁辉......228a
黄志强......41c
获“国家卫生镇”称号......223c
获评“全省‘六五’普法依法治理先进县、市、区”......99a
获评湖南省妇幼健康优质服务示范区......189a
获评省级宣传先进单位......131a
获长沙市“生育关怀·健康长沙”知识竞赛一等奖......189 b

J

机构编制工作......43c
机关事务管理......69c
机械制造......117b
机要保密工作......38b
吉炳轩......204c
疾病预防控制......191b
贾明星......119b
检察......94b
建设管理......132a
建置·区划......31b
蒋宏洁......160c
交警......91a
交通......165a
交通银行长沙望城支行......152a
教研与培训......172b
教育管理......170a
接待工作......38c
解津伟......161a
金姣......192a
金融业......148c
金山桥街道......207b
精神病医院......195a
精神文明建设概况......34c
精准扶贫工作卓有成效......209a
靖港古镇精准提质提升服务质量......225b
靖港古镇入选湖南省首套手绘古镇系列明信片......225c
靖港皮影艺术馆开馆......226a
靖港镇......224b
九三学社......75c
举办“海峡两岸情 和美一家亲”活动......228b
举办“档案馆开放日”活动......49b
举办“汉藏情深助学行”活动......43b
举办“美丽乡村 文明向善”专题文艺演出......220a
举办“同心之声•青亲行动”社会扶贫活动......41c
举办“舞动金秋，喜迎国庆”全民广场舞比赛......213b
举办“湘江古镇群 邀您过新年”活动......202c
举办2016国际帐篷节......226b
举办2016中国湖南健身气功大赛......164c
举办第五届“新浪潮”望城诗会之朗诵会182b
举办国研智库论坛2016•湘江论坛暨世界休闲农业与乡村旅游峰会......160c
举办机插秧培训班......125c
举办男子篮球百村争霸赛......185c
举办全区职工迎国庆“环保杯”乒乓球赛......79a
举办首届“孝顺之星”评选表彰......228b
举办首届书堂山当代文人书法周活动......47b
举办首届新康戏剧季活动......204c
举办首届幼儿园园长专业能力大赛......172a
举办望城区商会会长培训班......77b
举办知识抢答赛巩固“两学一做”成果....133b
举行“建设幸福白箬 我当先锋”演讲比赛......228a
举行“全国助残日”活动捐赠仪式......83a
举行“万名学生齐承诺”禁毒活动启动仪式......217a
举行“学雷锋 倡三清 送文化”主题文艺会演......216b
举行“有色智造•兴业望城”招商推介会暨重大项目集中签约仪式......119b
举行“做有道德的人”夏令营......220a
举行两型科技产品推介会暨2016年科技活动周启动式......178b
举行首届“五一表彰会”......174b
举行望城首届青年经济论坛......77a
举行应急疏散演练暨防空警报试鸣日活动......105b
举行证通云计算大数据产业园项目开工仪式......119a

K

开通“12368”诉讼服务热线......98a
开通“望城信访”微信公众号......48a
开展“大整治、大排查、大管控”行动......92b
开展“党员当先锋，慈善我先行”活动......201b
开展“绿化普查”......140a
开展“送规划进社区”活动......135a
开展“送戏下乡”巡回演出......144b
开展“阳光假期·亲情陪伴”活动......215a
开展《望城乡镇.街道 简志》编纂工作......50a

开展表土剥离利用试点..........113b
开展第二届青年创新创业项目评选活动......80b
开展第三次全国农业普查前期准备工作.....108c
开展公共机构节能工作..........70b
开展庆祝建党95周年系列活动..........220b
开展涉案未成年人及监护人心理援助.....97c
开展突发公共卫生事件应急处置模拟演练..........189c
开展湘江采砂工程船舶指定停放专项整治..........67c
开展渔民转产转业工作..........127c
康珊..........172b
科技管理..........176c
科技普及..........178c
孔玉成..........37a、37b、42b、52a、55b、72b、79c、119a、131b、171b、178b、189b、207a、224a

L

老城区社区升级改造..........205a
老干部工作..........50b
老科技工作者协会..........178c
雷锋“580”民生紧急救助项目获评“全国最佳志愿服务项目”..........198a
“雷锋号”青少年关爱家园夏令营开营.......217a
雷锋纪念馆..........161a
雷锋街道..........210c
雷锋图书馆行政中心分馆搬迁..........183a
雷孟宣..........102a
黎春秋..........162a
黎石秋..........131b
黎政..........217a
李爱武..........52b
李广芝..........178c
李国强..........257a
李海清..........207b
李佳静..........75c
李建龙..........77b
李建伟..........255c
李科明..........119b
李克强..........44a、76a
李荣湘..........104c
李润芝..........201b
李蔚..........131b
李文斌..........51a
李文沙..........49c
李显其..........176c
李小阳..........55c
李晓晴..........79a
李秀英..........256b
李阳..........34c、46c、170b
李泽生..........201b
李志明..........55a
李忠杰..........92c
联合办学开启新篇章..........175a
梁刚..........98c、100a
梁文明..........189b
梁阳..........196b
粮油经营..........157c
两型社会”建设概况..........33b
廖健..........119a、158c
廖克勤..........119a、174c
列入省级海绵城市建设试点城市..........133a
凌洁..........160c
凌立霞..........52a、189b
凌泽民..........92a
刘代红..........52a、180c
刘飞宇..........182a
刘洪波..........56c、57c、83c、203a
刘进能..........42c、162a、208a
刘经南..........177c、178b
刘静秋..........159a
刘坤庭..........179b、255c
刘利民..........171c
刘鹏..........142a
刘奇..........55c
刘如春..........189c
刘少阳..........119a
刘树良..........179a
刘陶..........47c、182a
刘铁柱..........179b、179c
刘伟军..........179a
刘文握..........83b
刘要明..........207a
刘毅..........126a
刘迎秋..........189c
刘映兰..........159a
刘勇军..........55b
刘宇贵..........89c
刘志广..........255c
刘志宏..........79a
刘智海..........176c
龙铁牛..........57c
龙艳红..........42b
卢展工..........110b
路建平..........47a、161a
罗军..........125a
罗琼..........80b
罗社辉..........119a、119b
骆长发..........201b
骆志平..........72b、73a、119a、207a
吕景俊..........231b、231c
旅游管理..........159c

M

毛斌..........42b
毛铁..........76a
梦馨..........172b
米鸿宾..........42a
秘书工作..........37c
妙华法师..........42a
民爆器材经营..........156c
民革望城支部举行“饮水思源，不忘老兵”矿泉水义卖活动..........74a
民政事务..........197a
民主评议..........73b
民族宗教..........42c
缪雅琴..........174c
莫国鑫..........42c
莫科明..........56b
莫志高..........55c

N

能源管理..........107c
聂荣..........55a、58c、62c、105a
聂勇..........184b
宁建业..........119b
农机..........125a
农林..........123a
农业部水稻生产全程机械化专家指导组到望城调研..........126a
农业综合开发..........130c

O

欧阳斌..........47a
欧阳德胜..........83a
欧阳煌..........29a

P

盘龙岭村“省定贫困村”成功摘帽..........224a
彭崇谷..........42a、43b
彭继球..........119a
彭中阳..........29b
棚户改造取得实质进展..........222b
破获特大系列电信诈骗案..........90c
破获现场货值超两百万的销售假冒伪劣卷烟网络案..........159b

Q

启动“雷锋榜样，感动你我”评选活动......213a
启动城乡低保一体化改革试点工作........209a
启动乌山省级森林公园建设..........210b
气排球馆对外开放..........185 c
气象..........129c
钱宏..........119a
乔口镇..........222c
桥驿镇..........218c
桥驿镇朝蓬种植专业合作社理事长罗军被评

为湖南省“最美扶贫人”......125a
秦石蛟......256b
清洗芙蓉北大道全线......140c
邱迎春......98a
区公安局警务保障室获评“全国公安机关‘210’工程建设先进集体”......90c
区红十字会志愿者国庆赴桑植助学......85c
区粮食系统刘映兰获评市“雷锋式模范市民”......159a
区人大对“同级审”反映问题整改情况实行满意度测评......112b
区人民代表大会常务委员会......54a
区人民医院......190a
区人民政府......56b
区委常委会会议......36a
区心脑血管病专科医院......195b
区一届人大常委会会议......55a
区直机关党建......52a
区职业中专......175a
瞿国泰......43b
瞿宏斌......230b
全国地市级环保局局长培训班农村环境整治实地教学在望城举行......143c
全国人大常委会副委员长吉炳轩考察新康片美丽乡村建设......204c
全国唯一一家“雷锋精神公益广告基地”落户......161c
全国乡镇农村环保培训班实地教学在望城进行......143c
全省县、市、区人防办主任参观东马小学人防素质教育基地......105a
全市城乡低保一体工作研讨会在望城召开......198b
全市红十字会经验交流座谈会在望城召开......86a
群众文化......182a

R

饶庆钤......42b
人口 民族......31a
人力资源管理......67c
人民防空......104a
人民生活......199a
任俊国......56b
任李为......94a
入选全国公共文化设施开展学雷锋志愿服务首批示范单位......162a
芮英姿......189b

S

三环线入城口提质改造工程......139a
山南班代培班”落户望城一中......174c
商贸概述......155a
佘浩宇......36a、119c、122c
佘立专......179a
社会保障......198c
沈科......76a、77b
审计监督......111c
省粮食局调研指导望城早稻收购工作......158c
省市文体局考察金山桥街道全民健身中心建设......208c
省委党校“雷锋精神与公共服务教学基地”授牌......206b
省卫计委法制处到桥驿镇调研......220b
盛斌......101b
《诗意的彩瓷——长沙窑瓷器艺术展》在京展出......163a
施泰德因迈尔......63b
石华......55c
石玉珍......189b
石长松......189b
实施不动产统一登记......113b
实施农村人口就业脱贫工程......68c
食品医药......117a
史志档案工作......48c
市场和质量监督管理......110a
市区领导督导街道综合文化站建设......217a
市容环卫......140a
市政维护......138b
试点推动基层妇联组织改革......82a
释悟圣......72a
舒平......105a
水务......128a
税务......146c
司法部基层司司长梁刚考察望城医患调解工作......100a
司法行政......98a
宋怀强......182c
宋宽馀......55c
苏春光......39a、88b、100a、207a
苏宏高......216c
苏敏芳......58a、63c、75b、77a、77c、86c、184b、189b、226a
苏胜培......174b
孙成永......28b
孙传贵......171c

T

覃世平......208c
谭尊英......79a
谭凤明......201b
谭和平......28a
谭建祥......82c
谭谈......47b
谭铁辉......201a
谭艺......179b
谭异超......255c
谭勇......189b
谭智海......58b、125c、124a
谭仲池......43b、182b
探索合作办学模式......172a
探索集约化办案模式......95c
汤晓芒......159b
汤绍武......126a
唐天明......179a
唐之享......42a
陶克......47a
提案工作......73a
提速行政效能......146b
体育事业......185a
通过国土资源节约集约模范县(市)省级复核......113c
通过省级消除疟疾工作评估验收......189c
铜官街道......201c
铜官循环经济工业基地......120c
铜官窑遗址管理处......162b
统计工作......108b
统计调查......114b
统战工作......41a
图书发行......186c
图书阅览......183a
推行统计工作网格化管理......109a
推进行政审批制度改革......45b
推进区域性检验检测中心项目建设......111a

W

外贸公司......156b
外事侨务......63b
完成“三农普”农作物面积遥感测量......109c
完成部、省洞庭湖水污染治理任务......127c
完成洪家洲易地搬迁居民基本情况调查......71b
完成换届选举工作......222a
完成芦江社区金星外滩和湘江村湘江外滩环改灭螺工程......195a
万畅红......63c、172b、173b
万华......103c
王安尧......125c、126a
王成......179a
王春全......220b
王华平......119b
王建华......171c、174c
王巨才......47b
王柯敏......27b
王克其......87a
王露......84a
王蒙......47b
王顺清......119b
王松福......51b
王太华......26a
王卫东......95c
王卫东调研望城检察队伍建设工作......95c
王艳......172b、228c
王泽应......47a
望城区武装部......101a
望城半岛水利风景区获评“国家级水利

风景区”……129b
望城成为省价监局网格化监管试点县区107b
望城传统文化精品在法国展演……47b
《望城地方文化视点》出版发行……175a
望城获2016年湖南省水利建设最高奖“芙蓉杯”……129b
望城获评“2016年湖南省防汛抗灾先进集体”……129a
《望城家庭联产承包责任制》口述史获全省三等奖……50b
望城经济技术开发区……117c
《望城年鉴(2015)》获评湖南省年鉴质量评比一等奖……49b
望城企业登记实施“五证合一”……110b
望城区被认定为湖南省成果转移转化示范县……178a
望城区法院微信公众号影响力全国夺冠……97c
望城区获批“国家可持续发展实验区”……107a
望城区首个数字化管理预防接种门诊投入使用……189c
望城区召开纪念区关工委成立三十周年大会……52a
望城首家“三站合一”扶贫服务站落户黑麋峰村……149b
望城文化馆在丁字设立分馆……201b
望城区第一中学……173c
望城职业中专获评国家中等职业教育改革发展示范学校……176b
维梓村政务服务中心挂牌成立……206c
卫生监督……192b
文春华……174c
文化市场综合执法局……184b
文怀沙……43b
文树勋……26b、84b
文体建设……181a
文物管理……183c
乌山街道……205b
吴皓……119a
吴厚庆……206b
吴南军……146c、164c、220c
吴树林……179a
吴思红……66b
吴义强……178b
武警长沙市望城区中队……102b
物资管理……156a

X

西澳湖南同乡会暨总商会侨胞参观考察望城……84c
西藏班办学成效显著……172a
洗心禅寺慈善基金会举办第三届慈善拍卖会……43a
洗心禅寺慈善基金会举行助学捐赠仪式……43b
洗心基金会举办“2016湖湘文化”主题对话喜迎世界读书日……42a
戏曲演出……183b
夏育华……174c
现代农业项目获省优秀……131b
现代农业与乡村旅游气象服务系统研究与应用获“第八届中国技术金桥奖优秀项目”……130b
湘江古镇群列为省第二批服务业示范集聚区……107b
湘江枢纽物流港口长沙港铜官港区一期工程开工……121b
湘潭市人防办到望城交流人防宣传工作经验……104c
向真……79a
项目建设取得实效……205a
肖干明……51b、180c
肖国安……171c
肖国安调研望城教育工作……171c
肖加余……178b
肖佳皓……170b
肖菊香……201b
肖永清……55b
肖玉林……51a、52a
肖志高……125c
肖忠平……174c
协鑫新能源项目开工……222a
谢福详……55c
谢福洋……255c
新模式助推流动人口享均等化服务……215a
信访工作……47b
行政执法……67b
行政执法监督……61c
星云法师……43b
熊琛……178b
熊伟……55c
熊洋……102c
徐宏源……48b、80b
徐坤……182b
徐罗生……189b
徐少兵……220b
徐志辉……55c
许达哲……60c
许思奕……79a
许又声……204c
宣传工作……45c
血吸虫病防治站……194a

Y

烟草专卖……159a
严控政府债务风险……146a
严文交……174b
严毅夫……72b
杨彬……55a
杨丹……83a
杨德明……83a
杨佳……79a
杨金林……213b
杨乐平……55c
杨立新……55c
杨利成……55a
杨敏……79a
杨琦……170c、172a、173c
杨倩……75c
杨日平……76a
杨胜……55b
杨松林……206c
杨薇……178b
杨湘龙……84b
杨伊……170b
杨中明……55c
养殖……126a
姚从明……179a
姚宏伟……176c
姚建刚……171b、174b、207a、226a
姚杰……206c
姚腊春……55c
叶妙……41c
叶桃英……55c
叶文智……202a
叶新德……201c
移民安置……70c
易迪祥……179b
易炼红……38a、69c、111b、171b、204c
易炼红视察长郡月亮岛学校……171b
易涛……55a
易文龙……126a
殷海清……203a
殷林波……119b
尹华云……143a
尹英龙……206b、206c
雍建刚……255c
雍起林……255c
邮政……167b
有色金属材料……117b
余德泉……42a
余生根……179a
余学辉……42b、52a、55c、56c、57c、58b、59c、119a
与美国布朗瑞克中学签约“千校携手”项目……174c
玉湖公园开展义务植树活动……207a
喻金平……119a、131b、203a、207a
喻霞元……55c、56c、58b、83a、83c、84c、174c
园林绿化……139b
袁虎……77b
袁劲……79a
袁透……201b
曾安琪……201b
月亮岛街道……217b

Z

在全市地方志工作会议上作典型发言......49c
责任督学挂牌督导创新工作经验全国推介......171c
曾鸿儒......255c
曾金贵......204a、204c
曾宪凡......179c
曾跃军......208c
扎西......43b
张得华......256b
张国骥......206b、206c
张红元......208c
张宏彬......55a
张建文......102c
张克清......42b
张锡兴......189c
张湘涛......42c
张晓林......47a
张筱蕊......183a
张学军......51a、51b、52a
张艳......81c、85c
张亦贤......158c
张正祥......231a
长郡斑马湖中学签约......142b
长沙黑麋峰国家森林公园管理处......163a
长沙银行望城支行......151c
召开区妇联第一届二次执委会......82a
召开省级安全生产示范创建工作推进会......216c
召开望城区工商联(总商会)第二次会员代表大会......77a
召开文艺团队总结表彰暨培训会......216c
赵寰轶......79a
赵建恒......212b、229a
赵西友......178b
争取机构编制扶持......45c
征拆安置工作......66c
郑板桥......229c
郑佳明......42a
政法委及综治......87a
政府常务会议......56b
政府投资项目管理......66a
政务服务中心......69a
政协长沙市望城区第二届委员会第一次会议......72b
政协长沙市望城区第一届委员会第十五至第十八次常委会议......72c
政协长沙市望城区委员会......71b
政研、调研、改革工作......37b
中共长沙市望城区纪律检查委员会、长沙市望城区监察局......53a
中共长沙市望城区委员会......36a
中国工商银行股份有限公司望城支行....149c
中国共产党长沙市望城区第二次代表大会......37a
中国国民党革命委员会......74 a
中国建设银行股份有限公司望城支行......150b
中国民主促进会......75a
中国民主建国会......75a
中国民主同盟......74b
中国农工民主党......75b
中国农业发展银行长沙市望城支行......150a
中国农业银行股份有限公司望城支行....150c
中国人民财产保险股份有限公司望城支公司......153c
中国人民银行望城支行......148c
中国人寿保险股份有限公司望城支公司......153b
中国邮政储蓄银行股份有限公司望城支行......151b
中国致公党......75c
中信戴卡南方智能制造产业园开工建设......119a
中组部培训班到白箬铺镇光明村考察学习......227a
中组部调研前榜村党性教育......225b
中国电信......167c
中国移动......168a
中国联通......168b
钟小珍......41c
钟新莲......178b
周吉民......105a
周金......201b
周军和......57c
周科朝......178b
周立仁......58b、125c
周美玲......49a、94a、102a、161c、170c
周敏......189b
周韶峰......171b
周伟严......57c、58a
周旭......257a
周玉国......55c
周志辉......52a、207a
周智敏......55c
周著......171a
朱飞跃......111b
朱国强......94a、226b、257a
朱建军......74b
朱莉·梅森......174c
朱莲章......257a
朱榕珏......212b
朱湘莲......174b
朱训德......43b
住房保障......135a
住房公积金管理......136b
自然地理......30a
综合信息工作......38a
总工会......78a
邹建平......43b
邹静文......107a、107b
邹特......52a、58b、60b、207a
组建公务用车服务管理中心......70b
组织"最美民居"评选......134c
组织工作......39b
做好事业单位管理......45b
做好书堂山书法周环卫工作......140c